collection tempus

JACQUES MARSEILLE

NOUVELLE HISTOIRE DE LA FRANCE

**

De la Révolution à nos jou

Perrin

www.editions-perrin.fr

ISBN : 2-262-01999-1
tempus est une collection des éditions Perrin.

SOMMAIRE

III La construction d'une République (de la République à nos jours)

TROISIÈME PARTIE

LA CONSTRUCTION D'UNE RÉPUBLIQUE

Un procès toujours ouvert, une fracture pas franchement résorbée. Telle apparaît encore aujourd'hui la Révolution française. Au moment où les Français ont fêté avec éclat son bicentenaire, elle n'en finit pas d'exciter les passions et d'alimenter les controverses. Telle est l'énigme de la Révolution. Une Révolution qui nous a légué nos emblèmes, le drapeau tricolore, *La Marseillaise*, la fête du 14 Juillet, notre géographie administrative et nos idéaux – Liberté, Égalité, Fraternité – mais dont le sens nous échappe toujours.

Dès 1856, Alexis de Tocqueville, un observateur privilégié, avait développé la thèse selon laquelle la Révolution n'était en fait que « la terminaison soudaine et violente d'une œuvre à laquelle dix générations d'hommes avaient travaillé ». « Quelque radicale qu'ait été la Révolution, écrivait-il, elle a cependant beaucoup moins innové qu'on ne le suppose généralement [...]. Si elle n'eût pas eu lieu, le vieil édifice social n'en serait pas moins tombé, ici plus tôt, là, plus tard ; seulement il aurait continué à tomber pièce par pièce au lieu de s'effondrer tout à coup. La Révolution a achevé soudainement, par un effort convulsif douloureux, sans transition, sans précaution, sans égards, ce qui se serait achevé peu à peu de soi-même à la longue. Telle fut son œuvre. »

Accélérateur du mouvement plus que moment fondateur, aboutissement et non commencement, tel serait le sens de la Révolution française. Pourtant ceux qui ont vécu ces grandes journées ont eu le sentiment d'inventer un monde nouveau, de proclamer des valeurs *nouvelles*, d'inaugurer une nouvelle histoire de l'humanité s'ouvrant avec l'an I de la République.

Cette République inaugurée en 1792 mettra cependant plus d'un siècle pour être consolidée. De 1792 à 1880, au cours d'une période qui voit se succéder deux empereurs, trois rois, deux révolutions et trois républiques, la France s'efforce de faire l'apprentissage du libéralisme dans tous les domaines au prix de l'une de ses spécificités : l'instabilité institutionnelle. Une histoire qui vérifie le jugement porté par Jean-Jacques Rousseau dans *Le Contrat social* : « Le plus fort n'est jamais assez fort pour être toujours le maître, s'il ne transforme sa force en droit et l'obéissance en devoir. »

Il faudra en fait attendre 1880 pour que la Révolution « entre au port », selon la belle formule de François Furet. Au terme d'un siècle de tâtonnements, d'hésitations, d'avancées et de reculs, elle choisit enfin la République. Le 30 janvier 1875, devant la Chambre des députés, Henri Wallon, interrompu à de nombreuses reprises par les approbations de la « gauche » et les mouvements de la « droite » avait défendu l'amendement qui la fondait en ces termes : « Je ne connais, messieurs, que trois formes de gouvernement : la monarchie, la république, l'empire [...]. Dans la situation où est la France, il faut que nous sacrifiions nos préférences, nos théories. Nous n'avons pas le choix. Nous trouvons une forme de gouvernement, il faut la prendre telle qu'elle est, il faut la faire durer [...]. Ou la République s'affermira avec votre concours et donnera à la France le moyen de se relever et de recouvrer sa prospérité, de reprendre sa place dans le monde, et alors vous ne pourrez que vous réjouir du bien auquel vous avez contribué. [*Très bien ! à gauche*]. Ou bien votre concours même sera insuffisant ; on trouvera qu'il n'y a pas assez de stabilité dans le pouvoir, que les affaires ne reprennent pas, et alors, après une épreuve loyale [*murmures à droite*], le pays, reconnaissant des sacrifices d'opinion que vous aurez faits, du concours que vous aurez apporté à la chose publique, sera plus disposé à suivre vos idées, et ce jour-là vous trouverez le concours de ceux qui, aujourd'hui, ont une autre opinion, mais qui, éclairés par l'expérience et voulant comme nous, avant tout, le bien du pays, vous aideront à faire ce que le pays réclame. Ma conclusion, messieurs, c'est qu'il faut sortir du provisoire. »

C'était vouloir faire une République à l'essai, ajuster les institutions à l'évolution de la société, instituer un gouvernement conforme aux vœux du tiers état, unir la nation autour de ses représentants élus, la rendre maître de ses destinées, assumer enfin l'héritage de la Révolution.

Certes, en 1880, au lendemain du triomphe des républicains aux élections législatives et de la démission de Mac-Mahon, personne n'imagine pourtant que cette victoire est définitive. Entre 1791 et 1875, la France a connu pas moins de dix textes faisant figure de constitutions.

Autant dire que la victoire des républicains sur les monarchistes, dont nous savons aujourd'hui qu'elle achève le cycle des régimes instables, ne met pas fin aux espoirs de ceux qui veulent renverser la « gueuse ». Pourquoi cette République que nous appelons « troisième », née d'une défaite, n'aurait-elle pas succombé comme la « première » et la « deuxième » aux assauts de ceux pour qui la monarchie a quelque vertu ou de ceux qui rêvent d'imposer un pouvoir fort et de réduire la souveraineté des élus du suffrage universel ?

Pourquoi « les guerres de Religion » auraient-elles par miracle cessé ? En sous-titrant « colère et politique » son *Histoire des passions françaises*, l'historien britannique Théodore Zeldin a voulu montrer à quel point les divisions religieuses, sociales, constitutionnelles et régionales, rendent en France les accords presque toujours partiels et les succès électoraux presque toujours fragiles. Pourtant, ajoute-t-il en s'adressant au lecteur français auquel il a promis de le « déshabiller », il écrit : « Un mythe [...] a voulu que la France fût divisée en deux, droit et gauche, bourgeoisie et prolétariat. Pensez à ce qui se passerait, je vous prie, si vous laissiez, rien qu'un instant, ce mythe de côté [...]. Tolérerez-vous qu'un [historien], affecté qui plus est du désavantage d'être étranger, insinue que vos aïeux se sont trompés sur ce qui les divisait ? N'avoir le choix, pour voter, qu'entre les Rouges ou les Bleus ne leur laissait que rarement, en pratique, la possibilité d'exprimer complètement leurs sentiments, dans toutes leurs avances [...].

Finalement, chacun a combattu la pesanteur du *statu quo*, en riant, en oubliant et se moquant de ce qui ne pouvait être évité, à la façon que Courteline a si bien rendue. Toutes ces conduites étaient des actes politiques. Les institutions n'ont survécu que parce qu'elles ont pu ainsi être ignorées. »

La France a la réputation d'être un pays chroniquement secoué par des révolutions, des crises politiques et des scandales, incapable de susciter des partis cohérents, des droits et des gauches aux contours stables. Cela tient vraisemblablement à l'importance extrême, voire exagérée, que nous accordons à la politique.

Chapitre 56

Entrer en Révolution

Par un radieux matin de mai 1789, plus d'un millier d'hommes venus de la France entière se réunissent à Versailles en présence de leur roi. Au fond de la magnifique salle rectangulaire aménagée pour les recevoir, s'élève le trône surmonté d'un dais doré. Sur ce trône, se tient Louis XVI, entouré des membres de sa cour placés selon l'ordre protocolaire. Sur les côtés de la salle décorée de trois cents tapisseries des Gobelins, ont été placés des portraits en pied des rois de France. Le mardi 6 octobre 1789, des hommes et des femmes dépenaillés et couverts de boue ramènent de Versailles à Paris « le boulanger, la boulangère et le petit mitron », désormais otages de la Révolution. Entre mai et octobre, en un été sans pareil, les Français ont balayé ce que leurs rois avaient patiemment constitué depuis des siècles.

La Révolution des notables

Être convoqué à une réunion de famille pour s'entendre annoncer une amputation de son héritage, tel est le programme offert par la monarchie aux notables réunis à Versailles le 22 février 1787. « À quelle sauce vous voulez être mangés ? » C'est la question que pose dans une caricature de l'époque un singe, Calonne, à une assemblée de volailles, les notables. Aux 144 membres de cette Assemblée, le Contrôleur général des Finances propose du Turgot mâtiné de Necker, des assemblées provinciales élues par les propriétaires sans distinction d'ordres, l'abolition de la corvée, l'allégement de la taille, la suppression de toutes les douanes intérieures et, surtout, une « subvention territoriale » proportionnelle à la valeur des propriétés foncières et payable par tous, privilégiés ou non. Dénonçant « les abus dont l'existence pèse sur la classe productive et laborieuse », affirmant que « la contribution aux charges de l'État devait être la dette commune de tous », Calonne, pour justifier son plan, avoue un déficit de 113 millions de livres. Pire, il diffuse le 31 mars un Avertissement qui est une attaque en règle contre les privilégiés. « On paiera plus, sans doute, annonce-t-il ; mais qui ? Ceux-là seulement qui ne payaient pas assez ; ils paieront ce qu'ils doivent, suivant une juste proportion, et personne ne sera grevé. Des privilèges seront sacrifiés [...]. La justice le veut, le besoin l'exige [...]. Peut-on faire le bien général sans froisser quelques intérêts particuliers ? Réforme-t-on sans qu'il y ait des plaintes ? »

Défendre leurs privilèges et se faire applaudir par l'« opinion », telle est la riposte des notables qui imputent à Calonne le déficit du budget, exigent la publication de comptes « exacts » et repoussent à l'unanimité la subvention territoriale en prétextant que seuls les états généraux, jamais réunis depuis 1614, avaient compétence pour l'adoption de nouveaux impôts. Le 8 avril 1787, le roi renvoie Calonne et appelle à lui succéder Loménie de Brienne, l'archevêque de Toulouse, l'opposant le plus virulent à l'Assemblée des notables.

Prélat intelligent et ambitieux, connu pour ses talents d'administrateur et son indifférence en matière... religieuse, Loménie de Brienne prend une série de mesures qui manifestent l'élan réformateur de la monarchie et reprennent, pour l'essentiel, les propositions de... Calonne. Des coupes claires sont faites dans le train de vie de la Cour. L'édit de juin 1787 pose les principes d'une nouvelle administration, qui se substituerait progressivement aux intendants. La question préalable, à laquelle était soumis l'accusé pour le conduire à avouer, regardée comme barbare, est supprimée. L'édit du 19 novembre 1787 accorde l'état civil aux protestants qui pourront jouir comme tous les autres sujets de l'enregistrement de leurs mariages, naissances et décès. Enfin, Loménie de Brienne reprend le projet de subvention territoriale en y ajoutant même une augmentation de l'impôt du timbre. C'est la révolution avant la Révolution.

Le 6 août 1787, un lit de justice impose au Parlement de Paris hostile l'enregistrement des édits fiscaux que certains parlementaires, décidément rebelles, déclarent « nul et illégal ». Le 15 août, le Parlement est exilé à Troyes puis rappelé le 4 septembre, acclamé par une foule qui, plus sensible à la démagogie qu'à une volonté de réforme trop aristocratique pour être populaire, applaudit les « pères de la Patrie » ravis de se faire passer pour martyrs et conspue la reine Marie-Antoinette devenue « Madame Déficit ».

En 1788, l'opposition se fait de plus en plus violente entre les parlementaires qui continuent à se poser en défenseurs des « libertés » et des « droits de la Nation » et une monarchie décidée à défendre son autorité mais qui, trop isolée, se laisse emporter dans le cycle provocation-répression. Au duc d'Orléans, qui s'écrie : « C'est illégal ! » quand le roi tente d'imposer l'enregistrement d'un emprunt, Louis XVI réplique : « Si ! C'est légal parce que je le veux. » Au roi qui, dans le plus grand secret, prépare avec le garde des Sceaux Lamoignon un véritable coup d'État en reprenant la réforme de Maupeou et en projetant d'enlever au Parlement l'enregistrement des lois, les parlementaires, avertis, ripostent par l'arrêt du 3 mai 1788 qui proclame : « La France est une monarchie gouvernée par le roi suivant les lois. De ces lois, plusieurs qui sont fondamentales embrassent et consacrent le droit de la Nation d'accorder librement les subsides par l'organe des états généraux régulièrement convoqués... » Aux édits du 8 mai 1788 qui dépouillent le Parlement de Paris de la plupart de ses attributions et le mettent en « vacances », une pluie de libelles financés par les notables submerge la France pour dénoncer le « despotisme » ministériel. L'assemblée du clergé, réunie du 5 mai au 5 juin 1788, se déclare solidaire des parlementaires, refuse le don gratuit au roi et demande la réunion des états généraux. La noblesse de Bretagne envoie à Versailles une députation pour protester contre les édits du 8 mai. À Pau, les montagnards descendent des villages pour obliger l'intendant à rétablir le parlement. Le 7 juin, à Grenoble, la foule montée sur les toits crible de tuiles les troupes chargées d'exiler les magistrats rebelles. L'émeute est si violente que le représentant du roi capitule et laisse le parlement se réinstaller. Réunis à Vizille dans le château de l'homme d'affaires Claude Périer, des représentants des trois ordres réclament la réunion des états provinciaux du Dauphiné avec doublement de la représentation du tiers état et votent que « les trois ordres de la province n'octroieront les impôts que lorsque leurs représentants en auront délibéré dans les États Généraux du royaume » et qu'ils « ne sépareront jamais leur cause de celles des autres provinces ». Cédant à la révolution des notables, le roi, par l'arrêt du Conseil du 8 août 1788, convoque les états généraux pour le 1er mai 1789, rappelle Necker le 26 et rétablit les parlements dans toutes leurs prérogatives. À Paris, on brûle Lamoignon en effigie et on oblige les passants à saluer la statue d'Henri IV. Versailles ne gouvernait déjà plus grand-chose. C'étaient les nobles qui lui avaient porté le premier coup.

La prise de la parole

Au moment où s'était levée contre Louis XVI la révolte aristocratique, Lamoignon avait prédit : « Les privilégiés ont osé résister au roi ; avant deux mois, il n'y aura plus ni parlements, ni noblesse, ni clergé. » Le 23 septembre 1788, en annonçant que les états généraux devaient être constitués comme en 1614, avec représentation égale des trois ordres et vote par tête, le Parlement de Paris voit sa popularité brusquement s'évanouir. « Jamais révolution dans les esprits ne fut plus profonde, rapportent les *Mémoires* de Weber ; jamais la malédiction ne remplaça plus subitement l'enthousiasme. » En refusant à la bourgeoisie « éclairée » ce que l'assemblée de Vizille avait réclamé, en refusant de rien changer à la tradition, en révélant sa volonté de maintenir les privilèges de la naissance, la robe fait brutalement voler en éclats la coalition qui l'avait soutenue dans sa révolte contre le roi, enflamme l'« opinion », dessoûle ceux qui avaient tant espéré en la promotion des mérites et du talent, excite la haine contre la société d'ordres et porte le débat sur un terrain miné pour elle, non plus celui des libertés mais celui, bien plus redoutable, de l'égalité.

Dans un pamphlet publié en novembre 1788, l'*Essai sur les privilèges*, l'abbé Sieyès, né en 1748 à Fréjus, pétri des idées du siècle, exprime dans un texte court la haine de cette aristocratie dont le double jeu vient d'être révélé. « Un temps viendra, écrit-il où nos neveux indignés resteront stupéfaits à la lecture de notre histoire, et donneront à la plus inconcevable démence les noms qu'elle mérite. » En janvier 1789, il lance une bombe avec *Qu'est-ce que le tiers état ?*, une brochure explosive qui déclare la guerre à la « caste inutile » de ceux qui, « étrangers au milieu de nous », usurpent les bonnes places et détournent l'activité de la société « à leur profit particulier ». « Qui oserait dire que le tiers état n'a pas en lui tout ce qu'il faut pour constituer une nation ? écrit-il avec une rare violence. Si l'on ôtait l'ordre privilégié, la nation ne serait pas quelque chose de moins, mais quelque chose de plus [...]. Que serait le tiers état sans l'ordre privilégié ? Tout, mais un tout bien florissant. Rien ne peut aller sans lui, tout irait infiniment mieux sans les autres [...]. Cette classe [privilégiée] est assurément étrangère à la nation par sa fainéantise. » Aux conservateurs qui évoquent l'Histoire pour justifier leurs privilèges, Rabaut Saint-Étienne réplique : « L'ancienneté d'une loi ne prouve autre chose, sinon qu'elle est ancienne. [...] On s'appuie sur l'histoire, mais notre histoire n'est pas notre code. Nous devons nous méfier de la manie de prouver ce qui doit se faire par ce qui s'est fait ; car c'est précisément de ce qui s'est fait que nous nous plaignons. »

Dans les six ou sept cents cafés parisiens, dans les galeries du Palais-Royal où les agents du duc d'Orléans sont à l'œuvre pour vanter le libéralisme de leur maître, dans les loges franc-maçonnes et dans les clubs qui entretiennent des correspondances avec la province, les revendications s'aiguisent et les idées se brassent. Comprenant plus de 90 % de nobles, dont neuf ducs et cinq pairs du royaume, la Société des Trente où militent La Fayette, Noailles, La Tour-Maubourg, le duc d'Aiguillon, l'évêque d'Autun Talleyrand, le duc de La Rochefoucauld-Liancourt mobilise l'opinion contre les tenants du privilège et anime un parti « national » où se met en vedette Mirabeau, un noble provençal volcanique qui écrit : « Guerre aux privilégiés et aux privilèges. Les privilèges sont utiles contre les Rois, mais ils sont détestables contre les Nations et jamais la nôtre n'aura d'esprit public tant qu'elle n'en sera pas délivrée. » Le 27 décembre 1788, le parti « national » obtient un premier succès quand le Conseil du roi se prononce pour le doublement de la représentation du tiers état mais sans préciser si le vote aura lieu par ordre ou par tête. C'était ne rien résoudre et risquer de mettre tout le monde contre soi.

Roi décidément « malchanceux », Louis XVI a aussi le ciel contre lui. Des pluies et des inondations en 1787, puis la sécheresse, enfin la grêle du 13 juillet 1788 ont durement compromis la récolte. À la mi-septembre 1788, le prix du pain à Paris est déjà à 50 % au-dessus du cours normal. Il atteindra son prix le plus élevé le 14 juillet 1789. Irrité par les hauts prix et la disette, le peuple est en outre frappé par le chômage. Signé en septembre 1786, le traité de commerce franco-anglais qui abaissait les droits à l'importation sur les produits anglais a provoqué les difficultés de l'industrie textile dont la production est tombée à la moitié de son niveau de 1782 tandis que le bâtiment est en sommeil. À Lille et à Rouen, les faillites se sont multipliées. Dans la Normandie cotonnière, ce sont 50 000 artisans qui sont sans travail, 12 000 à Abbeville, 20 000 à Lyon. On s'agite dans les campagnes où des châteaux sont attaqués et dans les villes où des « accapareurs » sont dénoncés, des boulangeries attaquées et des « mécaniques » brisées. Sur les belles routes construites par les ingénieurs des Ponts et Chaussées, circulent chômeurs, brigands et vagabonds, fausses et vraies nouvelles. Et comme les privilégiés se sont crispés sur leurs privilèges, il est tentant d'en faire les membres d'un « complot » qui veut affamer le peuple pour des raisons obscures qu'il serait bien difficile de préciser. À Paris, faubourg Saint-Antoine, la manufacture et la maison de Réveillon, le plus important fabricant de papiers peints en France, qui avait suggéré de diminuer le prix du pain pour pouvoir baisser les salaires, sont saccagées les 27 et 28 avril 1789, et peut-être 300 manifestants sont tués.

C'est dans ce climat particulièrement électrique que les Français se réunissent pour nommer leurs représentants aux états généraux et rédiger leurs cahiers de doléances, le roi ayant en effet demandé à ses sujets d'envoyer « des mémoires, des renseignements et des éclaircissements » à la Cour, avec cette espèce d'innocence qui est l'apanage des gouvernements sans pratique démocratique. Pour la première fois, les Français vont prendre massivement la parole. Bien sûr, des modèles diffusés par le parti « national » ont circulé et ont souvent été recopiés. Bien sûr, ce sont souvent le notaire, l'avocat, le curé ou l'agent de la « société de pensée » qui ont pris la plume. Reste que ces soixante mille cahiers sont un irremplaçable témoignage sur les aspirations des Français de tous ordres, même filtrées par les « penseurs » institutionnels. Qu'ils émanent du tiers ou de la noblesse, tous les cahiers veulent limiter le pouvoir absolu. Tous veulent une constitution qui réserve le vote de l'impôt et des lois nouvelles à des états généraux périodiques et accorde à des assemblées provinciales le contrôle de l'administration. Tous veulent que la liberté individuelle et la liberté d'expression soient garanties. Tous montrent aussi un attachement à la personne du roi, « père de ses peuples », dont on attend qu'il réponde favorablement aux réformes souhaitées. Aucun cahier ou presque ne met en question l'Église, son influence morale et ses prérogatives honorifiques. Les ordres sont d'accord aussi sur un grand nombre de réformes techniques, sur les gaspillages de la Cour, les abus du fisc et la répartition arbitraire des impôts directs. Les doléances des paysans portent avant tout sur les banalités, le monopole de chasse, le droit pour le seigneur d'avoir un colombier. Assez souvent, on propose de racheter les droits seigneuriaux. Quant aux terres de la noblesse, il n'en est jamais question : c'est une propriété incontestée et considérée comme inviolable. Bref, les cahiers dessinent un programme de réformes conforme à la « raison », à la sagesse et à la philosophie du siècle, égalité devant la loi, accession de tous les Français aux emplois publics, réforme de la dîme, autorisation de racheter les droits féodaux, redistribution des revenus ecclésiastiques qui assurerait une part plus large aux curés, aux pauvres et aux écoles, réforme de l'administration, un programme qui aurait assuré le bonheur social et rallié autour du roi l'immense majorité du tiers état, du clergé et quelques nobles libéraux. Le cahier de doléances d'une petite paroisse de la sénéchaussée de Saintes décrit ainsi ce paradis tout proche : « Tous les vices seront détruits. L'heureuse, la vertueuse industrie, la probité, la pudeur, l'honneur, la vertu, le patriotisme, la douceur, l'amitié, l'égalité, la concorde, le travail, la pitié, l'économie, toutes ces belles vertus seront honorées, la sagesse enfin régnera seule. L'amour réciproque des princes et des sujets va élever ce trône seul digne du roi des Français. »

Non seulement les Français parlent mais, grâce aussi au roi, ils sont pour la première fois appelés à voter. Mêlant lui aussi tradition et nouveauté, le règlement électoral du 24 janvier 1789 a reconnu le droit de suffrage à tout Français âgé d'au moins vingt-cinq ans, inscrit sur les registres de l'impôt. Enfin, le nombre de sièges est proportionnel à la population des bailliages, l'idée d'une juste proportionnalité entre l'importance de la représentation et celle des circonscriptions étant, elle aussi, fille de la « raison ». Suprême cadeau, la monarchie offre l'apprentissage de la démocratie à la Révolution. Rompant avec les convocations passées, les élections vont envoyer à Versailles des hommes de réseaux, ayant souvent fait l'expérience de la vie politique municipale. À cet égard, les députés du tiers, parfaitement informés des questions constitutionnelles débattues dans des centaines de pamphlets et qui ont su affronter l'épreuve de plusieurs assemblées électorales, semblent nettement plus expérimentés que bon nombre des aristocrates militaires qui dominent l'ordre de la noblesse. Si le roi avait pensé leur en imposer en les convoquant à Versailles, c'était une grave imprudence. La mécanique électorale voulue par la monarchie a désigné en fait un personnel nouveau, souvent anonyme mais déjà rompu aux pratiques de la « démocratie directe ». Le 5 mai 1789, lors de la séance d'ouverture, le roi entra, enleva son chapeau, s'assit et se couvrit. Les privilégiés en firent autant. Selon l'usage et le protocole, les députés du tiers auraient dû rester debout et découverts. Pour marquer leur désir d'égalité, ils imitèrent les privilégiés. La brochure de Sieyès, élu député du tiers à Paris, avait fait des ravages.

La prise de la Bastille

Le 5 mai, réunis dans la grande salle de l'hôtel des Menus-Plaisirs, les députés écoutent d'abord Louis XVI, interrompu à plusieurs reprises par des applaudissements mêlés de vivats, saluer les états généraux comme une « nouvelle source de bonheur » pour la nation, évoquer la détresse financière et exprimer l'espoir que les députés parviendront à résoudre la crise sans céder à « l'inquiétude générale » ni « au désir exagéré d'innovations ». Lui succède le garde des Sceaux Barentin, qui met en garde contre l'esprit de nouveauté et parle si bas que personne ne l'entend. Puis vient le tour de Necker, l'idole de l'« opinion », dont la harangue est attendue avec impatience. Une harangue interminable de trois heures lue en grande partie par un suppléant, qui évoque en termes techniques la situation du royaume mais ne dit rien sur l'essentiel et mécontente tout le monde.

Le 6 mai au matin, les députés se retrouvent aux Menus-Plaisirs pour la vérification des pouvoirs de chacun. Deux salles particulières ont été aménagées pour la noblesse et le clergé. Les députés du tiers doivent délibérer dans la grande salle qu'ils baptisent aussitôt « salle nationale ». Refusant à l'instigation des députés bretons et dauphinois de se « constituer », c'est-à-dire de se former en ordre séparé, ils ne se donnent ni bureau, ni secrétaire, ni président, ni règlement, demandent la vérification des pouvoirs en commun et, à l'imitation du Parlement britannique, prennent le nom de « députés des communes ». Cette décision du tiers paralyse les travaux des états pendant plus d'un mois mais soude en une seule âme les députés soutenus par le public qui envahit chaque jour les tribunes de la grande salle et par leurs électeurs auxquels, à la suite de Mirabeau, ils envoient des lettres souvent imprimées. Déjà s'affirment des leaders, ceux qui savent capter les applaudissements de la foule et pour qui la confrontation avec une noblesse hautaine excite la verve. Sieyès, Mirabeau, Bailly, l'astronome élu doyen, Barnave, Mounier, Camus, Malouet, Le Chapelier y font briller leurs talents didactiques et leurs belles formules. En fait, en les forçant à se réunir séparément, les ordres privilégiés ont contribué à renforcer la cohésion des élus du tiers qui découvrent, au fil des jours, la fraternité qui les unit et la conviction qui les anime.

Le 10 juin, alors que la Cour porte le deuil du petit dauphin, Sieyès déclare qu'« il faut couper le câble », c'est-à-dire quitter le terrain de la légalité. Profitant des premiers fléchissements d'élus du clergé qui viennent les rejoindre, les députés du tiers, « considérant qu'ils représentent les quatre-vingt-seize centièmes de la Nation », se déclarent « Assemblée nationale » le 17 juin, dénient aux autres ordres le droit de légiférer et placent les créances de l'État « sous la garde de l'honneur et de la loyauté de la Nation », manière de dire que si la banqueroute est une habitude royale, la défense des rentiers est une innovation révolutionnaire. Le samedi 20, le roi ayant fait fermer les Menus-Plaisirs sous prétexte de travaux, les députés de l'« Assemblée nationale » se réunissent dans une salle du Jeu de paume, proche du château, et, sous la présidence de Bailly, prêtent ce serment : « L'Assemblée nationale, considérant qu'appelée à fixer la constitution du royaume, opérer la régénération de l'ordre public et maintenir les vrais principes de la monarchie, rien ne peut empêcher qu'elle continue ses délibérations dans quelque lieu qu'elle soit forcée de s'établir et qu'enfin, partout où ses membres sont réunis, là est l'Assemblée nationale. Arrête que tous les membres de cette assemblée prêteront, à l'instant, serment solennel de ne jamais se séparer, et de se rassembler partout où les circonstances l'exigeront, jusqu'à ce que la constitution du royaume soit établie et affermie sur des fondations solides et que, ledit serment étant prêté, tous les membres, et chacun d'eux en particulier, confirmeront par leur signature cette résolution inébranlable. »

Le 23 juin, au cours d'une séance royale à laquelle Necker n'assiste pas pour marquer sa désapprobation, Louis XVI, pressé par la reine, ses frères et ses courtisans, annonce, comme dans un lit de justice, un programme de réformes fort libéral mais en annule l'effet par un ton cassant et la menace de dissolution brandie au-dessus de la tête des députés du tiers : « Si vous m'abandonniez dans une si belle entreprise, déclare-t-il, seul, je ferai le bien de mes peuples. Je vous ordonne de vous séparer tout de suite et de vous rendre demain matin dans les salles affectées à votre ordre pour reprendre vos délibérations. » Au marquis de Dreux-Brézé, grand maître des cérémonies, qui veut faire évacuer la salle, Bailly lance : « Une nation assemblée ne peut recevoir d'ordres » et Mirabeau surenchérit en ajoutant : « Nous ne quitterons nos places que par la force des baïonnettes ! » « Eh bien, foutre, qu'ils restent ! », répond à Dreux-Brézé venu chercher des ordres un roi déjà las de cette lutte. Le 23 juin 1789 est bien la date de décès de la monarchie absolue. La question est maintenant de savoir comment construire une monarchie constitutionnelle. Le 24 juin, la majorité du clergé rejoint l'Assemblée nationale. Le 25, c'est au tour de quarante-sept députés de la noblesse conduits par le duc d'Orléans. Le 27, la mort dans l'âme, Louis XVI invite « son fidèle clergé et sa fidèle noblesse » à se réunir au tiers état. Le 9 juillet, l'Assemblée se déclare Constituante.

Le 11 juillet, après avoir appelé des troupes autour de Versailles et de Paris sous le prétexte que les troubles de la disette se multiplient, Louis XVI congédie Necker et les ministres libéraux et appelle au Conseil royal des Finances le baron de Breteuil, un aristocrate gonflé d'orgueil qui, écrit Mme de Staël, « marchait à grand bruit en frappant du pied, comme s'il avait voulu faire sortir de terre une armée ». Le dimanche 12 juillet, la nouvelle du renvoi de Necker parvient dans Paris, un Paris qui a la fièvre et fait la queue aux portes des boulangers, un Paris où courent les rumeurs les plus folles et où s'enflamment des orateurs improvisés. Un seul a laissé un nom, Camille Desmoulins qui, monté sur une table au Palais-Royal, appelle aux armes en brandissant un pistolet : « Citoyens, vous savez que la nation avait demandé que Necker lui fût conservé, on l'a chassé ! Peut-on vous braver plus insolemment ? Après ce coup, ils vont tout oser et, pour cette nuit, ils méditent, ils disposent peut-être une Saint-Barthélemy des patriotes ! Aux armes ! Aux armes ! » Bientôt se forme un cortège de 5 000 à 6 000 personnes qui obligent les théâtres qui jouaient à cinq heures à fermer, pénètrent dans un musée de figures de cire tenu par un certain Curtius et prennent les bustes de Necker et du duc d'Orléans qu'ils promènent sur les boulevards. Place Louis XV et dans les jardins des Tuileries, ils se heurtent à la cavalerie du Royal-Allemand, commandée par le prince de Lambesc, qui charge, bousculant et blessant quelques personnes. Le 13 juillet, tandis que les électeurs parisiens forment à l'Hôtel de Ville un Comité permanent chargé d'assurer l'approvisionnement de la capitale et de former une milice pour assurer la sécurité publique, des milliers de Parisiens parcourent la capitale en tous sens pour chercher des armes, incendient les barrières d'octroi où étaient perçus les droits sur les marchandises qui entraient dans Paris, pillent le couvent de Saint-Lazare où l'on disait que les pères avaient « amassé du blé pour plusieurs années » et libèrent les prisonniers qui y étaient enfermés pour scandale. Dans la nuit du 13 au 14, la milice patrouille dans un Paris illuminé sur ordre du Comité permanent pour lutter contre l'obscurité. Le 14 juillet, après avoir pris les fusils et les canons entreposés à l'hôtel des Invalides avec la complicité plus ou moins avouée des invalides et à quelques mètres des troupes postées sur le Champ-de-Mars qui refusent de marcher, la foule surexcitée marche vers la Bastille, dépôt d'armes en même temps que symbole de l'arbitraire. Son gouverneur, le marquis de Launay, qui commande une garnison de 80 invalides et 30 Suisses, perdant son sang-froid, fait tirer sur les manifestants qui ont envahi les cours, faisant une centaine de morts. À cinq heures, sous la menace des canons braqués devant la porte de la forteresse, il capitule et fait baisser le pont-levis. Aussitôt, la foule se rue à l'intérieur, libère les 7 prisonniers, tue 3 invalides et 3 officiers et inaugure le spectacle du sang en promenant dans la ville, fixées à des piques, les têtes coupées du marquis de Launay et de Flesselles, le prévôt des marchands, accusé de refuser d'armer les citoyens. Dans une biographie de son père, le comte de La Rochefoucauld-Liancourt raconte que ce dernier aurait réveillé le roi en pleine nuit pour lui faire le récit détaillé de la journée. « C'est une révolte », aurait dit le roi. « Non, sire, c'est une révolution », aurait répondu La Rochefoucauld-Liancourt. Alors qu'on le presse de se réfugier à Metz, sous la protection de troupes fidèles, Louis cède, se rend le 15 à l'Assemblée, annonce le renvoi des troupes, rappelle Necker le 16 et le 17, accompagné de 50 députés, consacre à Paris les nouvelles autorités nées de l'insurrection, Bailly et La Fayette, devenus maire et commandant de la garde nationale, et arbore à son chapeau, aux côtés de la cocarde blanche, un ruban bleu et rouge, aux couleurs de la ville, sous les applaudissements de la foule. « Ainsi, écrit l'Américain Thomas Jefferson, qui assiste à la scène, finit une amende honorable telle qu'aucun souverain n'en avait jamais faite ni aucun peuple jamais reçue. » Trois ans plus tard, le 14 février 1792, Louis XVI confiera à Fersen : « Je sais que j'ai manqué le moment. Je l'ai manqué, c'était le 14 juillet. Il fallait alors s'en aller et je le voulais. »

La naissance du citoyen

Fait divers tragique ayant provoqué trois fois moins de morts que l'affaire Réveillon, la prise de la Bastille ouvre toutefois une brèche dans laquelle s'engouffre le torrent de l'agitation populaire. Tandis que la Bourse salue l'événement par la reprise des cours et que les princes lâchent déjà leur roi pour émigrer, les « patriotes », à Strasbourg, à Dijon, à Bordeaux, à Nantes, à Nîmes et dans bien d'autres villes, organisent les jeunes gens en milices, prennent en charge la police, la justice et les subsistances et redonnent aux municipalités l'autonomie dont elles avaient gardé la nostalgie.

À partir du 20 juillet, la peur panique des « brigands », alimentée par les milliers de vagabonds que le chômage et la misère ont chassés sur les chemins, la rumeur selon laquelle des mercenaires étrangers ont été engagés par les aristocrates pour les égorger, amène les paysans à s'armer de fusils, de sabres, d'épées, de broches ou de faux, à mettre à sac les châteaux, « bastilles » de la féodalité, et à brûler les archives où étaient consignées les preuves de leur servitude, ces droits « gothiques » dont l'irrationalité avait été condamnée par les Lumières et l'administration royale. Seuls la Bretagne, l'Aquitaine, le bas Languedoc, la Lorraine, l'Alsace, le Hainaut et le pays de Caux échappent à cette « Grande Peur » qui place les députés devant un choix délicat.

Bourgeois ou nobles, ils sont tous plus ou moins propriétaires et ne peuvent que s'inquiéter de cette attaque contre les propriétés. Le 3 août au soir, quand un rapport à l'Assemblée énumère « les détails affligeants reçus de plusieurs provinces où la sûreté des personnes, la conservation des propriétés et le paiement des impôts sont mis en péril », un député s'exclame : « C'est la guerre des pauvres contre les riches ! » Mais rétablir l'ordre au nom de la propriété menacée reviendrait à briser l'unité du parti « patriote » et à redonner au monarque une capacité d'arbitrage. Difficile de s'y résoudre. Réunis par le « club breton », une centaine de députés organisent dans le secret le scénario de l'intervention « spontanée » d'un noble appelé à donner l'exemple. L'idée est de séparer les propriétés féodales de la propriété tout court pour sacrifier l'accessoire et sauver l'essentiel. C'est par la voix d'un cadet de famille, désargenté, le vicomte de Noailles, et celle de l'un des plus riches seigneurs du royaume, le duc d'Aiguillon, que doit se faire entendre la voix du peuple.

La nuit du 4 août, dans une atmosphère de délire collectif, ils proposent l'abolition des droits seigneuriaux, « restes odieux de la féodalité », des justices seigneuriales, de la vénalité des charges, des corporations, des droits de chasse, de la dîme, des corvées, des garennes, des colombiers, des privilèges provinciaux, des franchises urbaines... tout en prenant soin de présenter une motion proposant le rachat « au denier trente » des redevances féodales, soit un revenu équivalent au taux de 3,33 %. De l'ancien monde, ils font table rase et, à deux heures du matin, proclament Louis XVI, qui dormait profondément, « restaurateur de la liberté française ». En une nuit, « une contagion sentimentale entraînant les âmes », comme l'écrit un témoin oculaire, le Genevois Étienne Dumont, l'Assemblée constituante avait réalisé l'unité juridique de la nation, anéanti le régime féodal et supprimé ce qui distinguait l'aristocratie. L'avènement de la raison dans l'exaltation des cœurs. C'en était fini des ordres et des privilèges, non, évidemment, d'une propriété désormais ouverte à tous. Car à cette époque, la condamnation de l'édifice « gothique » s'accompagne bien sûr de l'idée que l'argent est le meilleur destructeur des privilèges et le plus efficace égalisateur des conditions.

Libérés des servitudes féodales le 4 août, les Français se réveillent le 26 août « libres et égaux en droits ». « Les hommes naissent et demeurent libres et égaux en droits ; les distinctions sociales ne peuvent être fondées que sur l'utilité commune. » Cette affirmation mémorable, qui constitue l'article premier de la Déclaration des droits de l'homme et du citoyen, ce « catéchisme national » en dix-sept articles admirables d'écriture, s'adresse en même temps aux hommes de tout temps et de tous pays. Cette proclamation des « droits naturels, inaliénables et sacrés de l'homme » posait les bases d'une nouvelle vision du monde. Liberté, qui est le droit de « faire tout ce qui ne nuit pas à autrui », libertés d'opinion, de croyance, d'expression et de presse, égalité civile et fiscale, la « contribution commune » devant « être également répartie entre tous les citoyens, en raison de leurs facultés », présomption d'innocence jusqu'à ce que l'individu soit déclaré coupable, garantie de la propriété privée, souveraineté de la nation et séparation des pouvoirs, tout est dit. Certes, la Déclaration des droits de l'homme et du citoyen est aussi une œuvre de circonstance. Elle est avant tout une machine de guerre dressée contre l'Ancien Régime dont elle veut signer l'acte de décès. Elle évoque un « Être suprême » pour ne pas parler de Dieu. Elle oublie l'esclavage, la liberté économique, le droit au travail, le suffrage universel et l'égalité des sexes. Elle offre cependant le rare exemple d'une œuvre collective qui, dépassant l'ébauche américaine, invente l'alphabet politique d'un monde nouveau. Avec elle, les droits de l'homme ont trouvé une patrie, la France, une France qui, en moins de trois mois, a su faire une révolution complète.

Restait à la faire contresigner par un roi que ces principes nouveaux révulsaient mais dont personne, ou presque, n'imaginait que l'on puisse se passer. Personne ou presque, car bien des modérés pensent déjà que tout va trop vite. Ceux que l'on appelle les « monarchiens » ou les « anglomanes », Lally-Tollendal et Clermont-Tonnerre, Mounier et Malouet, veulent, avec l'appui de Necker, bloquer le mécanisme qu'ils ont enclenché en juin, offrir au roi le veto absolu sur les décisions du pouvoir législatif et doubler l'Assemblée d'un Sénat héréditaire, à la mode anglaise. En face, les « patriotes » refusent avec Sieyès de morceler la souveraineté de l'Assemblée mais acceptent le veto suspensif du roi pendant une durée déterminée. À Paris, toujours sous l'emprise de la disette et du chômage, on s'agite contre « Monsieur et Madame Veto ». Dans les jardins du Palais-Royal, on parle de marcher sur Versailles. En temporisant et en finassant, Louis XVI décourage ses partisans tout en inquiétant ses adversaires. En appelant à Versailles le régiment de Flandres caserné à Douai, il alimente, une nouvelle fois, la rumeur du complot aristocratique. Une rumeur qui prend corps lorsque l'on apprend qu'au cours d'un banquet fortement arrosé offert le 1er octobre par les gardes du corps du roi au régiment de Flandres, en présence du couple royal, la cocarde tricolore a été foulée aux pieds. Le 5 octobre, des groupes de femmes demandant du pain se rassemblent devant l'Hôtel de Ville et prennent la route de Versailles, bientôt suivies par les gardes nationaux de La Fayette et une foule de Parisiens armés. Pendant la nuit, la foule envahit la salle de l'Assemblée, insulte les « monarchiens », se fait ouvrir la buvette, campe, boit et chante sur la place d'armes du château tandis que le roi dort pour la dernière fois à Versailles. Au petit matin, à la suite d'une escarmouche, elle envahit le palais, massacre des gardes et exige de ramener le roi et sa famille plus morts que vifs à Paris. Au début de l'après-midi du 6 octobre, un immense cortège reprend la route de la capitale conduit par deux têtes sanglantes fichées au bout de piques. Puis viennent des chariots de blé et de farine entourés de femmes et de forts des Halles. Au milieu, le régiment de Flandres précède le carrosse royal escorté par La Fayette. La foule ferme la marche en criant : « Nous ramenons le boulanger, la boulangère et le petit mitron. » Au cours de cette deuxième journée révolutionnaire, le peuple a démontré qu'il fallait désormais compter avec lui. Le roi est devenu l'otage de ce qu'il appelait encore ses « bons et fidèles sujets ». Dans son journal, il a noté, à la date du 6 octobre 1789 : « Départ pour Paris à midi et demi, visite à l'Hôtel de Ville, soupé et couché aux Tuileries. »

CHAPITRE 57

Échec au roi

Dans une célèbre caricature du temps, Louis XVI, représenté en Janus, monstre à deux têtes, déclare à un citoyen : « Je soutiendrai la Constitution » et promet en même temps à un ecclésiastique : « Je détruirai la Constitution ». Le caricaturiste inspiré a vu juste. Le roi hésitant et incertain de 1789 sait désormais ce qu'il veut : donner des gages de bonne volonté à l'Assemblée et au peuple et encourager en secret la « contre-révolution ». Le 12 octobre 1789, six jours après avoir été ramené de Versailles à Paris, il écrit au roi d'Espagne : « J'ai choisi Votre Majesté pour déposer en vos mains la protestation solennelle que j'élève contre tous les actes contraires à l'autorité royale qui m'ont été arrachés par la force depuis le 15 juillet... » C'était mener la politique du pire et prendre le risque de perdre la monarchie.

La France régénérée

Le 14 juillet 1790, un an après la prise de la Bastille, devant une foule immense assemblée sur le Champ-de-Mars, La Fayette, au nom de tous les députés élus par les gardes nationales, dégaine son épée et, sur l'autel de la patrie, prête solennellement serment « d'être à jamais fidèle à la Nation, à la Loi et au Roi ». À son tour, Louis XVI prononce le serment de « maintenir de tout son pouvoir les articles de la Constitution décrétés par l'Assemblée nationale ». Marie-Antoinette prend alors le dauphin et le présente à la foule qui hurle : « Vive la reine ! Vive le dauphin ! » Les cloches qui sonnent dans toute la France et les bals qui achèvent cette pluvieuse journée pouvaient faire croire que la Révolution était terminée et que le « roi des Français » était réconcilié avec la nation.

En une année, espace de temps incroyablement court, des hommes venus de leurs provinces pour réformer l'État et lui donner une constitution ont posé les bases d'une France nouvelle, régénérée par la liberté et le talent. Moins spectaculaire que l'événement ou l'émeute, le verbe ou le fusil, cette régénération en profondeur des structures du royaume est pourtant la vraie « révolution ».

Comparution de l'accusé devant les juges dans les vingt-quatre heures après son arrestation, assistance obligatoire d'un avocat, juges élus parmi les gradués en droit et exerçant leurs pouvoirs au nom de la nation, institution d'un jury de citoyens tirés au sort, abolition de la torture, proportion des peines aux délits, nouveau Code pénal, tribunal de cassation chargé de veiller à la bonne application des lois, c'est la « révolution » judiciaire.

Partage de la France en quatre-vingt-trois départements, eux-mêmes subdivisés en districts, cantons et communes, avec consultation des élus pour déterminer leurs limites en fonction de la raison et de l'histoire, élection des administrateurs à tous les niveaux, pouvoirs importants donnés aux municipalités, c'est la « révolution » administrative.

Égalité de tous devant l'impôt, devenu « contribution », rationalisation de la répartition identique pour tout le pays, suppression des impôts indirects, sauf le droit d'enregistrement et de timbre, et mise en place de trois grands impôts directs, la contribution foncière sur le revenu de la terre, la contribution mobilière sur la valeur locative de l'habitation et la patente sur les revenus du commerce et de l'industrie, c'est la « révolution » fiscale.

Liberté sans limites de la presse et de la librairie, droits politiques reconnus aux protestants et aux juifs, c'est la révolution « citoyenne » qui se traduit en particulier par l'explosion du nombre de clubs et de journaux. En 1790, on recense 335 titres à Paris et plus de 400 en province.

Libération des échanges intérieurs, libre jeu des prix et des profits, abolition des corporations, jurandes, maîtrises, manufactures à privilège, interdiction des associations patronales et ouvrières, liberté de culture et de clôture, d'entreprise et du travail, naissance du « brevet » d'invention, c'est affirmer que « l'âme du commerce est l'industrie » et que « l'âme de l'industrie est la liberté ». C'est proclamer, comme le fait la loi dite d'Allarde, que chaque citoyen est libre d'exercer telle profession, tel art ou métier qu'il trouvera bon. Les députés votèrent même un décret contraignant un propriétaire « paresseux » à cultiver ou défricher sa terre, sous peine d'expropriation !

Conformément aux promesses de la Déclaration des droits de l'homme, la France est devenue une société de citoyens aux droits égaux où peuvent s'épanouir librement les capacités, le mérite, le travail et les talents.

Cependant, les Constituants n'étaient pas des saints, encore moins des naïfs. Ils pensaient que s'il faut secourir l'indigent, seules l'instruction et l'aisance rendent aptes au gouvernement. Mais ils savaient aussi qu'en politique, le peuple qui avait tant applaudi les privilégiés dans un passé proche suit plus facilement la voix de la démagogie que celle de la raison. Selon Sieyès, qui inventa cette nomenclature, il fallait distinguer les citoyens « passifs » qui avaient droit « à la protection de leur personne, de leurs propriétés et de leur liberté » mais non « à prendre une part active dans la formation des pouvoirs publics » et les citoyens « actifs » qui, payant au minimum une contribution directe égale à la valeur locale de trois journées de travail, étaient les « vrais actionnaires de la grande entreprise sociale ». C'était substituer la barrière de l'argent à celle du rang. C'était réserver le droit de vote à un peu plus de 4,3 millions d'hommes et en exclure 3 millions, sans compter... évidemment les femmes qui, par la voix d'Olympe de Gouges, revendiquent l'égalité avec les hommes. C'était confier aux seuls « propriétaires », finalement assez nombreux, l'administration de la nouvelle France. Pour faire sentir toute l'absurdité de cette distinction, notait alors Camille Desmoulins, il suffit de dire que Jean-Jacques Rousseau n'aurait pas été éligible. Enrichissez-vous, répliquaient les Constituants.

Fruit d'un long travail entamé dès juillet 1789, la Constitution votée le 3 septembre 1791, la première Constitution française, confie le pouvoir législatif à une assemblée unique de 745 députés, élue pour deux ans par les citoyens « actifs ». Inviolable et indissoluble, elle possède l'initiative des lois, est souveraine en matière financière et a droit de regard sur la gestion des ministres. Si le roi reste « roi des Français, par la grâce de Dieu et la loi constitutionnelle de l'État », coup de chapeau donné au poids du passé, il est totalement subordonné au pouvoir législatif, comme le marque nettement la formule de promulgation des lois : « L'Assemblée nationale a décrété, et nous voulons et ordonnons ce qui suit... »

Si le roi a obtenu un droit de veto suspensif, c'est un veto provisoire et difficile à exercer. Si le roi garde théoriquement la direction de la politique extérieure et nomme ses ministres, obligatoirement hors de l'Assemblée, il ne peut déclarer la guerre ou signer de traités sans le consentement préalable de l'Assemblée, et la plupart des fonctionnaires, désormais élus, échappent à son autorité. Le passé est encore trop récent pour que les Constituants fassent confiance à un souverain qui n'est plus qu'un fonctionnaire dont ils ont fixé les appointements à 25 millions de livres.

Avant de se séparer, les Constituants, fiers de la tâche accomplie, peuvent bien s'exclamer : « Le terme de la Révolution est arrivé », ce qui est en grande partie vrai, ils lèguent à leurs successeurs un problème de long terme, celui de la place du peuple dans la démocratie, et deux questions de court terme, la question religieuse et la question financière intimement liées. C'est l'Église catholique, en effet, grande perdante des réformes de l'été 1789, qui allait être chargée de payer le déficit pour lequel avaient été convoqués les états généraux. Le 2 novembre 1789, sur proposition de Talleyrand, l'évêque d'Autun, l'Assemblée a mis les biens du clergé, estimés à près de 3 milliards de francs, « à la disposition de la nation ». L'argumentation n'était pas si mal fondée. Ces biens étant destinés, pour une part, à la subsistance des membres du clergé et, pour l'autre, à financer les services rendus par l'Église aux pauvres et aux malades, si la nation assurait désormais la subsistance des gens d'Église et prenait en charge les services qu'elle rendait, il n'y avait pas atteinte au droit de propriété. « Le clergé, disait l'évêque d'Autun, n'est pas un propriétaire à l'instar des autres propriétaires, puisque les biens dont il jouit et dont il ne peut disposer ont été donnés non pour l'intérêt des personnes, mais pour le service des fonctions. »

De fait, le budget d'entretien attribué par l'Assemblée au culte catholique signifia, pour la plupart des curés, dont les doléances avaient été si vives, un incontestable mieux-être.

Mis à la disposition de la nation, les biens du clergé allaient constituer la grande masse des biens « nationaux » dont la vente au public devait avoir comme autre avantage d'attacher les futurs acquéreurs à la Révolution. Mais comme le besoin d'argent est pressant, on imagine d'émettre immédiatement 400 millions d'assignats qui constituent une anticipation sur le produit de la vente. Les particuliers les achètent contre espèces métalliques, reçoivent un intérêt de 5 % et peuvent ensuite les utiliser pour acquérir les biens nationaux, l'État devant alors retirer les billets du circuit. Mais en avril 1790, comme les nouveaux impôts directs rentrent mal alors que les dépenses progressent, on émet des tranches nouvelles et on décrète le cours forcé des assignats malgré les voix qui s'élèvent pour en prévoir la dévalua-

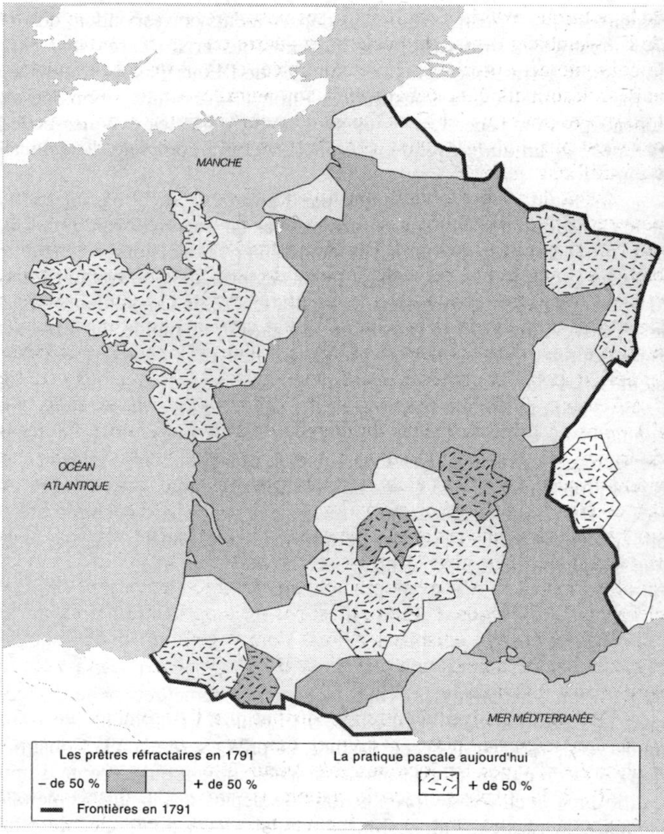

Les prêtres réfractaires.

tion rapide. En mai 1791, les émissions ont déjà dépassé la valeur du gage et la décote de l'assignat atteint plus de 20 %.

Toutes ces mesures n'ont toutefois pas détaché de la cause « patriote » la masse du clergé et des fidèles. Mais, avec la Constitution civile du clergé, votée le 12 juillet 1790, s'amorce une fracture qui va transformer en adversaires de la Révolution ceux-là mêmes qui avaient contribué pour une bonne part à son succès. Destinée à harmoniser la réforme de l'Église à celle de l'État, elle comporte quatre dispositions principales. Aux quatre-vingt-trois départements correspondent désormais quatre-vingt-trois diocèses. Les évêques et les curés sont élus comme les autres fonctionnaires. Salariés de l'État, ils sont soumis au serment de fidélité à la Constitution. Enfin, l'investiture canonique ne dépend plus du pape. Les curés sont investis par les évêques et les évêques par un autre évêque. C'était la victoire complète du gallicanisme.

Acceptable en soi, acceptée par l'ensemble du « bas clergé », cette Constitution civile qui ne touchait pas au dogme devait toutefois recevoir l'aval du pape qui, en faisant traîner sa décision en longueur alors qu'il n'éprouve qu'aversion pour ces principes nouveaux, sème le trouble dans les consciences. Lasse d'attendre, la Constituante exige le 27 novembre 1790 la prestation obligatoire et rapide du serment, partageant les curés en deux groupes à peu près égaux, les assermentés, ou jureurs, et les réfractaires, et faisant apparaître deux France, la France du refus, majoritaire, et la France du serment. En condamnant enfin la Constitution civile le 10 mars 1791, le pape consacre cette fracture. Les Constituants, qui voulaient « terminer la Révolution », ont donné à ses adversaires ses cadres, ses troupes et sa foi. Des millions de catholiques étaient désormais déchirés entre citoyenneté et salut. Un dilemme qui traversera tout le XIXe siècle et une grande partie du XXe siècle.

La fuite du roi

« J'aimerais mieux être roi à Metz que de demeurer roi de France, dans une position pareille », aurait dit Louis XVI après la signature du décret astreignant les ecclésiastiques à prêter serment à la Constitution civile du clergé. C'est sans doute à ce moment qu'il écoute d'une oreille plus attentive les propositions de départ qu'on lui soumettait depuis déjà plusieurs mois. Mais tout Paris s'en doute et épie plus étroitement les faits et gestes de la famille royale. Le lundi saint 18 avril 1791, alors qu'il se prépare à se rendre à Saint-Cloud pour recevoir la communion d'un curé réfractaire, la garde nationale, soutenue par la foule, bloque sa voiture. Malgré les avertissements qui lui confirment qu'une « coupable désertion serait punie de destitution », la famille royale, avec la complicité du Suédois Fersen, un ami très « proche » de la reine Marie-Antoinette, quitte déguisée les Tuileries dans la nuit du 20 au 21 juin pour rejoindre l'armée que le marquis de Bouillé a concentrée à Metz et à Montmédy. Au palais, Louis XVI laisse une lettre maladroite pour expliquer son attitude. Dénonçant l'« anarchie » qui règne en France, il avoue qu'il a mené double jeu, annonce qu'il a décidé de « recouvrer sa liberté », de se « mettre en sûreté avec sa famille » et promet d'oublier « toutes les injures » lorsqu'il reviendra avec une « Constitution acceptée librement ».

Pendant que des courriers partent vers les départements avec ordre d'arrêter le fugitif, la berline royale poursuit sa route. Reconnu à Sainte-Menehould, Louis XVI est arrêté à Varennes à onze heures du soir. Le 25 juin, il est de retour à Paris. S'improvisant en un formidable tribunal, une foule immense et silencieuse, le chapeau sur la tête, contenue par la garde nationale, le fusil crosse en l'air, signifie au roi qu'il est mort une première fois le 21 juin 1791.

L'espoir d'une monarchie constitutionnelle était sérieusement compromis. Le parti « patriote » se divise, les clivages politiques se durcissent et les rues de Paris font entendre leur voix pour dénoncer la « contre-révolution ». « Parti sans laisser d'adresse », ont écrit sur les murs des Tuileries quelques gavroches impénitents tandis qu'en ville, on passe du noir de fumée détrempé dans l'huile sur tout ce qui porte le nom de « roi » ou de « royal ».

Dès le 21 juin, le Club des cordeliers, proche des citoyens passifs et où s'illustrent Danton et Marat, demande à l'Assemblée de proclamer la République. Au Club des jacobins, plus modéré, qui rassemble la plupart des patriotes, on réclame la déchéance d'un roi dont la duplicité est manifeste et on propose de choisir un régent, ce qui ravit Philippe d'Orléans, devenu Philippe Égalité. Mais la majorité des parlementaires, ceux qu'on appelle les « constitutionnels », qui pensent comme Barnave que « tout prolongement de la Révolution serait désastreux », inventent la thèse de l'« enlèvement » du roi. Quant à la déclaration sans équivoque laissée par Louis XVI, elle est considérée comme sans valeur puisqu'elle n'a été contresignée par aucun ministre ! Le décret du 15 juillet, voté à la presque unanimité, déclare l'inviolabilité du roi et le rétablit dans ses fonctions. C'est mettre le feu aux poudres. Le 16, les cordeliers lancent une pétition réclamant la déchéance du roi. Le 17, la garde nationale commandée par La Fayette tire sur les 4 000 ou 5 000 pétitionnaires réunis sur le Champ-de-Mars devant l'« autel de la patrie ». Un an après la fête trompeuse de la Fédération, la rupture est consommée entre le peuple de Paris et les « citoyens-propriétaires ». Le 18, Bailly, le maire de Paris, monte à la tribune de l'Assemblée pour justifier le massacre que les députés prolongent en arrêtant plusieurs chefs démocrates et en prenant des mesures répressives contre tout acte « séditieux ». Né pour soutenir le grand mouvement de régénération de la France, le Club des jacobins éclate. La Fayette, Barnave, Duport, Lameth et la majorité des membres le quittent pour fonder le Club des feuillants, Robespierre gardant avec Pétion, Brissot et Le Chapelier la « vieille maison » et s'ingéniant à maintenir la fidélité des nombreuses sociétés provinciales affiliées.

À l'Assemblée législative, qui se réunit le 1er octobre 1791, les divisions politiques nées des reclassements survenus après Varennes sont dorénavant claires. Hommes d'expérience mais hommes nouveaux, la Constituante ayant décrété la non-rééligibilité de ses membres, les députés se partagent en 264 feuillants pour qui la Révolution est « terminée », 136 jacobins parmi lesquels émergent de fortes personnalités politiques comme Condorcet et Brissot et de grands orateurs tous venus de la Gironde, Guadet, Gensonné, Vergniaud, et environ 345 « indépendants » ou « constitutionnels » parmi lesquels on trouve le premier président de l'Assemblée, Pastoret, dont le journaliste royaliste Rivarol disait qu'il « avait une cervelle de renard dans une tête de veau ». Plus encore que la Constituante, la Législative siège sous la pression du peuple qui envahit les tribunes de la salle du Manège, des journaux et des sociétés populaires qui rivalisent en surenchères. Des surenchères qui ne sont pas pour déplaire à un roi qui, persuadé que ce nouveau régime n'est pas viable, a décidé de mener la politique du pire.

La marche à la guerre

Complot et trahison, tels sont désormais les mots qui mobilisent l'opinion et excitent les tensions. À l'intérieur du pays, la baisse de l'assignat dont la valeur est tombée à 57 % de son montant nominal en juin 1792 renchérit le coût de la vie. À Saint-Domingue, les esclaves se sont soulevés, des plantations ont brûlé de sorte que café, rhum et sucre parviennent difficilement en métropole et voient leur prix brutalement augmenter. À Paris, ceux que l'on appelle les « sans-culottes », parce qu'ils méprisent les culottes à bas de soie portées par les riches, manifestent leur méfiance à l'égard des bourgeois et leur hostilité aux principes économiques libéraux. À Étampes, le maire Simoneau qui refuse de taxer les denrées est massacré par la foule le 3 mars 1792. Dans les campagnes, quand les paysans découvrent que les redevances féodales sont simplement rachetables, des châteaux sont incendiés. Menacée sur sa gauche, l'Assemblée l'est aussi sur sa droite par les aristocrates qui se soulèvent à Avignon et par les prêtres réfractaires qui suscitent des troubles en Vendée et en Lozère.

À l'extérieur du royaume, si la Révolution a été bien accueillie par les élites intellectuelles qui multiplient les séjours en France et créent des clubs amis, si les premiers malheurs de la monarchie n'ont guère ému les cours européennes, l'arrestation de Louis XVI à Varennes, l'ardeur belliqueuse des princes émigrés et la contagion révolutionnaire qui gagne les paysanneries rhénanes ou italiennes amènent le roi de Prusse et l'empereur d'Autriche, Léopold II, frère de Marie-Antoinette, à signer le 27 août 1791 la déclaration de Pillnitz qui affirme : « L'empereur et le roi de Prusse regardent la situation où se trouve actuellement le roi de France comme un objet d'un intérêt commun à tous les souverains d'Europe. Ils espèrent que ceux-ci ne refuseront pas d'employer, conjointement avec eux, les moyens les plus efficaces, relativement à leurs forces, pour mettre le roi de France en état d'affermir, dans la plus parfaite liberté, les bases d'un gouvernement monarchique également convenable aux droits des souverains et au bien-être de la nation française. Alors, et dans ce cas, l'empereur et le roi de Prusse sont résolus d'agir promptement, d'un mutuel accord, avec les forces nécessaires pour obtenir le but proposé en commun. » L'annexion, le 14 septembre 1791, d'Avignon et du Comtat venaissin, dont les populations, soulevées contre l'autorité pontificale, ont voté leur réunion à la France, est une forme de réponse à cette déclaration qui, dans Paris échauffé, exalte le sentiment national et pousse l'Assemblée à durcir les mesures contre les prêtres réfractaires et les émigrés. En novembre 1791, elle adopte trois décrets. L'un contraint les émigrés à rentrer en France dans les deux mois s'ils ne veulent pas être déclarés suspects de conjuration contre la France et voir leurs biens confisqués. L'autre renouvelle l'obligation du serment pour les prêtres réfractaires dans les huit jours sous peine d'être considérés comme rebelles. Le troisième invite le roi à exiger des Électeurs de Trèves et de Mayence qu'ils dispersent les émigrés rassemblés sur leurs terres. Louis XVI oppose son veto aux deux premiers décrets mais sanctionne le troisième et fait savoir le 14 décembre 1791 à l'Électeur de Trèves que si, avant le 15 janvier 1792, il n'a pas dispersé les rassemblements d'émigrés, il ne verra plus en lui qu'un « ennemi de la France ». Souhaitant que la guerre éclate, il écrit au baron de Breteuil, son agent à l'étranger : « Au lieu d'une guerre civile, ce sera une guerre politique et les choses en seront meilleures. L'état physique et moral de la France fait qu'il est impossible de la soutenir. Il faut que ma conduite soit telle que, dans le malheur, la France ne voie d'autres ressources que de se jeter dans mes bras. » À son ami Fersen, Marie-Antoinette confie : « Les imbéciles ! Ils ne voient pas que c'est nous servir ! »

Souhaitée par le roi qui pense en retirer tous les bénéfices, la guerre est aussi voulue par les « brissotins » qui voient dans une grande croisade contre les « despotes » un moyen de galvaniser une nation désunie, de libérer les peuples européens de leurs chaînes, de démasquer les intrigues royales et de hâter l'avènement de la République. « Un peuple qui a conquis sa liberté après dix siècles d'esclavage, déclare Brissot aux jacobins le 16 décembre 1791, a besoin de la guerre : il faut la guerre pour la consolider. » « Dix millions de Français, embrasés du feu de la liberté, armés du glaive, de la plume, de la raison, de l'éloquence, renchérit Isnard à l'Assemblée, pourraient seuls, si on les irrite, changer la face du monde et faire trembler tous les tyrans sur leurs trônes d'argile. » Seul Robespierre, qui n'est plus député, mais impose sa personnalité au Club des jacobins, combat farouchement cette politique belliqueuse qui peut faire le jeu du roi et risque de provoquer l'avènement d'un général ambitieux.

Au Club, en janvier 1792, il réplique à Brissot : « La plus extravagante idée qui puisse naître dans la tête d'un politique est de croire qu'il suffise à un peuple d'entrer la main armée chez un peuple étranger pour lui faire adopter ses lois et sa Constitution. Personne n'aime les missionnaires armés [...]. Avant que les effets de notre Révolution se fassent sentir chez les nations étrangères, il faut qu'elle soit consolidée [...]. La guerre est bonne pour les ambitieux, pour les agitateurs qui spéculent sur ces sortes d'événements. » Mais, trop isolé, il ne peut s'opposer au courant populaire qui multiplie les pétitions en faveur d'une guerre que doit faire la nation qui a voté la Déclaration des droits de l'homme et va bientôt chanter *La Marseillaise*.

En mars 1792, Louis XVI cède volontiers au mouvement en constituant un ministère « brissotin » dominé par Dumouriez, un général ambitieux qui, aux Affaires étrangères, détient le poste clé et, résolu à frapper le premier, adresse le 27 mars 1792 un véritable ultimatum à François II, le successeur de Léopold décédé, un jeune militaire dans l'âme et décidé au conflit. L'ultimatum ayant été repoussé, l'Assemblée vote le 20 avril 1792, sur proposition de Louis XVI, la guerre « au roi de Bohême et de Hongrie », ce qui voulait dire que la France n'entendait pas faire la guerre à une nation mais répondre à l'« injuste agression d'un roi ». Merlin de Thionville lança une formule qui devait rester célèbre : « Il faut déclarer la guerre aux rois et la paix aux nations. » Dans sa *Chronique de Paris*, Condorcet lance : « Paix aux chaumières, guerre aux châteaux ! » Seuls sept députés allaient voter contre cette « croisade de la liberté ». Décision capitale, cette déclaration de guerre allait changer le cours de la Révolution et se retourner contre ceux qui avaient joué les apprentis sorciers.

La chute de la monarchie

La guerre débute mal pour l'armée française décapitée par l'émigration de 6 000 officiers, dépourvue de matériel et commandée par des généraux peu enthousiastes. Un adjudant-général écrit alors à Brissot : « Les tentes, les marmites, les bidons, les canons, les munitions, les outils n'arrivent que successivement et en petit nombre ; quand on a une chose, l'autre manque [...]. Le soldat est défiant, mutin et mal discipliné ; les plaintes sont inutiles parce qu'il n'y a plus de moyens de punir. Nous n'avons que des troupes très neuves, très négligentes et très peu accoutumées aux fatigues, qui murmurent quand les officiers exigent des choses qui leur paraissent pénibles. Ce n'est pas avec des adresses, des pétitions, des fêtes et des chansons qu'on résiste à des troupes aguerries, disciplinées, faites à la tactique et commandées par d'excellents officiers. »

Dillon, Rochambeau, Biron et La Fayette qui devaient mener l'offensive dans les Pays-Bas autrichiens décident, dès les premiers revers, de suspendre les hostilités. Dillon, suspect de trahison, a même été massacré sur le champ par ses hommes. À Paris, on dénonce le « Comité autrichien » de la Cour, à juste raison puisque Marie-Antoinette a dévoilé à Fersen la date des offensives prévues. Hanté par le « complot aristocratique », le peuple commence à s'armer. Aux décrets de l'Assemblée qui décide de déporter les prêtres réfractaires, de dissoudre sa garde constitutionnelle et de constituer à Paris un camp de 20 000 gardes nationaux « fédérés » levés dans les départements, le roi oppose son veto aux premier et troisième décrets et congédie le 12 juin les ministres girondins, donnant l'impression d'une manœuvre coordonnée avec l'avance ennemie et les menaces de La Fayette qui, le 16 juin, écrit de la frontière à l'Assemblée pour dénoncer « l'anarchie » entretenue par les jacobins, « factieux de l'intérieur » aussi nuisibles que les ennemis de l'extérieur.

En réponse, le 20 juin, jour anniversaire du serment du Jeu de paume, plusieurs milliers de personnes menées par Santerre, un riche brasseur du faubourg Saint-Antoine, présentent à l'Assemblée une pétition affirmant que « la volonté de 25 millions d'hommes ne peut être entravée par la volonté d'un seul », envahissent les Tuileries et défilent pendant des heures devant « Monsieur Veto » qui coiffe le bonnet rouge et boit à la santé de la nation au goulot d'une bouteille de vin tendue par l'un des émeutiers. Pourtant, pour la première fois, Louis XVI ne cède pas et maintient sa position, conforté par les messages de soutien qui affluent d'une province choquée par la « grossièreté » du « quatrième ordre » parisien.

Mais de province arrivent aussi les fédérés qui, malgré le veto royal, affluent à Paris pour célébrer l'anniversaire de la prise de la Bastille et soutenir les « patriotes ». Quand elle apprend, le 6 juillet, l'entrée en guerre des Prussiens, l'Assemblée proclame le 11 juillet « la Patrie en danger ». Dans la capitale, 15 000 volontaires s'enrôlent aussitôt. Le 30 juillet, les bataillons marseillais entrent dans la capitale en chantant le *Chant de guerre pour l'armée du Rhin* composé à Strasbourg par un officier du génie, Rouget de Lisle, un chant qui exprime à la fois la haine des tyrans et l'amour de la patrie. Le soir même, invités à un banquet, ils rossent les gardes nationaux des Filles-Saint-Thomas, réputés comme étant « fayettistes ».

Le 3 août, est connu à Paris le manifeste signé le 25 juillet par le duc de Brunswick, commandant des troupes ennemies, qui promet de « livrer la ville de Paris à une exécution militaire et à une subversion totale si la famille royale recevait la moindre atteinte ». C'est brandir le chiffon rouge devant les sans-culottes.

Dans la nuit du 9 au 10 août, une « commune insurrectionnelle », formée par les commissaires députés par les quarante-huit sections de la capitale, chasse la municipalité parisienne jugée trop modérée. Tandis que Louis XVI et sa famille partent se réfugier à l'Assemblée, les Tuileries sont prises d'assaut par les sans-culottes des faubourgs grossis des volontaires marseillais et brestois. Les Suisses et les gentilshommes qui gardaient le château sont massacrés alors qu'ils avaient déposé les armes sur ordre du roi et leurs cadavres dénudés. On vit, racontera plus tard Napoléon, témoin de l'événement « des prostituées bien mises polissonner avec des cadavres nus ».

Sous la pression des piques, l'Assemblée décide alors de suspendre le roi, de mettre fin à son mandat et d'élire au suffrage universel une Convention nationale chargée de rédiger une nouvelle Constitution. Le 10 août achevait ce que Varennes avait commencé. Là où l'on pensait la Révolution terminée, c'est une seconde qui commence, qui rime avec patriotisme et égalité plus qu'avec mérite et liberté.

Chapitre 58

La terreur et la vertu

Dans un rapport présenté à la Convention le 5 février 1794, Robespierre définit la terreur en ces termes : « La terreur n'est autre chose que la justice prompte, sévère, inflexible ; elle est donc une émanation de la vertu ; elle est moins un principe particulier qu'une conséquence du principe général de démocratie appliqué aux plus pressants besoins de la patrie. » Telle est la justification de la terreur par celui qui, « incorruptible » et « tyran », incarne l'une des périodes les plus sombres et les plus passionnément discutées de notre histoire. Fut-elle un « dérapage » accidentel et détestable lié à des « circonstances » exceptionnelles ou fut-elle l'expression la plus pure de la revendication révolutionnaire, l'« essence » même de la Révolution ?

Le règne du sans-culotte

Au lendemain du 10 août 1792, la France n'a plus de gouvernement. Elle est encore une monarchie, mais avec un roi suspendu, incarcéré à la prison du Temple. Elle est une république de fait, mais sans constitution. S'étant substituée par la force à la municipalité élue, la Commune « insurrectionnelle » entend représenter le « peuple ». Brutalement, au monde de la « robe » succède celui des « sans-culottes ». C'est ce qu'énonce Huguenin aux députés quand il leur déclare, au nom de la Commune : « Nous venons ici concerter avec vous des mesures de salut public. Le peuple nous a chargés de vous déclarer qu'il vous investissait de nouveau de sa confiance ; mais il nous a chargés en même temps de vous déclarer qu'il ne pouvait reconnaître, pour juger des mesures extraordinaires auxquelles la nécessité et la résistance à l'oppression l'ont porté, que le peuple français, votre souverain et le nôtre, réuni en assemblées primaires. »

Ce sans-culotte est bien le principal acteur de la période qui s'ouvre avec la chute de la monarchie, celui qui suit les événements avec passion, lit *L'Ami du peuple* puis *Le Père Duchesne*, revendique le suffrage universel et la démocratie directe, réclame à la fois du pain et la guillotine, le tutoiement et l'égalitarisme. Une apologie dressée au cours de l'été 1793 en donne le portrait : « C'est un être qui va toujours à pied, qui n'a point de millions, comme vous voudriez tous en avoir, point de châteaux, point de valets pour le servir, et qui loge tout simplement avec sa femme et ses enfants, s'il en a, au quatrième et au cinquième étage. Il est utile, car il sait labourer un champ, forger, scier, limer, couvrir un toit, faire des souliers et verser jusqu'à la dernière goutte de son sang pour le salut de la République. »

Le sans-culotte porte le pantalon, une veste courte au-dessus de la ceinture, la célèbre carmagnole, le bonnet rouge, les sabots, la pique et le sabre. Il ne dit pas « monsieur » mais « citoyen », veut enfermer les filles publiques dans des « maisons nationales où elles seraient occupées à des ouvrages de leur sexe », condamne les « femmes imprudentes qui veulent devenir des hommes », est volontiers xénophobe, fait de la délation une vertu et de la guillotine « la faux de l'égalité ».

Majoritairement, ce sont des artisans, des boutiquiers, des compagnons ayant atteint la quarantaine, dominés, à l'échelle du quartier, par une minorité active de petits bourgeois modestement instruits, tanneurs, brasseurs, teinturiers, vitriers, bouchers, imprimeurs, qui profitent d'une situation de crise pour exprimer la jalousie qu'ils éprouvent envers ces « honnêtes gens » que les événements de 1789 ont portés au pouvoir. Ils veulent, non les mêmes chances, mais les mêmes résultats, non les mêmes droits, mais les mêmes pouvoirs. Égaliser, tel est leur maître mot. Au principe de la propriété, qu'ils ne contestent pas puisqu'ils sont souvent eux-mêmes des petits propriétaires, ils opposent celui de l'« égalité des jouissances ». « Prenez tout ce qu'un citoyen a d'inutile, car le superflu est une violation évidente et gratuite des droits du peuple, prétendent-ils. Tout homme qui a au-delà de ses besoins, ne peut pas user, il ne peut qu'abuser... Nous sommes arrivés au point où il faut que le riche paye, où il faut que celui qui a deux plats en donne un à celui qui n'en a point. Tu as un beau déshabillé ;

patience, avant peu, si tu en as deux, tu m'en donneras un et c'est bien ainsi que nous l'entendons ; il en sera ainsi comme de toute autre chose. »

L'univers du sans-culotte est celui de la section. Initialement conçue comme une unité de vote pour les communes de plus de 25 000 habitants, elle est rapidement devenue un lieu de réunions permanentes, le lieu d'apprentissage de la démocratie directe et le foyer d'une intense activité politique où l'on vote d'abord à voix haute, puis par acclamation. C'est là que cette minorité en état de tension permanente, quelques centaines d'hommes dans les grandes villes, quelques milliers à Paris, impose sa loi par l'intimidation, contrôle l'opinion, surveille les citoyens soupçonnés de « tiédeur », exclut ceux accusés d'incivisme et rêve d'organiser une société « régénérée » par le « sang impur » des « perfides qui sont au sein de la France ».

C'est sous leur pression que, dans les jours qui suivent l'insurrection du 10 août, les députés votent la création d'un tribunal criminel extraordinaire formé de juges élus par les sections parisiennes pour juger les crimes de contre-révolution, abrogent toutes les redevances seigneuriales qui restaient dues par les paysans, ordonnent la vente des biens nationaux par petits lots, confèrent aux seules communautés villageoises la propriété des communaux, autorisent la réquisition des blés, rendent passibles de déportation en Guyane les prêtres réfractaires s'ils ne quittent pas la France sous quinzaine et autorisent les visites domiciliaires pour rechercher les armes que pouvaient détenir les citoyens suspects.

C'est une poignée d'entre eux qui, du 2 au 6 septembre 1792, à la nouvelle que les armées prussiennes ont enlevé Longwy et Verdun, massacrent de sang-froid la moitié environ des 3 000 personnes alors enfermées dans les prisons parisiennes, dont près des trois quarts étaient des détenus de droit commun.

Ministre de la Justice, Danton n'est point intervenu. Il aurait même déclaré : « Je me fous bien des prisonniers, qu'ils deviennent ce qu'ils pourront ! » Ministre de l'Intérieur, Roland écrit le 3 septembre : « Hier fut un jour sur les événements duquel il faut probablement jeter un voile. » Dans son journal, la *Chronique de Paris*, Condorcet écrit le 4 septembre : « Nous tirons le rideau sur les événements dont il serait trop difficile en ce moment d'apprécier le nombre et de calculer les suites. Malheureuse et terrible situation que celle où le caractère d'un peuple naturellement bon et généreux est contraint de se livrer à pareilles vengeances. »

Le tocsin qui sonne, un climat de frayeur panique, l'obsession punitive, aucune instruction repérable, aucun ordre venu d'en haut, des journaux qui jettent de l'huile sur le feu, des petits bourgeois qui se transforment en égorgeurs, les modérés qui prennent peur et se taisent, des hommes politiques qui endossent l'événement comme « inévitable », tels sont les enchaînements « ordinaires » de cette première Terreur.

Mais c'est aussi une armée de sans-culottes qui, le 20 septembre 1792, reste impassible sous la mitraille des Prussiens qui se retirent sans combattre, après avoir été surpris par le feu des batteries françaises adossées au moulin de Valmy. Danton a-t-il acheté Brunswick grâce aux bijoux de la Couronne volés au garde-meuble ? Les liens maçonniques entre Brunswick et Dumouriez ont-ils joué un rôle ? La diarrhée et la dysenterie ont-elles épuisé les Prussiens plus que le son du « Ça ira » et le cri de « Vive la Nation » lancé par Kellermann ? Toujours est-il qu'en se retirant, les Prussiens font un superbe cadeau à la Révolution. C'est une troupe de jeunes volontaires patriotes qui a fait reculer la première armée d'Europe et lui fait repasser la frontière le 22 octobre. Goethe, qui assistait à la rencontre, écrit : « La plus grande consternation régnait dans l'armée. Le matin encore, on ne parlait que d'embrocher et de manger tous les Français. Maintenant, chacun paraissait rêveur ; on ne se regardait pas, ou si cela arrivait, c'était pour jurer ou maudire [...]. On m'interpella pour me demander ce que je pensais de tout cela. Je répondis : « D'aujourd'hui et de ce lieu date une ère nouvelle dans l'histoire du monde, et vous pourrez dire : j'y étais. »

Le jour même de Valmy, la Convention se constituait pour la première fois dans la salle du Manège. Le 21 septembre, la royauté était abolie à l'unanimité. Le 22, Billaud-Varenne faisait décréter que les actes publics porteraient désormais la date de l'an I de la République. Le 25, sur proposition de Couthon, la Convention adoptait la formule qui est restée la nôtre : « La République française est une et indivisible. » Valmy inaugurait de belle manière la naissance de la République.

Girondins et montagnards

Élus par moins de 10 % de la population, la minorité politiquement engagée, les 749 conventionnels sont pour la plupart des juristes, des hommes mûrs qui ont fait leurs classes dans les clubs ou les gardes nationales, ont siégé pour un tiers d'entre eux dans les deux précédentes assemblées et pour plus de la moitié dans les administrations provinciales et locales. Comme le signifie le nom de Convention, un mot d'origine anglaise illustré par l'indépendance américaine, ils sont à la fois dépositaires du pouvoir législatif et du pouvoir exécutif avec pour mission essentielle d'établir une nouvelle constitution.

Les clivages qui les séparent, particulièrement fluctuants, sont en grande partie issus des événements récents, quand un pouvoir né de l'insurrection, la Commune de Paris, a pris le pas sur le pouvoir légal alors représenté par l'Assemblée législative. Ainsi, ceux que l'on appelle les « girondins », 160 députés environ, condamnent les massacres de septembre, se méfient des « flatteurs du peuple », veulent poursuivre la politique de décentralisation amorcée par la Constituante et font du libéralisme économique et du droit de propriété leur cheval de bataille. Souvent élus des grands ports, Nantes, Marseille et surtout Bordeaux, ils se retrouvent dans le salon de Mme Roland, brillent par leur éloquence, se rassemblent derrière Isnard, Vergniaud, Brissot, lisent *Le Patriote français* et rêvent d'une république à l'américaine où la capitale serait « réduite à un quatre-vingt-troisième d'influence, comme chacun des autres départements ».

En face, les 260 montagnards, qui appartiennent aux même catégories professionnelles et ont reçu la même éducation, estiment que l'avenir de la Révolution et le leur passe par la satisfaction des aspirations des classes populaires. Élus de Paris dont ils entendent faire le centre de la France, leurs chefs viennent souvent de l'état-major de la Commune insurrectionnelle. Aux côtés de Robespierre, Danton et Marat, si dissemblables, on trouve le poète Fabre d'Églantine, le comédien Collot d'Herbois, le journaliste Camille Desmoulins, Philippe Égalité — le duc d'Orléans —, Saint-Just, député de l'Aisne, Carnot, l'ancien officier du génie, Fouché, venu de l'Oratoire. Rêvant d'une république romaine, ils sont pour un gouvernement autoritaire et centralisateur qui assure aux hommes le premier des droits, celui d'exister. « La première loi sociale, affirme Robespierre, est celle qui garantit à tous les membres de la société les moyens d'exister ; toutes les autres sont subordonnées à celle-là. » Mais que d'oppositions entre un Danton, brutal, passionné, corrompu, grande gueule, et Robespierre, pénétré des maximes du *Contrat social* et de la sensibilité de *La Nouvelle Héloïse*.

Entre ces deux groupes aux frontières incertaines, la masse de la Convention, qu'on appelle la Plaine ou, d'une manière péjorative, le Marais, rassemble la plus grande partie des députés, ceux qui se sentent proches de la Gironde quand il s'agit de défendre la propriété et la liberté et de la Montagne quand il s'agit de contenir la menace aristocratique. On y retrouve surtout Sieyès qui assure la continuité de l'esprit de 1789.

Amorcé dès les premières semaines de la Convention par les girondins qui accusent Danton d'avoir détourné les fonds secrets dont il avait disposé comme ministre, Marat de responsabilité dans les massacres de septembre et Robespierre « d'avoir tyrannisé par tous les moyens d'intrigue et d'effroi l'assemblée électorale du département de Paris », l'affrontement entre girondins et montagnards s'amplifie lors du procès du roi qui s'ouvre le 11 décembre 1792. Alors que Saint-Just puis Robespierre exigeaient la mort immédiate du roi dans la mesure où juger le roi, c'était en quelque sorte juger aussi ceux qui l'avaient détrôné — « Si le roi n'est pas coupable, argumente Robespierre, ceux qui l'ont détrôné le sont » —, la majorité légaliste des députés veut faire un procès régulier pour « instruire » l'opinion publique. Alors que, le procès engagé, les girondins réclament l'appel au peuple pour confirmer ou infirmer le jugement de la Convention, les montagnards rétorquent que l'appel au peuple offre une plateforme inespérée à la propagande royaliste. La mort ayant été votée, les girondins demandent un sursis qui est rejeté par 380 voix contre 310, la Plaine ayant suivi une Montagne beaucoup plus cohérente dans ses choix et dans ses votes. « La Gironde, écrit Mona Ozouf, doit sa défaite à son inconsistance politique : alors que chacun a encore dans l'oreille les discours enflammés de ses orateurs appelant à la guerre, elle agite le danger de l'extension du conflit ; elle plaide à la fois pour le principe de la souveraineté du peuple et contre le principe de la justice révolutionnaire égale pour tous ; [...] elle ne cesse de dire qu'elle subit l'inacceptable pression des tribunes, mais leur cède assez pour se diviser elle-même, tout en les provoquant par de malencontreuses tentatives de diversion. » Dans ces temps de guerre et d'inquiétude, l'inconstance et la faiblesse se paient au prix fort.

Le 21 janvier 1793, Louis XVI, qui avait raté son règne et son procès, réussit sa mort en faisant preuve de courage et en criant à la foule immense qui se presse place de la Révolution : « Peuple, je meurs innocent ! Je prie Dieu que mon sang ne retombe pas sur la France ! » Tous ceux qui avaient voté la mort du « guérisseur d'écrouelles » ont alors conscience, comme l'exprimait Cambon, l'un d'entre eux, de « débarquer dans une île nouvelle » et de « brûler les vaisseaux qui les y avaient portés ».

Même si l'exécution du roi ne provoque dans l'opinion aucune réaction forte, comme si la royauté sacrée était à cette date une institution déjà morte, elle accélère la formation d'une immense coalition dont l'Angleterre restera, pendant plus de vingt ans, la pièce maîtresse. Une Angleterre finalement moins émue par la mort de Louis XVI que par les conquêtes spectaculaires réalisées par les troupes révolutionnaires après Valmy. La victoire de Jemmapes au chant de *La Marseillaise* a permis la conquête d'une Belgique aux revenus fort convoités. Puis la Convention annexe le duché de Savoie et le comté de Nice. Le 19 novembre, elle décide par décret « que la nation française accordera fraternité et secours à tous les peuples qui voudront jouir de la liberté », ce qui est interprété par les gouvernements étrangers comme une incitation à la guerre civile. Pire, enfin, Carnot affirme après Danton que « les limites anciennes et naturelles de la France sont le Rhin, les Alpes et les Pyrénées », une théorie nouvelle qui greffe une volonté expansionniste sur une croisade libératrice et se manifeste par l'envoi d'une flotte française au large d'Anvers.

Au printemps 1793, l'Angleterre, le pape, le duc de Parme, le duc de Modène, le roi de Naples, la Sardaigne, les États allemands, l'Autriche, l'Espagne, la Prusse, le Portugal, la Russie se coalisent contre la France. Le 18 mars 1793, le général Dumouriez est écrasé à Neerwinden et passe à l'ennemi, discréditant ses amis girondins. Des conquêtes de l'automne, il ne reste sur le Rhin que la ville de Mayence assiégée par les Prussiens. Bientôt les Espagnols menacent les Pyrénées.

Au même moment, la « Vendée » se soulève, autant pour des raisons religieuses que par réaction contre le décret du 24 février 1793 levant 300 000 hommes à tirer au sort parmi les célibataires de chaque commune et que par hostilité « paysanne » aux « messieurs » des villes qui, ici plus qu'ailleurs, ont confisqué à leur profit la vente des biens nationaux. Dès le 9 mars, des jeunes gens refusent l'enrôlement, s'en prennent aux symboles républicains comme les arbres de la liberté, massacrent des « patriotes » à Machecoul et finissent par se constituer en armées commandées par des nobles comme Charette et La Rochejaquelein ou des roturiers comme Cathelineau ou Stofflet. Cholet tombe le 14 mars aux mains des « blancs » et Saumur est menacé. Pour la première fois, le peuple se révolte contre la Révolution du peuple. La Convention, qui ne veut voir dans cette insurrection « inexplicable » qu'un « coup de poignard dans le dos » mobilisant des paysans « arriérés » pour restaurer le monde ancien, réagit par le décret du 19 mars qui institue la peine capitale dans les vingt-quatre heures pour toute personne prise les armes à la main ou portant la cocarde blanche. Le 6 avril, les montagnards obtiennent la création d'un Comité de salut public coordonnant toutes les mesures touchant la défense intérieure et extérieure du pays. Aux girondins qui crient à la dictature, Marat réplique : « C'est par la violence que doit s'établir la liberté et le moment est venu d'organiser momentanément le despotisme de la liberté pour écraser le despotisme des rois. » Danton, l'homme fort du moment, ajoute : « Soyons terribles pour dispenser le peuple de l'être. »

Dans le même mouvement, les compétences du Tribunal révolutionnaire sont élargies, l'accusateur public pouvant faire arrêter et juger tous les prévenus de conspiration sur simple dénonciation des autorités constituées. En même temps aussi, l'aggravation de la situation économique excite les revendications populaires. À Lyon comme à Paris, ceux que leurs adversaires appellent des « enragés », comme le populaire Jacques Roux, prêtre constitutionnel de Saint-Nicolas-des-Champs, demandent le cours forcé de l'assignat, l'établissement d'un maximum des prix et exigent que les épiciers « restituent au peuple ce qu'ils lui faisaient payer beaucoup trop cher depuis longtemps. »

Débordés, coupés de leurs attaches provinciales, les girondins multiplient alors les maladresses. Le 12 avril, ils font traduire Marat, président du Club des jacobins, devant le Tribunal révolutionnaire qui l'acquitte triomphalement le 24 avril. Le 24 mai, ils font arrêter deux chefs du parti « populaire », Hébert et Varlet. À une délégation de la Commune de Paris venant le lendemain réclamer leur libération à la Convention, Isnard déclare : « Si par ces insurrections toujours renaissantes il arrivait que l'on portât atteinte à la représentation nationale, je vous le déclare au nom de la France entière, Paris serait anéanti ; bientôt on chercherait sur les rives de la Seine si Paris a existé. »

« Paris » répond à ce nouveau « manifeste de Brunswick » par un coup de force. Après une première manifestation le 31 mai, 80 000 sans-culottes commandés par Hanriot, un ancien commis d'octroi, grande gueule du quartier Mouffetard, encerclent la Convention le dimanche 2 juin et obtiennent sous la menace des canons l'arrestation de 29 députés girondins, les têtes du parti. Pour la première fois, la représentation nationale avait dû capituler devant la force armée de la rue. À ce titre, le 2 juin 1793 annonce d'autres coups de force.

Le « gouvernement révolutionnaire »

Victorieuse, la Montagne hérite toutefois d'une situation dramatique. Vaincue à Paris, la Gironde voit se soulever en sa faveur Lyon, Marseille, Toulon, Bordeaux, Caen, Montpellier, Nîmes, Lons-le-Saulnier, Bayonne qui, accusées de « fédéralisme » par la Montagne, c'est-à-dire de vouloir faire « sécession », manifestent simplement leur refus de l'« anarchisme » sans-culotte et leur haine de Paris. « Vive la République une et indivisible ! proclame dans une lettre-affiche « fédéraliste » Rabaut Saint-Étienne. Mais elle ne peut vivre que par l'insurrection universelle de tous les départements français [...]. Paris ne peut pas se suffire, ajoute-t-il, sa population immense, étrangère à elle-même, est facilement trompée, égarée, agitée. On l'échauffe par de fausses terreurs, on la soulève pour du pain, on l'abuse en la flattant et telle est la faiblesse morale de cette masse confuse que des troupes de femmes y font la loi et font fléchir la force armée, les magistrats et les autorités. » En venant à Paris assassiner Marat dans sa baignoire le 13 juillet 1793, Charlotte Corday, la Normande, manifeste avec éclat cette indignation des « gens de bien ». Mais en même temps, ce meurtre semble illustrer l'audace terrifiante de la « contre-révolution ». Dans les jours qui suivent, l'idée qu'« il faut jeter la terreur dans l'âme des traîtres » fait son chemin.

Dans l'Ouest, en Vendée, l'armée « royale et catholique » qui oppose la croix de Jésus aux « drapeaux sanglants de l'anarchie » prend Saumur le 9 juin, Angers le 18 et échoue de justesse devant Nantes le 29. À Paris, l'impression est terrible. Au mois de juin 1793, ce sont la moitié des départements qui sont en révolte. Dans la même « logique » de la Terreur, la Convention vote le 1er août, sur le rapport de Barère, un décret d'extermination du « chancre qui dévore le cœur de la République ». « Les forêts seront abattues, les repaires des rebelles seront détruits, les récoltes seront coupées et les bestiaux seront saisis. Les femmes, les enfants et les malades seront conduits à l'intérieur ; il sera pourvu à leur subsistance et à leur sûreté avec tous les égards dus à l'humanité. »

Sur tous les fronts, la défense faiblit. Toulon est livrée par les royalistes aux Anglais qui occupent également la Corse dont Paoli s'est rendu maître et s'emparent des colonies. « La République n'est plus alors qu'une grande ville assiégée », une République qui vend le sucre à 4 livres alors qu'il ne valait autrefois que 20 sous, proteste un homme arrêté au faubourg Saint-Antoine.

Le 23 août, la Convention décrète la levée en masse réclamée depuis un mois par les sans-culottes. « Dès ce moment jusqu'à celui où les ennemis auront été chassés du territoire de la République, lance Barère qui a l'art des formules, tous les Français sont en réquisition permanente pour le service des armées. Les jeunes gens iront au combat ; les hommes mariés forgeront les armes et transporteront les subsistances ; les femmes feront des tentes, des habits, et serviront dans les hôpitaux ; les enfants mettront le vieux linge en charpie, les vieillards se feront porter sur les places publiques pour exciter le courage des guerriers, prêcher la haine des rois et l'unité de la République. » Le 5 septembre 1793, au lendemain d'une nouvelle manifestation armée organisée par les sans-culottes pour réclamer du pain et la guillotine, la Convention décide de « mettre la terreur à l'ordre du jour ». Le 17 septembre, la loi sur les « suspects » ordonne l'arrestation immédiate de tous ceux qui, « soit par leur conduite, soit par leurs relations, soit par leurs propos ou leurs écrits, se sont montrés partisans de la tyrannie ou du fédéralisme et ennemis de la liberté. » Le 29 septembre est décrété le « Maximum général » fixant partout le prix des denrées à la valeur de l'année 1790 augmentée d'un tiers. La Terreur est désormais devenue un système de gouvernement que Billaud-Varenne, membre du Comité de salut public, légitime le 18 novembre en ces termes : « Si les tyrans se font précéder de la terreur, cette terreur ne frappe jamais que sur le peuple. Au contraire, dans une république naissante, quand la marche de la révolution force le législateur de mettre la terreur à l'ordre du jour, c'est pour venger la nation de ses ennemis ; et l'échafaud, qui naguère était le partage du misérable et du faible, est enfin devenu ce qu'il doit être : le tombeau des traîtres, des intrigants, des ambitieux et des rois. »

Cheville ouvrière du « gouvernement révolutionnaire », le Comité de salut public, composé de 12 membres, Robespierre, Couthon, Saint-Just, Carnot, Prieur de la Côte-d'Or, Lindet, Collot d'Herbois, Billaud-Varenne, Barère, Jean Bon Saint-André, Prieur de la Marne, Hérault de Séchelles, centralise toutes les opérations gouvernementales, en lieu et place des ministres. Entré au Comité le 27 juillet, Maximilien Robespierre, cet ancien avocat d'Arras aux manières policées et à l'éloquence ennuyeuse, a eu d'emblée l'intuition de la puissance irrésistible du courant populaire. Par le soin de sa tenue et la modestie de son existence, il convient aux temps démocratiques. Par sa force morale et sa conviction, il s'est identifié à la Révolution. Par sa vigilance inquiète et ses dénonciations incessantes, il plaît à un peuple qui y trouve l'écho de ses propres anxiétés. « À la différence de tant d'autres, écrit l'historien Patrice Gueniffey, Robespierre ne jouait pas à la Révolution. Il avait éliminé en lui toute distinction entre les ambitions personnelles et la cause qu'il défendait, si bien que la cause de la Révolution et la sienne ne faisaient réellement qu'un. » Ce sont les fantasmes et les obsessions d'une époque qui trouvent en Robespierre un meneur à leur mesure.

Autre pièce maîtresse du gouvernement révolutionnaire, le Comité de sûreté générale où siège le peintre David centralise le vaste réseau de comités locaux chargés de repérer et d'arrêter les « suspects ».

Réorganisé en septembre, le Tribunal révolutionnaire voit ses jugements exécutés dans les vingt-quatre heures sans aucune possibilité de recours. Accusateur public, Fouquier-Tinville, fonctionnaire méticuleux auquel on reproche régulièrement l'insuffisant rendement de la guillotine, a pourtant le sentiment de faire scrupuleusement son devoir. Au total, d'avril 1793 à mai 1795, 5 343 « suspects » ont été traduits devant lui, 2 747 ont été condamnés à mort et exécutés, dont plus de la moitié en juin et juillet 1794, 239 condamnés à la déportation ou à des peines supérieures à vingt ans, 2 357 ont bénéficié d'un acquittement ou d'un non-lieu. Si l'on recense des victimes illustres, Marie-Antoinette et Mme Roland, Mme du Barry et Olympe de Gouges, Barnave et Bailly, Philippe Égalité et Rabaut Saint-Étienne, la majorité d'entre elles appartient au monde « ordinaire » de l'ancien tiers état.

Dans les provinces et aux armées, les représentants en mission ont pleins pouvoirs pour organiser la victoire et exterminer les ennemis de la République en s'appuyant sur les sociétés populaires locales, filiales du Club des jacobins. Au total, à l'échelon national, quelque 16 600 personnes auraient ainsi été exécutées à la suite d'une condamnation à mort par une cour de justice révolutionnaire, selon l'historien américain Donald Greer, tandis que le nombre des arrestations opérées s'élèverait à environ 500 000 individus.

Les résultats sont à la mesure de l'énergie déployée. Aux frontières, attaquant l'ennemi avec insolence et le « ça ira » aux lèvres, les soldats de l'an II, conduits par de jeunes généraux, refoulent partout l'ennemi, à Hondschoote et Wattignies, Wissembourg et Landau et, pratiquant l'offensive à outrance, balaient les armées de mercenaires que leur oppose la coalition. À l'intérieur du pays, les foyers d'insurrection sont rapidement réduits. Marseille est reprise aux « fédéralistes » le 25 août 1793. Lyon, réduite le 9 octobre est rebaptisée Ville-Affranchie et promise à la destruction tandis que Fouché fait mitrailler les condamnés par centaines dans la plaine des Brotteaux. Toulon, enlevée par Bonaparte, un jeune officier d'artillerie, devient Port-de-la-Montagne. À Nantes, les hommes de main de Jean-Baptiste Carrier, représentant en mission, noient dans la Loire plus de 5 000 personnes, au point de polluer ses eaux. Le 17 octobre, les Vendéens sont battus à Cholet puis écrasés à Savenay le 23 décembre. Commandées par le général Turreau, désavoué en mai 1794, douze colonnes mobiles ravagent alors systématiquement le pays rebaptisé « Département vengé ».

Entre 120 000 et 150 000 personnes pour la Vendée, le Maine-et-Loire, la Loire-Atlantique et les Deux-Sèvres auraient péri, victimes des guerres, des maladies épidémiques et de l'emprise de l'idéologie

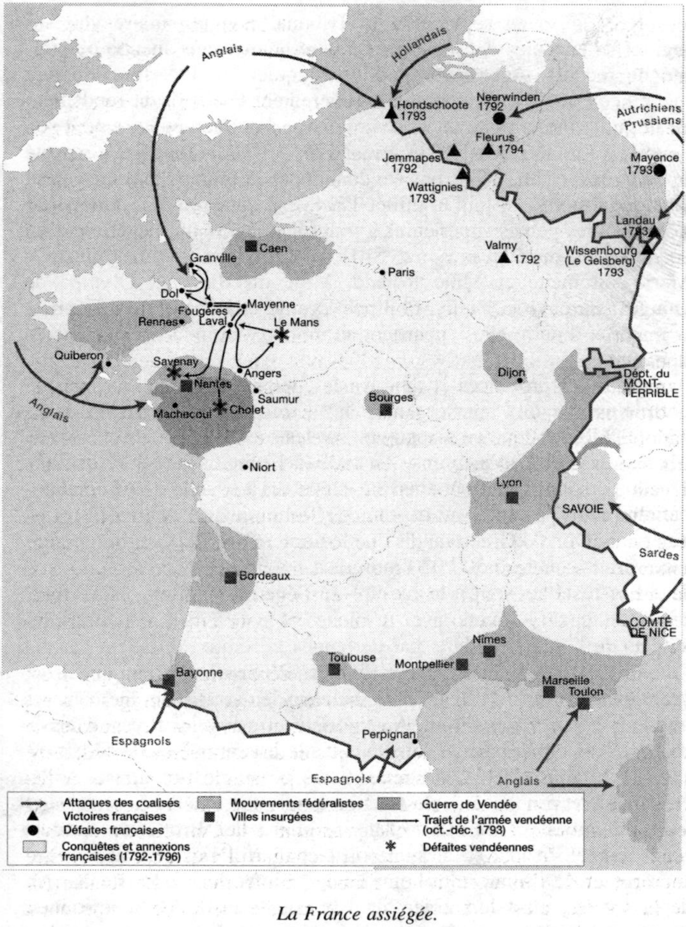

La France assiégée.

sur des hommes qui, rêvant de « régénérer » le peuple, détruisent systématiquement tous ceux qui se mettent en travers de leur projet et arrosent de « leur sang impur » « le sol de la liberté ». Mais en même temps, quand Saint-Just prétend employer les détenus aux corvées et aux grands travaux, il rencontre, relate Barère, « l'indignation silencieuse » de tous ses collègues du Comité, un Comité qui a fixé généreusement le trousseau des prisonniers à six chemises et six paires de bas. « L'humanisme du siècle ne disparaît pas avec les tombereaux », écrit François Furet.

Car la Terreur a aussi pour ambition de fonder une république idéale, de forger un homme nouveau détaché d'un passé corrompu. Comment expliquer en effet que le recours à la violence s'exaspère au printemps 1794, au moment même où, partout, la situation dramatique a été redressée sinon par le fait que la Terreur a aussi pour but d'épurer le corps de la nation des « méchants » dont la seule activité est de « comploter » contre elle.

De cette volonté « de créer un ordre des choses tel qu'une pente universelle vers le bien s'établisse » témoignent à leur manière la Constitution, adoptée le 24 juin 1793 mais jamais appliquée, qui proclame que « le but de la société est le bonheur commun » et affirme le droit au travail, à l'assistance, à l'instruction et à l'insurrection, l'adoption du calendrier révolutionnaire qui est l'utopie de substituer aux superstitions religieuses « les réalités de la raison » et d'affirmer devant le monde entier l'ouverture d'une ère nouvelle de l'humanité, l'abolition de l'esclavage aux colonies, les mesures d'assistance adoptées en mai 1794 qui prévoient l'octroi aux indigents d'une indemnité annuelle, conçue non pas comme une aumône mais comme un geste de « fraternité civique » entre citoyens égaux en droits, et surtout, peut-être, la fête organisée le 8 juin 1794 pour célébrer le culte de « l'Être suprême ».

Hostile au violent mouvement de déchristianisation qui s'est déchaîné à la fin de l'année 1793 sous la pression des enragés et s'est traduit par des mascarades antireligieuses et des actes de vandalisme à l'égard des églises, des objets du culte et des cimetières, Robespierre sait, en homme de gouvernement, que le peuple est attaché à ses croyances et croit, en disciple de Rousseau, que l'athéisme est destructeur de la morale. Le 7 mai 1794, proposant à la Convention le décret selon lequel le peuple français « reconnaît l'existence de l'Être suprême et de l'immortalité de l'âme », il affirme : « Le fondement de la société, c'est la morale, et une morale est vaine si elle n'est accompagnée de sanctions. Quelle meilleure sanction que la sanction divine ? Sans ce juge secret et omniscient triompheraient l'égoïsme et les intérêts les plus vils. L'athéisme est immoral et aristocratique ; l'idée de l'Être suprême et de l'immortalité de l'âme est un rappel continuel à la justice ; elle est donc sociale et républicaine. »

Mise en scène par David au Champ-de-Mars, où délégués des sections, députés de la Convention, vieillards, mères de famille, jeunes filles portant des branches de chêne et des corbeilles de fleurs prennent place sur une montagne artificielle symbolisant la nature, la fête qui célèbre le « grand ordonnateur » cherche aussi à sa manière à terminer la Révolution, à poser la première pierre d'une société régénérée par la Raison et la Vertu.

En ce printemps 1794 pourtant, la Révolution semble « glacée », doit avouer Saint-Just. C'est que les succès remportés par le « gouvernement révolutionnaire » rendent moins supportables la Terreur et la vertu. C'est qu'enfermé dans sa logique, Robespierre assimile tout désaccord à l'égard de ses « principes » comme la manifestation d'un « complot de l'étranger ». C'est en juge et arbitre suprême qu'il dénonce les « indulgents » qui, autour de Danton et Camille Desmoulins, estiment le moment venu d'économiser le sang des hommes et les « exagérés » qui, avec Hébert et Chaumette, veulent aller encore plus loin. « Les ennemis intérieurs du peuple français, déclare-t-il le 4 février 1794, se sont divisés en deux factions : l'une de ces deux factions nous pousse à la faiblesse, l'autre aux excès. L'une veut changer la liberté en bacchante, l'autre en prostituée. Des intrigants subalternes, souvent même de bons citoyens abusés, se rangent de l'un ou de l'autre parti : mais les chefs appartiennent à la cause des rois ou de l'aristocratie. »

Après les hébertistes envoyés à l'échafaud le 24 mars 1794, Danton et ses amis « indulgents » sont guillotinés le 5 avril. Deux jours après la fête de l'Être suprême, la loi du 22 Prairial (10 juin 1794) invite le Tribunal révolutionnaire à juger sur des preuves morales les « ennemis de la patrie » sans perdre du temps à entendre témoins et avocats. L'article 7 stipulait que la seule « peine portée contre tous les délits est la mort ». Elle provoque près de 1 500 exécutions en sept semaines alors que la superbe victoire de Fleurus, le 26 juin, fait totalement disparaître la menace aux frontières. « Les victoires s'acharnaient sur Robespierre », selon la fulgurante formule de Barère.

À cette date, l'« Incorruptible » et ses fidèles sont seuls, coupés de leurs soutiens auprès des sans-culottes parisiens et des députés « ordinaires » terrorisés par le climat de suspicion dans lequel s'englue le gouvernement. Les *Mémoires* de Thibaudeau, député à la Convention, en témoignent : « En entrant dans l'Assemblée, chaque membre plein de défiance, observait sa démarche et ses paroles dans la crainte qu'on ne lui en fît un crime. En effet, rien n'était indifférent, la place où l'on s'asseyait, un geste, un murmure, un sourire [...]. Des personnages ne prenaient pied nulle part, et pendant la séance changeaient souvent de place, croyant ainsi tromper l'espion, et en se donnant une couleur mixte, ne se mettre mal avec personne. Les plus prudents faisaient encore mieux, dans la crainte de se souiller et surtout de ne pas se compromettre, ils ne s'asseyaient jamais, ils restaient loin du banc au pied de la tribune et dans les occasions éclatantes où ils avaient de la répugnance à voter pour une proposition [...] ils se sauvaient furtivement hors de la salle. »

Une étrange « coalition » se forme alors, rassemblant un groupe de « gauche » qui accuse « Robespierre-roi », les pires terroristes qui craignent d'être les prochaines victimes de la guillotine et la Plaine qui, lasse de la Terreur, veut respirer un peu. Le 9 Thermidor (27 juillet 1794), la Convention vote un décret d'accusation contre Robespierre, Saint-Just et Couthon. La mobilisation de la Commune de Paris en leur faveur est un échec. Le lendemain, l'Incorruptible et vingt et un des siens sont exécutés sans jugement.

CHAPITRE 59

Le sabre et la Révolution

« Citoyens, la Révolution est fixée aux principes qui l'ont commencée, elle est finie. » Beaucoup de Français approuvent ce credo écrit par le consul Bonaparte en décembre 1799. Celui qui, un mois auparavant, a mis son sabre au service des « meilleurs », promet aux Français ce qu'ils attendent, l'ordre, la paix et la grandeur. Organisé par Sieyès, l'homme de 1789, l'« inventeur » du tiers état, le coup d'État de Brumaire donne aux « honnêtes gens » ce qu'ils avaient toujours souhaité, un roi « et » la Révolution, et écarte les deux périls qu'ils redoutaient, l'Ancien Régime et la Terreur. Ce fut le génie d'un petit noble corse de rejouer pour le peuple le rôle d'Henri IV, ce rôle que Louis XVI avait si mal interprété.

La République des « meilleurs »

Le 5 Messidor an III (23 juin 1795), Boissy d'Anglas, l'homme qui s'était illustré en juin 1789 en proposant d'appeler « Assemblée nationale » la réunion du tiers état, définit le sens du régime voulu par les hommes qui ont éliminé Robespierre : « Nous devons être gouvernés par les meilleurs : les meilleurs sont les plus instruits et les plus intéressés au maintien des lois ; or, à bien peu d'exceptions près, vous ne trouverez de pareils hommes que parmi ceux qui, possédant une propriété, sont attachés au pays qui la contient, aux lois qui la protègent, à la tranquillité qui la conserve, et qui doivent à cette propriété et à l'aisance qu'elle donne l'éducation qui les a rendus propres à discuter avec sagacité et justesse les avantages et les inconvénients des lois qui fixent le sort de leur patrie [...]. Un pays gouverné par les propriétaires est dans l'ordre social ; celui où les non-propriétaires gouvernent est dans l'état de nature. »

C'est résumer le projet politique de ceux que l'on appelle les « thermidoriens », confirmer les acquis de la Révolution, garantir un ordre social fondé sur la défense de la propriété, assurer le pouvoir à la minorité « éclairée », lutter à la fois contre la menace royaliste et le péril jacobin. Sur les bandeaux des proclamations envoyées par la Convention aux autorités départementales au lendemain de Thermidor, figurent deux formules : « Guerre aux partisans de la Terreur », « Guerre aux partisans des émigrés et de la royauté ».

Ces Conventionnels, qui veulent « terminer la Révolution » et consolider la « république des meilleurs », n'ont pas bonne réputation. Le régime qu'ils ont fondé, le Directoire, coincé entre l'ombrageuse vertu d'un Robespierre et la gloire d'un Bonaparte, est le mal-aimé de l'historiographie révolutionnaire. La corruption d'un Barras et d'un Tallien, les excès d'une « jeunesse dorée », le relâchement des mœurs, les coups d'État permanents et l'agonie de l'assignat ne doivent toutefois pas faire oublier toutes les réussites dont Bonaparte s'attribuera le mérite. Mais il est difficile en France d'être populaire en gouvernant au « centre ».

Contrairement à l'image que l'on en donne trop souvent, ces hommes ne sont pas des « réactionnaires », même si certains furent alors appelés « réacteurs ». Après avoir détruit l'ancienne société en 1789, déclaré la guerre à l'Europe des princes, établi la République et, pour la majorité d'entre eux, voté la mort du roi, ils sont simplement des « révolutionnaires conservateurs » qui, après avoir vécu des années terribles dans l'exacerbation des passions et la menace de la guillotine, veulent « respirer » un peu, jouir de ce qu'ils possèdent ou de ce qu'ils ont acquis, faire briller leurs talents, perfectionner les arts et les sciences, danser et courtiser les femmes auxquelles la nouvelle mode dicte de dénuder les bras et les épaules et d'abandonner leur vertu. Ils veulent simplement vivre comme l'« opinion » qui, dès la tête de Robespierre tombée, explose dans une sorte de soulagement collectif. Un jeune clerc de notaire en porte témoignage : « La réaction dansante fut soudaine, impétueuse, terrible. À peine les échafauds venaient-ils d'être renversés que déjà les bals s'organisaient sur tous les points de la capitale [...]. Les sons joyeux de la clarinette, du violon, du tambourin, convoquaient aux plaisirs de la danse les survivants de la Terreur qui s'y pressèrent en foule. »

Dans les rues de Paris, les assemblées de sections et les lieux publics, ce n'est plus le sans-culotte qui fait la loi mais ceux que les jacobins traitent de « muscadins », des jeunes gens de la moyenne bourgeoisie, dont l'habillement recherché et le langage affecté n'excluent pas le port du gourdin. La « dépanthéonisation » de Marat, dont les cendres sont sorties du Panthéon le 25 février 1795, et la fermeture du Club des jacobins sont leur victoire.

Promulguée le 22 août 1795, la Constitution de l'an III jette les bases d'un régime libéral conforme en cela à l'idéal de 1789 et à l'esprit des Lumières. La Déclaration des droits qui la précède a écarté le droit de « résistance à l'oppression » et à « l'insurrection », le droit au travail, à l'assistance et à l'instruction qui figuraient dans la Déclaration de 1793. En revanche, les « meilleurs » ont souhaité définir pour la première fois les « devoirs » de chaque citoyen envers la société qui « consistent à la défendre, à la servir, à vivre soumis aux lois et à respecter ceux qui en sont les organes. »

Le suffrage universel est abandonné au profit d'un suffrage censitaire à deux tours. Tout Français majeur, domicilié depuis une année au même endroit et payant, même volontairement, une contribution, participe à bulletin secret, autre nouveauté, au choix des électeurs, environ 30 000, les « propriétaires » qui désignent les membres du Corps législatif, désormais composé de deux chambres, le Conseil des Cinq-Cents, âgés d'au moins trente ans, qui propose des lois que le Conseil des Anciens, 250 députés d'au moins quarante ans, accepte ou refuse. Le pouvoir exécutif est confié à cinq directeurs élus collégialement par les Anciens sur une liste de personnalités probablement dressée par les Cinq-Cents. Des élections fréquentes — les assemblées sont renouvelables par tiers tous les ans et un directeur tiré au sort est remplacé chaque année — doivent écarter tout risque d'usurpation du pouvoir.

Mais, forts de l'expérience de la Constituante qui leur a appris qu'« une législation entièrement nouvelle pour mettre en mouvement une constitution qui n'a pas été essayée est un moyen infaillible de la renverser », ils votent le décret dit des deux tiers qui stipule qu'au moins deux sur trois des membres des nouveaux conseils seront issus de la Convention. C'est frapper d'infirmité congénitale le projet d'une République fondée sur la loi. En marquant le nouveau régime du sceau de la manipulation, les « perpétuels », comme on les raille, alimentent les rancœurs de tous ceux qui accusent ceux qui se voulaient « meilleurs » d'être seulement « nantis ». En fait, les vétérans du Salut public savaient bien qu'ils trichaient avec la loi, mais, dans l'immédiat, que valait la « légalité » quand l'« anarchie » et la « contre-révolution » frappaient à la porte ?

L'« anarchie », tel est le nom que l'on donne à la revendication populaire, ils pensent lui avoir réglé son compte en mai 1795, au lendemain d'un terrible hiver, l'un des plus rigoureux du siècle, qui a rendu plus criant que jamais l'écart entre les « millionnaires » et les « ventres creux », entre ceux qui mangent de la brioche et ceux qui en sont réduits aux bouillies de colza et de navets. Le 1er Prairial (20 mai), après une première tentative le 12 Germinal (1er avril), les sans-culottes armés de piques et de canons envahissent la Convention, en brandissant devant Boissy d'Anglas, président de séance, la tête du député Féraud qui avait tenté de leur résister, et en exigeant « du pain et la Constitution de 1793 ». Mais sans encadrement politique pour la relayer, l'émeute échoue, dispersée par les bataillons des quartiers aisés de l'Ouest parisien. Dans les jours qui suivent, six députés survivants de la Montagne, les « crétois », sont condamnés à mort et les sections de Paris sont épurées et désarmées. C'est la fin des grandes « journées révolutionnaires ». Jusqu'en 1830, les faubourgs populaires de la capitale ne bougeront plus.

L'« anarchie », elle, se manifeste encore en 1796 quand des nostalgiques de 1793 tentent de compenser l'apathie populaire en créant autour de Gracchus Babeuf un « Directoire secret de salut public » qui coordonne un réseau clandestin organisé en vue de la prise du pouvoir. Mais cette conjuration des Égaux qui rêve d'un partage des terres et d'une répartition égalitaire des richesses, noyautée par la police, est anéantie en mai 1796 et Babeuf guillotiné en 1797. Membre de la conjuration, Buonarroti, condamné à la déportation, écrira l'histoire de cette « conspiration pour l'égalité » qui donne au futur communisme son premier « manifeste » et à la bourgeoisie son premier « péril rouge », un péril en l'occurrence plus imaginaire que réel.

Pour les « Perpétuels », le danger était en fait moins à gauche qu'à droite, une droite enhardie qui pense prendre appui sur la lassitude du pays, le retour de nombreux émigrés et la vigueur du catholicisme pour restaurer la monarchie. Au printemps 1795, à Aix, Marseille, Lyon, Montélimar, Nîmes, Tarascon, des bandes organisées de « blancs », compagnons de Jésus ou du Soleil, ont massacré des jacobins. Mais pour les thermidoriens, cette « Terreur blanche » sur laquelle ils ferment les yeux est moins inquiétante que le regain de vigueur de l'idée royaliste dans l'« opinion ». Par chance pour la République, les royalistes sont, eux aussi, incapables d'exorciser leur passé. Quand le jeune Louis XVII meurt le 8 juin 1795 dans la prison du Temple, le comte de Provence, frère de Louis XVI, prend le nom de Louis XVIII et, de Vérone où il est émigré, lance une proclamation dans laquelle il promet le rétablissement de l'Ancien Régime avec les ordres, les parlements, les droits seigneuriaux, la restitution des biens nationaux et la punition des régicides. Mallet du Pan, un ancien monarchien, écrit alors, désabusé : « La mort du jeune roi Louis XVII est en ce moment l'événement le plus funeste. Il a consterné et découragé les monarchistes, assuré le triomphe des Républicains. »

De fait, au moment où les « anarchistes » privés de soutien populaire sont voués à la « conjuration » pour faire régner l'égalité, les « contre-révolutionnaires », privés d'un prince libéral capable de réconcilier la France des nobles avec les acquéreurs de biens nationaux, sont réduits aux coups de main pour rétablir la royauté. En juin 1795, soutenus par la flotte anglaise, des émigrés débarquent dans la baie de Quiberon tandis que Charette lance, en Vendée, un appel aux armes. Mais Hoche a vite fait d'encercler et de réduire l'armée royaliste. Envoyé sur les lieux, Tallien fait prononcer près de huit cents condamnations à mort.

Le 13 Vendémiaire an IV (5 octobre 1795), on compte 25 000 insurgés dans Paris, des « bons bourgeois » menés par la jeunesse dorée qui veulent jouer aux sans-culottes. Mais Bonaparte, choisi par Barras pour rétablir l'ordre, fait donner du canon et les disperse le lendemain matin du côté de l'église Saint-Roch. L'armée venait, pour la première fois, de sauver le régime.

Dans la nuit du 17 au 18 Fructidor an V (3 au 4 septembre 1797), elle intervient une nouvelle fois pour arrêter les royalistes qui ont gagné les élections d'avril, fait élire le général Pichegru, qui leur est favorable, président des Anciens, et désigner Barthélemy, l'un des leurs, pour remplacer le directeur sortant. Des élections cassées dans quarante-neuf départements, un tiers du corps législatif chassé, 53 députés et 2 directeurs déportés en Guyane, de nouvelles mesures répressives contre les émigrés et les prêtres réfractaires, tel est le résultat de ce coup d'État qui signe l'acte de décès des institutions de l'an III et érige l'armée en arbitre obligé d'un pouvoir qui a perdu toute crédibilité.

L'appel au sabre

À défaut de pouvoir rassembler la nation autour des principes qu'ils dévoient, les thermidoriens peuvent encore compter sur l'armée qui, manquant cruellement d'armes, de vivres, de vêtements et de munitions, reste toutefois « l'âme de la Révolution », passionnément attachée aux principes qui ont fait des soldats de l'an II des missionnaires de la Liberté et des pourfendeurs de tyrans. Quand les muscadins inventent *Le Réveil du peuple*, un chant vengeur qui promet la mort aux « buveurs de sang », *La Marseillaise* reste leur hymne et la Patrie leur idéal.

Quand la société se délite au profit des « meilleurs » et se reconstruit au profit des « intérêts », ils entendent que leurs chefs restent fidèles au modèle présenté par les jacobins en l'an II. Quand la République se ferme aux modestes citoyens, l'armée reste un formidable outil de promotion sociale pour les simples soldats, pourvu qu'ils soient courageux. C'est en vain que les royalistes ont tenté de les séduire en jouant de la rancune engendrée par leur misère. La baïonnette est restée républicaine mais volontiers cocardière surtout quand il s'agit d'exalter et d'enrichir cette « Grande Nation à vaincre accoutumée », selon l'orgueilleuse expression de Marie-Joseph Chénier.

« Soldats, vous êtes nus, mal nourris. Je veux vous conduire dans les plus fertiles plaines du monde. De riches provinces seront en votre pouvoir, vous y trouverez honneur, gloire et richesses. » Plus qu'un autre, le jeune général Bonaparte a compris le formidable parti qu'il pouvait tirer de ces soldats-citoyens.

Le « moricaud », comme l'appelaient ses soldats tant il avait le teint brun, est né au bon moment, vingt ans avant la Révolution, un après que la République de Gênes a cédé à la France ses droits sur la Corse, cette île pour laquelle Rousseau avait en 1764 entrepris de rédiger un projet de constitution. « Il est encore en Europe un pays capable de législation, écrivait le philosophe dans *Le Contrat social*, c'est l'île de Corse. [...] J'ai quelque pressentiment qu'un jour cette petite île étonnera l'Europe. »

Né le 15 août 1769, Napoléon est le deuxième fils d'un notable important, Charles Bonaparte, qui possède des vignes et des oliviers autour d'Ajaccio et, surtout, fait partie de toutes les *combinazione* qui permettent à un noble pauvre de faire vivre sa nombreuse tribu. Après avoir épousé la cause de Paoli qui avait brandi le drapeau de l'indépendance et, battu à Ponto-Novo, le 8 mai 1769, s'était enfui en Angleterre, Charles s'était rallié au parti français. Séduit, dit-on, par la beauté de Mme Bonaparte, Letizia Ramolino, M. de Marbœuf, gouverneur de l'île, avait soutenu l'élection de Charles comme député de la noblesse et délivré les certificats nécessaires pour que Napoléon soit accueilli en 1779 à l'école royale de Brienne-le-Château qui assurait l'éducation militaire des enfants de la noblesse pauvre.

Il y apprend le français, l'histoire et les mathématiques. Il y révèle surtout un tempérament solitaire et ombrageux, aggravé par les moqueries de ses camarades qui raillent son accent corse et ses nombreuses fautes de français. En 1784, il est admis à l'École militaire de Paris, en sort l'année suivante, classé quarante-deuxième sur cinquante-huit et est affecté à Valence, au régiment d'artillerie de La Fère, en qualité de sous-lieutenant. « Corse de caractère et de nation, ce jeune homme ira loin, s'il est favorisé par les circonstances », aurait écrit son professeur d'histoire.

Jusqu'en 1793, il ne pense que Corse, en ébauche une *Histoire* où il revendique le droit de sa terre natale à l'insurrection contre la domination française, se prend d'admiration pour Paoli et, en 1789, rêve de devenir le patron de son île en poussant des membres de sa famille aux postes-clés. Mais le retour de Paoli d'Angleterre fait échouer les plans des Bonaparte qui, déconsidérés aux yeux de leurs compatriotes, doivent s'enfuir de l'île en juin 1793 après avoir vu leur maison saccagée.

De retour dans une France assiégée par les coalisés et menacée par les révoltes vendéenne et « fédéraliste », Bonaparte s'affiche montagnard, écrivant dans l'été 1793 une brochure, *Le Souper de Beaucaire*, où il s'en prend aux alliés des brissotins en ces termes : « Quel effet a produit dans la République le mouvement que vous avez fait ? Vous l'avez conduite près de sa ruine. [...] Je ne sais pas si vous êtes payés par l'Espagnol et l'Autrichien, mais certes ils ne pouvaient pas désirer de plus heureuse diversion. Que feriez-vous de plus si vous l'étiez ? »

La reprise de Toulon aux Anglais le tire de l'anonymat. Remarqué par le frère de Robespierre, il est élevé au grade de général de brigade et semble avoir éprouvé pour l'« Incorruptible » une vive sympathie. Mis en état d'arrestation au lendemain du 9 Thermidor, il est rapidement libéré et, mis en congé à sa demande, traîne à Paris une vie découragée, promenant en tout lieu son visage jaune, ses « oreilles de chien » et ses longs cheveux raides.

Sa chance, il la saisit quand Barras, l'homme fort du régime, lui permet de devenir le « général Vendémiaire », celui qui a canonné les muscadins. En mars 1796, il est nommé commandant en chef de l'armée d'Italie et épouse Joséphine de Beauharnais, l'ancienne maîtresse de son « protecteur », une créole un peu mûre qui a séduit par son allure de femme du monde ce novice amoureux.

Jouant avec habileté et passion sa carte personnelle, Bonaparte transforme ce qui devait être un théâtre secondaire d'opération contre l'Autriche en champ d'action principal. En quelques semaines, le

« client » un peu emprunté de Barras se transforme en nouveau César, exerçant sur ses soldats et sur l'opinion une véritable fascination qu'en publicitaire de génie, il s'efforce d'entretenir par les feuilles qu'il diffuse et les proclamations qu'il rédige. « Il vole comme l'éclair et frappe comme la foudre. Il est partout et il voit tout », peut-on lire dans *Le Courrier de l'armée d'Italie*.

Après la victoire de Lodi, le 10 mai 1796, qui, après le Piémont, fait tomber la Lombardie, il ne se regarde plus « comme un simple général mais comme un homme appelé à influer sur le sort d'un peuple ». Dans le palais de Montebello, à Milan, où il réside, entouré déjà d'une cour fastueuse et de ses frères et sœurs qui font argent de toutes mains, il confie à des témoins : « Ce que j'ai fait jusqu'ici n'est rien encore. Je ne suis qu'au début de la carrière que je dois parcourir. Croyez-vous que ce soit pour faire la grandeur des avocats du Directoire, des Carnot, des Barras, que je triomphe en Italie ? Quelle idée ! une république de trente millions d'hommes ! Avec nos mœurs, nos vices ! Où en est la possibilité ? C'est une chimère dont les Français sont engoués, mais qui passera comme tant d'autres. Il leur faut de la gloire, les satisfactions de la vanité. Mais la liberté, ils n'y entendent rien. » C'est déjà exprimer sa philosophie politique.

En 1797, après avoir une nouvelle fois mis en déroute les armées autrichiennes à Rivoli et obtenu la capitulation de Mantoue, il lance l'offensive sur Vienne et, de son propre chef, signe le 18 avril 1797 les préliminaires de paix de Leoben, confirmés le 17 octobre par le traité de Campoformio. Contre l'avis des directeurs, Bonaparte abandonne l'antique République de Venise vendue comme un troupeau de moutons à l'Autriche qui, en échange, avalise l'annexion de la Belgique et reconnaît la République cisalpine que Bonaparte dessine et à laquelle il donne une constitution à la française. Pour la première fois, la diplomatie a échappé au pouvoir civil. Pour la première fois aussi, la Révolution a dévoilé des buts de guerre bien éloignés des idéaux de l'an II. Le 27 juillet 1798, lors de la grande fête de la Liberté et des Arts, le peuple de Paris médusé peut assister au spectacle d'une longue caravane de chars tirés par des buffles qui ramène d'Italie l'*Apollon du Belvédère*, considéré alors comme le premier des chefs-d'œuvre, le *Laocoon du Vatican*, l'*Antinoüs du Capitole* et, en pagaille, des statues, des tableaux de Raphaël, de Titien, de Véronèse, des livres et des manuscrits. C'était suivre, avec moins de cynisme qu'on ne le pense, une politique artistique qui voulait faire du Muséum de Paris « le lieu de célébration du Beau et de l'Utile dans l'enthousiasme unanime des victoires de la Liberté et des Lumières républicaines ».

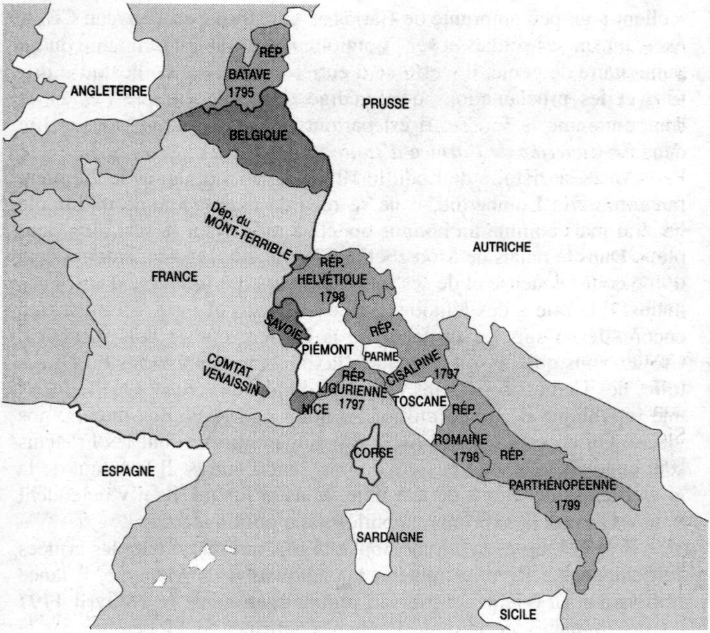

Les Républiques sœurs.

C'était assimiler les conquêtes réalisées par le sabre aux progrès de l'esprit humain.

À cette date, Bonaparte, qui n'assistait pas à la fête, venait de remporter en Égypte la bataille des Pyramides. Conquérir ce pays exotique qui faisait rêver pour couper l'une des routes du commerce entre l'Inde et Londres mais, surtout, mettre ses pas dans ceux d'Alexandre et de César, tel est le projet un peu fou accepté par un Directoire sans doute satisfait de se débarrasser d'un général qui commençait à devenir encombrant.

Le 9 octobre 1799, quand il revient en France après avoir échappé à la flotte anglaise qui tentait de l'intercepter, sa popularité est au plus haut malgré l'échec complet de l'expédition. Arrivée en France quelques jours avant lui, la nouvelle de la victoire d'Aboukir remportée sur les Turcs a fait forte impression. Le soir de son retour dans la capitale, les théâtres interrompent leurs représentations pour saluer celui qui incarne la gloire de la nation.

La France que retrouve Bonaparte est alors au plus mal. À l'extérieur, renforcée par les Russes, les Turcs et les Napolitains, la coalition a chassé les Français d'Italie et menace ses frontières. À l'intérieur, le pays est dans un état de désobéissance chronique. Dans le Midi, des bandes royalistes tentent de prendre Toulouse. Dans l'Ouest, la chouannerie s'étend. Dans les campagnes et aux portes mêmes de Paris, des brigands, les « chauffeurs », grillent les pieds des fermiers pour les obliger à révéler les cachettes de leur or. Dans les Conseils, les néo-jacobins ont le vent en poupe et font voter des mesures qui rappellent celles de la Terreur, levée en masse, emprunt forcé sur les riches, prise d'otages dans les familles des suspects. Les « meilleurs » prennent peur.

Depuis qu'il a été élu directeur en mai, Sieyès cherche « l'épée » capable de « terminer », enfin, la Révolution, d'imposer un exécutif fort capable de préserver l'ordre et la propriété, d'incarner ce « roi » constitutionnel que cherchent en vain depuis 1791 les « meilleurs ». Sieyès avait d'abord pensé à Jourdan, puis à Moreau. Le retour triomphal de Bonaparte ne lui laisse pas le choix.

Préparé avec l'appui des frères de Napoléon, Joseph et Lucien, qui occupe alors la présidence des Cinq-Cents, et les millions de puissants banquiers, Michel le Jeune, Perrégaux, Lecouteulx de Canteleu, le coup d'État est exécuté les 18 et 19 Brumaire (9 et 10 novembre 1799). Le 18, convoqués au petit jour sous prétexte d'un complot « anarchiste », les Anciens votent le transfert des Conseils à Saint-Cloud et confient l'exécution du décret à Bonaparte. Sieyès, Ducos et Barras, à qui l'on a forcé la main et graissé la patte, démissionnent. Les deux autres directeurs, qui ne sont pas du complot, sont placés sous garde militaire. Et tandis que Paris est couvert d'affiches qui annoncent qu'il faut « sauver la République », la Bourse monte.

Le 19, à Saint-Cloud, les choses se passent plus mal, Bonaparte étant conspué et bousculé par les Cinq-Cents qui le traitent de « hors-la-loi » et le menacent de leurs stylets. Il faut l'intervention des troupes haranguées par Lucien pour disperser les députés. Au soir, ceux que l'on a retrouvés dans les guinguettes de Saint-Cloud, une centaine, acceptent de voter le remplacement des directeurs par trois consuls de la République, Sieyès, Ducos et Bonaparte. Dès le lendemain du 19 Brumaire, une propagande active tente de persuader les Français qu'il n'y a pas eu de coup d'État militaire mais sauvetage de la République par un « soldat de la liberté ».

Terminer la Révolution

Le 18 Brumaire, lors d'une altercation publique soigneusement mise en scène contre le secrétaire de Barras dans le jardin des Tuileries, Bonaparte lance au malheureux devant les troupes rassemblées qui l'acclament : « Dans quel état j'ai laissé la France et dans quel état je l'ai retrouvée ! Je vous avais laissé la paix et je retrouve la guerre ! Je vous avais laissé des conquêtes et l'ennemi passe nos frontières ! J'ai laissé nos arsenaux garnis et je n'ai pas retrouvé une arme ! J'ai laissé les millions de l'Italie et je retrouve partout des lois spoliatrices et la misère ! »

Le Directoire vaut pourtant mieux que la légende noire qui l'a tant décrié. Si le passif est connu, l'actif, fort réel, l'est moins. Les rares historiens qui ont examiné les débats des assemblées ont noté la liberté de ton, la qualité des interventions, l'intelligence de l'argumentation des députés. Héritant d'un assignat dont le coût d'impression avait fini par être supérieur à sa valeur et que les mendiants refusaient, il fut contraint de briser publiquement les planches d'impression place Vendôme, le 19 février 1796, et d'assainir les finances. Ce fut l'œuvre de Ramel-Nogaret, homme d'énergie et de talent qui sut améliorer le rendement d'un impôt qui ne rentrait plus, créer la contribution des portes et fenêtres qui passa pour une brimade avant de s'imposer et de se débarrasser de la dette par la « banqueroute des deux tiers » haïe par les créanciers de l'État. Mais on sait depuis le « système de Law » que les débiteurs sont plus entreprenants que les rentiers.

Plus nombreux qu'on ne le pensait furent les paysans qui purent accéder à la propriété et les industriels qui surent investir. C'est sous le Directoire que s'affirme la « révolution cotonnière », que l'industrie chimique fait ses grands débuts et que se développent les banques commerciales comme la Caisse d'escompte du commerce, créée le 24 novembre 1797. Sous l'impulsion de François de Neufchâteau, ministre de l'Intérieur, se dressent les premiers tableaux de l'activité industrielle qu'une Exposition nationale des produits manufacturés, organisée au Champ-de-Mars le 15 octobre 1798, a pour vocation d'encourager.

C'est sous le Directoire aussi que s'élargit l'effort d'éducation à peine ébauché par la Convention. Création de l'École normale où enseignent les meilleurs esprits de l'époque, Laplace, Lagrange et Monge pour les mathématiques, Berthollet pour la chimie, Volney pour l'histoire, Bernardin de Saint-Pierre pour la morale, de l'École centrale des travaux publics devenue École polytechnique, du Conservatoire des Arts et Métiers, des Écoles de santé de Paris, Strasbourg et Montpellier, de l'École des langues orientales, du Conservatoire de musique, de l'Institut pour couronner le tout, autant d'efforts pour former et révéler de nouveaux talents. Bonaparte, flatté d'avoir été élu en 1797 membre de l'Institut, en remplacement de Carnot exclu, ne manquera pas une occasion de dire : « Je suis de la religion de l'Institut. » Une manière de saluer l'œuvre d'un régime dont l'actif avait seulement besoin, comme la dette, d'être consolidé.

« Je ne serai pas un cochon à l'engrais. » C'est en ces termes que Bonaparte apostrophe Sieyès qui, chargé de rédiger un nouveau projet de constitution, lui propose la place de « grand électeur », un poste purement honorifique doté d'un traitement énorme. « Qu'y-a-t-il dans la Constitution ? Il y a Bonaparte ! », ironise l'opinion quand elle découvre le projet amendé par le consul au terme de longues nuits de travail au cours desquelles il a su imposer son bon sens et sa résistance physique à des idéologues fort versés en droit constitutionnel mais pressés d'aller se coucher. « Ces hommes, qui écrivaient très bien et avaient de l'éloquence, expliquera-t-il plus tard, n'avaient pas de logique et discutaient pitoyablement [...]. Pour les affaires publiques, administratives et militaires, ajoutait-il, il faut une forte pensée, une analyse profonde et la faculté de pouvoir fixer longtemps les objets sans être fatigué. »

La « pensée forte », c'était d'installer le régime voulu, dès l'aube de la Révolution, par la majorité des Français : un pouvoir exécutif fort, à la fois reconnu par eux et seul capable d'assurer l'ordre auquel ils aspiraient.

La Constitution de l'an VIII rejetée par 1 562 « non » est approuvée par 3 011 007 « oui » dont 1 500 000, environ, « inventés » par les services de Lucien Bonaparte, ministre de l'Intérieur qui, par exemple, ont comptabilisé 500 000 « oui » de l'armée qui ne fut pas consultée mais dont on affirma qu'elle approuvait Bonaparte. Elle donne au Premier consul l'essentiel du pouvoir. C'est lui qui a l'initiative des lois, dirige la politique extérieure, désigne les juges, nomme et révoque les hauts fonctionnaires. Les deux consuls qui l'assistent sont Cambacérès, un conventionnel régicide, et Lebrun, un ancien secrétaire du chancelier Maupeou, celui qui avait tenté de briser la résistance des parlements. Une manière symbolique de réconcilier l'ancien et le nouveau.

Divisé, le pouvoir législatif ne peut s'opposer à cet exécutif puissant. Le Conseil d'État, composé de membres nommés par Bonaparte, est chargé de rédiger les lois. Le Tribunat les discute mais ne les vote pas. Le Corps législatif les vote sans débat. « Là, des manchots, ici des muets », plaisante-t-on. Gardien de la Constitution, le Sénat, quant à lui, se portait garant de la légalité des lois.

Si la souveraineté nationale était, en apparence, respectée, les élections ne servaient qu'à dresser à chaque échelon des « listes de notabilités » parmi lesquelles Bonaparte choisissait les membres du Conseil d'État et le Sénat, ceux du Tribunat et du Corps législatif. Selon le mot de Sieyès qui, comme à son habitude, résumait en une heureuse formule la nature de ce nouveau gouvernement : « La confiance vient d'en bas et le pouvoir vient d'en haut. » Plus trivial, le philosophe Cabanis ajoutait : « La classe ignorante n'exerce plus aucune influence ni sur la législature, ni sur le gouvernement [...]. Tout se fait pour le peuple et au nom du peuple ; rien ne se fait par lui ni sous sa dictée irréfléchie. » Et Stendhal ne se trompera pas quand il fera dire à Henry Brulard, surpris par les nouvelles du coup d'État, sur la route qui l'amène de Grenoble à Paris : « Nous les apprîmes le soir, je n'y comprenais pas grand-chose, et j'étais enchanté que le jeune général Bonaparte se fit roi de France. » Un roi qui, toutefois, mange vite, aime la monotonie vestimentaire et les vieux chapeaux, ne chasse pas, travaille, décide et résume son programme en déclarant devant les conseillers d'État : « Nous avons fini le roman de la Révolution : il faut en commencer l'histoire, ne voir que ce qu'il y a de réel et de possible dans l'application des principes, et non ce qu'il y a de spéculatif et d'hypothétique. »

Nommés par le Premier consul, les préfets ont les mêmes pouvoirs que les anciens intendants mais sans les contre-pouvoirs qu'assuraient les corps privilégiés, les états provinciaux et les parlements. Orateur du Tribunat devant le corps législatif, Delpierre en définit les principes : « Le préfet, essentiellement chargé de l'exécution, transmet les ordres au sous-préfet ; celui-ci aux maires des villes, bourgs et villages. De manière que la chaîne d'exécution descend sans interruption du ministre à l'administré et transmet la loi et les ordres du gouvernement jusqu'aux dernières ramifications de l'ordre social avec la rapidité du fluide électrique. »

Si cette dictature de l'État sur les citoyens a été finalement relativement bien acceptée, c'est que les citoyens avaient le sentiment que tel était le prix à payer pour consolider les réformes de 1789 et apaiser les querelles nées de la Révolution. « Je suis national », proclamait le Premier consul qui, voulant se démarquer de la faction politique qui avait gouverné la France pendant cinq ans, ajoutait qu'il ne voulait « ni bonnets rouges ni talons rouges [allusion aux courtisans de Versailles] ». Rappel des membres des comités révolutionnaires déportés après Thermidor, suppression de la fête du 21 janvier célébrant l'exécution de Louis XVI, radiation de 50 000 personnes figurant sur la liste des émigrés, nomination d'ex-Constituants, d'ex-girondins, d'ex-montagnards et d'ex-thermidoriens aux milliers de postes offerts par la nouvelle administration publique et militaire, paix avec les chouans, établissement de tribunaux spéciaux pour extirper le brigandage, autant de mesures qui assurent l'apaisement politique et flattent la passion française des « places ».

Surtout, la signature avec le pape Pie VII d'un concordat, le 15 juillet 1801, met fin à la crise religieuse qui était l'obstacle majeur à tout apaisement politique. Ne croyant pas un instant à la possibilité d'établir une religion civile, un rêve typique du « roman » révolutionnaire, Bonaparte veut surtout couper le peuple catholique de l'influence des prêtres réfractaires. Dans le préambule de l'accord, le gouvernement reconnaît que la religion catholique est « la religion de la grande majorité des Français ». Le pape renonce aux propriétés du clergé qui avaient été vendues comme biens nationaux, ce qui rassure tous ceux, fort nombreux, qui en avaient acheté. En échange, il obtient le désaveu de la Constitution civile du clergé et conserve le droit de donner aux nouveaux évêques désignés par le Premier consul l'investiture canonique. Évêques et curés prêtent serment de fidélité au gouvernement ; en retour, ils en reçoivent un traitement. Les assemblées législatives accueillirent froidement ce concordat et quand, le 18 avril 1802, jour de Pâques, une grande manifestation religieuse célébra à Notre-Dame le retour à « la paix des consciences », le général Delmas aurait lancé à la fin de l'office : « Belle capucinade ! Il n'y manquait que les 100 000 hommes qui se sont fait tuer pour supprimer tout cela. » Un reproche auquel répondait Bonaparte en justifiant cet accord avec Rome en ces termes fort voltairiens : « Il faut une religion au peuple. Il faut que cette religion soit dans la main du gouvernement. Cinquante évêques émigrés et soldés par l'Angleterre conduisent aujourd'hui le clergé français. Il faut détruire leur influence ; l'autorité du pape est nécessaire pour cela. Il les destitue, ou leur fait donner leur démission. [...] Le Premier consul nomme cinquante évêques, le Pape les institue. Ils nomment les curés, l'État les salarie. Ils prêtent serment. On déporte les prêtres qui ne se soumettent pas. [...] Le pape confirme la vente des biens du clergé ; il sacre la République. On chantera : *Salvam fac rem Gallicam.* [...] On dira que je suis papiste ; je ne suis rien ; j'étais mahométan en Égypte, je suis catholique ici pour le bien du peuple. »

Depuis 1792, répétait aussi Bonaparte, la société ressemblait à une plage de sable dispersée par le vent. Pour la fixer, il fallait « jeter sur le sable quelques masses de granit ». Créée le 13 février 1800 par ceux qui avaient financé le coup d'État, la Banque de France s'installait dans les locaux qui sont aujourd'hui encore les siens, rue Notre-Dame-des-Victoires à Paris. Pour la porter sur les fonts baptismaux, Bonaparte fit savoir qu'il souscrivait 30 des 30 000 premières actions de 1 000 francs. Cette banque privée qui reçut en 1803 le privilège exclusif de l'émission des billets était dirigée par des régents élus par les deux cents plus gros actionnaires. Sa mission essentielle était de fixer chaque semaine le taux directeur d'escompte et d'assurer le financement des activités commerciales. La loi du 7 Germinal an XI (28 mars 1803) fixa pour plus d'un siècle la valeur du franc « germinal » qui devait être « certaine et fidèle ». Elle attribuait aux pièces de 1 franc un poids de 5 grammes d'argent et admettait, sans le préciser de façon explicite, le principe du bimétallisme en indiquant qu'il était légal de tailler 155 pièces de 20 francs dans un kilo d'or. C'était établir un rapport fixe de 15,5 entre l'or et l'argent destiné à le mettre à l'abri de la spéculation étrangère. L'effet le plus spectaculaire de la réforme financière fut la reprise du paiement en numéraire des rentes de l'État. L'effet le plus insidieux fut l'allergie durable des Français à la monnaie fiduciaire et à la pratique du crédit.

Créés par la loi du 1er mai 1802, les lycées ont pour vocation de couler la jeune génération des notables dans le moule de l'obéissance à l'État, d'« unir au gouvernement et la génération qui commence et la génération qui finit, d'attacher au gouvernement les pères par les enfants, et les enfants par les pères. » Encadrés dans les cours par des vétérans de l'armée, réveillés et marchant au son du tambour, les lycéens devaient devenir les « hommes nouveaux » de la société nouvelle rêvée par le Premier consul, des « héritiers » apprenant les gestes qu'ils auraient à faire en tant qu'adultes, des élites et des « serviteurs ».

« Hochet de la vanité », comme aimait à le dire Bonaparte, la Légion d'honneur, ordre créé le 19 mai 1802, devait remplir auprès des notables le même rôle que les lycées pour leur fils et répondre au vœu exprimé par la bourgeoisie sous l'Ancien Régime, voir son « utilité sociale » reconnue et sa « distinction » affirmée par l'étiquette. « Tout ce qui distingue un homme d'un autre est particulièrement agréable aux Français, écrivait Mme de Staël, la fille de Necker exilée en 1803 ; il n'est pas de nation à qui l'égalité convienne moins ; ils l'ont proclamée pour prendre la place des anciens supérieurs ; ils voulaient changer d'inégalité. »

Publié en 1804, le Code civil est la plus massive des masses de granit. En 2 281 articles rédigés dans une langue claire et précise, il modère la Révolution par un zeste d'Ancien Régime, concilie l'ancien et le nouveau, lie « par une transition sans secousses le présent au passé », réaffirme les droits sacrés de la propriété, y compris la « propriété » de l'homme sur la femme dont, en bon Méditerranéen, Bonaparte disait qu'« elle était la propriété de son mari comme l'arbre à fruits celle du jardinier ». Ainsi, à l'occasion du divorce, institué par la Révolution, le mari l'obtenait sur simple preuve d'adultère, la femme si son mari cohabitait avec sa concubine. Quant aux enfants illégitimes que la Révolution avait voulu faire échapper au poids du conformisme social, ils perdaient presque tous leurs droits. En quelques mois, la France venait de recevoir pour longtemps ses institutions essentielles et les traits décisifs de son droit.

Ordre et pacification à l'intérieur, gloire à l'extérieur, tel est le contrat signé avec les Français par Bonaparte qui sait à quel point son prestige exige qu'il ne soit pas vaincu. L'Italie qui l'avait révélé allait en 1800 le sacrer. Au prix d'un périlleux franchissement du col du Grand Saint-Bernard, les Français surprennent les Autrichiens et, le 14 juin, remportent à Marengo une victoire qui doit plus à Desaix qu'à Bonaparte. La paix de Lunéville signée le 9 février 1801 avec l'Autriche confirme Campoformio. Celle d'Amiens, signée le 25 mars 1802, mettait fin au conflit avec l'Angleterre qui restituait à la France les colonies qu'elle lui avait enlevées et ne remettait pas en cause ses conquêtes en Europe.

En cette année particulièrement faste, Bonaparte a réussi son pari de « terminer la Révolution ». Mais n'est-ce pas envisager d'aller plus loin de confier à Thibaudeau qu'« il faut ou que la forme des gouvernements qui nous environnent se rapproche de la nôtre, ou que nos institutions politiques soient un peu plus en harmonie avec les leurs » ? Toujours est-il que, conseillé par les plus « monarchiens » des brumairiens, Bonaparte demande au peuple s'il accepte que Napoléon Bonaparte soit « consul à vie ». Pour la première fois, « Napoléon », souvent écrit jusque-là « Napoleone », apparaît dans un texte officiel tandis que disparaît le « citoyen Bonaparte ». À l'issue d'un plébiscite sans surprise qui enregistre 3 600 000 « oui » et 8 374 « non », le Sénat proclame le 2 août 1802 Napoléon Bonaparte Premier consul à vie. Adopté le 4, un sénatus-consulte lui donne le droit de présenter au Sénat son successeur et révise la Constitution en privant le pouvoir législatif d'une grande partie de ses pouvoirs. Dans le département de la Seine, un citoyen obscur nommé Duchesne avait répondu « non » au plébiscite en écrivant sur le registre : « Comme doit le faire tout ami de la liberté, je réponds non, parce que cette perpétuation de pouvoir entre les mêmes mains ne saurait s'allier dans aucun cas avec les principes d'un gouvernement sagement constitué. » C'était condamner la transformation d'un régime qui n'était plus franchement républicain.

CHAPITRE 60

Napoléon

Le 2 décembre 1804, le jour de son sacre, Napoléon, qui n'est déjà plus Bonaparte, exprime son mépris pour le peuple en déclarant : « Le véritable peuple en France, ce sont les présidents de cantons et les présidents des collèges électoraux ; c'est l'armée », et non « 20 ou 30 000 poissardes ou autres gens de cette espèce ; je n'y vois que la populace ignare et corrompue d'une grande ville. » Autant dire que la cérémonie pompeuse orchestrée par David n'ajouta rien à la légitimité de celui qui devenait empereur héréditaire des Français. En rétablissant la monarchie, en accentuant le caractère aristocratique du régime puis en épousant une « Autrichienne » pour se vanter de devenir, par alliance, le neveu de Marie-Antoinette et de Louis XVI, Napoléon séparait sa cause de celle de la nation. « L'histoire de la Révolution, disait alors Chaptal, était pour nous à la même distance que celle des Grecs et des Romains. »

La quatrième dynastie

En 1800, quand l'explosion d'une « machine infernale », rue Saint-Nicaise, avait raté de très peu le Premier consul sur le chemin de l'Opéra, son frère Lucien, dans un *Parallèle entre César, Cromwell, Monk et Bonaparte*, avait écrit : « Heureuse République certes, si Bonaparte était immortel. Mais si tout à coup il manquait à la République ? » L'avènement d'une nouvelle dynastie était présenté comme le meilleur moyen de ruiner les espérances de l'ancienne et d'assurer à la République une stabilité que ne pouvait lui offrir le principe électif. Prématurée, la tentative tourna court, mais l'idée était lancée.

En février 1804, alors que la guerre a repris avec l'Angleterre, est découvert un complot mal préparé impliquant le général Pichegru qui se suicide d'une manière suspecte, Moreau, le vieux rival, qui est banni et le chouan Cadoudal qui est guillotiné. Les aveux d'un des conjurés ont établi qu'un prince Bourbon était attendu en France pour donner le signal de l'attentat. Sur de simples présomptions, Bonaparte viole les règles du droit international, fait enlever au pays de Bade le duc d'Enghien, cousin de Louis XVIII, le fait traduire devant une commission militaire formée à la hâte et fusiller dans les fossés du château de Vincennes le 21 mars 1804, à trois heures du matin, en concédant cyniquement que « la saignée entre dans les combinaisons de la médecine politique ».

C'était frapper les imaginations par un acte de « Terreur » et préparer les Français à l'idée qu'il fallait consolider le pouvoir de leur « sauveur » contre ceux qui voulaient mettre en cause les acquis de la Révolution.

Au Tribunat, un nommé Curée, « républicain éprouvé », présente une motion « tendant à ce que Napoléon Bonaparte, actuellement Premier consul, fût déclaré empereur des Français et à ce que la dignité impériale fût déclarée héréditaire dans sa famille ». La motion est adoptée le 3 mai 1804 malgré l'opposition virulente de Lazare Carnot qui s'élève contre cette proposition en s'exclamant : « Quelque service qu'un citoyen ait pu rendre à la patrie, il est des bornes que la raison impose à la reconnaissance nationale. Si ce citoyen a restauré la liberté publique, s'il a opéré le salut de son pays, sera-ce une récompense à lui offrir que le sacrifice de cette même liberté ? »

« Consulté » pour la troisième fois, le peuple approuve par 3 572 329 « oui » contre 2 569 « non » le sénatus-consulte du 18 mai 1804 qui confie le gouvernement de la République à un « empereur des Français », un titre choisi de préférence à celui de roi et qui avait séduit Napoléon par sa référence à Charlemagne.

Le 2 décembre 1804, à Notre-Dame, en présence du pape que Bonaparte a voulu faire venir pour « consolider » la Révolution, se déroule le sacre dont le cérémonial a été minutieusement réglé pour éviter de faire rire un public où se mêlent francs-maçons et incroyants et offenser un peuple de Paris fort sceptique. L'intérieur de la cathédrale a été divisé en deux. Le chœur, consacré à la cérémonie religieuse, est réservé à un public restreint. La nef, aménagée pour le couronnement, accueille 6 000 invités convoqués par une lettre qui commence par : « La divine Providence et la Constitution de l'Empire ayant placé la dignité impériale héréditaire dans notre famille [...] » et s'achève par : « Sur ce, nous prions Dieu qu'il vous ait en sa sainte et digne garde. » C'est à l'entrée de la grande nef qu'a été placé le grand trône, au sommet d'un escalier de vingt-quatre marches, sous un arc de triomphe décoré des aigles et de tout le « kitsch carolingien », pour reprendre la formule de François Furet.

Le manteau pourpre, l'épée portée au côté, la couronne de laurier d'or sur la tête, le sceptre dans la main droite et la main de justice dans la gauche indiquent que, contrairement au sacre capétien, l'empereur est déjà détenteur du pouvoir avant que commence la cérémonie. Allant seul à l'autel, ne communiant pas, se parant lui-même de la couronne et couronnant lui-même Joséphine, Napoléon montre qu'il n'entend pas être le serviteur de l'Église. Le serment qu'il prononce doit apaiser les scrupules des révolutionnaires. « Je jure, lit Napoléon, la main sur l'Évangile, de maintenir l'intégrité du territoire de la République, de respecter et de faire respecter les lois du Concordat et de la liberté des cultes ; de respecter et de faire respecter l'égalité des droits, la liberté politique et civile, l'irrévocabilité des ventes des biens nationaux ; de ne lever aucun impôt, de n'établir aucune taxe qu'en vertu de la loi ; de maintenir l'institution de la Légion d'honneur ; de gouverner dans la seule vue de l'intérêt, du bonheur et de la gloire du peuple français. » Michelet qui, à six ans, est dans la foule qui assiste à la sortie du cortège, ne se souvient, écrira-t-il plus tard, que d'un « morne et lugubre silence ».

C'est qu'en effet, à partir de cette date, Napoléon n'est plus vraiment Bonaparte. Au physique déjà, ce n'est plus le même homme. Le « petit » homme presque rondouillard, au teint de cire et aux cheveux courts, ne ressemble guère au général de l'armée d'Italie. Sur le plan des idées surtout, le lecteur de Rousseau et l'auteur du *Souper de Beaucaire* est devenu un disciple de Machiavel. « Il viendra un temps, écrit-il à son beau-fils Eugène de Beauharnais, promu vice-roi d'Italie, où vous reconnaîtrez qu'il y a bien peu de différences entre un peuple et un autre. » Devenu vaniteux, rêvant d'avoir tous ses sujets en fiches, multipliant les mouchards et les espions, traquant partout la pensée libre, ne voulant que des serviteurs à sa dévotion, pensant que « les honnêtes gens ne sont bons à rien », persuadé que l'avarice, l'envie et la lâcheté sont les moteurs des hommes, goujat avec les femmes, il est devenu trop cynique pour inscrire sa marque dans l'histoire nationale. « Il n'y a qu'un secret pour mener le monde, prétend-il, c'est d'être fort, parce qu'il n'y a dans la force ni erreur, ni illusion ; c'est le vrai mis à nu. » Tout ce qu'il a fait de durable a été accompli à l'époque de Bonaparte, entre 1800 et 1804. Rien ou presque de ce qu'il a fait après cette date ne survivra à sa chute.

« Je suis venu trop tard, avouera-t-il en le regrettant. Alexandre, après avoir conquis l'Asie, a pu s'annoncer au peuple comme le fils de Jupiter. Et tout l'Orient l'a cru. Si moi, je me déclarais fils du Père éternel, il n'y a pas une poissarde qui ne me jetât des pommes cuites. Les peuples sont trop éclairés aujourd'hui. Il n'y a plus rien à faire. »

Au rétablissement de l'autorité succède désormais la tyrannie. Avec la suppression du Tribunat en 1807, l'espacement des sessions du Corps législatif, la mise en veilleuse du Conseil d'État et la soumission du Sénat, c'est le pouvoir législatif qui a perdu toute capacité à faire contrepoids aux volontés d'un « despote » de moins en moins éclairé. Avec le sénatus-consulte de 1807 qui décide que les juges ne seront inamovibles qu'après trois ans d'exercice, c'est le degré de docilité des juges qui est testé. Avec la suppression du calendrier révolutionnaire à la fin de l'année 1805, la disparition du terme de « République » sur les monnaies à partir de 1808, l'emploi du mot « privilèges » dans une note du 14 juin 1810 et les inflexions répressives du Code pénal, c'est l'héritage républicain qui est sérieusement molesté. Avec le développement d'un État policier dont les Bourbons n'avaient même pas osé rêver, c'est la dictature « moderne » qui est ébauchée. Créée en 1810, la Direction générale de l'imprimerie et de la librairie ne laisse subsister à Paris que quelques journaux au contenu fort surveillé. Mise en place en 1808, l'Université impériale reçoit le monopole de la collation des grades, baccalauréat, licence et doctorat, impose au personnel un encadrement hiérarchique particulièrement strict tandis qu'un catéchisme apprend aux enfants du peuple qu'« honorer et servir notre Empereur est honorer et servir Dieu même ».

Et s'il a voulu aussi, comme tous les souverains, mettre les arts et les lettres au service de sa gloire, intervenant lui-même pour préciser ce qu'il voulait voir apparaître dans les tableaux dont il passait commande, la dictature « artistique » ne fut pas trop étouffante. En fait, Napoléon n'avait rien à apprendre aux Français. Quand les artistes et les hommes de lettres célébraient un siècle plus tôt le culte de Louis XIV, c'est la tradition dynastique et la religion qu'ils mettaient en scène. Mais quand ils s'attachent à aduler un homme dont la légitimité est si fragile, la plume et le pinceau réalisent des œuvres plus conventionnelles. Le « style Empire » ne reflète pas les goûts d'un homme qui, par ailleurs, ne semble en avoir eu guère, mais les aspirations d'enrichis qui récitent avec délice les poèmes de Delille ou de Legouvé, applaudissent les mauvaises tragédies copiées de l'antique, courent à l'Opéra écouter *Ossian ou Les Bardes* de Lesueur, peuplent leurs salons de chaises et de fauteuils, alignés le long des murs comme à la parade, aiment à faire voir d'imposantes cheminées en marbre où trônent les inévitables pendules décorées et les chandeliers de bronze doré, exposent leurs livres derrière les vitrines de bibliothèques, étalent porcelaine, verrerie et argenterie dans les dressoirs des salles à manger et usent et abusent de l'acajou, un bois et une couleur tellement répétés qu'ils finissent par engendrer la mélancolie.

Exilée en 1803 parce qu'elle était républicaine, écrivain de talent et femme, Mme de Staël, la fille de Necker, estimait que Bonaparte avait conçu l'idée d'opérer à son avantage une contre-Révolution en rétablissant le trône, le clergé et la noblesse, « un clergé qui n'était que le prédicateur du despotisme » et une noblesse qui, n'exerçant aucune magistrature dans l'État, ne « servait que de parure au pouvoir absolu ». Cette critique semble bien s'appliquer à ce qu'est devenu l'Empire après 1808, date à laquelle sont officiellement rétablies les anciennes dénominations nobiliaires, à l'exception de celles de vicomte et de marquis, trop présentes dans la littérature d'Ancien Régime. Il s'agissait, dans l'esprit de Napoléon, de détacher l'ancienne aristocratie des Bourbons et de l'amalgamer à la nouvelle élite des notables.

En fait, ce fut un échec et une faute politique. Si des nobles acceptèrent de peupler la cour impériale, ce fut moins pour servir l'« usurpateur » que pour se glisser dans l'appareil d'État et mieux préparer l'avenir. Si certains « plébéiens » enrichis par leurs œuvres eurent les oreilles agréablement chatouillées par le titre de comte, plus nombreux furent ceux qui estimèrent que Napoléon venait de violer un des principes fondamentaux de la Révolution.

En réalité, même après son second mariage en 1810 avec Marie-Louise de Habsbourg, fille de François Ier et nièce de Marie-Antoinette, l'ancien général jacobin ne put jamais entrer dans « la famille des rois » et se faire accepter par l'ancienne aristocratie. Autre erreur, le mariage « autrichien » hâta l'évolution qui éloignait de la Révolution celui qui, par alliance, était devenu le neveu du Capétien. Même après la naissance du roi de Rome en 1811, Napoléon ne parvint jamais à faire accepter cette nouvelle « dynastie ». Monarque d'un genre différent, sa légitimité restait suspendue à ses victoires.

Le soleil d'Austerlitz

« Un Premier consul ne ressemble pas à ces rois par la grâce de Dieu qui regardent leurs États comme un héritage. Il a besoin d'actions d'éclat et par conséquent de la guerre. » Cet aveu de Bonaparte, qui ajoutait « je n'ai jamais su où aller », éclaire sans doute une politique extérieure dont l'aspect « fuite en avant » serait sans cela inexplicable. « Ce qui caractérise l'histoire de Napoléon Ier entre 1804 et 1814, écrivait François Furet, n'est pas ce qu'il a fait à l'intérieur [...]. Ce qui commence alors, ou plutôt ce qui a commencé en 1803, quand la guerre a repris avec les Anglais, c'est son aventure avec l'Europe. C'est la guerre perpétuelle, victorieuse, impossible à arrêter, jusqu'à la défaite. L'aventure du grand conquérant a définitivement pris le pas sur le fondateur de l'État français moderne ; l'organisateur autoritaire d'une nation de propriétaires a cédé le pas à l'Empereur qui veut redessiner l'histoire du monde civilisé. Les deux personnages ont toujours coexisté en Bonaparte, mais le Napoléon carolingien du sacre révèle un souverain devenu largement indépendant de la Révolution française. Le contrat de Brumaire a été rempli ; le destin de l'Empereur se joue hors de France, comme une aventure sans fin. »

Bonaparte ne pouvait en effet être l'homme de la paix. « Mourir n'est rien, disait-il encore ; mais vivre vaincu et sans gloire, c'est mourir tous les jours. » Symbole par excellence de la promotion sociale par la carrière des armes, le Petit Caporal incarne les ambitions et les rêves de tous ces jeunes gens devenus les héroïques officiers d'une République menacée par les tyrans.

Est-ce à dire qu'il porte seul la responsabilité des guerres qui finiront par le perdre et faire perdre à la France 800 000 de ses enfants ? Certainement pas. Si la paix d'Amiens en mars 1802 avait mis fin au conflit qui opposait depuis 1792 l'Europe des rois à la France révolutionnaire, si l'Angleterre avait pour un temps baissé les armes pour reprendre son souffle, elle ne pouvait accepter que le continent devienne la chasse gardée d'une puissance rivale dont le souverain avait pour ambition de reconstruire l'empire de Charlemagne.

Or, toutes les initiatives de Bonaparte alimentent cette crainte. En s'imposant comme arbitre de l'Allemagne et comme « médiateur » de la Suisse, en resserrant son emprise sur la Belgique, la Hollande et l'Italie, en affirmant la présence française au-delà des mers, à Saint-Domingue où Toussaint-Louverture, le chef des révoltés noirs, est capturé et l'ordre rétabli, en Inde où le général Decaen prend contact avec les princes qui supportent mal la tutelle anglaise, en Louisiane que l'Espagne rétrocède à la France, en Méditerranée où des contacts sont noués avec les Turcs, il inquiète le commerce et la finance de la grande île. Le problème posé par Malte que l'Angleterre refusait d'évacuer servit de prétexte à un conflit inévitable. En mai 1803, la paix est rompue par la « perfide Albion » qui saisit dans ses ports, sans avis préalable, des bâtiments de commerce français.

La flotte française défaite le 21 octobre 1805 au large du cap Trafalgar par l'amiral Nelson tué au cours du combat, c'est le projet de débarquement en Angleterre activement préparé depuis le camp de Boulogne-sur-Mer qui est anéanti et c'est l'espoir de gêner le commerce britannique avec ses colonies qui est compromis. Maîtres des mers, les Anglais, qui ne le savent pas encore, ont déjà gagné la guerre. Une guerre qui sera continentale, un terrain sur lequel Napoléon peut exprimer son génie.

Du stratège prussien Clausewitz qui le tenait pour un dieu de la guerre au maréchal Foch qui reprendra sa théorie de l'offensive à outrance, tous les experts militaires se sont en effet accordés pour reconnaître son brio. Rapidité de mouvement, manœuvre combinée des corps d'armée, choix du théâtre des opérations, autant de partis pris stratégiques qui correspondent au tempérament de l'Empereur, qui était tout élan, et à une armée de soldats, paysans pour la plupart, dotés d'une résistance physique exceptionnelle. Entre le 30 août et le 25 septembre 1805, ils parcourent 700 kilomètres entre Boulogne et Spire. À Austerlitz, la division Friant combat après une étape de 128 kilomètres en moins de deux jours. Lors de la retraite de Russie, ils sont capables de parcourir 21 kilomètres par jour pendant trente-huit jours par – 30 °C.

« C'est quand les combats se réunissent en une grande bataille générale que les résultats sont plus grands [...]. Plus un général en chef est animé d'un véritable esprit de la guerre, plus il a conscience qu'il peut et doit battre son adversaire, et plus ardemment il recherche la bataille générale dès le début de la guerre et compte tout atteindre par elle. Bonaparte ne s'est peut-être jamais mis en campagne sans viser à cette bataille générale. » Cette analyse de Clausewitz se retrouve dans toutes les campagnes de Napoléon qui, à la recherche permanente du choc décisif, dispose ses corps d'armée de manière que, le champ d'opérations étant tout entier embrassé, l'ennemi ne puisse se dérober. Le feu de l'artillerie et de l'infanterie ébranle le moral de l'ennemi qui doit ployer sous le coup de boutoir des troupes fraîches s'avançant en colonnes serrées. La cavalerie poursuit et taille en pièces les fuyards. La Garde, qui rassemble des soldats d'élite, n'intervient qu'aux moments les plus critiques.

La victoire foudroyante d'Austerlitz, le 2 décembre 1805, le jour anniversaire du sacre, en est un cas d'école exemplaire. En trois semaines, Napoléon transporte la Grande Armée de Boulogne jusqu'en Allemagne. Encerclé dans Ulm, le général autrichien Mack capitule le 20 octobre 1805, la veille de Trafalgar. Couvert de boue, « autant et plus fatigué que le dernier tambour de l'armée », le Petit Caporal assiste au défilé des 27 000 prisonniers. « Un pareil spectacle, écrira le maréchal Marmont, ne peut se rendre et la sensation en est encore présente à mon souvenir. De quelle ivresse nos soldats n'étaient-ils pas transportés ! »

Le 15 novembre, Napoléon s'empare de Vienne abandonnée par l'empereur d'Autriche, s'installe plus au nord, à Brünn et, après avoir parcouru la région à la recherche du lieu où il attirera l'ennemi, choisit, près du village d'Austerlitz, le champ de bataille qu'il finit par connaître « aussi bien que les environs de Paris ». Pour vaincre l'armée austro-russe commandée par le maréchal Koutouzov, une armée de 87 000 hommes alors qu'il n'en compte que 73 000, il imagine de la tronçonner pour mieux la battre. Le plateau de Pratzen sera abandonné pour faire croire à une retraite en direction de Vienne. Quand l'ennemi descendra du plateau pour attaquer l'aile droite française volontairement dégarnie, il montera à l'assaut avec le gros des troupes dissimulées dans la vallée du Goldbach, enfoncera le centre du dispositif ennemi, coupera l'ennemi en deux et écrasera l'aile la plus faible. « Soldats, déclare-t-il aux troupes le 1er décembre au soir, je dirigerai moi-même tous vos bataillons. Je me tiendrai loin du feu si, avec votre bravoure accoutumée, vous portez le désordre et la confusion dans les rangs ennemis ; mais si la victoire est un moment incertaine, vous verrez votre empereur s'exposer aux premiers coups. » Un grenadier l'interpelle alors : « Tu n'auras pas besoin de t'exposer, nous t'amènerons demain les drapeaux et l'artillerie russes pour célébrer l'anniversaire de ton couronnement. »

Le 2 décembre, les Austro-Russes tombent dans le piège programmé et se font étriller par les régiments de Soult qui gravissent le plateau en chantant l'hymne sans-culotte tandis que les tambours répètent :

« Ran, ran, ran, ran, tan plan, tire lire.
On va leur percer le flanc,
Que nous allons rire. »

Engagée à sept heures avec le lever du soleil, la bataille s'achève vers seize heures, à la tombée de la nuit. Les Français ont perdu

1 305 hommes. Signé le 26 décembre 1805, le traité de Presbourg liquide l'influence autrichienne en Italie et évince les Habsbourg d'Allemagne. Les Bourbons de Naples, entrés imprudemment dans la coalition, sont destitués par décret, leur dynastie étant jugée « incompatible avec le repos de l'Europe et l'honneur de sa Couronne. » En juillet 1806, naît une Confédération du Rhin dont Napoléon devient le « protecteur » chargé de conduire la politique extérieure et de diriger les forces armées.

Mécontente de ces remaniements et soutenue par l'Angleterre et la Russie, la Prusse somme, le 26 août 1806, les Français de repasser le Rhin. En six jours et deux batailles, Iéna et Auerstedt, les Prussiens sont écrasés et, le 27 octobre, Napoléon entre triomphalement dans Berlin.

Le 8 février 1807, à Eylau, puis le 14 juin, à Friedland, c'est au tour des Russes d'être défaits. Mais à Eylau, première grande bataille frontale, pointent déjà les faiblesses de la stratégie napoléonienne. Sur un terrain peu propice aux concentrations fulgurantes, loin de ses approvisionnements, dans le froid et la neige, l'armée française perd 25 000 hommes dans des conditions horribles. « Jamais tant de cadavres n'avaient couvert un si petit espace, note Percy, le chirurgien de la Grande Armée. La neige était partout teintée de sang [...]. Les cadavres étaient amoncelés partout où il y avait quelques bouquets de sapins, derrière lesquels les Russes avaient combattu. Au déclin d'une montagne dont l'ennemi avait sans doute choisi le revers pour mieux se défendre, il y avait des groupes de cent corps ensanglantés ; des chevaux estropiés mais vivants, attendaient que la faim vienne les faire tomber à leur tour sur ces monceaux de morts. »

S'il est resté maître du terrain, Napoléon a mesuré l'ampleur du carnage. Le 25 juin 1807, sur un radeau établi au milieu du Niémen, près du village de Tilsit, l'empereur des Français et l'empereur de Russie se jettent dans les bras l'un de l'autre et présentent la note de frais à la Prusse, amputée de ses provinces à l'ouest de l'Elbe qui constituent le royaume de Westphalie et des duchés de Poznan et de Varsovie qui forment le grand-duché de Varsovie. Le tsar Alexandre, qui recevait la promesse de pouvoir s'agrandir en direction de la Finlande et de l'Empire ottoman, s'engageait à soutenir Napoléon dans sa lutte contre l'Angleterre, désormais isolée et menacée de perdre ses débouchés européens.

L'Empire est alors à son apogée. Les frontières naturelles de la France, Rhin, Alpes et Pyrénées, sont assurées et même dépassées. Dans une Europe dont la carte politique a été complètement redessinée et simplifiée au profit de royaumes ayant pour souverains des membres de la famille ou d'États vassaux, l'influence française se mesure à la mise en place d'une administration et d'une fiscalité modernes et à la diffusion du Code civil. Partout, le régime français prétend apporter les Lumières, rallier les élites locales et fonder les « États-Unis d'Europe ». « Il me faut un code européen, une cour de cassation européenne, une même monnaie, les mêmes poids et mesures ; il faut que je fasse de tous les peuples de l'Europe un même peuple et de Paris la capitale du Monde », aurait dit Napoléon à Fouché. En fait, cette Europe a surtout été bâtie pour frapper au cœur la puissance anglaise.

Machine de guerre destinée à abattre la grande puissance rivale, le blocus continental mis en place le 21 novembre 1806 par le décret de Berlin interdit l'entrée dans les ports de l'Empire à tous les bateaux venant de l'Angleterre ou de ses colonies. C'est espérer y provoquer une surproduction industrielle et, à terme, une crise financière et sociale. « Je veux, proclame Napoléon, conquérir la mer par la puissance de la terre. » Après Tilsit, c'est le continent qui se ferme presque entièrement aux marchandises anglaises, à l'exception de la Suède. En 1808, l'Angleterre semble bien atteinte. Tandis que le chômage augmente fortement, notamment chez les tisserands de l'industrie cotonnière, des émeutes populaires éclatent dans le Lancashire. Napoléon est alors au sommet de sa puissance, mais il faut que l'Europe entière accepte d'être peuplée de douaniers.

Les nations contre la Nation

En créant une noblesse d'Empire et en épousant une « Autrichienne », Napoléon avait donné l'impression de trahir son serment. En intervenant au Portugal pour le fermer au commerce anglais puis en Espagne pour détrôner la dynastie des Bourbons et installer son frère Joseph sur le trône de Madrid, Napoléon impose pour la première fois une guerre d'annexion qui ne coïncide ni avec les tendances lourdes de la diplomatie française ni avec les logiques courtes des guerres de la Révolution. Pour la première fois, en effet, la guerre ne naît pas d'une coalition formée contre la France mais de la volonté d'un prince saisi par la passion de la puissance qui s'aventure désormais sur un terrain mal maîtrisé.

Certes, la dégénérescence de la dynastie espagnole et les luttes pitoyables entre le roi Charles IV, son fils Ferdinand, la reine Marie-Louise de Parme et son amant, le Premier ministre Godoy, pouvaient faire croire à l'Empereur que, là comme ailleurs, il apparaîtrait comme le sauveur venu imposer la « réforme ». C'était compter sans la force d'un sentiment national qui allait souder le peuple espagnol autour de rois décadents mais légitimes. Immortalisée par Goya, l'insurrection du 2 mai 1808 dresse les Madrilènes contre les mamelouks de Murat assimilés aux Infidèles. La terrible répression déchaîne la haine contre l'« Antéchrist ». Le 19 juillet 1808, les insurgés battent à Bailén l'armée du général Dupont et, le 30 août, les Portugais appuyés par des renforts anglais contraignent Junot à capituler.

Napoléon, accouru à la tête de la Grande Armée, a beau réinstaller Joseph sur son trône en décembre, l'Espagne reste à conquérir, mobilisant face à la guérilla, une forme populaire de combat jusque-là méprisée par tous les systèmes militaires, une armée dont les effectifs feront défaut ailleurs. La Péninsule devient aussi un merveilleux champ de manœuvre pour les armées anglaises commandées par celui qui ne s'appelle pas encore Wellington, une brèche dans le blocus continental et une occasion pour l'Angleterre de compenser l'amenuisement du débouché européen par l'ouverture du vaste marché des colonies espagnoles d'Amérique. « Cette malheureuse guerre d'Espagne, reconnaîtra Napoléon à Sainte-Hélène, a été une véritable plaie, la cause première des malheurs de la France. »

« Jusqu'en 1809, écrira en 1812 l'économiste genevois Francis d'Ivernois, Napoléon n'avait poursuivi sa carrière triomphante qu'en se servant des dépouilles d'un ennemi vaincu pour en attaquer d'autres, afin de les dépouiller à leur tour. Si l'on excepte son incursion dans la péninsule espagnole, toutes les précédentes furent si courtes et tellement productives qu'après s'y être remboursé par la victoire des frais de chaque campagne, il en était toujours revenu avec un trésor qui l'avait aidé à équiper l'année suivante ses conscrits et à les entretenir en France jusqu'à leur arrivée sur le territoire étranger. Mais en les jetant au-delà des Pyrénées, il s'est jeté dans une entreprise tellement coûteuse qu'au lieu d'en tirer à chaque campagne 250 millions de francs, il se voit condamné à y débourser des sommes aussi fortes, ce qui tout à coup change l'événement du gain à la perte, des recettes à la dépense. »

Surtout, l'écho du soulèvement espagnol excite en Europe un sentiment national qui emprunte à la Révolution ses idéaux pour les retourner contre une France qui les a trahis. Au Tyrol, l'ancien aubergiste Andreas Hofer prend la tête d'un soulèvement contre les Français. À Berlin, Fichte rédige des *Discours à la nation allemande* qu'il appelle à la révolte. En Italie, l'occupation de Rome et l'arrestation du pape Pie VII, mis en résidence surveillée à Savone, entraînent les catholiques dans la résistance.

Certes, la nouvelle victoire remportée sur l'empereur d'Autriche à Wagram les 5 et 6 juillet 1809 semble assurer l'hégémonie d'une France qui compte désormais 130 départements et 45 millions d'habitants, sans compter les 35 millions de vassaux, mais l'éclat des actions militaires ne peut suppléer l'adhésion des opinions. Ce que ne pouvait comprendre Napoléon, c'est qu'un peuple peut choisir l'« obscurantisme » pour refuser le progrès quand il a conscience que son identité est bafouée. Les administrateurs français peuvent bien instaurer l'état civil laïque, supprimer les dîmes, déposséder les anciens privilégiés au profit de nouveaux notables, percer des routes et établir des cadastres, ce « modernisme » n'est guère évident pour la masse de la population.

En moins de deux années, la gigantesque construction que Napoléon avait édifiée s'écroule comme un château de cartes sans consistance.

Mme de Staël, décidément lucide, écrivait encore : « Il fallait au moins qu'il soulevât l'Europe au nom de quelques avantages pour elle. Le rétablissement de la Pologne, l'indépendance de l'Italie, l'affranchissement de la Grèce avaient de la grandeur ; les peuples pouvaient s'intéresser à la renaissance des peuples. Mais fallait-il inonder la terre de sang pour que le prince Jérôme prît la place de l'Électeur de Hesse et pour que les Allemands fussent gouvernés par des administrateurs français qui prenaient des fiefs dont ils savaient à peine prononcer les titres bien qu'ils les portassent, mais dont ils touchaient très facilement les revenus dans toutes les langues ? [...] Qu'offrait-il donc aux empires qu'il voulait subjuguer. Était-ce de la liberté ? Était-ce de la force ? Était-ce de la richesse ? Non, c'était lui, toujours lui, dont il fallait se récréer, en échange de tous les biens de ce monde. »

Et c'est toujours lui qui, grisé par deux années de paix générale et un mariage qui lui donne une nouvelle jeunesse, tente, en juin 1812, un nouveau « coup de poker » en franchissant le Niémen à la tête d'une armée cosmopolite de 700 000 hommes pour châtier un tsar récalcitrant, mettre la dernière pierre à son rêve européen et s'ouvrir... la route des Indes. C'est vouloir montrer au monde une force intacte sans entendre le capitaine Leclerc qui, rassemblant dans les bureaux de la Guerre la documentation sur la Russie, l'informe que « le Russe seul peut faire la guerre en Russie ». C'est croire possible ce qui a été fait avec la Prusse et l'Autriche. C'est s'attaquer à l'immensité de l'espace avec une machine aussi lourde que mal préparée. C'est refuser de prendre en compte la leçon espagnole et découvrir, une nouvelle fois, la fureur d'une guerre nationale qui jette les moujiks orthodoxes et en servage contre l'envahisseur.

Comme il n'envisage pas d'être surpris par l'hiver, Napoléon ne prend pas la peine de charger l'intendance de fourrures pour les soldats et de fers à glace pour les chevaux. Le luxe affiché par de nombreux officiers pousse les troupes à l'indiscipline. Au milieu du mois d'août, sans avoir livré une bataille décisive aux Russes qui reculent en faisant le désert autour d'eux, « l'armée française et alliée » a déjà perdu 150 000 hommes, victimes de maladies ou déserteurs. Quand elle entre à Moscou, le 14 septembre, après avoir forcé le passage à Borodino, elle n'a pas sérieusement entamé le moral de l'adversaire. Moscou, ravagée par un gigantesque incendie, n'était pas le gage que Napoléon escomptait pour obliger Alexandre à négocier. Quand il se décide à rentrer, en prenant la même route qu'à l'aller, il s'expose à traverser une région déjà vidée de ses approvisionnements. Avec les grands froids, la retraite se transforme en déroute. Au début du mois de décembre, 100 000 rescapés seulement repassent le Niémen. Plus irréparable encore était la perte de 200 000 chevaux et des quatre cinquièmes du parc d'artillerie. Un des plus grands désastres de l'histoire. La débâcle de la Bérézina a brisé les ailes des aigles impériales. À Paris, il a suffi que l'obscur général Malet se rende à la caserne Popincourt, fasse réveiller le commandant Soulier et lui annonce la mort de l'empereur pour qu'à l'Hôtel de Ville, le préfet de la Seine prépare la salle où devait se réunir le futur gouvernement provisoire ! Au milieu de cette rocambolesque conspiration, personne ne s'était rappelé que Napoléon avait un héritier. « Ce diable de roi de Rome, aurait plaidé le préfet coupable à Napoléon, on n'y pense jamais. »

C'est que la France est lasse d'une aventure qui n'a rien de nationale. En 1811, une crise économique a jeté au chômage des ouvriers du textile et de la métallurgie et réveillé la peur de la disette. Gênés par les effets du blocus et l'accentuation du despotisme, les notables se lassent. En décembre 1813, au cours d'une des rares sessions du Corps législatif convoquées par Napoléon, Lainé, député de Bordeaux, réclame pour la nation « le libre exercice de ses droits politiques » et souhaite qu'on ne continue la guerre que « pour l'indépendance du peuple français et l'intégrité de son territoire ». Menacés de voir leur vie spirituelle suspendue par le refus du pape de donner les bulles d'institution aux évêques nommés par Napoléon, les croyants s'inquiètent. Frappé par l'accroissement des impôts et les levées massives de conscrits, le peuple se rebelle contre l'« Ogre » qui dévore ses enfants. Selon Stanislas de Girardin, préfet de la Seine-Inférieure, on voit dans les conseils de recrutement « des jeunes gens qui se sont fait arracher toutes les dents pour ne point servir, d'autres sont parvenus à les carier presque toutes en employant des acides ou en mâchant de l'encens. Quelques-uns s'étaient fait des plaies aux bras et aux jambes et pour rendre ces plaies pour ainsi dire incurables, ils les ont fait panser avec de l'eau imprégnée d'arsenic. Beaucoup se sont fait donner des hernies soufflées, quelques-uns appliquent sur les parties de la génération des caustiques violents. »

C'est une armée trop jeune conduite par des maréchaux fatigués et un empereur qui a oublié ses gammes qui, du 16 au 19 octobre 1813, se fait battre à Leipzig par la Prusse, l'Autriche et la Russie de nouveau alliées. En 1814, redevenu pour un temps Bonaparte, Napoléon accomplit avec les « Marie-Louise » une brillante campagne de France, triomphant à Champaubert, Montmirail, Château-Thierry, Vauchamps puis Montereau mais, vaincu par le nombre et abandonné par les notables, il ne peut éviter que les Alliés entrent le 31 mars 1814 dans la capitale où la population des beaux quartiers leur réserve le meilleur accueil. Le 2 avril, le Sénat décide la déchéance des Bonaparte et, le 6, appelle Louis XVIII au pouvoir. Ce même jour, pressé par ses maréchaux, Napoléon abdique et, après une tentative de suicide dans la nuit du 12 au 13, signe le traité de Fontainebleau qui lui assure la possession de l'île d'Elbe et une pension de 2 millions versée chaque année par le gouvernement français. Le 20 avril, Napoléon part vers Fréjus après avoir fait ses adieux à la garde impériale. De son Empire, il ne reste rien.

CHAPITRE 61

La monarchie restaurée

Le 29 mai 1825, dans la cathédrale de Reims habillée avec les portraits de quarante rois de France, Charles X, le frère de Louis XVI, est sacré roi de France, « au pied du même autel où Clovis reçut l'onction sainte en présence de Celui qui juge les peuples et les rois », a annoncé le nouveau souverain dans son discours du trône. Quelques gouttes de la sainte ampoule, brisée sous la Terreur, avaient été recueillies pour l'occasion. Le sermon est prononcé par La Fare, le même qui, trente-six ans auparavant, avait prononcé le sermon d'ouverture aux états généraux. La cérémonie a été organisée par le marquis de Dreux-Brézé, celui qui avait ordonné le sacre de Louis XVI. C'était trop vouloir restaurer l'Ancien Régime et ressusciter le fantôme d'une société dominée par les prêtres et les notables.

Le vol de l'Aigle

Le 3 mai 1814, le frère de Louis XVI, qui a émigré le 20 juin 1791, fait un retour « triomphal » dans sa « bonne ville » de Paris. Louis, que l'on surnomme « le Désiré », se présente en calèche attelée de huit chevaux blancs, coiffé d'un chapeau à plumes blanches, en habit bleu et épaulettes d'or. Du blanc qui fait grogner les grenadiers de la vieille garde chargés de former la haie d'honneur. Sur le socle de la statue d'Henri IV au Pont-Neuf, une inscription résume le projet politique de Louis XVIII : « *Ludovico Reduce, Enricus Redivivus* », « le retour de Louis fait revivre Henri. » « Rien n'est changé en France, espère Talleyrand qui invente la formule, sinon qu'il y a un Français de plus. »

Effectivement, il semble que la France puisse espérer vivre tranquille à l'ombre de la monarchie restaurée. Celui que le peuple appellera le « gros cochon » à cause de son obésité est assez intelligent et suffisamment « éclairé » pour comprendre que la France qu'il retrouve après vingt-trois ans d'absence n'est plus tout à fait celle qu'il a quittée. Même s'il s'intitule d'emblée « Louis, par la grâce de Dieu, roi de France et de Navarre » et garde l'ambition de renouer avec la chaîne du temps, il sait qu'il ne faut pas être plus « royaliste que le roi ».

Datée de la dix-neuvième année de son règne, la Charte qu'il « octroie » le 4 juin 1814 reprend la copie que Louis XVI aurait dû signer en 1789 pour ouvrir la voie d'une monarchie constitu-tionnelle. Plus libérale que les constitutions napoléoniennes, elle assume les principes fondamentaux de liberté et d'égalité, garantit toutes les propriétés, même celle des biens nationaux, reconnaît tous les engagements financiers des gouvernements précédents, maintient la Légion d'honneur et la noblesse d'Empire, accorde la liberté de culte et la liberté de la presse, supprime tribunaux et commissions extraordinaires et s'interdit « toutes recherches des opinions et votes émis jusqu'à la Restauration. » C'était aller plus loin que l'Angleterre de la même époque qui parlait beaucoup de tolérance mais la pratiquait sans excès.

Si le préambule de la Charte remercie « la divine Providence » et affirme que « l'autorité tout entière réside dans la personne du Roi », elle reconnaît aussi nettement la nécessité d'un régime représentatif « digne de nous et du peuple auquel nous sommes fiers de commander. » Si le roi dispose seul du pouvoir exécutif et empiète largement sur le pouvoir législatif, une Chambre des députés élue au suffrage censitaire et une Chambre des pairs nommés par le roi votent chaque année le budget et l'impôt, ce qui n'est pas rien. Certes, le droit de vote ne concerne qu'un peu plus de 100 000 Français payant 300 francs de contributions. Certes, 15 000 seulement d'entre eux âgés d'au moins quarante ans et payant 1 000 francs sont éligibles, mais ces conditions n'ont guère trouvé d'opposants, le suffrage universel apparaissant rangé au rayon des antiquités passées de mode ou des utopies destinées à le rester. Mieux, ce sont les ultras, des farouches partisans de l'Ancien Régime, qui, certains de leur influence dans les campagnes, ont réclamé un droit de vote plus élargi alors que les libéraux, porte-parole des talents, ont accepté sans barguigner un suffrage censitaire qui fait des classes moyennes enrichies l'axe imposé des consultations électorales et de la vie politique.

Prétendant avoir « cherché les principes de la Charte constitutionnelle dans le caractère national français et dans les monuments vénérables des siècles passés », Louis XVIII, qui s'est donné pour mission de dompter les principes de 1789 pour faire accepter le retour des Bourbons, bénéficie surtout de circonstances particulièrement favorables. La France qu'il retrouve a oublié les promesses d'une Révolution effacées par la guerre, la défaite, la Terreur et l'Empire. La France, que les Alliés ménagent, perd évidemment ses conquêtes mais garde ses frontières de 1792 sans être soumise à une indemnité de guerre. L'administration qu'il met en place n'est guère épurée. À la Chambre des pairs, sur les 149 nommés, on compte 103 sénateurs ou maréchaux d'Empire. À une France malade, le roi impotent s'engage à multiplier les « soins ».

« Paix, repos, oubli », tels sont les maîtres mots qui sonnent comme des promesses de réconciliation nationale. « Pendant la Révolution, on se battait ; sous l'Empire, on se taisait ; la restauration avait jeté la liberté au sein de la paix », écrivait Guizot pour résumer les premiers mois d'apprentissage de l'oubli et du pardon.

Mais ce roi « restauré » était trop providentiel pour ne pas exciter les rancœurs et réveiller les passions d'une France « étrangère » et aveugle décidée à ressusciter un monde pourtant perdu et à réclamer des places, des pensions et des cordons. Tandis qu'aux Tuileries, on reconstitue une cour aux costumes, aux perruques et à l'étiquette surannés, tandis que le clergé multiplie pénitences collectives et cérémonies expiatoires en faveur des victimes de la Révolution, tandis qu'à Nîmes, des bandes de royalistes chantent dans les rues leur volonté de « faire du boudin avec le sang de Calvin », Louis XVIII rétablit, le 15 août 1814, l'antique procession célébrant le vœu de Louis XIII plaçant la France sous la protection de la Vierge et, le 21 janvier 1815, conduit en grande pompe les restes de Louis XVI et de Marie-Antoinette à la basilique de Saint-Denis, pendant que les cloches des églises sonnent dans tout le royaume l'heure de la repentance.

C'est assez pour énerver le peuple, alerter l'« opinion » et persuader le souverain de l'île d'Elbe que la France du drapeau tricolore était déjà lasse du Bourbon. S'échappant de son île mal surveillée, Napoléon débarque à Golfe-Juan le 1er mars 1815, accompagné d'une petite troupe de fidèles. Le 20 mars, il dort aux Tuileries abandonnées par Louis XVIII, à nouveau émigré. Redevenant, sans le vouloir, l'héritier de la Révolution, incarnant, malgré lui, l'esprit jacobin, il constate que la haine des prêtres et de la noblesse est aussi violente qu'au commencement de la Révolution. « Les Bourbons, confie-t-il à Molé, ont rendu aux idées de la Révolution toute la force qu'elles avaient perdue. »

Mais, incapable de redevenir un Robespierre botté, plus soucieux de ménager les notables que de communier avec les « sans-culottes », il n'utilise pas le courant populaire qui s'offre à lui et refuse de porter le « bonnet rouge » dont il avoue qu'il ne lui convient guère.

En fait, aujourd'hui comme hier, la légitimité de Napoléon ne se gagne que sur les champs de bataille. Le 18 juin 1815, parti en Belgique pour essayer de battre les Anglais de Wellington et les Prussiens de Blücher avant l'arrivée des renforts russes et autrichiens, il est mis en déroute près du village de Waterloo au terme d'une bataille longtemps incertaine. Le 22 juin, refusant de proclamer la patrie en danger et d'être l'« empereur de la canaille », il abdique en faveur de son fils. Mais suivant étape après étape Wellington dans sa marche sur la capitale, Louis XVIII peut rentrer une seconde fois dans Paris le 8 juillet.

Au terme d'un vol quasiment irréel de Cent-Jours, la chute prévisible de l'Aigle est toutefois lourde de conséquences. En juin 1814, le Bourbon était rentré dans un pays vaincu dont il pouvait être le sauveur. En juillet 1815, il rentre dans les « fourgons » d'un étranger décidé à se venger de la peur que lui a inspirée le Petit Caporal et dans un pays où les ultras sont décidés à prendre leur revanche sur les Français qui ont acclamé Napoléon. Déporté à Sainte-Hélène, l'ex-empereur a miné le terrain de la seconde Restauration et sauvé sa légende. Le vol de l'Aigle a coûté cher au pays, mais la défaite et l'occupation du pays sont portées au passif des Bourbons plus qu'au sien. Paru sous la signature de Las Cases en 1823, deux ans après sa mort, le *Mémorial de Sainte-Hélène* fut, selon l'expression de Jean Tulard, un formidable et dernier « coup de génie ». En réécrivant l'histoire de son règne à sa manière, en se faisant le champion du libéralisme et du principe des nationalités, les deux forces qu'il avait combattues, en se présentant comme un martyr de la liberté, il remportait en fait sa plus belle victoire.

Ultras et libéraux

La Seconde Restauration ne s'ouvre pas sous les meilleurs auspices. La France, prise en flagrant délit de récidive, est renvoyée par le congrès de Vienne à ses frontières du 1er janvier 1790, condamnée à verser une indemnité de guerre de 700 millions de francs en cinq ans et à subir l'occupation de soldats étrangers qu'elle doit nourrir, loger et habiller. À Paris, les Prussiens bivouaquent dans la cour du Carrousel et font sécher leur linge sur les grilles des Tuileries. Les Russes y apprennent toutefois le goût du champagne, ce qui ne fut pas pour rien dans le futur essor de l'industrie champenoise. « Aujourd'hui, ils boivent, aurait prédit la veuve Clicquot, demain ils paieront. »

Aux pillages et aux viols, s'ajoute, dans les vieux pays chouans et dans le Midi, une Terreur « blanche » qui n'a rien à envier à celle de 1793. À Nîmes, des « verdets », des royalistes ayant adopté les couleurs du comte d'Artois, le frère de Louis XVIII, frappent d'un battoir à clous les dames protestantes déculottées pour imprimer sur leurs fesses une sanglante fleur de lys. À Marseille, on assassine les bonapartistes. À Toulouse, on exécute le maréchal Ramel après lui avoir arraché les yeux. À Avignon, le cadavre de Brune est jeté dans le Rhône. À Paris, le maréchal Ney, condamné à mort par les pairs, est fusillé.

La Chambre élue dans ce climat est évidemment « introuvable », comptant 350 royalistes ultras sur 402 députés. Un raz de marée « revanchard » qui accélère paradoxalement l'évolution libérale du régime. Élus pour déraciner l'héritage de la Révolution, les députés sont amenés à s'opposer au roi qu'ils trouvent trop modéré et à se transformer en défenseurs des droits du Parlement. Interprétant la Charte dans le sens d'une indépendance accrue du pouvoir législatif, ils travaillent ainsi à faire triompher les principes de 1789 ! Votant le bannissement des régicides et décidant que « le 21 janvier de chaque année sera un jour de deuil national, et qu'en expiation du crime de ce malheureux jour il sera élevé sur l'une des places de Paris, au nom et aux frais de la nation, une statue du roi martyr avec cette inscription : la France libre à Louis XVI », ils ancrent la France profonde sur les souvenirs de la Révolution et en cultivent la mémoire. Dissoute en septembre 1816 pour excès de royalisme, la Chambre introuvable a en fait rendu de fiers services aux libertés publiques.

C'est en effet sous la Restauration que se développent pour la première fois le parlementarisme et l'organisation même du jeu politique. Certes, l'immense majorité de la nation en est exclue par le système électoral, mais force est de constater que le pays s'est dans l'ensemble plutôt bien accommodé d'un régime qui n'avait rien de policier et n'a guère suscité de haines profondes dans l'opinion. Un rapport d'un observateur anglais adressé à son ambassadeur en témoigne : « Rien ne ressemble moins à un peuple qui souffre. [...] Hors des villes, les journaux sont peu lus, et les discussions politiques sont à peu près ignorées. On n'aime ni on ne hait le gouvernement. On s'occupe peu de sa marche, et on en sent peu l'action, soit en bien, soit en mal. On dirait que les choses vont toutes seules et sans que personne s'en mêle. »

Menant sa vie propre dans la paix et le repos retrouvés, le pays « réel » laisse les 100 000 Français « légaux » expérimenter les joutes et les débats dont la qualité et la passion traduisent l'intelligence de l'époque et annoncent des sensibilités politiques à l'avenir durable. 1789 devient alors réellement la date anniversaire des guerres franco-françaises pour près d'un siècle et peut-être plus.

Famille politique en vogue précocement constituée en parti, les ultras ont le drapeau blanc pour emblème, l'alliance du Trône et de l'Autel pour programme, la tradition pour mode de pensée et la hiérarchie pour exigence. « La révolution a commencé par les droits de l'homme, proclament-ils, elle finira par la déclaration des droits de Dieu. » Louis de Bonald et Joseph de Maistre sont leurs théoriciens. Chateaubriand et Lamennais sont leurs plumes. Hugo, Lamartine, Vigny y étrennent leur jeunesse. Le faubourg Saint-Germain, les presbytères et les gentilhommières sont leurs bastions. *La Gazette de France* et le *Journal des débats* sont leurs journaux. Les Chevaliers de la foi, une organisation secrète fondée sous l'Empire, sont leur agence de recrutement. Mélancoliques, ils pourraient tous signer ce que Chateaubriand écrit en 1822 dans les *Mémoires d'outre-tombe* : « Les vieillards d'autrefois étaient moins malheureux et moins isolés que ceux d'aujourd'hui : si, en demeurant sur la terre, ils avaient perdu leurs amis, peu de chose du reste avait changé autour d'eux ; étrangers à la jeunesse, ils ne l'étaient pas à la société. Maintenant, un traînard dans ce monde a non seulement vu mourir les hommes, mais il a vu mourir les idées : principes, mœurs, goûts, plaisirs, peines, sentiments, rien ne ressemble à ce qu'il a connu. Il est d'une race différente de l'espèce humaine au milieu de laquelle il achève ses jours. »

Ils enragent quand le ministère du duc de Richelieu et du duc Decazes fait voter la loi électorale du 8 février 1817 qui donne l'avantage aux bourgeois, ces « hommes que leur éducation, l'habitude de réfléchir ne portent que trop à se croire dignes d'arriver à tout, et que la modicité de leur fortune a forcés de se réduire à peu ». Ils constatent avec amertume que la loi Gouvion-Saint-Cyr, adoptée en mars 1818, prévoit que l'avancement se fera au mérite et que nul ne pourra être officier s'il n'a servi deux ans comme sous-officier ou s'il n'est sorti d'une école militaire.

« Établir par une loi les règles de l'avancement, explique La Bourdonnaye à la tribune de la Chambre, c'est annoncer à l'armée que son sort ne dépend plus de son chef, c'est briser tous les liens de subordination militaire, concentrer tous les pouvoirs dans les Chambres et préparer la ruine de la monarchie. » C'est surtout enlever à l'aristocratie son dernier « pré carré ».

Les ultras, quant à eux, prennent leur revanche lorsque, au lendemain de l'assassinat, en février 1820, du duc de Berry, seul descendant du roi en mesure d'assurer un héritier à la couronne, des lois suspendent la liberté individuelle, musèlent la presse et mettent au pas une Université placée sous la tutelle de l'Église. Ils exultent quand le comte d'Artois, dernier frère de Louis XVI, succède à Louis XVIII, se fait sacrer à Reims le 29 mai 1825 et touche les écrouelles de quelques scrofuleux. Meilleur cavalier et plus élégant que son frère mais moins apte à la transaction, il retourne à ses rêveries au lieu d'épouser son temps.

Les ultras triomphent enfin quand Villèle, véritable chef du gouvernement depuis 1822, fait voter en avril 1825 la loi dite du « milliard des émigrés » qui verse à ceux qui n'ont pu récupérer leurs propriétés une indemnité équivalent à vingt fois le montant de leurs revenus en 1790 et tente de faire adopter une loi dite « du droit d'aînesse » qui, en cas d'héritage, favorise l'aîné en lui attribuant une part supplémentaire. Un ensemble de mesures et de projets qui mettent en cause le Code civil, les principes de 1789 et coupent la monarchie d'une nation dont elle veut nier l'histoire. Quand, en novembre 1827, mis en difficulté à la Chambre des pairs, Villèle demande à Charles X de dissoudre la Chambre pour que les électeurs tranchent le débat, il rend, en fait, un hommage involontaire aux libéraux qui, partisans de la monarchie constitutionnelle, retrouvent face aux outrances des ultras les accents de Sieyès célébrant en 1789 la victoire du tiers état sur la noblesse.

Famille politique plus éclatée et modestement représentée dans les assemblées, ceux qu'on appelle les libéraux ou « indépendants » constituent un rassemblement plutôt hétéroclite où se retrouvent des bonapartistes et des républicains, des banquiers et des marquis, des orléanistes et des publicistes qui, comme les talentueux Paul-Louis Courier et Béranger, dénoncent ceux qui veulent empêcher les villageois de danser le dimanche. Benjamin Constant est leur penseur, La Fayette, leur vitrine, le général Foy et l'avocat Manuel, leurs orateurs, Laffitte, leur banquier, Delessert et Kœchlin, leurs industriels et la chanson leur plus belle arme. Les loges maçonniques, les casernes, les boutiques, l'Université et le barreau les écoutent. Anticléricalisme à la Voltaire, séparation des pouvoirs à la Montesquieu, songeant mollement à élargir le droit de vote, estimant que la liberté sous toutes ses formes permettra d'enrichir les pauvres sans dépouiller les riches, ils fréquentent la Chaussée-d'Antin, dînent ensemble, se réjouissent quand leurs filles font un beau mariage et applaudissent ceux d'entre eux qui ont fait de la prison, un privilège qui assure une place d'honneur dans tous les salons.

Certains d'entre eux flirtent avec la Charbonnerie, une société secrète inspirée des *carbonari* italiens qui, organisée en « ventes » cloisonnées et hiérarchiquement centralisées, a en 1821 et 1822 multiplié les tentatives facilement réprimées pour renverser la monarchie. Condamnés à mort et exécutés à Paris le 21 septembre 1822, les Quatre Sergents de La Rochelle sont leurs martyrs.

Alliés des libéraux face aux ultras mais plus près du pouvoir auquel ils aspirent, peu nombreux mais comptant des plumes brillantes qui leur valent d'écrire les discours des ministres, ceux qu'on appelle les « doctrinaires » ou les « constitutionnels » acceptent les principes de la Révolution tout en réprouvant la manière dont elle a été faite. La terminer, encore et toujours, reste leur obsession. Ils veulent, écrit François Guizot, qui est le plus brillant d'entre eux, « séparer la cause de la royauté de celle de l'Ancien Régime et la cause de la liberté politique de celle des théories et des passions révolutionnaires ». Une voie étroite et difficile, comme l'est toujours, en France, la voie du centre. Le duc Decazes, président du Conseil en 1819 à trente-neuf ans, ancien collaborateur de Fouché et favori de Louis XVIII, qui a chéri en lui le fils qu'il n'a pas eu, est leur homme. Ce sont eux qui ont préparé la loi électorale de 1817 et la loi militaire de 1818. Ce sont eux qui incarnent les ambitions des classes moyennes et veulent conjuguer royauté et liberté, harmonie sociale et raison politique, Ancien Régime et Révolution.

La monarchie « bâtarde »

En 1789, la chute de la monarchie absolue avait été un coup de tonnerre. En 1830, la fuite de Charles X et son remplacement par Louis-Philippe Ier d'Orléans ne tourmentent pas le pays « réel ». Même si la « révolution » des « Trois Glorieuses » réinvente le spectacle du 14 juillet, si Paris décide comme hier pour la nation, les journées des 27, 28 et 29 juillet 1830 sont trop contrôlées par le pays « légal » pour susciter la passion. Chateaubriand, désabusé, aura ces mots féroces pour enterrer les Bourbons : « Depuis que sur une place publique un souverain, les cheveux coupés, les mains liées derrière le dos, a abaissé sa tête sous le glaive au son du tambour ; depuis qu'un autre souverain, environné de la plèbe, est allé mendier des votes pour son élection, au bruit du même tambour, sur une autre place publique, qui conserve la moindre illusion sur la couronne ? Le temps des rois est passé ; on a beau leur chanter des hymnes et leur offrir de l'encens, ce ne sont que des morts sur des lits de parade. [...] Quand je remuerais la poussière des trente-cinq Capets, je n'en tirerais pas un argument qu'on voulût seulement écouter. L'idolâtrie d'un nom est abolie ; la monarchie n'est plus une religion. »

Selon la tradition, observe François Furet, le roi n'a pas manqué de contribuer à sa chute. « Comme son frère Louis XVI entre 1787 et 1789, écrit-il, Charles X fait un pas vers une politique libérale sans en adopter vraiment l'esprit, avant d'identifier plus clairement que jamais la monarchie avec l'aristocratie ; ruinant la première tentative par la faiblesse de son assentiment, et la seconde par l'obstination de son affection. » Hésitant entre la politique de « réaction » amorcée par Villèle et le respect de la Charte, donnant des gages aux « libéraux » qui ont gagné les élections de novembre 1827 puis s'engageant du côté des ultras, il reconstitue le « front » de 1789 et dresse lui-même, par son inconscience, les barricades qui vont le renverser.

En appelant aux affaires Jules de Polignac, il signe en août 1829 son acte de suicide. Comme l'écrit alors *Le Globe*, un hebdomadaire animé par des jeunes gens bien élevés qui sont à la fois sérieux et dans le vent, « son avènement sépare la France en deux ; la cour d'un côté, de l'autre la Nation ». Fils de l'ancienne favorite de Marie-Antoinette, ayant servi les princes dans l'émigration, membre actif de la Congrégation, ayant refusé de prêter serment à la Charte, Jules de Polignac incarne plus que nul autre l'Ancien Régime. Comme si cela ne suffisait pas, le général de Bourmont, ancien chouan, passé à l'ennemi la veille de Waterloo, est appelé au ministère de la Guerre et La Bourdonnaye, l'homme de la Terreur blanche en 1815, qui trouve Villèle trop « modéré », à l'Intérieur. « Coblence, Waterloo, 1815 ! » résume *Le Journal des débats*.

À une adresse de défiance votée le 16 mars 1830 par 221 députés contre 181, Charles X répond par la dissolution. Les élections des 23 juin et 3 juillet envoient 274 opposants à la Chambre qui ne compte plus que 145 partisans du roi. Prenant appui sur l'article 14 de la Charte qui lui permet de faire « des règlements et ordonnances nécessaires pour l'exécution des lois et la sûreté de l'État », Charles tente l'épreuve de force et signe le 25 juillet quatre ordonnances qui suspendent la liberté de la presse, rétablissent la censure et l'autorisation préalable, dissolvent la Chambre qui n'a pas encore été réunie, fixent au mois de septembre la date des nouvelles élections et modifient la loi électorale pour restreindre le nombre d'électeurs et de députés.

Tandis que les journalistes libéraux, rassemblés au siège du *National*, décident de ne pas respecter les ordonnances, des barricades se dressent le 27 juillet dans Paris, édifiées par des artisans et des boutiquiers, des typographes et des étudiants. L'argent et l'Université sont au premier rang des combattants. Tandis que le roi envisage encore d'abdiquer en faveur du duc de Bordeaux, le fils du duc de Berry né après l'assassinat de son père, Thiers, un jeune Marseillais « monté » à Paris, qui s'est taillé un beau succès de librairie en publiant entre 1823 et 1827 une *Histoire de la Révolution française* en dix volumes, fait placarder une habile proclamation en faveur du duc d'Orléans : « Charles X ne peut plus rentrer dans Paris, il a fait couler le sang du peuple. La République nous exposerait à d'affreuses divisions, elle nous brouillerait avec l'Europe. Le duc d'Orléans est un prince dévoué à la cause de la Révolution. Le duc d'Orléans ne s'est jamais battu contre nous. Le duc d'Orléans était à Jemmapes. Le duc d'Orléans a porté au feu les couleurs tricolores, le duc d'Orléans peut seul les porter encore ; nous n'en voulons pas d'autres. Le duc d'Orléans s'est prononcé ; il accepte la Charte comme nous l'avons toujours voulue et entendue. C'est du peuple français qu'il tiendra sa couronne. »

La suite est affaire de technique. Tandis que Charles X s'embarque à Cherbourg pour l'Angleterre avec 600 000 francs offerts par son cousin Orléans, l'« usurpateur » se fait applaudir au balcon de l'Hôtel de Ville, enveloppé avec La Fayette dans les plis du drapeau tricolore. Le 7 août 1830, les députés élus en juillet proclament Louis-Philippe Ier roi des Français par la grâce de Dieu et par la volonté nationale. C'est voler aux 800 morts du peuple leur victoire et changer de notables sans changer d'idéal. Lors des Trois Glorieuses, écrit Armand Carrel dans *Le National*, « les mains calleuses firent la besogne pour les mains gantées ».

Roi des barricades ayant ramassé sa couronne dans la rue, Louis-Philippe inaugure en fait une monarchie bâtarde que, faute de mieux, on appellera « monarchie de Juillet », du nom du mois qui l'a vue naître. Né en 1773, fils de Philippe Égalité qui vota la mort de son cousin Louis XVI, ayant combattu à Valmy et à Jemmapes avant d'émigrer en 1793, le duc d'Orléans est toutefois un « bon » émigré que Victor Hugo décrira en ces termes dans *Les Misérables* : « [...] Il avait pour lui cette grande désignation au trône, l'exil. Il avait été proscrit, errant, pauvre. Il avait vécu de son travail. [...] Il avait démoli de ses propres mains la dernière cage de fer du Mont-Saint-Michel, bâtie par Louis XI et utilisée par Louis XV. C'était le compagnon de Dumouriez c'était l'ami de La Fayette ; il avait été du club des Jacobins ; Mirabeau lui avait frappé sur l'épaule ; Danton lui avait dit : Jeune homme ! La trace que la Révolution avait laissée en lui était prodigieuse. Son souvenir était comme une empreinte vivante de ces grandes années minute par minute [...]. »

Disposant de la plus grande fortune foncière de France mais économe et modeste, inscrivant ses nombreux fils au collège public Henri-IV, sachant déjà serrer les mains des passants, formant avec sa femme Marie-Amélie, fille du roi de Naples, un couple uni, Louis-Philippe apparaît bien comme le modèle du « roi bourgeois ». Alexis de Tocqueville, qui ne l'aimait pas plus que la bourgeoisie, en dressera un portrait moins avenant que Victor Hugo : « Quoique le prince fût issu de la race la plus noble de l'Europe, qu'au fond de son âme il en cachât tout l'orgueil héréditaire, il possédait cependant la plupart des qualités et des défauts qui appartiennent plus particulièrement aux rangs subalternes de la société. Il était rangé dans sa conduite, simple dans ses habitudes, mesuré dans ses goûts, humain sans être sensible, cupide et doux ; point de passions brûlantes, point de faiblesses ruineuses, point de vices éclatants ; une seule vertu de roi, le courage. Éclairé, fin, souple et tenace, tourné seulement vers l'utile et rempli d'un mépris si profond pour la vérité et d'une si grande incrédulité dans la vertu que ses lumières en étaient obscurcies. Placé à la tête d'une aristocratie, il eût peut-être exercé une heureuse influence sur elle. Chef de la bourgeoisie, il poussa celle-ci sur la pente naturelle qu'elle n'avait que trop de penchant à suivre. Ils marièrent leurs vices en famille et cette union qui fit d'abord la force de l'un acheva la démoralisation de l'autre et finit par les perdre tous les deux. »

C'est bien l'ambiguïté congénitale de la monarchie de Juillet. Certes Louis-Philippe est roi, mieux, roi héréditaire, mais en même temps roi sous condition, sans autre légitimité que celle déléguée par la nation, une nation elle-même limitée au pays « légal ». Pour devenir « roi des Français », il a dû jurer d'observer une Charte préalablement révisée. À lui de tenter de chercher toujours et encore le « juste milieu », la voie moyenne, celle qui concilie Ancien Régime et Révolution, résistance et mouvement, rue et Parlement. Un Parlement toujours aussi confisqué par les « élites ». Même si l'âge de l'électorat a été abaissé de trente à vingt ans et celui de l'éligibilité de quarante à trente ans, même si le cens d'éligibilité a été abaissé de 1 000 à 500 francs et le cens électoral de 300 à 200 francs, même si le droit d'élire les conseillers municipaux a été accordé à plus de 2 millions d'électeurs, ce sont toujours les hommes « éclairés » par leur fortune ou leurs études, 175 000 en 1831, 248 000 en 1846, qui sont les cosignataires du contrat passé avec le « roi des Français ». Des électeurs représentés par des députés pénétrés de leur importance, séduits par les jeux du pouvoir, saisis par la passion des idées et le démon de l'éloquence. En 1840, sur 459 députés, on compte 175 fonctionnaires, 137 propriétaires, 60 représentants des professions économiques, 87 des professions libérales. Mais au fond, pendant les dix-huit années de la monarchie de Juillet, une douzaine de personnes ont dirigé le pays, leurs rivalités individuelles combinées aux intrigues d'un souverain qui voulait quand même gouverner, expliquant l'apparente instabilité d'un régime qui a compté dix-sept gouvernements.

Trois hommes ont, chacun à leur manière, incarné l'esprit du temps. Trois fois ministre de l'Instruction publique entre 1832 et 1837, ministre des Affaires étrangères mais « Premier ministre » de fait de 1840 à 1847, François Guizot est celui qui a exalté avec le plus de talent l'irrésistible avènement d'une société nouvelle tout en restant le redoutable procureur de la souveraineté d'un peuple instable qu'il voyait sujet à tous « les vices d'une populace ». Né le 4 octobre 1787 à Nîmes dans une famille d'ancienne bourgeoisie protestante, élevé à Genève par une mère exigeante après que son père avocat a été guillotiné en 1794 pour s'être lancé dans l'insurrection fédéraliste, Guizot inaugure sa carrière comme professeur d'histoire à la Sorbonne. Très influencé par la « glorieuse » révolution anglaise de 1688 à laquelle il a consacré un ouvrage, il veut placer les « classes moyennes » au cœur de l'État, un État conservateur dont la fonction est d'encourager le travail et l'épargne et d'instruire le peuple dans la mesure où « l'accès au livre et la réduction de l'ignorance conditionnent la maîtrise des passions et la conduite raisonnable ». Votée le 28 juin 1833, la grande loi sur l'instruction primaire oblige chaque commune à entretenir une école primaire de garçons, à rétribuer, en partie, le maître et à recevoir gratuitement les indigents. Estimant que la Révolution est désormais terminée, Guizot s'affirme conservateur, un homme qui gère une société qui pense qu'elle n'a plus de révolution devant elle alors que l'homme du mouvement continue à croire qu'elle est encore devant lui. « Un des grands bienfaits de la révolution de Juillet, dira-t-il le 16 janvier 1837 à la Chambre des députés, c'est d'avoir affranchi l'esprit de la France, de l'avoir délivrée des fantômes qui l'obsédaient. » Mais un conservateur peut être aussi un utopiste quand il érige en moteur de la société moderne une bourgeoisie qui manque cruellement d'ambition et désespère une France qui finit par s'ennuyer.

En 1849, au lendemain de la révolution qui balaiera le « roi bourgeois », il confiera, amer, en parlant du parti de la Résistance : « Trop étroit de base, trop petit de taille, trop froid ou trop faible de cœur ; voulant sincèrement l'ordre dans la liberté, et n'acceptant ni les principes de l'ordre ni les conséquences de la liberté ; plein de petites jalousies et de craintes, étranger aux grands désirs et aux grandes espérances, les repoussant même comme un trouble ou un péril pour son repos. [...] J'en dirais trop, si je disais tout. »

Rival de Guizot, Adolphe Thiers incarne l'autre versant du conservatisme libéral. Plusieurs fois ministre, nommé président du Conseil et ministre des Affaires étrangères par deux fois, en 1836 et 1840, intelligent et ambitieux, éloquent et arriviste, enfant naturel, provincial parti de rien mais marié à une riche héritière, il sent mieux que Guizot une France dont il a raconté l'histoire, qui vibre toujours aux accents de *La Marseillaise* et se trouve humiliée d'avoir perdu son rang parmi les puissances européennes. C'est lui qui intervient en Espagne pour soutenir les libéraux. C'est lui qui décide de l'achèvement des travaux de l'Arc de triomphe, envisage de faire la guerre pour soutenir l'Égypte en lutte contre le sultan ottoman, flatte le sentiment anglophobe des Français, fait ostensiblement fortifier Paris et ordonne la cérémonie grandiose du retour des cendres de Napoléon... Mais il est difficile de mettre en œuvre une ligne politique mal définie, de faire une politique extérieure de mouvement et une politique intérieure de résistance. Il aura au moins en 1840 l'habileté de se faire renvoyer par le roi en se faisant passer pour le champion de l'honneur national.

Né en 1805 d'une vieille famille aristocratique normande décimée par la Terreur, Alexis de Tocqueville, juge auditeur au tribunal de Versailles, scandalisé par la « fuite honteuse » de Charles X en 1830, décide de prêter serment à Louis-Philippe alors que sa famille, légitimiste, abandonne le service de l'État. Parti aux États-Unis sous le prétexte d'une mission d'études sur les prisons, il en tire *De la démocratie en Amérique*, un ouvrage qui lui apporte la notoriété. Élu en 1839 député de l'arrondissement de Valognes, il siège au centre gauche, méprise Thiers et abhorre la politique conservatrice de Guizot. Trop jeune pour être sensible à un Ancien Régime qu'il n'a pas connu, trop éloigné du pouvoir pour en subir les compromissions, cet aristocrate normand perçoit finalement mieux que les autres l'aspiration démocratique des Français. Dénonçant les vices de la classe au pouvoir révélés par les scandales qui parsèment la monarchie de Juillet, il se rallie aux projets de réforme électorale proposés par l'opposition.

Le 27 janvier 1848, il déclare à la Chambre : « Regardez ce qui se passe au sein de ces classes ouvrières qui, aujourd'hui, je le reconnais sont bien tranquilles. Il est vrai qu'elles ne sont pas tourmentées par les passions politiques proprement dites, au même degré où elles ont été tourmentées jadis ; mais ne voyez-vous pas que leurs passions, de politiques, sont devenues sociales ? Ne voyez-vous pas qu'il se répand peu à peu dans leur sein des opinions, des idées qui ne vont point seulement à renverser telles lois, tel ministère, tel gouvernement même, mais la société, à l'ébranler sur les bases sur lesquelles elle repose aujourd'hui ? N'entendez-vous pas qu'on y répète sans cesse que tout ce qui se trouve au-dessus d'elles est incapable et indigne de les gouverner ; que la division des biens faite jusqu'à présent dans le monde est injuste ; que la propriété repose sur des bases qui ne sont pas les bases équitables ? Et ne croyez-vous pas que, quand de telles opinions prennent racine, quand elles se répandent d'une manière presque générale, quand elles descendent profondément dans les masses, elles doivent amener tôt ou tard, je ne sais pas quand, je ne sais comment, mais elles doivent amener tôt ou tard les révolutions les plus redoutables ? Telle est, Messieurs, ma conviction profonde ; je crois que nous nous endormons, à l'heure qu'il est, sur un volcan. »

Moins d'un mois plus tard, le 22 février 1848, des barricades s'élèvent de nouveau dans Paris.

Chapitre 62

Enrichissez-vous !

En août 1841, s'adressant aux électeurs de Lisieux, Guizot leur lance : « Enrichissez-vous par le travail et par l'épargne. » Reprenant cette injonction devant les députés le 1er mai 1843, il ajoute : « Enrichissez-vous, affermissez vos institutions, améliorez la condition matérielle et morale de la France. » Repoussant avec violence l'idée d'un suffrage universel fondé sur le droit des citoyens, Guizot voulait faire du droit de vote la récompense offerte à ceux qui le mériteraient par leurs capacités. « Soyons laborieux pour devenir citoyens et riches pour être libres », ajoutait Charles de Rémusat. C'était vouloir fonder la démocratie sur la propriété et penser qu'il est possible de s'enrichir en travaillant. C'était proposer au pays qui avait offert les droits de l'homme au monde de mettre son talent au service de la Bourse, de la Banque et des chemins de fer.

Le coût de la Révolution française

S'enrichir, tel est le programme proposé à une France profondément ébranlée par un quart de siècle de bouleversements et de guerres incessantes. Même si la Révolution n'a pas été la catastrophe économique nationale qui a fait chuter la France de la ligne de crête de son évolution, nul doute qu'elle a freiné la glorieuse croissance du XVIIIe siècle, consolidé la France des propriétaires, renforcé l'attirance de la bourgeoisie pour la fonction publique et la rente, encouragé l'épargne au détriment de l'investissement, transformé finalement la France de Marivaux en une France de Balzac assise sur le suffrage censitaire et les valeurs de milliers de pères Grandet.

Déjà sensible à la veille de la Révolution, le vieillissement de la population est devenu la grande originalité de la France par rapport aux autres pays d'Europe. Sans compter les émigrés et les victimes des guerres civiles, en particulier celle de Vendée, 1 300 000 hommes jeunes sont morts du fait des guerres extérieures, soit autant que pendant la Première Guerre mondiale pour une population inférieure d'un tiers. « Une nuit de Paris réparera ce carnage. » Même si ce propos cynique, prêté à Napoléon au soir de la bataille d'Eylau, traduit le fait que la natalité française était encore assez vigoureuse pour réparer ces pertes, il est sûr qu'elle s'essouffle assez pour amorcer un repli qui ne fera que s'accentuer au fil du siècle. En 1816, on comptait 1 065 femmes pour 1 000 hommes, une proportion qui ne sera jamais plus atteinte avant 1914. Des filles nées entre 1785 et 1790, 14 % ont été condamnées au célibat. C'est autant de perdu pour la natalité.

S'y ajoute un fort recul de la fécondité des femmes mariées qui chute de 4,9 enfants par femme en 1790 à 4,4 en 1810 et à 3,4 en 1853, alors qu'à cette date, elle est en Allemagne de 5,8 enfants par femme et en Angleterre de 4,9. C'est qu'en ébranlant la religion et la morale traditionnelles, la Révolution a fait disparaître certains des obstacles qui s'étaient jusqu'alors opposés au contrôle des naissances. Détruisant surtout les distinctions sociales fondées sur la naissance, exaltant le désir d'ascension individuelle, imposant dans une large mesure les valeurs de la bourgeoisie, elle a favorisé la propagation de l'esprit de calcul et le goût de l'épargne, une révolution des mœurs sans doute aussi importante que les bouleversements politiques et sociaux. Le taux de natalité qui était encore de 32,9 ‰ en 1815 chute à 26,7 ‰ en 1850. Et si le Massif armoricain, la Lorraine et le sud-est du Massif central peuplent encore leurs berceaux, l'Aquitaine, la Normandie ou la basse Bourgogne se distinguent par un malthusianisme qui traduit peut-être le fait que là, s'est propagée plus qu'ailleurs une nouvelle conception de la vie.

Le pire est que, dans le même temps, la mort n'a guère cédé de terrain. De 25,3 ‰ en 1815, le taux de mortalité est encore à 24 ‰ en 1850. Pire encore, vers 1820 comme vers 1850, plus du tiers des enfants nés en une année disparaissaient avant leur vingtième anniversaire, à tel point qu'à cinquante ans, une génération avait perdu plus de la moitié de son effectif. Et même si les crises de mortalité n'ont plus la même virulence qu'au siècle de Louis XIV, de mauvaises récoltes ou des épidémies peuvent encore provoquer de rudes accidents, surtout dans les villes, dénoncées par les observateurs du temps comme « les tombeaux de la race ». Il suffit pour s'en convaincre de consulter les archives militaires. Sur 1 033 422 conscrits examinés de 1818 à 1826, 380 213 furent réformés dont 10 % parce qu'ils n'atteignaient pas la taille pourtant modeste de 1,56 m. Nouveau venu importé du Bengale et apparu le 26 février 1832 à Paris, le choléra a fait aussi resurgir le spectacle des villes ravagées par la peste, les cercueils empilés sous le porche des maisons, les corps trop serrés qui crèvent les sacs de grosse toile mal cousue, les convois funèbres que personne ne suit, les voitures de messageries assaillies par les élites qui se pressent de quitter leurs hôtels particuliers et les préfets qui en arrivent à nier l'épidémie pour « calmer les imaginations » et dissiper « les bruits exagérés » alors qu'officiellement, on compta 103 000 décès en France.

En 1851, quand l'Académie française décerne le prix Montyon à un écrit intitulé *Heureux le pays où la sagesse publique et la sagesse privée se réunissent pour empêcher que la population ne s'accroisse trop vite*, elle traduit mieux que tout les comportements de notables qui, ne percevant pas la réalité du vieillissement, encouragent les hommes à faire des épargnes plutôt que des enfants. Exemplaire à cet égard est l'attitude du directeur de la Statistique de France qui se félicite en 1847 du faible taux de croissance de la population et s'en inquiète une vingtaine d'années plus tard en écrivant que « l'ordre actuel de grandeur et de puissance des États européens sera profondément troublé par le simple jeu de [ces] inégalités ».

C'est qu'au moment où la compétition séculaire avec la Grande-Bretagne se déplace sur le terrain de l'économie et que se lève à l'est de nos frontières la puissance industrielle de la Prusse, on commence à douter que la France dispose d'une population suffisamment jeune pour soutenir la concurrence. Si la glorieuse croissance du XVIIIe siècle avait en effet permis à la France de talonner sa rivale d'outre-Manche, la période révolutionnaire n'a guère excité la libération des énergies productives. Dans un mémoire publié au début de l'Empire, un témoin écrivait : « Avant la Révolution, la France trouvait dans son sein le plus grand, le plus riche marché de l'Europe pour les objets de son industrie et le produit de ses riches manufactures. Ses ventes à l'étranger, quelque considérables qu'elles fussent, ne pouvaient entrer en comparaison avec ce qu'elle retirait du débit et de la consommation du dedans. Cette grande ressource est aux deux tiers réduite pour un demi-siècle peut-être. Un revenu annuel de plus de 500 millions est passé de la classe des propriétaires consommateurs dans celle des fermiers non consommateurs, et cependant propriétaires de cet immense revenu. On se donnera vraiment la torture pour trouver les débouchés suffisants au dehors, aux fabriques de Lyon et de Tours, de Nîmes, à nos manufactures de beaux draps, de belles toiles, d'objets de luxe et de marchandises précieuses. Le véritable débouché était dans les riches propriétaires qui faisaient ainsi tourner, par une heureuse réciprocité, le revenu territorial à l'avantage et à la prospérité de l'industrie. En parcourant le tableau que les préfets ont donné respectivement des fabriques de leur département, on y voit avec peine l'immense différence qu'il y a entre ce que chacune occupait autrefois d'ouvriers et ce qu'elle occupe aujourd'hui, entre ce qu'il en sortait d'objets de commerce et ce qu'il en sort aujourd'hui. »

Certes, comme souvent, ce mémoire exagère le mal. Il exprime toutefois une réalité qui a été depuis chiffrée. Si l'on se livre à l'exercice, contestable pour l'historien mais stimulant pour l'économiste, de simuler ce qu'aurait dû être la France de 1815 si l'élan du XVIIIe siècle n'avait pas été ralenti à partir de 1792, la population aurait dû être supérieure de 5 à 10 %, le produit industriel d'un tiers, le commerce extérieur aurait dû être le double.

Pays vaincu, rançonné et démembré par ses ennemis qui l'ont privé des régions industrielles les plus prospères sous l'Empire, la Belgique, la Rhénanie et la Sarre, la France a surtout vu la Grande-Bretagne, devenue seule superpuissance, conquérir les marchés d'outre-mer, notamment les anciennes colonies espagnoles qui avaient été si importantes pour la France au XVIIIe siècle. Le poids des exportations françaises, qui était supérieur à celui des exportations britanniques à la veille de la Révolution, n'en pèse plus en 1815 que le tiers. Pour ce qui est des exportations de produits industriels, elles étaient pour la France égales à environ 80 % du chiffre britannique en 1789, à 27 % en 1820. C'est toute la façade atlantique de la France qui est frappée d'hémiplégie. Sur les quarante raffineries de sucre que comptait la région bordelaise en 1789, il n'en subsiste plus que huit vingt ans plus tard. « L'herbe pousse dans les rues, note le consul américain, le port est désert, à l'exception de deux goélettes de pêche et de trois ou quatre navires vides. » Les marais gagnent autour de Rochefort, dont le port devient inutilisable. Né à Marseille, Adolphe Thiers n'oubliera pas le spectacle de trois cents navires de commerce amarrés sur les quais et y pourrissant pendant vingt-cinq ans sans changer de place. Ainsi s'explique, pour une bonne part, le complexe d'infériorité qui s'empare des hommes d'affaires et les rend méfiants à l'égard des nouveautés. Même si le roi coton assoit son règne en Alsace, en Normandie et dans le Nord, conquérant en Europe les marchés que le blocus ferme à l'Angleterre, même si le luxe parisien récupère le marché des nouvelles élites urbaines et des cours européennes, même si la chimie amorce son démarrage grâce à l'exploitation du procédé Leblanc de fabrication de la soude à partir du sel, le fossé technique qui s'est creusé avec l'Angleterre ne sera pas rapidement comblé, même si l'arrivée de techniciens britanniques en France, suspendue depuis 1793, a massivement repris dès les lendemains de Waterloo.

Enfin, et peut-être surtout, l'affirmation d'une paysannerie dont la propriété a été consolidée par l'acquisition modeste de biens nationaux a tracé durablement, pour un siècle et demi sans doute, le cours de la société française. Pas assez nombreuse et pas assez riche, cette « couche moyenne » n'a pu devenir le levain d'une modernisation de l'agriculture dans la mesure où le prix élevé du « foncier » la détournait de l'achat de machines et d'engrais. En contribuant d'autre part à fixer dans leurs villages une armée de petits paysans, la Révolution a freiné l'exode rural, encouragé les industriels à exploiter cette main-d'œuvre habile et sous-payée et à faire ainsi l'économie des « mécaniques ». Sans doute aussi, les entrepreneurs avaient-ils trop en mémoire la période d'« anarchie » où les ouvriers « se comportaient en maîtres », selon une expression du temps, et voulaient « faire la loi » pour souhaiter les voir rassemblés dans des manufactures. Ainsi se dessinait une voie française d'industrialisation reposant sur une énorme accumulation de travail humain et sur de multiples entreprises dispersées, ce qui, finalement, n'est pas une catastrophe. On peut faire la « révolution » politique sans vouloir faire la « révolution » industrielle. On peut vouloir le progrès mais sans excessive « modernité ».

« Révolution » industrielle avec modération

« Tandis que la Révolution française faisait ses grandes expériences sociales sur un volcan, l'Angleterre commençait les siennes sur le terrain de l'industrie. La fin du XVIIIe siècle y était signalée par des découvertes admirables, destinées à changer la face du monde et à accroître d'une manière inespérée la puissance de leurs inventeurs.

La génération contemporaine, plus occupée de recueillir les profits de ces conquêtes que d'en rechercher les causes, ne paraît pas avoir apprécié à leur juste valeur les embarras qu'elles traînaient à leur suite. Cette transformation du travail patriarcal en féodalité industrielle, où l'ouvrier, nouveau serf de l'atelier, semble attaché à la glèbe du salaire, n'alarmait point les producteurs anglais, quoiqu'elle eût un caractère de soudaineté bien capable de troubler leurs habitudes. Ils étaient loin de prévoir que les machines leur apporteraient tant de puissance et tant de soucis. Le paupérisme ne leur apparaissait pas encore sous les formes menaçantes qu'il a revêtues depuis, et les métiers mécaniques n'avaient pas développé cette puissance de travail qui devait être momentanément si fatale à tant de travailleurs. Cependant, à peine éclose du cerveau de ces deux hommes de génie, Watt et Arkwright, la révolution industrielle se mit en possession de l'Angleterre. »

Écrit en 1837 par l'économiste Adolphe Blanqui, ce texte, où se trouve pour la première fois employée l'expression « révolution industrielle », traduit à la fois la fascination du contemporain pour le « volcan » qui gronde en Angleterre et la crainte que suscitent les ouvriers, ces « nouveaux serfs » du monde moderne. On ne saurait mieux exprimer le souhait d'une civilisation différente, mariant le « grand » et le « petit », l'eau et la vapeur, l'article de luxe et la cotonnade grossière, le haut-fourneau et le tissage à domicile, la malle-poste et la locomotive.

En fait, cette industrialisation « à la française », une industrialisation « à l'économie », a affiché des performances fort honorables. Sans rupture majeure mais avec des crises fréquentes, en 1817, en 1828, en 1832, en 1839 et en 1846, la production industrielle par tête a augmenté d'environ 2 % par an de 1815 à 1850 contre 2,3 % en Angleterre. Certes, la France manque de charbon, ce « pain noir » qu'elle importe de Grande-Bretagne et de Belgique mais, grâce à ses milliers de kilomètres de rivières et à son climat tempéré qui alimente les cours d'eau tout au long de l'année, elle bénéficie d'un potentiel hydraulique considérable exploité par des ingénieurs de talent, Fourneyron, Kœchlin, chez qui s'approvisionnent Peugeot, Japy et Fontaine qui place une turbine sur quatre sur le marché espagnol. « Gratuite, propre, toujours là, toujours disponible », selon Waddington, le grand filateur normand, l'énergie hydraulique supplée avantageusement le charbon et alimente des milliers de moteurs de proximité, de fabrication aisée et d'entretien facile desservant moulins à blé et filatures textiles, laminoirs et papeteries.

De même, grâce à l'École polytechnique qui sut fournir quelques industriels de premier rang comme Georges Dufaud, Paulin Talabot, Ernest Gouin ou Émile Martin, grâce aussi aux écoles nationales des Arts et Métiers et surtout aux ouvriers hautement qualifiés comme ces mécaniciens autodidactes de Paris ou d'Alsace, la France sut se passer rapidement de la technologie britannique. En 1833, déjà, 16 % seulement des machines à vapeur fixes installées dans le pays étaient d'origine étrangère. En 1847, elles n'étaient plus que 5 %. La première locomotive française fut construite en 1838. En 1842, le nombre des locomotives étrangères et françaises s'équilibrait. Après 1846, il n'y eut plus d'importations. Après 1850, la France devenait exportatrice. Ainsi se dessinait une division internationale du travail qui voyait l'Angleterre fournir des pagnes aux Indiens et aux Africains et la France des robes du soir aux « débutantes » londoniennes et aux « belles » d'Amérique latine.

Traditionnellement présentée avec grand pessimisme, l'agriculture ne fut pas en reste, connaissant pendant un demi-siècle un taux de croissance de la production de l'ordre de 1,4 % par an, un taux qui ne sera dépassé qu'au lendemain de la Seconde Guerre mondiale. Certes, là comme ailleurs, le progrès se fait « à la française », avec de l'huile de coude plus qu'avec des machines. Certes aussi, ce progrès a été fort inégalement réparti, dessinant deux France aux rendements fort différents, les riches plaines du Bassin parisien, du Nord et de l'Alsace, et les landes, bruyères et friches de la Bretagne, du Massif central ou des côtes méditerranéennes. Certes, enfin, la charrue mise au point par Mathieu de Dombasle reste rare, comme la faux ou la machine à battre. Reste que la disette a été vaincue. Au début de la Restauration, chaque Français consommait annuellement 1,48 hl de froment et 18 kilos de viande. Il lui en faut 2,58 hl et 27 kilos en 1850. Défrichements, recul de la jachère, marnage et chaulage, amélioration des conditions de l'élevage, essor de la pomme de terre, de la betterave à sucre, de la vigne, des prairies artificielles, de la culture du mûrier, des oléagineux et des plantes tinctoriales, autant de progrès modestes, mais qui font les « révolutions » agricoles.

Et si la « fièvre » ferroviaire se fit légèrement attendre, routes et voies navigables assurèrent, dans un premier temps, l'essentiel de la vie de relations. Les routes royales, assises sur de véritables « fondations » et revêtues avec les nouvelles méthodes inspirées de celle du Britannique McAdam, passent de 14 000 kilomètres en 1824 à 35 000 kilomètres trente ans plus tard. Pratiquement nul en 1815, le réseau départemental compte en 1847 43 000 kilomètres de voies. Littéralement créé par la loi de 1836, celui des chemins vicinaux s'étend en 1848 sur 60 000 kilomètres. Le trajet Paris-Lyon, par Auxerre, soit 475 kilomètres, qui réclamait de quatre à cinq jours en 1816, par la diligence, ne demande plus que cinquante-cinq heures en 1848. À la même date, le parcours Paris-Bordeaux s'effectue en quarante heures, Paris-Lille en vingt heures.

Dès 1846 cependant, Lille était reliée par le rail à la capitale, le démarrage de l'exploitation ayant été marqué, le 14 juin 1846, par une fête d'inauguration somptueuse organisée par les Rothschild, auxquels avait été adjugée la Compagnie du Nord. En fait, si la France n'a pas été emportée précocement par la *railwaymania*, c'est bien parce qu'il était difficile de courir deux lièvres à la fois. Le caractère massif du pays, les grandes distances qui séparaient les bassins de production des lieux de consommation, l'éparpillement géographique des centres industriels en alourdissaient en effet le coût financier. Fonctionnaires, parlementaires, banquiers, commerçants, industriels et ingénieurs, d'autre part, étaient à la fois plongés dans les plus grandes incertitudes et conscients de la gravité de leurs choix pour l'avenir même de l'économie et de la société française. Dans l'imagination des contemporains, les chemins de fer prenaient en fait « les dimensions d'un monstre aux pouvoirs sans limites, capable de bouleverser les fortunes et de renverser les situations acquises au profit de quelques-uns », écrit François Caron, leur historien.

Si Victor Hugo oppose avec emphase ce « monde où, autrefois, tout était parqué, réparti, coupé, divisé, tronçonné, haï et haïssant, épars et mort » au monde d'aujourd'hui où « tout est vivant, uni, accouplé, confondu [...], un monde tout circulation et tout amour, dont la France est le cerveau, dont les chemins de fer sont les artères et dont les fils électriques sont les fibres », Vigny, au lendemain du terrible accident de Meudon qui, le 8 mai 1842, entraîna la mort de 45 personnes dont le célèbre amiral Dumont d'Urville, écrit à la marquise de la Grange : « Quel auto-da-fé ! Quel sacrifice horrible à l'industrie ! Irez-vous souvent vous atteler à ces machines aveugles, inexorables ? C'est bon pour nous autres hommes ! nous autres, chair à canon. Mais vous, c'est trop de danger et de supplices. Quel martyre ! » C'était, comme souvent chez les poètes, douter des bienfaits de la modernité, ainsi que l'écrivait encore Musset dans Rolla :

« Votre monde est superbe et votre homme est parfait !
Les monts sont nivelés, la plaine est éclaircie ;
Vous avez sagement taillé l'arbre de vie ;
Tout est bien balayé sur vos chemins de fer ;
Tout est grand, tout est beau, mais on meurt
dans votre air. »

Angoisse des humbles à la perspective de voir leur gagne-pain supprimé, opposition des transporteurs routiers directement menacés et des villes bien desservies par la voie d'eau, appréhension des ruraux inquiets de la fumure de leurs champs et de la vente de leurs denrées, effroi des hôteliers à la prévision de leurs gîtes délaissés, irritation des gentilshommes campagnards contre les financiers traditionnellement tenus pour les vampires de l'État, tels sont les sentiments qui agitent l'« opinion » au moment du grand débat qui allait aboutir à la loi du 11 juin 1842 chargée de définir le cadre institutionnel nécessaire au développement des chemins de fer. Par 255 boules blanches contre 83 boules noires, les députés adoptent la constitution d'un réseau d'environ 2 500 kilomètres de lignes nouvelles pour une somme globale de 700 millions. L'État devra effectuer à ses frais l'infrastructure, le terrassement, les ouvrages d'art et les stations. Les compagnies privées établiront les superstructures, la pose des voies et les dépendances. Les départements et les communes devront participer au paiement des indemnités d'expropriation. Quelques années après, quelques lignes majeures, enjeu de luttes financières sans merci, s'esquissaient. Après Saint-Étienne-Andrézieux, la première ligne de chemin de fer construite en France, concédée par Louis XVIII le 26 février 1823, Saint-Étienne-Lyon concédée à la compagnie fondée par les frères Seguin, des ingénieurs de génie, Paris-Saint-Germain-en-Laye concédé à Émile Pereire, un ancien employé des Rothschild, Paris-Versailles et Paris-Rouen, s'amorçait le premier véritable boom ferroviaire avec la réalisation des grandes lignes vers la Belgique, l'Angleterre, l'Allemagne, l'Italie et l'Espagne par Lille, Strasbourg, Marseille, Bordeaux et Toulouse. Surnommée le « lévrier du rail », la Crampton, une locomotive qui développait une puissance de 400 chevaux, pouvait déjà, vers 1845, tracter un train de 100 tonnes à 80 km/h entre Paris et Orléans.

Mais, alors que les notables gagnent leurs compartiments de première classe, munis de sièges rembourrés, garnis de tissus délicatement matelassés et de tapis épais absorbant les bruits de roulement, les « prolétaires » montent, en queue de train, dans les chars à bancs découverts, exposés au froid, au vent, à la poussière et aux escarbilles. Au moment où Marx écrivait le *Manifeste du parti communiste*, le chemin de fer soulignait, de la manière la plus nette, la lutte des « classes ».

Bourgeois et prolétaires

Réunis en congrès à Londres en novembre 1847, les délégués de la Ligue des communistes, une société ouvrière internationale secrète, soulignent dans un *Manifeste* rédigé par Karl Marx et Friedrich Engels l'antagonisme de classe fondamental qui caractérise leur époque, celui qui oppose bourgeois et prolétaires.

« La société se divise de plus en plus en deux vastes camps ennemis, en deux grandes classes diamétralement opposées, peut-on lire, la bourgeoisie et le prolétariat. »

C'est, à la fois, appeler le prolétariat à briser ses chaînes et souligner en même temps la montée en puissance d'une bourgeoisie conquérante qui « a fait de la dignité personnelle une simple valeur d'échange », « dépouillé de leur auréole toutes les activités qui passaient jusque-là pour vénérables » et « déchiré le voile de sentimentalité qui recouvrait les relations de famille [pour les réduire] à n'être que de simples rapports d'argent. »

En fait, même si les 35 millions de Français qui peuplent le pays en 1847 ne peuvent être classés de manière aussi fruste, c'est bien la fracture entre peuple et notables, « vautours » et « misérables » qui alimente les fantasmes des écrivains, des penseurs et des artistes. Si la barricade va devenir le « lieu de mémoire » de cette France de Guizot et de Gavroche, c'est qu'elle trace la frontière, pour les contemporains, qui se creuse entre le monde des bas-fonds, celui des « barbares » aux comportements si menaçants, et celui de ceux qui, vivant dans le luxe, un énorme cigare à la bouche, accumulent les profits et s'engraissent de la sueur des travailleurs. L'époque où la caricature fait son entrée en politique et où fleurit le roman social ne s'embarrasse guère de nuances.

Au cœur de ces représentations fort conventionnelles, trône évidemment le « roi bourgeois », celui qui, surtout à partir de 1830, distille ses valeurs à une société que boude et méprise l'aristocratie. Sans doute, à la campagne comme à la ville, les quelque 45 000 familles nobles, soit 225 000 personnes vers 1820, gardent encore du prestige, et la particule fait toujours des envieux. Sans doute, leur poids reste important dans l'économie rurale, l'armée, la vie sociale et politique. Sans doute, la construction fiévreuse de châteaux montre à quel point « vivre noblement » est une aspiration que la Révolution n'a pas totalement bannie. Reste qu'en 1847, l'assassinat de sa femme par le duc de Choiseul-Praslin, qui devait se suicider en prison, faisant suite à la condamnation pour corruption de Teste, pair de France et ministre des Travaux publics, a sérieusement écorné le crédit dont jouissait l'ancienne élite.

« Individu sans distinction », « sans goût », « mesquin, vulgaire et commun », selon la définition qu'en donne l'encyclopédiste Pierre Larousse dans son *Grand Dictionnaire universel du XIXe siècle*, le bourgeois, qui n'en a cure, sait que le poids de l'argent a, en grande partie, remplacé le privilège de la naissance. « Dans la déroute des dignités et de la noblesse d'origine, écrivait Rémusat, l'argent est resté la seule chose. » « Oh ! argent que j'ai tant méprisé, s'exclamait Chateaubriand, tu as pourtant ton mérite ; source de liberté, tu arranges mille choses dans notre existence. »

« Il y a une foule de gens qu'on ne peut aborder de plain-pied en pays étranger qu'en se montrant du premier coup leur égal, ajoutait Alexis de Tocqueville pour le regretter, et pour cela, il faut de l'argent. Ce sont là des misères, mais sans lesquelles on ne parvient point aux choses importantes. »

Que le nombre d'électeurs soit passé de 166 000 en 1831 à 241 000 en 1846, une progression supérieure à celle de la population, montre que le « enrichissez-vous » de Guizot a bien été suivi d'effet. Estimée d'après la valeur des biens transmis après décès, la fortune des Français est passée d'environ un milliard trois cents millions dans les dernières années de la Restauration à deux milliards à la fin de la monarchie de Juillet. Pour tous ceux qui défendaient le suffrage censitaire, c'était bien la preuve que la bourgeoisie n'était pas une caste mais une position que l'on pouvait acquérir.

« Quiconque dans les classes inférieures a de l'intelligence et de la probité entre avec sa famille dans les rangs de la bourgeoisie, prétend en 1830 le *Journal des débats*, et il y reste ainsi que sa famille à moins que l'esprit de dissipation ne vienne défaire l'œuvre de l'activité et de l'économie [...]. Sans cesse la bourgeoisie se recrute dans le peuple, sans cesse, il y a de nouvelles familles bourgeoises. » Renouvellement par la promotion, mais aussi régression sociale pour les héritiers qui ont démérité, telle est bien la justification de la société bourgeoise. De fait, la bourgeoisie « populaire », celle du commerce et de l'artisanat, a été effectivement ouverte, constituant un vivier propice à de belles ascensions, comme celle d'Aristide Boucicaut, simple vendeur dans un magasin de nouveautés, qui fonde avec sa femme, blanchisseuse, le « Bon Marché ». À la Banque de France, le conseil de régence compte des « fils de leurs œuvres » : Legentil, fils d'un marchand chapelier de Rouen, Bayvet, fils d'un meunier de Gif-sur-Yvette, Darblay, fils d'un aubergiste d'Étréchy. Eugène Schneider, issu de la moyenne bourgeoisie lorraine, rappelait avec orgueil « l'humilité de son point de départ ». Jacques Laffitte, un riche banquier de Paris, était fils de charpentier. Hier comme aujourd'hui l'entreprise offre de belles perspectives de promotion sociale. Au fil du temps, toutefois, dans ce qu'on appelait la « bonne » bourgeoisie, l'apport de sang neuf devint à peu près inexistant.

Mais à travers la diversité des niveaux de vie, s'affirme bien un « esprit » bourgeois, promis à une longue carrière où le piano Érard, la pendule sous globe et l'emploi de domestiques se conjuguent pour façonner une société de paraître « à l'économie » qui estime inutile d'acheter de l'argent massif quand du métal argenté fait aussi bien l'affaire. Charles Christofle a l'habileté d'en réussir la promotion commerciale, dès son premier catalogue, illustré, publié en 1849 : « Cette industrie n'est encore qu'à son début, la consommation décuplera chaque année quand elle sera connue de tous ; quand on saura partout que la pièce d'orfèvrerie argentée atteint à peine le cinquième de la même pièce en argent, fabriquée dans les mêmes conditions de soins et de solidité, tout en faisant le même effet et le même service, et que, par conséquent on économise le débours et l'intérêt d'un capital considérable inutilement immobilisé. »

En 1839, le *Manuel complet de la bonne compagnie* faisait obligation à toute personne bien élevée d'offrir l'abri de son parapluie aux passants qui en étaient démunis, s'il survenait une averse. Toutefois, précisait-il, « il faut observer si l'âge, le sexe, la mise ne s'y opposent pas. [...] Il serait déplacé de l'offrir aux gens de très basse classe ; mais si l'un d'eux réclame cette politesse, il faut l'accueillir avec aménité ».

Soulager la misère, toujours avec modération, fait aussi partie de l'« esprit » bourgeois. Et dans la France de Guizot, ce n'est pas une mince besogne. À Paris, à Bordeaux, à Rouen, à Lyon, à Lille, plus de 70 % des adultes se trouvent dans une situation proche de l'indigence au moment de leur décès et sont conduits gratuitement à leur dernière demeure, ne laissant pas à leurs proches les 15 francs nécessaires pour se faire enterrer. Dans la capitale, de 70 à 75 % des ménages sont dispensés du montant de la taxe personnelle mobilière exigée en principe de tous les Français payant un loyer. À Lille, on compte, en 1839, 24 000 assistés réguliers pour une population de 80 000 habitants et, dans les quartiers ouvriers, un enfant sur deux meurt avant l'âge de cinq ans. Chargé par l'Académie des sciences morales et politiques d'une enquête sur l'« état physique et moral » des ouvriers dans les foyers textiles comme Rouen, Lille ou Mulhouse, le docteur Villermé livre en 1840 un *Tableau* effrayant qui contribuera au vote, le 22 mars 1841, de la première loi interdisant le travail des enfants en usine avant l'âge de huit ans. En réponse à ceux qui avaient proposé l'âge de dix ans, Cumin-Gridaine, manufacturier à Sedan et ministre du Commerce, fit observer que « l'enfant, entré à huit ans dans l'atelier, façonné au travail, ayant acquis l'habitude de l'obéissance et possédant les premiers éléments de l'instruction primaire, arrivera à dix ans plus capable de supporter la fatigue, plus habile et plus instruit qu'un enfant du même âge élevé jusque-là dans l'oisiveté [...]. »

En fait, pour la « classe » ouvrière comme pour la bourgeoisie, les écarts de revenus sont extrêmes entre la femme payée 45 centimes par jour dans l'industrie textile et les spécialistes parisiens de la métallurgie qui touchent de 4 à 5 francs par jour. Là, on ne mange de la viande et on ne boit du vin que le jour ou le lendemain de la paie, c'est-à-dire trois fois par mois. Là, on vit en haillons, on se prostitue et on a recours au mont-de-piété. Ici, on roule sa bosse en parcourant la France, on fréquente les « grisettes », on multiplie les ripailles, on se soucie du vêtement, on lit Proudhon et la *Bibliothèque utile*, on chante la *Chanson du tisserand* de Pierre Dupont et on prend conscience de sa force.

En novembre 1831, la révolte des canuts lyonnais révèle pour la première fois la force de ce « prolétariat » qualifié qui a pris le drapeau noir pour emblème et « Vivre en travaillant ou mourir en combattant » pour devise. Chefs d'atelier et compagnons se rendent pendant trois jours maîtres d'une ville que les autorités et la troupe ont évacuée mais, dépourvus de programme, ne font aucun obstacle au retour des troupes. En juin 1832, à l'occasion des obsèques du général républicain Lamarque, le drapeau rouge flotte dans les rues de Paris. En 1833, les tailleurs parisiens se mettent en grève pour que « le maître accepte la loi de l'ouvrier ». En avril 1834, à Lyon, une nouvelle fois, une émeute est violemment réprimée sur l'ordre de Thiers, ministre de l'Intérieur. En 1844 et 1846, des grèves éclatent chez les mineurs dans le bassin de la Loire. « Les barbares qui menacent la société ne sont point au Caucase ou dans les steppes de la Tartarie, prend peur le *Journal des débats*, ils sont dans les faubourgs de nos villes manufacturières. » Tandis que la pauvreté était une fatalité qu'avait su prendre en charge la société d'Ancien Régime, le paupérisme apparaît comme l'acte d'accusation dressé contre la société industrielle. Instruit par son expérience de préfet dans le Nord, Alban de Villeneuve-Bargemont peut, en 1838, lancer cette accusation promise à un bel avenir : « L'on a donc pu établir cet axiome qui, malgré son apparence paradoxale, n'en est pas moins vrai, que plus un pays possède d'entrepreneurs d'industrie riches, plus il renferme d'ouvriers pauvres. »

CHAPITRE 63

Génération romantique

*« Jeunes gens, ayons bon courage ! Si rude qu'on nous veuille faire le présent, l'avenir sera beau. Le romantisme, tant de fois mal défini, n'est, à tout prendre, et c'est là sa définition réelle, si l'on ne l'envisage que sous son côté militant, que le libéralisme en littérature. [...] La liberté dans l'art, la liberté dans la société, voilà le double but auquel doivent tendre d'un même pas tous les esprits conséquents et logiques ; voilà la double bannière qui rallie, à bien peu d'intelligences près, toute la jeunesse si forte et si patiente d'aujourd'hui. » En lançant ce manifeste en mars 1830, peu après la première d'*Hernani, *Victor Hugo exprime la sensibilité d'une jeunesse exaspérée par la routine, la médiocrité et la somnolence d'un monde trop vieux et affiche les rêves, les refus et les utopies de la génération romantique.*

Une révolte esthétique

Arrivé, comme Louis XVIII, « dans les fourgons de l'étranger », le romantisme, maître mot de ce premier demi-siècle, qui exalte l'individu et affiche son cœur plutôt que sa raison, avait tout pour faire réagir une France où les canons de la culture classique apparaissaient comme l'expression même du génie national. Même si Jean-Jacques Rousseau et Bernardin de Saint-Pierre avaient exhibé leur « moi » au siècle des Lumières, c'est bien dans une Allemagne occupée par les hussards de Napoléon et dans une Angleterre ennemie jurée de la Révolution que se sont d'abord manifestés ce goût pour les décors et les costumes étranges, cette attirance pour les couleurs et les dessins extraordinaires, cette fascination pour les récits historiques et les ballades, cet attrait pour la « barbarie » gothique et l'esthétique baroque jugée décadente jusqu'alors.

Dans une France où classicisme et patriotisme étaient fortement liés, Shakespeare ne pouvait être traité que d'« aide de camp de Wellington » et le mysticisme allemand considéré comme l'ennemi de Racine et de Voltaire. Le romantisme, écrivent les journalistes du *Constitutionnel*, est « un assaut de la Sainte-Alliance contre le goût national ». D'ailleurs, nombre de romantiques français n'étaient pas des fils de généraux mais des fils de guillotinés nés dans le trouble et l'indécision plutôt que dans l'ordre et la victoire. Quand il écrit en 1820 ses *Méditations poétiques*, Lamartine est catholique et ultra-royaliste. Même s'il reconnaît sa dette à l'égard de la Révolution française, Victor Hugo chante le sacre de Charles X. Alfred de Vigny plaint les malheurs de la duchesse de Berry et Chateaubriand vante à une société abreuvée de Raison le Génie du christianisme.

Expression surtout d'un mal de vivre, le romantisme, « maladie de jeunesse » pour ses ennemis, est moins programme que refus. Refus de l'Antiquité comme éternelle référence et source majeure d'inspiration. Refus de la règle des trois unités et de tout ce qui peut contraindre le style. Refus d'une peinture soumise à la dictature de David et de ses disciples et dont les personnages ressemblent plus à des mannequins qu'à des êtres vivants. Refus d'une Histoire qui exalte le Progrès au détriment de l'âme des peuples. Refus d'une musique qui se réduit à des séries de concertos taillés sur le même patron. Refus de la Ville perçue comme un univers monstrueux et maléfique.

Mais le romantisme est aussi rêve de brumes et de ruines, de rivages et de cimes, de violence et de mort. Ce n'est pas un hasard si l'époque voit naître le Père-Lachaise avec ses tombeaux qu'on ira fleurir et ses épitaphes qui pleurent la fuite inexorable du temps. Mis à la mode par la traduction des romans de Walter Scott, le Moyen Âge d'Esméralda et de Quasimodo devient l'époque favorite de cette génération mélancolique qui ne se lasse pas de rêver auprès des vestiges des châteaux forts et des abbayes abandonnées. « Les monuments de l'ancienne France, écrit en 1820 Charles Nodier dans ses *Voyages pittoresques et romantiques dans l'ancienne France*, révèlent dans leurs ruines des ruines plus vastes, plus effrayantes à la pensée, celle des institutions qui appuyèrent longtemps la monarchie. [...] Ce ne sont pas seulement les catastrophes du temps qui sont inscrites sur ces murailles abandonnées, ce sont encore celles de l'histoire. À leur vue, tous les souvenirs des jours écoulés se réveillent ; les siècles entiers, avec leurs mœurs, leurs croyances, leurs révolutions, la gloire des grands rois et des grands capitaines semblent apparaître dans ces solitudes. Autour des débris dont elles sont semées vivent toujours, parmi les simples pasteurs qui ont élevé leurs cabanes sur la place d'un palais qui n'a plus de nom, les traditions merveilleuses de ce temps [...]. Dirai-je quel penchant, plus facile à sentir qu'à définir, circonscrit ce voyage dans les ruines de l'ancienne France ? Quelque disposition mélancolique dans les pensées, quelque prédilection pour les mœurs poétiques et les arts de nos aïeux, le sentiment de je ne sais quelle communauté de décadence et d'infortune entre ces vieux édifices et la génération qui s'achève, le besoin de jouir de l'aspect fugitif d'un tableau que le temps va effacer. »

C'est réhabiliter la féodalité que la Révolution avait voulu effacer. C'est revaloriser les « siècles chrétiens » que l'ironie voltairienne avait déconsidérés, retrouver les forêts profondes et les eaux dormantes que les paysagistes de Versailles avaient voulu domestiquer, et communier avec les mendiants des bas-fonds que les intendants et les préfets avaient souhaité enfermer.

Augustin Thierry, Michelet et Quinet en histoire, Chateaubriand, Balzac, Hugo, Stendhal, Alexandre Dumas, Prosper Mérimée, Théophile Gautier, Eugène Sue, Sainte-Beuve, George Sand, Maurice de Guérin, Gérard de Nerval, Lamartine, Alfred de Vigny et Musset en littérature, au théâtre et en poésie, Géricault, Corot, Delacroix en peinture, François Rude en sculpture, Berlioz, Meyerbeer, Halévy en musique illustrent le foisonnement des talents qui fait de la période romantique l'une des plus exceptionnelles de l'histoire intellectuelle et artistique nationale. Exposé au Salon de 1819, *Le Radeau de la Méduse* de Géricault fait figure de véritable manifeste de l'art romantique. S'inspirant du naufrage en 1816 de la frégate la *Méduse* au large du Sénégal et du périple des 15 survivants sur une embarcation de fortune, le peintre illustre tous les thèmes chers à cette génération : l'obsession de la mort et de la solitude, la tragédie du destin et le drame de la condition humaine ballottée entre le désespoir et l'élan vital. Tout autant que le sujet, un fait divers traité en peinture d'histoire, c'est le traitement de la composition, la description de la véritable nudité atroce et sombre, opposée aux nus conventionnels des peintres classiques, le mouvement contradictoire et le jeu du clair-obscur ainsi que les tons ocre qui retiennent l'attention et font scandale. Géricault traduit « le drame d'une génération sans guide », qui a réussi à se créer un monde d'histoires, de mythes, d'images et de symphonies dont l'enchantement reste inépuisable. Le paysage comme on ne l'avait jamais peint, la nature comme on ne l'avait jamais chantée, des tableaux et des vers où s'entremêlent le grotesque et le sublime, qui veulent décrire la beauté mais aussi la laideur, qui préfèrent le mouvement à la rigueur, et aux grâces d'Ingres, « les charmes de l'horreur », *Le Départ des volontaires* de Rude et *La Mort de Sardanapale* de Delacroix, autant d'exagérations qui ont changé notre vision du monde.

N'ayant que mépris pour l'épicier et le rentier, le conformisme et les certitudes du bourgeois, les artistes romantiques se croient chargés d'une mission qui les placent à part de leurs contemporains, celle de réenchanter le monde, et pour se faire, ce qui n'est pas le moindre de leur mérite, porter l'imagination au pouvoir.

Le temps de l'utopie

« La liberté dans l'art, la liberté dans la société, voilà le double but auquel doivent tendre d'un même pas tous les esprits conséquents et logiques. Nous voilà sortis de la vieille formule sociale. Comment ne sortirions-nous pas de la vieille formule poétique ? » Ce manifeste, lancé en 1827 par Victor Hugo dans la *Préface de Cromwell*, marque le ralliement de la génération romantique aux problèmes de son temps. Ouverte en prélude littéraire aux barricades de juillet 1830, la « bataille » d'*Hernani* inaugure un romantisme libéral, prompt à s'enflammer pour les nationalités opprimées et les « misérables ». Balzac ne peut plus écrire, comme il l'avait fait dans *Illusions perdues* : « Les royalistes sont romantiques, les libéraux sont classiques. » Il y a désormais cohérence entre révolte esthétique et idéal de liberté. « Pour tous ces enfants qui étaient des gouttes d'un sang brûlant qui avait inondé la terre », écrivait Musset dans *La Confession d'un enfant du siècle*, le mot de liberté avait « quelque chose qui leur faisait battre le cœur comme un lointain et terrible souvenir et comme une chère espérance, plus lointaine encore... Condamnés au repos par les souverains du monde, livrés aux cuistres de toute espèce, à l'oisiveté et à l'ennui, tous ces gladiateurs se sentaient au fond de l'âme une misère insupportable. » Arrivés trop tard dans un monde trop vieux, comme ils aiment à le rappeler, bercés dans leur enfance par les *Bulletins de la Grande Armée*, ils oscillent entre le souvenir d'un passé proche plein de batailles, de conquêtes et de victoires et un présent qu'ils souhaiteraient investir et rendre glorieux.

Si Victor Hugo s'enflamme pour la cause des Grecs, si Delacroix peint le massacre des Hellènes dans *Les Massacres de Scio* et leur détresse dans *La Grèce expirant sur les ruines de Missolonghi*, des volontaires, comme le poète anglais lord Byron, poussent plus loin leur engagement, combattant et mourant, les armes à la main, aux côtés des peuples en quête d'indépendance.

Rêve d'une République universelle et fraternelle, rêve d'une cité idéale où chacun serait rétribué selon ses « œuvres », rêve d'une société où le pouvoir appartiendrait aux savants et aux artistes, rêve d'unir les prolétaires de tous les pays, rêve de faire de l'Évangile un catéchisme socialiste, autant d'utopies qui sont moins des excentricités que des regards généreux et humanistes sur la France des « enrichissez-vous » et l'Europe de la Sainte-Alliance.

C'est en France plus que partout ailleurs, là où les concentrations industrielles apparaissent comme des « volcans » au bord de l'éruption, que la génération romantique s'épanche en utopie sociale.

Né en 1760, arrière-cousin du mémorialiste le duc de Saint-Simon, Claude Henri de Rouvroy, comte de Saint-Simon, rêve à la fois d'un parlement européen dont la France, l'Angleterre et l'Allemagne réconciliées seraient les fers de lance et d'une société où serait aboli l'héritage et encouragées les « abeilles » au détriment des « frelons » que sont les militaires, les ecclésiastiques, les fonctionnaires ou les propriétaires vivant de leurs rentes. Si la « parabole » du maître, mort en 1825, n'a guère rencontré d'écho, la propagande de ses disciples touche un public sensiblement élargi, séduit Polytechnique et influence une élite instruite que l'on retrouvera bientôt aux affaires. Les frères Pereire et Talbot, Ferdinand de Lesseps et l'économiste Michel Chevalier en seront les plus beaux fleurons. Prosper Enfantin, qui avait fondé une communauté modèle à Ménilmontant où les disciples portaient l'habit boutonné dans le dos pour rappeler la nécessité de l'aide d'un frère, en sera l'exemple le plus caricatural.

Né en 1772 à Besançon, obscur employé à de modestes travaux d'écritures, Charles Fourier découvre les méfaits du commerce en observant dans un restaurant parisien que le prix de vente de la pomme est cent fois supérieur à celui payé au producteur. Ayant recensé 13 passions humaines qui donnent 810 combinaisons différentes, il imagine de rassembler 1 620 hommes et femmes dans des « phalanstères », des cités-jardins où la liberté, y compris sexuelle, sera la règle et où le travail, assorti aux goûts de chacun, deviendra attrayant. La solution est de suivre ses passions, « comme Dieu les a données », écrit ce Christophe Colomb de la question sociale qui, au lieu de les combattre, veut en faire le ressort de la société nouvelle. Fourier attendit chaque jour à midi le capitaliste qui l'aiderait à créer les cellules de ce monde nouveau. Il ne se présenta pas. Mais vingt ans après sa mort, Jean-Baptiste André Godin, qui avait découvert son œuvre en 1842, installe à Guise, dans son pays natal, le Familistère où les ouvriers pouvaient faire leurs courses dans les magasins coopératifs, élever leurs enfants dans des écoles mixtes à la pédagogie novatrice et se détendre dans la piscine ou les salles de billard. Dans son œuvre maîtresse, *Les Solutions sociales*, ce patron hors du commun écrira : « Dans la première moitié de ce siècle, capital et travail ont créé la grande industrie et transformé les moyens de transport ; ils ont créé les usines et les chemins de fer ; il leur reste à entreprendre la réforme architecturale de l'habitation. [...] Nulle amélioration n'est possible dans les demeures ouvrières abandonnées à l'incurie et aux ressources individuelles : le bien-être de l'homme ne peut se réaliser dans ces conditions ; la misère s'attache au milieu qui lui est propre. [...] En conséquence, le palais social doit créer, pour tous, les moyens de la vie facile, économique et progressive. »

Né en 1788, Étienne Cabet, un avocat qui a milité dans la Charbonnerie, est le premier à définir dans son *Voyage en Icarie* un État communiste possédant tout, fixant le travail de chacun, satisfaisant les besoins de tous et, par l'éducation, formant un esprit public conforme aux aspirations de la communauté. Malgré l'échec d'une colonie « icarienne » au Texas, ce rêve d'une société égalitaire placée sous la bénédiction de Jésus, le premier des prolétaires, fascinera pendant longtemps les déshérités des grandes villes.

Né en 1797, Pierre Leroux, polytechnicien, maçon et typographe, souhaite une union européenne, crée avec George Sand *La Revue indépendante* et s'installe à Boussac, en Creuse, où il fonde une imprimerie fonctionnant sur un mode égalitaire.

Né en 1796, Philippe Buchez, un ancien saint-simonien revenu au catholicisme, inspire *L'Atelier*, un des premiers journaux ouvriers, apparu en 1840, et imagine des associations autogérées au sein desquelles les membres rassembleront un capital commun inaliénable et feront valoir leur travail sous la direction de délégués élus. L'exemple de l'Association des bijoutiers démontrera que c'était loin d'être impossible.

De Proudhon à Louis Blanc, de Flora Tristan à Constantin Pecqueur, de Martin Nadaud à Agricol Perdiguier, de la Société des saisons aux Phalanges démocratiques, des sociétés de secours mutuel aux associations de compagnons, de l'abbé Félicité de Lammenais qui, en 1834, récuse l'infaillibilité pontificale et en appelle à une démocratie sociale fondée sur l'Évangile au prince Louis Napoléon Bonaparte qui, dans sa prison du fort de Ham, en appelle à *L'Extinction du paupérisme*, cette génération aux utopies trop souvent brocardées a peut-être en fait laissé des traces plus importantes dans notre imaginaire collectif que les théorèmes du socialisme « scientifique ».

Le goût du voyage

Partir ! Vers le Nord, le Sud ou l'Orient. Voyager, encore et toujours. Rechercher les paysages inconnus et s'ouvrir à la troublante diversité du Dehors. Fuir l'effroyable ennui du monde bourgeois et poursuivre ses rêves. Pour la génération romantique, le voyage est une nécessité, un engouement, une drogue. « Il n'y a d'homme complet, affirme Lamartine, que celui qui a beaucoup voyagé, qui a changé vingt fois la forme de sa pensée et de sa vie. Les habitudes étroites et uniformes que l'homme prend dans sa vie régulière et dans la monotonie de sa patrie sont des moules qui rapetissent tout. [...] Étudier les siècles dans l'histoire, les hommes dans les voyages et Dieu dans la nature, c'est la grande école. [...] Ouvrons le livre des livres, vivons, voyons, voyageons : le monde est un livre dont chaque pas nous tourne une page : celui qui n'en a lu qu'une, que sait-il ? »

Un mot nouveau venu d'Angleterre apparaît alors pour désigner ces nouveaux errants, « touriste », entré en 1838 dans notre langue grâce aux *Mémoires d'un touriste* de Stendhal. Pauvre ou riche, artiste ou fonctionnaire, explorateur ou militaire, le romantique a le démon de la bougeotte. Et « vous que la fortune a privé des ressources nécessaires pour aller voyager dans les pays étrangers, insiste en 1800 Pierre Henri de Valenciennes, cherchez du moins à étudier la nature dans l'intérieur de la France : vous pourrez à peu de frais vous transporter dans plusieurs départements où les sites sont plus variés et plus pittoresques qu'aux environs de Paris. »

« Lorsque le monde réel pèse sur notre cœur », écrit en 1826 Jean-François Champollion, quatre années après avoir percé l'énigme que posaient les hiéroglyphes égyptiens, « le monde idéal doit être notre refuge, et ce monde-là, c'est l'étude : elle nous fait oublier momentanément les dégoûts de la vie en nous transportant hors de nous-mêmes ; en élevant nos idées, elle double notre courage et nos jours se passent moins sombres et plus rapides ».

Né dans les Deux-Sèvres en 1799, orphelin à onze ans, fils de galérien, passionné de livres de géographie et de cartes d'Afrique, René Caillié, « routard » désargenté, déguisé en mendiant, parvient le

20 avril 1828 devant Tombouctou, cette ville mystérieuse qui hantait ses rêves d'adolescent.

Né en 1808, ordonné prêtre en 1833, le lazariste Joseph Gabet part pour l'Asie en 1835, apprend le chinois à Macao, s'initie à la religion des « Mongouls » et, en compagnie du père Évariste Huc, se met en route avec trois chameaux, un cheval et un mulet pour atteindre Lhassa le 20 janvier 1846 après avoir franchi en plein hiver des cols de plus de 5 000 mètres d'altitude et des plateaux glacés. Ils y séjournent six semaines, assez bien accueillis par les autorités tibétaines qui ne découvrent que tardivement ces Occidentaux déguisés en lamas. Diffusés par les congrégations missionnaires dont le nombre croissant traduit l'intense renouveau de l'élan apostolique, les récits des « glorieux martyrs » alimentent la ferveur pour ces terres lointaines où des peuples immenses sont encore dans l'ignorance du Christ. « Faites vous nègres avec les nègres pour en faire un peuple de Dieu », dira le père Libermann qui fonde en 1841 la Société missionnaire des pères du Saint-Cœur-de-Marie et s'installe en 1845 en pays ouolof.

En 1830, les *Annales de la propagation de la foi*, premier organe de l'*Œuvre de la Propagation de la foi*, fondée à Lyon en 1822, tirent à 16 000 exemplaires, un chiffre considérable pour l'époque.

Rêvant d'une union mystique entre l'Orient et l'Occident, convaincus de la nécessité de conquérir l'univers inculte par l'humanité, selon la formule d'Étienne Cabet, saint-simoniens et autres utopistes enchantent les soirées moroses des jeunes Français épris de gloire, de vastes horizons et de profits rapides.

Conquise dans l'indifférence en juillet 1830 pour réparer l'honneur de la France offensé par le « coup d'éventail » donné par le dey d'Alger au consul de France pour une sombre histoire de dettes impayées, l'Algérie devient alors le terrain où s'enflamment les imaginaires et s'aiguise la flamme patriotique. « Eh quoi ! s'écrie Lamartine le 3 mai 1834 devant les députés, les nations n'ont-elles qu'une balance de chiffres à établir ? Et serions-nous descendus à ce degré de matérialisme social que l'arithmétique dût s'asseoir seule dans les conseils de la Chambre et du gouvernement et peser seule sur les résolutions de notre pays ? Si l'or a son poids, la politique, l'honneur national, la protection désintéressée du faible, l'humanité n'ont-ils pas le leur ? Abandonnerions-nous ces mers à leurs pirates ? »

« Eh bien ! Vous êtes heureux d'avoir quelque chose qui touche, qui remue, qui ébranle, ajoute Thiers le 14 mai 1840. Est-ce nos mauvaises discussions, est-ce notre gouvernement représentatif dans le pauvre état où il est qui relèvera les âmes des petites passions qui les possèdent, de ce scepticisme qui les ronge ? Non, ce que nous faisons à Paris, ce que nous crions dans nos Chambres ne fait rien au pays ; mais quand ce pays apprend qu'on s'est battu à Mazagran et qu'on a vaincu à Misserghin, les enfants s'émeuvent et les femmes pleurent. Est-ce trop de 60 millions pour maintenir ce qui reste de sentiments moraux et de passions désintéressées, pour empêcher la France de s'accroupir sur sa chaufferette ? »

En quelques années, l'Algérie devient terre d'expérience, rêve de soleil et de harem. L'armée y trouve l'enivrement d'une vie active loin de la discipline des garnisons françaises. Le Chourineur des *Mystères de Paris* se réhabilite au pied de l'Atlas en défendant les propriétés de la plaine. Les officiers construisent les routes, défrichent et assèchent, fouillent et explorent, plantent et sèment, libèrent les faibles et les esclaves, décapitent et enfument les indigènes. Le burnous de commandement posé sur les épaules, l'air fier et sûr de lui, l'« Algérien » que font connaître les tableaux d'Horace Vernet devient le centurion d'une nouvelle Rome, le fer de lance de la civilisation parti à la conquête de la barbarie, le porte-drapeau d'une patrie revigorée qui s'affirme, comme en 1792, porteuse d'un message universel.

Les fouriéristes créent à Saint-Denis-du-Sig, à 50 kilomètres d'Oran, une Union agricole d'Afrique qui prétend « démolir et refaire la vieille société ». Des trappistes s'installent à Staouéli. Des nobles légitimistes, les « colons en gants jaunes », Max de Tonnac, le comte de Franclieu, le baron de Vialar ou le comte de Raousset-Boulbon, créent de grands domaines au milieu desquels s'élèvent des maisons fortifiées de type féodal. Des paysans sans terres, enivrés par les sirènes préfectorales, se lancent à l'aventure sur des terres à défricher, succombent à la malaria et aux attaques des cavaliers hadjouts et peuplent les cimetières plus que les villages.

Coiffant ce monde bigarré de sa populaire casquette, Bugeaud n'a pourtant rien d'un romantique. Né en 1784 à Limoges d'une famille aisée de hobereaux, officier de l'armée impériale, mis à la dure épreuve de la guérilla espagnole qui lui a enseigné l'embuscade et aiguisé son insensibilité naturelle au spectacle des atrocités, détesté de la droite légitimiste pour avoir été le geôlier de la duchesse de Berry dans la forteresse de Blaye et des républicains pour avoir dirigé en 1834 le massacre de la rue Transnonain, homme d'ordre méprisant la liberté et professant les opinions les plus conservatrices, il va, pendant sept ans, mener en Algérie une « guerre de ravageur », dévastant systématiquement les douars pour affamer l'adversaire et le contraindre à la soumission. Quand il quitte son commandement, en 1847, après avoir vaincu l'émir Abd el-Kader, l'Algérie compte déjà 110 000 Européens et 52 000 Français, des Français auxquels la génération romantique confie la mission d'éveiller les indigènes au progrès. « Chez nous, écrit Enfantin en 1843, la conquête peut et j'ose dire qu'elle doit avoir pour but une association avec le vaincu qui lui soit en définitive aussi avantageuse qu'au vainqueur. Dans notre siècle, la légitimité de notre conquête ne peut être soutenue que si nous y sommes les agents puissants de la civilisation africaine. » Le temps de la conquête a aussi été celui de l'utopie.

CHAPITRE 64

L'esprit de 1848

Se promenant dans les rues de Paris tout l'après-midi du 25 février 1848, Alexis de Tocqueville raconte dans ses Souvenirs *: « Deux choses me frappèrent surtout ce jour-là : la première, ce fut le caractère, je ne dirai pas principalement, mais uniquement populaire de la révolution qui venait de s'accomplir ; la toute-puissance qu'elle avait donnée au peuple proprement dit, c'est-à-dire aux classes qui travaillent de leurs mains, sur toutes les autres. La seconde, ce fut le peu de passions haineuses et même, à vrai dire, de passions vives quelconques que faisait voir dans ce premier moment ce bas peuple devenu tout à coup seul maître du pouvoir. » Tel fut bien, en effet, l'esprit de 1848. Le rêve d'une génération romantique qui espérait établir une république à visage humain, fraternelle et universelle.*

La révolution de février

En juillet 1830, Louis-Philippe avait ramassé sa couronne sur les pavés parisiens, assouvissant par la même occasion une vieille jalousie de famille vis-à-vis de la branche aînée des Bourbons. En février 1848, il la perd sur ces mêmes pavés, s'enfuyant sans gloire des Tuileries, « comme Charles X », pour gagner l'Angleterre par Honfleur. La veille de Noël 1847, un rapport de police notait pourtant : « Paris est fort tranquille mais il y a peu d'activité commerciale. »

Sans doute, le retournement de la conjoncture, sensible dès 1846, a fortement affaibli un régime qui avait tant fondé sa légitimité sur l'enrichissement des Français. Comme en 1788-1789, tout a commencé par une crise agricole. Compromise ici par un été trop sec et là, comme en Normandie, par un mois de juillet trop pluvieux, la récolte de 1845 a été fort médiocre et celle de l'année suivante ne l'a pas été moins. Simples accidents de parcours dans une période de prospérité marquée, la maladie de la pomme de terre et le déficit céréalier ont fait resurgir, comme autrefois, la peur de la disette, la dernière du siècle.

Dans la région de Caen, l'hectolitre de blé passe de 22 francs en mai 1846 à 46 francs en mai 1847. Céréale du pauvre, le seigle grimpe, dans la Sarthe, de 15 francs l'hectolitre en juillet 1846 à 42 francs au printemps 1847. Des boulangeries sont pillées à Lille, à Paris et à Lisieux, la ville qui élit Guizot. À Buzençais, aux confins du Berry, un riche propriétaire est massacré par des valets de ferme et des tisserands qui, pendant trois jours, taxent et réquisitionnent. Nombreux sont alors dans les campagnes les ruraux qui prêtent une oreille complaisante à ceux qui proposent une plus juste répartition de la terre. Le 1er mars 1848, dès l'arrivée des premières nouvelles de Paris, les villageois d'Aups, dans le Var, se rendront en masse à la nouvelle bastide édifiée par un notaire entreprenant pour en démolir le mur de clôture et arracher les arbres à fruits nouvellement plantés, puisque maintenant « nous sommes en République ».

Avant même la crise agricole, mais accentuée par elle, la dépression touche aussi l'industrie, surtout dans le textile et le bâtiment. À Roubaix, le nombre de chômeurs passe de 4 800 en février 1847 à 8 000 en mai, soit plus de la moitié des ouvriers de la ville. Dans les mines de charbon, combustible dont le prix a chuté, le chômage touche 20 % du personnel. À Lyon, la soie est en détresse. À Reims, à Rouen, à Armentières, à Roanne, à Amiens, des ouvriers s'en prennent aux patrons. À Lille, où le raffineur Kolb Bernard et le filateur Scrive font distribuer des secours, on compte 29 000 indigents assistés sur 76 000 habitants.

Ce sont aussi les faillites et les créances impayées qui troublent l'épargne et mettent à mal la finance. En 1847, pour la première fois depuis la création des caisses d'épargne, les remboursements l'emportent sur les versements. En 1847, toujours, le déficit des finances publiques est à son plus haut niveau depuis 1815. En 1847, enfin, la Banque de France, dont l'encaisse fond de 200 à 59 millions de francs, doit emprunter à l'étranger et relever son taux d'escompte pour assurer la couverture de ses billets en circulation. À la Bourse, les actions des sociétés de chemin de fer sont rudement secouées, celle de la Compagnie du Nord, détenue par les Rothschild, chutant de 565,50 F à 282,50 F. C'est un mauvais coup pour les possédants et pour le gouvernement de Guizot dont Tocqueville écrit qu'« il avait pris sur la fin les allures d'une compagnie industrielle où toutes les opérations se font en vue du bénéfice que les sociétaires peuvent en retirer. »

Ce n'est pas une mauvaise affaire, en revanche, pour la propagation de l'idée républicaine. Si les élections législatives d'août 1846 ont été un réel succès pour Guizot, 1847 voit croître la désaffection à l'égard d'un régime incapable d'assurer l'ordre et la prospérité. Quand, la même année, Lamartine, Michelet et Louis Blanc publient des *Histoires de la Révolution française*, faisant découvrir à un large public qu'elle ne se réduit pas à la Terreur, Teste, ex-ministre des Travaux publics et pair de France, est condamné à trois ans de prison pour corruption et le duc de Choiseul-Praslin, descendant d'une illustre famille, assassine sa femme parce qu'il aime la gouvernante de ses enfants dont elle l'a obligé de se séparer, puis s'empoisonne à l'arsenic pour échapper au jugement. Pour le peuple de Paris qui, au sommet des Champs-Élysées, peut admirer la fougue patriotique de la femme qui emmène *Le Départ des volontaires* et, sur la place de la Bastille, voir la colonne qui commémore les combats de juillet 1830, la République prend le visage moral d'un régime qui peut s'enorgueillir d'un passé honorable. « Ne demander qu'à la propriété les guides du peuple, écrit Louis Blanc, c'est transformer la conduite des États en politique du ménage [...]. Qu'attendre d'un système qui fait de l'intérêt privé la source des pouvoirs ? »

Le 9 juillet 1847, au jardin public du Château-Rouge, l'opposition inaugure sa campagne des banquets politiques pour porter des toasts à la réforme électorale ; on joue *La Marseillaise*, on boit « à la conscience politique » et « à l'amélioration du sort des classes laborieuses ». Entre la poire et le fromage, on exalte le suffrage universel et, comme Lamartine à Mâcon, on annonce « la révolution du mépris ». Dans un climat délétère où la tension sociale se combine à l'exaspération politique, cette campagne des Banquets qui contourne l'interdiction des réunions soude les partisans de la Réforme électorale et met en vedette des notables qui puisent dans ces agapes une éloquence fort jacobine.

C'est pourquoi Guizot décide le 14 janvier d'interdire le grand banquet final convoqué dans un quartier populaire. Les organisateurs décident alors de le transférer pour le 22 février dans le quartier périphérique des Champs-Élysées, afin d'éviter les incidents. La veille, il est interdit par le pouvoir et décommandé par le comité d'organisation, mis au pied du mur. Mais les ouvriers, les artisans et les étudiants qui se mobilisaient pour la manifestation ne renoncent pas et battent le pavé malgré une pluie battante. Le 23, dans la matinée, des barricades s'élèvent dans les rues Saint-Martin, Montorgueil et de Cléry, et les gardes nationaux, chargés de rétablir l'ordre, fraternisent avec les émeutiers en criant : « Vive la Réforme ! » et « Guizot démission ». À deux heures de l'après-midi, Louis-Philippe, impressionné par ce référendum sur le tas, demande à Guizot de démissionner et charge le comte Molé de constituer un nouveau ministère. Mais quand la foule en joie vient réclamer « des lampions » sous les fenêtres de Guizot, au ministère des Affaires étrangères, boulevard des Capucines, la troupe, qui se croit menacée, tire et couche une vingtaine de manifestants, dont les corps sont promenés sur un chariot, à la lueur des torches.

Le 24 au matin, Paris est insurgé, et Louis-Philippe, démoralisé, abdique en faveur de son petit-fils, le comte de Paris, que la duchesse d'Orléans, mère de l'enfant, tente de faire « investir » au Palais-Bourbon. Mais les députés n'y sont plus seuls. Ayant envahi la salle des séances, les insurgés crient « Pas de régence ! Pas de ministère ! La République ! » et acclament, pour les élire membres d'un « gouvernement provisoire », Dupont de l'Eure, Arago, Lamartine, Crémieux, Marie, Ledru-Rollin et Garnier-Pagès. Leur première tâche est de se rendre en toute hâte à l'Hôtel de Ville, maîtrisé par les républicains. Marrast et Flocon, les directeurs des deux grands journaux républicains, *Le National* et *La Réforme*, Louis Blanc, le théoricien socialiste, et Albert, un ouvrier mécanicien, leader d'une société secrète, sont alors nommés au gouvernement provisoire qui, vers minuit, adopte une proclamation selon laquelle « il veut la République sauf ratification par le peuple qui sera immédiatement consulté. » En vingt-quatre heures, cette monarchie « bâtarde » qui n'avait pas su conquérir de légitimité était renversée par une République plus acceptable, que le Collège de France, en la personne de Michelet, et l'Académie française, en la personne de Lamartine, s'étaient attachés à réhabiliter. « C'était un temps, écrivait encore Tocqueville, en observateur sagace, où toutes les imaginations étaient barbouillées par les grosses couleurs que Lamartine venait de répandre sur ses Girondins. Les hommes de la première révolution étaient vivants dans tous les esprits, leurs actes et leurs mots présents à toutes les mémoires. Tout ce que je vis ce jour-là porta la visible empreinte de ces souvenirs ; il me semblait toujours qu'on fût occupé à jouer la Révolution française plus encore qu'à la continuer. »

La révolution du cœur

Célébrant, le 2 mars 1848, la plantation d'un arbre de la liberté, place des Vosges, à Paris, Victor Hugo s'exclame : « C'est avec joie que je me rends à l'appel de mes concitoyens et que je viens saluer au milieu d'eux les espérances d'émancipation, d'ordre et de paix qui vont germer aux racines de cet arbre de la liberté. [...] Le premier arbre de la liberté a été planté, il y a plus de dix-huit cents ans, par Dieu même sur le Golgotha [Acclamations]. Le premier arbre de la liberté, c'est cette croix sur laquelle Jésus-Christ s'est offert en sacrifice pour la liberté, l'égalité et la fraternité du genre humain [Bravos et longs applaudissements].

La signification de cet arbre n'a point changé depuis dix-huit siècles ; seulement, ne l'oublions pas, à temps nouveaux, devoirs nouveaux ; la révolution que nos pères ont faite il y a soixante ans a été grande par la guerre ; la révolution que vous faites aujourd'hui doit être grande par la paix. La première a détruit, la seconde doit organiser. L'œuvre d'organisation est le complément nécessaire de l'œuvre de destruction ; c'est là ce qui rattache intimement 1848 à 1789. Fonder, créer, produire, pacifier ; satisfaire à tous les droits, développer tous les grands instincts de l'homme, pourvoir à tous les besoins des sociétés ; voilà la tâche de l'avenir. Or, dans les temps où nous sommes, l'avenir vient vite. [Applaudissements...]

Mes amis, mes frères, mes concitoyens, établissons dans le monde entier, par la grandeur de nos exemples l'empire de nos idées. Que chaque nation soit heureuse et fière de ressembler à la France ! Bravo !] Unissons-nous dans une pensée commune, et répétez avec moi ce cri : Vive la liberté universelle ! Vive la République universelle ! [Vive la République ! Vive Victor Hugo ! — Longues acclamations]. »

Tel est bien « l'esprit de 1848 ». Fonder une république à visage humain qui cache 1793 derrière 1792. Cultiver la fraternité à l'ombre des arbres de la liberté. Célébrer l'union des cœurs et déverser des flots d'éloquence. Acclamer Jésus, « le premier des socialistes », ressusciter le mot « montagnard » et chanter :

« Chapeau bas devant la casquette
À genoux devant l'ouvrier. »

Mais « l'esprit de 1848 », c'est également se trouver des origines populaires et retirer ses fonds de la Caisse d'épargne. Se découvrant soudain républicains, « républicains du lendemain », dit-on alors, les notables d'hier se déploient en courtisaneries pour apprivoiser le nouveau maître. « Les grands propriétaires, écrit Tocqueville dans ses *Souvenirs*, aimaient à rappeler qu'ils avaient toujours été ennemis de la classe bourgeoise et toujours favorables à la classe populaire ; les prêtres avaient retrouvé le dogme de l'égalité dans l'Évangile et assuraient qu'ils l'y avaient toujours vu ; les bourgeois eux-mêmes se rappelaient avec un certain orgueil que leurs pères avaient été ouvriers, et, quand ils ne pouvaient pas remonter, à cause de l'obscurité inévitable des généalogies, jusqu'à un ouvrier proprement dit qui eût travaillé de ses mains, ils tâchaient du moins de dater [leurs origines] d'un malotru qui eût fait sa fortune par lui-même. Quant au roi Louis-Philippe, il n'en était pas plus question que s'il eût appartenu à la dynastie des Mérovingiens. »

En fait, si les notables peuvent « communier » sans trop de contorsions avec le « peuple » et se complaire dans le culte de l'ouvrier, c'est que ce dernier n'est décidément pas féroce. Née du « massacre » du boulevard des Capucines, la révolution de février 1848 n'a pas versé le sang. Tout juste a-t-elle pillé les propriétés des Orléans et l'hôtel des Rothschild à Suresnes.

En ce « printemps des peuples » qui gagne la majeure partie de l'Europe, le mot d'ordre général est Fraternité. Pas question d'arborer le drapeau rouge, symbole de guerre civile : Lamartine impose, le 25 février, le drapeau tricolore, « qui a fait le tour du monde, avec le nom, la gloire et la liberté de la patrie ». Les malentendus entre les classes doivent disparaître, et comme « l'amour est plus fort que la guerre », il faut libérer la parole et inaugurer une ère de paix et de bonheur. Principal personnage du gouvernement provisoire, celui qui avait, sous le régime précédent, traversé tous les partis sans trouver un rôle à sa mesure, loin d'être un « poète égaré dans la politique », s'avère l'habile manœuvrier capable de repousser un socialisme qu'il juge impossible au profit d'une République qui sache marier christianisme, romantisme et saint-simonisme, cœur, curiosité et générosité.

Les premières mesures du gouvernement provisoire sont à la hauteur de ces aspirations, de ces illusions, écrira, sarcastique, Karl Marx, de retour à Paris. Le 25 février, pour purifier de la Terreur l'idée de République, la peine de mort pour les délits politiques est supprimée et le droit au travail, grande revendication des travailleurs, est garanti par un décret qui proclame : « Le gouvernement provisoire s'engage à garantir l'existence de l'ouvrier par le travail. Il s'engage à garantir le travail à tous les citoyens. Il reconnaît que les ouvriers doivent s'associer entre eux pour jouir du bénéfice de leur travail. » Le 28 février, sous la pression des manifestants parisiens, est créée une

Commission du gouvernement pour les travailleurs, dite Commission du Luxembourg, présidée par Louis Blanc, qui annonce une plus juste répartition des impôts, aussitôt démentie par une augmentation de 45 % de toutes les contributions directes. La Commission fixe la durée journalière de travail à dix heures à Paris et à onze heures en province et, surtout, crée des Ateliers nationaux qui enrôlent, à 2 francs par jour, les milliers de chômeurs que la crise économique a jetés dans les clubs et les manifestations. Le 1er mars, le suffrage universel est proclamé. C'est faire passer le corps électoral de 250 000 électeurs à plus de 9 millions, les femmes n'étant pas encore jugées aptes à la res publica. Le 5 mars, Michelet, dont le cours au Collège de France avait été suspendu, est réintégré dans sa chaire. Le 6 mars, la liberté de la presse devient totale et fait éclore trois cents journaux nouveaux en une semaine. Le 8 mars, un décret ouvre la garde nationale à tous les citoyens. Le 10 mars, un arrêté confirme la pleine et entière liberté de réunion religieuse. Le 12 mars, on abolit les châtiments corporels dans la marine. Le 27 avril, surtout, pourrait-on dire, l'esclavage est aboli dans toutes les colonies et possessions françaises. Restait à accomplir le plus difficile : donner la voix au peuple et lui faire élire les députés chargés de transformer les « bons sentiments » en bonne et solide Constitution.

Les révolutionnaires parisiens, qui ont pratiqué la Charbonnerie et les sociétés secrètes et méprisent les masses paysannes, qu'ils estiment asservies à l'influence des notables, ont bien tenté de faire reporter les élections, ce qui permettrait au moins d'activer la propagande républicaine dans les campagnes, mais Lamartine, qui veut tenir ses engagements, les fixe aux 23 et 24 avril.

Le dimanche 23 avril, jour de Pâques, après avoir entendu la messe, les hommes de toutes les communes de France âgés de plus de vingt et un ans se forment en colonne derrière le maire et le curé lui-même, que précèdent le drapeau, la musique ou le tambour du garde champêtre, et se rendent au chef-lieu de canton pour élire sans enveloppe et sans isoloir les députés au scrutin de liste départementale, avec possibilité de panachage. Quatre-vingt-quatre pour cent des inscrits accomplissent leur devoir et envoient à l'Assemblée constituante 500 républicains libéraux, proches de la ligne du gouvernement provisoire, dont 285 authentiques « républicains de la veille », 250 monarchistes camouflés en « républicains du lendemain » et 150 républicains radicaux et socialistes, vite appelés « démoc-soc ». Élu dans dix départements, Lamartine est au faîte de sa popularité. Blanqui est le grand vaincu. Louis Blanc est passé de justesse. Dans leur majorité, les Français adhéraient à la République libérale et rejetaient autant la réaction monarchiste que la révolution sociale. Un vote raisonnable pour la première élection au suffrage universel. Un vote immédiatement contesté par quelques « enragés » qui, à Rouen, élevèrent des barricades et furent balayés par les forces de l'ordre. Pour la première fois depuis février, le sang des ouvriers avait coulé.

L'esprit de juin

Renforcés par l'onction du suffrage universel, les notables peuvent estimer qu'ils se sont tirés avec honneur de cette première épreuve démocratique. Le suffrage universel qui les effrayait tant sera désormais leur drapeau quand le peuple de Paris prétendra leur imposer sa loi. À l'unanimité, dans l'immense bâtiment hâtivement construit dans la cour du Palais-Bourbon, ils proclament de nouveau la République mais datent du jour de leur réunion, et non du 24 février, la fête officielle de cette IIe République. Pour assurer le pouvoir exécutif, ils désignent en leur sein cinq membres, Arago, Garnier-Pagès, Marie, Lamartine et Ledru-Rollin et, le 15 mai, assaillis par l'extrême gauche parisienne, qui envahit l'Assemblée, officiellement pour soutenir la Pologne écrasée sous la botte russe, en fait pour prendre sa revanche des élections qu'elle a perdues, ils font arrêter Huber, Raspail, Barbès, Blanqui et Albert, les principaux meneurs de la journée, suppriment la Commission du Luxembourg, ferment les clubs les plus avancés et nomment Cavaignac ministre de la Guerre.

Pour les représentants d'une province qui ressent les événements du 15 mai comme une atteinte intolérable à sa légitimité, il n'était plus question d'être soumis à la dictature de ce peuple de Paris aux caprices si insupportables.

Paris gonflé par les milliers de sans-travail accourus des départements pour s'enrôler dans les Ateliers nationaux, qui comptent 28 000 inscrits fin mars et près de 120 000 fin mai, que l'on a de plus en plus de mal à payer et qui, désœuvrés, se rassemblent chaque soir sur les boulevards pour acclamer « la Sociale » ou « Poléon », Louis Napoléon Bonaparte, élu député aux élections partielles du 4 juin.

Le 21 juin, pour couper court au projet de Lamartine qui propose d'utiliser ces chômeurs pour relancer la construction des chemins de fer que l'État rachèterait aux compagnies privées, l'Assemblée force la Commission exécutive à prendre un décret qui invite les ouvriers de moins de vingt-cinq ans à se tenir prêts à partir travailler sur des chantiers des Ponts et Chaussées en province ou à s'enrôler dans l'armée. Une dissolution de fait des Ateliers nationaux. Le 23 juin, partie de la place de la Bastille, l'insurrection gagne l'est de Paris. Aux cris de : « Du pain ou du plomb ! Du plomb ou du travail ! », les insurgés sans leaders connus dressent des barricades. La lutte des classes à l'état pur entre des « prolétaires » que la suppression de l'« allocation de chômage » pousse au désespoir et des « bourgeois » qui, à l'image du pays, croient avec sincérité aux vertus non encore galvaudées de la propriété et sont profondément « choqués » de voir des rebelles remettre en question la souveraineté nationale. La ferveur et l'indignation se trouvent aussi dans le camp des ennemis des ouvriers. L'ordre contesté par les sans-travail parisiens n'est pas celui de la royauté mais celui de la République nouvelle qui n'a, elle aussi, d'autre alternative que de les vaincre ou périr.

Au terme de trois journées de combats acharnés, les gardes nationaux, renforcés par des milliers d'hommes venus de province pour défendre leur conception de la liberté, laissent sur le pavé plusieurs milliers de morts, Cavaignac étant soupçonné d'avoir laissé grossir l'émeute pour mieux la saigner. En voulant s'interposer à la Bastille, l'archevêque de Paris, monseigneur Affre, est victime d'un inconnu, fanatique ou surexcité. Tandis que 15 000 « rouges » sont arrêtés, dont plus de 4 000 déportés en Algérie, Cavaignac est officiellement nommé le 28 juin chef du pouvoir exécutif en lieu et place de la Commission dont les membres démissionnent. Authentique « républicain de la veille », patriote et fidèle à l'Assemblée, Cavaignac incarne cet esprit de juin, l'esprit d'une République qui assimile le « socialisme » à la désobéissance au pouvoir légal et estime que Paris n'est pas la France. On le voit bien le 31 juillet 1848 quand Proudhon, élu le 4 juin, mais ostensiblement étranger aux journées insurrectionnelles, propose à ses collègues de l'Assemblée un système de crédit gratuit pour résoudre la question sociale. Victor Hugo, député lui aussi, raconte : « On vit paraître à la tribune un homme d'environ quarante-cinq ans, blond, avec un peu de cheveux et beaucoup de favoris. Il était vêtu d'un gilet noir et d'une redingote noire. Il ne parla pas. Il lut. Il tenait ses deux mains crispées sur le velours rouge de la tribune, son manuscrit entre elles. Il avait un son de voix vulgaire, une prononciation commune et enrouée, et des besicles. Le début fut écouté avec anxiété, puis l'assemblée éclata en rires et en murmures, enfin chacun se mit à causer. La salle se vida et l'orateur termina au milieu de l'inattention le discours commencé au milieu d'une sorte de terreur. » Deux députés sur 600 votèrent la proposition, Proudhon et Louis Greppo, un tisserand lyonnais, représentant du Rhône. Ce socialisme qui avait terrifié en juin faisait désormais rire.

Il restait à la classe ouvrière à poursuivre son exil intérieur et à se doter d'une culture politique autonome. La République démocratique n'était pas encore sociale. L'émancipation du peuple n'était pas encore celle des travailleurs.

Adoptée le 4 novembre 1848, la Constitution, fortement inspirée de l'expérience américaine, prévoit l'élection d'un président de la République au suffrage universel pour un mandat de quatre ans et une Assemblée unique de 750 membres que le président ne peut dissoudre mais qui ne peut le renverser. Symboliquement, le droit au travail est remplacé par une formule vague selon laquelle la République doit « par une assistance fraternelle, assurer l'existence des citoyens nécessiteux, soit en leur procurant du travail dans la limite de ses ressources, soit en donnant, à défaut de la famille, des secours à ceux qui sont hors d'état de travailler ». Mais le texte promet l'instruction gratuite pour tous, l'éducation professionnelle, le crédit populaire et l'impôt proportionnel.

Fixée le 10 décembre 1848, l'élection du président de la République, laissant présager le succès de Cavaignac, donne une victoire écrasante à Louis Napoléon Bonaparte, qui recueille plus de 5 400 000 voix contre 1 400 000 à Cavaignac, moins de 400 000 à Ledru-Rollin, 37 000 à Raspail et 18 000 à Lamartine qui, astre déjà éteint, est le grand vaincu de ce scrutin populaire.

Prestige d'un nom à défaut de celui d'un homme dont personne ne discerne encore vraiment l'intelligence réelle et la résolution. Cote du neveu de l'Empereur qui, pour avoir écrit *L'Extinction du paupérisme*, bénéficie, dans les villes, du ralliement de nombreux ouvriers. Caution des conservateurs qui, faute de s'être entendus sur le nom d'un candidat, ont préféré faire élire celui que Thiers appelait « un crétin qu'on mènera ». Surtout, dans un pays où les électeurs sont largement analphabètes, Bonaparte est le seul de tous les candidats à porter un nom que connaissent tous les Français. Plébiscité aussi bien dans les pays conservateurs de l'Ouest que dans les terres républicaines de l'Est, Louis Napoléon a aussi bénéficié de la voix d'un homme qui, convié au premier dîner organisé au palais de l'Élysée au lendemain de la prestation de serment, écrit : « Et tout en m'en allant, je songeais. Je songeais à cet emménagement brusque, à cette étiquette essayée, à ce mélange de bourgeois, de républicain et d'impérial, à cette surface d'une chose profonde qu'on appelle aujourd'hui : le président de la République, à l'entourage, à la personne, à tout l'accident. Ce n'est pas une des moindres curiosités et un des faits les moins caractéristiques de la situation que cet homme auquel on peut dire, et on dit en même temps, et de tous les côtés à la fois : prince, altesse, monsieur, monseigneur et citoyen. »

Cet invité, qui s'appelait Victor Hugo, découvrait en fait l'alchimie complexe d'un suffrage qui, parce qu'il était pour la première fois populaire, faisait peser bien des inconnues sur l'avenir de la République. Ce président qui n'avait pas appris à raisonner dans la culture classique mais qui avait une forte capacité à comprendre et à manier les ressorts humains possédait, selon Rémusat, un don de hardiesse ou de force qui le tirait de la foule et le mettait au rang des personnages historiques. Une découverte pour la bonne bourgeoisie parlementaire qui n'avait pas saisi les logiques et les espoirs d'un peuple que n'encadraient pas encore les partis politiques.

Les candidats qui, comme Cavaignac et Ledru-Rollin, avaient une position politique claire, établie, un programme précis, une presse, des élus, des militants, le soutien des gens réfléchis, avaient été battus par un raz de marée électoral soulevé dans les campagnes par celui qui, obscur et équivoque, n'avait pour lui qu'un nom transformé en mythe. Victoire des gens simples sur les éduqués, telle apparut l'élection de Louis Napoléon Bonaparte. Les républicains s'en souviendront, eux qui resteront par la suite durablement hostiles à l'élection du président au suffrage universel direct.

- Les notables espèrent mener Louis Napoléon.
- Soutien de V. Hugo -

CHAPITRE 65

Un César saint-simonien

« L'impératrice est légitimiste ; le prince Napoléon est républicain, Morny est orléaniste ; moi-même, je suis socialiste ; il n'y a que Persigny qui soit bonapartiste, et il est fou. » Cette boutade de Louis Napoléon Bonaparte traduit en fait mieux que tout l'isolement de celui qui, devenu empereur en 1852, reste un homme sans troupes. Épris du peuple dont il veut le bonheur mais contraint de gouverner avec le soutien de la fraction la plus conservatrice de la société française, révolutionnaire sur le plan économique mais despote sur le plan politique, il tente le pari difficile d'assumer un nom qui est à la fois une gloire nationale, une garantie révolutionnaire et un principe d'autorité. Entre le carbonaro, *l'homme du coup d'État et l'empereur libéral, que choisir, et faut-il choisir ?*

Le coup d'État de 1851

Quand il arrive au pouvoir en 1848, Louis Napoléon Bonaparte apparaît à la « classe politique » comme le gagnant du gros lot à la loterie. Tout le monde s'incline devant l'immense succès qu'il a remporté mais tout le monde déplore la chance extraordinaire dont il a bénéficié. Un sphynx qui porte le masque d'un autre, un homme peu éveillé, un conspirateur ayant échoué par deux fois et qui ne ressemble en rien à un « chef prédestiné ». Les républicains ne lui ont jamais pardonné le coup d'État du 2 décembre 1851 et l'argent facile qui s'est accumulé sous son règne. Il a longtemps été victime d'une « légende noire » qui en a fait, au mieux, un pantin insignifiant, au pire un précurseur du fascisme. « Qu'est-ce que ce cauchemar-là ?, fulminait Victor Hugo exilé à Jersey. D'un côté, une nation, la première des nations, et de l'autre, un homme, le dernier des hommes, et voilà ce que cet homme fait à cette nation ! Il la foule aux pieds, il lui rit aux nez, il la raille, il la nie, il l'insulte, il la bafoue ! »

En fait, les idées de ce « prince de hasard » relèvent d'une alchimie complexe de nature à dérouter ceux qui aiment les sentiers balisés. Né en 1808, fils incertain de Louis Bonaparte, le roi de Hollande, qui ne l'aima pas, et d'Hortense de Beauharnais, la fille de Joséphine, qui le couva, il a passé sa jeunesse en exils, en conspirations, en rêveries et, surtout, en solitude. Renan le décrira comme une « nature profonde, rêveuse, embarrassée, mais forte et obstinée, incapable d'être distraite de son idée fixe ». En février 1831, il participe à l'insurrection des carbonari de Romagne contre les troupes pontificales. En 1836, il tente piteusement de soulever la garnison de Strasbourg et de refaire contre Louis-Philippe le « coup » des Cent-Jours. En 1840, il récidive à Boulogne. Condamné à la détention perpétuelle par la Chambre des pairs, il est emprisonné au fort de Ham, dans la Somme. Le 7 octobre 1840, le registre d'écrou décrit ce nouvel arrivant : « Âgé de trente-deux ans. Taille d'un mètre soixante-six. Cheveux et sourcils châtains. Yeux gris et petits. Nez grand. Bouche moyenne. Barbe brune. Moustache blonde. Menton pointu. Visage ovale. Teint pâle. Tête enfoncée dans les épaules et épaules larges. Dos voûté. Lèvres épaisses. »

Dans cette prison aux portes ouvertes qu'il appellera son « université » et dont il s'évadera en 1846, il précise ses idées, collabore à des journaux républicains avancés, rédige un texte sur *Le Clergé et l'État* qui témoigne d'une profonde aversion pour les prêtres catholiques qui « enseignent au peuple la haine de la révolution et de la liberté » et publie, en 1844, un livre qui « a pour unique but le bien-être de la classe ouvrière », *L'Extinction du paupérisme*.

Des idées napoléoniennes, plus empreintes de romantisme et d'« esprit de 1848 » que de culture cartésienne, se dégage une pensée plus cohérente qu'il n'y paraît de prime abord. Syncrétisme de la tradition impériale, des idéaux de la Révolution française, dont l'histoire lui fut enseignée par l'helléniste Philippe Lebas, fils de l'ami de Robespierre, et du socialisme « utopique », son « programme » politique peut se résumer en une idée simple : fonder « une monarchie qui procure les avantages de la République sans les inconvénients », « prévenir la révolution en donnant une légitime satisfaction aux besoins des peuples », « consolider sur le trône les principes de la Révolution ».

« Son dada, disait Mme Dosne, la belle-mère de Thiers, c'est le peuple ! » Convaincu qu'il y a « un juge suprême qui est le peuple » et que « rien de fondamental ne se fait hors de sa volonté », il proclame que « le but de la société est le bonheur commun », que « les secours publics sont une dette sacrée », « que la société doit la subsistance aux citoyens malheureux, soit en leur procurant du travail, soit en assumant les moyens d'exister à ceux qui sont hors d'état de travailler ». L'État, proclame-t-il, n'est pas « un ulcère nécessaire », mais « un moteur bienfaisant de tout organisme social ».

L'homme que le peuple a triomphalement élu en décembre 1848 est bien l'antithèse des « honnêtes gens » qui détiennent la majorité à l'Assemblée, des hommes vers lesquels il est obligé de se retourner pour former un gouvernement mais des hommes avec lesquels l'alliance ne peut être que fragile. Tocqueville, ministre des Affaires étrangères, et Falloux, qui détient le portefeuille de l'Instruction publique, nous ont confié leurs impressions des conseils de ministres. Le Président de la République est sur la réserve, se confine dans un maintien taciturne, le regard éteint, la parole rare et atone et s'emporte par instants pour, par exemple, demander l'amnistie pour les condamnés de juin puis partir d'un bon rire et dire aux « hommes considérables » médusés : « Je vois que cela ne vous plaît pas. » Ministère de la cohabitation, dirions-nous. « Ministère de la captivité », écriront ses partisans.

Issue des élections de 1849, la majorité conservatrice de l'Assemblée législative, loin de se réjouir de sa victoire, est au contraire épouvantée par le nombre de voix obtenues par les « démoc-soc », 35 % des suffrages exprimés et 200 élus, et, surtout, par le fait qu'un certain nombre de départements ruraux, comme la Saône-et-Loire, le Cher, l'Allier, la Dordogne, le Lot-et-Garonne, la Drôme, les Basses-Alpes ou le Var sont largement gagnés aux « montagnards », ces « rouges » qui, confortés par cette avancée dans les campagnes, attendent désormais avec optimisme l'échéance électorale de 1852 pour arriver légalement au pouvoir.

« C'est dans deux ans, deux ans à peine
Que le Coq gaulois chantera !
Tendez l'oreille vers la plaine,
Entendez-vous ce qu'il dira ?
Il dit aux enfants de la terre
Qui sont courbés sous leur fardeau :
Voici la fin de la misère,
Mangeurs de pain noir, buveurs d'eau. »

Tel est le chant composé par Pierre Dupont et repris par ceux qui, en totale « légalité républicaine », attendent avec confiance mais sans excessive impatience la sanction du vote populaire.

Un vote que les « hommes considérables » vont s'efforcer de limiter, tant ils sont persuadés que le rouge est couleur de sang et que toute atteinte au droit de propriété annonce le retour de la guillotine. Quand, le 10 mars 1850, des élections partielles sont organisées pour remplacer les « montagnards » déchus de leur mandat à la suite d'une nouvelle « émeute » du peuple de Paris suscitée le 13 juin 1849 par Ledru-Rollin, ils constatent avec panique que malgré la répression qui s'est abattue sur les « démoc-soc » depuis un an, les « rouges » ont gardé vingt sièges. Décidément, le suffrage universel, qui annonce l'émancipation politique du peuple français, est incorrigible.

Le 15 mars 1850, convaincue qu'en face de l'instituteur, le prêtre est le pilier de l'ordre social, l'Assemblée vote la loi connue sous le nom de « loi Falloux », qui laisse aux congrégations religieuses une totale liberté pour ouvrir des établissements religieux et soumet l'Université aux notables inspirés par le clergé. En acceptant ainsi de devenir le soutien d'un système politique conservateur, l'Église catholique contribue par contrecoup à souder solidement les républicains derrière la bannière de l'anticléricalisme. « En fait, écrit François Furet, elle élargit l'erreur qui la met dans la dépendance d'intérêts politiques factionnels, sans avoir l'excuse d'une histoire commune avec eux. À peine débarrassée de sa fidélité coûteuse aux frères de Louis XVI, elle suit l'opinion sous prétexte de la conquérir : comme si faute de parvenir à une conscience d'elle-même dans la nouvelle société, elle avait besoin d'en emprunter une au-dehors. Elle avalise implicitement l'idée simple et grossière que ses nouveaux amis ont d'elle et de la religion. » En ouvrant l'ère des deux jeunesses élevées séparément dans les filières rivales de l'Université et de l'Église, la loi Falloux, votée sous l'emprise d'une peur de circonstance, allumait pour plus d'un siècle une guerre franco-française. Victorieuse dans le court terme, l'Église catholique n'y gagnait cependant rien dans le long terme.

Le 31 mai 1850, une nouvelle loi écarte du corps électoral ce que Thiers appelle « la vile multitude ». Pour être électeur, il faut payer l'impôt, ce qui exclut l'indigent, être exempt de toute condamnation judiciaire, même infime, ce qui écarte tous les militants tracassés par le pouvoir et même les petites gens en conflit avec le garde champêtre, attester de trois ans de domicile continu, ce qui élimine le migrant ou le chômeur se déplaçant de ville en ville pour quêter un emploi. En gros, c'est radier 2,5 millions d'électeurs. À Paris, le nombre des électeurs passe de 220 000 à 144 000. Dans l'arrondissement de Castres, où se trouvent les établissements textiles de Castres et de Mazamet, 42 % des électeurs disparaissent. Coup dur pour les « montagnards », qui perdent l'espoir d'une victoire par les urnes. Pain béni pour Louis Napoléon Bonaparte, qui trouve à bon compte une magnifique occasion de se démarquer de la « réaction » en proclamant sa fidélité au suffrage universel et son hostilité à cette loi.

Désormais, il peut s'appuyer sur le « peuple » pour soutenir sa campagne de « révision ». S'il veut en effet se maintenir au pouvoir au terme de son mandat, en 1852, il faut « réviser » la Constitution de 1848, qui n'autorise qu'un seul mandat présidentiel. En juillet 1850, il part en campagne, parcourant la France de Besançon à Cherbourg, se présentant comme l'homme du juste milieu, dépensant largement pour subventionner la presse, incitant les préfets à mettre en branle les conseils généraux et à collectionner les pétitions de citoyens en faveur de la « révision », révoquant le général Changarnier, commandant en chef de l'armée de Paris qui avait la confiance de l'Assemblée, laissant même présager un coup d'État contre un parti de l'ordre accusé non sans fondement de vouloir restaurer la monarchie.

Mais, le 19 juillet 1851, la proposition de révision n'obtient que 446 voix contre 278, alors qu'il lui en fallait 543 pour être adoptée. Dans l'été, conseillé par Persigny, son fidèle compagnon d'exil, et par Morny, son demi-frère, fils naturel du général de Flahaut et de la reine Hortense, le prince-président, persuadé que le pays est favorable à la révision, se décide au coup d'État. Habile, il propose, le 4 novembre 1851, l'abrogation de la loi du 31 mai et le rétablissement du suffrage universel, ce que l'Assemblée repousse de justesse par 355 voix contre 348. Convaincue de l'imminence du coup d'État, l'Assemblée propose alors, par l'intermédiaire de ses trois questeurs, un texte qui l'autorise à requérir la force armée pour sa protection. Cette proposition des questeurs est repoussée le 17 novembre par 400 voix contre 338. C'est le feu vert pour Louis Napoléon Bonaparte, qui en profite pour choisir son jour, le 2 décembre, anniversaire du sacre de Napoléon et de la victoire d'Austerlitz. En écrivant « Rubicon » sur la couverture du dossier secret qui rassemble les documents préparatoires au coup d'État, il revendique le patronage de César.

Dans la nuit du 1er au 2 décembre 1851, le président fait occuper l'Assemblée nationale et arrêter 78 personnes, lance 25 000 hommes pour quadriller les rues de la capitale et couvre les murs d'affiches annonçant le rétablissement du suffrage universel, la dissolution de l'Assemblée nationale et la préparation d'une nouvelle Constitution. Le 3 décembre, les représentants de la gauche républicaine tentent bien de soulever le peuple des faubourgs, mais sans succès. Sur une barricade

PAN PAN

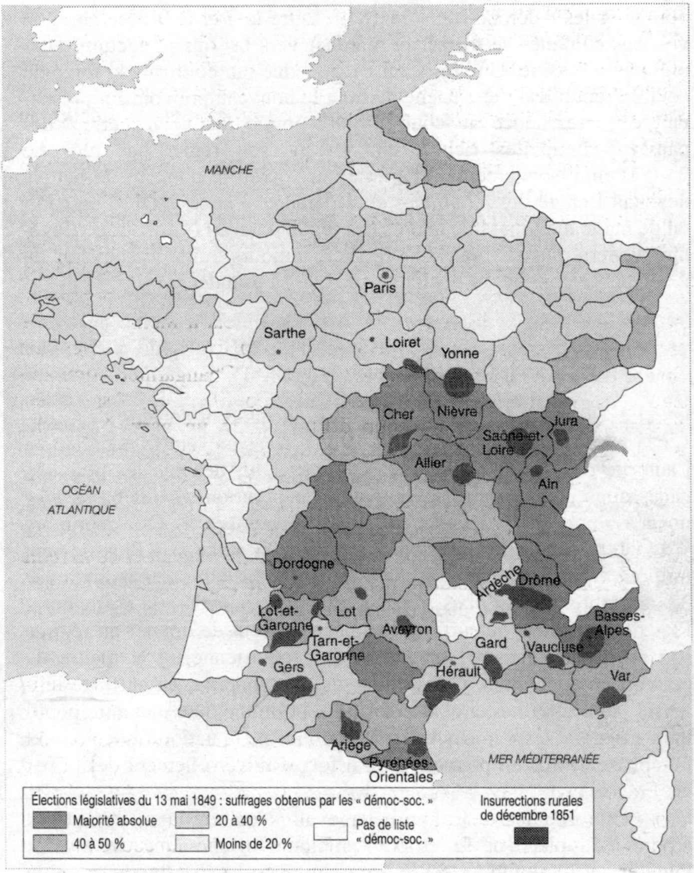

La résistance des campagnes au coup d'État du 2 décembre 1851.

du faubourg Saint-Antoine, Alphonse Baudin, représentant de l'Ain, se fait tuer et entre dans la légende pour avoir dit aux ouvriers hostiles aux députés, auxquels ils reprochaient leur indemnité : « Vous allez voir, citoyens, comme on meurt pour 25 francs par jour. »

En fait, c'est dans le Centre et les provinces méridionales que la résistance est la plus vive, dans les campagnes et les bourgs qui ont voté pour les « démoc-soc » en 1849. Entre le 3 et le 9 décembre, on voit des colonnes se former et marcher vers la sous-préfecture ou la préfecture voisine. Une résistance inattendue qui confirme la force du courant républicain et entache de sang le nouveau pouvoir. En présentant cette résistance au coup d'État comme une « jacquerie » des pauvres contre les riches, en ouvrant son règne par plus de 25 000 emprisonnements, l'homme qui voulait le bonheur du peuple devenait l'otage des « hommes considérables » et se dotait d'un capital de haine inextinguible auprès des républicains. L'impératrice Eugénie avouera plus tard que son époux a toujours traîné le souvenir du 2 décembre comme un boulet au pied de sa grandeur.

Un César sans troupes

Les 20 et 21 décembre 1851, les Français sont appelés à approuver la proposition suivante : « Le Peuple français veut le maintien de l'autorité de Louis Napoléon Bonaparte et lui délègue les pouvoirs nécessaires pour établir une nouvelle Constitution sur les bases prononcées par sa proclamation du 2 décembre. » On dénombre 7 145 000 oui et 592 000 non, dont 80 000 à Paris. « Plus de sept millions de suffrage viennent de m'absoudre », avouera le 31 décembre celui qui laissait ainsi transpirer sa mauvaise conscience. Plus de 7 millions de suffrages venaient surtout de donner au régime son principal caractère, une démocratie césarienne où le maître du pouvoir en appellerait, chaque fois qu'il le voudrait, au suffrage universel pour le retourner contre la classe politique, une dictature populaire associant les « instincts démocratiques de la nation française » et l'établissement d'un pouvoir central fort « universellement désiré par les Français ».

« Que Bonaparte [...], proclame alors enthousiaste, Proudhon, arbore à la place de la croix, l'emblème maçonnique, le niveau, l'équerre et l'aplomb : c'est le signe du moderne Constantin, à qui la victoire est promise. [...] Que le Deux-Décembre, sortant de la fausse position que lui a faite la tactique des partis, produise, se développe, organise et sans retard, ce principe qui doit le faire vivre : l'antichristianisme, c'est-à-dire l'antithéocratie, l'anticapitalisme, l'antiféodalité ; qu'il arrache à l'Église, à la vie inférieure, et qu'il crée en hommes ces prolétaires, grande armée du suffrage universel, baptisés enfants de Dieu et de l'Église, et qui manquent à la fois de science, de travail et de pain. Tel est son mandat, telle est sa force. »

Pour l'heure, Louis Napoléon Bonaparte s'emploie à asseoir définitivement son autorité et à préparer la restauration de l'Empire.

Promulguée le 14 janvier 1852, la nouvelle Constitution lui confie l'essentiel des pouvoirs. Il nomme à tous les emplois publics, commande les forces armées, déclare la guerre et signe les traités. Élu au suffrage universel, le Corps législatif est privé de l'initiative des lois et du droit de demander à un ministre de s'expliquer sur sa politique. De plus, les élections sont largement « orientées » par les préfets, qui se mobilisent en faveur des candidats « officiels », les seuls à bénéficier des subsides gouvernementaux et des affiches de l'administration. « Il faut que le peuple soit mis en mesure de discerner quels sont les amis et quels sont les ennemis du gouvernement qu'il vient de fonder », explique le ministre de l'Intérieur Persigny. C'est avouer avec franchise une pratique qui se perpétue. Aujourd'hui, en effet, peut-on dire que le gouvernement ne cherche pas à faire savoir aux électeurs les candidats qu'il préférerait voir élus ?

Puis, à la suite d'un voyage en province au cours duquel la population lui réserve un bon accueil, le prince-président franchit le pas et se décide à rétablir l'Empire. À Bordeaux, le 9 octobre 1852, il déclare : « Aujourd'hui, la France m'entoure de ses sympathies parce que je ne suis pas de la famille des idéologues. Pour faire le bien du pays, il n'est pas besoin d'appliquer de nouveaux systèmes, mais de donner avant tout confiance dans le présent, sécurité dans l'avenir. Voilà pourquoi la France semble vouloir revenir à l'Empire. Il est néanmoins une crainte à laquelle je dois répondre. Par esprit de défiance, certaines personnes se disent "L'Empire, c'est la guerre !" Moi, je dis "L'Empire, c'est la paix." C'est la paix car la France le désire, et lorsque la France est satisfaite, le monde est tranquille. La gloire se lègue bien à titre d'héritage, mais pas la guerre. » Et le prince qui n'est encore que président pour dix ans ajoute : « Moi aussi, comme tous les Bonaparte, j'ambitionne la victoire, mais mes victoires sont les victoires de la paix ; je répandrai la morale, la religion, l'instruction, les chemins de fer, les ports, les transatlantiques [...]. »

Les 21 et 22 novembre, 7 800 000 oui contre seulement 250 000 non approuvent le rétablissement de l'Empire, qui est promulgué, date anniversaire oblige, le 2 décembre 1852. Louis Napoléon prend le titre de Napoléon III pour respecter le règne très court du fils de Napoléon, proclamé empereur par une déclaration de son père, le 22 juin 1815. Moins de deux mois après, il épouse Eugénie de Montijo, une jeune fille de la noblesse espagnole qui lui donnera un fils en 1856, peut-être à la suite des bains de mer répétés à Biarritz, alors réputés aphrodisiaques.

« La liberté n'a jamais aidé à fonder d'édification politique durable, déclare Napoléon III en 1853 devant le Corps législatif, elle la couronne quand le temps l'a consolidée. » Tel est bien le projet bonapartiste, stabiliser la société française avant de lui offrir la démocratie. Toutefois, et c'est sa principale faiblesse, le Second Empire est désespérément le régime d'un homme seul dont le nom, certes, parle à l'imagination de la nation, mais qui n'a aucun « parti » pour l'appuyer. C'est ce qu'explique Guizot dans une lettre de 1852 : « On réprime une émeute avec des soldats, on fait une élection avec des paysans, mais les soldats et les paysans ne suffisent pas pour gouverner, il y faut le concours des classes supérieures qui sont naturellement gouvernantes. Or celles-ci sont pour la plupart hostiles au président. » Une remarque désabusée de Persigny le confirme : « Nous qui n'avons nos amis qu'en bas, nous avons livré le Corps législatif aux classes élevées. » Dans cette assemblée de candidats « officiels », on ne compte en fait qu'un tiers de véritables bonapartistes.

Rude dilemme que celui d'un empereur contraint de respecter les situations acquises et les « intérêts », alors qu'il voudrait réaliser ses « idées ». Exercice difficile que de concilier le capital et le travail, que de cultiver l'alliance de l'Église et d'avouer qu'on chante Béranger. Difficile de plaire à la fois à Thiers et à Proudhon. C'est parce qu'il en avait conscience que Napoléon III confiait à son cousin : « Quand on porte notre nom et qu'on est à la tête du gouvernement, il y a deux choses à faire : satisfaire les intérêts des classes les plus nombreuses, se rattacher les classes élevées. »

Les dividendes de la croissance

En 1852, l'économiste saint-simonien Michel Chevalier, qui fut le principal conseiller économique de l'empereur, écrivait : « C'est une des conditions les plus impérieuses de la stabilité de l'État et de la société que la richesse sociale augmente, c'est-à-dire que la masse des objets et services divers qui répondent aux divers besoins des hommes aille toujours croissant par rapport à la population afin que chacun puisse obtenir un meilleur retour de son travail, et par conséquent puisse être mieux nourri, mieux vêtu, mieux chauffé, éclairé, meublé. » Assurer la prospérité et le « bonheur du peuple », telle était l'une des principales idées de Napoléon III. Tel était aussi le meilleur moyen de se faire absoudre du coup d'État du 2 décembre. Telle était enfin l'originalité d'un régime politique qui a tenté, sans grand succès, de renouveler la classe politique. Pour le choix des candidats officiels,

Morny avait recommandé aux préfets de chercher « des hommes entourés de l'estime publique, plus soucieux des intérêts du pays que des luttes des partis, sympathiques aux souffrances des classes laborieuses, et s'étant acquis, par un bienfaisant usage de leur fortune, une influence et une considération méritée ». Et il ajoutait : « Quand un homme a fait sa fortune par le travail, l'industrie ou l'agriculture, a amélioré le sort de ses ouvriers, a fait un noble usage de son bien, il est préférable à ce qu'on est convenu d'appeler un homme politique : car il apportera à la confection des lois un esprit pratique. »

« Keynésien » avant l'heure, le Second Empire fut bien le premier régime à afficher si nettement un programme économique et à se donner les moyens de le mettre en œuvre. Faisant la part belle aux hommes « utiles », aux « industriels », disaient les saint-simoniens, il multiplia des mesures dont la cohérence et la hardiesse nous étonnent encore. Certes, Napoléon III a eu la chance de bénéficier d'une « bonne » conjoncture, les découvertes d'or en Californie en 1848 puis en Australie provoquant en Europe un gonflement de la masse monétaire et une hausse bénéfique des prix, mais encore fallait-il savoir détourner la manne monétaire de la rente pour mieux en irriguer les multiples canaux de la croissance. « Enrichissez-vous », avait dit Guizot. « Investissez », répond Louis Napoléon.

Dès 1852, il s'attache à relancer la construction languissante des chemins de fer en accordant aux compagnies concessionnaires des baux d'exploitation de longue durée, généralement quatre-vingt-dix-neuf ans, et en favorisant leur fusion. Aux quarante-deux petits réseaux qui existaient avant le coup d'État de 1851, succèdent six grandes compagnies qui étendent leurs tentacules sur l'ensemble du territoire et assurent de solides dividendes aux financiers qui se sont âprement disputé le gâteau. Le Nord, l'Est, l'Ouest, le Paris-Lyon-Méditerranée (PLM), le Paris-Orléans et le Midi vont faire du rail le lieu géométrique des appétits et des espoirs du monde des affaires et de celui du travail. « Ils feront de Paris le premier marché du monde, avait promis à Bordeaux Louis Napoléon à l'issue du banquet offert par la Chambre de commerce. Les fruits, les volailles, les légumes des départements les plus éloignés y arriveront la nuit pendant que vous dormirez, et vous serez tout étonnés à votre réveil de déjeuner avec du lait venu de Falaise ou des petits pois de Perpignan. »

En 1851, 3 248 kilomètres de lignes étaient exploitées. En 1869, on en compte 16 465, qui assurent alors la moitié du trafic national des marchandises contre seulement 10 % en 1852. Aux côtés d'Ernest Franquet de Franqueville, directeur général des Ponts et Chaussées, des ingénieurs de talent mobilisent les techniques les plus avancées pour défier la nature, creuser les tunnels et lancer des viaducs, domestiquer la vapeur et l'acier, maîtriser les coûts et abaisser les tarifs, qui ont été divisés par deux durant la période. Sans précédent historique sur le plan fonctionnel et architectural, les gares, avec leurs bibliothèques imaginées par l'ingénieux Louis Hachette, deviennent autant de vitrines monumentales de cette « modernité ».

Créé en 1852 par les frères Pereire, des Bordelais d'origine portugaise qui bénéficient du soutien du régime, le Crédit mobilier entend ouvrir une nouvelle révolution, celle du crédit, alors aux mains de la finance traditionnelle incarnée par la famille Rothschild et les régents de la Banque de France. Il s'agit, annonçent Jacob et Isaac Pereire, de « réunir des capitaux nécessaires à l'achèvement du réseau des chemins de fer et à la mise en valeur des industries qui s'y rattachent, de faire baisser les taux d'intérêt et de réduire les charges que l'État s'est imposées ». Rêvant de drainer une épargne nouvelle, projetant d'être la banque de la croissance et de participer au financement de tous les grands travaux, le Crédit mobilier est à l'image d'une génération romantique d'entrepreneurs qui veut dépenser et construire quand les Rothschild adoptent comme devise patience, confiance et prudence.

Ce sont aussi le Crédit industriel et commercial, fondé en 1859, le Crédit lyonnais, en 1863, la Société générale, en 1864 qui posent les fondements de l'armature bancaire moderne et apprennent aux Français l'usage de la monnaie de papier et plus encore du chèque, introduit en France par la loi de 1865. « L'argent aujourd'hui déposé dans notre caisse était en grande partie enfoui dans les tiroirs, sans intérêt pour ceux qui le gardaient, sans utilité pour la société », écrit en 1864 Henri Germain, le fondateur du Crédit lyonnais, résumant ainsi le projet de Napoléon III, qui était de servir les intérêts généraux en servant les intérêts particuliers, de faire rendre l'argent, cet argent qui obsède alors les Français, horrifiés par son pouvoir mais fascinés par les plaisirs qu'il procure.

« La Bourse, écrit Dumas fils, devient pour cette génération ce qu'était la cathédrale au Moyen Âge. » Alors qu'en 1851, on y cotait 118 valeurs pour un montant global de 11 milliards, en 1869, on en cote 307 pour un volume de 35 milliards. Entre-temps, la loi de 1867, qui établissait pour un siècle le statut des sociétés anonymes, avait posé en principe que « l'autorité ne doit point se mêler aux transactions privées ». Texte qui se voulait aussi solennel que la Déclaration des droits de l'homme.

Détruire les vieux quartiers insalubres, aussi propices aux émeutes qu'aux épidémies de choléra, multiplier les espaces verts, faciliter l'accès aux gares, mettre en place un réseau d'assainissement

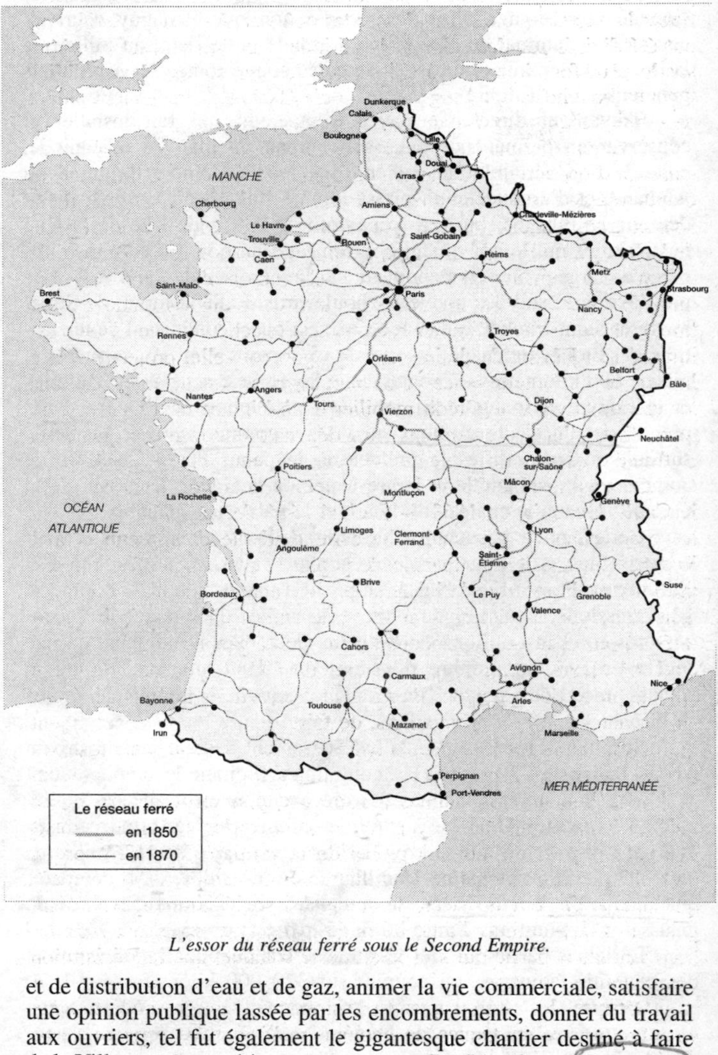

L'essor du réseau ferré sous le Second Empire.

et de distribution d'eau et de gaz, animer la vie commerciale, satisfaire une opinion publique lassée par les encombrements, donner du travail aux ouvriers, tel fut également le gigantesque chantier destiné à faire de la Ville une « exposition » permanente. Confié au baron Haussmann, préfet de la Seine de 1853 à 1870, la rénovation de Paris fut impressionnante, à l'image d'un homme d'action que Persigny décrivait comme un « animal de race féline à grande taille [jeté] au milieu de la troupe de renards et de loups ameutés contre toutes les aspirations généreuses de l'Empire ».

Travaillant directement avec l'empereur, qui fait installer et conserver en permanence dans son bureau un plan de la capitale, entouré d'un véritable état-major d'ingénieurs, comme Belgrand ou Alphand, et d'architectes inspirés, comme Baltard ou Hittorff, il fait démolir 25 000 maisons, en reconstruit 75 000, vide l'île de la Cité des masures qui la couvraient pour en faire un quartier administratif, perce de larges voies en s'appuyant sur la « croisée de Paris », formée par l'axe nord-sud des nouveaux boulevards de Sébastopol, de Strasbourg et Saint-Michel, qui coupe l'axe est-ouest conduisant de la Bastille à l'Étoile, aménage 2 « bois », 5 « parcs » et 19 « squares », réalise 600 kilomètres d'égouts, élève les Halles, achève les Tuileries et le Louvre et inaugure en 1862 la construction de l'Opéra. Paris prend pour un siècle un nouveau visage, comme Lyon et Marseille surtout, où sont édifiés la préfecture, le palais de la Chambre de commerce, la cathédrale et Notre-Dame-de-la-Garde, le bassin de la Grande Joliette, le château du Pharo et le palais Longchamp.

Certes, on a beaucoup reproché au baron Haussmann d'avoir construit une ville pour les riches, d'avoir favorisé la spéculation et l'affairisme et sacrifié la beauté au profit d'une esthétique « bourgeoise », classique, théâtrale, monotone et sans génie. Reste que les recensements et les inscriptions sur les listes électorales n'indiquent qu'une légère érosion du nombre d'« ouvriers » dans une capitale où la « classe malaisée » a gagné un avantage, celui de boire une eau moins polluée.

Stimuler vigoureusement l'investissement dans le secteur urbain et les transports, desserrer les contraintes limitant le crédit, autant d'initiatives saint-simoniennes qui ont excité la croissance et bouleversé les routines. De 1851 à 1869, le produit intérieur brut, reconstitué par l'historien Maurice Lévy-Leboyer, est passé de 11,7 milliards de francs à 20,2 milliards. Une hausse de 8,5 milliards à comparer avec les 2,7 milliards de hausse enregistrés de 1820 à 1851. 72 % de hausse en dix-huit ans contre 30 % en trente et un ans.

Enrichies par le rail, qui leur amène des débouchés nouveaux, et les chemins vicinaux, qui courent sur 320 000 kilomètres en 1870 contre 60 000 en 1848, les campagnes connaissent un modeste « âge d'or » et un réel mieux-vivre. Au total, la production agricole a augmenté de plus de 25 % au cours de cette période, alors que la population restait stationnaire. C'est autant de pris pour les rations alimentaires individuelles. En trente ans, la consommation de viande de boucherie s'accroît de 40 % dans les milieux ruraux et celle de sucre passe de 3,3 à 7,2 kg par habitant. Épiciers, boulangers et bouchers trouvent désormais des clients dans les campagnes. Encouragés par le gouvernement, les grands travaux assèchent les régions marécageuses, drainent les régions humides, irriguent les régions sèches et défrichent les dernières landes et forêts. Dans les Landes et la Dombes, là où s'étendaient des terres incultes, des hectares sont gagnés à la culture. Dans l'ensemble du pays, la surface cultivée s'est accrue de 1,5 million d'hectares, atteignant alors sa plus grande superficie de toute l'histoire de France.

C'est aussi l'industrie qui connaît une croissance soutenue et souligne le dynamisme de nouvelles régions. L'ascension du Nord contraste avec la somnolence du Midi. Les réussites alsaciennes font pièce aux langueurs normandes. Saint-Étienne devient le Sheffield français et Roubaix en sera le Manchester. Le Creusot voit sa population passer de 4 000 habitants en 1848 à près de 25 000 en 1870. Turgan, qui visite la ville des Schneider en 1868, découvre alors l'efficacité, l'ordre, le modernisme d'un monde qui fascine, l'usine. « Il est impossible, écrit-il dans *Les Grandes Usines*, de rien voir de mieux ordonné, de plus propre et de plus coquet que ces ateliers, éclairés par de larges châssis, peints en blanc du haut en bas, et qui ressemblent bien plus à des salles d'exposition qu'à une usine d'où il sort environ cent vingt locomotives par an. » Charles de Wendel, qui faisait travailler 2 000 personnes en 1850, en emploie 7 000 en 1870. À cette date, la France s'est définitivement affranchie des importations de locomotives britanniques et produit 1 178 000 tonnes de fonte au coke contre 70 000 tonnes en 1840. Saint-Gobain, qui fête son bicentenaire en 1865, fournit les serres du Jardin des Plantes à Paris, les halles de Baltard et les 40 000 mètres carrés du Palais de l'Exposition universelle d'Auteuil en 1867. Christofle, qui bénéficie des commandes de l'empereur, triple son chiffre d'affaires de 1850 à 1867.

Gagner peu mais vendre beaucoup, tel était le pari de Félix Potin, d'Aristide Boucicaut, d'Alfred Chauchard, des frères Parisot, d'Auguste Hériot, de Jules Jaluzot, qui fondent à Paris entre 1852 et 1865 le Bon Marché, Le Louvre, La Belle Jardinière et Le Printemps. Munis d'une longue expérience d'épiciers, de marchands ambulants ou de chefs de rayon, rompus aux techniques de vente, ils ont un parcours qui traduit sans doute mieux que tout ce que fut l'Empire aux affaires, l'occasion pour les aventuriers du profit de conquérir la notabilité par le travail et le flair. Un parcours que n'apprécient guère ceux qui font du diplôme ou de l'héritage le sésame de toutes les portes.

Peut-être autant que celui des Pereire et des Schneider, le parcours de Patern Le Bihan, minutieusement relaté par les disciples de Frédéric Le Play, un réformateur social, illustre la facette anonyme de cette « fête impériale ». Né en 1819, Patern est en 1851 ouvrier-journalier dans la commune de Penanvour, dans l'arrondissement de Quimper. Fils de parents pauvres, il a commencé sa « carrière » comme domestique employé à l'année pour le salaire misérable de 248 francs. Quelques années plus tard, il a réussi à épargner 600 francs, deux fois son salaire annuel, placés à 5 % par l'entremise d'un notaire. Dès qu'il a été admis chez son employeur, Patern Le Bihan a été autorisé à placer dans le troupeau du patron deux génisses, nourries et élevées à titre gratuit. Chaque génisse, achetée au prix de 15 à 18 francs à l'âge de six mois, a pu être revendue le double dix-huit mois plus tard. Après son mariage, il a encore obtenu le droit de faire paître ses deux vaches sur les landes appartenant à la commune. Ces landes sur lesquelles croissent des ajoncs et des bruyères fournissent aussi gratuitement à la famille le combustible employé pour le chauffage et la litière nécessaire aux vaches. Bientôt, Patern pourra acquérir une maison et ses dépendances, 4 hectares de terres labourables et 2 hectares de landes.

À la même époque, Victor, un manœuvre de la Champagne pouilleuse, dont la femme fournit la nourriture aux ouvriers qui travaillent au canal de la Marne, acquiert une maison estimée à 1 100 francs et un champ qui, fumé par le crottin des chevaux ramassé tous les jours sur la route de Reims à Châlons, voit sa valeur tripler en trois années. Est-ce pour cette raison que Victor a baptisé ses deux filles Eugénie-Augustine et Augustine-Eugénie, en l'honneur de l'impératrice ?

Les bottes de l'oncle

« L'Empire, c'est la paix », avait promis Louis Napoléon lors de son discours à Bordeaux avant de devenir empereur. En fait, l'Empire, ce fut la guerre, une guerre qui finit par le perdre. Héritier d'un nom prestigieux, Bonaparte se veut comptable de la gloire de la France. Le titre impérial imposait en effet, pour le moins, d'offrir à ses sujets un peu de gloire, car comme l'écrit l'historien Albert Sorel, « par ses origines, Napoléon III était obligé d'éblouir la France ».

Sincèrement partisan du principe des nationalités, cet homme qui parle plusieurs langues veut briser l'ordre établi par le congrès de

Vienne en 1815 et libérer les peuples opprimés par la Sainte-Alliance jadis scellée contre son oncle pour tenir la France en lisière. Mais contraint de gouverner avec l'appui des « honnêtes gens » qui pensent déjà que la France n'est qu'une puissance « moyenne », il doit mener seul, là encore, sa politique étrangère, contre ses diplomates, contre ses ministres, contre le Corps législatif et, largement aussi, contre l'opinion publique, qu'il espère malgré tout rallier. L'autoritarisme du nouveau régime marche de pair avec la gloire extérieure, qui doit servir de réconfort ou du moins d'alibi apaisant. Mais, ce faisant, l'Empereur se voit contraint, pour tenter de remettre en cause l'ordre de Vienne, de s'appuyer sur les libéraux européens. Bien que favorable à une diplomatie des congrès, fondée sur des négociations collectives qui lui permettront, comme il l'affirme, « de se distinguer en prenant un minimum de risques », il se voit cependant contraint, face à l'hostilité des autres puissances européennes à toute modification des frontières, de passer par la guerre.

C'est dans les Balkans qu'il trouve pour la première fois l'occasion de réaliser ses rêves. En mars 1854, il s'engage aux côtés de l'Angleterre pour protéger l'Empire ottoman des ambitions méditerranéennes de la Russie, l'un des principaux piliers de l'ordre de Vienne. Extrêmement meurtrière, autant à cause des combats que de l'épidémie de choléra qui décime les troupes françaises, cette guerre de Crimée, qui s'achève sur la prise de Sébastopol en septembre 1855, après un siège qui dure près d'une année et inaugure une nouvelle forme de stratégie défensive, marque le retour de la France dans le concert international. C'est à Paris, du 25 février au 30 mars 1856, que se réunit le congrès qui constitue pour Napoléon III la revanche du congrès de Vienne.

Très présente en Égypte, où le projet de percement de l'isthme de Suez, défendu par Ferdinand de Lesseps, soutenu par Napoléon III, aboutit en 1855 à la constitution de la Compagnie universelle du canal maritime de Suez dont le capital est souscrit par les Français et le vice-roi d'Égypte, influente dans l'Empire ottoman par le biais des loges maçonniques de plus en plus nombreuses, protectrice au Liban des chrétiens maronites menacés par les druses, prenant pied en Tunisie et achevant la conquête de la Kabylie, la France tend à faire de la Méditerranée sa « mare nostrum ».

Confiant à Faidherbe le soin de renforcer son implantation au Sénégal et d'étendre l'influence française vers l'intérieur le long du fleuve grâce à la mise en place de plusieurs petits point d'appui, intervenant en Indochine contre l'empereur Tu Duc, très hostile aux chrétiens, occupant la Cochinchine, signant un traité de protectorat avec le Cambodge, établissant une voie de pénétration vers le Tonkin, se taillant des zones d'influence en Chine, fondant la ville de Nouméa pour y créer un pénitencier aux conditions de détention moins pénibles qu'en Guyane, développant la production sucrière à la Réunion, la France se veut puissance mondiale. « Celui-là fut un homme de génie, écrit le César saint-simonien, décidément romantique, qui reconnut que l'équilibre européen n'est plus comme autrefois sur les Alpes, les Pyrénées, sur la Vistule ou sur le Pont-Euxin, mais qu'il embrasse le monde entier. »

CHAPITRE 66

César et le « sublime »

En 1858, au lendemain des élections qui ont marqué la percée des républicains dans les grandes villes et la persistance de l'hostilité de Paris, Napoléon III, toujours aussi imprévisible, défait ce qu'il a fait au temps du prince-président, se coupe des catholiques et des notables et part allégrement à la conquête des ouvriers, ceux qu'un petit patron parisien, Denis Poulot, appelle dans un ouvrage paru en 1870 les « sublimes ». C'est se brouiller avec les « honnêtes gens » pour vouloir séduire ces forts en gueule croqués par Zola dans L'Assommoir *et qui sont devenus les fers de lance de la lutte contre le Capital, la Toge, le Sabre et la Soutane.*

« Demi-tour à gauche »

Le 14 janvier 1858, Felice Orsini, un révolutionnaire italien, et ses quatre complices lancent trois bombes sur le cortège impérial qui se rendait à l'Opéra. On compte 8 morts et 150 blessés. Le chapeau de l'empereur a été traversé par un projectile. En tuant Napoléon III, Orsini pensait provoquer en France une révolution qui, comme celle de 1848, gagnerait ensuite l'Italie. Nommé le 7 février ministre de l'Intérieur et de la Sûreté générale, le général Espinasse envoie aux préfets l'ordre d'arrêter les « hommes les plus dangereux » de leur département et en fait déporter plus de 400 en Algérie. Pour régulariser, si l'on peut dire, cette mesure, le gouvernement fait voter le 27 février une loi de sûreté générale qui permet d'arrêter, d'emprisonner, de déporter ou d'exiler sans procès toute personne antérieurement condamnée pour des activités politiques. C'est appliquer le principe antijuridique de la rétroactivité. Pour l'opinion, c'est revenir au climat détestable du coup d'État.

Paradoxalement, cette réaction autoritaire approuvée par tous les ministres amorce le grand tournant libéral décidé par l'empereur qui semble, enfin, vouloir devenir lui-même et mettre ses idées en œuvre. Peut-être influencé par son cousin le prince Napoléon, un jacobin autoritaire furieusement anticlérical, qui rêve d'un empire démocratique, sans doute ému par la lettre d'Orsini qui lui demande pardon mais l'abjure de faire quelque chose pour l'Italie, voulant sans doute se débarrasser de l'appui encombrant des « honnêtes gens » pour mieux ancrer l'Empire dans la société moderne, il accomplit un grand « demi-tour à gauche », selon les mots mêmes de Proudhon. Est-ce aussi parce qu'il a toujours eu mauvaise conscience du « pli réactionnaire » pris au lendemain du 2 décembre ? Toujours est-il qu'il est peu d'exemples de dictature se libéralisant par la seule volonté du dictateur.

Le 11 juin 1858, l'empereur demande au général Espinasse sa démission. Le 21 juillet, il rencontre à Plombières, dans les Vosges, dans le plus grand secret, Cavour, le président du Conseil du royaume de Piémont, et dessine avec lui la carte future d'une Italie unifiée, libérée de la domination étrangère et du pouvoir temporel du pape. À l'automne, quand la menace d'une guerre contre l'Autriche prend corps, la Bourse baisse et les « classes supérieures » s'alarment. C'est ce que résume la fameuse boutade attribuée à James de Rothschild. Parodiant le discours de Bordeaux, il fait ce bon mot : « L'Empire, c'est la paix. Pas de paix, pas d'Empire. »

Mais quand Napoléon III part prendre le commandement des troupes en Italie, le 10 mai 1859, sa calèche est dételée et tirée par le peuple, qui, chantant *La Marseillaise*, fait un triomphe à celui qui reprend les idéaux de la Révolution. Une semaine avant, une affiche placardée dans les rues de Paris a annoncé le « demi-tour à gauche ». « La France a montré sa haine contre l'anarchie. Elle a voulu me donner un pouvoir assez fort pour réduire à l'impuissance les fauteurs de désordre. [...] Mais elle n'a pas pour cela abdiqué son rôle civilisateur. Ses alliés naturels ont toujours été ceux qui veulent l'amélioration de l'humanité. Et quand elle tire l'épée, ce n'est pas pour dominer, mais pour affranchir. Le but de cette guerre est donc de rendre l'Italie à elle-même, et non de la faire changer de maître. Et nous aurons à nos frontières un peuple qui nous devra son indépendance. »

LN renoue avec les idéaux de 1792

Après deux batailles sanglantes en juin à Magenta et Solferino, l'empereur pense toutefois qu'il s'est aventuré trop loin et négocie avec l'Autriche l'armistice de Villafranca. En novembre 1859, la paix de Zurich donne la Lombardie au Piémont mais la Vénétie reste autrichienne et le pape retrouve le pouvoir sur ses États en révolte. Certes, la France a gagné Nice et la Savoie promises par Cavour à Plombières et qui se prononcent massivement pour le rattachement à la France, mais Napoléon III a déçu les patriotes italiens et perdu le soutien des catholiques, qui dénoncent « Napoléon-Pilate ». Un haut fonctionnaire de la police constate alors : « Les manifestations cléricales n'alarment pas beaucoup l'empire. Mais il est en l'air, il n'a pas d'allié possible, il a rompu avec les conservateurs et c'est à peine s'il lui reste les masses. Quant au clergé, il ne pardonnera jamais à l'empereur l'expédition d'Italie. »

Pour parfaire le « demi-tour », Napoléon III signe le 23 janvier 1860, là encore dans le plus grand secret, un traité de commerce avec l'Angleterre qui ouvre à la glorieuse puissance industrielle les frontières économiques de la France. C'est un « coup d'État douanier » qui livre le marché français aux exportations britanniques pour abaisser le coût de la vie des « masses » populaires. C'est, sans se soucier de l'opinion des milieux d'affaires, favoriser l'investissement modernisateur au détriment de la rente conservatrice et afficher l'idée fort novatrice que l'enrichissement de la nation serait accru et non hypothéqué par l'échange commercial avec un pays riche. Après le Noël des cléricaux, voilà les étrennes des protectionnistes. Le pire est que, comme les industriels du Nord, les protectionnistes acharnés sont souvent des catholiques fervents. Favoriser la vie à bon marché, pensent alors les « honnêtes gens », c'est faire du « socialisme », et du plus mauvais. Dans cette affaire largement préparée par les saint-simoniens, Napoléon III prend pour cible les milieux qui ont applaudi le coup d'État du 2 décembre et pour éventuels appuis ceux qui l'ont toujours combattu.

Déjà, le 15 août 1859, pour la Saint-Napoléon, il a accordé l'amnistie à tous les proscrits de 1851, seuls quelques irréductibles, comme Victor Hugo, refusant de rentrer. Le 30 janvier 1860, *L'Univers*, le bouillant journal ultramontain de Veuillot, est supprimé. Mieux, le 22 novembre 1860, l'empereur procède à un troisième choc psychologique en lisant devant des ministres médusés le décret à paraître dans *Le Moniteur* du 24. Désormais, en réponse au « discours du trône » qui ouvrait chaque session parlementaire, les sénateurs et les députés pourront discuter les termes d'une « adresse » destinée à faire connaître leurs vœux. Le décret du 24 novembre prévoit aussi l'existence de ministres sans portefeuille chargés d'exposer devant les chambres la politique du gouvernement. En outre, la sténographie *in extenso* des débats des deux assemblées sera reproduite le lendemain dans *Le Moniteur*. Enfin, par le sénatus-consulte du 31 décembre 1861, lors du vote du budget, les crédits seront adoptés par sections, et non plus par ministères, ce qui permettra de mieux les contrôler. C'est faire un pas vers le régime parlementaire et la démocratie. L'éditorialiste de *La Revue des Deux Mondes* écrit alors : « La triste réaction provoquée par 1848 prend fin en France. »

L'empereur a redonné la parole aux « hommes honorables et distingués des anciens gouvernements ». Ils la prennent aussitôt pour l'interroger sur la signification d'un tel « demi-tour ». Le 13 mars 1861, au prince Napoléon qui réveille le Sénat en prononçant un discours d'une violence inouïe, demandant l'abolition du pouvoir temporel du pape et applaudissant la victoire des « Chemises rouges » de Garibaldi sur les Bourbons de Naples, Émile Keller, député catholique d'Alsace, que le gouvernement a fait élire en d'autres temps dans la circonscription de Belfort, se lève pour prononcer le discours de sa vie. Déclarant que l'empereur fait la politique des républicains, il ajoute : « La France a été franchement révolutionnaire en 1793, franchement conquérante sous le Premier Empire, franchement conservatrice en 1848 et 1849. Mais vous, qui avez eu l'imprudence de rouvrir cette arène sans en mesurer l'étendue, qui êtes-vous et que voulez-vous être ? » C'est poser une bonne question à celui qui, mû par une passion nouvelle, commence à écrire une *Histoire de Jules César*.

L'empereur et le peuple

En 1861 paraît une brochure signée de cinq ouvriers, *L'Empereur, le Peuple et les Anciens Partis*. Rédigée par le groupe dit « du Palais-Royal », un cercle animé par des saint-simoniens, comme l'industriel Arlès-Dufour et l'économiste Michel Chevalier. Ainsi s'amorce l'entreprise de séduction lancée en direction du monde ouvrier. Convaincre le peuple de ne pas se laisser tenter par les partis « bourgeois ». Le persuader que l'empereur n'est pas un souverain comme les autres. Redire qu'il est l'élu du suffrage universel. Relire Proudhon pour comprendre que les ouvriers se préoccupent davantage de leur vie professionnelle que de construire la République. Tel est, autant par calcul que par générosité, le pari que tente Napoléon III au moment où se manifeste de manière croissante la méfiance des notables.

Déjà, un décret du 26 mars 1852 avait favorisé le développement des sociétés de secours mutuel, dans lesquelles Proudhon voyait la meilleure protection contre les aléas de l'existence ouvrière. À l'ouverture de la session législative de 1857, l'auteur de *L'Extinction du paupérisme* souligne « la nécessité, sans arrêter le progrès, de venir en aide à ceux qui ne peuvent suivre sa marche accélérée ». Il donne son appui à l'envoi d'une délégation de 200 ouvriers à l'Exposition internationale de Londres de 1862. La même année, l'empereur gracie des typographes lourdement condamnés pour faits de grève. En 1864, à la suite d'un Manifeste signé par 60 ouvriers de la Seine qui, conduits par le ciseleur en bronze Henri Tolain, protestent contre l'exclusion des ouvriers de la vie politique et manifestent la volonté de voir la place du monde du travail enfin reconnue dans la société, il impose au Corps législatif réticent la loi du 25 mai 1864, qui abolit les articles 414 à 416 du Code pénal et légalise la grève, à condition qu'elle ne s'accompagne ni de violences ni d'atteintes à la liberté du travail. En janvier 1866, il annonce que « l'autorisation de se réunir sera accordée à tous ceux qui, en dehors de la politique, voudront délibérer sur leurs intérêts industriels et commerciaux ». La loi du 30 août 1868, enfin, déclare que les chambres syndicales seront, sinon reconnues, du moins tolérées.

Grâce à l'Empire, les « classes laborieuses » sont désormais entrées dans la « cité ». Et si leur condition matérielle reste précaire, leur niveau de vie s'est modestement amélioré, l'ouvrier consommant en moyenne plus de viande, plus de beurre, plus de vin et moins de pain à la fin de l'Empire qu'à la fin de la monarchie de Juillet, ce qui est plutôt bon signe. En fait, comme souvent, si l'ouvrier exprime avec plus de vigueur ses doléances, c'est qu'il se sent physiquement plus fort.

La vie de Jean, charpentier à Paris, toujours aussi méticuleusement auscultée par Frédéric Le Play, en est une honnête et anonyme illustration. En 1856, Jean, Marie, son épouse, Joseph et Marie-Augustine, leurs deux enfants, habitent un appartement médiocre de 21 mètres carrés situé sur l'un des quais de la rive droite de la Seine. De taille moyenne (1,68 m), de tempérament sanguin, parfaitement indifférent en matière religieuse, Jean est né en 1815 dans l'Aube. Son père, son grand-père et ses oncles paternels étaient charpentiers. Ayant perdu sa mère à dix ans, il suit son père parti chercher fortune à Paris et commence à douze ans l'apprentissage du métier. En 1828, il entre chez un maître charpentier de Troyes, où il reste plusieurs années avec un salaire journalier de 1 franc. Exempté par chance du service militaire, il vient à Paris en 1836 et entre en relation avec les compagnons du Devoir, qui le reçoivent comme aspirant, ou « renard ». En 1838, conformément à l'usage des compagnons, il commence son « tour de France », un tour de France émaillé de démêlés violents avec les compagnons des sociétés rivales et avec les autorités. En 1841, il a l'honneur d'être désigné pour procéder, avec deux autres commissaires, au remplacement et à l'installation de la Mère des compagnons charpentiers. En 1843, il épouse Marie, née en 1814 dans la Meurthe, d'un maréchal-ferrant. Domestique à Paris de 1836 à 1843, elle a réussi le tour de force, non seulement d'envoyer à sa mère une partie de ses gains, mais encore de réunir un trousseau et une épargne qui s'élève, à la date de son mariage, à 900 francs, soit plus de la moitié du salaire annuel de Jean. En l'espace de huit années, Marie a mis au monde six enfants dont quatre sont morts d'affections intestinales avant l'âge de dix-huit mois. Marie, qui a tenté sans succès d'exercer le métier de polisseuse, consacre tout son temps aux soins du ménage. Elle coud pour son mari les chemises, les gilets de flanelle et les vêtements de travail. Elle confectionne aussi ses propres vêtements et en tire parti, lorsqu'ils sont vieux, pour habiller sa fille. L'autre partie de son temps est employé au blanchissage, à la cuisine et aux courses, où son expérience acquise dans les familles bourgeoises lui vaut d'obtenir des marchandes de la halle de solides rabais. Se croyant même expérimentée dans la médecine et confiante dans les idées hygiéniques d'un praticien populaire, elle fait grand usage de l'eau sédative et des préparations camphrées. Elle a même fait contracter à son mari l'habitude d'inspirer de temps en temps des cigarettes au camphre et a recours elle-même au tabac à priser pour combattre ses accidents nerveux que nul traitement n'a pu guérir.

Jean, qui travaille dix heures par jour du 1er mars au 1er décembre et huit heures de décembre à mars, reçoit de son patron 50 centimes de l'heure, les morceaux de bois provenant de la coupe des pièces de charpente et quatre sacs de copeaux qui assurent le combustible nécessaire au chauffage domestique.

La famille fait trois repas par jour mais Jean ne participe qu'à celui du soir, prenant les deux autres repas chez un cabaretier proche de son lieu de travail, ce qui lui occasionne une dépense annuelle de 400 francs, non compris le demi-kilo de pain qu'il emporte chaque jour de la maison. À huit heures du matin, Marie et les enfants déjeunent avec de la soupe ou du café au lait avec du pain, quelquefois, pour régaler les enfants, avec du chocolat au lait. Après ce déjeuner, Joseph et Marie-Augustine se rendent chacun à leur école, emportant pour le goûter une tartine de fromage ou quelques restes du dîner de la veille.

Meilleur repas de la journée, le souper, servi à sept heures du soir, comprend une soupe au pain, un plat de viande, tantôt du bœuf bouilli, tantôt du foie de bœuf, tantôt du gras-double, tantôt des langues de mouton, tantôt, fort apprécié, un pied de veau accommodé à l'huile et au vinaigre après avoir été cuit dans le pot-au-feu, un plat de légumes ou une salade. Parfois, harengs, maquereaux, carrelets ou morceaux de raie remplacent la viande. Le souper est souvent complété avec un fromage composé par Marie en faisant fondre du fromage de Marolles, du beurre et du lait crémeux ou un dessert de pruneaux cuits. Le vin, que Jean estime indispensable à l'entretien de ses forces, arrose le tout. Mais quand son prix est trop élevé, Marie y supplée en préparant elle-même avec des raisins secs, de l'eau et du genièvre une liqueur à laquelle on donne le nom de cidre.

Une fois par an, la famille va au spectacle pour amuser les enfants, préférant les théâtres du Cirque, des Funambules ou des Délassements comiques. Les dimanches de paie, la famille sort avec les vêtements neufs et se rend aux Champs-Élysées ou à la Villette. Quatre fois par an, elle se réunit avec une famille amie pour un dîner arrosé d'un verre d'eau-de-vie. Aux heures qu'il passe chez lui, l'hiver particulièrement, Jean s'occupe d'un oiseau, un *Fringilla canaria*, qui lui a été donné et que Marie entretient avec soin dans une cage élégante. Il consulte aussi avec intérêt un thermomètre à alcool fixé dans l'embrasure de sa fenêtre. Chaque fois qu'une construction est terminée, il participe au repas copieusement arrosé, payé avec le « pourboire » donné par le propriétaire aux ouvriers et dépensé ensemble à cette occasion.

Telle est la vie ordinaire de ces ouvriers que Napoléon III a tenté de séduire, sans succès.

Dès 1861, Tolain avait mis les choses au point : « Quand l'initiative vient d'en haut, elle n'inspire aux ouvriers qu'une médiocre confiance. [...] Il n'y a qu'un seul moyen, c'est de nous dire : nous sommes libres, organisons-nous, faisons nos affaires nous-mêmes. » Dans *La Revue des Deux Mondes* du 1er avril 1863, Charles de Rémusat, qui sent la maturation de cette conscience de classe, écrit : « Il faut bien se le tenir pour dit, ce qui grandit en ce moment, ce sont les classes ouvrières, sans qu'il soit aisé d'en assigner les causes car les institutions ont peu fait pour cela : un progrès intellectuel et moral se manifeste dans leur sein et frappe les observateurs les plus clairvoyants et les moins suspects. » De fait, utilisant largement les nouveaux droits que l'empereur leur a volontairement accordés, les « sublimes » n'ont pas pour autant abandonné leurs convictions républicaines. Née en 1864 avec comme fière devise : « L'émancipation des travailleurs sera l'œuvre des travailleurs eux-mêmes », l'Association internationale des travailleurs connaît en France un franc succès. À Paris, à la fin des années 1860, le taux de syndicalisation atteint 60 % chez les bronziers, 71 % chez les typographes, 66 % chez les fondeurs de fer. *La Marseillaise*, un journal parisien qui paraît à partir du 19 décembre 1869 et publie des communiqués de l'Internationale, tire à 100 000 exemplaires.

Dans le même temps, les « sublimes » fêtent avec entrain leur nouveau droit de coalition. On compte 19 740 grévistes en 1864, 32 074 en 1867, 40 265 en 1869. À cette date, les mineurs en grève de Carmaux ont récusé la tutelle d'un comité électoral de commerçants et constitué un comité formé de délégués élus par tous les ouvriers. Loin d'être séduits par Napoléon III, les ouvriers appellent plutôt de leurs vœux la République.

Les « libertés nécessaires »

En profitant de l'attentat d'Orsini pour changer de cap et se créer des partisans là où il n'avait que des clients, Napoléon III s'était obligé à poursuivre dans la voie des réformes. En débâillonnant les notables, il redonnait à ceux qui savent manier la parole l'occasion de faire entendre leur voix. Premier scrutin organisé depuis le dégel politique, les élections de 1863 voient l'opposition au gouvernement rassembler 1 954 000 voix contre 665 000 en 1857. Si la France rurale a apporté son soutien aux candidats officiels, qui obtiennent 5 308 000 voix, les villes ont voté contre, en particulier Paris, où les neuf sièges ont été enlevés par des républicains. Ceux-ci ont médité sur les échecs de la génération quarante-huitarde et pensent, comme Jules Ferry, Jules Simon ou Edgar Quinet, que la République se fera par l'instruction primaire et sont persuadés que les campagnes et les « couches nouvelles » de la petite bourgeoisie adhéreront à ce régime le jour où celui-ci sera plus libéral que socialiste, plus conservateur qu'utopique.

Élu à Paris sur la « liste » républicaine, Adolphe Thiers, sorti de sa retraite, est dans une certaine mesure leur porte-parole quand, le 11 janvier 1864, il énumère les cinq « libertés nécessaires » que le pays demande « avec déférence » mais qu'un jour peut-être, « il exigera ». C'était faire retentir le discours qu'il avait rodé depuis plus de dix ans pour les familiers de son salon.

Sans doute atteint par la maladie, qui le fait de plus en plus souffrir, emporté par l'« air du temps » qu'il a lui-même contribué à échauffer, obligé de répondre à l'attente d'une opinion dont les ardeurs ont été réveillées, trahi par une conjoncture économique qui s'est sensiblement retournée au moment de la guerre de Sécession aux États-Unis, accumulant les mécomptes à l'extérieur, Napoléon III est entraîné dans une spirale de concession-revendication dont chaque année semble préparer le saut décisif qui transformera la dictature en régime parlementaire et libérera les forces vives de la société.

En 1863, il donne aux peintres refusés au Salon le droit d'exposer leurs œuvres dans le « Salon des Refusés ». C'est ouvrir les portes à Pissarro et Manet, qui y expose *Le Déjeuner sur l'herbe* puis, avec son *Olympia*, présentée en 1865, offusque les « honnêtes gens », lesquels dénoncent ce « parti pris de vulgarité inconcevable ». En 1863, toujours, l'empereur impose au ministère de l'Instruction publique Victor Duruy, qui ouvre la voie à une instruction primaire gratuite, réforme les programmes pour les adapter à la société moderne et, à la grande fureur des catholiques, lance des cours pour jeunes filles. « L'idée de confier l'éducation littéraire et scientifique des jeunes filles à des hommes, écrit Louis Veuillot dans *L'Univers*, est un fait inouï, sans analogie dans l'histoire des sociétés. » Mais en suspendant le cours au Collège de France de Renan, l'auteur de *La Vie de Jésus*, « un homme incomparable », a-t-il écrit, il soulève contre lui tout ce que la France compte d'anticléricaux.

En 1865, à la suite d'un voyage en Algérie, Napoléon III prend sans doute la mesure la plus libérale qui ait jamais été prise en matière de législation coloniale en faisant voter le sénatus-consulte qui permet aux musulmans d'être déclarés français sans devoir renoncer à leur statut personnel. À leur volonté et sur simple demande, ils peuvent en outre recevoir les droits politiques des citoyens français en renonçant à la polygamie et au divorce. Empruntant les thèmes chers aux arabophiles qui l'entourent, en particulier Ismaël Urbain, il développe la formule célèbre du royaume arabe dont il est aussi bien l'empereur que celui des Français et, mettant à nu les vices du gouvernement de l'Algérie, proclame le 5 mai 1865 au peuple arabe : « Vous connaissez mes intentions : j'ai irrévocablement assuré dans vos mains la propriété des terres que vous occupez. J'ai honoré vos chefs, respecté votre religion, je veux augmenter votre bien-être, vous faire participer de plus en plus à l'administration de votre pays comme aux bienfaits de la civilisation. »

En 1867, comme il en convient dans ses discours et encore bien mieux dans ses conversations privées, des « points noirs s'accumulent à l'horizon ». La brillante Exposition universelle ne peut en effet masquer les lourds échecs subis en politique extérieure. En 1863, isolée, la France n'a pu empêcher la Pologne insurgée d'être brutalement ramenée à l'ordre par la soldatesque du tsar. Le 3 juillet 1866, la déroute infligée à l'armée autrichienne par les Prussiens à Sadowa est une cuisante défaite diplomatique pour un empereur soupçonné d'avoir soutenu le chancelier Bismarck en échange de « pourboires », comme le Luxembourg, et d'avoir contribué à construire un ennemi nouveau et formidable à nos frontières. Dès le 21 juillet, Armand Barbès, un républicain réfugié à La Haye, écrit à un ami écossais : « Ce sont ces forcenés prussiens qui exterminent tout. Je n'ai pas été fâché, tout d'abord, de les voir rosser un peu les Autrichiens ; mais la rossée de Sadowa s'est trouvée un peu forte. Elle risque de donner toute l'Allemagne aux gens du manifeste de Brunswick et aux gallophages de Waterloo. Et il n'est pas bon pour l'avenir de la France et de la République que ces messieurs-là aient une telle puissance. »

En 1867 encore, les excellents « chassepots » français mitraillent les volontaires garibaldiens qui marchent sur Rome et désespèrent l'Italie, désormais attirée par la Prusse. En 1867, enfin, le jour même où le couple impérial distribue solennellement les récompenses à l'Exposition, on apprend que Maximilien de Habsbourg, l'empereur du Mexique que Napoléon III avait soutenu en envoyant un corps expéditionnaire puis abandonné sans gloire sous la pression des États-Unis, a été fusillé par les guérilleros de Juárez.

Est-ce pour dissiper ces « points noirs » que l'empereur donne un coup de pouce dans le sens libéral en transformant le droit d'adresse des députés en droit d'interpellation et en rétablissant la tribune au Corps législatif ? Toujours est-il que les députés de la majorité sont déboussolés par ces réformes qui ouvrent la voie au parlementarisme et qu'ils en viennent à envier ceux qui font belle figure dans l'opposition. Toujours est-il qu'en janvier 1868, ils votent sans conviction la loi militaire déposée par le maréchal Niel, en lui refusant les crédits qui permettraient de constituer une armée assez forte pour faire pièce à la menace prussienne. Sachant l'hostilité de l'opinion à tout service militaire obligatoire, ils pensent en fait aux prochaines élections de 1869. C'est au moment où l'Empire se libéralise qu'il suscite le plus de haine. C'est au moment où il marche à pas forcés vers la démocratie qu'il se coupe des démocrates et se prive du soutien des « hommes honorables », qui se disent que pas un fils n'a succédé à son père dans les monarchies françaises au XIXe siècle et qu'il en sera probablement de même pour l'Empire.

Sedan

La campagne électorale de 1869 se déroule dans un climat tendu. Votée en mai 1868, la loi qui libère la presse de l'autorisation préalable et du système des avertissements suscite un véritable défoulement qui joue contre l'empereur. Cent quarante journaux se créent en un an et le tirage global de la presse quotidienne approche le million, cinq fois plus qu'en 1860. *La Lanterne* du marquis de Rochefort-Luçay, un rouge à particule, tire à 120 000 exemplaires et ouvre son premier numéro par cette ironique formule : « Il y a en France 35 millions de sujets, sans compter les sujets de mécontentement. » *Le Réveil* du républicain Delescluze ouvre une souscription pour élever un monument à la gloire de Baudin, mort sur une barricade le jour du coup d'État de 1851. L'avocat Léon Gambetta, qui défend le journal poursuivi, se taille une flatteuse réputation en accusant le Second Empire : « Tous les régimes qui se sont succédé dans ce pays se sont honorés du jour qui les a vus naître. Il n'y a que deux anniversaires, le 18 Brumaire et le 2 décembre, qui n'ont jamais été mis au rang des solennités d'origine, parce que vous savez que si vous vouliez les y mettre, la conscience universelle les repousserait. »

Aux élections de mai-juin 1869, pour lesquelles il a été fort difficile de trouver des candidats « officiels », tant cette épithète devient désagréable aux oreilles des « honnêtes gens », les députés encore favorables au gouvernement recueillent 4 438 000 voix contre 3 355 000 aux opposants. Surtout, en sièges, se dessine une Assemblée avec des extrêmes tranchés : à gauche, 25 républicains « irréconciliables », l'expression est de Gambetta ; à droite, 80 bonapartistes autoritaires que l'on appelle les mamelouks, mais avec un centre libéral qui se tranforme en majorité inédite.

Le 6 juillet 1869, à l'ouverture de la session, ils sont 116 députés à demander à « interpeller le gouvernement sur la nécessité de donner satisfaction au sentiment du pays, en l'associant d'une manière plus efficace à la direction des affaires ».

Voulant éviter la discussion publique de cette interpellation, Napoléon III, avec une rapidité stupéfiante, prend alors des décisions qui font toujours l'objet d'interprétations diverses voire divergentes et répond à ce « coup d'État » parlementaire par un « coup d'État » libéral. Il demande la démission de tous ses ministres, remercie le ministre d'État Rouher, le fidèle serviteur considéré comme un véritable « vice-empereur », sacrifie Duruy aux conservateurs catholiques, fait voter par le Sénat le sénatus-consulte du 8 septembre 1869 qui accorde au Corps législatif le droit d'initiative des lois, demande à Émile Ollivier, ce fils de proscrit républicain du 2 décembre, l'un des cinq élus républicains de 1857, rallié en 1863 à l'Empire libéral, de former un gouvernement « représentant fidèlement la majorité du Corps législatif », couronne le tout par le sénatus-consulte du 20 avril 1870 qui transforme le Sénat en seconde chambre législative et confirme la double responsabilité des ministres devant les députés, alors qu'ils ne « dépendaient que de l'empereur ».

Vieux joueur, il prend enfin le risque de demander par plébiscite au peuple d'approuver les réformes libérales faites depuis 1860 et de ratifier le sénatus-consulte du 20 avril 1870. Qu'une faible majorité se dégage, comme pouvait le faire pressentir le résultat des élections de 1869, et c'est l'existence même de la dynastie impériale qui serait menacée. Le 8 mai, il y a 7 350 000 oui, presque autant qu'en 1851 et 1852, et 1 538 000 non. « J'ai retrouvé mon chiffre », se réjouit alors Napoléon III, qui pense avoir recouvré une légitimité populaire. Mais c'est au moment où l'Empire semble plus fort que jamais qu'il s'aventure dans la guerre.

Le 2 juillet 1870, on apprend à Paris la candidature du prince prussien Léopold de Hohenzollern au trône d'Espagne. Le 5 juillet, le duc de Gramont, ministre des Affaires étrangères, prononce au Corps législatif un discours fort martial, immédiatement relayé par une presse au patriotisme sourcilleux : « Nous ne croyons pas que le respect des droits d'un peuple voisin nous oblige à souffrir qu'une puissance étrangère, en plaçant un de ses princes sur le trône de Charles Quint, puisse déranger à notre détriment l'équilibre actuel des forces en Europe et mettre en péril les intérêts et l'honneur de la France. [...] Cette éventualité, nous en avons le ferme espoir, ne se réalisera pas : s'il en était autrement, nous saurions remplir notre devoir sans hésitation, sans faiblesse. »

Léopold ayant renoncé au trône espagnol, c'est le gouvernement qui relance le conflit en exigeant des « garanties ». Persuadé qu'une guerre contre la France est le meilleur moyen d'achever l'unification allemande, Bismarck fait diffuser à toutes les chancelleries une dépêche qui manipule le compte rendu de l'entretien que l'empereur Guillaume Ier a eu avec l'ambassadeur de France à Ems, où il était en cure : « L'ambassadeur de France a prié à Ems Sa Majesté de m'autoriser à télégraphier à Paris que Sa Majesté s'engageait à ne jamais permettre la reprise de la candidature Hohenzollern. Sa Majesté a refusé de recevoir à nouveau l'ambassadeur et lui a fait dire par l'aide de camp de service qu'elle n'avait plus rien à lui communiquer. » C'est brandir « un drapeau rouge » pour exciter le « taureau gaulois », pronostique Bismarck, qui a monté de toutes pièces cette provocation délibérée.

Le 15 juillet, malgré un discours de Thiers au Corps législatif qui réclame le maintien de la paix et lance à Émile Ollivier : « Je suis certain qu'il y a des journées où vous regretterez votre précipitation », les crédits de guerre sont votés par 245 voix pour, 10 contre et 7 abstentions et, le 19 juillet, la France déclare la guerre à la Prusse, d'un « cœur léger », déclare Émile Ollivier, mal inspiré.

L'opinion porte encore tellement les stigmates des luttes révolutionnaires et impériales que certains survivants de la Grande Armée offrent à l'empereur de reprendre du service. Dans leurs rapports, les préfets témoignent de l'« émotion » populaire.

« Jamais la nécessité [de la guerre] n'a été mieux comprise, écrit le préfet du Pas-de-Calais. La France était lasse de cette paix armée qui, depuis 1814, l'épuise et l'humilie. »

Le 16 août 1870, les habitants de Hautefaye, commune de l'arrondissement de Nontron, en Dordogne, massacrent un jeune noble légitimiste, le brûlent, le découpent et se vantent d'avoir « rôti » un « Prussien ». Pour ces « cannibales », sur le crime desquels a enquêté l'historien Alain Corbin, un aristocrate hostile à l'empereur ne pouvait être qu'un complice des « Prussiens ».

L'excitation des passions ne compense toutefois pas la faiblesse des armées. De Metz, Napoléon III télégraphie à l'impératrice : « Rien n'est prêt. Nous n'avons pas suffisamment de troupes. Je nous considère d'avance comme perdus. » Bon connaisseur des affaires militaires, mais épuisé par la maladie et médiocre stratège, il se révèle par ailleurs incapable d'imprimer une direction cohérente aux premières opérations. Pire, près de la moitié des généraux doivent leur grade à leurs pères plus qu'à leurs services et manquent totalement de réflexion stratégique et d'imagination tactique. Aussi les défaites s'accumulent : à Wissembourg, à Frœschwiller, à Rezonville et à Forbach, malgré la magnifique charge des cuirassiers à Reichshoffen et l'acharnement des combats, qui font autant de victimes chez les Français que chez les Prussiens. En Lorraine, le maréchal Bazaine se laisse enfermer dans Metz. Le 2 septembre, encerclé à Sedan, l'empereur est contraint de capituler. Le 4, selon un rite déjà traditionnel, les députés républicains haranguent la foule qui a envahi le Corps législatif, gagnent l'Hôtel de Ville et, pendant que l'impératrice s'enfuit à destination de l'Angleterre, font proclamer la République et acclamer la constitution d'un « gouvernement de la Défense nationale ». Pour une fois, cependant, la province avait pris les devants. La veille, Lyon, Marseille et Bordeaux avaient montré l'exemple et décidé que, pour continuer la guerre, il fallait changer de régime.

CHAPITRE 67

La fin des notables

Le 30 janvier 1875, Henri Wallon, membre de l'Institut, catholique, homme du centre droit, propose à l'Assemblée constituante élue au lendemain de la défaite de Sedan cet amendement aux lois constitutionnelles alors en discussion : « Le Président de la République est élu à la majorité des suffrages par le Sénat et la Chambre des députés réunis en une Assemblée nationale. Il est rééligible. » Voté par 353 voix contre 352, l'amendement Wallon fondait à une voix de majorité une République qui rassemblait la France derrière le régime qui la divisait le moins. Apparaissant comme un compromis fragile et menacé, la République devait en fait se révéler durable, tenant près de soixante-dix ans. La France accouchait enfin des institutions qui l'enlevaient à l'influence des notables pour la soumettre au verdict du suffrage universel, désormais seul mode de désignation de l'autorité publique.

La guerre ou la paix ?

Ministre des Affaires étrangères du gouvernement de la Défense nationale, Jules Favre promet : « Nous ne céderons ni un pouce de notre territoire ni une pierre de nos forteresses. » Ministre de l'Intérieur et de la Guerre, Gambetta fait une proclamation enflammée dans laquelle il ressuscite Valmy. Comme en 1792, la guerre est redevenue l'enjeu décisif de la bataille politique. Évidemment, la paix a déjà ses partisans. Évidemment, le souvenir de la levée en masse et de la dictature de l'an II inquiète les campagnes. Certes, la République sait devoir compter avec une population au mieux indifférente, au pire hostile. Mais, contrairement à ce qui se passera en 1940, personne ne songe à collaborer avec l'ennemi. En septembre, on enregistre déjà 30 500 engagements volontaires dans l'armée active. Des jeunes gens de la classe 1870 devancent l'appel pour entrer dans l'armée. D'autres cachent leurs infirmités aux médecins chargés de les examiner. *Le Dimanche des familles*, l'organe catholique et légitimiste du Puy-de-Dôme, écrit le 18 septembre : « La France devrait décerner une couronne d'immortelles à tous les membres du gouvernement de la Défense nationale dont l'énergie et l'intelligence sauveront la France. Que l'on ne nous accuse pas de faire de la politique. La politique n'est pas de notre domaine. » *Le Gaulois*, organe des orléanistes, soutient le gouvernement, qu'il juge pourtant illégitime, en écrivant : « Il y a une nature de faits que l'on n'a ni à reconnaître ni à ne pas reconnaître quand l'ennemi est à nos portes. » À l'extrême gauche, Blanqui déclare sans ambiguïté dans *La Patrie en Danger* : « Toute opposition, toute contradiction doit disparaître devant le salut commun. Il n'existe qu'un ennemi, le Prussien. » Dans Paris assiégé depuis le 19 septembre, se forment des comités de vigilance qui se donnent pour mission de mobiliser toutes les énergies.

Toutefois, si Jules Favre a affirmé la résolution sans faille de la France de poursuivre la guerre, si Gambetta, de Tours, accomplit une tâche immense pour lever, équiper et former des troupes, si Paris, dont la défense a été confiée au général Trochu, dispose d'effectifs importants et de fortifications solides, la majorité du gouvernement ne croit pas réellement à la possibilité d'une victoire militaire. À ses yeux, c'est l'Empire qui a engagé la guerre avec la Prusse, non le pays lui-même. L'Empire abattu, pourquoi ne pas envisager une paix sans annexion précédée d'un armistice honorable ? Déjà, les 19 et 20 septembre, Jules Favre a rencontré secrètement Bismarck au château de Ferrières, emprunté à ses propriétaires, les barons de Rothschild. Mais les conditions exigées par le chancelier, la cession de toute l'Alsace et de la moitié de la Lorraine avec Metz, ont rendu la conciliation impossible. Cependant, quand les défaites s'accumulent, que les commandants des villes assiégées se rendent prématurément, que le maréchal Bazaine capitule honteusement à Metz le 27 octobre avec toute son armée, que les habitants de Nogent-sur-Seine se mettent à offrir du vin et des sucreries aux uhlans, que l'armée de la Loire est battue à Orléans, qu'une « sortie en masse » organisée le 19 janvier 1871 par Trochu est brisée par les Prussiens à

Buzenval, qu'à Paris, le Comité central des Vingt arrondissements désigné par les comités de vigilance exige l'établissement d'une Commune, dénonce les « capitulards » du gouvernement et les « francs fileurs » qui ont fui la capitale pour échapper aux rigueurs du siège, les conservateurs ont hâte d'obtenir un armistice. La menace de subversion sociale leur paraît, d'un coup, aussi dangereuse que l'Allemand, et l'urgence des élections s'impose.

Signé le 28 janvier 1871, l'armistice sauvegardait « l'honneur » de la capitale. Paris paierait 200 millions d'indemnités aux vainqueurs mais la garde nationale parisienne garderait ses armes. La convention fixait une durée de vingt et un jours pour permettre l'élection d'une Assemblée nationale « librement élue » apte à négocier la paix. Gambetta, qui ne se résigne pas à la paix et voit dans l'armistice un temps de répit permettant de renforcer les armées de province, veut faire élire une Assemblée franchement républicaine. Aussi signe-t-il de Bordeaux le décret du 31 janvier qui frappe d'inéligibilité tout l'ancien personnel impérial, anciens ministres, sénateurs, conseillers d'État, préfets, anciens députés ayant accepté une candidature officielle. Quarante-huit heures après, Jules Simon arrive de Paris, annule le décret et provoque la démission de Gambetta. C'est une première faille entre les républicains radicaux qui veulent aller à la bataille électorale sur un programme de poursuite de la guerre et ceux qui sont partisans de la paix.

Les élections du 8 février, organisées, contrairement à l'habitude, au chef-lieu de canton, en semaine et au scrutin de liste départemental avec majorité relative, sont un vote massif pour la paix et pour l'ordre. Elles envoient à l'Assemblée 400 monarchistes, 186 légitimistes et 214 orléanistes, 150 républicains, 80 centristes et 15 bonapartistes. En l'absence de réelle campagne électorale, les ruraux ont élu des personnalités connues.

Réunie à Bordeaux, cette Assemblée « introuvable » se donne comme président Jules Grévy, un républicain modéré, et, « en attendant qu'il soit statué sur les institutions de la France », confie le 17 février le « pouvoir exécutif de la République française » à Adolphe Thiers, qui apparaît comme le meilleur négociateur possible pour aboutir à la paix avec l'Allemagne. Les préliminaires sont signés à Versailles le 26 février, Versailles où, le 18 janvier, Guillaume Ier a été proclamé empereur d'Allemagne dans la galerie des Glaces. La France cédait à l'Allemagne l'Alsace, sauf Belfort, magnifiquement défendue par Denfert-Rochereau, une partie de la Lorraine et verserait une indemnité de guerre de 5 milliards de francs, condition préalable à l'évacuation des troupes prussiennes. La ratification, qui se déroula dans une atmosphère houleuse, fut obtenue par 546 voix contre 107, malgré la protestation des députés alsaciens-lorrains. Les grandes lignes du traité de Francfort, finalement signé le 10 mai 1871, étaient tracées. Le 10 mars, l'Assemblée, qui songe désormais à la restauration monarchique, décide de fixer le siège du gouvernement à Versailles.

Communards et versaillais

Que cherchait « monsieur Thiers » ? En « décapitalisant » Paris, en supprimant la solde des gardes nationaux, qui en avaient un besoin vital, en annulant le moratoire sur les loyers et les effets de commerce, ce qui mettait en difficulté l'artisanat et la boutique, en décidant d'enlever les canons parqués à Montmartre, qui avaient été payés par des dons patriotiques, il insultait le petit peuple de Paris, que les rigueurs du siège, la capitulation militaire et l'élection d'une Assemblée de ruraux monarchistes avaient déjà mis à bout.

Voulait-il quitter Paris pour mieux la reprendre, liquider une fois pour toutes la « vile multitude », laisser aux militaires l'occasion de venger leur défaite ou a-t-il cédé à l'affolement ? Méditait-il la stratégie qu'il avait conseillée à Louis-Philippe en février 1848 ? Reconquérir Paris de l'extérieur après l'avoir laissé aux insurgés, comme l'avait fait à Vienne le feld-maréchal de Windischgrätz ? Profiter des travaux d'Haussmann pour purger la ville de tous les « rouges » et « malfaisants » ? On en discute encore tant l'événement reste l'un des plus grands drames de notre histoire, autant par le sang qu'il a fait couler que par le déferlement de passion qui l'a entouré.

« S'il n'a cessé d'exister si fortement dans la mémoire nationale et dans l'historiographie, écrit François Furet, c'est d'abord qu'il est le dernier affrontement armé de la guerre civile française ; la dernière scène de la Révolution, où Paris brûle avec les Tuileries et l'Hôtel de Ville, les monuments de tant et tant de "journées" depuis 1789. La Commune efface février et juin 1848, la semaine qui a suivi le 2 décembre 1851 et le 4 septembre 1870, en substituant aux grands jours de nos annales révolutionnaires l'insurrection la plus spectaculaire de la capitale, qui est aussi la fête funèbre du Paris des *Misérables* [...] Quelle excuse à cette férocité, sinon une grande cause d'un côté, un danger immense de l'autre ? Ainsi les communards et les versaillais ont-ils rejoué une dernière fois en France les rôles de la régénération révolutionnaire et contre-révolutionnaire de la société : des deux côtés, l'événement s'en est trouvé magnifié, surinvesti par l'admiration qu'il a inspirée dans la pensée socialiste et la peur qu'il a engendrée dans la tradition bourgeoise. »

Le premier acte de l'événement s'ouvre le 18 mars à l'aube quand la foule, des femmes surtout, s'oppose aux troupes chargées d'enlever les canons de la butte Montmartre. Tandis que les soldats peu enthousiastes mettent vite la crosse en l'air, les généraux Lecomte et Thomas sont fusillés rue des Rosiers. Le soir du 18 mars, le gouvernement a évacué la capitale ; le Comité central de la garde nationale, maître de Paris sans l'avoir voulu, s'installe à l'Hôtel de Ville et, dans le but de se donner une réelle légitimité, annonce pour le 26 mars des élections au conseil municipal de Paris, la « Commune ». À partir de ce moment, tous les débordements sont possibles.

Le 21 mars, Thiers écrit : « Le plus grand attentat qui se puisse commettre chez un peuple qui veut être libre, une révolte ouverte contre la souveraineté nationale, ajoute en ce moment comme un nouveau désastre à tous les maux de la patrie. Des criminels, des insurgés au lendemain de nos revers, quand l'étranger s'éloignait à peine de nos champs ravagés, n'ont pas craint de porter dans ce Paris qu'ils prétendent honorer et défendre, plus que le désordre et la ruine, le déshonneur. Ils l'ont taché d'un sang qui soulève contre eux la conscience humaine en même temps qu'il leur interdit de prononcer le noble mot de République qui n'a de sens qu'avec l'inviolable respect du droit et de la liberté. » C'est laisser entendre que la République est menacée de l'intérieur et qu'il faut s'unir pour la sauver.

« Citoyens, déclare au même moment le Comité central : Vous nous aviez chargés d'organiser la défense de Paris et de vos droits. Nous avons conscience d'avoir rempli cette mission : aidés par votre généreux courage et votre admirable sang-froid, nous avons chassé ce gouvernement qui nous trahissait.

À ce moment, notre mandat est expiré, et nous vous le rapportons, car nous ne prétendons pas prendre la place de ceux que le souffle populaire vient de renverser.

Préparez donc et faites de suite vos élections communales, et donnez-nous pour récompense, la seule que nous ayons jamais espérée : celle de vous voir établir la République.

En attendant, nous conservons, au nom du peuple, l'Hôtel de ville. »

C'est, de la part d'« insurgés », faire preuve d'un légalisme pour le moins singulier.

Sur 484 569 électeurs parisiens inscrits, 229 167 ont voté pour élire l'Assemblée municipale qui, le 29 mars, lors de sa première séance, décide de s'appeler « Commune », seul nom qui « peut indiquer que la grande ville veut ses franchises municipales, pleines et entières, en un mot le Self-Government ». Ouvriers et employés, artisans et commerçants, artistes et écrivains, membres de l'Internationale ou blanquistes, proudhoniens ou « vieilles barbes » jacobines, autoritaires ou antiautoritaires, les « communeux », ou « communards », ont déjà écrit leur « testament » dans la « Déclaration au Peuple français » du 19 avril, votée à l'unanimité moins une voix. Elle précise le caractère du mouvement, revendique « la reconnaissance et la consolidation de la République, seule forme de gouvernement compatible avec les droits du peuple et le développement régulier et libre de la société », exige l'autonomie absolue de toutes les localités de France en réaction contre la centralisation impériale, « despotique, inintelligente, arbitraire ou onéreuse », propose de « créer des institutions propres à développer et propager l'instruction, la production, l'échange et le crédit, à universaliser le pouvoir et la propriété » et veut en finir avec le vieux monde « clérical », avec le militarisme, le fonctionnarisme, l'exploitation, l'agiotage, les monopoles et les privilèges « auxquels le prolétariat doit son servage » et la « Patrie ses malheurs et ses désastres ».

En somme, écrit Jacques Rougerie, l'historien de la Commune, « un programme raisonnablement construit où l'on pressent que la vraie révolution sera "l'antithèse de l'État". »

S'ils n'eurent que soixante jours devant eux avant de se faire massacrer, les communards firent autant, sinon plus, que leurs successeurs en trente ans. Séparation de l'Église et de l'État, instruction laïque, gratuite et obligatoire pour les garçons et pour les filles, ouverture d'écoles professionnelles, remise des ateliers délaissés par les fabricants aux coopératives ouvrières, mise sur pied d'une Chambre fédérale des travailleuses, reprise gratuite des effets déposés au mont-de-piété, suppression fort impopulaire du travail de nuit dans les boulangeries, limitation du traitement des fonctionnaires les mieux payés et... gestion scrupuleuse des réserves de la Banque de France, autant de mesures qui marient socialisme naissant et antique sans-culottisme et s'en prennent moins aux patrons qu'aux ennemis proches : les prêtres, les propriétaires « oisifs », tous ceux qui « suent l'or par tous les pores ». À l'évidence, ces hommes qui parlaient un langage si terrifiant étaient les hommes les moins terribles du monde. La Commune fut d'abord une fête, et non l'orgie barbare décrite avec terreur par les « versaillais ».

Des versaillais qui, le 21 mai 1871, entrent sans coup férir dans la capitale par la porte du Point-du-Jour, temporairement désertée par ses défenseurs, puis progressent inexorablement d'ouest en est pour enlever le 28 mai les dernières défenses des Buttes-Chaumont et des hauteurs de Belleville. Au total, les versaillais ont perdu 877 hommes pendant la bataille et compté 183 disparus. Les communards ont exécuté une centaine d'otages dont monseigneur Darboy, l'archevêque de Paris. Plus de 20 000 d'entre eux, femmes et enfants mêlés, ont été systématiquement exécutés, fusillés comme des bêtes féroces que l'on traîne à l'abattoir au cours de cette « Semaine sanglante ». Ces « expiations », écrit Thiers aux préfets dans la nuit du 28 au 29 mai 1871, « doivent apprendre à ces insensés qu'on ne défie pas en vain la civilisation ». « Ceux qui brûlent et qui massacrent ne méritent pas d'autre juge que le coup de fusil d'un soldat », renchérissait Émile Zola, qui, approuvant les massacres commis par les troupes versaillaises, écrivait le 29 mai : « La tuerie a été atroce. Nos soldats [...] ont promené dans les rues une implacable justice. Tout homme pris les armes à la main a été fusillé. Les cadavres sont restés semés de la sorte un peu partout, jetés dans les coins, se décomposant avec une rapidité étonnante, due sans doute à l'état d'ivresse dans lequel ces hommes ont été frappés. Paris depuis six jours n'est qu'un vaste cimetière où les bras manquent pour ensevelir les corps. [...] Paris m'a fait l'effet d'une lugubre nécropole, où le feu n'a pu purifier la mort. Des odeurs fades de morgue traînent sur les trottoirs. »

En fait, par leur sacrifice, les communards rendaient un fier service à la République. Ils conféraient une respectabilité certaine aux « honnêtes » républicains qui les avaient au mieux condamnés, au pire fait exécuter. À moyen terme, toutefois, se creusait le fossé qui séparait les « prolétaires » des bourgeois républicains. Longtemps, les ouvriers se souviendront du mur des Fédérés, au cimetière du Père-Lachaise, où leurs camarades ont été fusillés.

L'« Ordre moral »

« Nous étions monarchistes et le pays ne l'était pas. » Ce constat laconique dressé par le vicomte de Meaux résume mieux que tout l'état de la France au lendemain des drames qu'elle a connus en 1871. Certes, les monarchistes sont en position de force à l'Assemblée. Certes, l'Église, toujours en mal de repentance, souhaite renouer l'alliance du Trône et de l'Autel et expier les crimes des communards. Reste que l'idée républicaine sort renforcée de l'épreuve. Véritables sondages de l'opinion, les multiples élections partielles démontrent à l'envi que l'Assemblée élue le 8 février 1871 n'a guère de légitimité. Les élections du 2 juillet 1871, qui portent sur 113 sièges à pourvoir dans 47 départements, désignent 99 républicains, 12 monarchistes et

3 bonapartistes. De janvier 1872 à mai 1873, sur 38 législatives partielles, les républicains enlèvent encore 31 des 41 sièges à renouveler.

Sourd à cet avertissement, ennemi des compromis politiciens, le comte de Chambord, le petit-fils de Charles X, Henri V pour ses fidèles, l'espoir des légitimistes, publie le 5 juillet 1871 un manifeste qui rappelle sa fidélité au drapeau blanc et ses convictions religieuses. « Je ne laisserai pas arracher de mes mains l'étendard de Henri IV, de François Ier et de Jeanne d'Arc, écrit l'exilé de Frohsdorf. Je l'ai reçu comme un dépôt sacré du vieux roi, mon aïeul, mourant en exil ; il a toujours été pour moi inséparable du souvenir de la patrie absente, il a flotté sur mon berceau, je veux qu'il ombrage ma tombe. [...] Français, Henri V ne peut abandonner le drapeau blanc d'Henri IV ! » C'est diviser la droite et convaincre les orléanistes qu'une République conservatrice est sans doute préférable à une monarchie dont la restauration s'avère illusoire.

Dans *La Fin des notables*, Daniel Halévy a su lire avec lucidité ce testament de la monarchie signé par le dernier descendant de Louis XIV : « Chambord n'est pas un homme de l'ancienne France, son acte ne se relie en rien à la tradition toute réaliste de nos rois. Chambord est un enfant des émigrés, un lecteur de Chateaubriand. Sa lettre est la dernière, non la moins belle, des grandes odes romantiques. Romantique, donc révolutionnaire. La décision du comte de Chambord est en effet, et dans son ordre, un acte révolutionnaire : par elle, un des plus solides appuis des anciennes classes dirigeantes est brisé [...]. Par elle, la Monarchie française quitte terre, devient légende et mythe. Elle aura, sous cette forme, de singuliers, d'ardents réveils. »

Pour l'heure, « Monsieur Thiers », à soixante-quatorze ans, toujours aussi lucide et rusé, est au faîte de sa gloire. Le 31 août 1871, sur proposition de Rivet, un élu du centre gauche, l'Assemblée lui donne le titre de « président de la République » mais affirme en même temps que les institutions demeurent « provisoires » et que le président est « responsable » devant elle. Chef du pouvoir exécutif, le bourreau de la Commune accroît sa popularité en obtenant la libération des départements occupés par l'ennemi par le versement anticipé de l'indemnité de guerre, en réorganisant l'armée par l'établissement du service militaire obligatoire, en rejetant toute idée d'impôt sur le revenu et en revenant au protectionnisme, ce qui satisfait les notables et la France rurale. Bon connaisseur du pays, cet ancien orléaniste ne fait plus mystère de son ralliement à la République, « le régime qui nous divise le moins », reconnaît-il. Le 13 novembre 1872, à l'ouverture de la session parlementaire, il se dévoile en déclarant : « La République existe, elle est le gouvernement légal du pays ; vouloir autre chose serait une révolution et la plus redoutable de toutes. »

Le duc Albert de Broglie, grand aristocrate libéral et catholique militant, organise alors l'alliance des droites, de plus en plus affolées par les résultats des élections partielles. Le 27 avril 1873, un instituteur radical et anticlérical, ancien maire révoqué de Lyon, Barodet, est élu à Paris contre Charles de Rémusat, ministre des Affaires étrangères. « On croyait assister à la résurrection de la Commune », écrit de Broglie dans ses *Mémoires*. Le 23 mai, il interpelle Thiers sur la nécessité de défendre l'ordre moral menacé. Le 24, un ordre de défiance à l'égard du « président de la République », qui démissionne sans y croire, est voté par 360 voix contre 344. Le soir même, le maréchal de Mac-Mahon est élu au fauteuil suprême et demande à de Broglie de former un gouvernement. Le 25, il définit en ces termes la politique qu'il entend suivre : « Avec l'aide de Dieu, [...] nous continuerons l'œuvre de la libération du territoire et du rétablissement de l'ordre moral dans notre pays. »

Dans une France que la « fête impériale » a choquée, dans une société obsédée par l'idée que la défaite face à la Prusse et les flammes de la Commune désignent les fautes d'une France qui a péché, dans un climat marqué par une religiosité exacerbée par les apparitions de la Vierge, à Lourdes en 1858 ou près de Laval en 1871, dans un monde troublé par la « modernité », condamnée en 1864 par le pape dans l'encyclique *Syllabus*, l'« ordre moral » est avant tout la défense d'un « ordre » donnant à l'Église une place centrale dans la vie de la nation et aux « honnêtes gens » une réelle prééminence dans la société. Pour le petit-fils de Mme de Staël, ancien ambassadeur à Londres, il s'agit de fonder une monarchie à l'anglaise associant la noblesse à l'élite du tiers état, de reprendre, en fait, le projet de Necker, son arrière-grand-père, et d'ignorer ce qui s'est passé entre 1789 et 1873. Mais les pèlerinages qui se multiplient pour « sauver Rome et la France au nom du Sacré-Cœur » ne peuvent endiguer la voix du suffrage universel, qui, chaque fois qu'il s'exprime, souligne la montée en puissance de ces « couches nouvelles » dont Gambetta, petit-fils d'un pauvre pêcheur italien et pèlerin de la République, est l'infatigable interprète. « En France, a-t-il annoncé à Grenoble en septembre 1872, on ne peut s'habituer dans certaines classes de la société à prendre son parti, non seulement de la Révolution française, mais de ses conséquences [...]. On se demande si ces hommes ont bien réfléchi sur ce qui se passe. N'ont-ils pas vu apparaître, depuis la chute de l'Empire, une génération neuve, ardente, quoique contenue, intelligente, propre aux affaires, amoureuse de la justice, soucieuse des droits généraux ? Ne l'ont-ils pas vu faire son entrée dans les conseils municipaux, s'élever, par degrés, dans les autres conseils électifs du pays, réclamer et se faire sa place, de plus en plus grande, dans les luttes électorales ? N'a-t-on pas vu apparaître sur toute la surface du pays — et je tiens infiniment à mettre en relief cette génération nouvelle de la démocratie — un nouveau personnel politique électoral, un nouveau personnel issu du suffrage universel ? [...] Oui, je pressens, je sens, j'annonce la venue et la présence d'une couche sociale nouvelle, [...] qui est loin, à coup sûr, d'être inférieure à ses devancières. »

Faute d'avoir vu et senti, les notables tentent encore la restauration monarchique compromise par l'intransigeance du comte de Chambord. Le 5 août 1873, le comte de Paris, héritier de la branche orléaniste, se rend à Frohsdorf pour sceller la réconciliation des deux familles monarchistes. En cas de restauration, Henri V le Bourbon monterait sur le trône mais, comme il n'a pas d'enfants, un Orléans serait son héritier. Cependant, l'exilé, qui a le sentiment d'être piégé par les « habiles » de l'orléanisme, fait savoir qu'il « ne peut consentir à inaugurer un régime réparateur et fort par un acte de faiblesse » et que « sa personne n'est rien » mais « son principe est tout ».

De Broglie offre alors aux monarchistes une troisième voie : créer des institutions qui consolideront la « régence » de Mac-Mahon en laissant au comte de Chambord le temps de mourir et en préservant les chances d'une future restauration orléaniste. Le 20 novembre 1873, l'Assemblée prolonge les pouvoirs de Mac-Mahon pour sept ans et institue ainsi le septennat présidentiel, au grand dam des républicains, qui dénoncent cette mesure destinée à préserver les chances d'un futur roi. Puis il présente un projet de Chambre haute à l'anglaise, le Grand Conseil, chargé de représenter « l'intelligence et les intérêts » face à « la brutale répression du nombre ». Mais il est renvoyé le 16 mai 1874 par les légitimistes extrémistes, qui mêlent leurs voix à celles des républicains et des bonapartistes pour renverser le duc libéral.

Le 24 mai, l'élection dans la Nièvre d'un ancien écuyer de l'empereur, le baron de Bourgoing, suivie de plusieurs autres, précipite alors les choses en faisant craindre le retour d'un Bonaparte auquel, quatre ans plus tôt, 7 millions de Français avaient apporté leurs suffrages.

Un rapprochement s'opère entre le centre droit orléaniste et le centre gauche républicain pour installer... enfin une République qui, en l'état, reste le plus grand dénominateur commun. Le 30 janvier 1875, l'amendement Wallon décide à une voix de majorité de la désignation du régime. « Je ne proclame rien, avoue Henri Wallon, je prends ce qui est. [...] Je ne veux faire que le gouvernement qui est, tant que vous ne trouverez pas quelque chose de mieux à faire. [...] Si la République ne convient pas à la France, le meilleur moyen d'en finir avec elle, c'est de la faire. » En février, on s'accorde sur la création d'un Sénat qui, dans l'esprit des centres, est bien la pièce maîtresse du dispositif. Composé de 300 membres âgés d'au moins quarante ans, comprenant 75 membres inamovibles nommés à vie pour la première fois par l'Assemblée et 225 membres élus pour neuf ans par des collèges départementaux, il a pour vocation d'être le bastion de la France traditionnelle chargé de faire contrepoids à la « force aveugle » du suffrage universel. Dernier trait d'une Constitution qui, de manière bien feutrée et sans déclaration des droits préalable, fonde la IIIe République, il suffit que la Chambre des députés et le Sénat décident de se réunir en Assemblée nationale et la révision peut se faire à la majorité simple. La République est bien une solution d'attente adoptée sans enthousiasme grâce à l'alliance contre nature de notables dont les uns regardent vers leurs alliés de droite et les autres vers leurs alliés de gauche. Gambetta, qui a pesé de tout son poids pour faire accepter ce compromis par ses amis, fait le pari que les idées républicaines, déjà dominantes dans les villes, triompheront bientôt dans les campagnes. En décembre 1875, il réalise déjà une formidable « manœuvre » en négociant en sous-main avec les légitimistes, « éternels cocus de la politique du pire », écrit François Furet. Née de la défaite de 1871, l'Assemblée monarchiste chargée de désigner les 75 premiers sénateurs inamovibles élit 57 sénateurs républicains, par ailleurs fort modérés. Député de la Loire-Inférieure, La Rochette écrit pour justifier son vote : « J'aime mieux ceux qui nous combattent ouvertement que ceux qui nous ont abandonnés. » Conçu pour devenir le bastion des notables orléanistes, le Sénat se transformait en garnison républicaine.

« Le cléricalisme ? voilà l'ennemi. »

« La politique est l'art du possible. » Cette formule de Gambetta sert en fait de programme aux hommes sérieux et solennels qui sont les chefs du parti républicain. Positivistes, admirateurs d'Auguste Comte, condamnant comme lui la violence révolutionnaire, moralistes, convaincus de la « perfectibilité de l'espèce humaine » et confiants dans le suffrage universel, ils ont tous lu la définition que donne de la République *Le Grand Dictionnaire universel du XIXe siècle* de Pierre Larousse dont la publication est contemporaine des compromis qu'ils ont acceptés : « Gouvernement exercé par des chefs élus pour un temps et responsables. [...] La grandeur de la conception républicaine, son caractère essentiel, c'est que la chose publique est le patrimoine de tous les membres du corps social sans distinction de classes ; que tous sont citoyens, ont une destinée commune dont chacun est solidaire, forment une association véritable où chacun a des droits égaux et ne connaît d'autre autorité que la volonté générale librement exprimée ; en un mot que les principes fondamentaux sont l'intérêt de la patrie, l'égalité légale, la justice et le droit. »

Ils rêvent en fait d'un pays laborieux et fier, non d'une France où s'opposent capitalistes et prolétaires mais d'une France qui leur ressemble, bourgeoise et petite-bourgeoise, la France des artisans et des commerçants, des paysans propriétaires et des fonctionnaires, la France des naissances humbles face à la France des grands notables toujours imbus de leurs origines, la France qui aspire à l'égalité et qui déteste les révolutions.

En 1876, les élections législatives et sénatoriales ont conforté leur optimisme. En dépit du système électoral qui avantage la droite, 92 sénateurs républicains sont élus contre 119 « notables ». Compte tenu des inamovibles, la droite ne garde au Sénat qu'une courte majorité. Quant aux élections législatives des 20 février et 5 mars 1876, malgré le scrutin uninominal à deux tours dans le cadre de l'arrondissement conçu, lui aussi, pour favoriser les « notables » monarchistes, elles assurent une extraordinaire victoire des républicains, qui enlèvent 340 des 500 sièges à pourvoir. Le conflit entre le président monarchiste et la Chambre s'annonce inévitable, d'autant plus que, dans le pays, la hiérarchie catholique intensifie sa propagande en faveur du pape, qui se dit incarcéré au Vatican. Le 4 mai 1877, Gambetta interpelle le gouvernement en lançant : « Un cri a traversé la France, c'est le gouvernement des prêtres, le ministère des curés. [...] Je ne fais que traduire les sentiments intimes du peuple de France en disant du cléricalisme ce qu'en disait un jour mon ami Peyrat : le cléricalisme ? Voilà l'ennemi. »

Le 16 mai, Mac-Mahon se sépare de Jules Simon, le président du Conseil, en l'humiliant par une lettre destinée aux journaux lui demandant s'il a le sentiment de conserver sur les députés « l'influence nécessaire pour faire prévaloir ses vues », le remplace par Albert de Broglie, dissout la Chambre après avis conforme du Sénat et mobilise préfets et curés pour « éclairer » l'opinion. « Quand la France aura fait entendre sa voix souveraine, proclame Gambetta à Lille, il faudra se soumettre ou se démettre. »

Les 14 et 28 octobre 1877, les électeurs, qui ont voté massivement — on ne compte que 19,4 % d'abstentions —, envoient à la

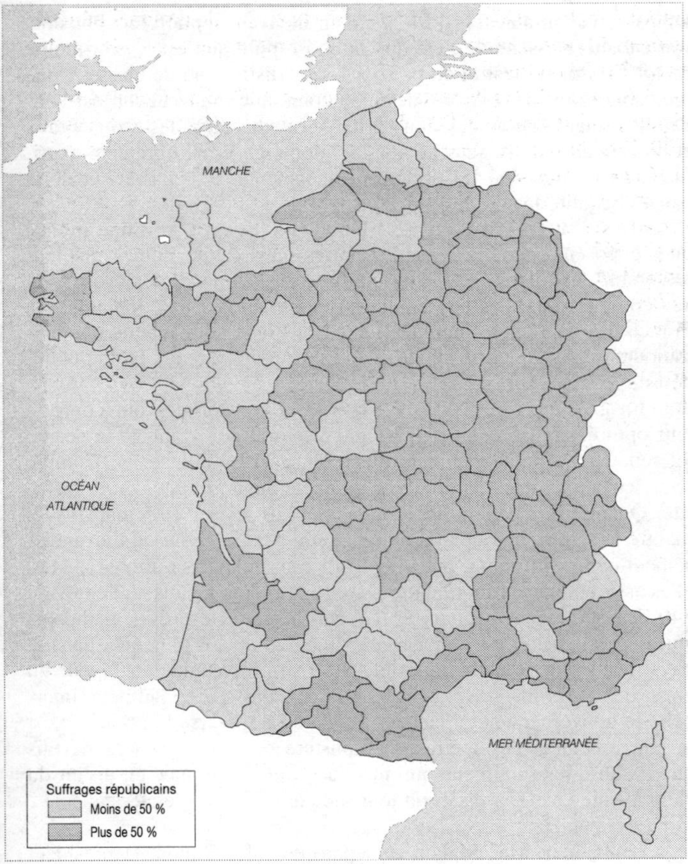

Les suffrages républicains aux élections législatives d'octobre 1877.

Chambre 323 républicains et 208 conservateurs, dont la moitié sont bonapartistes. C'est la déroute des notables.

En vieux militaire, le maréchal Mac-Mahon obtempère et, le 13 décembre, dans son message adressé aux Chambres, assure qu'il ira au bout de son mandat et qu'il s'interdira de recourir une seconde fois à la dissolution. Désormais cantonné dans une fonction purement honorifique, le président n'aura d'autre choix que de désigner périodiquement l'homme chargé de former le ministère responsable devant la représentation du peuple.

Les élections municipales du 6 janvier 1878 confortent les républicains, qui tiennent 20 000 des 36 000 municipalités. Le 5 janvier 1879, lors du renouvellement du premier tiers du Sénat, ils font élire 66 sénateurs sur 82. Le 30 janvier, Mac-Mahon, qui refuse de mettre à la retraite un certain nombre de généraux, démissionne de la présidence et est immédiatement remplacé par le républicain Jules Grévy, élu par 563 voix sur 705. Paris redevient capitale, les pouvoirs publics s'installant à l'Élysée, au Palais-Bourbon et au Luxembourg. La *Marseillaise* est choisie comme hymne national. L'année suivante, le 14 juillet devient fête nationale et l'amnistie des condamnés de la Commune est votée le 11 juillet 1880. La République des républicains est installée. Dans l'un de ses plus grands discours, Gambetta invite alors les députés à fermer « le livre de ces dix années. »

Chapitre 68

Construire la République

Célébrées le lundi 1er juin 1885, les funérailles nationales de Victor Hugo marquaient aussi l'apothéose de la jeune République. Un à deux millions de « pèlerins » allaient accompagner le convoi funèbre de celui au chevet duquel aucun prêtre n'avait été appelé. Abandonné à l'Église catholique par Louis Napoléon Bonaparte, le Panthéon fut relaïcisé pour inhumer celui qui avait tant combattu Napoléon le Petit. Et tandis que Friedrich Nietzsche condamnait cette France qui s'était « livrée à une véritable orgie de mauvais goût et de bête satisfaction de soi », Vogüé voyait au contraire dans ce peuple immense qui défilait « un cerveau collectif, et dans ce cerveau une pensée claire ; chacun d'eux la voit mal, tous ensemble la voient bien ». Une façon comme une autre de définir la république.

La grande dépression

En 1895, décrivant le climat économique des vingt années précédentes, un économiste belge peu connu, Hector Denis, écrivait : « On a adopté en Angleterre et aux États-Unis les mots de dépression industrielle ou commerciale, ou dépression économique, pour exprimer l'état récent de notre activité économique ; on les a substitués aux mots crise économique. La crise est conçue, en général, comme une perturbation brusque, violente parfois, mais de courte durée et qu'une reprise des affaires ne tarde pas à suivre. Le mot dépression exprime une décroissance de vitesse et d'intensité dans le mouvement de la richesse, c'est comme un retrait lent, graduel de la vie, dont les effets s'aggravent par sa prolongation même, et dont on n'entrevoit pas l'issue. Telle est la grandeur émouvante de ce phénomène dont nous sommes à la fois les agents et les victimes ; agents et victimes, la plupart inconscients, incertains presque tous si la dépression nous prépare des destinées plus heureuses ou si elle est le prodrome d'une dissolution sociale. [...] C'est par cette prolongation même que la dépression envahit peu à peu l'ordre moral ; un affaissement moral accompagne le ralentissement de la vie économique. Les fonctions de la vie spirituelle des sociétés subissent le contrecoup des perturbations de leur vie économique : le découragement des mariages marquera le manque de foi dans l'avenir ; le progrès du suicide et de la criminalité sera le rayonnement sinistre de la rupture de l'équilibre économique. »

Décidément, cette « fin de siècle », amorcée dans les années 1880, ne fleurait guère l'espoir. Même si, en 1881, Paris est devenue pour un temps la capitale de l'électricité en organisant une Exposition internationale où se sont pressés 900 000 visiteurs émerveillés par les pouvoirs de cette nouvelle rivale du soleil, la « vie électrique » inquiète plus qu'elle ne séduit. Tandis que les moralistes dénoncent l'introduction de l'éclairage électrique dans les maisons closes et les « belles de nuit » dont les attraits sont désormais plus visibles pour le client potentiel, les médecins estiment ce type d'éclairage dangereux pour les yeux et les bourgeois redoutent d'être plongés dans le « Grand Soir » par des électriciens « rouges ». Un journaliste résume l'ensemble de ces craintes en écrivant : « Eh bien, oui, toute cette explosion de science mène droit à l'écrasement de ce qui était la vie normale de l'homme. L'homme à venir aura plus de confort et moins de joies, plus de luxe et moins de bonheur. L'électricité, qui décuple la vie, lui enlève aussi de son charme. On n'a plus en wagon le temps de voir le paysage. On n'aura plus, dans l'existence que nous feront les savants, le temps de savourer les mets, de causer, de vivre, de faire halte. Les vieux domestiques, fidèles et classiques, mourant dans la maison qui était un peu la leur, deviennent rares : ils n'ont même plus besoin d'exister. Un bouton pressé les remplacera. »

Dans cette France républicaine depuis hier, tout semblait aller moins bien qu'autrefois. Certains regrettaient ce téléphone qui violait les intimités. Des docteurs soulignaient le danger d'enfourcher une bicyclette après avoir fait l'amour. À Paris, on se mobilisait contre

Eugène Poubelle, le préfet de la Seine, qui prétendait imposer la collecte générale des ordures par des boîtes mobiles standardisées. Au conseil municipal, le 22 février 1884, Georges Martin s'élevait avec virulence contre cette décision : « Comme hygiéniste, je réprouve les prescriptions de l'arrêté, parce que je suis convaincu que, dans les quartiers ouvriers, elles vont, au point de vue de l'hygiène, aboutir au contraire du but poursuivi. On aura l'empoisonnement de la maison au lieu d'obtenir l'assainissement qu'on recherche. [...] Je dis à mes collègues que, s'ils s'associent par un vote à l'arrêté de M. le Préfet de la Seine, ils prendront une lourde responsabilité, qu'ils seront cause de l'infection d'un grand nombre de maisons, qu'ils auront retiré le moyen de vivre à plus de deux mille familles de chiffonniers et que, sans le vouloir, ils seront cause de la misère, de la mort même d'un certain nombre de leurs concitoyens. » Le baron Pierre de Coubertin, futur restaurateur des jeux Olympiques, entamait sa campagne pour « rebronzer une jeunesse veule et confinée » et voyait dans le sport un moyen de résoudre la question sociale. « Le sport, écrivait-il dans *Pédagogie sportive*, détend chez l'homme les ressorts tendus par la colère. Or qu'est la question sociale à bien des égards, sinon le produit d'une agglomération de “ressorts tendus par la colère” ? » Si Zola « parle vrai » des hommes de son temps, c'est qu'il traduit moins la réalité historique que les obsessions d'une époque où l'immondice est effectivement devenue le terreau où s'épanouissent tous les fantasmes.

Au temps de la « fête impériale » a succédé celui de la « décadence ». Rien ne va plus, proclame *Le Décadent*, un journal fondé le 10 avril 1886, qui affirme : « Se dissimuler l'état de décadence où nous sommes arrivés serait le comble de l'insenséisme. Religion, mœurs, justice, tout décade, ou plutôt tout subit une transformation inéluctable. La société se désagrège sous l'action corrosive d'une civilisation déliquescente. L'homme moderne est un blasé. Affinement d'appétits, de sensations, de goûts, de luxe, de jouissances ; névrose, hystérie, hypnotisme, morphinomanie, charlatanisme, schopenhauerisme à outrance, tels sont les prodromes de l'évolution sociale. »

Il faut dire que la conjoncture n'a guère été tendre pour la République naissante. Alors qu'il avait pratiquement doublé de 1840 à 1874, le produit intérieur brut plafonne ensuite au même niveau jusqu'en 1895. Pour autant que des estimations puissent être faites à une époque où les « chômeurs » ne sont pas comptabilisés, ce sont peut-être 20 % des ouvriers métallurgistes et 10 % des ouvriers des mines et des carrières qui sont sans travail. Les dentelles de Bayeux occupaient 5 000 ouvrières en 1868. Elles ne sont plus que 550 en 1889. En mars 1877, 12 000 canuts sont « sans ouvrage ». Si l'industrialisation se poursuit dans le Nord, le Pas-de-Calais, la Lorraine, à Paris et au Creusot, la Normandie, le Languedoc, la Dordogne, l'Ardèche et la région stéphanoise subissent de plein fouet la concurrence des importations étrangères que stimule l'abaissement considérable du prix des transports. Les fusils fabriqués à 130 francs à Saint-Étienne ne peuvent guère lutter contre ceux que la Belgique livre à 85 francs. Ce sont aussi les industries d'art et du luxe qui sont affectées par la contrefaçon et l'imitation. Les exportations, qui s'élevaient à 3,7 milliards de francs en 1873, ne retrouveront et ne dépasseront ce niveau qu'à partir de 1899. Minutieusement recensées et analysées par l'historienne Michelle Perrot, les grèves expriment par leur croissance la « névrose fin de siècle ». En 1880, l'année où le 14 juillet devient fête nationale, on compte 190 grèves, 110 000 grévistes, plus d'un million de journées de grève. Des chiffres jamais atteints. À Roubaix, la Manchester du Nord, elle éclate le 20 avril, au début d'un bel après-midi, et fait tache d'huile dans tout le département, au rythme d'une *Marseillaise* dont les couplets et le refrain ont été récrits pour la circonstance.

Allons ouvriers de nos villes
Dites moi quels sont vos intentions
Choisissez la guerre civile
et puis la révolution (bis)
Réunissez vous avec ordre
et prenez garde aux espions
qui dans toutes vos réunions
se joignent à vous avec l'ordre

Refrain
Allons Bon citoyen
Soyons républicains
Établissons la guerre civile et
la révolution

2e couplet
Il faudra donc que le sang coule
pour purger notre patrie
ou que la corde se déroule
et planter des piloris (bis)
il faut les pendre à la lanterne
tout ces gueux de fabricants
qui s'enrichissent à nos dépens
nous voulons y mettre un terme.

En fait, si la parole est rude et le verbe sanglant, si l'on promet de saigner les patrons, de les pendre ou de brûler leurs usines, la grève est plutôt une grande kermesse où l'on chante et où l'on danse. À Roubaix, note un journaliste du *Gaulois*, les tisseurs « sont là cinq ou six cents, fiers de leur inviolabilité, étendus sur l'herbe, avec leur pantalon de velours à côtes, leur blouse bleue ou grise, ou encore leur veston noir des dimanches, leur casquette et leur pipe ». Certes, à Decazeville, en 1886, les grévistes défenestreront et lyncheront l'ingénieur Watrin qui, avec rudesse et sarcasme, ne veut rien céder, mais, la plupart du temps, la grève se déroule sans violence et se dénoue sans drame. Tout juste a-t-elle imposé à une société qui n'en avait cure l'image du chômage, de la misère et du désespoir.

Plus inquiétant peut-être pour la République naissante, les campagnes sont durement ébranlées. Apparu en 1863 à Pujaut, dans le Gard, un puceron importé d'Amérique, *Phylloxera vastatrix*, envahit bientôt le Bas-Languedoc et la Provence puis s'attaque aux vignobles du Beaujolais, de la Bourgogne et de la Loire avant de se loger en Champagne, dans les Vosges et dans les Ardennes. La production, qui s'élevait à 83 millions d'hectolitres en 1874, tombe à 25 millions en 1879. L'écrivain périgourdin Eugène Le Roy, auteur de *Jacquou le Croquant*, décrit en ces termes la destruction de ses vignes de Montignac en 1880 : « Je portais les yeux sur mes vignes de la côte et là, au milieu, je te m'en fais voir une place ronde, grande comme un sol à battre cinquante gerbes, où les feuilles étaient jaunâtres, au prix des autres d'autour qui étaient franchement vertes. Ça me donna un coup dans l'estomac : c'était la maladie de la vigne ! que je me dis. [...] C'était bien elle, la maladie, marquée par cette tache ronde qui, d'année en année, allait s'élargir, comme l'huile sur une touaille, et tuer toutes mes vignes, ce gueux de phylloxéra. [...] L'année d'après, nous ne fîmes pas le quart de vin comme d'habitude, et encore pas bon, parce que les vignes malades ne pouvaient pas faire mûrir le raisin et puis l'année qui suivit, rien. [...] Au bout de trois ans, en tirant sur les pieds, ils suivaient comme qui arrache une rave. »

Frappant une France déjà ébranlée par la défaite de 1871, l'invasion phylloxérique, finalement enrayée au terme de vingt-cinq années de luttes fort coûteuses en investissements, a d'abord été vécue comme un grand découragement, une perte de confiance dans le progrès et le travail humain. Même si le nom de Gambetta rimait malencontreusement avec phylloxéra, il n'a toutefois pas trop compromis le vote républicain des vignerons là où il était le plus fidèle.

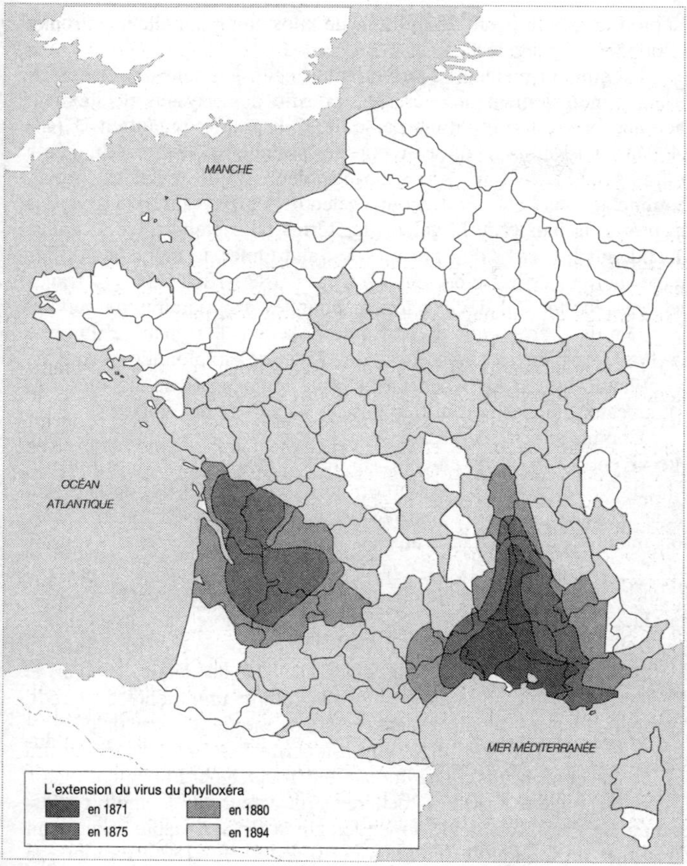

L'extension du virus du phylloxéra.

La vigne n'est pas seule à souffrir. Dès 1869, l'ouverture du canal de Suez a livré la sériciculture française à la concurrence des soies chinoises et japonaises, à la qualité parfaite et au prix peu élevé. C'en est fini de la manne qui nourrissait les familles cévenoles. En 1869, toujours, la découverte de l'alizarine artificielle assassine la culture de la garance qui faisait le bonheur du Vaucluse, de la Drôme et du Gard.

La production atteignait 25 millions de kilos en 1872 ; elle se retrouve à 200 000 kilos en 1884.

Comme un malheur n'arrive jamais seul, la chute des prix agricoles, principalement des céréales, pétrifie des paysans décidément bien accablés. Le prix du blé passe de 32 francs le quintal en 1874 à 14 francs en 1894. La baisse du prix des pommes de terre est du même ordre. Après les « bons prix » de Napoléon III, le réveil est brutal. Comme un malheur est toujours sélectif, les paysans ont toutefois profité de la baisse de la valeur des terres pour étendre leurs lopins. Quand, sur les terres de l'hospice de Saint-Omer, le montant des fermages non payés passe de 1 266 francs en 1880-1882 à 50 814 francs dix ans plus tard, il devient urgent pour les propriétaires de vendre. L'appétit de « terre » que décrit Émile Zola dans le roman qu'il publie en 1887 est bien réel. À cette date, 75 % des exploitations sont en faire-valoir direct. Que des tarifs protecteurs écartent les blés des « nouveaux mondes » et la République y gagnera des voix.

Comme si cette dépression voulait encore une fois anticiper celle que vivent les Français en cette fin de XXe siècle, c'est aussi l'argent « facile », ou l'argent « qui dort », qui exaspère ceux qui désespèrent de la croissance. Fondée en 1878 par Eugène Bontoux, qui proclame son intention d'élever face aux établissements financiers d'« origine juive » une société rivale constituée de capitaux « catholiques », l'Union générale, qui compte parmi ses premiers actionnaires le cardinal Jacobini, « secrétaire de Sa Sainteté », sombre en janvier 1882. L'action, qui valait encore 3 040 francs le 5 janvier, chute à 1 500 francs le 19, puis à 500 francs la veille du dépôt de bilan, le 30 janvier. La presse annonce alors la faillite imminente du Crédit Lyonnais, dont les dépôts ont été réduits de moitié. Ce scandale inspirera à Zola les faits qui lui serviront à écrire *L'Argent* et lui fournira les images et les bruits d'une humanité détraquée par l'appétit du gain. En 1889, Eugène Denfert-Rochereau, directeur du Comptoir d'escompte de Paris, se suicide au lendemain d'un lamentable échec pour constituer un monopole sur le cuivre mondial. En 1889, toujours, le tribunal civil de la Seine doit mettre en liquidation la Compagnie du Canal de Panamá fondée par Lesseps père et fils et ruiner 85 000 épargnants français qui auront tendance à transmettre à leurs héritiers cette formule destinée au personnel politique : « Tous pourris ! » C'est dans ce climat fort délétère que la République s'installe dans ses meubles.

« L'ordre républicain »

Enraciner le régime et s'attacher à apaiser les « névroses », assurer la prépondérance de la Chambre et écarter les hommes aux trop fortes personnalités, libéraliser la société tout en l'encadrant, asseoir l'ordre et le progrès, « limiter avec soin le champ des réformes pour le parcourir plus sûrement », tel est l'« ordre républicain », mot magique que pourra désormais prononcer tout ministre de l'Intérieur pour se faire comprendre du Peuple et mériter de la Patrie.

Que l'on compte 52 gouvernements et 279 ministres entre 1875 et 1914 pourrait laisser croire à une instabilité paralysante. Là n'est pas l'essentiel. Le vrai « ciment » de l'« ordre républicain » réside moins dans la popularité des hommes et la stabilité des gouvernements que dans l'action patiente et résolue des élus. Tous ceux qui, de même origine, de même conviction et de même culture, partagent les mêmes amitiés et les mêmes haines identifient clairement les « dangers » qui menacent la République naissante et donnent aux « citoyens », leurs électeurs, les lois qui doivent établir une « humanité sans Dieu et sans roi » et fonder une « civilisation supérieure » digne de 1789, dont on allait fêter avec faste le centenaire. Tous pensent que la diffusion des Lumières mettra fin à l'inégalité des rapports sociaux. Tous pensent que les bourses d'études seront un moyen suffisant pour permettre aux « couches nouvelles » d'accéder à l'élite. Tous pensent aussi qu'en libéralisant l'ouverture des « bistrots », on fondera sûrement la République. Comptant bientôt un café pour 29 électeurs, la France inaugure alors un mode de sociabilité à nul autre pareil. Mais tous pensent en même temps que le gilet noir et la sombre redingote montrent assez le sérieux avec lequel ils envisagent leur fonction, comme Jules Siegfried, industriel cotonnier, protestant, maire du Havre et député dont le fils nous dresse ainsi le portrait : « Républicain très ferme mais très modéré, il se classait parmi ceux qu'on appelait les opportunistes ; suivant une formule du temps, on eût pu dire de lui : c'est un républicain modéré, mais il n'est pas modérément républicain. [...] Tout son passé, toutes ses tendances d'esprit et de tempérament l'attiraient vers les hommes de gouvernement et vers les hommes sérieux. [...] Ce qu'il voulait, c'est que le gouvernement fût confié à des hommes sérieux, à la fois compétents, moraux et bien élevés. Il eût même souhaité qu'on tînt compte des bonnes mœurs. »

Trop débraillé, trop démagogue, trop ambitieux, trop brillant, trop amoureux, trop rabelaisien, trop méridional, Gambetta ne pouvait être leur homme. Appelé au gouvernement le 14 novembre 1881, son ministère sera renversé le 26 janvier 1882. Trop parisien, trop près des pauvres gens, trop porté à la réforme sociale et à l'assistance publique, trop éloquent, trop « radical », c'est-à-dire trop intransigeant, Georges Clemenceau n'est pas encore mûr. Froid, méticuleux, impopulaire, introverti, distingué, lorrain, Jules Ferry avait tout pour être le maçon de l'« ordre républicain ». Né le 5 avril 1832 à Saint-Dié, dans cette vieille cité vosgienne où les sombres demeures n'incitent guère aux ris et aux jeux, Jules a d'abord été un enfant chétif, gauche, timide, fortement attaché à une sœur dévote qui lui a servi de mère. À Gambetta, son ami, qui lui aurait reproché d'être un « buisson d'épines », il aurait répondu : « Oui, mais les roses sont en dedans. » Au lycée de Strasbourg, il a été moins brillant que persévérant. Licencié puis docteur en droit, il est un avocat au débit lent et au ton monocorde. La notoriété, il l'a connue en publiant Les *Comptes fantastiques d'Haussmann*. Élu député de la Seine en 1869, il s'impose comme l'un des principaux orateurs de l'opposition républicaine. Maire de Paris pendant le siège, avec la lourde responsabilité de nourrir la population de la capitale, il y gagne son premier surnom, « Ferry-Famine ». Adversaire déterminé de la Commune, il approuve la fermeté de Thiers. « Le sang va couler à flots, écrit-il à son frère Charles le 9 mai 1871, mais qu'y faire ? »

En 1875, à quarante-trois ans, il épouse civilement Eugénie Risler, une jeune fille de vingt-six ans qui le fait entrer dans le réseau familial alsacien prospère des Scheurer-Kestner. « Le bonheur n'est que dans les voies droites, écrit-il alors à sa tante, et on le sent d'autant plus vivement, on en apprécie d'autant plus profondément le charme incomparable qu'on a hésité à s'y engager. » Cette même année, il rejoint en compagnie de Littré le Grand Orient de France. Deux fois président du Conseil, ministre de l'Instruction publique dans cinq ministères sur huit, il domine la période. « Opportuniste », il l'est dans le sens où il sait plus que les autres qu'il est « l'élu d'un peuple qui tient à la République mais ne tient pas moins à ses processions. »

L'« ordre républicain » dont il est le maître d'œuvre, ce sont d'abord les grandes libertés « nécessaires » à l'épanouissement de la démocratie. En 1880, la République établit la liberté de colportage et soumet à une simple déclaration préalable la création d'un débit de boissons, tout en poursuivant l'ivresse publique. La loi du 30 juin 1881 permet de tenir des réunions publiques sans autorisation. Celle du 29 juillet 1881 libère la presse dont le tirage, pour les journaux quotidiens, passe de 73 pour 1 000 habitants en 1880 à 244 en 1914.

La loi de 1882 accorde à tous les conseils municipaux, sauf à Paris, le droit d'élire leur maire. La loi du 21 mars 1884, dite loi Waldeck-Rousseau, organise la liberté syndicale. La loi Naquet du 27 juillet 1884 autorise le divorce tout en sanctionnant sévèrement l'adultère des femmes.

L'« ordre républicain », c'est surtout l'œuvre scolaire, empreinte d'une triple ambition. Instruire, informer, donner le moyen et le goût des lectures d'une part. Affranchir les esprits d'une Église par trop « rétrograde » de l'autre. Ancrer enfin une « foi laïque », c'est-à-dire forger le sentiment de l'unité nationale. Fonder le progrès, libérer les consciences, fonder la République. La politique laïque, écrivait Ferry dans la *Revue pédagogique* de 1882, est « la plus grande des réformes sociales et la plus sérieuse, la plus durable des réformes politiques [...] lorsque toute la jeunesse française se sera développée, aura grandi sous cette triple étoile de la gratuité, de l'obligation et de la laïcité, nous n'aurons plus rien à craindre des retours du passé, car nous aurons pour nous défendre l'esprit de toutes ces générations nouvelles, de ces jeunes et innombrables réserves de la démocratie républicaine, formées à l'école de la science et de la raison, et qui opposeront à l'esprit rétrograde l'insurmontable obstacle des intelligences libres et des consciences affranchies ».

Dès 1879, une loi oblige les départements qui en sont encore dépourvus à créer une école normale d'instituteurs. La loi du 16 juin 1881 établit la gratuité de l'enseignement primaire. Celle du 28 mars 1882 impose l'obligation de la scolarité de six à treize ans. Les parents récalcitrants verraient leur nom affiché à la porte de la mairie. Enfin, la grande loi organique du 30 octobre 1886, promulguée alors que René Goblet est ministre de l'Instruction publique, organise la laïcisation des personnels des écoles publiques. Dans les écoles de garçons, les congréganistes devaient être remplacés dans un délai de cinq ans par des maîtres laïques. Dans les écoles de filles, la substitution se ferait au fur et à mesure des disparitions.

Entre-temps, une École normale supérieure de jeunes filles a été fondée à Fontenay et à Sèvres pour donner des « compagnes républicaines aux hommes républicains » et mettre fin à l'influence de l'Église sur les jeunes filles de la bourgeoisie. Et de nouveaux programmes sont mis en place pour mettre à mal les méthodes pédagogiques héritées des jésuites au profit d'une « méthode expérimentale » où la « leçon de choses » est la base de tout. Déjà, sous le pseudonyme de G. Bruno, Mme Guyau, mariée au philosophe Fouillée, a publié *Le Tour de la France par deux enfants*, dont les trois millions d'exemplaires diffusés de 1877 à 1887 vont concurrencer les vies de saints dans les campagnes et former à la lecture des générations d'enfants. Déjà, Fernand Nathan est au travail pour fournir les manuels scolaires et le matériel pédagogique.

Déjà, Ernest Lavisse, futur professeur à la Sorbonne, publie une *Histoire de France pour l'école primaire* appelée à une carrière triomphale et où l'on apprend qu'en trois ans, « la République a fait pour la patrie plus que François Ier, Henri IV, Louis XIII et Louis XIV ».

Toutefois, cette laïcité combattante n'en organise pas moins une école respectueuse des consciences, tolérante, ouverte mais volontiers conservatrice, où la voie de l'ascension sociale reste étroite et la hiérarchie érigée en modèle. La lettre que Jules Ferry adresse le 17 novembre 1883 aux membres de l'enseignement primaire en est la Bible où se définit le spirituel républicain : « Vous êtes, écrivait-il, l'auxiliaire, et, à certains égards, le suppléant du père de famille ; parlez donc à son enfant comme vous voudriez qu'on parlât au vôtre : avec force et autorité toutes les fois qu'il s'agit d'une vérité incontestée, d'un précepte de la morale commune ; avec la plus grande réserve dès que vous risquez d'effleurer un sentiment religieux dont vous n'êtes pas juge. Si parfois vous êtes embarrassé pour savoir jusqu'où il vous est permis d'aller dans votre enseignement moral, voilà une règle pratique à laquelle vous pourrez vous tenir : au moment de proposer à vos élèves un précepte, une maxime quelconque, demandez-vous s'il se trouve à votre connaissance un seul homme qui puisse être froissé de ce que vous allez dire. Si oui, abstenez-vous de le dire. Demandez-vous si un père de famille, je dis un seul, présent à votre classe et vous écoutant, pourrait de bonne foi refuser son assentiment à ce que vous allez dire. Si oui, abstenez-vous de le dire ; sinon parlez hardiment ; car ce que vous allez communiquer à l'enfant, ce n'est pas votre propre sagesse, c'est la sagesse du genre humain, c'est une de vos idées d'ordre universel que plusieurs siècles de civilisation ont fait entrer dans le patrimoine de l'humanité. Si étroit que vous semble peut-être un cercle d'action ainsi tracé, faites-vous un devoir d'honneur de n'en jamais sortir, restez en deçà de cette limite, plutôt que de vous exposer à la franchir ; vous ne toucherez jamais avec trop de scrupules à cette chose délicate et sacrée qui est la conscience de l'enfant. »

L'allergie industrielle

Achevée le 31 mars 1889, la tour Eiffel peut apparaître comme le triomphe de l'art des ingénieurs, comme le symbole de l'âge du fer, comme la nouvelle cathédrale élevée par une République laïque pour porter dans l'Europe des rois les couleurs de la liberté, l'industrie n'en continue pas moins d'effrayer cette bourgeoisie « républicaine » qui préfère les paysans aux ouvriers, la terre à l'usine et la rente au profit. Quand, le 1er mai 1891, la troupe tire sur les grévistes de Fourmies, qui réclament la journée de huit heures, et tue un adulte, quatre garçons et quatre filles dont l'une, Maria Blondeau, tenait encore à la main la branche d'aubépine que son amoureux lui avait offerte le matin, elle manifeste à quel point l'« ordre républicain » reste hostile à ceux qui, depuis 1880, commémorent le deuil de la Commune en défilant devant le mur des Fédérés.

Les ouvriers qui ont la préférence de Jules Ferry sont ces Lillois qu'il dépeint ainsi dans une lettre adressée à son épouse en décembre 1878 : « Les Lillois sont certainement une bonne et brave race : doux, appliqués, point du tout tapageurs. Les patrons comprennent leurs devoirs comme on fait en Alsace. Leur sollicitude pour l'instruction, le bien-être, la retraite à assurer aux travailleurs, apparaît en toutes choses. Les ouvriers vivent avec eux en parfaite harmonie, et leur parlent amicalement, sans nuance d'envie ni de révolte. » Ou encore : « À travers la buée, dans la brume des cheminées à vapeur, il se fait par le musée et par les écoles de dessin nombreuses et bien suivies, une véritable sélection de prolétaires bien doués. Ce serait un grand malheur que tout cela s'évanouît avec la puissance industrielle qui a l'honneur de ce grand et noble effort. »

En fait, le maçon républicain manifeste à l'égard de l'industrie et de la « race » ouvrière la même frayeur qu'André et Julien, les deux héros du *Tour de la France par deux enfants*, quand ils visitent les usines du Creusot : « Mais, dit Julien, c'est comme une ville, cette usine-là. Quel grand bruit cela fait ! Et puis tous ces mille feux qui passent devant les yeux, cela éblouit. Un peu plus, on aurait grand peur.

— À présent que nous entrons, dit André, ne me lâche pas la main, Julien, de crainte de te faire blesser.

— Oh ! je n'ai garde, dit le petit garçon ; il y a trop de machines autour de nous. Il me semble que nous allons être broyés là-dedans.

— Non, petit Julien ; vois, il y a des enfants qui ne sont pas beaucoup plus âgés que toi et qui travaillent de tout leur cœur ; mais ils sont obligés de faire attention.

— C'est vrai, dit le petit garçon en se redressant et en dominant son émotion. Comme ils sont courageux ! »

Patience, courage et résignation, telles sont bien les vertus que la République propose à la « race » ouvrière en espérant mieux la domestiquer. À ses yeux, il n'y a pas de « question sociale » mais des questions sociales que seule la prévoyance individuelle doit permettre de résoudre. Alors que l'Allemagne fort conservatrice de Bismarck met en place la première législation sociale moderne en instituant en 1883 l'assurance-maladie obligatoire, en 1884 l'assurance-accident du travail puis en 1889 l'assurance vieillesse-invalidité donnant droit à une pension à l'âge de soixante-dix ans, la France républicaine vote en 1898 seulement la loi sur les accidents du travail, qui introduit pour la première fois le principe du risque professionnel, et en 1910 la loi sur les retraites ouvrières. C'est que, dans un pays dominé par le poids de la petite propriété et de la petite entreprise, toute obligation imposée par l'État était perçue comme une avancée insupportable du collectivisme. Commentant en 1894 dans la *Revue politique et parlementaire* la question des accidents du travail en débat depuis 1880 à la Chambre des députés, Yves Guyot, un des économistes les plus écoutés de son temps, écrivait : « Les Allemands ont posé avec une grande netteté le principe que tout citoyen doit être assuré contre les risques de la vie. Vraiment ? Mais il y en a qui proviennent beaucoup de sa faute : intempérance, prodigalité, débauche. L'assurerez-vous et assurerez-vous sa famille contre eux ? Et l'assureur n'aura-t-il pas alors le droit d'atténuer ces risques en s'érigeant en censeur de chaque acte de l'individu ? Si on assure l'ouvrier, pourquoi pas aussi l'industriel et le commerçant ? Ne court-il pas des risques de ruine et de faillite qui ont leur répercussion sur la main d'œuvre ? L'État n'aura-t-il pas le droit de dire à l'un qu'il produit trop, à l'autre qu'il ne doit pas fonder tel établissement industriel, parce qu'il y en a déjà trop appartenant au même genre d'industrie, à un troisième qu'il ne doit pas employer telle ou telle invention parce qu'elle provoquerait une crise dans un tel ou tel corps de métier ou chez tels ou tels de ses concurrents ? Mais cette substitution de l'État ou directement ou indirectement au patron, qu'est-ce sinon la marche en avant vers le collectivisme ? »

En fait, à l'époque où les géographes estimaient que le milieu détermine le genre de vie, à l'heure où Vidal de La Blache écrivait que l'industrie est une force « redoutable » et que la France se distingue de l'Allemagne par « la bonté du sol » et le « plaisir d'y vivre », la République préférait labourer l'électorat paysan que de s'acharner dans la compétition industrielle. En 1881, Gambetta crée le ministère de l'Agriculture. De 1884 date le Mérite agricole, véritable hochet destiné à attraper les voix. En 1892, lorrain comme Jules Ferry, né à Remiremont, Jules Méline, dont le nom restera entouré d'une sorte de vénération dans les masses rurales, fait voter par 388 voix contre 111 la loi douanière qui établit des droits protecteurs sur les produits agricoles. Avec la fondation des caisses locales de crédit agricole en 1894, la multiplication des chemins vicinaux et le triplement des voies de chemin de fer d'intérêt local, c'est la France paysanne que cherche à séduire la République. Quand le gouvernement Waldeck-Rousseau, à l'occasion de l'Exposition universelle de 1900, conviera à un gigantesque banquet les 36 172 maires de France, 20 777 se rendront à Paris malgré les distances et la modicité des budgets communaux. Si la République a triomphé, alors même qu'elle ne se souciait guère de la question sociale, c'est qu'elle incarnait l'idéal dominant, celui d'une société qui préférait la stabilité au mouvement et la liberté individuelle à l'organisation collective.

Chapitre 69

Retrouver son rang

« La Méditerranée est un lac de civilisation ; ce n'est certes pas pour rien que la Méditerranée a sur l'un de ses bords le vieil univers et sur l'autre l'univers ignoré, c'est-à-dire d'un côté toute la civilisation et de l'autre toute la barbarie [...]. Dieu offre l'Afrique à l'Europe. Prenez-la. Prenez-la, non pour le canon, mais pour la charrue ; non pour le sabre, mais pour le commerce ; non pour la bataille, mais pour l'industrie ; non pour la conquête, mais pour la fraternité. Versez votre trop-plein dans cette Afrique, et du même coup résolvez vos questions sociales, changez vos prolétaires en propriétaires. Allez, faites ! faites des routes, faites des ports, faites des villes ; croissez, cultivez, colonisez, multipliez. » Prononcé le 18 mai 1879 à l'occasion d'un banquet commémorant l'abolition de l'esclavage, ce discours de Victor Hugo illustre la bonne conscience des républicains. Coloniser, pour la France, est un devoir en même temps qu'un moyen de retrouver son rang.

La « crise allemande »

Si la guerre de 1870 a peu entamé la santé économique de la France, elle a toutefois affaibli sa position internationale et profondément troublé les esprits. À la veille de Sedan, l'opinion était parfaitement sûre de la force de la France et de sa situation dans le monde. L'Angleterre était son alliée. La Russie et l'Autriche avaient été vaincues. L'Espagne était en complète décadence. L'Allemagne et l'Italie étaient encore des « nationalités » qui se cherchaient. Ayant acquis Nice et la Savoie, la France paraissait un pays « achevé ». Pour la génération de 1830, celle de Michelet et de Hugo, il était clair que la France avait vocation à guider l'évolution du monde. Sedan brisa cet enthousiasme. 1815 avait été la défaite d'un homme et la fin d'une aventure surhumaine. 1870 est l'humiliation d'un pays, la honte d'une nation, l'abaissement d'un nom. La guerre, pour la France, n'était pas une nouveauté. Une telle défaite, en revanche, était ressentie comme la première. La « crise allemande de la pensée française », pour reprendre le titre de la belle thèse de Claude Digeon, a été profonde et durable. Désormais, « la grande blessée » est seule en face d'une Allemagne victorieuse.

« Ah ! nous sommes cruellement éprouvés, mes amis, déclare Léon Gambetta à Thonon, en Savoie, le 20 septembre 1872. La France, à proprement parler, depuis la Réforme, depuis la grande moitié du XVIe siècle, a été tour à tour, pour tous les peuples de l'Europe, le guide, l'initiateur et le martyr. C'est de son sang, de son dévouement, de ses sacrifices et de ses servitudes que sont faites la gloire, l'émancipation et la liberté des autres peuples. »

Pour les intellectuels, dont l'influence est certaine et le pessimisme fort, il y a désormais un « modèle » allemand dont il faut s'inspirer. Pour Ernest Renan comme pour Jules Simon, c'est parce qu'elle a été contaminée par la mentalité utilitaire des Anglo-Saxons et le progrès des richesses que la France a été vaincue par le Germain chaste et frugal. « Nous avons remplacé la gloire par l'argent, le travail par l'agiotage, la fidélité et l'honneur par le scepticisme, les luttes de partis et de doctrines par des compétitions d'intérêts, l'école par des clubs, Méhul et Lesueur par des chansonnettes, proclame le 26 octobre 1871 Jules Simon dans un discours devant les cinq Académies qui eut un énorme retentissement. Oui, nous portions en nous la cause de la défaite. Oui, nous avons été presque aussi coupables que malheureux. Oui, nous avons à guérir l'âme même de la France. »

Jeune historien, Ernest Lavisse prend alors, comme beaucoup d'autres, la décision de partir pour l'Allemagne et y rédige une thèse sur les origines de la monarchie prussienne par laquelle il veut révéler à ses compatriotes le secret de leur défaite. En 1878, Littré, qui s'était laissé aller à prévoir la paix par la solidarité des nations sœurs, écrit : « Quelle ruine de belles et généreuses perspectives ! Nous qui élevions nos enfants dans le bienveillant respect pour les peuples étrangers ! Il faut changer tout cela ; il faut les élever dans la défiance et dans l'hostilité ; il faut leur apprendre que les exercices militaires sont la première de leurs tâches ; il faut leur inculquer qu'ils doivent toujours être prêts à tuer et à être tués ; car c'est le seul moyen d'échapper au sort de l'Alsace et de la Lorraine, le plus triste des malheurs, la plus poignante des douleurs. » Pour la génération qui avait fleuri au lendemain du traité de Francfort, note Pierre de Coubertin, l'Allemagne, c'était « la terre de la revanche ». De douze ans son cadet, André Siegfried observait : « Même tout petits, nous savions l'humiliation, la diminution de la défaite ; mais nous grandissions en même temps dans l'espoir de la revanche, dans le culte du drapeau, dans l'admiration de l'armée alors en voie de renaissance. »

C'est aussi l'époque où, de Vercingétorix à Jeanne d'Arc, le culte des glorieux « ancêtres » prend une signification nouvelle. Alors que jusque-là, le prestige de l'Antiquité classique avait desservi des Gaulois aussi rustres que chevelus, le désastre de Sedan sonne la revanche de Vercingétorix qui, même battu, a su préserver l'honneur de la France vaincue. Alors que les catholiques exaltaient bruyamment Clovis, symbole d'une France chrétienne et monarchique, les « hussards noirs » de la République font du chef arverne le premier artisan de l'unité nationale. Autrefois refoulés de l'histoire de France, les Gaulois deviennent alors « nos ancêtres » dont le puissant « patriotisme » doit animer tous ceux qui rêvent d'en découdre avec les « hordes germaniques ». À la sainte trinité France-monarchie-catholicisme inaugurée par le baptême de Clovis, se substitue désormais une trinité laïque et démocratique Gaule-nation-République. En 1882 encore, Paul Déroulède, l'auteur adulé des *Chants du soldat*, fonde avec l'historien Henri Martin la Ligue des patriotes, à laquelle Victor Hugo offre son patronage. Se donnant pour objectif de « développer les forces physiques et morales de la nation », s'appuyant sur un réseau de sociétés de gymnastique, disposant d'un hebdomadaire, le Drapeau, elle compte bientôt plusieurs dizaines de milliers d'adhérents unis par un seul mot d'ordre, « la Revanche ».

Quand on apprend que, le 1er mai 1891, doit s'ouvrir à Berlin une exposition internationale des beaux-arts à laquelle avaient accepté de participer des peintres français, Paul de Cassagnac, polémiste redouté, lance : « Nous avons à nos flancs une plaie saignante, une plaie qui ne guérira jamais et que nous ne craignons pas d'aviver encore, avec l'espoir farouche de saintes représailles. Comment les peintres français pourront-ils accrocher des tableaux aux murs de Berlin sans penser à l'Alsace et à la Lorraine qui gémissent sous un joug de fer ? » Édouard Detaille, qui avait accepté dans un premier temps, et Puvis de Chavannes préfèrent se décommander pour ne pas froisser le drapeau.

L'armée devient alors le symbole de l'unité nationale, l'« arche sainte » unissant les Français. Droite et gauche confondues, l'Assemblée unanime avait acclamé le duc d'Audiffret-Pasquier lorsqu'il avait proposé en 1872 le principe du service militaire obligatoire en s'écriant : « Que tous nos enfants y aillent donc et que le service obligatoire soit la grande école des générations futures ! » C'est bien dans l'armée et par l'armée que devait s'amorcer la réforme morale de la France. « Il faut mettre partout, à côté de l'instituteur, le gymnaste et le militaire, afin que nos enfants, nos soldats, nos concitoyens soient tous aptes à tenir une épée, à manier un fusil, à faire de longues marches, à passer les nuits à la belle étoile, à supporter vaillamment toutes les épreuves pour la patrie », avait proclamé Gambetta le 26 juin 1871. Ministre du « grand ministère » en novembre 1881, Paul Bert avait organisé des « bataillons scolaires » dotés d'un uniforme qui s'exerçaient chaque semaine au maniement des armes et, dans certains établissements, défilaient l'arme sur l'épaule, tambours et clairons en tête, devant un autel de la patrie. En 1882, la Ligue française de l'enseignement fondée par Jean Macé adoptait pour devise : « Pour la patrie, par le livre et par l'épée », et son fondateur rédigeait en 1885 la préface d'un *Manuel de tir à l'usage des écoles primaires, des lycées et des bataillons civiques*. L'armée, à laquelle chaque famille se sentait désormais concernée, était bien devenue la grande affaire nationale à laquelle la République accordait des crédits croissants votés chaque année à la quasi-unanimité. La « revue » du 14 juillet apparaissait alors comme le moyen fort populaire de montrer la bonne tenue des troupes et de « fêter, voir et complimenter l'armée française ». « Avoir un fils à Saint-Cyr » ou marier sa fille à un officier faisaient enfin partie des ambitions affichées par les notables. « Vous souvient-il, écrit Jules Ferry quelques semaines après la défaite, que sous l'Empire nous ne disions pas beaucoup de bien du militarisme ? Vous rappelez-vous ces vagues aspirations vers le désarmement général, le détachement manifeste de tout esprit militaire, cette tendance à la création d'une sorte de garde nationale universelle qui caractérisaient la démocratie d'alors ? Ces idées-là eurent des partisans ; plusieurs d'entre nous les ont professées, y ont incliné, s'y sont laissé prendre. Mais, je vous le demande, en est-il un seul aujourd'hui qui n'ait été converti par les événements ? Ce pays a vu la guerre de 1870 ; il a tourné le dos pour jamais à ces utopies périlleuses et décevantes. » Ce *mea-culpa* est aussi celui de Sully Prudhomme qui, dans un poème daté de 1872, confesse :

Je m'écriais avec Schiller :
Je suis un citoyen du monde [...]

De mes tendresses détournées
Je me suis enfin repenti.
Ces tendresses je les ramène
Étroitement sur mon pays,
Sur les hommes que j'ai trahis
Par amour de l'espèce humaine.

La République impériale

Le 28 juillet 1885, quatre mois après avoir été renversé par la Chambre et avoir quitté l'Assemblée par une porte dérobée pour échapper aux manifestants qui hurlent place de la Concorde : « À mort le Tonkinois ! », Jules Ferry, se présentant comme délivré du pouvoir, livre à ses collègues un long discours que l'histoire retiendra comme le plaidoyer le plus argumenté de l'expansion coloniale.

« Messieurs, dans l'Europe telle qu'elle est faite, dans cette concurrence de tant de rivaux que nous voyons grandir autour de nous, les uns par les perfectionnements militaires ou maritimes, les autres par le développement prodigieux d'une population incessamment croissante ; dans une Europe, ou plutôt dans un univers ainsi fait, la politique de recueillement ou d'abstention, c'est tout simplement le grand chemin de la décadence ! Les nations, au temps où nous sommes, ne sont grandes que par l'activité qu'elles développent.

Rayonner sans agir, sans se mêler aux affaires du monde, en regardant comme un piège, comme une aventure toute expansion vers l'Afrique et vers l'Orient, vivre de cette sorte, pour une grande nation, c'est abdiquer, et dans un temps plus court que vous ne pouvez le croire, c'est descendre du premier rang au troisième et au quatrième.

Le parti républicain a montré qu'il comprenait bien qu'on ne pouvait pas proposer à la France un idéal conforme à celui de nations comme la libre Belgique et comme la Suisse républicaine ; qu'il faut autre chose à la France ; qu'elle ne peut être seulement un pays libre ; qu'elle doit être aussi un grand pays, exerçant sur les destinées de l'Europe toute l'influence qui lui appartient, qu'elle doit répandre cette influence sur le monde, et porter partout où elle le peut sa langue, ses mœurs, son drapeau, ses armes, son génie. »

Se répandre en Afrique ou en Asie ou rester les yeux fixés sur la « ligne bleue des Vosges », planter le drapeau français là où il n'est jamais allé ou le replanter d'abord là où il flottait jadis, aider la barbarie à marcher vers le progrès ou refuser d'imposer par les armes sa domination à des peuples qui la refusent, tels sont les termes du grand débat qui divise les Français au moment où le pays se lance dans la conquête d'un empire dont les taches roses sur les cartes murales s'offrent aux rêves de milliers d'écoliers.

« Races supérieures ! Races inférieures ! C'est bientôt dit, proteste Georges Clemenceau, le 30 juillet 1885. Pour ma part, j'en rabats singulièrement depuis que j'ai vu des savants allemands démontrer scientifiquement que la France devait être vaincue dans la guerre franco-allemande parce que le Français est d'une race inférieure à l'Allemand. Depuis ce temps, je l'avoue, j'y regarde à deux fois avant de me retourner vers un homme et vers une civilisation et de prononcer : homme ou civilisation inférieure ! [...] »

Ce sont bien deux conceptions de la nation et deux stratégies de la grandeur qui s'opposent ici, l'une qui, préparant la future guerre avec l'Allemagne, ne veut pas gaspiller outre-mer l'or et le sang de la France, l'autre qui, préférant rayonner dans le monde pour mieux rivaliser avec son ennemi principal, est en même temps convaincue que la « Grande Nation » a reçu mandat de libérer les peuples et de propager les Lumières. Mais si Flaubert peut, dans son *Dictionnaire des idées reçues*, écrire à l'article Colonies (nos) « s'affliger quand on en parle », c'est aussi parce que, dans leur grande majorité, les Français se désintéressaient des tropiques.

« Lorsqu'on revient en France après de longues années de séjour en pays lointain, écrit Francis Garnier à son retour d'Indochine en 1870, on reste singulièrement touché de la profonde indifférence du public pour tout ce qui se rattache à ce côté de la grandeur nationale. »

Pourtant, c'est bien pendant ces années douloureuses de « recueillement » que s'ébauchent les fondements de la République impériale. Déjà, à l'article Colonies du *Grand Dictionnaire* de Pierre Larousse, on a pu lire : la colonisation « est devenue une nécessité de premier ordre. Elle est la conséquence de l'immense mouvement industriel qui, depuis 1815, a décuplé le travail des manufactures. Il faut à tout prix accroître les approvisionnements de matières premières et créer des débouchés pour les produits. » Publié en 1874, *De la colonisation chez les peuples modernes*, un livre au titre austère, connaît un énorme succès. « À quelque point de vue que l'on se place, écrit Paul Leroy-Beaulieu, le jeune auteur, un économiste à la prometteuse carrière, que l'on se renferme dans la considération de la prospérité et de la puissance matérielle, de l'autorité et de l'influence politique, ou que l'on s'élève à la contemplation de la grandeur intellectuelle, voici un mot d'une incontestable vérité : le peuple qui colonise le plus est le premier peuple ; s'il ne l'est pas aujourd'hui, il le sera demain. »

Fondée en 1821, la Société de géographie de Paris voit le nombre de ses membres passer de 780 en 1873 à 2 000 en 1880. En 1894, les sociétés françaises de géographie comptent 18 700 membres, soit plus que dans n'importe quel autre pays au monde. Se proposant de « concourir au développement des entreprises commerciales de la France sur tous les points du globe », de favoriser les voyages « qui peuvent ouvrir de nouveaux débouchés », de « développer de façon plus complète l'enseignement de la géographie afin d'appliquer ses résultats à toutes les branches d'activités sociales, commerciales, religieuses, industrielles et militaires », elles alimentent aussi le rêve d'évasion dont témoigne le succès grandissant de l'œuvre de Jules Verne. À l'enseigne de *La Petite Vache*, une crémerie de la rue Mazarine, se donnent rendez-vous chaque vendredi, autour d'une table de onze couverts, le directeur de la librairie Hachette, Francis Garnier, Savorgnan de Brazza, des chirurgiens, des romanciers et des peintres dont les images dessinées au trait ravissent les lecteurs du *Petit Journal* ou du *Tour du Monde*.

L'exotisme, le dépaysement, mais aussi la fuite vers des contrées non encore perverties par la civilisation, des paysages non encore domestiqués, deviennent non seulement des thèmes artistiques à la mode mais ils chavirent parfois la vie de ces artistes. Quand Guy de Maupassant part pour l'Afrique du Nord en 1881, il écrit : « Je me sentais attiré vers l'Afrique par un impérieux besoin, par la nostalgie du désert ignoré, comme par le pressentiment d'une passion qui va naître. [...] Je voulais voir cette terre de soleil et de sable [...] le midi épandu sur la mer de sable immobile et illimitée. » C'est Arthur Rimbaud qui avoue : « Ma journée est faite, je quitte l'Europe. L'air marin brûlera mes poumons, les climats perdus me tanneront. Je reviendrai avec des membres de fer, la peau sombre, l'œil furieux ; sur mon visage, on me jugera d'une race forte. » C'est Paul Gauguin qui écrit : « Puisse venir le jour où j'irai m'enfuir dans les bois sur une île de l'Océanie, vivre là d'extase, de calme et d'art. Entouré d'une nouvelle famille, loin de cette lutte européenne après l'argent. Là, à Tahiti, je pourrai, au silence des belles nuits tropicales, écouter la douce musique murmurante des mouvements de mon cœur, en harmonie amoureuse avec les êtres mystérieux de mon entourage. Libre enfin, sans souci d'argent, et je pourrai aimer, chanter et mourir. »

C'est enfin la France religieuse qui pousse à l'expansion. Le temps de la République laïque et conquérante est aussi celui d'une activité missionnaire intense. Deux tiers des effectifs missionnaires répandus dans le monde sont d'origine française avant 1914. La Congrégation de la propagation de la foi est capable de recueillir plus de 40 millions de francs de dons entre 1872 et 1882, ce qui est considérable. Du Tonkin, où les communautés chrétiennes subissent de sanglantes persécutions, à l'Algérie, où la croix de Mgr Lavigerie concurrence rudement le croissant, et à l'Afrique noire, où les Pères Blancs civilisent les « cannibales », missionnaires et francs-maçons se donnent la main pour amener à la « civilisation » ces « nègres » dont Pierre Larousse avait écrit dans son *Dictionnaire* : « C'est en vain que quelques philanthropes ont essayé de prouver que l'espèce nègre est aussi intelligente que l'espèce blanche. Quelques rares exemples ne suffisent point pour prouver l'existence chez eux de grandes facultés intellectuelles. Un fait incontestable et qui domine tous les autres, c'est qu'ils ont le cerveau plus rétréci, plus léger et moins volumineux que celui de l'espèce blanche, et comme, dans toute la série animale, l'intelligence est en raison directe des dimensions du cerveau, du nombre et de la profondeur des circonvolutions, ce fait suffit pour prouver la supériorité de l'espèce blanche sur l'espèce noire. » Pierre Larousse, qui partageait les idées de la plupart de ses contemporains sur la « hiérarchie des races », d'Arthur de Gobineau à Ernest Renan, d'Herbert Spencer à Charles Darwin, de Paul Broca à Vacher de Lapouge, ajoutait toutefois, en solide républicain : « Mais cette supériorité intellectuelle donne-t-elle aux Blancs le droit de réduire en esclavage la race inférieure ? Non, mille fois non. Si les nègres se rapprochent de certaines espèces animales par leurs formes anatomiques, par leurs instincts grossiers, ils se rapprochent des hommes blancs. [...] Ils sont doués de la parole et par la parole nous pouvons nouer avec eux des relations intellectuelles et morales, nous pouvons essayer de les élever jusqu'à nous. [...] Leur infériorité intellectuelle, loin de nous conférer le droit d'abuser de leur faiblesse, nous impose le devoir de les aider et de les protéger. »

Certes, tous ces courants ne constituaient pas un lobby colonial puissant. Reste qu'en cette fin de siècle, personne ou presque ne mettait réellement en doute l'idée que sur les continents non encore fertilisés par la semence de l'homme blanc, tout était à faire. Certes, Jules Ferry n'avait certainement pas conscience du chemin dans lequel il s'engageait en employant l'armée outre-mer. Reste qu'au terme du fiévreux mouvement d'expansion amorcé avec lui, la France allait se tailler le deuxième empire colonial du monde, un empire de plus de 10 millions de kilomètres carrés peuplé en 1914 par près de 50 millions d'habitants. Un empire qui faisait dire en 1905 à Clémentel, novice ministre des Colonies, devant la vaste carte des possessions françaises : « Les colonies [...] je ne savais pas qu'il y en eût tant. »

Quand Jules Ferry forme son premier ministère, le 25 septembre 1880, en dehors de l'Algérie déjà considérée comme un prolongement de la métropole, l'empire colonial français comprend la vallée du Sénégal, les comptoirs de Guinée, Sainte-Marie et quelques îles aux alentours de Madagascar, la Réunion, la Martinique, la Guadeloupe, la Guyane, Saint-Pierre-et-Miquelon, Tahiti et la Nouvelle-Calédonie, les cinq comptoirs indiens, la Cochinchine et le Laos. Un empire déjà important constitué des « vieilles colonies » de l'Ancien Régime et de terres dispersées conquises sans réelle stratégie depuis 1815. Trente années plus tard, il s'est arrondi à l'ensemble de l'Indochine, à la Tunisie, au Maroc, à Madagascar et à de vastes pans de l'Afrique noire.

En 1881, encouragée par Bismarck qui, au congrès de Berlin de 1878, a poussé la France à prendre pied à Tunis pour la détourner du Rhin, Jules Ferry monte en épingle une incursion en Algérie des Kroumirs, des tribus pillardes venant de Tunisie, pour faire voter par le Parlement des crédits destinés à « châtier ces populations insoumises ». L'opération de police se transforme en véritable intervention militaire et, le 12 mai 1881, le bey doit signer le traité du Bardo, qui le dépouille de tout pouvoir réel de décision au profit d'un résident général français qui représentera les intérêts tunisiens à l'étranger et prendra en charge la réorganisation financière de la Régence.

Dans le même esprit, l'intervention au Tonkin, présentée comme le moyen d'assurer la sécurité de la Cochinchine et de secourir les chrétiens gémissant sous le joug annamite, se transforme en guerre larvée contre une Chine dont les débouchés font rêver aussi bien les soyeux lyonnais que les entrepreneurs de travaux publics. Après les premiers succès de l'amiral Courbet dont l'escadre bombarde Foutcheou puis entreprend le blocus de Formose, un accrochage suivi d'une retraite dans les environs de Lang-Són en mars 1885 met un terme à la carrière politique de Ferry, le « Tonkinois ». Mais la France reste au Tonkin, et la Chine accepte l'ouverture au commerce de ses trois provinces méridionales.

En Afrique noire, décrite comme un véritable eldorado, comme une « seconde Inde » qu'irriguerait le Transaharien, une voie ferrée mythique qui relierait l'Algérie au Soudan, les expéditions menées par Savorgnan de Brazza offrent une partie du Congo à la France. Puis la conférence de Berlin, close en février 1885, accélère le *scramble*, cette « course au clocher » qui met aux prises tous les candidats à l'expansion outre-mer. C'est la course au Tchad, la course au Niger, la course au Nil, où en 1898, la mission du capitaine Marchand se heurte à Fachoda aux Britanniques de Kitchener.

Madagascar, dont la reine Ranavalona III est déjà sous protection rapprochée est, en 1896, transformée en une simple colonie confiée à Gallieni, qui y règne en maître. Au Maroc, la France pousse ses pions, pressée par les milieux algériens et les militaires qui souhaitent pouvoir contrôler l'ensemble de l'Afrique du Nord.

À l'aube du XXe siècle, la France a bien conquis un empire dont l'extension sur un planisphère est impressionnante, mais qui reste un véritable puzzle de nature à défier le cartésianisme de ceux qui s'emploient à l'administrer.

Alors que les départements algériens, placés depuis 1898 sous l'autorité renforcée d'un gouverneur général, apparaissent comme le prolongement de la France au sud de la Méditerranée, la Tunisie et le Maroc conservent leur souverain, leur pavillon et leur personnalité. S'il existe bien depuis le 20 mars 1894 un ministère des Colonies, son autorité reste limitée et sa place dans le gouvernement mal assurée. « Cette Afrique française, écrit en 1914 Messimy, ancien ministre des Colonies, lorsque vous considérez une carte, elle vous paraît une. Elle ne l'est pas, car ces diverses parties de notre empire dépendent : l'Algérie du ministère de l'Intérieur, la Tunisie et le Maroc du ministère des Affaires étrangères, l'Afrique occidentale et l'Afrique équatoriale du ministère des Colonies. » Pour souligner l'absurdité de cette division, Messimy donnait l'exemple des troupes de l'AOF, guerroyant avec vigueur en 1913 contre les bandes d'El-Hiba en Mauritanie, alors qu'au même moment, Lyautey, résident au Maroc, entamait vis-à-vis de lui une politique diamétralement opposée. Dans un article de la *Dépêche coloniale* du 21 novembre 1911, un spécialiste de la législation coloniale, Arthur Girault, faisait observer qu'une barrière douanière rigoureuse séparait toujours l'Algérie de la Tunisie et que l'on n'avait toujours pas réussi à construire une ligne de chemin de fer reliant les deux pays.

Cette complexité administrative était aussi le produit d'un débat non tranché entre partisans et adversaires de l'assimilation. Pour les premiers, qui rassemblaient juristes et partisans du « progrès », la politique d'assimilation devait avoir pour objectif de soumettre aux mêmes lois les différentes parties de l'empire et de transformer progressivement les indigènes en citoyens français. Arthur Girault, toujours lui, s'en faisait le champion en écrivant : « Il faut tenir compte du tempérament et des aptitudes de la nation colonisatrice. L'autonomie convient à des Anglo-Saxons. Nous, Français, nous sommes des Latins. L'influence de Rome a pétri nos esprits pendant des siècles. Nous ne pouvons nous soustraire à cette obsession et ce serait forcer notre nature que sortir de la voie qu'elle nous a tracée. Nous ne savons faire, et par suite nous ne devons faire, que de l'assimilation. » Pour lui comme pour les pères fondateurs de l'enseignement colonial, « l'instruction des indigènes aura cette efficacité de combler la distance et, en les faisant vivre des mêmes notions, de les habituer à se considérer et à se traiter comme les membres de la même famille humaine, de la même nation. »

Pour les partisans de l'autonomie, qui se recrutaient aussi bien chez les francs-maçons que chez les aristocrates, il était en fait insensé de vouloir soumettre aux même règles des pays qui différaient du tout au tout pour satisfaire un goût d'uniformité bien français. Pour répondre à la diversité des terrains, mieux valait faire des jardins anglais que les allées symétriques et inanimées de Versailles. Pour ces hommes aux vues largement anticipatrices, le but de la colonisation était de former des sociétés aptes à se gouverner elles-mêmes et à se constituer, une fois mûres, en États indépendants. Son rôle était de préparer une émancipation inévitable, de manière que la séparation s'opère sans secousses et sans aigreur. « L'important, avait écrit en 1892 Chailley, n'est pas d'avoir des colonies qui languissent et un empire vaste qui périclite ; c'est d'avoir semé ses idées dans le monde et laissé des héritiers de son génie. La plus glorieuse colonie de l'Angleterre, c'est encore les États-Unis. »

Exporter les principes de 1789 et instruire les futurs rebelles ou laisser les élites indigènes traditionnelles administrer leurs sujets, tel était l'enjeu de ce débat qui traversa l'histoire de la IIIe et de la IVe République et prépara des décolonisations douloureuses, tant il était difficile pour un héritier de la philosophie des Lumières d'imaginer que la France puisse renoncer à sa « vocation ». C'est encore Ernest Lavisse qui, dans son *Histoire de France pour le cours élémentaire*, écrit : « La France veut que les petits Arabes soient aussi bien instruits que les petits Français. Cela prouve que notre France est bonne et généreuse pour les peuples qu'elle a soumis. » C'est aussi Jean Jaurès qui déclare en 1903 devant la Chambre des députés : « J'ajoute que la France a autant le droit de prolonger au Maroc son action économique et morale qu'en dehors de toute entreprise, de toute violence militaire, la civilisation qu'elle représente en Afrique auprès des indigènes est certainement supérieure à l'état présent du régime marocain. »

L'alliance franco-russe

En incitant la France à intervenir en Tunisie, Bismarck avait voulu non seulement éloigner l'armée française de « la ligne bleue des Vosges », mais encore exciter des concurrences qui isoleraient davantage la France en Europe. Les premiers frottements du scramble lui donnent raison. En 1881, l'intervention en Tunisie provoque une tension très vive avec l'Italie, qui estimait avoir des droits « historiques » sur une Régence où vivaient déjà 11 000 Italiens. En mai 1882, frustrée, elle signe avec l'Allemagne et l'Autriche un traité d'alliance qui sera renouvelé jusqu'en 1915. Certes, l'Italie ne cesse d'affirmer sa volonté de maintenir de bons rapports avec la France. Reste qu'au fil du temps, les questions pendantes entre les deux pays prennent un tour de plus en plus acrimonieux. En 1889, le gouvernement italien décline l'invitation à participer à l'Exposition universelle de Paris. En Italie, les consuls français sont soumis aux « tracasseries » de l'administration italienne. En France, des rixes opposent de plus en plus fréquemment ouvriers français et travailleurs italiens immigrés, nourrissant sentiments italophobes ici et francophobes là-bas. À Aigues-Mortes, dans l'été 1893, une chasse aux « Ritals » de plusieurs jours fait 7 morts, au cours de scènes d'une sauvagerie inouïe. L'année suivante, l'assassinat de Sadi Carnot par l'anarchiste italien Caserio excite plus encore la haine de ces « Macaronis aux prunelles luisantes, enragés de misère et de fanatisme qui ôtent le pain de la bouche aux travailleurs français ».

En Égypte, où le gouvernement britannique a acheté 43 % des actions de la Compagnie universelle du canal maritime de Suez, jusque-là en possession du khédive, le condominium franco-britannique devient de plus en plus boiteux. Quand, en 1882, des troubles nationalistes éclatent à Alexandrie, la Grande-Bretagne intervient seule et se rend maîtresse du pays. Même si la France a fait preuve à cette occasion d'une totale irrésolution, refusant de se joindre aux Britanniques, elle en nourrira une profonde rancœur à l'égard de la « perfide Albion ». À l'occasion de l'annexion de Madagascar, Eugène Étienne, le chantre du « parti colonial », souligne la nécessité de « surveiller l'Angleterre dans l'Océan Indien » et d'aller partout où sa politique cherche à devancer la France. Pour justifier la révision de la politique douanière, Jules Méline s'écrie : « La fabrique d'Outre-Manche, concurrencée sur tant de points du globe, déverse de plus en plus chez nous le trop-plein de sa production. » En 1896, la Chambre adopte à l'unanimité un ordre du jour pressant le gouvernement d'agir énergiquement pour « faire cesser immédiatement par tous les moyens en son pouvoir les agissements des missionnaires anglais en Algérie ». Les débats parlementaires pour faire de la Sainte-Jeanne-d'Arc une fête nationale témoignent aussi d'une anglophobie qui s'exaspère au moment de Fachoda. À cette date, la campagne ultra-chauvine menée par la presse populaire pour dénoncer le « Sedan colonial », le « Lâchoda » du gouvernement, donne la mesure d'une opinion gagnée à la République impériale.

À cette date pourtant, la France est sortie de l'isolement dans lequel voulait l'enfermer le système bismarckien. Préparée par la Bourse de Paris qui, à partir de novembre 1888, a absorbé plusieurs gros emprunts russes boudés par la finance allemande, l'entente entre la République et le plus autocrate des empires est rendue publique en juillet 1891, quand l'amiral Gervais conduit à Cronstadt une escadre française et que le tsar se met au garde-à-vous pour écouter jouer une *Marseillaise* qui promet de renverser les tyrans. Cette politesse est rendue le 13 octobre 1893 quand l'escadre russe mouille à Toulon et entend la foule, massée sur le quai du port, entonner l'hymne russe. Monté à Paris avec son état-major, l'amiral Avellan est accompagné par 300 000 Français qui prennent le train pour suivre l'événement. En 1896, Nicolas II, fraîchement couronné, se rend à Paris, laissant dans son sillage un pont en construction qui recevra le nom de son père. En 1897, Félix Faure est à Saint-Pétersbourg où les marchands vendent des milliers de médailles pieuses à l'effigie du président.

CHAPITRE 70

Surmonter les fractures

« Consensus » est-il un mot français ? Mis à la mode dans le vocabulaire politique depuis les années 1970 pour exprimer les vœux d'une France en mal d'apaisement, ce mot d'origine latine ne fait pas partie du vocabulaire du XIX*e siècle. Même si les cérémonies du premier centenaire de la Révolution de 1789 ont privilégié les journées les plus pacifiques, le 5 mai et le 4 août, même si le gouvernement reste modéré dans ses épanchements, même si le tableau allégorique de Meissonier,* Le Triomphe pacifique de la France, *est bien dans l'air du temps, la modération n'est décidément pas une vertu française. De 1887 à 1899, du boulangisme à l'affaire Dreyfus, une série de crises politiques illustre à l'envi l'histoire des « passions françaises », les poussées de fièvre hexagonales qui montrent assez les difficultés d'un « vouloir-vivre-ensemble ».*

Le « général la Revanche »

Le 14 juillet 1886, lors de la revue organisée à Longchamp, duchesses et lingères n'ont d'yeux que pour un général à la fière allure, sanglé dans un dolman turquoise à baudrier noir couvert de décorations, portant une barbe frémissante, la tête haute et le bicorne à plumes blanches. Se plaçant en face de la tribune présidentielle, il salue Jules Grévy et pointe son épée vers le ciel. Dans la foule, on crie : « Vive la République, vive la France ! » ; mais surtout : « Vive

Boulanger ! » Le soir même, le chansonnier Paulus, qui a « senti le vent », étrenne à l'*Alcazar* d'été sa nouvelle chanson, *En revenant de la revue*. Reprise à pleins poumons par la salle en délire, avant de se répandre comme une traînée de poudre sur les boulevards et dans les bals populaires, elle amorce la légende du « général la Revanche » et ouvre la première grande crise de la République, cette République « ferryste » qui exaspère autant les mineurs de Decazeville que les partisans de Déroulède, les cités ouvrières du Nord que les victimes du krach de l'Union générale.

Né à Rennes en 1837, Georges Boulanger a été reçu à Saint-Cyr à dix-sept ans. À peine nommé sous-lieutenant au 1er régiment des tirailleurs algériens, il subit le baptême du feu en Grande Kabylie, où ses premières victoires contre les tribus rebelles lui valent l'estime de ses hommes. En 1859, il participe à la campagne d'Italie et y gagne la Légion d'honneur après avoir été blessé près de Magenta. En 1861, il se porte volontaire pour la Cochinchine, où il est blessé d'un coup de lance à la cuisse. Le voilà capitaine. En 1865, de retour à Paris, il épouse sa cousine Lucie Renouard, qui lui apporte en dot un trousseau de 8 000 francs, la rente viagère annuelle de sa grand-mère et 40 000 francs d'actions ferroviaires, mais pas la frivolité, qu'il trouvera auprès de nombreuses maîtresses. Nommé instructeur à Saint-Cyr, il est bientôt commandant, puis lieutenant-colonel pendant la guerre de 1870. Blessé une nouvelle fois à l'épaule droite devant Champigny-sur-Marne, il est promu officier de la Légion d'honneur en décembre 1870, puis devient colonel en janvier 1871.

Blessé encore le 22 mai 1871 alors qu'il est sur le point de reprendre le Panthéon aux communards, il a la chance de ne pas avoir à participer à la « Semaine sanglante ». Le 25 novembre 1871, la commission de révision des grades, estimant que son ascension a été trop rapide, le rétrograde lieutenant-colonel, ce qui excite la fureur et avive l'ambition de celui qui fait des pieds et des mains pour gagner des appuis. Flattant aussi bien le prince d'Aumale que Léon Gambetta, les monarchistes que les républicains, il est promu en 1880 général de brigade puis, en 1884, général de division. Envoyé en Tunisie pour commander les troupes françaises, il soigne sa popularité, invite à sa table les sous-officiers, se fait escorter par les cavaliers du désert, reçoit sans cesse, fraternise avec les caïds et se heurte au résident, Paul Cambon, qui écrit de lui : « Le général a une certaine intelligence mais il a surtout un merveilleux savoir-faire. Il en faut pour être arrivé à ce qu'il est à son âge, mais il manque de culture, d'esprit. Il n'a pas de conversation non plus. On sent un homme qui a peu lu, peu réfléchi aux choses supérieures, qui n'a pas d'idées générales. Tout son esprit est tendu vers l'avancement, la politique personnelle [...]. »

Ce qu'il réussit effectivement fort bien. En janvier 1886, poussé par Georges Clemenceau, qu'il a connu sur les bancs du lycée de Nantes, et les radicaux, qu'il a cultivés en ne perdant jamais une occasion de prononcer des discours fort républicains, il conquiert le ministère de la Guerre dans le cabinet présidé par Charles de Freycinet. Débordant d'activité, il prend des mesures spectaculaires et symboliques, faisant repeindre les guérites en tricolore, organisant des retraites aux flambeaux dans les villes de garnison, autorisant le port de la barbe, améliorant l'ordinaire, faisant servir la soupe dans des assiettes au lieu de gamelles, assouplissant le régime des permissions et mettant fin aux dispenses des séminaristes, à la grande joie de la gauche, qui applaudit celui qui envoie les « curés-sac-au-dos ». Sur le plan technique, il impose le fusil Lebel, premier fusil à répétition, capable de tirer jusqu'à vingt coups par minute, fait installer le premier service téléphonique aux armées et réorganise le service cartographique. Multipliant les tournées en province, il se fait apprécier dans toutes les bourgades. « Je vous salue tous, commence-t-il un jour devant les employés des Postes de la Drôme, jusqu'au plus humble, jusqu'à ce petit facteur que je vois au fond de la salle. » Attaquant toujours ses discours par cette apostrophe démagogique, en remplaçant selon les publics « facteur » par « soldat », « ouvrier » ou « paysan », il fait chaque fois un « tabac ». « Il est venu à la caserne, dit un sergent, il nous a raconté je ne sais quoi, où il était question de la France. Ce qu'il y a de sûr, c'est que j'ai pleuré. Il m'aurait ordonné : Jette-toi sur ta baïonnette, je l'aurais fait. »

Faisant preuve d'un républicanisme fort combatif, il fait rayer des cadres de l'armée tous les princes du sang et fait expulser son ancien protecteur, le duc d'Aumale, qui a protesté. Au député Keller qui l'interpelle à la Chambre, il réplique : « La loi est formelle ; on ne peut être officier dans l'armée française que de deux façons : en passant dans une école militaire ou en ayant conquis ses grades dans les rangs, sac au dos [...]. Le duc d'Aumale n'a pas conquis ses galons sac au dos. Il les a reçus comme un don paternel de la faveur du roi Louis-Philippe : le jour où celui-ci a cessé de régner, la faveur est tombée logiquement avec lui. » Mieux, au député socialiste Basly qui, le 11 février 1886, l'interpelle une nouvelle fois à la Chambre sur l'envoi des troupes à Decazeville, il proclame : « À l'heure qu'il est, chaque soldat est peut-être en train de partager avec un mineur sa soupe et sa ration de pain. » « Dans ce mot-là, écrira Maurice Barrès, les principes d'humanité, de fraternité, si flottants et tout abstraits à l'ordinaire, pénétraient la vie réelle. »

Ce capital d'admiration patiemment constitué, Boulanger le fait bruyamment fructifier en avril 1887. Attiré dans un véritable guet-apens par son homologue germanique, Schnaebelé, commissaire de police de Pagny-sur-Moselle, est arrêté le 20 avril en territoire allemand. La presse s'indigne, et Boulanger, sans attendre les décisions du Conseil des ministres, fait préparer un ordre de mobilisation. Alors que la tension est à son comble, Bismarck fait relâcher Schnaebelé. Ce qui a été obtenu par la prudence diplomatique est en fait porté au crédit de Boulanger, auquel on dédie ce nouvel hymne :

D'un éclair de ton sabre
Éveille l'aube blanche.
À nos jeunes drapeaux,
Viens montrer le chemin.
Pour marcher vers le Rhin
Parais, nous t'attendons,
Ô général Revanche.
Tu seras plus qu'un roi
Tu seras plus qu'un dieu
Car tu seras la France,
Ô général Revanche.

Quand le « général la Revanche », décidément trop populaire, n'est pas repris dans le ministère formé par Maurice Rouvier le 30 mai 1887, la foule entonne sur les boulevards :

C'est Boulange, Boulange, Boulange.
C'est Boulanger qu'il nous faut,
Oh ! Oh ! Oh !

Contre l'opportunisme, le boulangisme est né, inaugurant ce que l'on appellera par la suite le populisme, mouvement exprimant à la fois les insatisfactions des masses populaires et leur incarnation dans un chef charismatique, un « sauveur » tirant sa légitimité de l'âme profonde du peuple, jouant sur les passions nationalistes pour entretenir sa popularité et s'entendant à merveille dans l'art de capter la puissance des ressentiments vis-à-vis des étrangers, des « privilégiés », des élites que l'on juge indignes de leur statut.

Quand le gouvernement, en juillet 1887, décide de muter à Clermont-Ferrand le général encombrant, la foule envahit la gare de Lyon, entonne *La Marseillaise* et se couche sur les rails pour tenter d'empêcher le départ de son héros. À l'automne, quand éclate le scandale des décorations que Daniel Wilson, le gendre du président Grévy, avait monnayées pour soutenir ses entreprises de presse, la vague antiparlementaire est à son comble. Quand Grévy démissionne, le 2 décembre, les deux forces hostiles à la « république des affaires », la droite et l'extrême gauche, se retrouvent derrière le képi « attrape-tout » du général. Tandis que les orléanistes rêvent de faire de Boulanger le connétable d'un comte de Paris restauré, que le prince Napoléon le rencontre à Genève le 1er janvier 1888, une partie des socialistes révolutionnaires n'échappe pas à la séduction qu'exerce le général. Gendre de Marx, Paul Lafargue écrit à Engels : « Boulanger est l'homme du peuple par opposition à Ferry, à Clemenceau et aux parlementaires. [...] Ce qui fait l'originalité de la situation de Boulanger, c'est qu'il a contre lui la Bourgeoisie riche et satisfaite et tous ses chefs politiques, à quelques exceptions près, et qu'il ne puise sa force que dans les masses populaires, misérables et confusément désillusionnées par la République. Et avec le peuple il n'a pas les éléments d'un coup d'État, mais d'une révolution. » C'est assez dire que l'homme au sabre est devenu le lieu géométrique des espérances les plus contradictoires.

En août 1888, lors d'une triple élection partielle en Charente-Inférieure, dans la Somme et dans le Nord, il est élu trois fois. C'est un véritable plébiscite. Le 27 janvier 1889, à Paris, il recueille plus de 245 000 voix, contre 162 000 pour le radical Jacques, président du conseil général de la Seine. Le vote ouvrier a fait la différence. Mais, alors que certains le pressent de marcher sur l'Élysée, le journaliste Rochefort et les ligueurs de Déroulède en tête, il refuse le coup d'État en déclarant à son état-major : « Pourquoi voulez-vous que j'aille conquérir illégalement un pouvoir où je suis sûr d'être porté dans six mois par l'unanimité de la France ? » « Minuit cinq, messieurs, aurait alors déclaré le journaliste Thiébaud. Depuis cinq minutes, le boulangisme est en baisse. »

En cette année 1889, en effet, la « contre-offensive » républicaine s'organise.

La Ligue des patriotes est dissoute. Le scrutin de liste est aboli et les candidatures multiples interdites. Manipulé par Ernest Constans, ministre de l'Intérieur, qui fait courir la rumeur d'une arrestation imminente, Boulanger s'enfuit le 1er avril en Belgique, d'où il gagne Londres. Son prestige ne s'en remettra pas. Aux élections de septembre-octobre 1889, les boulangistes n'obtiennent que quarante-deux sièges. Le 30 septembre 1891, le « général la Revanche » se suicide sur la tombe de sa maîtresse Marguerite de Bonnemains, à Ixelles, en Belgique, faisant dire à Clemenceau : « Il mourut comme il vécut : en sous-lieutenant. »

Mettant en relief les insuffisances d'une République trop insensible au sort des pauvres gens, le boulangisme révèle surtout la force de l'antiparlementarisme en France en même temps que l'aspiration permanente à l'arbitrage d'un homme providentiel. « Et si le césarisme, cette résurgence cyclique du dictateur plébiscitaire, n'était tout simplement qu'une remontée brutale du vieux fonds monarchique de la nation française au sein d'un régime républicain devenu trop familier ?, écrit Jean Garrigues, le biographe de Boulanger. Boulanger sur son cheval ressemble aux statues équestres de Louis XIV. Boulanger à la revue du 14 juillet, c'est la « joyeuse entrée » du monarque parmi ses sujets. Boulanger que la foule s'arrache à la gare de Lyon, celui dont les femmes se disputent les faveurs, c'est le roi thaumaturge, qui guérit les blessures par le toucher des écrouelles. Boulanger, c'est le parfum de la monarchie sans retourner à l'Ancien Régime. Comme plus tard Pétain, de Gaulle ou... François Mitterrand ! »

Ni Dieu ni maître

Le 11 mars 1892, saute l'immeuble situé 136, boulevard Saint-Germain. Même si, par miracle, personne n'est atteint, l'attentat retient l'attention en raison de la personne visée, le président Benoît, qui avait dirigé les débats lors du procès des anarchistes de Clichy, l'année précédente. Le 15 mars, une autre bombe explose à la caserne Lobau. Le 27 mars, c'est un immeuble du 39 de la rue de Clichy qui est ravagé jusqu'à ses fondations. Le 30 mars, il ne faut pas moins de dix hommes pour maîtriser l'auteur de ces attentats, Ravachol, de son vrai nom François Kœnigstein, un colosse d'une force prodigieuse dont la police avait ainsi établi le signalement :

Taille 1m 66, envergure 1m 78, maigre, cheveux et sourcils châtains foncés, barbe châtain foncé, teint jaunâtre, visage osseux, nez assez long, figure allongée, front bombé et assez large, aspect maladif.

Signes particuliers :

Cicatrice ronde à la main gauche, au bas de l'index, près du pouce.

Deux grains de beauté sur le corps : un sur la poitrine à gauche, un sous l'épaule gauche.

Dès le soir de son arrestation, Ravachol expose ses conceptions anarchistes à ses gardiens, qui rédigent le rapport suivant :

« Il y a actuellement un trop grand nombre de citoyens qui souffrent tandis que d'autres nagent dans l'opulence. Cet état de choses ne peut durer ; tous nous devons non seulement profiter du superflu des riches, mais encore nous procurer comme eux le nécessaire. Avec la société actuelle, il est impossible d'arriver à ce but. [...] Que faut-il faire alors ? Anéantir la propriété et, par ce fait, anéantir les accapareurs. Si cette abolition avait lieu, il faudrait aussi abolir l'argent pour empêcher toute idée d'accumulation qui forcerait au retour du régime actuel.

C'est l'argent en effet le motif de toutes les discordes, de toutes les haines, de toutes les ambitions. [...] Si l'on n'était plus obligé de donner quelque chose en échange de ce que nous avons besoin pour notre existence, l'or perdrait sa valeur et personne ne chercherait et ne pourrait s'enrichir puisque rien de ce qu'il amasserait ne pourrait lui servir à lui procurer un bien-être supérieur à celui des autres. De là plus besoin de lois, plus besoin de maîtres [...].

Il ne faut pas de maîtres, de ces gens qui entretiennent leur oisiveté avec notre travail, il faut que tout le monde se rende utile à la société, c'est-à-dire travaille selon ses capacités et ses aptitudes. [...] Avec ce principe, le labeur diminuerait, nous n'aurions chacun qu'une heure ou deux de travail par jour. L'homme, ne pouvant rester sans occupation, trouverait une distraction dans le travail ; il n'y aurait pas de fainéants et s'il en existait, leur nombre serait tellement minime qu'on pourrait les laisser tranquilles et les laisser profiter sans murmurer du travail des autres. [...]

Avec mes principes que je ne puis en si peu de temps vous détailler à fond, l'armée n'aurait plus de raison d'être puisqu'il n'y aurait plus de nations distinctes, les propriétés étant détruites et toutes les nations s'étant fusionnées en une seule qui serait l'Univers.

Plus de guerres, plus de querelles, plus de jalousie, plus de vol, plus d'assassinat, plus de magistrature, plus de police, plus d'administration. »

L'instruction du procès ne traîna pas en longueur. Dès le 26 avril, Ravachol comparaît devant la cour d'assises de la Seine. Il est condamné aux travaux forcés à perpétuité. Le 21 juin suivant, il comparaît de nouveau devant la cour d'assises de la Loire pour répondre de plusieurs crimes antérieurs aux explosions, en particulier de l'assassinat, le 18 juin 1891, d'un vieil ermite de Chambles, près de Saint-Étienne, qu'il reconnaît, de ceux d'un rentier et de sa domestique et des dames Marcon, quincaillières à Saint-Étienne, qu'il nie. Condamné à mort, il accueille la sentence en criant : « Vive l'anarchie ! » Il est exécuté à Montbrison le 11 juillet. En marchant avec assurance à la guillotine, il entonne :

Si tu veux être heureux,
Nom de Dieu !
Pends ton propriétaire,
Coup' les curés en deux,
Nom de Dieu !
Fous les églis' par terre,
Sang-Dieu !
Et l'bon Dieu dans la merde,
Nom de Dieu !

« Que je sois condamné, cela m'importe peu, avait déclaré Ravachol à ses juges, je sais que je serai vengé. » Tandis qu'une chanson, *La Ravachole*, sur l'air de *La Carmagnole* et du *Ça ira*, célèbre ses mérites, que des intellectuels comme Élisée Reclus ou Paul Adam célèbrent « le Rénovateur du Sacrifice essentiel », que l'on esquisse des parallèles entre la vie du Christ et celle du dynamiteur, que les journaux libertaires inaugurent une rubrique permanente, « La Dynamite », que les simples particuliers menacent leurs propriétaires de les faire sauter, des actions de plus en plus spectaculaires illustrent la geste anarchiste. Le 13 novembre 1893, Léon-Jules Léauthier, un jeune cordonnier, assène un terrible coup de tranchet au ministre de Serbie, dans un restaurant de l'avenue de l'Opéra. Le 9 décembre, Auguste Vaillant lance une bombe dans l'hémicycle de la Chambre des députés sur « les bouffe-galette de l'Aquarium ». Le président Charles Dupuy en profite pour prononcer cette phrase historique : « Messieurs, la séance continue. » Le 12 février 1894, une semaine après l'exécution de Vaillant, Émile Henry, fils d'un communard condamné à mort par contumace, qui avait renoncé à ses études après avoir été admissible à l'École polytechnique, lance une bombe au café Terminus de la gare Saint-Lazare et blesse 17 personnes, dont l'une succombe à ses blessures. Au juge qui lui demande pourquoi il s'en est pris à des innocents, il lâche : « Il n'y a pas d'innocents. » Le 24 juin 1894, le président de la République Sadi Carnot, qui avait refusé de gracier Vaillant, est assassiné à Lyon par Santo Jeronimo Caserio, un jeune Italien qui affirme avoir agi de sa propre initiative. Le lendemain, « Madame veuve Carnot » recevait une photographie de Ravachol accompagnée de ces mots : « Il est bien vengé ! »

Point d'orgue de la « propagande par le fait », l'assassinat de Sadi Carnot met fin à la vague d'attentats anarchistes. Le 21 février

1894, *Le Père Peinard* d'Émile Pouget a interrompu sa publication à son deux cent cinquante-troisième numéro. Le 10 mars, c'est au tour de *La Révolte* de Jean Grave. Le 6 août, les principaux leaders du mouvement anarchiste, comme Sébastien Faure, Charles Chatel, Félix Fénéon et Matha, mêlés à des malfaiteurs de droit commun, sont jugés devant la cour d'assises de la Seine mais, faute de preuves, acquittés. Dès lors, il ne se trouvera plus jamais un journal anarchiste pour faire, sans réserve, l'apologie du terrorisme, un terrorisme qui avait séduit dans un premier temps des ouvriers et des intellectuels convaincus de l'idée que la société bourgeoise et son État étaient haïssables et qu'il n'y avait rien à en attendre.

Accepter le vote ou non, considérer la République comme un cadre minimal indispensable ou la rejeter pour toutes les illusions qu'elle avait semées, telles sont les questions qui avaient agité les familles socialistes et marqueront durablement le mouvement ouvrier.

Au Congrès des délégués syndicaux, à Marseille, en octobre 1879, il avait été décidé de la création d'un Parti des travailleurs socialistes de la France avec à son programme « l'appropriation collective du sol, du sous-sol, machines, voies de transport, bâtiments, capitaux accumulés, au bénéfice de la collectivité humaine, seule manière possible d'assurer à chacun le produit intégral de son travail ». C'était mesurer l'influence nouvelle des idées marxistes au détriment de l'idéal coopératif. L'unanimité des congressistes s'était toutefois arrêtée là. Tandis que les « possibilistes », rassemblés autour du docteur Paul Brousse, se déclaraient partisans de réformes progressives, « possibles », et partaient à la conquête des municipalités pour réaliser les premières mesures sociales, Jules Guesde annonçait l'imminence de la révolution et fondait en 1882 le Parti ouvrier français, un parti à l'intransigeance dogmatique et à l'organisation centralisée qui s'efforçait de subordonner l'action des syndicats aux consignes du « parti ». Il rassemblait 160 000 électeurs en 1893 et 295 000 en 1898, soit 40 % des voix socialistes et 2,7 % des électeurs inscrits, massivement répartis dans le Nord et le Midi.

Partisans de Bakounine et de Kropotkine, exclus de la Ire Internationale, les anarchistes qui s'étaient réunis à Londres en juillet 1881, autour de Louise Michel et d'Émile Pouget, dénonçaient ce socialisme « autoritaire », se prononçaient pour l'abolition de toutes les formes de gouvernement et affirmaient la nécessité de sortir du terrain légal pour « la propagande par le fait ».

« Assez de patauger dans la boue parlementaire ! proclament-ils. Assez de chercher des chemins tortueux pour arriver à notre but ! Assez de supplier là où l'ouvrier doit prendre ce qui lui appartient de droit. [...] Il est de stricte nécessité de faire tous les efforts possibles pour propager par des actes l'idée révolutionnaire et l'esprit de révolte dans cette grande fraction de la masse populaire qui ne prend pas encore une part active au mouvement, et se fait des illusions sur la moralité et l'efficacité des moyens légaux. »

Cheminant au sein de petits groupes, particulièrement dans le Sud-Est, l'anarchisme ne compte guère toutefois qu'environ 1 000 militants actifs, mais peut-être 100 000 Français qui éprouvent des sympathies assez vagues pour le mouvement.

La fusillade de Fourmies, le 1er mai 1891, et le scandale de Panamá, révélé à l'automne 1892, ont certainement fait beaucoup pour tous ces « anti ». En 1888, la Compagnie du canal de Panamá, fondée en 1880 par Ferdinand de Lesseps, avait voulu émettre des obligations à lots pour surmonter ses difficultés financières. Pour faire voter la loi nécessaire à l'émission, elle avait acheté la bienveillance de parlementaires à l'aide de chèques, sans pouvoir échapper à la faillite. Il fallut toutefois attendre le mois de juin 1891 pour que le procureur général se décide à demander l'ouverture d'une instruction. En septembre 1892, le scandale est révélé par *La Libre Parole* d'Édouard Drumont, un journal violemment antisémite qui commence la publication d'une série d'articles, « Les dessous du Panamá », dans lesquels est dénoncé l'accaparement de la République par les juifs : Lévy-Crémieu, le baron de Reinach et Cornélius Herz, les trois conseillers financiers de l'entreprise. La mort du baron de Reinach, le 20 novembre 1892, déchaîne les passions. Rouvier, Floquet et Clemenceau sont mis en cause. Baïhaut, ministre des Travaux publics en 1886, qui avait accepté 375 000 francs, est condamné.

Révélant brutalement l'affairisme des « chéquards », le scandale de Panamá ne pouvait que renforcer l'antiparlementarisme de l'opinion et conforter les anarchistes dans leurs convictions. Si la répression qui accompagne la vague d'attentats les désorganise, elle détermine une nouvelle stratégie plus prometteuse. À l'action insurrectionnelle succède celle de minorités agissant au sein des syndicats. Désormais mûri par les événements, l'anarchisme allait influencer durablement le combat ouvrier. Face à l'impuissance du personnel politique à faire aboutir les réformes sociales, face au mépris qui frappe les députés socialistes, entrés nombreux au Parlement en 1893, dans une France où les ouvriers hautement qualifiés philosophent volontiers et séduisent les plus misérables, tentés par l'action, « l'anarcho-syndicalisme » devenait la marque de fabrique d'un syndicalisme qui se voulait autonome et indépendant. Quand la CGT est fondée en 1895, les militants s'accordent pour faire inscrire dans les statuts :

« Les éléments constituant la Confédération générale du travail devront se tenir en dehors de toutes les écoles politiques. »

Au congrès d'Amiens, en 1906, 834 délégués sur 843 confirment cette volonté jalouse d'indépendance en votant l'article 2 de la charte, qui précise : « Dans l'œuvre revendicatrice quotidienne, le syndicalisme poursuit la coordination des efforts ouvriers, l'accroissement du mieux-être des travailleurs par la réalisation d'améliorations immédiates, telles que la diminution des heures de travail, l'augmentation des salaires, etc. Mais cette besogne n'est qu'un côté de l'œuvre du syndicalisme ; il prépare l'émancipation intégrale, qui ne peut se réaliser que par l'expropriation capitaliste ; il préconise comme moyen d'action la grève générale et il considère que le syndicat, aujourd'hui groupement de résistance sera, dans l'avenir, le groupement de production et de répartition, base de réorganisation sociale. » Dans la mythologie ouvrière, la grève générale prenait désormais la place de la dynamite.

L'« Affaire »...

Le 13 janvier 1898, à la première page de l'*Aurore*, s'étale un énorme « J'accuse », titre simple mais d'une audace inouïe, lancé par Émile Zola aux autorités de l'armée et de l'État, à tous les complices d'une erreur judiciaire qui a envoyé au bagne un innocent, le capitaine Alfred Dreyfus. Pamphlet unique dans toute la littérature polémique du XIXe siècle, et probablement jamais égalé depuis lors, le « J'accuse » substituait à la stratégie de défense volontiers académique des premiers et assez rares « dreyfusards » une espèce de guerre civile verbale qui accusait individuellement des hommes jusque-là assurés de leur puissance.

Convaincu d'espionnage au profit de l'Allemagne, au vu d'un « bordereau » ramassé dans une corbeille de l'ambassade d'Allemagne par une femme de ménage employée par les services secrets français, Alfred Dreyfus a été condamné le 22 décembre 1894 à la dégradation militaire et à la déportation à vie en Guyane. C'est sur la base d'une expertise d'écriture plus que fragile faite par Alphonse Bertillon et sur un « dosssier secret » composé, on le saura plus tard, de faux documents communiqués au tribunal militaire mais non à la défense, que Dreyfus a été déclaré coupable. En fait, juif alsacien, riche de naissance, plus riche encore après son mariage, diplômé de Polytechnique, Dreyfus est, dans une France où l'antisémitisme progresse, le traître idéal. En 1892, Édouard Drumont, qui s'est fait connaître en publiant en 1886 un livre à succès, *La France juive*, a publié dans sa *Libre Parole* une série d'articles intitulée « Les Juifs dans l'Armée », dans laquelle on peut lire : « L'armée a été soustraite à l'influence juive plus longtemps que le reste de la société contemporaine. Elle a dû cette immunité à son esprit traditionnel et à la nature même de sa mission. Que seraient venus faire les Youtres dans ses rangs ? Tirer des traites vaut mieux que tirer à la cible. [...] À peine les Juifs ont-ils pris pied dans l'armée qu'ils ont cherché à acquérir de l'influence. Déjà maîtres de la finance, de l'administration, dictant des arrêts aux tribunaux, ils seront définitivement les maîtres de la France le jour où ils commanderont l'armée. Rothschild se fera communiquer les plans de mobilisation. [...] On pense bien dans quel but ! »

En 1895, un projet de loi déposé à la Chambre par le député Pontbriand prévoyait que « pour être admis comme officier dans l'armée de terre ou dans la marine, pour être admis à faire partie d'une assemblée élective, il faut être Français ou né de parents naturalisés Français depuis trois générations ». Il a recueilli 173 suffrages.

Le 1er novembre 1894, quinze jours après l'arrestation de Dreyfus, *La Libre Parole* titre : « Haute trahison. Arrestation de l'officier juif A. Dreyfus. » Le général Mercier, ministre de la Guerre, accusé par la presse nationaliste d'être un « général en carton peint », un « Ramollot de la guerre » qui confie les secrets de la Défense nationale à un « cosmopolite-né », sait que son avenir politique est lié à la condamnation de Dreyfus, une condamnation qui fait par ailleurs l'unanimité. Le 25 décembre 1894, dans *La Justice*, Georges Clemenceau, qui suggérera quatre ans plus tard à Zola le titre de sa « lettre ouverte », parle de « l'âme immonde » et du « cœur abject » du condamné. À la Chambre, Jean Jaurès déplore que « Dreyfus, convaincu de trahison par un jugement unanime, n'ait pas été condamné à mort ».

Tout le monde tient en fait Alfred Dreyfus pour coupable, sauf Mathieu, son frère, et Bernard Lazare, un jeune journaliste qui a publié un essai sur *L'Antisémitisme*, son histoire et ses causes en 1894 et qui, dès 1896, a écrit une brochure dans laquelle il présente le capitaine comme une victime de son judaïsme.

En 1897, leur conviction est encore renforcée par les révélations du lieutenant-colonel Picquart à son ami l'avocat Me Leblois et à Auguste Scheurer-Kestner, vice-président du Sénat. Nommé en juillet 1895 à la tête du service des renseignements, Georges Picquart a découvert en mars 1896 que le bordereau a en fait été écrit par le commandant Esterházy, un officier de moralité douteuse et criblé de dettes. Mais l'état-major lui interdit d'en parler et le mute en Tunisie pour l'éloigner. Par ailleurs, en novembre 1896, le colonel Hubert Henry qui, au procès de 1894, avait déclaré sur l'honneur et juré sur la croix que Dreyfus était coupable, remet un nouveau faux destiné à compléter le « dossier secret », simulant une correspondance entre l'attaché militaire allemand et l'attaché militaire italien dans laquelle il est question « des relations avec ce juif ».

Sous la pression de Mathieu Dreyfus qui, le 15 novembre 1897, accuse publiquement Esterházy d'être l'auteur du bordereau, l'état-major engage une enquête, acquitte à l'unanimité l'accusé le 11 janvier 1898 et met Picquart aux arrêts. C'est alors que Zola signe le « J'accuse » qui ouvre véritablement « l'Affaire ». « Toute la journée dans Paris, écrit Péguy, les camelots à la voix éraillée crièrent l'*Aurore*, coururent avec l'*Aurore* en gros paquets sous le bras, distribuèrent l'*Aurore* aux acheteurs empressés. Ce beau nom de journal, rebelle aux enrouements, planait comme une clameur sur la fiévreuse activité des rues. Le choc donné si extraordinaire que Paris faillit se retourner. »

Condamné le 23 février 1898 pour diffamation à un an de prison et 3 000 francs d'amende, la peine maximale, puis une nouvelle fois en cassation le 18 juillet, Émile Zola, conspué par la foule à chacune de ses entrées et de ses sorties du Palais de justice, part en exil pour Londres. Le 30 août, démasqué par le capitaine Cuignet, qui a révélé comment il avait fabriqué son faux en collant deux papiers ensemble, le colonel Henry avoue dans le cabinet du ministre de la Guerre. Arrêté, conduit au Mont-Valérien, il est retrouvé mort le lendemain, la gorge tranchée avec son rasoir. Le 27 septembre 1898, le garde des Sceaux demande la révision du jugement de 1894. Le 9 septembre 1899, le conseil de guerre de Rennes reconnaît Dreyfus une nouvelle fois coupable, « avec circonstances atténuantes », formule absurde, et le condamne à dix ans de détention. Le 19 septembre, par patriotisme, Dreyfus accepte la grâce que lui accorde le président de la République, Émile Loubet. En 1906, enfin, la Cour de cassation casse sans renvoi le verdict prononcé à Rennes et réhabilite Alfred Dreyfus qui, le 13 juillet, est réintégré dans l'armée comme chef d'escadron et élevé à la dignité d'officier de la Légion d'honneur. Le 25 octobre de cette même année, le général Picquart est nommé ministre de la Guerre dans le ministère que préside alors Georges Clemenceau.

Entre-temps, l'Affaire a exacerbé les fractures entre deux France, révélé l'influence de la presse, annoncé l'avènement de ceux que l'on appelle désormais les « intellectuels », reclassé les forces politiques et, finalement, assuré le triomphe d'une République où les idées de

Justice, de Vérité et de Morale l'ont emporté sur la mystique de la race, la sauvegarde de l'armée et la raison d'État.

Bénéficiant dans les premiers temps des faveurs de « l'opinion », les adversaires de la révision du procès, les « antidrey fusards » rassemblent le Droit et la Médecine, la Presse populaire, l'Académie et l'Église, sinon la hiérarchie, du moins la grande majorité des fidèles nourris des articles de *La Croix* et du *Pèlerin*, des journaux tenus par la congrégation des pères augustins de l'Assomption, qui ont fait preuve d'un antisémitisme particulièrement haineux.

« Judas Dreyfus a vendu la France, pouvait-on lire dans le numéro du 21 juillet 1898. [...] Les juifs sont en train de chambarder la France pour le plus grand profit de la Youtrerie universelle. Unissons-nous pour chambarder l'omnipotence juive et pour bouter hors de France les juifs. » Dans l'article qu'il consacre au procès intenté à Émile Zola, l'abbé Loutil, d'ordinaire anodin, ajoute : « Étripez-les. »

Déclarant combattre « pour l'armée » qui ne peut se tromper, pour la France éternelle, pour la Patrie, se retrouvant dans la vieille Ligue des patriotes dont Déroulède ranime la flamme et dans la Ligue de la Patrie française, souscrivant « pour la veuve et l'orphelin du colonel Henry », cet « officier français assassiné par les Juifs », condamnant les « intellectuels » qui s'estiment supérieurs au « commun » et dont l'« infatuation » prépare l'anarchie, dénonçant la décadence, exaltant l'institution sociale au détriment de l'individu, les antidreyfusards prennent Maurice Barrès pour maître à penser, un Barrès dont le prestige littéraire en fait le porte-parole le plus éminent du nationalisme, de « la Terre et des Morts », de la Tradition et de l'Ordre.

Longtemps minoritaires, les « dreyfusards » rassemblent l'Histoire et la Sociologie, Seignobos et Durkheim, le Collège de France et l'École des chartes, la Science et l'École normale supérieure, Marcelin Berthelot et Lucien Herr, le bibliothécaire de l'« École » de la rue d'Ulm qui, le 15 février 1898, écrivait à Barrès : « Vous avez contre vous à la fois le vrai peuple et les hommes de volonté réfléchie, les déracinés ou, si vous le voulez bien, les désintéressés, la plupart des hommes qui savent faire passer le droit et un idéal de justice avant leurs personnes, avant leurs instincts de nature et leurs égoïsmes de groupe. »

Se regroupant dans la Ligue française pour la défense des droits de l'homme, fondée en février 1898, rassemblant les signatures d'André Gide, de Proust, de Mallarmé, de Péguy, de Maeterlinck, d'Anatole France, de Claude Monet, de Gabriel Monod, de Paul Langevin, les « dreyfusards » estiment que la France est le pays de la raison et de la justice, de la philosophie des Lumières et du droit, et qu'une seule forfaiture suffit à déshonorer tout un peuple, que l'armée sera d'autant plus respectée qu'elle reconnaîtra l'erreur judiciaire qu'elle a commise, que la France ne peut être aimée que si elle donne l'exemple du droit. Invités le 19 novembre 1899 à l'inauguration du *Triomphe de la République*, un groupe sculpté de Jules Dalou fixé place de la Nation, ils seront des milliers à célébrer leur victoire. « Je n'oublierai jamais ce qui fut le plus beau de la journée, écrit Péguy : la descente du faubourg Saint-Antoine. Le soir descendait, la nuit tombait. Tout ignorants que nous soyons de l'histoire des révolutions passées, qui sont le commencement de la prochaine Révolution sociale, nous connaissons tous la gloire de légende et d'histoire du vieux faubourg. Nous marchions sur les pavés dans cette gloire. [...] On rechanta la vieille *Marseillaise*, récemment disqualifiée auprès des socialistes révolutionnaires par la faveur des bandits nationalistes. Tout le faubourg descendait, dans la nuit, en une poussée formidable, sans haine. »

CHAPITRE 71

Vivre à la Belle Époque

En se rendant à Paris le 22 septembre 1900, au gigantesque banquet offert à l'occasion de l'Exposition universelle, 20 777 maires prouvent que la République a désormais conquis la France. « Quand vous serez rentrés dans vos communes, leur déclare Émile Loubet, [...] dites que nous restons fidèles à l'esprit de la Révolution, parce que notre patriotisme est égal à notre amour de la République, parce que nous voulons une France libre, forte et glorieuse, unie au-dedans sous le règne de la loi et du droit, respectée au-dehors pour son génie, pour la puissance de ses armes, pour son amour de la paix. [...] Dites enfin, dites surtout, [...] que notre plus chère espérance est de voir tous les Français fraternellement unis dans un même amour de la Patrie et de la république. » La IIIe République, célébrée partout dans les fontaines civiques, les bustes de Marianne et les mairies-écoles, a eu son heure de gloire, le jour anniversaire de la Ire République.

La défense républicaine

En mai 1898, les élections législatives n'ont guère été perturbées par l'affaire Dreyfus. La droite antirépublicaine compte une centaine d'élus, la gauche 180 radicaux et 57 socialistes. Entre les deux, 254 républicains modérés composent une Chambre plutôt conservatrice. Drumont a été élu à Alger, violemment secouée par des incidents antisémites. Barrès a été élu à Nancy, Déroulède à Angoulême. Jaurès, trop marqué par son engagement dreyfusard, a été battu à Carmaux. C'est pourtant cette Chambre qui, sans élections nouvelles, va se ressouder sur le thème de « la défense républicaine » et dessiner les clivages politiques du XXe siècle. C'est le radicalisme qui s'affirme comme le représentant des « nouvelles couches » annoncées par Gambetta, comme le porte-parole des « petits » contre les « gros », de l'individu contre l'État, de la libre pensée contre le cléricalisme, de la France rurale contre la France industrielle, de l'émancipation du peuple contre la lutte des classes. « Parti bourgeois qui a l'âme d'un parti du peuple, selon la formule de Ferdinand Buisson en février 1910, les radicaux réalisent ce paradoxe de concilier en eux-mêmes les deux termes de l'antinomie sociale. Ils sont cette chose rare dans l'histoire des démocraties, une classe qui aspire à se confondre avec la nation. Ils sont une classe de propriétaires qui travaillent et de travailleurs qui possèdent, un groupe de petites gens qui ne sont pas des parvenus, une sorte de famille fondée sur un mariage de raison où se sont rencontrées des bonnes volontés de provenance opposée, mais de même direction. »

Ce reclassement des forces politiques s'est produit au lendemain de la mort de Félix Faure. Le 23 février 1899, à l'occasion des obsèques du président défunt, Paul Déroulède tente d'entraîner un régiment vers l'Élysée, mais ce « coup d'État » échoue piteusement. Le 4 juin, au champ de courses d'Auteuil, Émile Loubet, le nouveau président de la République, est assailli par une bande nationaliste et frappé à coups de canne. C'en est trop pour la « République » qui, comme au lendemain du 16 mai 1877, se mobilise « pour défendre avec énergie les institutions républicaines et assurer l'ordre public ». Appelé à former le ministère, Pierre Waldeck-Rousseau engage activement la lutte contre les « trublions », fait condamner Déroulède au bannissement, poursuit les chefs de la Ligue antisémite, nomme à la Guerre le général-marquis de Galliffet, qui signe sa première circulaire à l'armée d'un retentissant « Silence dans les rangs ! », confie à Millerand, le premier socialiste à entrer dans un gouvernement, le soin de faire passer quelques réformes sociales, comme la limitation à onze heures de la journée de travail, et fait voter la loi du 1er juillet 1901 sur les associations qui favorise l'organisation des partis politiques, assure la multiplication des associations les plus diverses mais, surtout, interdit aux congrégations religieuses de se former sans autorisation législative.

Aux élections de mai 1902, le bloc des gauches est à nouveau victorieux, rassemblant 366 élus contre 220 à la droite. Vainqueurs du scrutin avec plus de 200 députés, les radicaux, constitués en véritable parti depuis 1901, veulent faire payer au sabre et au goupillon les craintes qu'ils avaient suscitées au moment de l'« Affaire ». À la Guerre, le général André organise un système de surveillance des officiers que son chef de cabinet confie à la franc-maçonnerie. Sur les fiches centralisées au Grand Orient, on recense dans la catégorie « Va à la messe », quatre sous-catégories : « seul », « avec sa famille », « spontanément », « sous l'influence de sa femme ». Si le « scandale des fiches » coûte au général son portefeuille, l'armée s'en trouve cependant plus « républicanisée ».

La grande bataille se joue toutefois contre le goupillon. Né dans le Tarn en 1835, ancien séminariste, médecin et républicain sous l'Empire, sénateur de la Charente, spiritualiste, franc-maçon de longue date et mangeur obsessionnel de curés, Émile Combes, le « petit père Combes », sera le maître artisan de cette entreprise. Appelé à succéder à Waldeck-Rousseau, il entreprend d'abord d'appliquer dans toute sa rigueur la loi de 1901, refusant presque systématiquement les demandes nouvelles d'autorisation, fermant les écoles tenues par les congrégations non autorisées, privant du droit d'enseigner les membres des congrégations dissoutes, expulsant les chartreux, suspendant les traitements des évêques qui protestent.

Le 13 septembre 1903, il défie la chrétienté dans ses terres en présidant l'inauguration de la statue de Renan à Tréguier, en Bretagne. En novembre 1903, il propose au Sénat l'abrogation de la loi Falloux. Le 30 juillet 1904, le pape ayant protesté contre le fait qu'Émile Loubet a rendu visite à Rome au roi d'Italie avant d'aller le saluer au Vatican, il fait entériner par la Chambre la rupture des relations diplomatiques avec le Saint-Siège. Votée le 9 décembre 1905 par 341 voix contre 233, après sa démission, la loi sur la séparation des Églises et de l'État, pensée comme l'ultime étape de la laïcisation de l'État républicain, se traduit par une flambée de passion religieuse qui divise autant les Français que l'avait fait l'affaire Dreyfus.

Promulguée le 11 décembre 1905, la loi déclarait que la République française assurait « la liberté de conscience » et ne « reconnaissait, ne subventionnait ni ne salariait aucun culte ». Elle prévoyait que l'État et les communes garderaient la nue-propriété des biens ecclésiastiques et que des « associations cultuelles » formées par les fidèles en auraient la jouissance gratuite, comme c'était le cas aux États-Unis. Voulue comme une solution d'apaisement, cette disposition mit en fait le feu aux poudres.

Le 29 décembre 1905, un décret ordonne l'inventaire des biens d'Église dont les communes recevaient la responsabilité. Le 2 janvier

1906, une instruction maladroite de la direction générale de l'Enregistrement, peut-être une provocation, prescrit aux fonctionnaires de « demander aux prêtres présents l'ouverture des tabernacles », l'endroit le plus sacré pour les fidèles, celui qui contient « le corps du Christ ». À la fin du mois de janvier, les premiers inventaires provoquent des incidents à Bastia et à Saint-Omer. À Paris, deux églises doivent être prises d'assaut, sous les jets de pierres des défenseurs encadrés par les ligues nationalistes. En Bretagne et dans le Massif central, les paysans armés de fourches s'en prennent aux gendarmes. Dans les Pyrénées, les Basques amènent leurs ours. Le 6 mars, à Boeschepe, dans les Flandres, le fils du percepteur, croyant son père menacé, tue un manifestant, premier martyr de la cause catholique. Rapidement pourtant, malgré la véhémence du pape Pie X, qui a condamné la séparation « comme profondément injurieuse vis-à-vis de Dieu qu'elle renie officiellement en posant le principe que la République ne reconnaît aucun culte », et l'agitation de militants déterminés, le peuple des croyants revient au calme. Aux élections générales des 6 et 20 mai 1906, la gauche gagne même une soixantaine de sièges. Mieux, beaucoup de catholiques, ne croyant pas que la République mette la foi en péril, se réjouissent d'une séparation dans laquelle ils voient un moyen de reconstruire un christianisme plus authentique. Tandis que les prêtres sont de nouveau tentés d'« aller au peuple », l'irruption massive des laïcs dans la vie de l'Église se traduit par une floraison d'associations et de mouvements de jeunesse. Purifiée par la « persécution », l'Église pouvait « puiser dans les entrailles du peuple les éléments de sa vie. »

La « Belle époque » du Capital

En 1896, au journaliste-écrivain Jules Huret qui le questionne sur les crimes de Ravachol, les socialistes qui veulent supprimer les patrons, les bénéfices et « autres calembredaines », Henri Schneider, maître du Creusot, haute figure du Comité des forges, roi de la métallurgie et de l'armement, répond sans détour : « Pensez-vous qu'il ne faut pas d'argent pour faire marcher une boîte comme celle-ci ? À côté du directeur, de la tête, il y a le capitaliste qui aboule la forte somme. Le capital qui alimente tous les jours les usines des outillages perfectionnés, le capital sans lequel rien n'est possible, qui nourrit l'ouvrier lui-même, ne représente-t-il pas une force qui doit avoir sa part de bénéfices, n'est-il pas une collaboration indispensable qu'il faut intéresser ? Si vous supprimez au capital son intérêt, vous n'en trouverez plus quand vous en aurez besoin ! Ceux qui l'auront le conserveront, c'est tout simple. »

Et la question sociale ? Et la condition de l'ouvrier ?

« Le pape a dit à cet égard tout ce qu'il y avait à dire ; je trouve que sa dernière encyclique (*Rerum novarum*, 1891) est une merveille de sagesse et de bon sens. Il y explique que le patron a des devoirs à remplir vis-à-vis des salariés et c'est vrai. [...] Je vous le répète, ici, nous faisons tout ce que nous pouvons. [...] »

Et la journée de huit heures ?

« Oh ! je veux bien, répond Henri Schneider avec un grand désintéressement, si tout le monde était d'accord ; je serai le premier à en profiter, car je travaille souvent moi-même plus de dix heures par jour. Seulement les salaires diminueront ou le prix des produits augmentera, c'est tout comme ! Au fond, voyez-vous, la journée de huit heures, c'est encore un dada, un boulangisme. Dans cinq ou six ans, on n'y pensera plus, on aura inventé autre chose. Pour moi, la vérité c'est qu'un ouvrier bien portant peut très bien faire ses dix heures par jour et qu'on doit le laisser libre de travailler davantage si cela lui fait plaisir. »

En 1896, à une époque où la France vient de sortir de la longue dépression économique qui l'affectait depuis plus de vingt ans, cette rude franchise traduit assez l'esprit « Belle Époque » d'entrepreneurs qui redécouvrent avec gourmandise les profits de la croissance et les joies de la compétition. De 1895 à 1914, l'augmentation du produit national brut par tête place la France dans le peloton de tête des nations industrielles. Certes, la France ne compte en 1906 que 189 usines occupant plus de 1 000 salariés. Certes, elle entretient toujours un obsédant sentiment d'infériorité face à la puissance allemande, à ses laboratoires de recherche et à ses commis voyageurs. Certes, la passion de la terre détourne toujours des capitaux de l'investissement productif. Certes, la baisse de la natalité, les ravages de l'alcoolisme et les séductions de l'épargne font dire à Paul Leroy-Beaulieu que « la France tend de plus en plus à devenir un peuple de petits et de moyens rentiers, de fonctionnaires médiocres et routiniers ». Reste que les dynamismes l'emportent largement sur les blocages. Michelin, Renault, Azaria, Potin, Bader, Pathé, Gaumont, Peugeot, autant de Schneider qui innovent et relèvent les défis.

Né en 1865 au Caire, Bedros Azarian, qui prendra le nom de Pierre Azaria, sorti 110e sur 186 de l'École centrale avec une moyenne inférieure à 10 en « électricité-lumière », fonde en 1898 la Compagnie générale d'électricité, qui comble une partie du retard de l'électrification urbaine et bataille contre les géants américains et allemands. En

1899, Louis Renault crée une entreprise dont le nombre d'ouvriers passe de 110 en 1900 à près de 4 000 en 1913. Fondée en 1902, la société L'Air Liquide s'installe à partir de 1906 dans quatorze pays. Les aciéries de Longwy connaissent un essor spectaculaire, comme toute la Lorraine.

Paris et sa banlieue sont alors, plus que Berlin et New York, les foyers où s'ébauche la civilisation matérielle du XXe siècle naissant, où se testent les nouvelles consommations et se forgent les nouvelles modes. Au milieu des années 1900, on compte dans la capitale plus de 100 constructeurs automobiles, carrossiers ou motoristes. Gabriel Voisin s'installe à Boulogne en 1905. En mars 1909, la société Blériot-Aéronautique se constitue à Courbevoie. Morane-Saulnier monte ses avions à Issy-les-Moulineaux, Darracq et Richard, leurs voitures à Suresnes et à Ivry. À Levallois, Roger-et-Gallet, qui employait 50 ouvriers en 1872, en compte 600 en 1913. Le développement de la presse et de l'édition assure la prospérité de l'imprimerie. En 1912, les soixante-treize quotidiens parisiens atteignent un tirage de 5 270 000 exemplaires. Le premier quotidien français, Le Petit *Parisien*, tire à 1 295 000 exemplaires, le second, *Le Petit Journal*, à 850 000. Paris devient aussi le point central de l'activité cinématographique mondiale. Pathé et Gaumont sont imités aux États-Unis. Également centre obligatoire de l'élégance, Paris entretient une industrie du luxe active, du bronze à la parfumerie, du métal argenté à la joaillerie.

Hommes, marchandises, capitaux, circulent davantage. Cartes postales, affiches et catalogues des grands magasins font cheminer de nouveaux modes de consommation. Chemins de fer, tramways et bicyclettes élargissent les horizons. Aspirant les monnaies et les billets qui dormaient dans les bas de laine, les agences du Crédit Lyonnais et de la Société générale, de la Société Marseillaise de Crédit ou du Crédit du Nord initient l'épargnant aux nouveaux circuits de l'argent. Au Crédit Lyonnais, le nombre des comptes courants passe de 95 000 en 1907 à près de 700 000 en 1914. À cette date, les valeurs mobilières, qui ne représentaient que 7 % du patrimoine des Français dans les années 1850, en représentent près de 40 %. Surtout, massivement exportés à l'étranger, en Russie et en Turquie, en Amérique latine et dans l'empire colonial, en Autriche-Hongrie et dans les Balkans, 40 milliards de francs-or fournissent de confortables excédents à la balance des paiements et assurent la renommée du franc.

Certes, cette « Belle Époque » a été fort inégalement partagée. À Paris comme à Toulouse, moins de 1 % des habitants possèdent 30 % des fortunes. Des « bourgeois » qui logent dans les beaux arrondissements, emploient des domestiques, élèvent leurs filles comme des oies blanches et préparent leurs fils au baccalauréat, décerné chaque année à environ 7 000 lycéens. Deux cent vingt-cinq mille chefs de famille. Un million de personnes peut-être. Un quarantième de la population qui sait « recevoir », compenser la somptuosité de grands dîners par une certaine austérité quotidienne, payer les leçons de piano, éviter les costumes bariolés, préparer les trousseaux qu'il faudra livrer lorsque l'on mariera sa fille et, surtout, pratiquer les « bonnes manières » que l'on apprend lorsque l'on est « un homme comme il faut ». Ne pas mettre sa serviette à son cou, poser les mains sur la table et ne pas couper sa salade.

Reste qu'à l'autre extrémité de l'échelle sociale, là où l'on sort son couteau pour couper son pain et où l'on chante aux repas de fiançailles, là où l'on meurt sans laisser de fortune et où se forge la conscience de classe, on vit aussi un peu mieux. Même s'ils souffrent de la « vie chère », même s'ils habitent dans des logements souvent insalubres, même si leurs vieux jours ne sont pas assurés, les ouvriers, surtout les plus qualifiés, ont vu leur niveau de vie amélioré. Pour les retenir, le patronat a multiplié les cités ouvrières. Les grèves, qui ont inventé de nouvelles manières de penser ensemble, ont cimenté de fortes solidarités. Débordant les actifs de l'industrie, elles ont touché les bûcherons du Centre, les résiniers des Landes, les viticulteurs du Languedoc en révolte, les électriciens, les postiers et les cheminots. En 1906, sous l'impulsion en particulier de la CGT, engagée dans le syndicalisme révolutionnaire, 438 500 grévistes ont ainsi pris part à 1 309 grèves d'une durée moyenne de dix-neuf jours. Un gréviste pour 16 ouvriers d'industrie, des ouvriers qui chantent désormais *L'Internationale*, lisent volontiers *L'Humanité*, le journal créé par Jean Jaurès en 1904, et votent plus facilement pour les socialistes de la SFIO, la Section française de l'Internationale ouvrière, créée en 1905, que l'on appelle désormais les « unifiés ».

Toujours aussi minutieusement auscultée par les disciples de Le Play, l'intimité de Clovis, cantonnier-poseur de voies à la Compagnie du chemin de fer du Nord, et d'Élise, sa femme, nous révèle des vies quotidiennes qui, sans être brillantes, n'ont rien de tragique. Né à Abbeville en 1869, huitième enfant d'un cordier, Clovis a fréquenté l'école jusqu'à l'âge de douze ans avant d'entrer comme manœuvre dans l'atelier dont faisait déjà partie son père. En 1888, à dix-huit ans, il se rend à Paris, où vivaient déjà trois de ses frères et deux sœurs. En 1897, après dix années passablement dissipées qui lui valent 400 rancs de dettes, il épouse Élise, également fille d'un cordier, qui travaillait dans une grande maison de couture d'Abbeville, et entre à la Compagnie de chemin de fer du Nord, au service de la voie. Travaillant neuf heures par jour l'hiver et onze heures l'été, il gagne 1 830 francs par an, soit 6 francs par jour pour trois cent cinq jours d'activité. Élise, qui a été employée d'abord chez un facteur de pianos, puis dans un atelier de fourreaux pour parapluies, est revenue, après ses deuxièmes couches, à son ancien métier de couturière à domicile, pour une rémunération très faible de 106 francs par an, cette industrie saisonnière comportant de longues périodes de chômage.

Le logement qu'ils occupent avec leurs deux enfants, Robert et Germaine, est fourni gratuitement par la Compagnie. Il se compose d'une petite cuisine, d'une chambre à coucher et d'une salle à manger meublée « à la mode », c'est-à-dire dans le style Henri II. Viande, vin, pain et lait sont la base des repas, où café et chocolat ont désormais leur place. Tous les huit jours, on met le pot-au-feu à cuire et lorsqu'un ami rend visite au ménage, le menu comprend alors du potage, un rôti ou du lapin sauté, des légumes et du dessert, avec café et liqueur. Dans le patrimoine figurent des bijoux en or pour une valeur de 221 francs et une garde-robe finalement fort cossue pour une valeur de 1 002 francs, Clovis pouvant en particulier aligner un complet noir avec redingote, un pardessus, un complet gris, un complet marron, un chapeau haut de forme, deux chapeaux melon, un chapeau de paille et trois cravates.

Comme chacun des huit enfants, il verse aussi volontairement une pension alimentaire de 50 francs par an pour assurer une retraite à son père, que l'âge et la fatigue rendent incapable de travailler.

Dans la France de la « Belle Époque », entre bourgeois et prolétaires, entre rentiers et cantonniers, entre 50 000 francs de revenus annuels et 2 000 francs, s'étendent les cohortes de plus en plus garnies que l'on appelle, faute de mieux, les « couches moyennes », les employés et les fonctionnaires, les hommes de la boutique et de l'artisanat, les patrons de café et les boulangers, tous ceux qui ne se sentent ni ne sont paysans ou ouvriers, ceux qui veulent paraître bourgeois mais qui, faute de « bonnes manières », ne le sont pas. Cinq millions de Français peut-être dont les repas du dimanche se composent invariablement d'un filet de bœuf aux champignons ou d'une dinde rôtie aux marrons et qui pratiquent le coït interrompu pour limiter leur descendance et « monter » dans la hiérarchie sociale. Est-ce parce qu'ils ont conquis un certain mieux-être que les ouvriers les ont en partie imités ? Toujours est-il que dans les premières années du XXe siècle, on prêche aussi la « grève des ventres » dans les Bourses du travail. « Travailleur, proclame *La Voix du Peuple*, le journal de la CGT, en décembre 1910, si tu veux mettre fin à l'exploitation patronale, à la tyrannie gouvernementale, mets un terme à ton lapinisme : fais moins d'enfants ! »

Une résignation patriotique

En 1905, au lendemain du jour où le vapeur *Hamburg* jette l'ancre à Tanger et où le kaiser Guillaume II fait savoir que « le Maroc est un pays indépendant et le restera », Charles Péguy avoue à quel point tout le monde perçut la menace imminente d'une invasion allemande. « La connaissance de la réalité, écrit-il le 22 octobre 1905, se répandait bien de proche en proche mais elle se répandait de l'un à l'autre comme une contagion de vie intérieure, de connaissance intérieure, de reconnaissance [...]. En réalité, c'était en lui-même que chacun de nous trouvait, recevait, retrouvait la connaissance totale, immédiate, prête, sourde, immobile et toute faite de la menace qui était présente. » Dans *L'Argent*, publié en 1913, cet ancien militant de la cause dreyfusarde fustige le pacifisme qui fut le sien, vitupère le livret de Caisse d'épargne, devenu pour lui le symbole de la bassesse du monde moderne, s'en prend au « parti des intellectuels », à tous ceux qui « vendraient leur âme pour ne pas faire leur classe dans un département », aux socialistes, pour leur entente avec l'Allemagne, et, devant la guerre imminente, fait revivre la fièvre des batailles pour galvaniser la génération des « jeunes gens d'aujourd'hui ».

Même si jamais rien n'est inéluctable, même si les relations entre la France et l'Allemagne n'étaient pas si catastrophiques, même si les principaux « points chauds » des rivalités économiques se sont progressivement refroidis, le discours de Tanger semble bien annoncer l'irréparable. Le 6 juin 1905, la démission de Delcassé est ressentie comme une humiliation. Né en 1852 à Pamiers, proche de Gambetta, député de l'Ariège en 1889, ministre des Affaires étrangères sans discontinuer depuis 1898, ce petit homme autoritaire et tenace, ardent patriote, a réussi là où les diplomates avant lui avaient échoué : garder les yeux fixés sur la « ligne bleue des Vosges » et poursuivre l'expansion outre-mer. Chercher de nouveaux appuis contre l'Allemagne et accroître l'empire avec l'appui de l'Angleterre. Pénétrer au Maroc sans offrir de compensation à l'Allemagne, et même sans la consulter. « Il faut être aveugle pour ne pas voir que la rivalité d'intérêts et d'ambitions, qui ne peut que s'accentuer entre l'Angleterre et l'Allemagne, écrit-il à un ami le 7 février 1898, nous offre une chance suprême. Nous rendre forts, très forts et rester libres : voilà notre politique. »

Usant de l'arme financière pour « acheter » la « neutralité » italienne et renforcer les liens avec la Russie, il conclut en avril 1904 un accord avec l'Angleterre qui annonce l'Entente cordiale. La France ne contestera plus la domination anglaise en Égypte. En échange, elle aura le droit d'exercer une influence prépondérante au Maroc. Assurément, l'Allemagne pouvait avoir l'impression que sa situation en Europe s'était nettement détériorée. En donnant de la voix à Tanger et en « obtenant » du président du Conseil, le conciliant Rouvier, qu'il mette fin aux fonctions de Delcassé, elle alerte l'opinion tout en échouant dans ses intentions. Battue par le Japon et en proie à des secousses révolutionnaires, la Russie a plus que jamais besoin de conserver l'amitié française. Craignant par-dessus tout l'établissement d'une base allemande sur la côte marocaine, l'Angleterre est prête à tout pour soutenir la France. En janvier 1906, à la conférence d'Algésiras, l'Allemagne voit se dresser contre elle toutes les autres puissances au bénéfice de la France, qui se fait reconnaître des « droits particuliers » au Maroc. Même si la modération a prévalu, même si les banquiers prêchent la conciliation et l'entente, reste que l'éventualité d'un conflit armé apparaît désormais probable, sinon inévitable. « Il n'y a pas de doute, écrit alors Jules Isaac, l'année 1905 marque un changement du destin. L'acheminement à la guerre part de là. Avant, la paix était une habitude, la guerre était un mot, un concept purement théorique. Quand soudain nous eûmes la révélation que ce concept pouvait se muer en réalité, nous en éprouvâmes dans tout l'être un choc dont le souvenir n'a pu s'effacer. [...] Moralement, politiquement, l'atmosphère était changée. »

Évidemment, cette impression que la guerre se rapproche favorise aussi les doctrines pacifistes. Elle pousse les socialistes à brandir leur internationalisme et à crier leur haine de toute politique de guerre. Quand la Bulgarie se déclare indépendante en 1908, quand la Serbie attaque l'Empire ottoman pour le chasser d'Europe, quand les Balkans s'embrasent, quand, le 1er juillet 1911, la canonnière allemande *Panther* vient jeter l'ancre en rade d'Agadir, Jean Jaurès annonce dans *L'Humanité* « le plus terrible holocauste depuis la guerre de Trente Ans ». À Berlin, il proclame : « Le capitalisme ne veut pas la guerre, mais il est trop anarchique pour l'empêcher. » En novembre 1912, un congrès extraordinaire de la CGT met à son programme la grève générale insurrectionnelle en cas de guerre. Au sein de la SFIO, Gustave Hervé multiplie les réquisitoires contre l'armée et vilipende la patrie dans sa Guerre sociale. De quoi mobiliser quelques dockers et métallos, mais pas de quoi ébranler les bataillons ouvriers qui, comme l'immense majorité des Français, sont prêts à se lever pour défendre leur territoire, leurs femmes et leurs enfants. Certes, ils pensent que la paix est préférable, mais ils pensent aussi qu'il faut savoir faire la guerre s'il le faut.

Même s'il n'entaille pas vraiment la France profonde, le nationalisme se sent en fait ragaillardi en cette veillée d'armes. En décembre 1912, le général Lyautey peut déclarer devant les étudiants de l'École libre des sciences politiques : « Ce que j'aime dans la jeunesse d'aujourd'hui, c'est qu'elle n'a pas peur de la guerre, ni du mot, ni de la chose. » La démission du gouvernement Caillaux en 1912 pour compromis avec l'Allemagne, puis l'élection du Lorrain Raymond Poincaré à l'Élysée, en janvier 1913, laissent entendre qu'elle est prochaine. « Il n'est possible à un peuple d'être pacifique, déclare-t-il dans le message qu'il adresse aux parlementaires, qu'à la condition d'être toujours prêt à la guerre. Une France diminuée, une France exposée, par sa faute, à des défis, à des humiliations, ne serait pas la France. » Le 7 juillet 1913, malgré les manifestations organisées par la CGT, la loi portant le service militaire à trois ans est votée par la Chambre par 339 voix contre 223. Tandis qu'à la Bourse, les actions du Creusot, le grand fournisseur de canons, montent de 1 860 à 2 280 francs, Georges Sorel écrit : « L'Europe, ce cimetière, est peuplé par des peuples qui chantent avant d'aller s'entre-tuer. Les Français et les Allemands chanteront bientôt. »

CHAPITRE 72

La boucherie héroïque

Huit millions six cent mille hommes mobilisés sous les drapeaux. Un million trois cent quatre-vingt mille morts. Presque toutes les familles endeuillées. Les monuments aux morts qui se dressent dans les communes de France rappellent à l'envi l'horreur de la « boucherie », dont les saignées entailleront durablement la pyramide des âges de la France. Mourir pour défendre la patrie, tel fut pendant quatre ans le « métier » de ceux qui se battirent par honnêteté plus que par patriotisme. En 1916, un jeune aspirant dont c'était le baptême du feu crut encourager ses « poilus » avant l'attaque en leur délivrant un discours grandiloquent. Un ancien qui, en 1914, avait fait la Marne, lui cloua le bec : « Ça va, bleusaille, ferme ta gueule et commande. » C'était rudement souligner que ces paysans fantassins avaient pour ambition essentielle de faire leur devoir, de défendre leur sol pied à pied, un « travail » qu'ils faisaient sans enthousiasme mais qu'ils cherchaient à faire le mieux possible.

L'Union sacrée

Le 28 juin 1914, l'archiduc François-Ferdinand, héritier du trône impérial austro-hongrois, est assassiné à Sarajevo par un étudiant bosniaque. La responsabilité de l'attentat est aussitôt portée au passif de la Serbie, qui vise ouvertement à unifier tous les Slaves du Sud dont une bonne part étaient sujets de l'Autriche-Hongrie. Les dirigeants de

Vienne, en première ligne, sont divisés sur la nature de la riposte. Les militaires veulent en profiter pour mater le trublion serbe. Les diplomates veulent utiliser l'occasion pour l'obliger à un recul diplomatique. Les politiques veulent simplement profiter des circonstances pour consolider le système d'alliances anti-serbes. En fait, tout dépendra du gouvernement allemand sans le soutien duquel l'Autriche-Hongrie ne peut risquer l'aventure. Le 5 juillet, le comte Berchtold, ministre des Affaires étrangères du gouvernement autrichien, se rend à Berlin pour obtenir l'appui de Guillaume II, qui l'accorde. Préparé en commun, un ultimatum est adressé à Belgrade le 23 juillet 1914. Il exige la fin des menées nationalistes, la participation de l'État serbe à l'enquête sur l'attentat et la venue en territoire serbe d'officiers de police austro-hongrois. Si l'Allemagne encourage son allié autrichien à utiliser au maximum l'opportunité offerte par l'attentat, c'est parce qu'elle pense que l'affaire restera circonscrite entre Vienne et Belgrade et que la responsabilité serbe est telle que personne n'osera prendre position pour cette « mauvaise cause ». En donnant un « chèque en blanc » à l'Autriche, le chancelier Bethmann-Hollweg ne souhaitait certainement pas transformer cet incident local en conflit généralisé, mais il en prenait le risque. Influencé par l'activisme des milieux nationalistes et par les militaires qui craignaient la menace russe, il s'était trouvé impuissant devant le sentiment largement répandu dans l'opinion allemande qu'une guerre était de toute façon inévitable. « Une fatalité plus forte que la puissance de l'homme plane sur l'Europe et le peuple allemand », déclara-t-il le 27 juillet 1914.

De fait, le 25 juillet, au terme du délai de quarante-huit heures fixé par l'Autriche-Hongrie, les Serbes acceptent l'ultimatum, mais refusent de laisser les enquêteurs autrichiens opérer sur leur sol. Le 28 juillet, l'Autriche-Hongrie déclare la guerre à la Serbie et, le 29, l'armée autrichienne bombarde Belgrade. Dans l'après-midi du même jour, le gouvernement russe décide une mobilisation partielle de ses troupes le long de la frontière avec l'Autriche. Si, en 1908, trois ans après la révolution de 1905 et la défaite face au Japon, la Russie n'avait pas été en état de s'opposer à l'annexion de la Bosnie-Herzégovine par l'Autriche, en 1914, pénétrée par l'idéologie nationaliste qui atteint aussi certains socialistes démocrates, forte de son dynamisme économique, elle est prête à assumer ses responsabilités dans les Balkans à l'égard des peuples slaves. Le 30 juillet, malgré les conseils de prudence de la France, le tsar donne l'ordre de mobilisation générale, ce à quoi répond la mobilisation autrichienne. Le 31 juillet, le chancelier allemand, persuadé que le Royaume-Uni n'interviendra pas, lance un ultimatum à la Russie pour demander que cesse la mobilisation générale. Le 1er août, l'ultimatum ayant été évidemment repoussé, l'Autriche déclare la guerre à la Russie. La France, qui avait désapprouvé la précipitation russe, ne peut toutefois laisser accabler son alliée et mobilise dans la mesure où le gouvernement, pressé par l'état-major, ne peut prendre le risque de mettre le pays en position de faiblesse. Le 2 août, l'Allemagne adresse un ultimatum à la Belgique pour obtenir le libre passage de ses troupes qui pénètrent au Luxembourg. Le 3 août, elle déclare la guerre à la France. Le 4 août, le Royaume-Uni, qui profite de l'émotion provoquée par la violation de la neutralité belge, déclare la guerre à l'Allemagne. Ainsi débutait une guerre générale que presque personne n'avait voulue, mais que tout le monde s'était résigné à accepter. Impatience des militaires craignant d'être pris au dépourvu par les rassemblements adverses, passivité des politiques tétanisés par le piège qui se refermait sur eux, impuissance des diplomates qui voulaient à tout prix sauvegarder les alliances et en arrivaient finalement à laisser aller les choses vers leur terme. Tout était en place pour que tous se laissent emporter par une fatalité qu'ils avaient été incapables de contrôler.

En France, lorsque le tocsin sonna, le 1er août, pour annoncer la mobilisation générale, les hommes surent ce qu'ils avaient à faire.

« C'était un vendredi, témoigne Éphraïm Grenadou, un paysan beauceron. La moisson avait du retard et presque tout le monde était aux champs, sauf nous les jeunes. Nous enterrions Lucien Barbet, un gars de la classe 14, mort subitement au travail. L'enterrement avait lieu à dix heures. On disait déjà :

— Il y en a qui sont partis pour garder les lignes, la guerre va venir. Elle va venir.

Comme d'habitude après les enterrements, il y a eu un repas. Nous, les copains de Lucien, on a mangé chez Barbet. Après le repas, comme il était à peu près deux heures, deux heures et demie, et qu'on discutait sur la place, voilà les gendarmes qui arrivent au grand trot sur leurs chevaux. Là, ils trouvent le maître d'école, et le maître ressort avec l'affiche dans les mains, l'affiche blanche avec deux drapeaux en croix :

MOBILISATION GÉNÉRALE

Le maître nous crie :

— Allez dire à Achille qu'il sonne la trompette, à Cagé de prendre son tambour. Vous les gars, sonnez le tocsin.

Alors, moi et Albert Barbet qui a été tué à la guerre, on a sonné le tocsin. Le monde, ils ont laissé leurs faucheuses ; les charretiers ont ramené leurs chevaux. Tout ça arrivait à bride abattue. Tout ça s'en venait de la terre. Tout le monde arrivait devant la mairie. Un attroupement. Ils avaient tout laissé. En pleine moisson, tout est resté là. Des centaines de gens devant la mairie. Pommeret sonnait le clairon. Cagé battait la Générale. On voyait que les hommes étaient prêts. [...]

Tu aurais vu les gars. C'était quasiment une fête, cette musique-là. C'était la Revanche. On avait la haine des Allemands. Ils étaient venus à Saint-Loup en 70 et ils avaient pris ma mère sur leurs genoux, quand elle avait deux, trois ans. Dans l'ensemble, le monde a pris la guerre comme un plaisir. »

Même si les travaux de l'historien Jean-Jacques Becker sur l'état de l'opinion française durant les premiers mois de la guerre nous invitent à une extrême prudence sur l'ampleur de cet enthousiasme chauvin, la masse des Français est bien consciente d'un devoir à accomplir « sans forfanterie et sans faiblesse », pour répondre à un agresseur et sauver la patrie en danger.

« La volonté des Français d'être une nation ne s'est vraiment réalisée qu'au bout de vingt siècles, le 2 août 1914, témoigne encore l'écrivain Julien Benda. Ce jour-là, et ce jour-là seulement, je vois la totalité des Français, nobles et roturiers, hommes d'armes et marchands, hommes des villes et hommes des campagnes, démocrates et absolutistes, capitalistes et ouvriers, communier dans l'unique sentiment de leur appartenance à un même groupe : ce jour-là, et ce jour seulement, je vois se dresser, pour défendre la France, les habitants de cette terre sans exception. »

Quand le 4 août, à la Chambre, Raymond Poincaré en appelle à « l'Union sacrée » de ceux « qui sont aujourd'hui fraternellement assemblés dans une même indignation contre l'agresseur et dans une même foi patriotique », on vit Édouard Vaillant, le vieux révolutionnaire communard, tomber dans les bras d'Albert de Mun, l'ancien versaillais auquel il avait toujours refusé d'adresser la parole. Même si, aux élections législatives du printemps 1914, la gauche l'a emporté en proposant le retour du service militaire à deux ans, aucun responsable socialiste ne caressait réellement l'espoir de soulever les masses ouvrières contre la guerre. « La classe ouvrière, dira Alphonse Merrheim, secrétaire de la Fédération CGT des métaux, n'aurait pas laissé aux agents de la force publique le soin de nous fusiller ; elle nous aurait fusillés elle-même. »

Leader moral de la gauche, Jean Jaurès a bien appelé, le 14 juillet 1914, à la grève générale simultanée dans les pays belligérants en cas de mobilisation, mais le 29, à l'occasion de la réunion du Bureau socialiste international à Bruxelles, il affirme le caractère pacifique de l'action du gouvernement français qui, ce même jour, a fait retirer les troupes de couverture à 20 kilomètres en arrière des frontières. Son assassinat par Raoul Villain le 31 juillet, au café du Croissant, ne soulève pas la classe ouvrière contre le geste odieux du jeune exalté, incité au crime par la haine brutale et grossière de la droite nationaliste. *La Guerre sociale*, la feuille jadis si antimilitariste de Gustave Hervé, sort une spéciale portant ces trois titres qui disent tout : « Défense nationale d'abord ! Ils ont assassiné Jaurès ! Nous n'assassinerons pas la France ! » Le samedi 1er août, au lendemain de l'assassinat, le ministre de l'Intérieur Malvy télégraphie à ses préfets de ne pas procéder à l'arrestation des 2 000 personnes inscrites sur le « carnet B » dans lequel avaient été répertoriés tous ceux dont on prédisait la descente imminente des faubourgs sur Paris. Il avait raison. On enregistra seulement 1 600 désertions, un total bien plus faible que ce qui avait été envisagé par les autorités militaires. Dans leur très grande majorité, les Français acceptaient une guerre qui, à leurs yeux, était celle du droit. Le 4 août, lors des obsèques de Jaurès, Léon Jouhaux, secrétaire confédéral de la CGT, déclare : « Jaurès a été notre réconfort dans notre action passionnée pour la paix. Ce n'est pas sa faute, ni la nôtre, si la paix n'a pas triomphé. Avant d'aller vers le grand massacre, au nom des travailleurs qui sont partis, au nom de ceux qui vont partir, dont je suis, je crie devant ce cercueil toute notre haine de l'impérialisme et du militarisme sauvage qui déchaînent l'horrible crime. Cette guerre, nous ne l'avons pas voulue, ceux qui l'ont déchaînée, despotes aux visées sanguinaires, aux rêves d'hégémonie criminelle, devront en payer le châtiment. » Comme l'avait prédit un journaliste picard au lendemain des manifestations pacifistes du 30 juillet 1914 : « Ceux-là qui crient : « À bas la guerre » aujourd'hui, seront les premiers demain à charger leur fusil. »

« Se faire tuer sur place plutôt que reculer »

Suivant le plan élaboré par Alfred von Schlieffen, du Grand État-Major de 1891 à 1906, le maréchal von Moltke pénètre en Belgique à partir du 6 août, réduit Liège le 16, Bruxelles le 20, franchit la Meuse et occupe Namur le 23. Fondée sur l'hypothèse que la mobilisation russe serait lente, le plan Schlieffen avait estimé qu'il fallait frapper la France dans un premier temps et la vaincre avant l'automne. Voulant refaire la bataille qu'Hannibal avait gagnée contre les Romains à Cannes en 216 avant J.-C., von Schlieffen avait imaginé une large manœuvre d'encerclement fondée sur l'invasion de la Belgique.

Après avoir traversé ce pays, les corps d'armée massés en Rhénanie descendraient le long de la vallée de l'Oise, contourneraient Paris par le sud et prendraient dans une nasse les armées françaises massées sur les frontières de l'est et du nord-est. La France vaincue serait amputée du bassin ferrifère de Briey et paierait une lourde indemnité de guerre lui interdisant de réarmer pendant quinze à vingt ans. L'Allemagne, qui mettrait la main sur les colonies africaines, prendrait la tête d'une vaste organisation paneuropéenne regroupant l'actuel Benelux, le Danemark, l'Autriche-Hongrie, la Pologne ressuscitée, l'Italie et les États scandinaves. Sans être annexée, la Belgique, agrandie de la Flandre française, serait soumise à l'autorité allemande.

Mis au point par le général Joseph Joffre, chef de l'état-major depuis 1911, le plan XVII, négligeant la puissance de l'aile droite allemande dont il sous-estime les effectifs, prévoit de refaire « la manœuvre d'Austerlitz » et d'attaquer au centre du dispositif ennemi, entre les Vosges et les Ardennes, pendant que les ailes contiendront l'adversaire. Galvanisées par l'esprit d'offensive à outrance, les troupes portant le pantalon rouge, si esthétique, et dépourvues de casques, compteront sur leur vitesse de mouvement pour l'emporter en quelques semaines. « La baïonnette est l'arme suprême du fantassin, peut-on lire dans le *Règlement d'infanterie de 1913*. La section marche à l'assaut au pas de course au commandement de « en avant à la baïonnette » du chef de section, répété par tous. Chaque tirailleur doit tenir à honneur de triompher du plus grand nombre possible d'adversaires et la lutte se poursuit à l'arme blanche, avec la plus farouche énergie jusqu'à ce que le dernier combattant ennemi soit hors de combat. » Modèle de précision, le canon de 75 accompagnera l'infanterie, mais d'artillerie lourde si encombrante, on fera l'économie.

Attaché militaire à l'ambassade de France à Berlin, le colonel Serrat avait pourtant averti l'état-major que cette tactique relevait de la folie, que les nouveaux uniformes allemands, grisâtres, étaient pratiquement indiscernables à la jumelle alors que la rutilante armée française détenait « le record de visibilité ». Mettant en cause le plan XVII qui négligeait les puissantes fortifications allemandes de la région de Metz, il écrivait : « La France me fait penser à une usine dans laquelle il y aurait trop d'ingénieurs, et pas assez de contremaîtres qui abondent ici. [...]. La guerre moderne, avec ses énormes armées lourdes, réclame-t-elle du génie ? N'est-ce pas plutôt du gros œuvre ? »

De fait, les attaques lancées en Lorraine puis dans les Ardennes échouent, brisées par la puissance de feu des mitrailleuses et de l'artillerie lourde adverses. « Des détonations formidables, d'abord à 1 500 mètres, puis, en moins d'une seconde, sur la colonne », témoigne le caporal Delabey qui, à l'aube du 14 août, grimpe les pentes du col de Sainte-Marie-aux-Mines. « Avec des sifflements stridents, une dizaine d'obus, qui éclataient sur nos têtes, projetaient avec un bruit terrifiant des éclats et de la mitraille. » Les premiers combattants, prêts à en découdre à la baïonnette, sont tués sans avoir vu l'ennemi. 130 000 morts ou disparus en Alsace, du 20 au 22 août, amènent le général Castelnau à enterrer ses troupes pour les protéger des pièces ennemies qui font mouche à 14 kilomètres, alors que le 75 n'a qu'une portée de 7 kilomètres, et font écrire au journal *Le Matin* que « la bataille des frontières » est compromise à cause de l'indolence « provençale » des régiments du 15e corps, recrutés dans le Sud-Est !

Joffre, dont les conceptions initiales se sont révélées fausses, s'adapte toutefois avec sang-froid et lucidité à la situation. Ce polytechnicien ordonne le 24 août une retraite générale qui se déroule en bon ordre. Quand les Allemands, imprudents, veulent prendre de vitesse les troupes françaises et les couper de Paris en infléchissant leur marche vers le sud-est, présentant leur flanc droit au nord de la capitale, le général Gallieni, gouverneur militaire de la place de Paris, propose à Joffre de contre-attaquer. Le 6 septembre, l'ordre du jour aux troupes dit : « Une troupe qui ne peut plus avancer devra coûte que coûte garder le terrain conquis et se faire tuer sur place plutôt que reculer. »

Sur 200 kilomètres, entre Meaux et Verdun, assaillie à la fois par l'armée de Maunoury, renforcée des hommes transportés de Paris par les taxis Renault, et par les Britanniques de French et les armées de Foch et de Sarrail, qui ont stoppé leur mouvement de retraite pour faire front, l'armée allemande doit se replier sur une ligne allant de Nancy à la Vesle. Ayant épuisé leurs réserves de munitions, exténués, les Français, qui ont déjà perdu 300 000 hommes depuis cinq mois, ne peuvent transformer ce recul allemand en défaite. « Je ne sais pas qui a gagné [la bataille de la Marne], aurait déclaré Joffre, mais je sais qui l'aurait perdue ! » À la fin de l'année 1914, au terme d'une véritable « course à la mer » où chaque armée essaye de se contourner à l'ouest, les combats s'achèvent par l'établissement d'un front continu allant de la mer du Nord jusqu'à la Suisse. La guerre de « tranchées » s'installe alors. Elle durera jusqu'au début de 1918. Les espoirs d'une guerre courte, caressés de part et d'autre, se sont avérés illusoires. L'Allemagne, qui occupe les riches provinces du Nord et de l'Est, peut plus facilement se cantonner sur la défensive et porter le plus gros de ses efforts sur le front russe.

La montée au calvaire

Le 15 mars 1915, sur le front de Champagne, un officier d'infanterie écrit à sa femme : « Dieu sait si je suis soldat dans l'âme et si j'ai le culte de la discipline ! Mais il est des choses qui sautent aux yeux et qui sont criminelles dans leur but et dans leur résultat ! Et cette façon de faire la guerre est l'une de ces choses. Elle fait sacrifier sans résultat des milliers de vies humaines. »

La mort, la peur d'être enseveli vivant, les blessures horribles des camarades, le gaz qui empoisonne, les têtes des morts qu'on fait recouvrir d'une toile de tente, les bras qu'il faudrait couper pour éviter que ne culbutent tous ceux qui vont et viennent dans les boyaux mais que nul n'a le courage de faire, les cadavres qui flottent dans les trous d'obus remplis d'eau, l'odeur de pourriture qui envahit le champ de bataille, les lambeaux de chair accrochés aux barbelés, la boue, « pieuvre énorme » prête à tout dévorer, le désespoir, la soif horrible qui fait boire l'eau croupie. On a peine à imaginer l'horreur qu'ont vécue ces millions d'hommes jetés à l'assaut des positions ennemies pour gagner quelques mètres. Incapables de concevoir une autre stratégie que l'offensive, les commandements se sont acharnés à vouloir opérer une percée qui permettrait la rupture du front adverse et la reprise de la guerre de mouvement, la « vraie » guerre.

Joffre qui, le 3 octobre 1914, a écrit à un ministre : « Nous devons avoir la conviction que, en augmentant nos ressources en munitions, en perfectionnant notre organisation matérielle, en donnant plus d'ampleur encore à nos attaques, nous parviendrons à briser les lignes allemandes [...] », a lancé en 1915 une série d'offensives en Champagne et en Artois. 349 000 tués pour grignoter au mieux 4 kilomètres. « Ils allaient, la tête penchée, le regard morne, accablés sous leur barda, tenant à la bretelle leur fusil rouge et terreux. C'est à peine si la couleur des visages différait de la couleur des capotes. La boue avait tout recouvert, avait séché, et d'autre boue avait à nouveau tout souillé. Les vêtements comme la peau en étaient incrustés. [...] Ils avaient perdu jusqu'à la force de se plaindre. On voyait dans les regards un abîme inouï de douleur, quand ces forçats de la guerre levaient la tête vers les toits du village. Et dans ce mouvement, leurs traits apparaissaient figés dans la poussière et tendus par la souffrance ; il semblait que ces visages muets criaient quelque chose d'effrayant : l'horreur incroyable de leur martyre. »

Cette image dessinée par Georges Gaudy des revenants de Verdun témoigne aussi et surtout que ces « poilus » ont tenu, ensevelissant dans leur mémoire le souvenir de l'effroyable épreuve, le sommet sans doute de la souffrance humaine. Le 21 février 1916, de sept heures à seize heures, un déluge d'artillerie sans précédent s'abat sur Verdun, préparant le terrain pour les vagues d'assaut allemandes qui, pourvues de lance-flammes, s'emparent le 25 février du fort de Douaumont. Proposé à l'empereur en décembre 1915 par Falkenhayn, le nouveau généralissime, le plan allemand a pour ambition de « saigner à blanc » l'armée française en l'amenant à engager sur un point du front ses réserves pour mieux les anéantir. Constituant en effet un saillant sur le front français et seulement reliée à l'arrière-pays par une route et une voie ferrée à voie étroite conduisant à Bar-le-Duc, la région fortifiée de Verdun constituait un point d'appui essentiel que les Français seraient contraints de défendre jusqu'au dernier homme.

De fait, dès les premiers jours de la ruée allemande, Verdun est devenue le « boulevard moral de la France » — l'expression est de Philippe Pétain —, autant qu'un enjeu militaire. Dans ses mémoires, *Au service de la France*, Raymond Poincaré, qui s'y est rendu dès le début de la bataille, écrit : « Ce nom de Verdun auquel l'Allemagne, dans l'intensité de son rêve, avait donné une signification symbolique [...], ce nom représente désormais ce qu'il y a de plus beau, de plus pur et de meilleur dans l'âme française. Il est devenu synonyme synthétique de patriotisme, de bravoure et de générosité. » Dans les camions qui amènent les relèves sur le champ de bataille, on chante :

Adieu la vie, adieu l'amour, adieu les femmes,
C'est pas fini, c'est pour toujours de cette guerre infâme.
C'est à Verdun, Douaumont ou Vaux
Qu'on va laisser sa peau
Car nous sommes tous des condamnés
C'est nous les sacrifiés.

« Verdun n'est pas une bataille parmi d'autres », écrit l'historien Antoine Prost qui a consacré à ce « lieu de mémoire » de superbes lignes, « mais *la* bataille, qui résume à elle seule la Grande Guerre parce que toute l'armée française y a participé. Alors que du côté allemand, les divisions engagées à Verdun n'étaient pas relevées mais assuraient elles-mêmes leur propre relève par une rotation des régiments en première ligne, Pétain s'efforça, au contraire de n'engager qu'une seule fois à Verdun chaque grande unité. Ce qu'il appelait lui-même une « noria » fit monter successivement à Verdun la plupart des divisions françaises. [...]. Inspirée par des considérations militaires, la noria eut d'immenses conséquences morales. Elle fit de la bataille de Verdun celle de toute l'armée. Du coup, l'enjeu changeait de nature. Les soldats qui montaient en ligne avançaient sur un terrain qu'ils ne connaissaient pas et qui, pourtant, ne leur était pas inconnu : ils en avaient entendu parler. Avant d'être vécue, la bataille avait été imaginée, et l'expérience nourrissait à son tour l'imaginaire collectif. Verdun devenait ainsi un lieu sacré : lieu de sacrifice et de consécration. Monter à Verdun constituait une sorte d'initiation : attendue, confusément connue, redoutée et inéluctable. Les noms qui jalonnent cette montée au calvaire sont familiers, et ils reviennent dans tous les souvenirs : le faubourg Pavé, la chapelle Sainte-Fine, le ravin de Froideterre, l'abri des Quatre-Cheminées. La mémoire partagée d'une grande épreuve finalement victorieuse s'inscrit ainsi dans des noms de lieux qui sont autant de signes de reconnaissance. »

Quand, le 12 juillet 1916, l'offensive allemande s'arrête, les Français ont perdu 163 000 hommes, les Allemands 143 000. Avec les blessés, on compte 770 000 hommes hors de combat. Comme l'a écrit Maurice Genevoix : « Ce que nous avons fait, c'est plus qu'on ne pouvait demander à des hommes, et nous l'avons fait. » Peu de jours avant d'y être tué, le capitaine Jean Vigier, reçu premier à l'École normale supérieure en 1909 et à l'agrégation de philosophie en 1912, avait écrit : « Je m'indigne de l'énorme inutilité de nos pertes. Tout disposé que je sois à me sacrifier, je voudrais du moins que le gaspillage des vies et des forces fût connu un peu plus chaque jour et que le péril qui nous menace, Mourir de notre victoire, soit entrevu et conjuré. »

Message non reçu. Du 1er juillet au 18 novembre 1916, Joffre a lancé une grande offensive sur la Somme : 5 à 10 kilomètres de progression ; 620 000 tués ou disparus pour les Alliés, 500 000 pour les Allemands. Militairement, Falkenhayn avait espéré « saigner » les Français. Il a échoué. Politiquement, il avait espéré affaiblir le moral de la Nation. Il a également échoué. Même si, en 1916, des rapports signalent pour la première fois un fléchissement du moral des combattants, même si les difficultés de la vie matérielle amènent à l'arrière quelques grèves, même si les tendances pacifistes se réveillent, même si *Le Canard enchaîné*, fondé en 1915 par Maurice Maréchal, dénonce les « grands chefs de la tribu des bourreurs de crâne », ceux qui, comme les journalistes de *L'Intransigeant*, écrivaient le 17 août 1914 que « les balles allemandes ne sont pas dangereuses : elles traversent les chairs de part en part sans faire aucune déchirure », l'Union sacrée a dans l'ensemble fort bien résisté.

« Unis comme au front », ce slogan d'après-guerre n'est pas dépourvu de fondement. Malgré la panique qui s'est emparée des 500 000 Parisiens fuyant la capitale à la fin du mois d'août 1914, malgré les rancœurs que peuvent nourrir les poilus à l'égard de l'arrière, malgré les insolentes fortunes qu'ont osé afficher, comme toujours, certains mercantis, la France, dans ses tréfonds, a fait taire ses divisions et fait preuve d'une belle unité morale. Malgré les blessures laissées par la loi de séparation, les prêtres sont partis au front et l'Église s'est réinsérée dans la nation. Malgré la pression de ceux qui, au sein de la CGT, voyaient dans l'Union sacrée une forme de collaboration de classe, l'immense majorité des militants a soutenu fermement l'effort de guerre et applaudi l'action d'Albert Thomas qui, disciple de Jaurès, sut à l'Armement concilier productivisme et démocratie industrielle, collaboration avec le monde patronal et amélioration des relations du travail dans les usines. Chez Citroën, Renault ou Berliet, on a pris conscience que le taylorisme était inéluctable et qu'il pouvait même représenter un progrès. Le 1er mai 1917, on peut ainsi lire dans *La Voix du peuple*, le journal de la CGT : « La formule devra être le plus de production avec le minimum de frais généraux, de façon à abaisser d'autant le prix de vente des marchandises, de demander au travail le maximum de production pour le minimum de présence. » En conclusion, la situation s'établit ainsi : « Augmentation du pouvoir de consommation de tous et possibilité pour l'ouvrier d'atteindre à un salaire maximum. » C'est également l'or qui est sorti des « bas de laine » pour souscrire aux bons de la Défense nationale et financer le colossal effort de guerre. Ce furent également les troupes coloniales qui versèrent avec fougue l'« impôt du sang », faisant taire pendant quatre ans toute manifestation de racisme et entretenant chez les colonisés le sentiment qu'ils étaient devenus réellement « français ». Ce furent enfin des enfants, très jeunes, qui s'enfuirent de leur domicile familial pour aller rejoindre le front, devenant les sentinelles avancées de la « civilisation » face à la « barbarie ». En 1916, on enregistre ainsi quatorze « fugues héroïques » dans les écoles primaires du XIIIe arrondissement de Paris, treize dans celles du XIIe, vingt-six dans le Xe, vingt dans le VIe, dont deux concernent des petites filles de douze et treize ans qui voulaient être infirmières au service du peuple serbe. Jeune Breton du Faouët, Jean-Corentin Carré parvient, à quinze ans, grâce à un faux état civil, à s'engager dans un régiment d'infanterie. Deux ans plus tard, après avoir mené une campagne héroïque comme fantassin et avoir atteint l'âge légal, il demande à s'engager sous son vrai nom, quitte à perdre ses grades de sous-officier acquis entre-temps. Il rejoint ensuite l'aviation où il trouve la mort en 1918. À son instituteur, il avait écrit : « Je ne pourrai pas vivre sous le joug de l'ennemi, c'est pourquoi je suis soldat. Eh bien, ce sentiment de l'honneur, c'est à l'école que je l'ai appris, et c'est vous, mon cher maître, un de ceux qui me l'ont enseigné ! Je souhaite que tous les petits écoliers comprennent les leçons qui leur sont données de la même manière que je les ai comprises. La vie en elle-même n'est rien, si elle n'est bien remplie. » « Ces enfants héroïques, écrit Stéphane Audoin-Rouzeau, réels ou imaginaires, vrais fugueurs ou images emblématiques à l'usage de la propagande, étaient bien le symbole des enjeux nouveaux de la guerre. D'une guerre présentée et perçue comme une guerre de civilisation, une guerre menée pour l'ensemble de l'humanité, menacée d'un nouveau déferlement de barbarie, incarnée par l'Allemagne. »

Le Chemin des Dames

Le 17 avril 1917, à Auberive, au moment d'une attaque, 17 hommes abandonnent leur poste devant l'ennemi. Le 29 avril, 200 hommes du 20e régiment d'infanterie quittent leurs baraquements du camp de Châlons et se dispersent dans les bois environnants. Le 4 mai 1917, une compagnie refuse d'aller à Laffaux où l'on avait décidé une attaque pour le 5. Le 1er juin, à Ville-en-Tardenois, des hommes chantent *L'Internationale* et brandissent le drapeau rouge. Le général Bulot, qui veut intervenir, reçoit des pierres tandis que ses étoiles et sa fourragère sont arrachées. À Soissons, deux régiments décident de marcher sur Paris pour exiger du Parlement la conclusion d'une paix immédiate. Partout, les soldats demandent que cessent les attaques et que le rythme des permissions s'accélère. À Rennes, le 5 juin, 5 000 ouvrières, dont 2 000 de l'arsenal, entraînent les hommes dans la grève. Dans la région parisienne, on compte près de 131 000 grévistes aux mois de mai et juin. Plus qu'un mouvement de révolte, c'est un sentiment d'impuissance qui semble avoir gagné les consciences. Ordonnée par le ministère de l'Intérieur le 10 juin 1917, une enquête sur le moral des Français provoque une vive inquiétude. Le 17 juin, le préfet de l'Isère écrit à son ministre : « L'état d'esprit de la population est loin d'être satisfaisant et l'énergie morale dont cette population avait donné l'exemple a subi une dépression générale depuis deux mois. C'est aujourd'hui une lassitude qui confine au découragement et qui a pour cause bien moins les restrictions apportées à l'alimentation publique et les difficultés d'approvisionnement que la déception causée par l'échec de nos offensives en avril, le sentiment que des fautes militaires ont été commises, que des pertes élevées ont été subies sans profit appréciable, que tout effort nouveau serait sanglant et vain. L'inaction de la Russie, dont le concours effectif paraît maintenant bien hypothétique, a encore accentué le découragement des esprits. Les propos tenus par les soldats venant du front sont en grande partie la cause de cet affaissement moral de la population : ces propos, tenus en chemin de fer, dans les gares, dans les cafés à l'arrivée, puis au village, donnent une impression déplorable de la mentalité d'un trop grand nombre de mobilisés. [...] Ces propos, complaisamment écoutés par des auditeurs déjà énervés ou déprimés, sont colportés et naturellement exagérés, et accroissent le mécontentement et l'inquiétude. Chaque jour se produisent dans les lieux publics, en particulier dans les grandes gares et dans les trains de chemin de fer, des incidents qui dénotent chez les mobilisés le plus regrettable état d'esprit. »

Les déceptions étaient en fait à la mesure des espoirs que l'offensive lancée en avril 1917 avait suscités. Alors que les Allemands sont désormais convaincus qu'il ne peut y avoir de solution militaire sans de grandes modifications dans le rapport des forces et attendent que la Russie, minée par la révolution, s'effondre, le commandement français pense encore, malgré Verdun et la Somme, que la rupture est possible. Alors que partout la guerre de mouvement a échoué, dans les Dardanelles où les Alliés sont contenus par les Bulgares, en Italie dont l'entrée en guerre ne modifie pas de manière sensible l'équilibre des forces, le général Nivelle, qui a remplacé Joffre promu maréchal, tente une offensive « napoléonienne » : jeter une masse d'hommes sur le champ de bataille pour submerger l'ennemi. Dans une note rédigée le 15 janvier 1917, il écrit : « Nous romprons le front allemand quand nous voudrons, à condition de ne pas nous attaquer au point le plus fort et de faire l'opération par surprise et attaque brusquée en vingt-quatre ou quarante-huit heures. [...] Cela fait, le terrain sera libre pour aller où on voudra, à la côte belge comme à la capitale, sur la Meuse et sur le Rhin. Il y aura alors une splendide moisson de gloire pour les armées britanniques et françaises. »

Le 16 avril, à six heures, le principal assaut débute sur l'Aisne en direction du Chemin des Dames. La surprise devait venir de l'emploi des chars. L'échec est total. Lourds, peu maniables, les chars, dont les réservoirs d'essence sont... à l'avant, sont facilement incendiés par l'ennemi. À la fin de la première journée, l'avance est de 500 mètres au lieu des 10 kilomètres prévus. Le 30 avril, les pertes françaises s'élèvent déjà à 147 000 hommes dont 40 000 morts. Le 15 mai, Nivelle est relevé de son commandement et remplacé par le général

Pétain dont le grand mérite est de comprendre que l'armée dont il hérite n'a plus envie de se battre avec les méthodes jusque-là employées, et que les « mutineries » qui ont accompagné l'offensive Nivelle ne sont qu'une forme de grève utilisée par les troupes pour faire entendre leurs voix, que l'expression d'un « ras-le-bol » généralisé.

Menée sans faiblesse, la répression fut toutefois modérée. Sur 554 condamnations à mort prononcées, 49 ont été réellement exécutées. Pétain, qui use pleinement des pouvoirs discrétionnaires qui lui ont été confiés, souligne l'importance de ce qu'il appelle des « cérémonies expiatoires ». Mais dans le même temps, il régularise le rythme des permissions — dix jours par période de quatre mois —, améliore le confort des cantonnements pour que tous puissent bénéficier de vrais repos, surveille la qualité des repas, combat les arrivages excessifs de vin dans la zone des armées, pourchasse les mercantis, rétablit la confiance entre subordonnés et supérieurs et entreprend une contre-offensive psychologique en faisant appel à la solidarité des Français et des combattants. « Nous nous battons, écrit-il dans le *Bulletin des armées de la République*, parce que ce serait un crime de trahir, par une honteuse défaillance, tout à la fois nos morts et nos enfants. »

Surtout, dans sa directive numéro I du 19 mai, il impose une inflexion immédiate de la stratégie. Estimant que la rupture du front est pour l'heure tout à fait impossible, il importe, écrit-il, d'« user l'adversaire avec le minimum de pertes ». Priorité doit être donnée à la puissance du matériel, à la construction de chars d'assaut légers dans lesquels il voit l'arme de l'avenir, à l'utilisation des avions de bombardement et aux attaques limitées qui doivent redonner confiance aux hommes. Finis les « grignotages » sanglants. « J'attends les chars et les Américains », entrés en guerre aux côtés des Alliés le 6 avril 1917. Cette formule célèbre résume sa pensée. Elle le fait apparaître comme un père juste mais sévère, à la fois protecteur et thaumaturge. Les Français s'en souviendront en 1940.

Le 11 novembre 1918

Le 16 novembre 1917, Georges Clemenceau qui, depuis 1914, n'a cessé de dénoncer avec passion l'incompétence des généraux, la mollesse de gouvernements trop veules, les complaisances du pouvoir envers les pacifistes, constitue un gouvernement qui ne tient pas compte des habituels dosages. À soixante-seize ans, celui que l'on surnomme le « Tigre » définit son programme dans un discours prononcé devant les députés le 26 novembre : « Champ clos de nos idéals, notre France a souffert pour tout ce qui est de l'homme. Ferme dans les espérances puisées aux sources de l'humanité la plus pure, elle accepte de souffrir encore, pour la défense du sol des grands ancêtres, avec l'espoir d'ouvrir, toujours plus grandes, aux hommes comme aux peuples, toutes les portes de la vie. La force de l'âme française est là. C'est ce qui meut notre peuple au travail comme à l'action de guerre. Ces silencieux soldats de l'usine, sourds aux suggestions mauvaises, ces vieux paysans courbés sur leurs terres, ces robustes femmes au labour, ces enfants qui leur apportent l'aide d'une faiblesse grave : voilà de nos poilus.

De nos poilus qui, plus tard, songeant à la grande œuvre, pourront dire, comme ceux des tranchées : j'en étais... Trop d'attentats se sont déjà soldés sur notre front de bataille par un surplus de sang français. Faiblesse serait complicité. Nous serons sans faiblesse, comme sans violence. Tous les inculpés en conseil de guerre. Le soldat au prétoire, solidaire du soldat au combat. Plus de campagnes pacifistes, plus de menées allemandes. Ni trahison, ni demi-trahison : la guerre.

Rien que la guerre. Nos armées ne seront pas prises entre deux feux, la justice passe. Le pays connaîtra qu'il est défendu. »

Vieux jacobin, celui qui passe pour un « dictateur » est un homme bourru, épris de justice, qui entend mettre un pouvoir sans partage au seul service de la victoire. Un Carnot ou un Gambetta plus qu'un Robespierre. Assimilant à des traîtres les partisans d'une paix de compromis, il envoie Louis Malvy, l'ancien ministre de l'Intérieur, devant la Haute Cour de justice, lance des poursuites contre Joseph Caillaux, mis en cause pour ses relations avec l'espion Bolo Pacha, et Almereyda, le directeur d'une feuille pacifiste, *Le Bonnet rouge*, qui avait reçu de l'argent allemand. Par ailleurs, il refuse à la délégation socialiste française des passeports pour se rendre à Stockholm participer à une conférence de l'Internationale. C'en est bien fini de l'Union sacrée. Multipliant les tournées de propagande dans les popotes, revêtant la capote bleu horizon, réprimant avec énergie les activités d'espionnage, faisant nommer Ferdinand Foch commandant unique des armées alliées, il force un pays saisi par le doute à admettre qu'il n'est pas d'autre solution que la poursuite de la guerre jusqu'à la victoire.

Libérées par la paix signée le 3 mars avec les bolcheviks à Brest-Litovsk, les armées allemandes, commandées par le général Ludendorff, tentent, le 21 mars 1918 et le 9 avril, de forcer la décision avant l'arrivée massive des Américains et enfonçent, sur la Somme, le front tenu par les troupes anglaises. Le 27 mai, ils attaquent à nouveau au

Chemin des Dames, atteignent la Marne à Château-Thierry et bombardent Paris au moyen d'un canon lourd, la Grosse Bertha. Au même moment, des grèves démarrent chez Renault et affectent toutes les grandes usines parisiennes. Dans le bassin industriel de la Loire, on se réclame de Lénine et on annonce « la grève jusqu'à la paix ». Se gardant d'agir comme en 1908, celui qui avait été surnommé « le premier flic de France » manœuvre toutefois avec souplesse, sachant le patriotisme d'un prolétariat qui refuse le « sacrilège » de mettre la patrie en danger au moment le plus crucial.

En juillet 1918, disposant des soldats américains qui arrivent au rythme de 250 000 par mois alors que les Allemands, épuisés, ont joué leur va-tout en Champagne le 15 juillet, Foch déclenche la contre-offensive le 18 juillet sans parvenir toutefois à enfoncer le front allemand. Le 8 août cependant, « jour de deuil de l'armée allemande », avoue Ludendorff, les troupes allemandes donnent des signes de défaillance et certains hommes se livrent à l'ennemi sans grande résistance. Le 1er septembre, le gouvernement annonce que l'Allemagne est prête à signer une paix blanche. Le 28 septembre, pressé par quatre offensives déclenchées à une journée d'intervalle, le grand état-major général allemand estime qu'il faut demander l'armistice au plus vite sous peine d'une catastrophe militaire.

Il est signé dans le wagon du maréchal Foch, stationné dans la clairière de Rethondes, près de Compiègne, le 11 novembre 1918, à cinq heures du matin. À onze heures du matin, sur l'ensemble du front, les clairons annoncent la fin des combats tandis que dans tous les villages et villes de France, les cloches sonnent à la volée, suscitant les folles unanimités d'un jour. Profondément hostiles l'un à l'autre, Poincaré et Clemenceau s'embrassent en pleurant. Les foules lorraines et alsaciennes acclament les drapeaux français rétablis. « Ce beau mélange de gravité et d'allégresse, écrit Alfred Capus dans Le Figaro du 12 novembre, ç'a été le spectacle unique dans l'histoire qu'ont donné le Parlement français et la foule parisienne en cette journée du 11 novembre 1918. Qui, de ceux qui y assistèrent, pourra oublier l'arrivée de Clemenceau dans l'hémicycle, les larmes qu'on vit tomber de ses yeux ? Puis la montée à la tribune au milieu des ovations et des cris patriotiques, et la lecture des conditions de l'armistice que scandait l'éclat des canons ? À chacun de ces articles, où la défaite de l'Allemagne, enfin jugulée, se traduisait avec une fermeté impitoyable, l'atmosphère semblait traversée comme par des éclairs de gloire, et toutes les âmes étaient dominées par le génie de la France, invisible et présent. »

Moins grandiloquent, un témoin anonyme raconte : « Les fenêtres garnies de visages radieux s'ouvrirent sur des rues en liesse. Les gens marchent ou courent dans les rues comme des fous, rient, pleurent, chantent, hurlent, se donnent la main en farandoles endiablées. [...]. On s'embrasse à bouche que veux tu, sans même se connaître. » En fait, tandis que certains célébraient « la victoire », d'autres au moins aussi nombreux fêtaient la fin de la boucherie.

CHAPITRE 73

Le temps des illusions

Le 3 décembre 1918, à la Chambre des députés, Louis-Lucien Klotz, ministre des Finances, lance cet avertissement : « Le Premier ministre anglais, M. Lloyd George, a dit il y a quelques jours cette parole qu'il faut retenir : « Il faut que l'Allemagne paie le coût de la guerre jusqu'à la limite de sa capacité de paiement. [Très bien, très bien]. » Le président du Conseil, M. Georges Clemenceau, il y a quelques semaines, disait également au Sénat : « Le plus terrible compte de peuple à peuple s'est ouvert, il sera payé. » Oui certes, et ce sera le devoir du gouvernement, appuyé sur la confiance des Chambres, d'y veiller jalousement. Le contribuable français supportera volontiers au travers de l'avenir les sacrifices qui seront nécessaires s'il a le sentiment que tout le possible a été accompli pour réclamer de l'ennemi les restitutions et les réparations nécessaires. [Applaudissements]. » « Le Boche paiera », telle est bien l'illusion d'un vainqueur qui n'a plus les moyens de ses ambitions.

Les illusions de la puissance

Victorieuse, mais affaiblie, bénéficiaire de la paix, mais insatisfaite, assoiffée de sécurité, mais voulant affirmer sa puissance, tel est l'état de la France au lendemain de la boucherie qui la laisse exsangue. Comme l'écrit Jean-Jacques Becker, « la France debout de 1918 annonce la France battue de 1940 ». Certes, explique-t-il, « la

France formait une des plus vieilles nations d'Europe, celle qui au cours des siècles s'était lentement et solidement rassemblée. Ceci explique qu'une partie de son territoire occupé ou ruiné, sa jeunesse fauchée, alors que sa démographie n'était pas en mesure d'assurer le remplacement, plus durement éprouvée que le Royaume-Uni, moins riche en ressources et en hommes que l'Allemagne, malgré tout elle n'ait pas craqué. Mais la force du sentiment national est une chose, la résignation un peu ambiguë de la dernière année de guerre laisse présager que cette résistance du sentiment national avait atteint avec la guerre de 1914 un sommet et qu'on ne pourrait recommencer. [...] ». Les 200 000 victimes fauchées par la grippe espagnole en 1918 sont là pour remplir encore les tombes d'un pays qui n'en finit plus de compter ses morts, ses invalides, ses veuves et ses orphelins.

« Les hommes de ma génération, écrit l'ancien fantassin Georges Valois, né en 1878, lorsqu'ils appellent leurs amis et leurs frères, voient se lever à côté d'eux des ombres sanglantes au front troué, aux os brisés. C'est pourquoi nous ne nous appartenons plus : nous n'avons plus le droit de vivre pour nous-mêmes ; nous sommes les exécuteurs testamentaires de ceux qui sont morts pour racheter les erreurs d'un siècle. » Telle est la redoutable hypothèque qui affaiblit l'orgueil du plus meurtri des vainqueurs. La génération du feu, celle dont « l'âme commune s'est forgée à la clarté des feux du combat », pensera plus à entretenir la flamme du soldat inconnu qu'à reprendre les armes. Elle aspire à la fermeté, mais refuse d'envisager tout nouveau recours à la force. Quand l'ancien maréchal des logis Louis-Ferdinand Destouches, alias Céline, déclarera à un journaliste en mai 1938 : « La Tchécoslovaquie, je m'en fous comme du doigt de pied d'un facteur français. [...]. Il n'y a rien qui vaut le doigt de pied d'un facteur français », il exprimera avec outrance ce que ressentait l'immense majorité de ceux qui formaient le puissant groupe des « anciens combattants ». Ceux qui inauguraient les monuments aux morts ne seraient plus des va-t-en-guerre.

Sur ce haut lieu de la mémoire française, Antoine Prost a écrit de superbes lignes qui en traduisent la véritable symbolique. Les drapeaux qui s'y déploient ne sont pas l'objet du culte. Ce sont eux au contraire qui s'inclinent devant les morts. « Les manifestations du 11 Novembre ne sont donc pas d'abord patriotiques mais républicaines. Assurément, tous les participants conviennent que le sacrifice des morts est légitime, et que les citoyens ont le devoir de mourir pour leur patrie, si celle-ci le demande pour une cause juste. Mais on ne rend pas en ce jour un culte à la patrie, on n'en fait ni une valeur suprême, ni une sorte de divinité existant par elle-même. C'est au contraire la Patrie qui honore les citoyens, ce en quoi elle est républicaine, car la République fait précisément des citoyens la valeur suprême et la fin ultime de la société. » Né avant même que la guerre soit achevée, le 1er ou le 2 novembre, au cimetière du village, le culte des morts ne pouvait être le culte d'une victoire.

Victorieuse, la France l'est pourtant. Malgré la volonté du président américain Woodrow Wilson de faire appliquer ses quatorze points qui, selon lui, constituent le seul programme possible de la paix du monde — diplomatie ouverte et au vu de tous, liberté absolue de navigation sur mer, suppression des barrières économiques et conditions commerciales égales pour tous, réduction des armements à un minimum compatible avec la sécurité intérieure, justice pour tous les peuples et toutes les nationalités, constitution d'une « association générale des nations » pour garantir les indépendances politiques et les intégrités territoriales des États —, malgré l'Anglais David Lloyd George qui ne veut pas trop affaiblir l'Allemagne de peur d'asseoir l'hégémonie de la France en Europe et de favoriser la contagion du bolchevisme, Georges Clemenceau, « le Père la Victoire », peut se prévaloir d'avoir obtenu satisfaction sur l'essentiel.

Rétrocédant à la France l'Alsace-Lorraine, cédant les cantons d'Eupen et Malmédy à la Belgique, le Schleswig du Nord au Danemark, la Posnanie et une partie de la Prusse-Occidentale à une Pologne reconstituée, le Reich doit par ailleurs céder toutes ses colonies à ses vainqueurs sous forme de mandats de la Société des Nations.

La rive gauche du Rhin démilitarisée ainsi qu'une bande de 50 kilomètres sur la rive droite, la Rhénanie occupée pendant quinze ans, une armée limitée à 100 000 hommes et dépourvue d'aviation, de chars d'assaut et d'artillerie lourde, la flotte de combat livrée aux Alliés, le Grand État-Major et les écoles de guerre supprimées. C'est largement garantir la France contre toute agression allemande, une agression à laquelle s'engagent en outre à riposter la Grande-Bretagne et les États-Unis par un traité de garantie.

Les mines de charbon de la Sarre transférées à la France pour compenser les mines du Nord et du Pas-de-Calais noyées par les Allemands au cours des dernières semaines de la guerre, la Sarre administrée pendant quinze ans par la SDN avant un plébiscite des populations locales sur leur destin futur, la liquidation de « tous les biens, droits et intérêts » allemands, même sous forme de participations, existant sur le territoire des États « alliés et associés », l'obligation imposée au vaincu d'accorder la clause de la nation la plus favorisée aux exportations et aux importations des Alliés, la perte de tous les brevets, c'est viser au cœur la base de la puissance industrielle allemande et sérieusement brider son expansionnisme économique.

Enfin, en proclamant que « l'Allemagne et ses alliés sont responsables, pour les avoir causés, de toutes les pertes et dommages subis par les gouvernements alliés et associés et leurs nationaux en conséquence de la guerre », l'article 231 du traité de paix contraint l'Allemagne à verser des « réparations » dont le montant sera fixé en 1921 à 132 milliards de marks-or versables en trente annuités et destinées, pour 52 %, à la France. C'est « presser le citron » allemand sans tenir compte des critiques de l'économiste britannique John Maynard Keynes qui souligne à quel point l'exaction de sommes aussi considérables est également dommageable pour les vainqueurs que pour le vaincu.

Signé le 28 juin 1919 dans la galerie des Glaces du château de Versailles, le traité de paix, « la paix dictée », protesteront les Allemands, laissait apparemment le champ libre aux ambitions françaises. « Jamais n'a été infligée à un peuple, avec plus de brutalité, une paix aussi accablante et aussi ignominieuse qu'au peuple allemand la paix honteuse de Versailles, écrira l'ex-chancelier von Bülow. Dans toutes les guerres des derniers siècles, des négociations entre vainqueur et vaincu avaient précédé la conclusion de la paix. [...]. Mais une paix sans négociations préalables, une paix dictée comme celle de Versailles, est aussi peu une vraie paix qu'il n'y a transfert de propriété quand un brigand renverse à terre un malheureux et le contraint ensuite à lui remettre son porte-monnaie. » Certes, la jeune république allemande n'est pas réduite à une nation de second ordre comme l'aurait souhaité la France. Certes, Clemenceau n'a pu obtenir la création d'une Rhénanie indépendante comme le désiraient le maréchal Foch et les milieux nationalistes qui voulaient fixer au Rhin la frontière allemande ; reste que la France a su, dans l'ensemble, manœuvrer assez habilement entre Washington et Londres et obtenir des clauses économiques fort avantageuses. Préfaçant en septembre 1920 *La Paix* d'André Tardieu, une *Paix* qui faisait déjà l'objet d'attaques virulentes et venait de lui coûter l'élection à la présidence de la République, Clemenceau, qui s'était constitué, au cours de sa longue vie, un solide préjugé contre les Allemands, ce « peuple servile qui a besoin de force pour soutenir un argument », écrivait : « Le plus fort dans le monde — j'entends par là le meilleur — sera le plus vigilant, le mieux préparé à se défendre contre toute entreprise mauvaise. [...]. Avec ou sans traité, c'est notre loi commune et la déloyauté du Boche n'est qu'une invitation nouvelle à nous toujours garder. S'il est des sentinelles qui sommeillent ou se laissent surprendre, au peuple intéressé l'immédiate réplique de défense. Quand je demande que l'esprit public soit en éveil, c'est qu'on a vu trop souvent les maîtres de la puissance employer tous leurs soins à l'assoupir. »

Encore fallait-il que « les maîtres de la puissance » aient la même vision du « Boche ». Si Clemenceau a eu fort à faire avec les Alliés, il a surtout eu maille à partir avec ses concitoyens. La droite, qui trouve le traité trop doux et les garanties insuffisantes, est décidée à l'appliquer dans toute sa rigueur. Puisque l'Allemagne n'a pu être démembrée, puisque la non-ratification du traité par le Sénat américain prive la France des garanties que Clemenceau avait obtenues en échange des concessions sur la Rhénanie, puisque la France a été trompée, puisque, de toute façon, il n'y a pas d'entente possible entre Gaulois et Germains, il faudra chercher les garanties soi-même. « L'Allemagne n'exécutera rien sans contrainte, proclame Poincaré le 29 juin 1923. Cette contrainte doit donc être constante et maintenue sans faiblesse. » *Si vis pacem, para bellum*, tel est l'adage que rappellent dans les joutes politiques tous ceux qui ont appris le latin sur les bancs du collège.

La gauche, qui trouve le traité de Versailles trop dur et trop injuste, prêche au contraire une politique de « réconciliation » avec l'Allemagne. Faisant sienne l'idée d'une Société des Nations disant le droit international et le faisant appliquer, elle croit à la possibilité d'un rapprochement. Cherchant à s'appuyer sur une Allemagne démocratique débarrassée du militarisme prussien et des hobereaux conquérants, elle pense pouvoir trouver la sécurité dans la voie de la pacification générale. Professant que les peuples ne veulent pas la guerre, mais que ce sont leurs dirigeants qui les y précipitent, elle veut tendre la main à la jeune et fragile république de Weimar. Frapper la guerre d'« illégalité » et faire adhérer volontairement les Allemands au nouvel ordre international, tel est le « grand dessein » d'Aristide Briand, l'homme qui a tenu un rôle clé dans la non-élection de Clemenceau à la présidence de la République et pense que la France ne peut avoir que la politique de ses moyens.

Trouver sa sécurité dans l'affaiblissement de l'Allemagne, mais se retrouver isolée face à elle. Sauvegarder l'alliance britannique, mais contribuer à la renaissance allemande, tel est le redoutable dilemme qui handicape la volonté française. Entre intransigeance et bienveillance, entre sécurité et puissance, elle sent qu'elle détient les armes du présent, mais pressent que celles de l'avenir risquent de pencher du côté de l'Allemagne.

En janvier 1922, à la conférence de Cannes, Briand, alors président du Conseil, accueille favorablement la proposition britannique d'offrir un nouveau traité de garantie aux frontières en échange d'un aménagement de la dette allemande. Désavoué toutefois par Millerand, le président de la République, il démissionne. Il est remplacé par Raymond Poincaré qui, dans ses mémoires, *Au service de la France*, avait écrit à la date du 31 décembre 1918 : « Pour moi, la vérité est qu'on eût mieux fait d'achever la défaite de l'Allemagne avant de signer l'armistice. Mais ni Clemenceau, ni Foch n'ont été de mon opinion, le premier parce qu'il avait hâte de présider aux élections, le second parce qu'il voulait, dans un sentiment d'ailleurs très noble, mettre fin à toutes les batailles meurtrières. »

Persuadé de la mauvaise foi de l'Allemagne, indigné par les Américains qui somment la France de régler ses dettes de guerre sans vouloir lier cette dette au paiement des réparations, excédé par le relèvement rapide des sidérurgistes allemands qui profitent de l'inflation pour investir à bon compte et renouveler leur appareil de production, il prend prétexte d'un manquement allemand dans la livraison de réparations en nature pour aller chercher lui-même le charbon dont le pays a besoin. Le 11 janvier 1923, les troupes franco-belges pénètrent dans la Ruhr et remettent en marche les chemins de fer et les mines paralysés par la grève générale. Mais si Poincaré gagne la « bataille de la Ruhr », le gouvernement allemand, acculé par l'inflation, les manifestations séparatistes et les tentatives de putschs, mettant fin le 26 septembre 1923 à « la résistance passive », le président du Conseil français doit céder devant la spéculation qui s'attaque au franc. Le 8 mars 1924, la livre est à 123 francs, soit une dépréciation de la monnaie française de 48 % depuis le début de l'occupation de la Ruhr. Au même moment, le Rentenmark, créé en novembre 1923 par le Dr Schacht, est une réussite à laquelle ont largement contribué Anglais et Américains. Poincaré doit demander un prêt de 100 millions de dollars à la banque Morgan pour casser la spéculation et accepte le 24 avril le plan Dawes qui limite et aménage le paiement des réparations. Deux semaines plus tard, il perd les élections qui donnent la victoire aux partisans de la bienveillance. Sa politique de force débouchait sur un constat d'impuissance. En la circonstance, comme l'avait compris le subtil chancelier allemand Stresemann, les armes avaient dû céder devant la finance. Le plan Dawes, déclarait-il aux ministres-présidents des Länder le 3 juillet 1924, « c'est la prise de position du monde anglo-américain contre l'impérialisme français. [...] J'y vois un intéressement durable des milieux capitalistes des États-Unis et de l'Angleterre pour l'avenir. [...] Nous gagnerons pour alliés ces milieux. Cela peut paraître peu souhaitable que le capitalisme ait cette influence ; mais, pour avoir eu le capitalisme contre nous pendant la guerre, nous l'avons payé avec la perte de cette guerre. [...] Il nous faut faire ce dur chemin afin que, dans un premier temps, nous recevions les moyens de faire fonctionner notre économie nationale ; puis, plus tard, quand nous serons redevenus forts, nous rejetterons ces béquilles, pour avoir à nouveau une économie allemande. »

De retour au quai d'Orsay en avril 1925 et en poste jusqu'en 1932, Aristide Briand, qui a fait sienne la nouvelle donne, entame alors la grande diplomatie de réconciliation franco-allemande. Dès l'été 1924, Édouard Herriot, le nouveau président du Conseil, persuadé que la France ne peut plus utiliser les instruments de la force, fait de nécessité vertu et accepte sans réticence l'évacuation de la Ruhr et le plan Dawes pour renouer de bonnes relations avec les Anglo-Saxons. Pour lui, homme de gauche, l'entente avec les démocraties est en effet la clé de voûte de toute bonne politique étrangère et comme l'a prouvé la guerre, la France ne peut réellement compter que sur la Grande-Bretagne et les États-Unis. Le 5 septembre 1924, il se rend à Genève et expose, devant l'assemblée générale de la Société des Nations qui l'acclame, l'idée du triptyque « arbitrage, sécurité, désarmement ». Le 28 octobre enfin, il décide la reconnaissance *de jure* de l'Union soviétique. C'est rompre avec la *Realpolitik* de Poincaré et y substituer un conception conforme aux idées d'entente internationale et de dialogue avec tous les peuples.

Signé en octobre 1925, le pacte de Locarno ouvre une période d'euphorie et de beaux discours. Reconnaissant ses frontières occidentales et la démilitarisation de la zone rhénane, l'Allemagne obtient en échange son admission à la Société des Nations. À Genève, le 10 septembre 1926, Briand peut lancer sa célèbre formule : « Comme les individus qui s'en vont régler leurs difficultés devant le magistrat, nous aussi, nous réglerons les nôtres par des procédures pacifiques. Arrière les fusils, les mitrailleuses, les canons ! Place à la conciliation, à l'arbitrage et à la paix ! » Le 27 août 1928, à Paris, les représentants de quinze pays signent le pacte Briand-Kellogg mettant la guerre hors la loi. « À cette heure mémorable, proclame Briand alors au sommet de sa popularité, la conscience des peuples, épurée de tout égoïsme national, s'efforce sincèrement vers des régions sereines où la fraternité humaine puisse s'exprimer dans le battement d'un même cœur. Cherchons une commune pensée où recueillir notre ferveur et notre abnégation. Il n'est pas une des nations ici représentées qui n'ait versé son sang sur les champs de bataille de la dernière guerre ; je vous propose de dédier aux morts, à tous les morts de la Grande Guerre, l'événement que nous allons consacrer de notre signature. » En août 1929, un nouvel allégement considérable des réparations, préparé par un comité d'experts présidé par le banquier américain Owen Young, est accepté à la conférence de La Haye. En 1930, les Alliés évacuent la Rhénanie cinq années avant l'échéance prévue.

À cette date, la France avait commencé à construire les fortifications de la ligne Maginot, du nom du ministre de la Guerre qui avait présenté au Parlement la loi-programme affectant 2,9 milliards pour leur réalisation. Conçue pour être la « muraille de France » capable d'écarter tout danger d'invasion, cette ligne Maginot traduisait mieux que tout l'état d'une opinion qui voulait éviter à tout prix le renouvellement de l'hécatombe et se reconnaissait dans cette stratégie défensive et dans l'idéologie genevoise. En conclusion d'un article, publié en 1925 sur « le rôle historique des places françaises », le capitaine de Gaulle écrivait : « L'encouragement de l'esprit de résistance d'un peuple par l'existence sur son territoire de fortifications permanentes, la cristallisation, l'excitation de ses énergies par la défense des places sont des faits que les politiques, comme les militaires, ont le devoir de reconnaître dans le passé et de préparer dans l'avenir. ».

Les illusions monétaires

Dans le *Larousse pour tous* publié avant la Première Guerre mondiale, on peut lire au mot *inflation :* « Pathologie. Enflure (Peu usité). » Au cours des années vingt, le terme, encore mal défini, envahit les publications spécialisées, les conférences internationales ainsi que les articles des quotidiens, affolant tous ceux qui voyaient dans la stabilité des prix et de la monnaie le symbole de la morale et de l'ordre public, et dans la « vie chère » le ferment de la désorganisation sociale et le bouillon de culture de la révolution. En juin 1922, Eugène Mathon, vice-président de l'Association française des fabricants de tissus, analysait en ces termes la nature du mal : « La mise à la disposition du public d'une quantité considérable de signes monétaires a amené une sorte de folie de dépenses tant dans les administrations de l'État que dans le public. [...]. Égarés par le volume d'achats des consommateurs, la facilité avec laquelle ils acceptaient des hausses répétées, les industriels et les commerçants, convaincus que la guerre avait créé des besoins immenses par l'épuisement des stocks, qu'une période prolongée d'activité et de prospérité était devant eux, achetèrent à leur tour sans mesure. [...]. Surpris par cette évolution, ils s'imaginèrent facilement que le temps de la concurrence, des affaires difficiles, du gagne-petit était passé. [...] On voyait dans les villes industrielles le jour même où une augmentation des salaires était rendue publique, tous les produits hausser d'une quantité égale. [...] Si l'on ajoute à cette situation économique le besoin de se détendre, de jouir de la vie, qui prend tous ceux qui ont souffert et subi des privations, on peut se rendre compte de la désorganisation sociale qui s'en est suivie. C'était un besoin universel de jouir. Les théories révolutionnaires trouvaient là un bouillon de culture tout préparé. »

Dix années plus tard, dans *Le Nœud de vipères*, François Mauriac imaginait cette apostrophe d'un fils à son père : « Tu ne peux imaginer notre situation ; tu es d'un autre siècle : tu as vécu dans cette époque fabuleuse où un homme prudent tablait sur des valeurs sûres. Le réveil a été trop brusque. On n'a pas eu le temps de se retourner. C'est la première fois que toutes les branches craquent en même temps. On ne peut se raccrocher à rien. On ne peut se rattraper sur rien. »

Effectivement, pour ceux qui lisaient avant guerre *L'Art de placer et gérer sa fortune* de Paul Leroy-Beaulieu, les années « folles » étaient devenues des années de cauchemar.

Ce furent tout d'abord 1,6 million d'épargnants qui perdirent 12 milliards de francs-or, les emprunts russes, considérés avant guerre comme des placements de « père de famille ». Quand les archives secrètes du ministère des Finances russe, saisies lors de la révolution bolchevique, furent publiées partiellement en 1922-1924, ils purent en outre découvrir avec indignation les activités d'Arthur Raffalovitch, un haut fonctionnaire tsariste, économiste de renom, qui avait « arrosé » en « frais de publicité » les journalistes français pour qu'ils leur cachent les difficultés du grand allié. Avec les autres placements perdus en Allemagne, en Autriche ou bien encore dans les Balkans, c'était plus de 60 % de la fortune française à l'étranger qui s'était volatilisée.

Ce furent surtout ceux qui apportèrent leur or à l'État contre des francs-papier qui commencèrent à s'interroger sur le coût de ce geste patriotique. L'État ayant préféré faire appel à l'emprunt plutôt qu'à l'impôt sur le revenu, seulement voté le 15 juillet 1914, la dette accumulée était considérable. En 1919, la dette extérieure s'élevait à 32 milliards de francs-or ; la dette intérieure à 121 milliards, sans compter la dette viagère représentée par les diverses pensions que l'État s'était naturellement engagé à verser aux veuves et aux orphelins. Il était impossible, dans ces conditions, de revenir à la convertibilité en or des billets de la Banque de France, suspendue par la loi du 5 août 1914. Le montant total de ces billets en circulation, 5,7 milliards à la fin de 1913, s'élevait à 30 milliards à la fin de 1918, alors que l'encaisse or réellement disponible, qui en constituait le gage, n'était que de 3,4 milliards.

Habitués à une totale confiance sur le plan monétaire, ayant toujours su qu'un sou, c'est un sou, qu'un franc valait 322,5 mg d'or depuis le 17 germinal an XI (7 avril 1803), pensant que les dérèglements monétaires étaient le fait de pauvres gens ne sachant pas conduire leurs affaires ou des États « exotiques » d'Amérique latine, les Français avaient fini par voir dans la monnaie le signe de la richesse, et dans l'or, cette « relique barbare », écrira Keynes en 1925, la richesse elle-même. Quand le mark commencera à baisser, nombreux sont les Français qui en achèteront, suivant les conseils d'hommes fort sérieux qui disaient : « Le mark est à un sou, il faut en acheter, car il ne peut plus baisser ; il n'y a en effet rien de plus bas qu'un sou. » Autant dire qu'au moment de l'armistice, l'illusion monétaire était entière. L'Allemagne paierait, l'État rembourserait à la Banque de France les avances qu'elle lui avait consenties, les prix artificiellement gonflés seraient stabilisés à un niveau « normal », comme après la guerre de 1870, et le franc serait de nouveau convertible à sa parité d'avant-guerre. Gouverneur de la Banque de France, Georges Pallain assurait le 30 janvier 1919 : « L'ère des réparations et du travail pacifique, dans laquelle nous entrons maintenant, nous réserve de nouveaux et impérieux devoirs : il faudra liquider graduellement les immobilisations de la période de guerre, préparer le retour aux paiements en espèces et, en même temps, seconder par une assistance loyale la reprise des affaires, la reconstitution et l'essor économique du pays. »

Fort de ces certitudes, les gouvernements du Bloc national, la Chambre fort droitière élue en novembre 1919, ont préféré faire figurer ces dépenses « exceptionnelles » sur un budget distinct dit des « dépenses recouvrables ». Considérées comme des avances de trésorerie que devraient éteindre progressivement les réparations, elles étaient financées, dans l'attente, par des émissions répétées de bons du Trésor à court terme. En 1923, les dépenses relatives à la reconstruction avaient déjà atteint près de 50 milliards de francs, alors que les versements allemands n'avaient pas dépassé 3 milliards de marks-or. En 1924, alors que le franc est rudement attaqué sur le marché des changes, Poincaré, le président du Conseil, se décide à faire voter le « double décime », c'est-à-dire une hausse de 20 % de tous les impôts directs. Le 24 février, le Sénat, qui s'était fait tirer l'oreille, vote le projet gouvernemental. Le 11 mai 1924, la gauche radicale et socialiste gagne les élections législatives.

Officiellement constitué le 15 juin 1924, le cabinet dirigé par le radical Édouard Herriot est conscient que l'avenir du Cartel des gauches sera suspendu à la qualité de sa gestion financière. Sur son bureau, le président du Conseil trouve un important rapport-programme de Pierre de Moüy, directeur du Mouvement général des fonds qui, sous la prudence du langage technique, lui conseille de dire sans délai la vérité au pays, c'est-à-dire de lui dire que tout retour à la parité d'avant-guerre est impossible. « Je ne saurais me dissimuler, écrit Pierre de Moüy, les inconvénients d'une semblable mesure, et il est hors de doute qu'on ne manquerait pas de la présenter comme l'indice d'un retour à une politique d'inflation. Mais il semble bien que l'explication précédemment fournie au sujet de modifications qui seraient ainsi apportées à la situation monétaire serait de nature à dissiper toute équivoque. [...] » C'est, de la part d'un haut fonctionnaire, exiger trop de courage d'un homme politique.

Certes, Herriot peut toujours mettre en lumière l'« irresponsabilité » de la droite dans le mauvais état des finances publiques, mais s'il le fait, il fait peser des doutes sur la solidité de la monnaie et inquiète les souscripteurs de bons du Trésor qui se précipiteront pour demander le remboursement de leurs créances parvenues à échéance. En recourant à l'emprunt et, comme ses prédécesseurs, aux avances de la Banque de France, Herriot passe en fait la tête dans le lacet destiné à l'étrangler, selon l'expression de Jean-Noël Jeanneney. Au début de 1925, pour ne pas dépasser le « plafond », c'est-à-dire le montant réglementaire aux billets en circulation, un chiffre surveillé avec une exigeante suspicion par les spécialistes financiers, on envoie des camions dans les banques et les caisses publiques du voisinage pour rapporter les billets dans la journée du vendredi, avant la publication du bilan hebdomadaire de la banque. Dès l'instant qu'ils sont entrés dans la cour de l'immeuble de la Banque de France, on les considère comme n'étant pas en « circulation » !

Au mois de février 1925, il faut toutefois se résigner à dévoiler que le plafond est « crevé ». Certain d'être renversé par le Parlement, Herriot choisit alors de « tomber à gauche ». Il propose un impôt sur le capital et, renversé par le Sénat, dénonce le « mur d'argent », un mythe dont se resservira souvent la gauche pour dénoncer la méfiance à son endroit des forces financières. Accompagnant une cascade de ministères et d'expédients, la chute du franc s'accélère. En décembre 1925, il faut 130 francs pour une livre sterling et 27 francs pour un dollar ; le 20 juillet 1926, 240 francs pour une livre sterling et 49 francs pour un dollar. À cette même date, l'indice des prix, qui a enregistré une hausse de 32 % en un an, pointe à l'indice 544 pour

L'Europe en 1811.

Le front français au début de la guerre (août-novembre 1914).

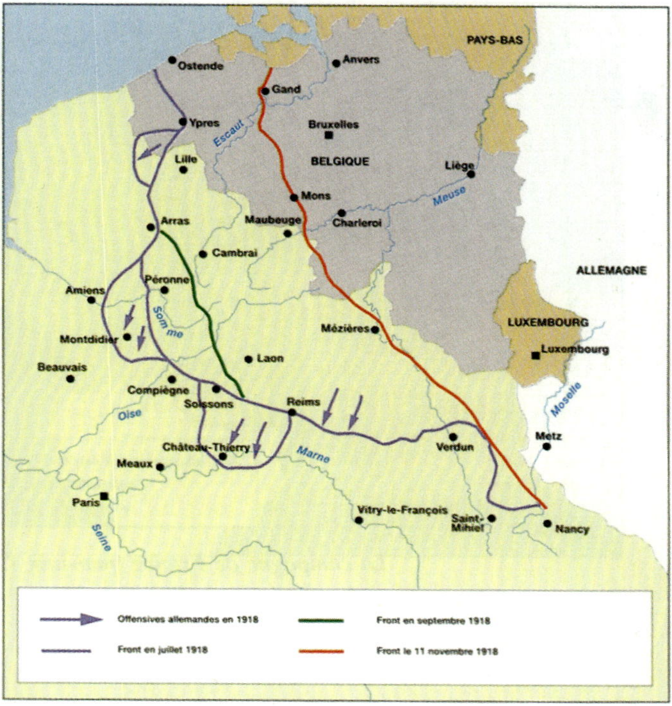

Le front français (juin-novembre 1918).

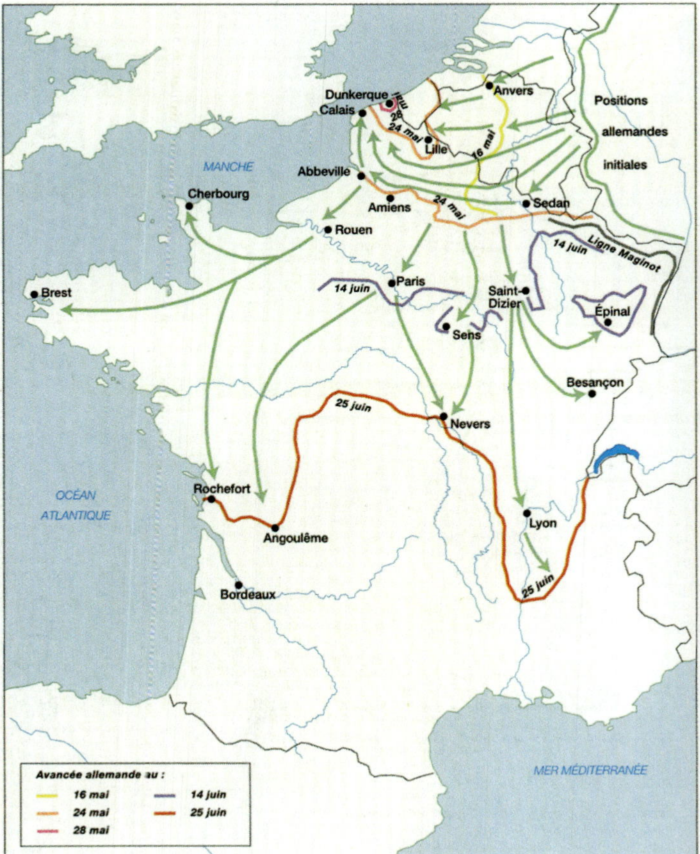

La campagne de France (mai-juin 1940).

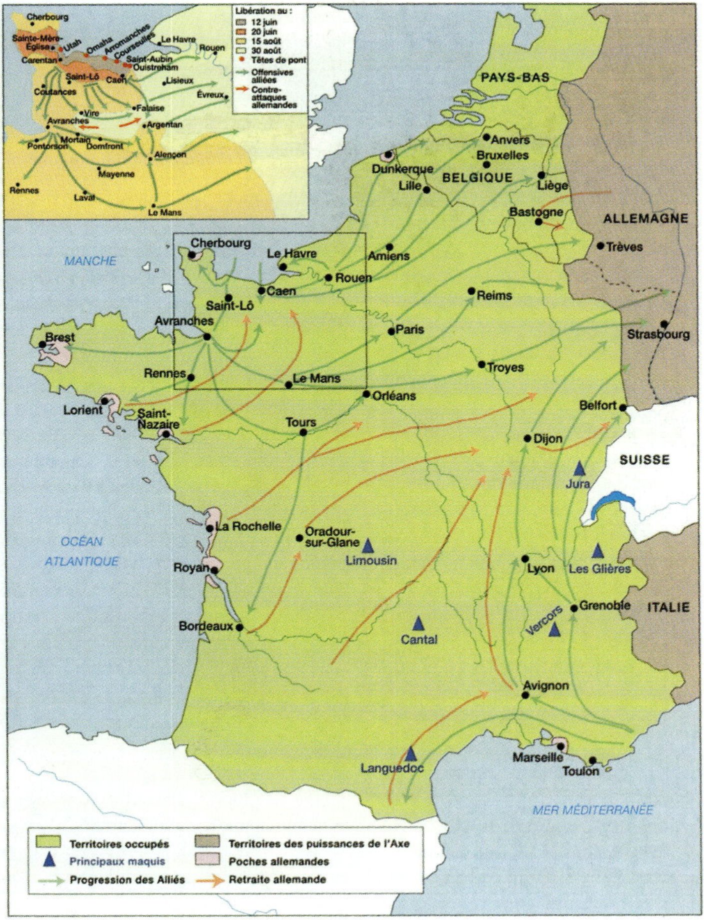

La libération de la France.

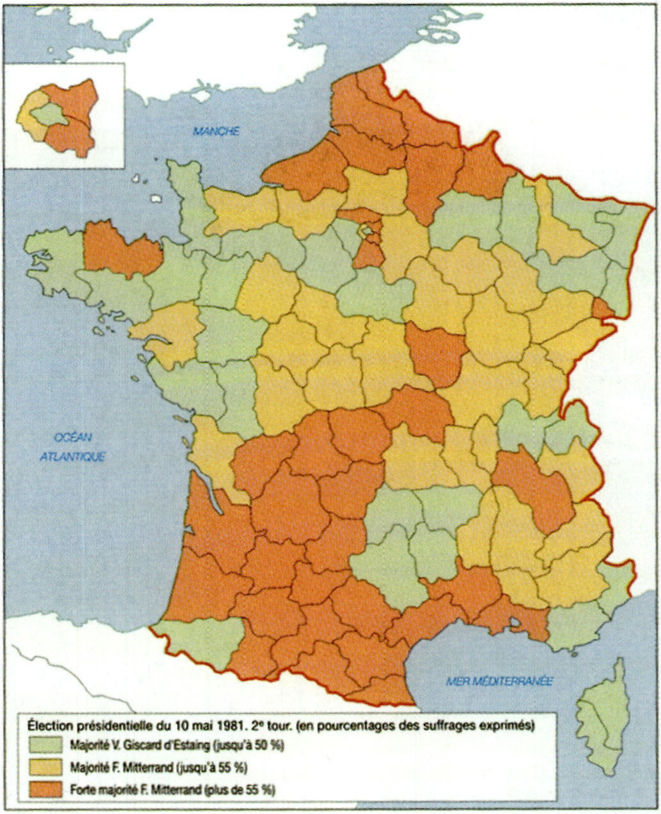

La France de gauche.

La France de droite.

une base 100 en 1914. Le franc germinal dont on se refuse à modifier la parité or ne possède plus en réalité que le cinquième de son pouvoir d'achat d'avant-guerre. Avant d'être politique, la spéculation est somme toute raisonnable. Elle se venge de l'idéologie et rappelle aux politiques que les questions économiques et financières ne sont pas secondaires. Surtout, sachant qu'à terme la dévaluation du franc est inéluctable, elle prend les devants pour ne pas être prise en défaut. Si le « mur d'argent » est fait de quelques gros moellons, il se compose aussi d'une multitude de grains de sable.

Le 23 juillet 1926, au moment où la foule, rassemblée devant le Palais-Bourbon, attaque un autocar de touristes étrangers, au moment où le gouverneur de la Banque de France informe l'État qu'il lui reste un million à son compte, Poincaré, rappelé au pouvoir, forme un gouvernement d'Union nationale pour gagner la bataille du « Verdun financier ». Le lendemain de la formation du gouvernement, avant même la présentation de son programme, le franc a déjà regagné 20 % sur le marché des changes ! En fait, le fruit était mûr, restait à le cueillir. Poincaré n'est pas le magicien que l'opinion a vu en lui. Sa chance est d'apparaître comme le garant de l'Union sacrée dont il avait inventé le terme en 1914. Augmentant les impôts indirects sur les boissons, les transports et les automobiles tout en allégeant la fiscalité sur les revenus, supprimant plusieurs dizaines de sous-préfectures à titre d'économie, convoquant solennellement les Chambres à Versailles pour créer une Caisse autonome d'amortissement, alimentée par la régie des tabacs, il rassure les milieux aisés. En décembre 1926, le franc est stabilisé « de fait » au cinquième de sa valeur d'avant-guerre, au cours de 124 francs la livre.

Commence alors une phase de réflexion de dix-huit mois où s'affrontent les partisans de la revalorisation de la monnaie qui s'appuient sur le terrain du droit et de la morale et entendent « reconduire la livre jusqu'à la frontière », c'est-à-dire revenir à la parité de la Belle Époque, et les stabilisateurs qui mettent Poincaré en garde contre le déclenchement d'une crise économique et sociale sans précédent. « Au point où nous en sommes, écrit alors Jacques Bainville, revalorisation égale révolution. » « Il n'était pas possible de sacrifier les forces vives de la nation à sa richesse acquise », confesse Émile Moreau, le gouverneur de la Banque de France.

Poincaré, qui voudrait être le Churchill réévaluant en 1925 la livre à son niveau de 1914, se range toutefois à la raison et fait adopter la loi du 25 juin 1928 qui fixait à 65,5 mg d'or la nouvelle valeur du franc, soit le cinquième de la valeur du franc germinal. Grâce à la revalorisation de l'encaisse qui résultait du nouveau cours, les dettes de l'État envers la Banque de France étaient apurées.

À peine dissipées les illusions d'un retour « à la normale », à peine amortis les effets de ce que Léon Daudet appelait « une gentille petite faillite », la France pouvait se bercer d'une nouvelle illusion qu'elle paiera cher, celle d'avoir retrouvé un franc « fort » auquel il était désormais impossible de toucher, celle d'avoir retrouvé les voies de l'orthodoxie et de la saine gestion financière. Assise sur son tas d'or, 4 900 tonnes d'or fin accumulées dans les caves de la Banque de France, soit quatre fois plus qu'en 1914, elle pouvait se réjouir de voir, en octobre 1929, s'effondrer la Bourse de New York. Dans *Le Figaro* du samedi 26 octobre, on pouvait lire : « Ce qui semble avoir réconforté notre marché, c'est l'orage qui a secoué assez fortement Wall Street hier. [...]. Maintenant que l'abcès de Wall Street est crevé et que les marchés du Nord et de l'Europe centrale ont dégorgé leur trop-plein de papier, on peut envisager l'avenir immédiat sous de plus agréables couleurs. » À la même date, André Tardieu, le nouveau président du Conseil, promettait aux Français une « politique de prospérité ».

Les illusions politiques

« Unis comme au front », telle est l'illusion que nourrissent, au lendemain de la guerre, tous ceux qui pensent que l'Union sacrée doit être prolongée et les luttes de partis répudiées, tous ceux qui veulent rassembler ceux qui ont accepté, durant la guerre, de faire passer l'intérêt de la nation avant les revendications catégorielles et les oppositions de classes. Tel est le programme politique qui rassemble l'ensemble des droites ralliées à la République. S'adressant aux électeurs à l'occasion des législatives du 16 novembre 1919, ils écrivent : « Les hommes qui se présentent à vos suffrages s'inclinent devant les tombes des soldats morts pour la France ; ils expriment leur reconnaissance aux combattants héroïques qui ont sauvé la France ; ils promettent leur absolu dévouement aux familles désorganisées par la guerre, qui demain succomberaient si l'ordre ne régnait pas, si la prospérité ne renaissait pas ; aux blessés, aux mutilés, ils apportent leur collaboration fraternelle et ils assureront le respect absolu des droits acquis sur les champs de bataille.

Et, maintenant, ils se retournent vers vous, Électeurs, qui recevez de ces héros la France mutilée, l'Alsace et la Lorraine délivrées et la République triomphante ; ils vous demandent de faire qu'elles vivent et prospèrent. Ce n'est pas la victoire d'un parti qu'il vous faut assurer aujourd'hui, c'est encore la victoire de la France. »

« La mine aux mineurs », le prolétariat maître du pouvoir, telle est l'illusion que nourrissent au même moment ceux qui voient dans la révolution bolchevique de 1917 l'aube d'une ère nouvelle et pensent pouvoir renverser en France la société bourgeoise. « Une grève générale des transports, à l'heure actuelle, serait le déclenchement de la grande grève émancipatrice à cause de la crise des vivres qui en résulterait, prédit Bouet au congrès de la Fédération des syndicats des membres de l'enseignement laïque, en août 1919, elle serait le signal de la révolution dans les villes. »

Lutter pour la défense de la république parlementaire, réaliser la démocratie des petits propriétaires, établir la paix et l'entente entre les peuples, se méfier encore et toujours des puissances cléricales, reproduire l'expérience du Bloc des gauches de 1902, ressusciter l'alliance Jaurès-Caillaux, investir les bistrots et les bals des conscrits, telle est l'illusion de ceux qui pensent incarner la « France républicaine profonde » et reprendre paisiblement le cours d'une histoire longue, commencée en 1789. En se faisant, dans *L'Ère nouvelle* du 2 juin 1924, le chantre d'Édouard Herriot, le président du parti radical, victorieux des élections législatives de 1924, Albert Dubarry donne une assez bonne idée de la manière dont les hommes qui soutiennent ce programme conçoivent la vie politique : « Édouard Herriot est du peuple. Il est fils d'un père et d'une mère pauvres, très laborieux, qui n'eurent d'ambition que pour leur enfant. [...] Herriot se plaît à rappeler l'obscurité de sa naissance, les difficultés de sa carrière, la somme énorme de labeur qu'il lui a fallu fournir pour triompher de l'adversité.

Peuple il est né, peuple il reste. [...] Et la simplicité de ses manières un peu brusques « à la lyonnaise » montre qu'il sait être pour lui-même un critique pénétrant. Les dons sont rares qui ne lui ont pas été départis. Et l'on s'émerveille, à bon droit, de cette intelligence apte à tout comprendre, et à donner, sur toutes les questions que la vie pose à l'homme d'action, les réponses du bon sens.

C'est bien *mens sana in corpore sano* — l'âme saine dans un corps sain — voulue par les philosophes latins.

Sa capacité de travail est prodigieuse. Député, chef du Parti radical-socialiste, maire de Lyon (et son activité dans cette ville est citée en exemple), collaborateur de nombreux journaux, [...] prenant la parole en public presque tous les soirs, publiant un livre par an et ne se reposant guère lorsqu'il voyage, il semble ignorer le sommeil autant que la fatigue.

Il a des façons de force de la nature. Et l'on contribue à l'exactitude de son portrait en spécifiant qu'il a, comme Jaurès à qui il fait parfois songer, un magnifique appétit. »

Ascension sociale par le mérite, travail, propriété, ancrage dans le terroir, « bonne bouffe », telles sont les valeurs autour desquelles devrait se rassembler la majorité des Français, agriculteurs, commerçants, artisans, fonctionnaires, employés, mais qui n'assurent au Parti radical que 15 % en moyenne des suffrages des électeurs inscrits.

« Garder la vieille maison », afficher des positions marxistes, mais vouloir transformer la société par la loi, se vouloir un parti prolétarien, mais recruter essentiellement dans les classes moyennes, avoir à peu de choses près le même programme que le Parti radical, mais refuser de gouverner avec lui parce qu'il est trop « bourgeois », effarouchant sans profit les centres par des propos extrêmes, mais effarouché par la révolution, tel est le tourment d'un Parti socialiste à la recherche d'une identité et qui ne parvient pas à choisir entre réforme et révolution.

Entre Bloc national et Cartel des gauches, entre centre droit et centre gauche, la France, qui ne veut pas reconnaître qu'elle est clairement au centre, continue de louvoyer entre réalisme et illusion, tâtonnant pour trouver la formule politique capable de résoudre les problèmes d'un pays bien différent de cette Belle Époque, dont la nostalgie traverse toujours la période.

Des marins de la flotte de guerre française qui se mutinent en mer Noire et refusent d'aller porter secours aux armées blanches de la « contre-révolution », l'Armée rouge qui campe devant Varsovie et semble capable d'exporter la révolution en Europe, la « République socialiste » annoncée par Karl Liebknecht et Rosa Luxemburg en Allemagne, une Commune en Hongrie, des occupations d'usines en Italie, des soviets de village en Espagne, c'est bien l'aube d'un monde nouveau qui, en 1919, excite l'enthousiasme de ceux qui veulent balayer le capitalisme et fonder une société idéale, où chacun pourra prendre selon ses besoins. Clemenceau a beau faire voter le 23 avril 1919 la journée de huit heures, une des vieilles revendications ouvrières, cette conquête sociale ne désamorce pas la tension. Le 1er mai, à Paris, un ouvrier est tué au cours des affrontements avec les forces de l'ordre. Le 1er mai 1920, les Comités syndicalistes révolutionnaires, qui rassemblent les minoritaires de la CGT, favorables aux bolcheviks, tentent le « saut dans l'inconnu » en préparant une grève générale dont la première « vague d'assaut » est déclenchée par les cheminots. Mais cette grève, dont les préparatifs témoignent des hésitations et des divisions du mouvement syndical, est brutalement réprimée par le gouvernement. Tandis que des volontaires recrutés parmi les élèves des grandes écoles assurent la conduite des trains et l'entretien du matériel, Gaston Monmousseau, l'animateur des comités, est arrêté et 18 000 cheminots, 12 % des agents grévistes et 5 % des membres de la corporation sont révoqués par les compagnies et chassés des logements qu'ils occupaient. Cette bataille perdue, dont le gouvernement de la Chambre « bleu horizon » avait fait une « bataille de la Marne civique », et qui fut l'un des chocs de « classe » les plus violents de la première moitié du XXe siècle, allait constituer une étape décisive dans le dénouement de la crise ouverte dans le monde ouvrier par la guerre et la révolution russe.

« C'est la faute à la minorité », répètent les majoritaires. « C'est la faute aux majoritaires », répètent les minoritaires, qui les accusent d'avoir « laissé tomber les extrémistes ». C'est Sémard qui déclare en juillet 1920 : « Vous [majoritaires] allez dans les syndicats promettant de l'argent, c'est très bien mais c'est aussi une cause d'avilissement de la classe ouvrière. Quand on remplit la poche, on vide le cerveau. » C'est Totti qui renchérit en septembre : « Nous aussi [minoritaires], nous revendiquons aussi énergiquement que vous le droit à la vie ; nous aussi, nous affirmons nos revendications professionnelles, mais nous jetons dans le cœur des syndiqués un peu de cette foi qui fait des syndiqués autre chose que des syndiqués de râtelier. »

Quand le congrès du Parti socialiste SFIO se réunit à Tours à la fin de décembre 1920, trois propositions ont été soumises aux militants. Adhérer à la IIIe Internationale créée à Moscou et se soumettre aux vingt et une conditions imposées par Lénine, des conditions très dures, contraires aux traditions démocratiques du socialisme français : obéissance absolue aux ordres du Komintern, monolithisme doctrinal, soumission des syndicats au Parti, soutien des mouvements nationalistes dans les colonies françaises, exclusion des réformistes. Refuser d'adhérer ou adhérer avec réserves, les réserves portant sur le droit d'expression des minorités dans le parti et les modalités d'action illégale ? Le 30 décembre 1920, dans l'enthousiasme, une majorité considérable, 3 252 mandats contre 1 398, se prononce pour l'adhésion à la IIIe Internationale. Comme devait l'écrire Frossard, resté secrétaire général du Parti, qui gardait *L'Humanité* et décidait de se transformer en SFIC, Section française de l'Internationale communiste, « Les masses ouvrières se tournèrent vers Moscou comme vers la ville sainte du socialisme. [...] [C'était] son prodigieux rayonnement qui réchauffait les cœurs. »

La « vieille maison », comme l'appelait Léon Blum, conservait le nom de SFIO, gardait un grand nombre d'élus locaux et s'appuyait sur *Le Populaire*. S'adressant à ses anciens camarades de combat, Léon Blum, applaudi sur les bancs de droite et couvert par le tumulte à gauche, déclarait : « Sur les questions d'organisation, sur les questions de conception révolutionnaire, sur les rapports de l'organisation politique et de l'organisation corporative, sur la question de la dictature du prolétariat, sur tous ces points, il y a opposition et contradiction formelles entre ce qui a été jusqu'à présent le socialisme et ce qui sera demain le communisme. [...]

Dans cette heure qui, pour nous tous, est une heure d'anxiété tragique, [...] sachons nous abstenir des mots qui blessent, qui déchirent, des actes qui lèsent, de tout ce qui serait déchirement fratricide. Je vous dis cela parce que c'est sans doute la dernière fois que je m'adresse à beaucoup d'entre vous et parce qu'il faut pourtant que cela soit dit. Les uns et les autres, même séparés, restons des socialistes ; malgré tout, restons des frères, des frères qu'aura séparés une querelle cruelle, mais une querelle de famille, et qu'un foyer commun pourra encore réunir. »

Pour l'heure, tandis que le mouvement syndical se déchire entre les « confédérés », dirigés par Jouhaux, et les « unitaires », qui recrutent avant tout chez les ouvriers les moins qualifiés, tandis que les communistes se coupent de la société de leur temps et voient fondre leurs militants en multipliant les sarcasmes contre le suffrage universel ou le patriotisme, les luttes fratricides entre « moscoutaires » et « sociaux-traîtres » affaiblissent la gauche dans son ensemble et permettent aux diverses familles de la droite et du centre de ramener les enjeux électoraux à la seule question : « Pour ou contre le bolchevisme. » Mais en même temps, elles obligent les réformistes à parler haut et fort pour ne pas donner à l'« homme au couteau entre les dents » l'occasion de condamner leurs dérives droitières. Surtout, elles expliquent le faible rendement politique de la période. En 1924, au lieu de s'attacher aux tâches urgentes, Herriot annonce qu'il envisage d'introduire en Alsace-Lorraine, toujours soumise au concordat napoléonien, la législation républicaine en vigueur sur la séparation de l'Église et de l'État, qu'il supprimera les congrégations enseignantes reconstituées depuis la guerre, qu'il supprimera l'ambassade de France auprès du Saint-Siège et qu'il fera ensevelir solennellement les cendres de Jean Jaurès au Panthéon. C'est agresser la masse des fidèles qui s'étaient ralliés à la république. C'est fournir aux ligues catholiques l'occasion de se regrouper et de rajeunir, chez les évêques et les cardinaux, l'esprit de révolte de 1905 alors que les finances de l'État sont aux abois et que le gouvernement sollicite des porteurs de bons le renouvellement de leurs créances. En Alsace, l'abbé Haegy exprime leurs sentiments en écrivant dans *Le Nouvelliste d'Alsace* : « Prêteriez-vous à un bourgeois qui, lorsqu'il sollicite votre générosité, vous parle d'un ton enchanteur mais qui, quelques minutes après, va employer vos sous pour payer des créatures qui chasseront vos frères et vos sœurs hors de la maison paternelle ? Avez-vous jamais prêté de l'argent à un parjure ? Est-il étonnant, dans ces conditions, que les catholiques, et surtout nos catholiques d'Alsace, réfléchissent deux ou trois fois avant de délier les cordons de leur bourse ? »

C'est aussi offrir aux communistes, qui n'acceptent pas « son accaparement par le Cartel des gauches », l'occasion de rendre leur propre hommage à Jean Jaurès et de présenter aux « bourgeois » terrorisés un flot de drapeaux rouges agités au son de *L'Internationale*. Belle leçon pour une gauche au pouvoir, écartelée entre le maximalisme des uns et les timidités des autres.

Faiblesse du pouvoir exécutif, Parlement versatile, partis inconsistants, majorités aléatoires et fragiles, autant de faiblesses qui posent le problème de la formule politique adaptée aux besoins de la France d'après-guerre. Ainsi, il faudra attendre 1928 pour que soit votée la première grande loi française sur les assurances sociales, assurant aux salariés modestes la couverture des risques maladie, maternité, invalidité, vieillesse et décès, et que soit aussi adoptée la loi Loucheur prévoyant la construction de logements bon marché destinés à résoudre la grave crise du logement que connaissait le pays depuis la fin de la guerre. Avec la gratuité de l'enseignement en sixième, votée en 1930, le bilan est maigre.

Chapitre 74

Les sirènes de la modernité

En 1925, à l'Exposition internationale des Arts décoratifs, Le Corbusier qui, en 1922, a déjà dévoilé son « Plan pour une ville contemporaine de 3 millions d'habitants », édifie le pavillon de L'Esprit nouveau. *Contre la tradition des « arts décoratifs », il y a disposé des meubles en bois courbé ou en métal et de simples casiers de bois peints en fait de rangements. Affirmant le rôle social de l'architecte, estimant qu'aviation, TSF et téléphones sont à l'œuvre pour transformer totalement la vie du monde, exigeant le droit de participer à l'histoire en bouleversant les centres des grandes villes, il écrit : « Mon devoir à moi, c'est d'essayer de mettre cet homme d'aujourd'hui hors du malheur, de le mettre dans le bonheur, dans la joie quotidienne, dans l'harmonie. » L'immobilisme politique qui caractérise les Années folles masque les réalités du mouvement qui bouleverse les esprits et prépare des lendemains plus « modernes ».*

Une croissance « à la japonaise »

De tous les grands pays belligérants, la France est très probablement celui qui a été économiquement le plus touché. On compte, en 1918, 6 000 kilomètres de voies ferrées à refaire, 550 000 maisons détruites ou endommagées. Dans la Lorraine française et dans le Nord, occupés pendant quatre années, les usines ont été démolies et les mines noyées. Il faut d'autre part remettre en état plus de 2 millions d'hectares de terres de labour et plus de 400 000 hectares de pâturages. Sur 120 000 kilomètres de routes, 62 000 sont à refaire. 1 858 kilomètres de canaux sont hors d'usage. En 1918, le volume de la récolte représente pour le blé 69 % de la moyenne décennale 1904-1913, 48 % pour la pomme de terre, 45 % pour le vin, 19 % pour la betterave à sucre. La marine marchande a perdu 25 % de son tonnage et la production industrielle ne représente plus qu'un peu plus de la moitié de celle de 1913.

Pourtant, dix années plus tard, le redressement est spectaculaire. Dès 1924, les niveaux d'avant-guerre ont été récupérés voire dépassés. Cinq années plus tard, la France produit presque moitié plus qu'en 1913. Faisant mieux que tous les autres pays d'Europe et talonnant les États-Unis, elle se joue des turbulences monétaires et des incertitudes politiques pour afficher une croissance littéralement sans précédent, une croissance « à la japonaise ». Doublant sa production industrielle en dix ans, affichant des gains de productivité impressionnants, investissant massivement, gagnant des points à l'exportation, elle apparaît « moderne », maître mot d'une époque saisie par la fièvre technologique et le modèle américain. Henry Ford, dont les souvenirs, *Ma vie et mon œuvre*, sont publiés au lendemain de la guerre et réédités en 1925, inspire alors tous ceux qui veulent produire en grande série et rendre la consommation accessible à tous.

À Saint-Loup, Ephraïm Grenadou, qui a échappé à la boucherie, achète en 1926 un tracteur avec son père : « Pour six mille francs, raconte-t-il, j'ai trouvé un Fordson d'occasion, une drôle de saloperie avec des roues de fer, un volant magnétique et des trembleurs. Ça marchait au pétrole mais ça partait à l'essence et quand le moteur était chaud, il fallait passer au pétrole. Pas de cabine dessus pour abriter du vent ou de la pluie. N'empêche que ça faisait bien le travail de huit chevaux. »

Toujours en 1926, arrive à Saint-Loup Paul Richer, avec un tracteur Mac Cormick et une charrue à trois socs, un tenace qui parle machines et engrais, visite les fermes expérimentales et étudie les cultures dans tous les coins du département. « Par exemple, poursuit Grenadou, les vieux ne labouraient jamais plus de dix centimètres. Bien sûr, avec seulement du fumier, ils ne pouvaient pas fertiliser plus creux que cela. Mais avec Richer, on s'est mis à labourer à vingt centimètres en ajoutant de l'engrais. Les gens nous croyaient fous.

Aussi, petit à petit, il a supprimé ses jachères. On s'est mis à faire de la betterave à graines, des petits pois, des haricots, toutes sortes de cultures secondaires. Richer a révolutionné le coin. Pour l'équipement mécanique, il était le plus fort de l'Eure-et-Loir. »

À la campagne aussi, s'infiltre l'esprit « américain ». Recours croissant au crédit agricole, fondation de coopératives, augmentation du prix des terres, poussée du syndicalisme, création de la Jeunesse agricole catholique, construction de maisons à deux étages, débuts de l'électrification, autant d'évolutions qui troublent modestement l'ordre éternel des champs et désespèrent ceux qui dénoncent l'intrusion des modes nouvelles et ne veulent pas « péter entre leurs épaules ».

« Il n'y a plus guère de domestiques jeunes, de grands valets de labour dans les fermes, témoigne Pierre Jakez Hélias dans *Le Cheval d'orgueil*. Restent ceux qui sont trop vieux, trop habitués à leur sort pour tenter la moindre aventure. Encore sont-ils progressivement dépossédés par les machines de leurs attributions les plus honorables, celles qui faisaient leur orgueil. Arrivent les moteurs, les moissonneuses, les lieuses, la « grand-travail », il y a maintenant des entrepreneurs de « battage ». Les liens communautaires se relâchent, les « compagnies » se défont peu à peu. S'estompent aussi les anciennes hiérarchies qui mettaient chacun à sa place dans notre société « paroissiale ». Le recteur n'est déjà plus le maître. Il doit céder sur les bals de nuit, les danses *ventre-ventre*, les mises immodestes, les sacrements mêmes. S'il stigmatise encore du haut de la chaire, les « Francs-Maçons » (personne n'a jamais très bien su ce qu'ils étaient, ceux-là), « les hérétiques, les schismatiques et les païens », c'est dans l'indifférence à peu près générale... L'instituteur perd peu à peu son titre breton de maître d'école (*mestr-skol*) pour devenir un honorable petit fonctionnaire, c'est tout. La traditionnelle dichotomie entre Blancs et Rouges ne tient plus. Il y a maintenant des socialistes et des communistes à côté des radicaux, il y a une droite et un centre mouvant. Allez donc connaître la couleur des gens ! »

À la ville et dans les banlieues, l'effervescence est plus visible. En Lorraine sidérurgique, dans les vallées alpines de l'électrochimie, dans la région lyonnaise, dans la banlieue de Paris, surtout, la transformation est tellement brutale que les observateurs évoquent le « Far West » ou le « Texas français ». En 1930, le taux d'investissement s'élève en France à 20,8 % du PIB, à 11,8 % en Allemagne, à 8,9 % au Royaume-Uni, à 15,9 % aux États-Unis. Sur la base 100 en 1920, l'indice de la production d'acier est à 359 en 1929, 213 en Allemagne, 133 aux États-Unis, 106 au Royaume-Uni ; celui de la production automobile est à 514 contre 456 aux États-Unis. Celui de la production de gaz, d'électricité et d'eau est à 300 contre 209 en Allemagne, 148 au Royaume-Uni et 210 aux États-Unis.

À Ivry, Saint-Denis, Aubervilliers, Boulogne-Billancourt, Suresnes, Puteaux, Gennevilliers, l'emploi ouvrier progresse de 200 % dans la construction mécanique, de 500 % dans la construction électrique, de 220 % dans l'industrie des colorants. En 1901, on comptait 5 328 000 ouvriers en France, 27,2 % de la population active. En 1931, ils sont 6 926 000, 34 % de la population active. Cette croissance est la plus forte jamais enregistrée dans notre histoire. Pour satisfaire les exigences de la modernité, il a fallu trouver 1 600 000 ouvriers supplémentaires dont une partie croissante d'immigrés. Ils étaient un million en 1906. Ils sont 2 700 000 en 1931, dont 800 000 Italiens et 500 000 Polonais qui sont venus combler les pertes de la Première Guerre mondiale et satisfaire aux besoins de la reconstruction, faisant des quartiers parisiens de l'Hôtel de Ville et du Temple un labyrinthe de petits métiers en chambre et de petits négoces, et des villes minières du Nord et de Lorraine de véritables tours de Babel. À Tucquegnieux, en Lorraine, le bus stoppe à un arrêt nommé « La Petite Varsovie ». Aux aciéries de Longwy, on compte en 1920 1 700 ouvriers français, 1 030 Italiens, 497 Polonais, 1 194 Belges et Luxembourgeois, 206 Tchèques, Yougoslaves et Russes et 325 autres encore répartis entre une dizaine d'origines. À Ugine, on enregistre plus de vingt nationalités dont 600 Russes. En 1931, Grenoble abrite cinquante et une nations.

Comment s'y reconnaître dans cette France qui tourne au « Cosmopolis », pour reprendre un titre de *La Croix* en 1923 ? Le 6 octobre 1920, dans *L'Action française*, Charles Maurras dénonce « l'effroyable vermine des Juifs d'Orient [qui] infestent plusieurs arrondissements de Paris, y apportant les poux, la peste, le typhus, en attendant la Révolution. »

De l'extrême droite aux radicaux, on s'effraie des excès passionnels et sexuels des immigrés, 15 % des condamnés en cour d'assises à Paris étant des étrangers. De la CGT au Parti communiste, qui recrute pourtant beaucoup dans les OS déracinés, on dénonce « ces éléments peu recommandables » qui sont autant de concurrents déloyaux même quand ils remplissent des fonctions dont les Français ne veulent pas.

« Nous sommes internationalistes, écrit *L'Humanité* le 31 janvier 1921, mais nous ne pouvons admettre que nos camarades viennent s'employer à vil prix et nous fassent crever de faim. » La même année, le député socialiste Albert Hughes s'étonne dans un discours à la Chambre « que des mesures sérieuses n'aient pas été prises plus tôt pour empêcher le défilé interminable des travailleurs étrangers qui, la mallette sur le dos, émigrent chaque matin vers nos centres industriels, pendant que nos ouvriers français sont au chômage. »

C'est que, longtemps étrangère à l'horizon de la condition ouvrière, la grande usine a fini par s'imposer avec ses rythmes et ses contraintes. « C'était une bonne usine, de construction récente, bien conçue, témoigne Georges Navel, embauché chez Berliet, à Vénissieux, au lendemain de la guerre. Elle passait pour être un bagne. C'était assez vrai hors du régime privilégié des outilleurs. D'abord à cause de la rationalisation. Les fraiseurs, les perceurs, les tourneurs professionnels ou les manœuvres spécialisés, ce qu'on peut appeler les robots, ceux dont le travail de série est d'une désespérante monotonie, devaient fort se démener pour usiner le nombre de pièces qui leur était demandé comme production normale. Tout leur travail était chronométré. Chronométreurs, démonstrateurs luttaient contre l'ouvrier. En l'observant travailler, montre en main, le chronométreur paraissait compter loyalement le temps nécessaire à l'usinage d'une pièce. Après quoi, il fixait le temps valable pour toute la série. Si les gestes de l'ouvrier étaient gauches ou trop lents, c'était au démonstrateur à lui faire sa leçon de choses. Le temps d'exécution du démonstrateur ou de l'ouvrier le plus habile servait de base. C'était l'application bien connue du système de Taylor. Inhumain, absurde, appliqué dans le sport, il exigerait du premier venu dans le saut, la nage, le lancement du disque, qu'il parvienne au record des champions. C'était ça qui donnait à l'usine une réputation de bagne d'abord, puis le nombre excessif de gardiens en casquette qui ne cessaient de circuler dans l'usine, poussant même la porte des cabinets ou jetant un coup d'œil par-dessus les box pour s'assurer que des ouvriers accroupis n'étaient pas en train de fumer. »

Chez Citroën, Peugeot, Renault, Michelin, Berliet, ces chaînes de montage, qui constituent à la fois une menace et un espoir et perturbent les syndicats partagés entre répulsion et admiration, ont réduit les pertes de temps et substitué des manœuvres spécialisés à la main-d'œuvre coûteuse et rare des ouvriers qualifiés. Chez Renault notamment, le nombre de journées d'ouvriers nécessaires à la fabrication d'une automobile a été divisé par quatre entre 1920 et 1929. À Pont-à-Mousson, le nombre d'heures nécessaires pour produire une tonne de fonte est passé de cent en 1914 à trente-sept en 1929.

Mégalomane et inconscient pour les uns, innovateur et génial pour les autres, André Citroën, le « French Ford », est bien le représentant charismatique de cette industrialisation triomphante. Ce jeune polytechnicien, qui se lance dans l'industrie automobile en 1919 après avoir réussi à vendre vingt-six millions d'obus de 1915 à 1918, a fait de l'organisation scientifique du travail son cheval de bataille. « Lorsqu'on a choisi la production dans laquelle on entend se spécialiser, explique-t-il en 1918, il existe pour réussir une méthode excessivement simple : elle consiste avant de commencer le travail à faire la liste de toutes les opérations que l'on peut avoir à réaliser, et lorsque cette liste est faite, à bien calculer quelle est la durée exacte de chaque opération, à voir combien de machines il faut pour l'exécuter, à placer les machines dans l'ordre prévu pour cette opération et à mettre d'autant plus de machines pour une opération que cette opération est plus longue ; et si on sait prévoir tout cela d'avance, la fabrication est réglée d'une façon absolument mathématique. » Ravi d'en découdre avec une *Humanité* aussi critique qu'admirative, le « Napoléon de l'automobile » écrit à l'un des directeurs de son entreprise en 1924 : « Vous prendrez le personnel qu'il vous faudra, je vous donne carte blanche, l'usine doit être prête à marcher dans quinze jours, époque à laquelle je réembaucherai après la grève. » « Monsieur Citroën, confesse Ernest Mattern, était ravi d'avoir joué une bonne farce aux grévistes. Vous devez penser de l'effet produit sur les ouvriers quand on leur dit : "Votre usine n'est plus ici, [...] elle est à Saint-Ouen". »

Pour mieux promouvoir ses voitures dont la production passe de cinquante par jour en 1921 à quatre cents en 1927, André Citroën invente un emblème, le chevron, le symbole de la transmission par l'engrenage qui devient la marque de fabrique, « le signe sous lequel nous devons vaincre », annonce-t-il aux concessionnaires. Surtout, dans un pays encore fort hostile à la publicité, il prend des initiatives spectaculaires, consacrant vers 1930 environ 20 millions par an à la « réclame » alors que Peugeot n'en dépense que deux.

En 1924, une « Croisière noire » amène une caravane de véhicules à chenilles Citroën d'Alger à Tananarive. Au retour, les voitures sont présentées au public sur les Champs-Élysées, des expositions sur l'art nègre sont organisées au Louvre, un film est projeté au Gaumont-Palace et le livre qui raconte l'expédition est distribué dans les bibliothèques scolaires par le ministère de l'Instruction publique. En juillet 1925, à l'occasion de l'Exposition internationale des Arts décoratifs, la tour Eiffel est illuminée par le nom et les deux chevrons de la marque. 125 000 lampes pour les 12 000 mètres carrés que développent les sept lettres. En 1926, à l'occasion d'une Exposition de l'Enfance qui se tient dans la salle du Jeu de paume, il fait installer une piste où les enfants peuvent expérimenter des Citroënnettes à pédales. « Nous devons entreprendre l'éducation du futur client dès son jeune âge, écrit-il. Dans toutes les écoles et principalement dans les districts ruraux, il nous faut développer les connaissances des instituteurs et des élèves en ce qui concerne l'automobile, son emploi et son entretien. [...] Quant aux bébés, il faut que les trois premiers mots qu'ils apprennent à prononcer soient : maman, papa, auto. »

Mais il est aussi, moins connus, d'autres Citroën qui explorent dans les années vingt les nouveaux sentiers de la modernité. Dirigée par Pierre Azaria, la Compagnie générale d'électricité devient un « grand » de l'industrie électrotechnique. En 1929, elle emploie 20 000 personnes et contrôle une cinquantaine de sociétés qui ont fait passer son chiffre d'affaires de 283 millions en 1918 à 1 302 en 1930. Soutenu par les Rothschild, Ernest Mercier, « the French Technocrat », qui, pendant la guerre, a été membre du cabinet de Loucheur et a visité les États-Unis à l'invitation de la General Electric, entreprend la rationalisation de la production d'électricité dans la région parisienne, fait des « super-centrales » de Gennevilliers et de Vitry les plus modernes d'Europe, dirige le syndicat financier qui aboutit à la création de la Compagnie française des pétroles et fonde le Rassemblement français, un mouvement qui recommande d'étendre les pouvoirs du gouvernement et de l'administration aux dépens du Parlement et des pouvoirs politiques et prône la participation des travailleurs aux profits de la « production scientifiquement organisée ». « L'individualisme, déclare le Rassemblement, est très agréable. Mais il est périmé. » Schneider, appuyé par la Banque de l'Union parisienne, se taille un empire industriel en Europe centrale et orientale et fait montre d'assez de force pour qu'en 1920, la commission des ambassadeurs, chargée de régler à l'amiable le litige territorial entre la Pologne et la Tchécoslovaquie à propos du territoire de Cieszyn, décide de suivre une ligne de démarcation qui coïncide avec les implantations industrielles de Schneider, au point de constituer une enclave tchécoslovaque sur la rive polonaise d'une rivière, uniquement pour ne pas séparer mines et hauts-fourneaux de la Compagnie minière et métallurgique qu'il contrôle. En février 1924, Georges Lesieur révolutionne le marché de l'huile comestible en lançant pour la première fois sur le marché les bouteilles en verre de un litre qui portent sa marque. Un article de la revue *Vendre* du mois d'octobre 1924 mesure l'effet qu'a pu avoir sur les consommateurs l'affiche réalisée par Carlier qui portait le slogan : « Une seule qualité, la meilleure. » « Cet épicier louis-philippard, à la fois correct et rubicond, se détache avec assez de vigueur sur le quadruple losange rouge qui sert de fond et reproduit la marque du produit. La bouteille elle-même, joliment dorée, laisse paraître un contenu appétissant. Voici un ensemble qui, bien que sans prétention, doit tirer l'œil du passant dans la rue. Qu'il donne envie d'acheter de l'huile Lesieur plutôt qu'une autre, ce n'est absolument pas certain. Mais si la seule notoriété est en vue, comme il est probable, l'effet n'est pas douteux : on connaîtra le nom de l'huile Lesieur. Aux représentants et aux détaillants d'en profiter pour la vendre. »

Un incendie ayant détruit une partie de ses ateliers, Charles Sachs, un industriel de la chimie, se lance dans la production d'extincteurs pour son usage personnel. Puis, en 1924, il fonde une société, SICLI, Secours immédiat contre l'incendie, qui — originalité majeure — propose un système de location à ses clients. Le succès est si fort que la société place en dix ans 150 000 appareils de location et doit imposer à son agent une limite maximale de 25 000 appareils à placer par an. Toujours en 1924, Jean Mineur crée à Valenciennes une petite entreprise qui propose aux commerçants une publicité sur les rideaux de cinéma, et étend bientôt son affaire de rideaux-réclame à toute la région du Nord et à la Belgique wallonne. Une façon de montrer que la France des « petits » est également capable de brillantes anticipations.

Les cris de l'esprit

« Nous autres, civilisations, nous savons maintenant que nous sommes mortelles.

Nous avions entendu parler de mondes disparus tous entiers, d'empires coulés à pic avec tous leurs hommes et tous leurs engins. [...] Mais ces naufrages, après tout, n'étaient pas notre affaire.

Elam, Ninive, Babylone étaient de beaux noms vagues, et la ruine totale de ces mondes avait aussi peu de signification pour nous que leur existence même. Mais France, Angleterre, Russie [...] ce seraient aussi de beaux noms. Et nous voyons maintenant que l'abîme de l'histoire est assez grand pour tout le monde. »

Cet article célèbre de Paul Valéry, publié en avril 1919 dans la revue anglaise *The Atheneum*, traduit le désenchantement d'une génération pour laquelle l'héroïque boucherie a sonné le glas de la croyance en un perfectionnement progressif de l'humanité. La mort des hommes a aussi été la mort d'une certaine idée de l'homme et la faillite de la culture « bourgeoise ». D'André Breton à Louis Aragon, de Max Ernst à Salvador Dalí, de Robert Desnos à Picasso, de Philippe Soupault à Paul Éluard, de Julien Benda à Bertrand de Jouvenel, cette génération veut rompre avec les « modes de penser et de sentir de l'humanisme traditionnel », proclamer la primauté du rêve et de l'instinct et dénoncer « la République des camarades ».

« Plus de peintres, plus de littérateurs, plus de musiciens, plus de sculpteurs, plus de religions, plus de républicains, plus de royalistes, plus d'impérialistes, plus d'anarchistes, plus de bolcheviques, plus de politiques, plus de prolétaires, plus de démocrates, plus de bourgeois, plus d'aristocrates, plus d'armées, plus de police, plus de patries, enfin assez de toutes ces imbécillités, plus rien, plus rien, rien, rien, rien », telle est une des nombreuses moutures du *Manifeste Dada* signé par Louis Aragon dans la revue *Littérature* en 1929.

« De cette façon, nous espérons que la nouveauté qui est la même chose que ce que nous ne voulons plus, s'imposera moins pourrie, moins égoïste, moins mercantile, moins obtuse, moins immédiatement grotesque.

Vivent les concubines et les concubistes. Tous les membres du Mouvement DADA sont présidents. »

Né à Zurich, en 1916, dans une taverne baptisée *Cabinet Voltaire*, le mouvement Dada, dont le nom rappelle les balbutiements de l'enfance, s'installe à Paris au lendemain de l'armistice autour du poète roumain Tristan Tzara, multiplie les tracts et les actions spectaculaires, comme la parodie de procès fait à Maurice Barrès en 1921. Faisant dévaler les mots et les sons, refusant la « délectation artistique » pour un art conceptuel où « ce sont les regardeurs qui font les tableaux », les artistes influencés par le mouvement multiplient les happenings iconoclastes qui sont autant de fêtes joyeuses où la dérision se mêle au désespoir.

Affublant *La Joconde* d'une barbiche et de moustaches, prenant son propre corps comme point de départ d'une performance artistique, jouant *Adam* sur un argument de Picabia au Théâtre des Champs-Élysées, employant des moyens techniques nouveaux, Marcel Duchamp semble dire : « Je crée parce que c'est absurde. »

Flirtant avec le Parti communiste, affirmant qu'« il faut aboutir à une nouvelle déclaration des droits de l'homme » et que le monde est à la veille d'une révolution, unissant la plume et le pinceau pour entreprendre des créations communes, les surréalistes « ne prétendent rien changer aux erreurs des hommes », mais « pensent bien leur démontrer la fragilité de leurs pensées, et sur quelles assises mouvantes, sur quelles caves ils ont fixé leurs tremblantes maisons ». Lançant à la société un avertissement solennel, ils proclament : « Qu'elle fasse attention à ses écarts, à chacun des faux pas de son esprit, nous ne la raterons pas. [...] Nous sommes des spécialistes de la Révolte. Il n'est pas un moyen d'action que nous ne soyons capables au besoin d'employer. [...]

Le surréalisme n'est pas une forme poétique.

Il est un cri de l'esprit qui retourne vers lui-même et est bien décidé à broyer désespérément ses entraves. »

« M... pour celui qui le regarde », telle est la phrase écrite en diagonale sur le *Chapeau de paille* peint en 1921 par Francis Picabia.

Explorant l'inconscient, révélant la formidable puissance de l'onirisme, débusquant les signes de la surréalité au coin des rues, des passages et des boulevards, exaltant la banalité moderne, crachant sur le cadavre d'Anatole France, réhabilitant tout ce que le rationalisme avait méprisé, les sciences occultes et l'art des « primitifs », la folie et le désir, élisant domicile au cabaret du *Bœuf sur le toit*, à *La Coupole*, au *Dôme* ou à *La Rotonde*, les surréalistes partagent aussi l'illusion de leur époque quand ils pensent libérer l'humanité de l'esclavage moral dans lequel elle est enfermée. « Le surréalisme est le « rayon invisible » qui nous permettra un jour de l'emporter sur nos adversaires », proclame leur « pape », André Breton, en 1924. « Cet été, les roses sont bleues ; le bois c'est du verre. La terre drapée dans sa verdure me fait aussi peu d'effet qu'un revenant. C'est vivre et cesser de vivre qui sont des solutions imaginaires. L'existence est ailleurs. »

En particulier dans le corps de la Femme et le désir charnel qu'il suscite. Une Femme supérieure à l'homme qui lui est un guide.

Ma femme à la chevelure de feu de bois
Aux pensées d'éclairs de chaleur
À la taille de sablier [...]
Ma femme aux fesses de printemps
Au sexe de glaïeul
Ma femme au sexe de placer et d'ornithorynque
Ma femme au sexe d'algue et de bonbons anciens
Ma femme au sexe de miroir.

Ce poème d'André Breton, *Union libre*, publié en 1931, est un hymne à toutes celles qui s'émancipent et comme Nadja, sa compagne blonde au sourire errant et au regard étrange, semblent prêtes à prendre tous les risques, quitte à sombrer dans la folie.

Publié en 1922, *La Garçonne*, un roman traditionnel pour public paresseux, connaît un immense succès, se vendant à un million d'exemplaires en sept ans. Son auteur, Victor Margueritte, accusé par la Ligue des pères de familles nombreuses d'avoir « calomnié les femmes françaises », est radié en 1923 de son grade de commandeur de la Légion d'honneur, tandis que les messageries Hachette, jouant les censeurs, interdisent la vente de *La Garçonne* dans les bibliothèques de gares. Dans *L'Action française*, Charles Maurras traite l'auteur de « mercanti », dans *L'Œuvre*, Gustave Téry, de « porc émissaire ». *L'Humanité* qui s'exclame : « Ce n'est pas si cochon que ça », dénonce toutefois « cette morale aux fausses couleurs populaires », qui fait croire à la femme que ses revendications peuvent être détachées du combat politique seul capable d'en faire l'égale de l'homme.

Inspirée du livre de Léon Blum, *Du mariage*, *La Garçonne*, qui signe pour nous les Années folles, peint, selon la préface de l'auteur à la deuxième édition du roman, « une étape de cette marche inévitable du féminisme » au travers des affranchies de l'après-guerre, de ces affranchies qui condamnent la loi « scélérate » de 1920 réprimant comme délit d'intention la « provocation à l'avortement et à la propagande anticonceptionnelle ». Jeune fille moderne, s'habillant et se coiffant court, dansant, faisant du sport et suivant des cours à la Sorbonne, Monique Lerbier, l'héroïne, issue d'une famille bourgeoise enrichie dans les fournitures aux armées, fréquente le « monde » parisien, travaille, achète et conduit une voiture, choisit ses amours, féminines ou masculines, ravale le mâle au rôle de distributeur de plaisir et tâte de l'opium avant de trouver l'amour rédempteur en la personne d'un blessé de guerre qui lui pardonne son passé.

Les cheveux coupés qui font les petites têtes « rondes et polies comme une pomme d'ébène », deviennent pour la société française des années vingt le symbole même de l'indépendance des femmes qui « titubent au seuil brusquement ouvert de la lumière et de la liberté » et, prises d'une humeur de défi, s'en vont un beau matin chez le coiffeur pour se faire couper comme un homme, à la Colette ou à la Joséphine Baker.

Créée par Dréan à *L'Alhambra* en 1924, la chanson *Elle s'était fait couper les cheveux* illustre parfaitement les remous suscités par cette nouvelle mode et évoque les premières manifestations d'une émancipation féminine qui ne touche pas seulement les « bourgeoises ». En 1920, le match France-Angleterre de football féminin est suivi à Paris par 10 000 spectateurs et attire à la Fédération des sociétés sportives féminines les foudres de la Fédération française de football. En 1924, à la suite de la grève des ouvrières des conserveries de Douarnenez, au cours de laquelle des milliers de femmes en sabots et coiffe de dentelle défilent dans les rues de la ville en réclamant en breton « leurs 25 sous », Joséphine Pancalet est la première Française élue conseillère municipale, une élection annulée puisque les femmes ne sont ni électrices ni éligibles. Le 21 septembre 1927, les dames des PTT cessent le travail pendant deux heures pour réclamer le même salaire que les hommes qui, à travail égal et qualification égale, gagnent 36 % de plus qu'elles, et en 1928, malgré les sarcasmes des journalistes qui écrivent que « ce n'était pas beau à voir », les femmes courent le 800 mètres aux jeux Olympiques d'Amsterdam.

Toutefois, le temps des Années folles n'est pas seulement le temps de la révolte ou du refus. Il est aussi le temps d'avant-gardes qui se projettent vers l'avenir, inventent de nouveaux langages et voient dans la « belle machine le beau sujet moderne », pour reprendre le mot de Fernand Léger. Dès 1922, avec ses immeubles-villas qui veulent créer une nouvelle harmonie entre l'homme et la nature, Le Corbusier propose une solution à la laideur des banlieues composées de maisons platement identiques entourées d'un modeste jardinet. En 1924, à l'initiative de l'industriel Henri Frugès, qui souhaite loger décemment ses ouvriers, il bâtit à Pessac une centaine de maisons « standardisées » qui s'adaptent mal aux goûts des locataires, l'entrée par la cuisine, le toit terrasse, les fenêtres en bandeaux et l'absence de volets étant autant d'éléments « modernes » que les occupants transforment au fil du temps en formes plus « traditionnelles ».

En 1926, Coco Chanel, qui a lancé en 1921 son parfum Numéro 5 dans un flacon à angles droits s'opposant à l'ornementation traditionnelle, lance son fourreau sans col ni poignets, en crêpe de Chine noir, à manches longues et très ajustées, blousant sur des hanches que la jupe moule légèrement. « Voici la Ford signée Chanel » lance la revue américaine *Vogue*, une Ford que les femmes achètent en acceptant de porter la même robe que leur voisine, une robe qui ôte le superflu pour faire place au seul rationnel. Dépouillement et recherche de la vérité, tel est aussi le défi de Jacques Copeau et de sa troupe du théâtre du Vieux-Colombier, de Charles Dullin et de Louis Jouvet, de Gaston Baty et de Georges Pitoëff qui réduisent les décors pour faire ressortir le texte et mettre en valeur les inquiétudes de l'époque.

Les hommes et non l'Homme, tel est aussi le gibier que traquent les nouveaux historiens, Lucien Febvre et Marc Bloch qui, le 15 janvier 1929, font paraître le premier numéro des *Annales d'histoire économique et sociale*, une revue qui s'ouvre aux vastes horizons du monde et affirme qu'entre passé et présent, il n'est point de cloison étanche. « Il y a longtemps que nos grands aînés, un Michelet, un Fustel de Coulanges, nous avaient appris à le reconnaître : l'objet de l'histoire est par nature l'homme, écrira Marc Bloch. Disons mieux : les hommes. Plutôt que le singulier, favorable à l'abstraction, le pluriel, qui est le mode grammatical de la relativité, convient à une science du divers. Derrière les traits sensibles du paysage, les outils et les machines, derrière les écrits en apparence les plus glacés et les institutions en apparence les plus complètement détachées de ceux qui les ont établies, ce sont les hommes que l'histoire veut saisir. Qui n'y parvient pas, ne sera jamais, au mieux, qu'un manœuvre de l'érudition. Le bon historien, lui, ressemble à l'ogre de la légende. »

Des idées nouvelles plutôt que les « vieilles lunes » du modèle républicain, tel est enfin le cri d'une génération nouvelle qui n'a que faire des Clemenceau, des Briand ou des Poincaré, ces gérontes admirés par les rentiers, les pacifistes et les nostalgiques de la Belle Époque.

« Notre haine pour les Anciens Combattants ne connaissait pas de bornes, écrit Henri Lefebvre dans ses *Mémoires*. [...] Nous nous félicitions d'avoir échappé à la boue des tranchées, qui ne cessait pas de maculer à nos yeux les pédants de la gloire, les rhéteurs de la victoire. Jamais peut-être un conflit de générations n'a été aussi aigu, aussi confondu avec les autres conflits dans tous les domaines. »

« Par quel affaissement, écrit Jean-Pierre Maxence, quel besoin de détente, quelle démission, un peuple qui avait connu l'affreuse poésie de la guerre, qui avait vécu familièrement dans l'héroïsme, a-t-il pu se laisser imposer la légende du « grand Lorrain » ? Poincaré objet de légende : cela marque les limites du temps ! » Nés au début du siècle, ils sont nombreux à être séduits par l'Action française qui, avant sa condamnation par le pape Pie XI en décembre 1926, est probablement au sommet de son influence. Exprimant leur haine de l'argent qui corrompt tout, reprochant aux catholiques de s'être ralliés à la république parlementaire, honnissant l'Amérique de Ford et de Taylor, rejetant le marxisme, ils ont, comme Aragon, profondément été influencés par Barrès, ce « prince de la jeunesse », qui affirmait les droits de la personnalité et condamnait tout ce qui pouvait l'entraver.

« Spirituel d'abord, économique, ensuite, politique à leur service. » Tous pourraient reprendre à leur compte le mot d'ordre introduisant au *Manifeste de l'Ordre nouveau*, rédigé en mars 1931.

Social d'abord, politique à son service, révolution avant tout, telle était la pensée de ceux qui, souvent agrégés et philosophes, s'inscrivaient au Parti communiste ou devenaient ses compagnons de route, persuadés de pouvoir apporter au prolétariat l'esthétique qui lui faisait défaut, mais dont la naïveté était soulignée par *L'Humanité* qui écrivait le 21 septembre 1925 : « D'extraction bourgeoise pour la plupart, ils sont venus d'instinct à la Révolution. Leur pensée mûrira et se précisera. Beaucoup, espérons-le, persévéreront dans leur voie où les engagent un enthousiasme et un désespoir romantiques. D'autres [...] obéissant aux suggestions de leurs intérêts, retourneront sans doute à leurs origines. La foi révolutionnaire doit être raisonnée, systématique, elle doit s'étayer sur les lois économiques généralement formulées par Marx et Lénine. » Pour les dirigeants du Parti communiste, l'enthousiasme de cette jeunesse ne traduisait en réalité que la crise de la pensée bourgeoise.

« Préférer le grain des choses à la paille des mots », être « réaliste » pour réagir contre les mythes sociaux, politiques et artistiques de leurs prédécesseurs, telle est l'ambition souvent « technocratique » des « Jeunes-Turcs » entrés au Parti radical avec l'ambition de le « noyauter ». « Certains d'entre nous, confesse Jean Luchaire, se firent inscrire au Parti radical, à ce parti pour lequel ils n'éprouvaient aucune considération mais qui, par son inconsistance dogmatique, paraissait le plus approprié à servir de terrain à notre expérience : est-il possible de rajeunir les vieilles organisations politiques ? Le radicalisme nous avait paru plus indiqué parce qu'il correspondait le mieux à l'opinion de la moyenne des Français, qu'il possédait les cadres électoraux les plus étendus et les plus solides et que, par conséquent, il permettait à des hommes nouveaux de prendre rapidement et largement contact avec la majorité du pays. »

S'exprimant dans *Notre Temps*, la revue de « la nouvelle génération », attirant Pierre Cot, Pierre Mendès France et Bertrand de Jouvenel, les Jeunes-Turcs veulent construire un État « moderne », constituer des États-Unis d'Europe, unir la France et l'Allemagne, renverser le capitalisme ploutocratique au profit d'une « économie dirigée », supprimer le Sénat et le remplacer par une « Chambre des intérêts », qui conseillerait le gouvernement dans sa politique économique. Trouver en somme une voie moyenne, éminemment « radicale », entre communisme et capitalisme.

Autant de cris et de promesses toutefois qui n'émeuvent guère encore les banlieues. *Le Petit Parisien*, *Le Petit Journal* et *L'Auto*, Georges Carpentier et Antonin Magne, Mistinguett et Maurice Chevalier, Berthe Sylva et Fréhel, Rudolph Valentino et Joséphine Baker, Sacha Guitry et Marcel Pagnol, Ménilmontant et Nogent, Dubonnet et Cinzano, du soleil et des rires, autant de plaisirs simples, qui rompent la monotonie des jours et tentent de faire oublier les monuments aux morts.

Rêves d'empire

En juillet 1931, une Exposition anti-impérialiste fut organisée par le Parti communiste pour dévoiler « la Vérité sur les colonies ». Douze écrivains du groupe surréaliste furent mobilisés, dont Aragon, André Breton, Paul Éluard et Georges Sadoul pour rédiger un très long tract intitulé *Ne visitez pas l'Exposition coloniale* ! et exiger « l'évacuation immédiate des colonies et la mise en accusation des généraux et fonctionnaires responsables des massacres d'Annam, du Liban, du Maroc et de l'Afrique centrale ». À peine cinq mille visiteurs, y compris ceux des visites collectives organisées par la CGTU, manifestèrent leur intérêt pour cette contre-exposition qui présentait des anciennes caricatures de *L'Assiette au beurre* et des photographies naïves sur le bonheur des Asiatiques libérés par la révolution soviétique. Six millions de Français, en revanche, préférèrent se laisser séduire par le temple d'Angkor reconstitué sur les rives du lac Daumesnil, la grande mosquée de Djenné, les pâtisseries arabes et les boissons « exotiques ». L'anticolonialisme, de nos jours si « moderne », ne faisait pas alors recette. Le « populaire », qui applaudissait Joséphine Baker, préférait les promenades en pirogue malgache, les courses de chameaux et le port des casques coloniaux.

Organisée par le maréchal Lyautey, un an après les festivités du centenaire de la conquête de l'Algérie par la France, l'Exposition coloniale internationale de Vincennes entendait démontrer qu'il y avait pour la civilisation d'autres champs d'action que les champs de bataille. Elle voulait matérialiser sur le sol de France la présence lointaine de toutes les parties de l'empire. Et au moment où les aventuriers de l'esprit exaltaient le mysticisme de la culture négro-africaine, elle devait surtout démontrer la « bienfaisance » de la colonisation et la générosité de la France à l'égard de ceux qui avaient versé leur sang pour elle.

Ouvrant le guide de l'Exposition, *L'Adresse aux visiteurs* rappelait à quel point la colonisation avait élargi l'horizon matériel mais aussi moral dont leurs pères se contentaient et qui ne suffisaient plus à leurs aspirations.

« Vous êtes venu parce que vous avez senti que la grande collectivité humaine FRANCE a aujourd'hui des horizons plus vastes que ceux que vous avez été habitués à considérer sur la carte d'Europe, pouvait-on lire. La France a maintenant 100 millions d'habitants, une superficie de 11 millions de kilomètres carrés, 35 000 kilomètres de côtes, 700 000 kilomètres de routes et 70 000 kilomètres de rails. C'est cette nouvelle France, solide et nettement délimitée dans sa variété et sa grandeur, que vous avez voulu connaître, avec ses révélations et même ses difficultés actuelles, ses joies et ses peines lointaines semblables à vos joies et à vos peines. [...]

Le chiffre des échanges de nos territoires lointains avec la France métropolitaine s'élève à 17 milliards chaque année, sur 36 milliards de leur trafic total. Avec de meilleures méthodes, ce chiffre sera bientôt plus considérable. À tout accroissement des relations matérielles entre nos colonies et nous, correspond un surcroît de sécurité contre les rigueurs des marchés étrangers. N'est-on pas fort quand a beaucoup d'amis ? Ne paye-t-on pas moins cher à l'extérieur quand on a son propre champ et sa propre ferme ?

Mais les avantages matériels, bien que nécessaires à l'homme, ne sont pas tout. Notre protection, sachez-le bien, a délivré du cauchemar de l'esclavage et de la mort des millions d'hommes, de femmes et d'enfants. N'oubliez pas qu'avant nous, sur le territoire africain, le plus fort dominait le plus faible, la femme n'était qu'un bétail et l'enfant peu de chose. Là même où nous avons trouvé les restes d'une antique civilisation aux principes usés, les formes surannées d'un État, que de transformations n'avons-nous pas opérées ! La justice était vénale, l'état de guerre endémique, les populations décimées par la famine et la maladie, le commerce limité à d'insignifiants échanges, l'administration xénophobe et routinière, le sort des petits lamentable.

Aujourd'hui, la manière de vivre de ces peuples se rapproche plus que vous ne le croyez de la vôtre. Penchez-vous sur leur œuvre. Regardez-les agir. Écoutez leurs chants et leur musique. Les peuples ne communiquent pas que par la parole ; les impressions ne sont pas toutes celles de la vue. »

En rappelant aux Français que « les idées des autres hommes étaient souvent les leurs, mais exprimées de façon différente », en leur demandant de s'abstenir des « rires gouailleurs » qui nous ont fait « plus d'ennemis à l'extérieur que de cruelles défaites ou des traités onéreux », les organisateurs de l'exposition, empreints de lyautéisme, avaient assez le respect de l'Autre pour ne pas exagérément céder à la phobie du métissage culturel.

En un temps où triomphe l'homme banalisé et standardisé, « Lyautey l'Africain », que la presse compare sans rire à Scipion, captive des contemporains en quête non seulement d'exotisme, mais aussi de héros exemplaires capables de les sortir de la grisaille d'une existence privée de destin. En un temps où l'on stigmatise l'impuissance de la république parlementaire et la médiocrité du Français moyen, le « Campionissimo » de la France coloniale symbolise, comme André Citroën en métropole, le chef d'entreprise hardi capable de mettre en œuvre un véritable New Deal impérial. Dans le *New York Times* du 1er juin 1924, on lit que « sans le succès de l'aventure marocaine, on pourrait même dire du « miracle » marocain, les Français seraient demeurés un peuple casanier, ne prenant aucun intérêt à la France d'outre-mer, fermant leurs frontières autour d'eux, satisfaits des murs de prison qu'ils doivent à la configuration géographique de leurs pays. [...] » Otto Kahn, un magnat de la finance, comparant la côte atlantique du Protectorat à la façade californienne, déclare à la presse française : « Je n'oublierai pas la petite Amérique que les Français ont faite ici, et je souhaite que tous les Français du Maroc s'enrichissent, comme ils s'enrichiraient en Amérique, s'ils y travaillaient autant et si bien. »

Pour une droite qui rêve de concilier tradition et modernisme, fidélité aux valeurs ancestrales et emprunts à l'*American way of life*, pour une France à particules qui fréquente le cercle interallié, pour une jeunesse en colère que tente le nihilisme fascisant, pour les lecteurs de Pierre Mille et de René Maran, prix Goncourt en 1921 pour *Batouala*, un « véritable roman nègre », pour tous ceux qui proscrivent le faux pittoresque ou le colon avantageux campé en matador de la civilisation, le maréchal représente à la fois le prestige de l'homme de guerre, le génie de l'organisateur, le bon goût du « grand seigneur de l'ancienne France » et la hardiesse de l'homme du présent ouvert à toutes les nouveautés du monde contemporain.

« Moi, Monsieur le Maréchal, lui écrit en 1931 Gaston Brady, un ancien combattant du Maroc, je voudrais vous remercier d'avoir ouvert aux jeunes de ma génération un immense champ d'action et de dévouement patriotique. Ceux qui, comme moi, commençant leur existence d'hommes, ont été entraînés dans la grande tourmente, [...] ceux qui en sont revenus vivants, mais ont dû, malgré eux, quitter le métier des armes, le plus grand et le plus noble qui soit, ceux-là, Monsieur le Maréchal, ont été atrocement malheureux. Ils ont cru ne pas pouvoir résister aux embûches d'une existence diamétralement opposée à celle pour laquelle ils avaient été préparés. Ils ont failli sombrer dans les ignominies malpropres de l'après-guerre. Vous les avez sauvés en leur donnant le Maroc comme terrain de manœuvres. Vous leur avez permis de créer, dans un pays où tout était à faire. Vous leur avez montré que le métier de soldat de la Paix pouvait être passionnant. Ils ont pu agir ; ils ont pu se dévouer à une grande œuvre nationale ; ils ont appris aussi une nouvelle façon de servir. »

Nul doute que cette exaltation de l'idée impériale renvoie aussi à une autre illusion, celle que grâce à l'empire et à la fidélité de ceux qu'on ne veut plus sujets, la France puisse conserver dans le monde son rang de grande puissance.

CHAPITRE 75

La France de Maginot

Le 19 août 1935, face à l'ossuaire de Douaumont, le président de la République Albert Lebrun dévoile un immense groupe de bronze représentant le sergent Maginot, héros de 1914. Au centre du mur de granit sur lequel il se détache, apparaît un bouclier, « symbole de celui qu'il a fait construire pour protéger la France contre une nouvelle invasion ». Dans son hommage, Jean Fabry, le ministre de la Guerre, déclare : « Aujourd'hui, plus de 12 millions de m² de terre ont été remués, plus d'un million et demi de m³ de béton ont été coulés. [...] Rien ne sera négligé pour faire de cette réalisation gigantesque un obstacle d'une puissance insoupçonnée à ce jour, auquel s'appliquera la consigne donnée à Verdun : On ne passe pas ! Le nom d'André Maginot restera attaché à cette barrière ! » « On ne passe pas ! » Ce cri résume assez les sentiments des Français des années 1930. Or et béton sauront contenir tous les envahisseurs et prévenir toutes les turbulences.

Défendre le franc

« La politique monétaire est une science dont l'homme de la rue sait bien peu de chose, avoue en mai 1935 un document anonyme de la Trésorerie britannique. Mais on ne peut certainement pas soutenir que les professeurs en sachent davantage, puisqu'il est constant que trois universitaires peuvent, à eux seuls, avancer six points de vue différents sur ce sujet. [...] Dans de telles conditions, il n'est pas surprenant que l'attitude psychologique de chaque pays soit déterminée dans une large mesure par ses expériences propres. »

Fierté de voir l'or étranger gonfler les réserves de la Banque de France, illusion de pouvoir demeurer un îlot de prospérité au sein d'un monde ravagé par les effets de la crise, incrédulité puis exaspération devant l'enlisement du pays dans une dépression inexplicable, telle fut l'« attitude psychologique » de la France pendant une grande partie des années 1930. Une France trop fière du franc Poincaré pour envisager de le dévaluer. Une France trop sûre de sa prudence pour accepter d'en payer la rançon. « L'une des raisons pour lesquelles l'opinion étrangère admire le peuple français, déclare André Tardieu en décembre 1930, est la résistance de celui-ci à la dépression économique mondiale. L'harmonie de la structure de la France, [...] la prudence naturelle du peuple français, sa faculté d'adaptation, sa modernisation, son courage, y ont également contribué. »

L'orgueil que suscitait cette résistance était alors un des lieux communs les mieux partagés. Les hommes politiques et les journalistes se félicitaient de l'« équilibre parfait » entre l'agriculture et l'industrie qui avait ici interdit les excès dans lesquels avaient été entraînés les États-Unis et l'Allemagne. Livrant ses « impressions d'Amérique » dans *L'Illustration* du 3 janvier 1931, Paul Hazard écrivait pour s'en féliciter : « Partout l'effort est réduit à son minimum ; partout la machine allège et diminue le travail des hommes. [...] Mais, chez ceux qui pensent, le légitime orgueil qu'inspirent de telles conquêtes n'a plus le même caractère triomphant. Le bien-être n'est pas une fin en soi : ce n'est qu'un moyen d'assurer le bonheur individuel. Le bonheur individuel s'est-il accru ? Voilà qui n'est pas tout à fait sûr. En outre, si l'on parie tout sur le bien-être et la prospérité, et que le bien-être et la prospérité fassent place à l'infortune, que devenir ? »

Théophile Bader, le fondateur des galeries Lafayette, qualifiait la crise de « véritable psychose ne reposant sur rien et dont il faut rapidement nous guérir ». L'*Action française* exigeait la démission de Paul Reynaud, qui, nouveau ministre des Finances, déclarait en mars 1930 que « rien ne serait plus imprudent que de faire prévoir une reprise immédiate », et réclamait qu'il réponde devant la justice des pertes enregistrées à la Bourse. Clément Moret, le gouverneur de la Banque de France, demandait que l'on réduise encore les crédits bancaires. Edmond Giscard d'Estaing, inspecteur des Finances, déplorait l'usage immodéré du chèque. La Fédération nationale des contribuables appelait à la diminution des dépenses publiques. Joseph Caillaux, qui estimait que la crise était due à « la surabondance d'appareils mécaniques », proposait de baisser la production pour la ramener au niveau de la consommation. Et pour que l'opinion ne soit pas portée à un pessimisme exagéré, l'économiste Jacques Rueff préconisait en 1933 la suppression des statistiques du commerce...

Des statistiques qui avaient en effet de quoi inquiéter. Les exportations, qui s'élevaient en 1928 à plus de 51 milliards de francs, avaient chuté à 15,4 milliards en 1936. Le déficit commercial, qui se montait à 2 milliards de francs en 1928, approchait les 10 milliards en 1936. À cette date, la France ne représentait plus que 5,8 % des exportations mondiales d'articles manufacturés contre 11,2 % en 1929. Toujours à la fin des années 1930, la part de la production industrielle destinée à l'exportation était retombée au niveau le plus faible enregistré depuis 1860 et la part des produits fabriqués dans la valeur totale des exportations était retombée à un pourcentage plus faible qu'en... 1789 ! Et alors qu'à partir de 1933, la reprise était amorcée dans la plupart des pays, la France partageait avec les États-Unis le triste privilège de n'avoir pas retrouvé en 1938 le niveau de sa production de 1929.

Crise de la pensée autant que de l'économie, la dépression avait largement annulé les belles promesses des années 1920. Apparaissant aux yeux des moralistes comme une période bénéfique de pénitence, la crise rappelait à bon escient que modernisation n'est pas un mot français.

À dire vrai, la pénitence n'était pas assez rude pour remettre les dogmes en cause. Insidieuse mais largement amortie, la crise épargnait trop de Français pour que l'opinion publique exige autre chose que la défense du franc. Alors même que la dévaluation anglaise de 1931 puis la dévaluation américaine de 1933 démontraient tout le bénéfice qu'un pays pouvait tirer d'une telle mesure, les milieux industriels les plus frappés par l'érosion de leurs débouchés étaient les premiers à plaider pour le maintien de la parité du franc et à sacrifier leurs intérêts à ceux des banquiers. « Chaque fois qu'on parle du franc, constatait André Thiers en 1934, on a l'impression qu'un chef d'orchestre invisible se charge de faire résonner pour le grand public le son de la cloche officielle ; à chaque événement qui peut avoir quelque répercussion sur la tenue de notre franc, ce sont les mêmes notes qui paraissent dans la plupart des journaux et les phrases sont à peine modifiées sous la signature des oracles financiers. » Plaidant de leurs chaires, les « médecins » de la Faculté, par ailleurs conseillers des gouvernements, répétaient à l'envi que le mieux était d'attendre l'élimination naturelle des producteurs en mauvaise santé, de réduire les dépenses de l'État et de comprimer les prix et les salaires.

C'est qu'avec, au pire, son demi-million de chômeurs secourus, la France faisait trop belle figure quand on dénombrait plus de 12 millions de sans-emploi aux États-Unis, 6 millions en Allemagne et 2,3 millions en Grande-Bretagne. Retrait des femmes du marché du travail, retour des immigrés, arrivée des classes creuses, chômage partiel, autant de spécificités françaises qui ont largement atténué les effets du recul de l'activité. Entre le recensement de 1931 et celui de 1936, on compte ainsi moins de 400 000 femmes au travail tandis que 175 000 travailleurs étrangers, qui ont « bénéficié » de la prise en charge par l'État de leur billet de retour, ont disparu de la population active. À Pont-à-Mousson, on ne recensait plus que 1 343 ouvriers étrangers en 1935 contre 4 454 en 1930. À la Compagnie française des téléphones Thomson-Houston, l'effectif féminin moyen par mois se réduit de près de la moitié et tombe de 353 en 1930 à 191 en 1935.

Certes, la faiblesse des chiffres du chômage reflète surtout l'absence de statistiques fiables. Reste que dans l'ensemble, le chômeur français a certainement moins souffert ici qu'ailleurs. Réalisée en 1935-1936 par l'Institut de recherches économiques et sociales sur un échantillon de 34 174 chômeurs à Paris, Lyon et Mulhouse, une enquête montre bien que vivre au chômage pendant les années 1930 a probablement été physiologiquement et psychologiquement moins grave qu'aujourd'hui. C'est qu'à une époque où les besoins alimentaires des Français étaient correctement satisfaits, les sollicitations de la société de consommation encore insignifiantes, les charges de crédit inexistantes et les loyers très faibles, la diminution des ressources entraînée par le chômage du chef de famille a été relativement bien supportée. On constate ainsi que 68 % des chômeurs ont réussi à payer intégralement leur loyer et que, partout, les calories disponibles par personne se sont élevées à la moyenne satisfaisante de 2 700 par jour. Surtout, observait avec incrédulité Gabrielle Letellier, l'inspectrice honoraire du travail chargée de l'enquête, les chômeurs ont été au cours de cette période moins atteints par la maladie que les travailleurs. « C'est que l'on doit tenir compte des facteurs dont l'influence a largement compensé l'absence de travail, écrivait-elle, l'assistance médicale gratuite, les secours de toute nature que les chômeurs recevaient des mairies, des bureaux de bienfaisance, des œuvres. Il y eut des bons de loyer, de combustible, de vêtements, de chaussures qui ont permis aux chômeurs de faire servir à l'achat de denrées alimentaires des sommes qui auraient été affectées à d'autres postes de dépenses. Il y eut les bons réguliers de pain, de lait, de viande, d'épicerie, très utiles aux familles nombreuses. Il y eut surtout les cantines scolaires, gratuites pour les enfants des chômeurs, auxquelles on doit sans doute que la proportion de ceux qui ont été sous-alimentés soit restée faible. » D'où aussi le fait que les enfants des chômeuses avaient à la naissance un poids normal et que, nourris au sein par une mère restant au foyer, ils ont mieux résisté que les autres aux maladies infantiles !

Surtout, pour l'immense majorité de ceux qui conservaient leur emploi, la crise s'est en fait traduite par... une amélioration du pouvoir d'achat. Chez Renault, celui des ouvriers a augmenté de 50 % entre 1927 et 1936 ! À la Compagnie française des téléphones Thomson-Houston, celui des femmes de 32 % entre 1930 et 1934.

Dans une note du 30 janvier 1935, le président de Pont-à-Mousson le constatait pour s'en plaindre : « En 1932, l'indice des matières alimentaires était de 495. En 1934, il est tombé à 360, soit une chute de 27 %. En 1931, les salaires dans le bassin de Briey étaient en moyenne à l'abattage de 42 francs. En novembre 1934, ils étaient descendus à 35 francs, soit une chute de 7 francs [...] ou encore de 16 %. Donc le coût de la vie a baissé plus vite que les salaires. [...] Cette disproportion entre la baisse des denrées alimentaires et le montant des salaires est une chose qu'on oublie, dont on ne parle jamais, et pourtant elle est à la base de nos prix de revient élevés, trop élevés par rapport à ceux des autres pays. [...] Il en résulte ainsi qu'il y a dans les usines une catégorie d'ouvriers qui continuent à travailler, qui sont, par conséquent, des privilégiés, mais que le nombre de chômeurs s'accroît, alors qu'il serait facile, si l'on baissait les salaires et le coût de production, de redonner une certaine vitalité à l'exportation et d'augmenter par conséquent la production, donc de permettre le réembauchage des chômeurs. [...] On est dans un cercle vicieux. »

« Cercle vicieux » pour les uns, heureuse fortune pour les travailleurs qui n'en ont pas eu évidemment conscience tant la notion de pouvoir d'achat est une notion abstraite, aubaine pour les industries alimentaires qui ont aligné pendant les années 1930 des performances remarquables. La consommation de café qui s'élevait à 412 kilos pour 100 habitants en 1929 est portée à 449 kilos en 1935, celle de cacao de 86,7 kg à 103,4 kg. Paul Ricard, qui fonde sa société en 1932, vend 250 000 litres de pastis la première année et 3,6 millions en 1939.

C'est aussi le débouché colonial qui assure aux industries exportatrices un marché protégé et alimente le mythe d'une possible « autarcie ». En 1929, l'Empire fournissait 37,5 % des matières premières agricoles importées par la France : plus de 70 % en 1938. De quoi alimenter l'idée du « salut par l'Empire ».

C'est enfin l'agriculture qui, arc-boutée sur ses frugales traditions, a amorti en France le poids de la crise. Une nouvelle fois, le témoignage d'Éphraïm Grenadou, ce paysan beauceron, nous éclaire sur la façon dont les paysans ont cargué les voiles en attendant la fin de la tempête. « En 1932, voilà la crise. Le blé tombe de cent cinquante à cent francs. Plus la peine de battre, puisque je pouvais plus vendre ! [...] Plus d'argent ! Je faisais plus d'argent ! À peine pour vivre. Pendant quatre ou cinq ans, j'ai économisé sur toutes les manières sans mettre un sou de côté et en travaillant tant que ça pouvait.

Fallait quand même payer la location des terres, le percepteur, le matériel, quatre mille francs par an au bourrelier et bien autant au maréchal-ferrant.

Il y en a qui empruntaient. Moi, c'était pas mon genre ; c'est pas le tout, après faut rendre. J'ai voulu me débrouiller autrement. Fallait passer le chaos. Je voyais bien que ça durerait pas toujours. C'est comme un gars qui manque de se noyer, s'il a traversé la rivière, après ça marche.

Pas de sous pour payer le boulanger ! [...] Je me suis fâché et j'ai réparé le four de la ferme. À Saint-Avit-les-Guespières, un vieux meunier m'a fait de la farine blanche avec mon blé. Mes parents avaient cuit le pain, mais je ne me souvenais plus très bien. J'ai été chez Manceau, de Meslay-le-Grenet, voir deux trois fois sa méthode, parce que chez lui, ils s'étaient jamais arrêtés de faire le pain. J'ai acheté des paniers exprès. Manceau est venu au matin, il a chauffé le four et il a fait cuire.

Comme de fait, quelques jours après, je chauffe mon four, mais j'avais pas le coup et je le chauffe trop. Un peu plus et je mettais le feu à la baraque. Comme Manceau et Chaboche savaient que ce jour-là j'allais cuire, ils se disent :

— On va voir comment 'Phraïm se démerde.

Quand je les ai vus arriver dans la cour ça m'a pas fait plaisir. On va quand même boire l'apéritif au café. On revient. J'avais pour commis un ancien marin qu'on appelait Zézéchel et qui avait pas mal roulé sa bosse. Il me dit :

— Patron ! c'est pas du pain que vous faites, c'est des Sénégalais !

Tous mes pains étaient alignés sur la table, noirs comme des nègres.

Après je m'y suis mieux pris. »

Achetant une forge portative pour ferrer ses chevaux avec des fers d'occasion récupérés à l'équarrissage, employant un vieil ouvrier bourrelier au chômage pour entretenir les harnais de ses chevaux, Éphraïm « tiendra » comme a tenu la France. Reste toutefois à se demander si, parfois, il ne vaut pas mieux changer de voiture plutôt que de continuer à entretenir une voiture ancienne, même si ses robustes amortisseurs donnent l'illusion qu'elle peut toujours rouler.

C'est bien parce que la crise a été moins brutale en France qu'ailleurs qu'elle a largement anesthésié les tentations réformatrices et fait croire aux autorités qu'il suffisait de respecter les anciennes règles. Financer par le déficit budgétaire un accroissement de la demande en vue de stimuler l'économie, comme le réclamait le Britannique John Maynard Keynes, le pourfendeur par ailleurs détesté du traité de Versailles, était chose impensable pour des hommes politiques que leurs attaches rurales rendaient fort orthodoxes. Si les rentrées d'impôts diminuaient du fait de l'atonie des affaires, il suffisait de comprimer les dépenses. Si les prix étrangers étaient plus compétitifs du fait de la surévaluation du franc, il suffisait d'élever les barrières douanières et de contingenter les importations. Si le fonctionnement de l'étalon-or avait des ratés, c'est que l'on avait faussé les règles du jeu. En 1932, l'économiste Jacques Rueff faisait devant les élèves de l'École libre des sciences politiques cette profession de foi : « Ce qu'il faut retenir, c'est que le système, lorsqu'on le laisse jouer, ne peut pas ne pas être entièrement efficace, [...] l'étalon-or régit avec une efficacité absolue l'ensemble de nos échanges internationaux. Comme le mécanisme des prix, dont il n'est qu'un cas particulier, c'est un maître impérieux et discret, qui gouverne sans jamais apparaître et sans jamais aussi être désobéi. »

Aux nations anglo-saxonnes qui avaient choisi le chemin du crédit facile, la France devait donner l'exemple du bon père de famille qui remet de l'ordre dans son ménage. Il appartiendra à Pierre Laval, appelé à la tête du gouvernement en juin 1935, d'ériger systématiquement ce « bon sens » en politique de gouvernement. Les décrets-lois pris en juillet réduisent de 10 % toutes les dépenses publiques, aussi bien les traitements des fonctionnaires que les pensions ou les intérêts de la dette publique. En même temps sont baissés autoritairement les prix de l'électricité, du gaz, du pain, du charbon, des loyers et des baux à ferme sans autre effet que de provoquer l'exaspération contre « les décrets-lois de misère ».

« Oui sans doute, répliquera Pierre Laval le 29 novembre 1935 à la Chambre des députés, il est facile de parler des « décrets de misère ». Les ministres et moi, nous n'avons pas moins de sensibilité que ceux qui nous attaquent et si nous avons été conduits à réduire de 10, de 5 ou de 3 pour 100 les traitements, c'est parce que nous avons pensé que cela valait mieux que d'exposer ces créanciers de l'État à la faillite du Trésor. Il vaut mieux recevoir neuf francs en monnaie saine que dix francs en monnaie frelatée. C'est une vérité de bon sens que les plus humbles ont comprise. »

Comme Pierre Laval en faisait en effet l'hypothèse, même si les plus humbles souffraient de la dureté des temps, ils n'avaient jamais entendu dire qu'on ne peut dépenser plus qu'on a. Ainsi semblaient en avoir décidé de tout temps l'arithmétique, le bon sens et la sagesse des nations.

Défendre la République

Le 24 décembre 1933, alors que les Français s'apprêtent à fêter Noël, la police appréhende le directeur du Crédit municipal de Bayonne, accusé d'avoir émis de faux bons de caisse pour une valeur égale à 200 millions de francs. Le 7 janvier 1934, le député-maire de Bayonne, le radical Joseph Garat, est arrêté à son tour. Le 8 janvier, Alexandre Stavisky, escroc plusieurs fois condamné, auteur et bénéficiaire de l'escroquerie, se donne la mort dans un chalet de Chamonix assiégé par la police.

« Stavisky s'est suicidé d'une balle tirée à trois mètres. Ce que c'est d'avoir le bras long », titre alors *Le Canard enchaîné* qui met en doute la version officielle de la police.

L'escroc, un « juif apatride » né en Ukraine en 1886, était bien connu des services de la police. Déjà arrêté en 1926, il avait été placé en liberté provisoire et jamais jugé, son procès ayant été renvoyé dix-neuf fois. Menant une vie fastueuse au *Claridge*, à Biarritz, Cannes ou Monte-Carlo avec sa femme Arlette, un ancien mannequin de Chanel, Stavisky fréquentait, entre autres relations politiques, Georges Pressard, le procureur de la République auprès du tribunal de la Seine, le propre beau-frère de Camille Chautemps, président du Conseil en exercice. Le 9 janvier, Albert Dalimier, ministre radical des Colonies, accusé d'avoir signé en 1926 des lettres de recommandation en faveur des bons du Crédit de Bayonne, donne sa démission, bientôt suivie par celle de Chautemps lui-même.

Après le scandale de Marthe Hanau, cette femme d'affaires qui prétendait défendre les petits épargnants, la faillite de l'Aéropostale puis celle du banquier Albert Oustric, ce sont tous les Français meurtris par la crise, tous les « anciens combattants » à la rigueur morale jamais démentie, tous les nostalgiques du boulangisme, tous les adversaires de la « République des camarades », tous ceux qui pensent que la France est victime des juifs et des francs-maçons, tous les « honnêtes gens » en colère contre les « pourris », tous ceux qui croient au pouvoir des « forces occultes » qui trouvent l'occasion de s'indigner.

Pendant tout le mois de janvier 1934, se succèdent presque quotidiennement des manifestations orchestrées par *L'Action française*, les Camelots du roi, les Jeunesses patriotes de Pierre Taittinger, les militants de la Solidarité française, les Francistes de Marcel Bucard, les Croix-de-Feu du colonel de La Rocque, autant de ligues et de mouvements qui empruntent aux faisceaux de Mussolini quelques-uns de leurs attributs mais veulent surtout dénoncer les « voleurs » et « la racaille des spéculateurs », « défendre nos terres, notre pain, nos théâtres, notre pensée, nos secrets et nos chefs contre l'insolent et baragouinant troupeau de bandits de grand'route » et refuser l'hospitalité à « l'internationale des paranoïaques et des paralytiques généraux, accourus de tous les cloaques d'Ukraine ou de Calabre afin de manger notre crédit à la sauce bayonnaise, d'incendier nos paquebots, de piller les dossiers de notre défense nationale ou d'assassiner nos présidents de la République », selon les formules d'Henri Béraud dans *Gringoire* le 12 janvier 1934.

En révoquant le préfet de police de Paris, Jean Chiappe, fort populaire à droite, Édouard Daladier, le nouveau président du Conseil, met le feu aux poudres. Le 6 février 1934, le jour où il doit présenter le nouveau gouvernement devant la Chambre, les ligues appellent à manifester face au palais Bourbon, rejointes par l'ARAC, l'Association républicaine des anciens combattants, proche du Parti communiste, qui entend capter lui aussi le mécontentement populaire contre « le régime du profit et du scandale » et renvoie dos à dos Daladier et les fascistes. Réaffirmant la ligne classe contre classe qui, en 1933, a facilité l'arrivée d'Hitler au pouvoir, Maurice Thorez déclare : « L'expérience internationale prouve qu'il n'y a pas de différence de nature entre la démocratie bourgeoise et le fascisme. Ce sont deux formes de la dictature du Capital. Entre le choléra et la peste, on ne choisit pas. »

Lorsque les premières colonnes envahissent la place de la Concorde, des coups de feu claquent. De vingt-deux heures à deux heures trente du matin, les émeutiers tentent à plusieurs reprises de franchir le pont de la Concorde défendu par les gardes à cheval. Au total, on compte une vingtaine de tués et près de 2 300 blessés. Le 7 février 1934, alors que la confiance lui a été accordée par 343 voix contre 237, Daladier, lâché par les siens et devenu « fusilleur », démissionne sous la pression de la rue. Le 8 février, Albert Lebrun fait appel à l'ancien président de la République Gaston Doumergue pour former un gouvernement d'union nationale. Comme en 1926, avec Poincaré, s'opère au milieu d'une législature un renversement de majorité, avec les voix d'un Parti radical qui apparaît décidément comme le maillon faible de la République parlementaire, déchiré qu'il est entre son idéologie et sa pratique. Une Chambre élue à gauche en 1932 vote la confiance à un gouvernement de centre droit. Dans L'*Action française*, Charles Maurras est en droit d'écrire : « Nous venons d'assister à trois opérations anticonstitutionnelles au premier chef : renversement du cabinet Chautemps, renversement du cabinet Daladier, naissance du cabinet Doumergue, toutes trois par les moyens extérieurs et supérieurs au suffrage des Chambres qui, seules, sont compétentes aux termes de la LOI. Si cela est républicain, moi je veux bien. [...] »

« Le 6 février, écrit pour sa part le jeune député Mendès France, l'existence même de la République a été menacée. Les républicains doivent veiller, pour qu'une nouvelle émeute du même genre ne réussisse pas définitivement à la renverser. »

Défendre la République menacée, tel deviendra au lendemain du 6 février le mot d'ordre d'une gauche jusque-là divisée. Barrer la route au « fascisme », tel deviendra le nouveau mythe mobilisateur. Voir dans les ligues des années 1930 la forme française du fascisme, telle est l'erreur d'interprétation d'historiens pressés qui ont confondu quelques bérets basques avec des chemises brunes et le colonel de La Rocque avec Mussolini. C'est en fait confondre antiparlementarisme et volonté de coup d'État. « Profondément enracinées dans l'histoire nationale et la tradition activiste fondée sur la démocratie directe qui caractérisent le bonapartisme et ses avatars, écrit Serge Berstein, les ligues proposent une forme de République consulaire à exécutif fort, sans doute étrangère à la tradition républicaine parlementaire qui triomphe en France après 1877, mais qui ne saurait se confondre avec les virtualités totalitaires, l'exaltation de la force brutale, le mépris cynique des droits de l'homme qui marquent les partis fascistes bien avant qu'ils ne transforment ces traits en méthodes de gouvernement lors de leur arrivée au pouvoir. »

Certes, quelques intellectuels ont été conduits à s'affirmer fascistes, comme Pierre Drieu la Rochelle qui écrivait, au début de juin 1934 dans *La Lutte des jeunes* : « Pour moi, j'ai éprouvé le besoin de dire que j'étais fasciste. Il me semblait avoir pour cela une excellente raison, qui était avant tout de parer au plus pressé, de dire le mot de rupture. La grande nécessité aujourd'hui, pour la plupart des Français, c'est de rompre, de rompre avec tel préjugé de droite ou tel préjugé

Drieu La Rochelle
→ fasciste pr la rupture.

de gauche. J'ai donc dit « fasciste » pour signifier ma volonté de rompre avec le grand péché de la gauche qui est de faire de la défense parlementaire plus ou moins honteuse. » Mais c'est souvent davantage une volonté de rupture avec les pesanteurs d'une France pot-au-feu qu'un fascisme doctrinaire.

« Le fascisme n'était pas pour nous une doctrine politique, confessait Robert Brasillach, il n'était pas davantage une doctrine économique. Il n'était pas l'imitation de l'étranger et nos confrontements avec les fascismes étrangers ne faisaient que mieux nous convaincre des originalités nationales, donc de la nôtre. Mais le fascisme, c'est un esprit, c'est un esprit anticonformiste, d'abord antibourgeois, et l'irrespect y avait sa part. C'est un esprit opposé aux préjugés, à ceux de la classe comme à tout autre. C'est l'esprit même de l'amitié dont nous aurions voulu qu'il s'élevât jusqu'à l'amitié nationale. »

En fait, la question est plutôt de comprendre pourquoi la France des années 1930 a été allergique à un phénomène qui a fait tant de ravages en Europe, pourquoi les classes moyennes n'ont pas ici basculé vers l'extrémisme, pourquoi la démocratie parlementaire, si décriée, a finalement tenu. Probablement parce qu'ici plus qu'ailleurs, l'attachement aux libertés essentielles était plus vif et, au-delà des fièvres hexagonales, la volonté de vivre ensemble plus forte. Probablement surtout parce que la France, si attachée à la fureur des mots, tant rassurante pour l'esprit, reste un pays viscéralement modéré dont seule l'éloquence est agressive. Que des intellectuels manifestent leur volonté d'en finir avec une société insupportable, que de jeunes ingénieurs proclament leur indignation à l'égard d'un système économique qui réduit les hommes à des fonctions de producteurs et de consommateurs, que de jeunes catholiques, redécouvrant le péché médiéval, écrivent que le capitalisme est « l'usure érigée en loi universelle » et proposent de faire revivre les valeurs qui leur sont chères, la famille, la conciliation des classes et le travail, que de jeunes polytechniciens proclament la mort du libéralisme et se convertissent à la technocratie, que des « néos » socialistes conduits par Marcel Déat veuillent « incorporer la notion d'autorité dans une action socialiste qu'ils voudraient logique, cohérente et forte » témoigne surtout du fait que plusieurs milliers de Français dénonçaient l'archaïsme du système électoral, le despotisme des Chambres et aspiraient à un régime plus fort, plus efficace et plus moral pour sortir de la crise. L'heure n'était pas encore aux excès, même si Jean Coutrot, mutilé de guerre, patron d'une fabrique de papier, qui animait le groupe de réflexion baptisé X-crise pouvait écrire en février 1936, en totale inconscience : « Le maximum de violence que pourrait se permettre un révolutionnaire méthodique, un Sorel au courant des progrès récents de la connaissance, serait sans doute dans le camp de concentration mais sans privation ni torture : le camp de concentration conçu comme un sanatorium, provisoire, avec des professeurs et des infirmiers, où l'on isole temporairement jusqu'à la fin de la cure, pour les empêcher de nuire ou de se faire du mal, ceux que l'on n'a pas pu convaincre. »

Défendre « l'intégrité du territoire »

Le 7 mars 1936, dès les premières heures du jour, des détachements militaires allemands se présentent devant Cologne et Düsseldorf et s'apprêtent à franchir le Rhin. Au mépris des clauses du traité de Versailles et du pacte de Locarno, Hitler a décidé de réoccuper la zone démilitarisée. Rapidement menée, l'opération est achevée en soixante-douze heures. Ce coup de force, annoncé par de multiples notes du deuxième bureau qui, dès octobre 1934, a signalé les premières mesures allemandes, laisse la France sans réaction. Au moment où le président du Conseil Albert Sarraut proclame que Strasbourg ne sera pas laissée sous le feu des canons allemands, le commandement français n'alerte que 55 000 hommes d'active, les poste le long de la frontière franco-allemande sans oser la faire franchir et déconseille au gouvernement l'appel d'une fraction des forces disponibles ou de la première réserve faute d'avoir préparé la mesure.

Faisant valoir sans aucune raison que les forces allemandes sont déjà supérieures aux forces françaises, le général Gamelin, chef d'état-major de l'armée de terre, exige la mobilisation pour intervenir en Rhénanie et ajoute que si la France ne peut avoir la supériorité dans un premier temps, « dans une guerre de longue durée, jouerait forcément la supériorité du nombre et des possibilités industrielles pour nos adversaires ». Chef d'état-major général de l'armée de l'air, le général Pujo exige lui aussi la mobilisation et fait valoir dans une note du 11 mars qu'une attaque terrestre, même limitée, entraînerait une riposte de l'aviation de bombardement allemande sur les régions parisienne et lyonnaise alors que l'armée de l'air française est de très loin supérieure à la Luftwaffe renaissante.

C'est affirmer que l'armée, conçue pour défendre « l'intégrité du territoire » derrière le rempart de la ligne Maginot, n'ose pas faire montre de sa puissance. Déjà, en mars 1935, la veille du jour où Hitler avait annoncé officiellement le rétablissement du service militaire obligatoire en Allemagne, le général Maurin, ministre de la Guerre, s'était exclamé à la Chambre, pour rassurer les députés auxquels il demandait de maintenir « exceptionnellement » deux ans sous les drapeaux les jeunes appelés des classes creuses : « Comment peut-on croire que nous songions encore à l'offensive quand nous avons dépensé des milliards pour établir une barrière fortifiée ? Serions-nous assez fous pour aller en avant de cette barrière, à je ne sais quelle aventure ? »

C'est, de la part du haut commandement, réclamer comme condition préalable à cette « aventure » une mobilisation lourde, complexe et coûteuse alors que le gouvernement de transition est en pleine période électorale et qu'aux yeux de l'opinion, la mobilisation, c'est la guerre, une guerre qu'unanime, elle refuse.

« Hommes, femmes, jeunes, unissez-vous pour empêcher le fléau de la guerre de fondre à nouveau sur nous, proclame un manifeste publié par les communistes. Réalisons l'union de la nation française contre ceux qui veulent nous conduire au massacre », c'est-à-dire, la « droite », les hommes d'affaires, les « traîtres ». La CGT « réclame que le pays ne se départisse pas du calme nécessaire » et dans *Le Populaire*, le journal socialiste, Paul Faure écrit : « L'hypothèse, en tout cas, que nous refusons d'admettre, c'est que la guerre puisse surgir du conflit diplomatique ouvert par le coup de théâtre de Berlin. » *L'Œuvre*, radicale, intitule son éditorial du 8 mars : « Grave ? Oui. La fin de tout ? C'est à voir. » Le 10 mars, dans *L'Action française*, Maurras tire de l'événement le commentaire suivant : « Et d'abord, pas de guerre. Nous ne voulons pas la guerre. [...] Nous sommes prêts à donner la dernière goutte de sang pour l'indépendance de notre pays. Nous n'en donnerons pas pour des mots qui sont synonymes de rien. » Dans ses profondeurs, la France de Maginot avait en fait l'armée et le gouvernement qu'elle voulait. Quand on sait qu'Hitler, fort vulnérable, était prêt à battre immédiatement en retraite en cas d'intervention française limitée, on mesure à quel point les pourfendeurs du « fascisme » à l'intérieur des frontières étaient aveugles à l'extérieur, comme si les « ligues » avaient été l'ennemi principal à combattre.

Ministre des Affaires étrangères dans le gouvernement d'union nationale formé par Gaston Doumergue au lendemain du 6 février 1934, le vétéran Louis Barthou, qui avait lu *Mein Kampf* et retrouvait la situation familière du danger allemand, avait voulu que « la volonté de paix de la France ne se confonde pas avec l'abdication de sa défense ». Multipliant classiquement les alliances de revers, il s'était rapproché de l'Italie et, surtout, avait cherché à conclure une alliance solide avec l'Union soviétique pour isoler l'Allemagne. Mais Pierre Laval, qui lui succède, retombe dans l'ornière et, ne voulant jamais aller tout à fait jusqu'au bout, prive l'audacieux projet de Barthou de toute efficacité. « Plus rusé que compétent, écrit Jean-Baptiste Duroselle, il n'est pas l'homme des solutions tranchées, mais l'ami de tout le monde. À une belle et bonne alliance, il préfère une demi-douzaine de presque alliances. Il se complaît dans l'à-peu-près. » C'est qu'il est aussi difficile de défendre le franc et d'envisager dans le même temps une politique coûteuse de réarmement.

« Les États amis de la France, dit alors le ministre grec Politis, sont préoccupés d'un certain état d'esprit qui leur paraît régner dans le pays même. Leurs représentants en France, en prenant contact avec les différents éléments de la population dans les différentes régions, sont frappés de l'espèce de dépression pacifiste qui se manifeste dans les divers milieux. On y semble vouloir conserver la paix à tout prix, se retrancher derrière ce qu'on appelle « le mur Maginot », et laisser les événements se dérouler à leur guise au-dehors, sans se rendre compte qu'un peuple qui pratiquerait une telle politique [...] ne devrait plus prétendre au nom de grande puissance. »

Recevant le 16 mars 1936 l'ambassadeur français Charles-Roux, le pape Pie XI exprime aussi cette idée quand il lui dit : « Si vous aviez tout de suite fait avancer 200 000 hommes dans la zone réoccupée par les Allemands, vous auriez rendu un immense service à tout le monde. »

CHAPITRE 76

La France de Léon Blum

« Je ne suis pas sorti souvent de mon cabinet ministériel pendant la durée de mon ministère, déclarait Léon Blum lors de son procès intenté en 1942 par le gouvernement de Vichy, mais chaque fois que j'en suis sorti, que j'ai traversé la grande banlieue parisienne et que j'ai vu les routes couvertes de théories de tacots, de motos, de tandems, avec des couples d'ouvriers vêtus de pull-overs assortis et qui montraient que l'idée de loisir réveillait même chez eux une espèce de coquetterie naturelle et simple, tout cela me donne le sentiment que, par l'organisation du travail et des loisirs, j'avais malgré tout apporté une espèce d'embellie, d'éclaircie dans des vies difficiles. » Les « quarante heures », les « congés payés » et... la dignité, telles sont bien pour le peuple de gauche les grandes conquêtes du Front populaire.

« Unité ! unité ! »

Le 9 février 1934, Le Parti communiste appelle « le peuple de Paris » à manifester contre les cliques fascistes, à conspuer Daladier, le « fusilleur », et à dénoncer les socialistes, les « social-fascistes, dont la faillite lamentable a contribué à l'éclosion et au développement de ces groupes militaristes ». La manifestation fait 9 morts et des dizaines de blessés. La veille, la CGT, dont la direction est proche de la SFIO, appelle à une grève générale et à une manifestation sur le cours de

Vincennes le 12 février. Le Parti communiste en fait de même, fidèle à sa stratégie de « récupération » à la base. Mais, de manière semble-t-il spontanée, les deux cortèges se rejoignent, les têtes de colonnes se confondent et de toutes parts jaillit le même cri, « Unité ! unité ! ». Par une sorte de vague de fond, l'instinct populaire a imposé l'unité d'action. Entre Bastille et Nation, écrit toujours goguenard *Le Canard enchaîné*, 500 000 Français « isolés » se sont rencontrés « par hasard ». La rue, pacifique et résolue, réinvestissait les lieux de mémoire de la République et rassemblait les deux gauches séparées depuis 1920.

Cette fraternisation, hier impensable, date bien les origines de ce que l'on appellera le Front populaire, un Front qui doit beaucoup au virage spectaculaire des responsables communistes et de Moscou. À la Conférence nationale d'Ivry réunie le 23 juin 1934, qui décide l'exclusion de Jacques Doriot, le bouillant maire de Saint-Denis, Maurice Thorez, qui a reçu l'accord du Komintern, annonce que l'adversaire principal n'est plus désormais la « volaille » socialiste qu'il fallait autrefois « plumer » mais le fascisme et qu'il importe désormais de défendre les « libertés démocratiques », hier qualifiées de « formelles », en union avec tous les « démocrates », hier accusés d'être les complices du Grand Capital. Sans doute, l'effondrement du Parti communiste allemand et le renforcement de la dictature nazie ont-ils convaincu Staline de la nécessité d'opérer ce tournant. Toujours est-il que Maurice Thorez semble retrouver avec gourmandise tous les héritages républicains autrefois foulés aux pieds, le drapeau tricolore et la Grande Révolution de 1789, le patriotisme et *La Marseillaise*, le respect des croyances et l'esprit de solidarité, les vertus des classes moyennes et les mérites du Parti radical. L'ouvrier communiste auquel on avait appris à mépriser la France bourgeoise, chauvine et colonialiste, avait désormais le droit de s'affirmer Français, patriote et républicain. En 1935, il devait même applaudir la politique de « la main tendue » aux catholiques et entendre le secrétaire général du Parti déclarer : « Comme il n'y a pas chez les communistes la croyance qu'il pourrait leur être tenu compte dans une autre vie de leurs mérites et de leurs œuvres, de leur « renoncement temporel », la charité, l'esprit de solidarité, le dévouement au bien commun de nos militants sont le témoignage du désintéressement le plus pur, à l'exemple du bon Samaritain. D'ailleurs, pourrait-on se refuser de collaborer entre croyants et athées, lorsqu'il s'agit de sauver tant de pauvres innocents, des enfants, des femmes, des malades, des déshérités ? Lorsque montent les flammes de l'incendie, s'inquiète-t-on de l'opinion de celui qui fait la chaîne ? »

« La première difficulté de cette nouvelle politique, écrit toutefois Maurice Agulhon, vint de ce que les communistes, souvent, la claironnèrent sans mesure. Incapables de rien faire à demi, en vertu de cette générosité de tempérament collectif qui fait leur charme et finalement leur force, ils donneront bientôt, eux les antipatriotes d'hier, des leçons de patriotisme à tout le monde ! »

Le 27 juillet 1934, un « pacte d'unité d'action » est signé entre les partis communiste et socialiste pour « lutter contre le fascisme, la guerre, la préparation à la guerre et les ligues factieuses ». En octobre, Maurice Thorez lance dans un discours à Nantes le mot d'ordre de « Rassemblement populaire » qu'il définit comme « l'alliance des classes moyennes avec la classe ouvrière ». Le 12 mai 1935, lors d'une élection municipale dans le ve arrondissement de Paris, le candidat communiste, arrivé en tête de l'opposition, se désiste en faveur du socialiste Paul Rivet, créateur du musée de l'Homme, qui devient ainsi le premier élu du Front populaire. Le 14 juillet 1935, à l'appel du comité Amsterdam-Pleyel fondé en 1932 par Henri Barbusse et Romain Rolland pour lutter contre la guerre et le fascisme, une grande manifestation unitaire rassemble au stade Buffalo la SFIO, le PCF, la CGT, la CGTU, le Comité de vigilance des intellectuels antifascistes, fondé au lendemain du 6 février 1934, l'Association républicaine des anciens combattants et... Daladier, le « fusilleur » du 6 février qui, comme les milliers de participants, lit ce serment jubilatoire : « Nous faisons le serment de rester unis pour défendre la démocratie, pour désarmer et dissoudre les ligues factieuses, pour mettre nos libertés hors de l'atteinte du fascisme. Nous jurons, en cette journée qui fait revivre la première victoire de la République, de défendre les libertés démocratiques conquises par le peuple de France, de donner du pain aux travailleurs, du travail à la jeunesse et au monde la grande paix humaine. »

« Pain, paix, liberté », tel est le programme du Rassemblement populaire publié en janvier 1936. Un programme fort modéré et assez vague dont le préambule rappelait qu'il avait été rédigé de telle façon que « chaque parti, chaque organisation [...] puisse se joindre à l'action commune sans rien abdiquer de ses doctrines, de ses principes et de ses fins particulières ». Soutenus par les communistes qui ont multiplié les avances à leur égard, les radicaux ont réussi à éviter toute réforme de structure. En souvenir du « mur d'argent », il est simplement prévu de faire de la Banque de France « la Banque de la France » en donnant le droit de vote à tous les actionnaires et pas seulement aux deux cents les plus importants, les fameuses « deux cents familles ». La création d'un fonds national de chômage, la réduction de la semaine de travail sans réduction des salaires, un plan de grands travaux, la revalorisation des produits de la terre, la création d'un Office du blé, la nationalisation des industries de guerre pour interdire aux « marchands de canons » toute action belliciste... au moment où Hitler s'apprête à remilitariser la Rhénanie, autant de propositions qui ne peuvent effrayer les classes moyennes et qui sont très proches du programme classique du Parti radical que tous voient arriver en tête des élections.

Observateur critique de la campagne électorale, le journaliste de *L'Action française*, Lucien Rebatet décrit ainsi le communiste « gauchiste » André Marty : « Avec son vieux pull-over, son pinceau de moustache, sa voix grasseyante et argotique, le camarade Marty ressemble à un lampiste qui aurait gagné à la Loterie nationale. Voilà le communisme pantouflard et pot-au feu : « Votez pour nous, camarades. Vous paierez le gaz et l'électricité dix sous de moins. Vous n'aurez plus de contremaître, ni de sous-chef de bureau. Ah ! ça sera la bonne vie pépère, le métro gratuit et la pêche à la ligne deux jours par semaine ! Tous petits-bourgeois. Voilà le nouveau mot d'ordre de Moscou à l'usage de la France. »

En mars 1936, au congrès de Toulouse, les deux centrales syndicales, la CGT et la CGT-U, fusionnent, les « unitaires » acceptant le maintien de Léon Jouhaux à la tête de la Confédération. Le 17 avril 1936, à une semaine du premier tour des élections législatives, Maurice Thorez, dans un discours prononcé au micro de Radio-Paris, irrite à la fois ses camarades et ses alliés du rassemblement en déclarant : « Nous te tendons la main, catholique, ouvrier, employé, artisan, paysan, nous qui sommes des laïques, parce que tu es notre frère. [...] Nous te tendons la main, volontaire national, ancien combattant devenu Croix-de-Feu, parce que tu es un fils de notre peuple. [...] »

Une déclaration qui fait dire aux socialistes : « Quel est le lien de parenté entre Staline et Thorez ?

— Staline est le grand-père de Thorez puisque Staline est le père du peuple et que Thorez est le fils du peuple. »

Le 26 avril, la droite ne perd que 70 000 voix, 1,5 % de ses électeurs, par rapport aux élections de 1932. La gauche en gagne moins de 2 % mais avec une répartition qui bouleverse les plans échafaudés. Les communistes gagnent plus de 700 000 suffrages. Les radicaux en perdent 400 000. Les socialistes stagnent mais arrivent en tête des forces de gauche. Lors du second tour, le 3 mai, la « discipline républicaine » joue presque partout et envoie à la Chambre 72 députés communistes au lieu de 10, 147 socialistes, 106 radicaux et 51 divers gauche. Pour la première fois dans l'histoire parlementaire de la France, le Parti socialiste devance le Parti radical et devient le premier parti de gauche. Alors qu'on attendait Daladier, c'est Léon Blum qui est désormais candidat au pouvoir. Dans l'édition spéciale du *Populaire* qui paraît le lundi 4 mai, il déclare assumer cette mission en écrivant : « Ce n'est pas assez dire que le second tour achève la victoire. Il lui donne des proportions et une signification que personne n'osait presque espérer. Le triomphe du Front populaire est écrasant. [...]. Maintenant, il faut agir. Le peuple français a signifié sa volonté avec une force éclatante. Cette volonté ne prête à aucune discussion, à aucune chicane, et elle ne supporterait aucune résistance. Elle doit être exécutée.

Le Parti socialiste revendique dans l'action commune la responsabilité et la part qui lui reviennent. C'est un gouvernement de Front populaire qui doit se présenter devant la Chambre.

Le Parti socialiste est devenu le groupe le plus puissant non seulement de la majorité, mais de la France entière. [...] De plus, il dessine l'axe du Front populaire, il occupe son centre entre les communistes et les radicaux. Nous tenons donc à déclarer sans perdre une heure que nous sommes prêts à remplir le rôle qui nous appartient, c'est-à-dire à constituer et à diriger le gouvernement de Front populaire. »

L'été 1936

Le 4 juin 1936, quand Léon Blum présente au président de la République son cabinet, il ne lui reste plus qu'à mettre dans la loi ce que « les petits gars en casquette, sympathiques et bien de chez nous, courageux, tendres et coléreux », personnifiés au cinéma d'alors par Jean Gabin, ont imposé par une vague sociale sans précédent, la « grève sur le tas ». Pour la première fois, le « prolétariat » de la grande industrie frappe à la porte de la cité. Le 11 mai 1936, au Havre, à l'usine Breguet, 600 ouvriers débraient et occupent l'usine pour protester contre le licenciement de deux militants syndicalistes coupables de n'être pas venus travailler le 1er mai. Deux jours plus tard, à Toulouse, chez Latécoère, même cause, même effet. Le 14 mai, à Courbevoie, chez Bloch qui deviendra après la guerre Marcel Dassault, l'occupation de l'usine est assortie de la rédaction d'un cahier de revendications portant sur les salaires ainsi que sur les horaires de travail. Au début du mois de juin, on compte près de 2 millions de grévistes et près de 9 000 occupations d'usines.

Toutes les banlieues offrent alors le spectacle inédit de piquets de grève débonnaires gardant la porte ou la grille des usines dont les façades sont pavoisées de drapeaux rouges, bien sûr, mais aussi de drapeaux tricolores, les communistes y ont veillé. Du haut du mur d'enceinte ou d'une fenêtre du bâtiment, pend une corde à laquelle est attaché un panier de ravitaillement. À l'intérieur, les grévistes bichonnent « l'outil de travail » tandis que le comité de grève impose une discipline de fer et organise les loisirs qui vont du « radio crochet » à la pétanque et révèlent des talents jusqu'alors insoupçonnés.

Contrairement à ce que pensent alors les patrons épouvantés par l'approche de ce qu'ils croient être une « révolution » conduite par les « rouges », le mouvement est largement spontané, né d'une nappe d'eau souterraine que la victoire électorale a brutalement libérée, né de la volonté instinctive du monde ouvrier de présenter à un gouvernement ami, et dans une occasion exceptionnelle, les stigmates des humiliations subies jusqu'alors dans les « boîtes ».

Pierre Monatte, leader de *La Révolution prolétarienne* passé un temps par le Parti communiste, en donne la meilleure analyse quand il écrit le 10 juillet 1936 : « Tant de misère, tant de contrainte, tant d'oppression devaient aboutir à une flambée de révolte. Mais quand ? [...] L'esclavage dans l'usine moderne, la souffrance accumulée pendant des années, tout ce que le patronat avait réussi à imposer depuis la défaite ouvrière de 1919-1920, sur laquelle étaient venues s'appesantir la rationalisation, puis la crise économique, voilà la cause profonde, la cause essentielle des dernières grèves. Le facteur décisif de leur déclenchement a été la venue du gouvernement de Front populaire. Enfin la police ne serait plus au service du patron ! Enfin le gouvernement serait, sinon bienveillant, du moins neutre ! Du coup, on n'a pas eu la force de supporter plus longtemps. Pas même d'attendre que le nouveau gouvernement soit formé. La grande détente s'est produite. »

Bertrand de Jouvenel, un intellectuel fort éloigné des sensibilités prolétariennes, évoque dans le journal *Marianne*, le 17 juin 1936, ce « pique-nique prolongé » que fut cette immense fête : « Tous les débuts de révolution donnent raison à Jean-Jacques Rousseau. Il n'est rien qui mette l'homme de meilleure humeur que d'échapper à l'ennui de sa routine et à la paresse de ses devoirs. Il rit, il se promène, et on dit qu'il est naturellement bon.

Durant trois jours, j'ai été d'usine en usine. J'ai vu des bousculades joyeuses autour des corbeilles de nourriture apportées du dehors. J'ai entendu applaudir des voix de fausset et des imitations de comiques. Je n'ai assisté à aucune brutalité. Je n'ai entendu parler de mauvais traitements infligés à personne, de dégâts occasionnés à aucune machine. La “grève sur le tas”, c'est un pique-nique prolongé.

Il faut un effort pour se rappeler qu'on assiste à une bataille. Qui est l'adversaire ? Où est l'adversaire ?

Elle est close, la porte sur laquelle est écrit le mot jadis redoutable : “Direction”. Dans ce bureau respecté par les ouvriers, il y a les livres de comptes. En les examinant de près, on verrait quelles augmentations de salaires sont possibles sans provoquer la faillite de l'affaire. »

Simone Weil, normalienne, agrégée de philosophie, longtemps ouvrière d'usine, est sans doute celle qui traduit le mieux le bonheur simple qu'ont pu ressentir tous ceux qui reprenaient en chœur *Tout va très bien, Madame la Marquise* quand elle écrit le 10 juin 1936 : « J'ai été voir les copains dans une usine où j'ai travaillé il y a quelques mois. [...] Joie de pénétrer dans l'usine avec l'autorisation souriante d'un ouvrier qui garde la porte. Joie de trouver tant de sourires, tant de paroles d'accueil fraternel. [...] Joie de parcourir librement ces ateliers où on était rivé sur sa machine. [...] Joie d'entendre, au lieu du fracas impitoyable des machines, de la musique, des chants et des rires. [...] Joie de passer devant les chefs la tête haute. [...] Joie de vivre, parmi ces machines muettes, au rythme de la vie humaine. [...] Bien sûr, cette vie si dure recommencera dans quelques jours. Mais on n'y pense pas. [...] Enfin, pour la première fois, et pour toujours, il flottera autour de ces lourdes machines d'autres souvenirs que le silence, la contrainte, la soumission. Des souvenirs qui mettront un peu de fierté au cœur, qui laisseront un peu de chaleur humaine sur tout ce métal. On se détend complètement. On n'a pas cette énergie farouchement tendue, cette résolution mêlée d'angoisse si souvent observée dans les grèves. On est résolu, bien sûr, mais sans angoisse. On est heureux. »

Léon Blum, l'homme chargé de donner du grain à moudre à ces rêves, est un bourgeois aisé, haï à droite et vulnérable à gauche. Né à Paris en 1872 d'une famille de commerçants israélites, il entre à l'École normale supérieure qu'il abandonne en cours d'études pour faire une première carrière au Conseil d'État. Dreyfusard évidemment, critique littéraire et dramatique à *La Revue blanche*, auteur d'un essai à scandale sur le mariage dans lequel il étend aux filles le droit à l'expérience préconjugale, il est attiré comme tant d'autres par Jaurès et se convertit au socialisme qui est avant tout, pour lui, une culture, une morale et un art, un humanisme plus qu'une doctrine.

Chef de cabinet du socialiste Marcel Sembat de 1914 à 1916, élu député de la Seine au scrutin de liste en 1919, il quitte le Conseil d'État et « entre » réellement en socialisme. Après le congrès de Tours, à la tête du groupe parlementaire et directeur du *Populaire*, il en impose aux camarades de la « vieille maison » par son brio intellectuel. Mais son aisance matérielle, ses attaches parisiennes, sa pochette, ses vêtements « montparno », le fait qu'il soit devenu la cible privilégiée des caricaturistes de la grande presse ne le servent pas auprès des militants de base. Il est la « tête » du Parti, pas le « cœur ».

En 1936, ce théoricien, qui a longuement disserté sur le « pouvoir », multipliant les distinctions subtiles entre la participation au pouvoir, exclue, l'occupation du pouvoir, souhaitée pour distribuer « une petite ration de justice et de bien-être », et la conquête du pouvoir, rêvée mais impossible, doit entrer en action. Tous ceux qui le connaissent se rappellent le texte qu'il avait publié dans *Le Populaire*, le 26 décembre 1929, sous le titre « La peur des responsabilités ». « On m'a tant répété, depuis dix ans, que j'étais un jongleur d'idées absorbé dans leur mélange et dans leur jeu, un "dialecticien subtil", c'est-à-dire un coupeur de cheveux en quatre, que je finirais par le croire, ou par le craindre. [...] Un autre reproche m'est plus sensible, je l'avoue. Les polémiques adverses attribuent volontiers l'attitude que j'ai maintenue depuis cinq ans dans ce grand débat à ce qu'on appelle "la peur des responsabilités", et j'ai eu parfois l'impression que ce sentiment était partagé par quelques-uns de mes camarades.

Est-il vrai que cette perspective du pouvoir me jette dans je ne sais quel timide émoi ? On ne se connaît jamais bien soi-même, mais, en toute sincérité, je crois plutôt pécher par la témérité que par un excès de prudence ou de temporisation. »

Première « témérité », le gouvernement, à la composition par ailleurs fort « classique », comprend trois femmes, bien qu'elles ne soient pas électrices à cette époque, Cécile Brunschwig, Suzanne Lacorre et Irène Joliot-Curie, sous-secrétaires d'État à l'Éducation nationale, à la Protection de l'enfance et à la Recherche scientifique, mais pas de communistes qui ont décliné l'offre de participer pour ne pas alimenter, par leur présence, « les campagnes de panique et d'affolement des ennemis du peuple ».

Deuxième « témérité », le 5 juin à la radio, le 6 dans sa déclaration ministérielle à la Chambre, il annonce qu'il proposera dans un délai de un mois l'adoption des congés payés, des contrats collectifs, la réforme de la Banque de France, la création de l'Office national interprofessionnel du blé, la nationalisation des industries d'armement, la prolongation de la scolarité mais aussi la semaine de quarante heures que viennent d'imposer, sans en avoir conscience, 2 millions de grévistes.

Le dimanche 7 juin, à quinze heures, se réunissent à l'hôtel Matignon les délégués de la Confédération générale de la production française, dont l'un des membres, Lambert-Ribot, délégué général du Comité des forges, a été le collègue de Léon Blum au Conseil d'État, et les représentants de la CGT. Signés dans la nuit du 8 juin, les accords Matignon accordent des augmentations de salaires allant de 7 % pour les salaires les plus élevés à 15 % pour les salaires les moins élevés, admettent l'établissement immédiat de contrats collectifs de travail, reconnaissent le droit pour les travailleurs d'adhérer librement et d'appartenir à un syndicat professionnel, prévoient l'élection de délégués ouvriers et s'engagent à ce qu'aucune sanction ne soit prise pour fait de grève.

Le 11 juin, au socialiste « révolutionnaire » Marceau Pivert qui clamait dans *Le Populaire*, « tout est possible aux audacieux [...] les masses sont beaucoup plus avancées qu'on ne l'imagine [...] elles ne se contenteront pas d'une modeste tisane de guimauve portée à pas feutrés au chevet de la mère malade », Maurice Thorez, qui pense que la fête n'est pas la révolution, réplique devant une assemblée de militants de la région parisienne, « il faut savoir terminer une grève dès que satisfaction a été obtenue. Il faut même savoir consentir au compromis si toutes les revendications n'ont pas encore été acceptées, mais que l'on a obtenu la victoire sur les plus essentielles des revendications ».

Entre le 11 juin et le 24 juillet, les principaux textes sont votés par les Chambres.

Le 14 juillet 1936, place de la Nation, un million de Parisiens enthousiastes défilent devant la tribune où ont pris place Maurice Thorez, Édouard Daladier et Léon Blum qui, campés derrière les micros, chantent tour à tour *La Marseillaise* et *L'Internationale*, le poing dressé sans timidité. Dès le début du mois d'août, profitant du billet de congé populaire annuel à 40 % de réduction arraché par Léo Lagrange, secrétaire d'État aux Sports et Loisirs, aux dirigeants des compagnies de chemin de fer, la « populace » des « congés payés » peut alors tremper gauchement ses pieds dans l'eau des plages jusqu'alors réservées aux « bonnes familles ». « Celui qui n'est pas décidé à s'ouvrir les veines dans un bain chaud ou à fuir dans un monastère égyptien, lit-on alors dans la revue d'extrême droite *Combat*, il ne lui restera plus qu'à prendre un fusil, quelques cartouches et à descendre le plus possible de tyrans aussi dangereux que le barbare germain. » Moins grave, *Le Canard enchaîné* publie le dessin d'une « bourgeoise » installée dans une baignoire au bord des vagues et qui s'écrie : « Vous ne pensez pas que je vais me baigner dans la même eau que ces bolcheviks ! »

Ces belles journées de l'été 1936 dont profitent les « salopards en casquette » semblaient vraiment alors modifier « la condition humaine ». Illusion sans doute, mais le climat qui règne alors, un bref instant, autorise toutes les fièvres créatrices. 1936 voit la publication des *Beaux Quartiers* et de *Mort à crédit*, du *Journal d'un curé de campagne* et de *La Vie de Jésus*. Le soir du 14 juillet, à l'Alhambra envahie par la foule, on joue le *Quatorze-Juillet* de Romain Rolland. Le rideau de scène est de Picasso, la musique de Milhaud et de Roussel. Au cinéma, on voit fleurir *La Belle Équipe* de Duvivier et *Les Bas-Fonds* de Jean Renoir. Des bibliobus aux chorales et orchestres populaires, des Auberges de jeunesse aux « théâtres du peuple », des « mardis populaires » du Louvre à l'exposition des « chefs-d'œuvre de l'Art français », le « peuple » n'a pas assez des congés payés, il lui faut encore la culture. Certes, il chante davantage *Marinella, J'attendrai, Sombreros et mantilles, Couchés dans le foin* ou *Y'a d'la joie* que *L'Opéra de quat'sous*, reste qu'il chante aussi l'une des chansons favorites des usagers des Auberges de la jeunesse :

Ma blonde, entends-tu sur la ville
Siffler les fabriques et les trains ?
Allons au-devant de la vie.
Allons au-devant du matin.

Un des vaincus de l'été 1936, le colonel Fabry, trouvera plus tard ces formules haineuses quand il couchera en 1942 ses souvenirs : « Travailler, écrira-t-il, c'était trahir le Front populaire. [...] Ainsi la « paresse » gagnait chaque jour du terrain : de l'usine, elle passait aux champs ; des bureaux où elle était confortablement installée, elle montait aux cerveaux de la direction. [...] Tous les Français en ont été plus ou moins gravement atteints ; chacun était frappé dans l'instrument de son travail, le bras chez l'ouvrier et l'artisan, le cerveau dans l'élite. »

Déjà pointe dans l'été 1936 la France de Philippe Pétain.

La « pause »

Le 17 juillet 1936, alors que Léon Blum ne gouverne que depuis six semaines, s'amorce déjà la fin de l'été et de l'embellie. L'Espagne du « Frente popular », née en février 1936 et si proche de sa voisine française, est atteinte par la guerre civile, à la suite du coup d'État des militaires commandés par le général Franco. D'abord favorable à la livraison de matériel militaire au gouvernement légitime espagnol aux prises avec une rébellion, Blum choisit lors du Conseil des ministres du 7 août de ne pas intervenir, pire, de mettre l'embargo sur « l'exportation de matériel de guerre destiné à l'Espagne et à ses possessions » alors que l'on sait depuis le 25 juillet que Mussolini a déjà entamé l'exécution d'un vaste programme d'aide à Franco et qu'un accord de commerce signé en 1935 entre Madrid et le gouvernement de Pierre Laval prévoyait la livraison de matériel de guerre français jusqu'à concurrence de 20 millions de francs. Pire encore, le 15 janvier 1937, il présentera à la Chambre un projet, qui sera voté, d'interdiction du départ des volontaires pour l'Espagne au moment où les divisions allemandes de la légion Condor y mènent leurs raids de terreur.

Certes, le gouvernement français s'emploie à fermer les yeux sur la « contrebande » organisée qui s'organise aux frontières, reste que la politique de « non-intervention » fut une véritable « non-assistance » à un gouvernement régulier et ami, alors que Hitler et Mussolini accéléraient leur soutien aux rebelles franquistes. Paul Vaillant-Couturier n'a pas tout à fait tort d'écrire dans *L'Humanité* du 10 août 1936 : « Empêcher un gouvernement régulier et ami de commercer à sa guise, c'est [...] attenter à la souveraineté d'un État, c'est intervenir. [...] On applique au gouvernement espagnol, parce qu'il est un gouvernement populaire, [...] les sanctions qu'on n'a pas osé appliquer à l'Italie. »

Lors de la grande manifestation organisée par la fédération socialiste de la Seine à Luna Park, le 6 septembre 1936, Léon Blum, aussi habile que sincère, saura retourner une foule hostile qui crie « Blum à l'action ! » et « des canons, des avions pour l'Espagne ! » par l'un de ces plaidoyers qui font la renommée des grands avocats.

Sur le ton de la confession :

« Quand je lisais comme vous dans les dépêches le récit de la prise d'Irún et de l'agonie des derniers miliciens, croyez-vous par hasard que mon cœur n'était pas avec eux ? Et, est-ce que vous croyez, d'autre part, que j'aie été subitement destitué de toute intelligence, de toute faculté de réflexion et de prévision, de tout don de peser dans leurs rapports et dans leurs conséquences les événements auxquels j'assiste ? »

Pour en appeler au pacifisme :

« Cette conduite qu'on nous reproche, qui a blessé en vous des sentiments que je fais mieux que comprendre, a peut-être écarté de l'Europe le danger d'une conflagration générale. [...] Je vous demanderai de croire sur parole un homme qui ne vous a jamais trompés.

[...] Je ne crois pas, je n'admettrai jamais que la guerre soit inévitable et fatale. Jusqu'à la dernière limite de mon pouvoir et jusqu'au dernier souffle de ma vie s'il le faut, je ferai tout pour la détourner de ce pays — vous m'entendez bien —, tout pour écarter le risque prochain, présent de la guerre. »

Sur le ton de la confidence :

« J'ai, je peux le dire, évité le pouvoir de mon mieux pendant une assez longue suite d'années. Je l'exerce aujourd'hui dans des conditions qui ne peuvent guère faire envie à personne, et vous savez, moi, quand je dis cela, c'est vrai ! [Rires] J'ai deux devoirs à remplir : un devoir envers le Parti dont je suis le délégué au gouvernement, et j'ai, comme chef de gouvernement, à remplir des devoirs vis-à-vis de la collectivité nationale auprès de laquelle, nous, Parti, nous avons contracté des obligations. Le jour où je ne pourrai plus concilier ces deux devoirs, le jour où je ne pourrai plus, sans manquer à ma solidarité disciplinée à l'égard de mon parti, pourvoir aux grands intérêts nationaux dont j'ai la charge, ce jour-là, le pouvoir pour moi deviendra impossible. »

Certes, un rêveur vaut toujours mieux qu'un cynique. En fait, trop ligoté par le « contrat » passé avec des radicaux hostiles à l'intervention et disposant du pouvoir de renverser le gouvernement, ce qu'ils feront par la suite, trop docile à l'égard de l'alliance anglaise dont il faisait le pilier de sa politique extérieure, trop sensible aux conseils d'Alexis Léger, secrétaire général du quai d'Orsay, prêt à tout plutôt que de risquer la moindre brouille entre le Quai et le Foreign Office, trop impressionné par le climat de guerre civile qu'une droite revigorée faisait planer, « Faites attention, écrit François Mauriac dans *Le Figaro* du 25 juillet, nous ne vous pardonnerions jamais ce crime », Léon Blum a assumé ce qu'il appelait sa « torture » alors qu'il aurait pu démissionner pour éviter le douloureux « exercice du gouvernement ».

Il ne l'a pas fait et, le 25 septembre 1936, doit poursuivre son chemin de croix en annonçant, malgré ses promesses, la dévaluation du franc, une dévaluation qui, pour ne pas avoir été opérée à chaud, au lendemain de la victoire électorale, apparaît comme une nouvelle capitulation devant le « mur d'argent ». Satisfaire les revendications ouvrières en conservant ses alliés dans les classes moyennes tout en cherchant à « apprivoiser » les capitaux n'est pas chose facile.

En fait, avant même la formation de son gouvernement, Léon Blumavait été convaincu par Emmanuel Monick, attaché financier à Londres, et par Horace Finaly, directeur général de la Banque de Paris et des Pays-Bas, de l'indispensable dévaluation du franc, seule mesure susceptible de lui offrir les capitaux nécessaires à la relance de l'activité et à l'indispensable effort de réarmement. Pourtant, le 6 juin 1936, en réponse aux interpellations des députés qui lui demandent quelle sera sa politique monétaire, il répond : « Durant la dernière législature, la dévaluation était l'abomination de la désolation. Maintenant il paraît que ce serait l'abomination de la désolation si nous ne faisions pas tout de suite l'opération monétaire et si le Front populaire ne venait pas l'offrir au pays comme un don de joyeux avènement. En ce qui nous concerne, nous ne sommes pas touchés par la grâce. Nous ne sommes pas convertis. »

Le 23 juin, Vincent Auriol, ministre des Finances, fait appel aux possesseurs de capitaux flottants pour qu'ils achètent des bons du Trésor, ce qui vaudra plus tard à Blum cette interpellation perfide du radical Georges Bonnet : « Je connais trop votre sincérité, votre loyauté et vos scrupules pour penser que vous auriez pu émettre un emprunt, adresser un appel émouvant pour le placement dans les caisses d'épargne, à une heure où vous auriez songé en même temps à une dévaluation. »

Évidemment avertis d'une prochaine dévaluation, les détenteurs de capitaux — qui pourrait le leur reprocher ? — ne se bousculent pas pour renflouer les caisses de l'État, préférant placer leurs disponibilités en devises étrangères. Dès le début du mois de septembre, 5 milliards fuient vers Londres et surtout New York, faisant fondre l'encaisse-or de la Banque de France. Signé le 25 septembre 1936 et rendu public le lendemain, l'accord tripartite entre Paris, Londres et Washington, pudiquement présenté comme « un traité de paix monétaire » entre les trois puissances atlantiques définit un nouveau « franc élastique » entre deux limites de poids d'or, 43 et 49 milligrammes. La dévaluation, mais le mot honni n'a pas été prononcé, se situe donc entre 35 et 25 %.

Trop faible et trop tardive. Trop faible, elle se révèle insuffisante pour permettre une reprise véritable des exportations et n'aboutit qu'à une médiocre reprise de la production dont le coût est par ailleurs alourdi par les hausses des salaires ainsi que les quarante heures. Trop tardive, elle permet aux ennemis du Front populaire d'en tirer un bénéfice matériel en rapatriant dès octobre leurs capitaux. Mieux encore, elle leur fournit un bénéfice politique en leur permettant de la présenter comme la sanction logique d'une politique absurde et dangereuse pour les classes moyennes, le maillon faible de la coalition électorale. « Sonné » en juin, le « Capital » se reprend en septembre. Il est en pleine forme le 13 février 1937 quand Léon Blum est contraint d'annoncer la « pause » dans les réformes sociales, d'abandonner notamment les projets de retraite des vieux travailleurs, de fonds national de chômage et d'échelle mobile des salaires. Pour rassurer l'épargne, trois « experts » fort « orthodoxes », Jacques Rueff, Charles Rist et Paul Baudouin, sont chargés de conseiller le gouvernement et d'animer une commission de gestion du Fonds de stabilisation des changes. « C'est plus qu'une pause, exulte *Le Temps*, le journal de la droite libérale, c'est une conversion. »

Avant d'être mis en minorité par les radicaux du Sénat et de présenter la démission de son gouvernement le 22 juin 1937, Léon Blum aura dû subir le poids de « haines de classes » qui révèlent à quel point la courte embellie de l'été 1936 a plus été un choc culturel qu'un changement de majorité. Les haines, de nos jours si feutrées, révèlent entre les deux France de lourdes fractures.

« Qu'on en croie un petit provincial "de bonne famille" qui avait alors l'âge d'entendre et de voir, écrit Jean Lacouture, la bourgeoisie française accepta fort mal cette accession du monde ouvrier à ses droits élémentaires. »

En sommeil depuis l'affaire Dreyfus, l'antisémitisme se déchaîne contre le fils d'Abraham Blum, celui que l'historien Pierre Gaxotte traitait de « jument palestinienne » ou que Charles Maurras voulait « fusiller, mais dans le dos », celui que l'on accusait de posséder « des » villas au bord du lac Léman et de se faire servir dans de la vaisselle d'or. Le 6 juin 1936, lors de la présentation du gouvernement devant la Chambre, Xavier Vallat, futur commissaire général aux questions juives en 1941, donne la mesure de cette haine qui, s'insinuant jusqu'au plus profond de l'inconscient, a dû fatalement provoquer des blocages et des anxiétés. « Votre arrivée au pouvoir, Monsieur le Président du Conseil, marque incontestablement une date historique, lance le député de l'Ardèche. Pour la première fois, ce vieux pays gallo-romain va être gouverné par... »

Herriot (qui préside) : « Prenez garde, Monsieur Vallat ! »

Vallat (qui poursuit) : « ... par un Juif. J'ose dire à haute voix ce que le pays pense en son for intérieur ; il est préférable de mettre à la tête de ce pays un homme [...] dont les origines appartiennent à son sol plutôt qu'un subtil talmudiste ! »

Vomissement antisémitique que Xavier Vallat n'a pas tout à fait tort de présenter comme la protestation pour un temps refoulée de l'immense majorité de la bourgeoisie française. Rares furent les catholiques qui estimèrent, comme Mgr Saliège, archevêque de Toulouse, que « le christianisme n'est pas solidaire du capitalisme » ou, comme l'évêque de Langres, qu'il fallait « prendre rang sans délai » dans le

« monde nouveau » qui se levait. Dans l'armée, les organisations d'extrême droite comme la Cagoule, fondée par Eugène Deloncle, un ancien de l'Action française, font des adeptes. Fondé le 28 juin 1936 par l'ancien communiste Jacques Doriot, le Parti populaire français, le PPF, qui veut libérer la France de « l'Étranger », attire rapidement 300 000 adhérents et séduit de brillants intellectuels. Le Parti social français, le PSF, créé par le colonel de La Rocque au lendemain de la dissolution des ligues, recrute par centaines de milliers tous ceux qui se reconnaissent dans sa devise « Travail, Famille, Patrie ». La grande presse, dite d'information, est largement hostile au Front populaire. C'est *Gringoire*, avec ses 600 000 lecteurs, qui, le 14 juillet 1936, accuse le ministre de l'Intérieur, Roger Salengro, le député et maire de Lille, d'être « passé à l'ennemi » le 7 octobre 1915 en Champagne et s'acharne tellement sur le malheureux, lavé de cette accusation par une commission d'anciens combattants, qu'il se suicide sans que la « feuille infâme » ne voit diminuer son tirage.

Le sang versé le 16 mars 1937 à Clichy, lors d'un affrontement entre les militants du PSF qui tenaient un meeting autorisé et les contre-manifestants appelés par les communistes, allait sonner le glas du Front populaire. Léon Blum, qui assistait à un concert à l'Opéra, arrive vers vingt-trois heures en tenue de soirée à l'hôpital de Clichy. Le caricaturiste Ralf Soupault, qui collaborera plus tard à la presse nazie, publie un dessin le montrant près d'une flaque rouge avec cette légende : « Qui disait que cet homme n'a pas de sang français ? » Le 17 mars, le président du Conseil déclare à son ami Georges Monnet : « Il m'est impossible d'admettre que, alors que je suis chef responsable du gouvernement, des gardes mobiles ont fait couler le sang des ouvriers. Voulez-vous prendre ma place ? Je ne peux pas rester. [...] »

Avant de laisser la place, il restait toutefois à Léon Blum à inaugurer le 24 mai 1937, avec plusieurs semaines de retard et au milieu des gravats, des échafaudages et des ricanements, l'Exposition internationale dont les chantiers avaient été paralysés par des grèves et le sabotage de certaines entreprises. « Minute humiliante », écrivait Jean Zay, le ministre de l'Éducation nationale. Au pavillon de la République espagnole, frappant le visiteur au visage, le *Guernica* de Picasso illustrait mieux que tout ce qu'il aurait fallu voir en 1937.

L'esprit de Munich

Le 20 septembre 1938, quelques jours avant la signature des accords de Munich par lesquels la France et la Grande-Bretagne cèdent pratiquement sur toute la ligne à Hitler et acceptent de lui livrer une partie de la Tchécoslovaquie, Léon Blum écrit dans *Le Populaire* : « La guerre est probablement écartée. Mais dans des conditions telles que moi, qui n'ai cessé de lutter pour la paix, qui depuis bien des années lui avais fait le sacrifice de ma vie, je n'en puis éprouver de joie et que je me sens partagé entre un lâche soulagement et la honte. »

« Lâche soulagement », tel est bien le sentiment partagé par l'immense majorité des Français, ceux qui, faute d'avoir médité devant *Guernica*, ont cru pouvoir éviter la guerre. L'esprit de Munich, c'est la foule enthousiaste qui acclame Daladier à son retour au Bourget. L'esprit de Munich, ce sont les messes d'action de grâce célébrées partout pour fêter la paix. L'esprit de Munich, c'est la souscription que lance le journal *Paris-Soir* pour offrir une « maison de la paix » au Premier ministre britannique Chamberlain près de Biarritz. L'esprit de Munich, c'est le désarroi d'un pays qui perd son honneur et son prestige. L'esprit de Munich, c'est Montherlant qui écrit dans *L'Équinoxe de septembre :* « La France est rendue à la belote et à Tino Rossi. »

En juillet 1940, au lendemain de la défaite, l'historien Marc Bloch, un des meilleurs esprits du temps, écrivait à propos de l'attitude de la bourgeoisie à l'égard du Front populaire : « L'attitude de la plus grande partie de l'opinion bourgeoise fut inexcusable. Elle bouda, stupidement, le bien comme le mal. J'ai vu un brave homme, nullement insensible aux plaisirs des yeux, refuser de mettre les pieds à l'Exposition universelle [...] parce qu'un ministre abhorré l'avait inaugurée. [...] Quelles qu'aient pu être les fautes des chefs, il y avait, dans cet élan des masses vers l'espoir d'un monde plus juste, une honnêteté touchante, à laquelle on s'étonne qu'aucun cœur bien placé ait pu rester insensible. Mais, combien de patrons, parmi ceux que j'ai rencontrés, ai-je trouvés capables, par exemple, de saisir ce qu'une grève de solidarité, même peu raisonnable, a de noblesse. [...] Il est deux catégories de Français qui ne comprendront jamais l'histoire de France, ceux qui refusent de vibrer au souvenir du sacre de Reims ; ceux qui lisent sans émotion le récit de la fête de la Fédération. Peu importe l'orientation présente de leurs préférences. Leur imperméabilité aux plus beaux jaillissements de l'enthousiasme collectif suffit à les condamner. Dans le Front populaire — le vrai, celui des foules, non des politiciens — il revivait quelque chose de l'atmosphère du Champ-de-Mars, au grand soleil du 14 juillet 1790. Malheureusement, les hommes dont les ancêtres prêtèrent serment sur l'autel de la patrie avaient perdu contact avec nos sources profondes. [...] De plus en plus loin du peuple, dont elle renonçait à pénétrer, pour sympathiser avec eux, les authentiques mouvements d'âme, tour à tour refusant de le prendre au sérieux ou tremblant devant lui, la bourgeoisie, en même temps, s'écartait, sans le vouloir, de la France tout court. En accablant le régime, elle arrivait, par un mouvement trop naturel, à condamner la nation qui se l'était donné. Désespérant, malgré elle, de ses propres destins, elle finissait par désespérer de la patrie. »

Certes, ce jugement porté à chaud est sans doute trop sévère. Réalisé pour la première fois en France au lendemain des accords de Munich, un sondage révèle que si 57 % des Français approuvaient les accords, 70 % estimaient que la France et l'Angleterre devaient désormais résister à toute nouvelle exigence de Hitler. Reste que la France est apparue singulièrement immobile. Dans un pays où l'école publique ne jouait plus son rôle de propagande de la foi nationale et virait au pacifisme, dans un pays célébrant à n'en plus finir son harmonie et ses vertus moyennes, dans un pays où les communistes incitaient les ouvriers à s'accrocher aux quarante heures et à refuser les heures supplémentaires au-delà de cette limite légale, dans un pays où la droite en était venue à penser qu'une défaite de l'Allemagne nazie signifierait l'écroulement des systèmes autoritaires qui constituent le principal rempart face à la révolution communiste, personne n'était assez fort pour imposer la paix à ceux qui voulaient la guerre.

Certes, Édouard Daladier, président du Conseil depuis le 10 avril 1938, faisait preuve d'une belle énergie pour préparer la guerre, inévitable à ses yeux. Muselant l'ultra-droite et mettant la CGT au pas en profitant du semi-échec de la grève générale du 30 novembre 1938, jouant de la « confiance » des capitaux et de l'assouplissement de la loi des quarante heures pour « remettre la France au travail » et accélérer la production d'armements et d'avions de combat qui devient plus importante que celle de l'Allemagne, promulguant en juillet 1939 un Code de la famille destiné à encourager les naissances, entreprenant en janvier 1939 un voyage en Corse et en Afrique du Nord pour manifester avec éclat la détermination de la France face aux revendications de Mussolini, il tente un ultime sursaut tout en signant l'acte de décès du Front populaire. Il était toutefois trop tard pour effacer les paroles prononcées par le ministre tchèque Beneš le 30 septembre 1938, au lendemain des accords de Munich : « Ceci est une trahison qui engendrera son propre châtiment. » En quelque sorte, Antoine de Saint-Exupéry lui répond en écrivant dans *Paris-Soir*, le 2 octobre : « Nous avons choisi de sauver la paix. mais en sauvant la paix, nous avons mutilé des amis. Et sans doute, parmi nous, beaucoup étaient disposés à risquer leur vie pour les devoirs de l'amitié. Ceux-là connaissaient une sorte de honte. Mais s'ils avaient sacrifié la paix, ils auraient connu la même honte car ils auraient alors sacrifié l'homme. [...] Quand la paix nous semblait menacée, nous découvrions la honte de la guerre. Quand la guerre nous semblait menacée, nous sentions la honte de la paix. »

CHAPITRE 77

La France de Philippe Pétain

Le 25 juin 1940, s'adressant aux Français dans un discours radiodiffusé depuis Bordeaux, Philippe Pétain, le président du Conseil, déclare : « L'armistice est conclu. Le combat a pris fin. [...] C'est vers l'avenir que désormais nous devons tourner nos efforts. Un ordre nouveau commence. [...] Nous avons à restaurer la France. Montrez-la au monde qui l'observe, à l'adversaire qui l'occupe, dans tout son calme, tout son labeur et toute sa dignité. Notre défaite est venue de nos relâchements. L'esprit de jouissance détruit ce que l'esprit de sacrifice a édifié. C'est à un redressement intellectuel et moral que, d'abord, je vous convie. Français, vous l'accomplirez et vous verrez, je vous le jure, une France neuve surgir de votre ferveur. » Aux Français désemparés par la terrible débâcle qu'ils venaient de subir, le maréchal offrait cet « ordre nouveau » qui inaugurait les années les plus noires de notre histoire.

« Drôle de guerre »

Le 15 mars 1939, déchirant les accords de Munich comme un chiffon de papier, Hitler entre dans Prague et proclame l'établissement d'un « protectorat de Bohême et Moravie ». Le 8 avril, Mussolini en fait de même avec l'Albanie. Le 23 août, devant la temporisation franco-britannique, Staline, qui dit savoir « combien le peuple allemand aime son Führer », signe avec l'Allemagne un pacte de non-agression doublé d'un protocole secret qui détermine des sphères d'influence et esquisse un partage de la Pologne en cas de conflit germano-polonais. Le 1er septembre 1939, à quatre heures quarante-cinq, la Wehrmacht envahit la Pologne. Ce même jour, Daladier, qui, dans une lettre à Hitler, avait répété que la France tiendrait ses engagements à l'égard de la Pologne, fait décider en Conseil des ministres la mobilisation générale. Le 3 septembre 1939 à dix-sept heures, la France se trouve, avec la Grande-Bretagne, en état de guerre avec l'Allemagne, selon la formulation officielle.

Malgré la pression des pacifistes impénitents qui affirmaient, comme Marcel Déat, que « les paysans français n'ont aucune envie de mourir pour les Poldèves », malgré le trouble des communistes qui s'employaient à justifier la position soviétique, l'ensemble de la nation a approuvé la ligne de fermeté tenue par Daladier et a abordé le péril « la tête haute et la conscience pure », pour reprendre la formule d'Édouard Herriot à la Chambre.

Le 25 août, le groupe parlementaire communiste a voté une résolution selon laquelle Hitler « trouvera devant lui le peuple de France uni, les communistes au premier rang, pour défendre la sécurité du pays, la liberté et l'indépendance des peuples ».

« Entre résolution et résignation », note dans un rapport le préfet du Rhône. Comme l'annonçaient les sondages réalisés par l'Institut français d'opinion publique, les Français pensaient qu'il fallait en finir avec les provocations des « Boches ». La peur de la guerre, anesthésiante au moment des accords de Munich, a ainsi fait place à une détermination résignée.

« Ils prenaient la guerre comme une tâche à accomplir, note Henry Miller à propos des paysans du Midi, une corvée dont ils s'acquittaient sans discussion parce qu'ils étaient des citoyens français. Leur attitude me parut toujours révéler la plus haute forme du courage : elle était éminemment pacifiste. Ils se battaient par devoir et sans haine. » Comme en 1914, la mobilisation de près de 5 millions d'hommes, vingt-neuf classes d'âges, se fait sans accrocs, le nombre de déserteurs et d'insoumis étant infime. « Pour la dernière fois peut-être en 1914, les hommes étaient partis avec l'idée de rentrer pour les vendanges, écrit encore Julien Gracq. En 1939, ils savaient au fond d'eux-mêmes qu'ils ne reverraient qu'une terre où serait passé le feu. »

« Drôle de guerre », ce mot d'époque a fait fortune et souligne le sentiment d'irréalité éprouvé par ceux qui, l'arme au pied, ont vécu cette situation bizarre qui ne ressemblait à rien. Dans son *Journal littéraire*, Paul Léautaud écrit à la date du 29 octobre 1939 : « Cette guerre est une curieuse guerre. Pleine de procédés, de façons nouveaux — et quelque peu mystérieux. L'Allemagne témoigne d'intentions agressives à l'égard de la Pologne. L'Angleterre et la France lui disent : « Si vous y touchez, nous la défendrons et ce sera la guerre. » Hitler touche à la Pologne à ce point qu'il l'avale. L'Angleterre et la France mobilisent et déclarent à l'Allemagne l'état de guerre. Les armées franco-anglaises sont à la frontière, prêtes au combat. L'Allemagne, qui a déclaré qu'elle n'en a ni à l'Angleterre, ni à la France, se contente de se tenir sur la défensive, et la France et l'Angleterre, qui lui ont déclaré la guerre, attendent, d'après ce que disent les journaux, que l'Allemagne attaque. On pourrait se représenter Hitler disant des Anglais et de nous : "Je ne sais pas ce qu'ils veulent, ces gens-là. Je ne leur ai rien fait. Qu'est-ce qu'ils ont à me menacer ?" Extrêmement drôle. » Dans une lettre envoyée du front le 28 octobre 1939, Paul Nizan renchérit : « On m'a mobilisé pour la guerre. La guerre, c'est la bataille. Or je ne me bats pas. Il me faut changer la définition de la guerre. »

En fait, cette « drôle de guerre » est à la mesure du moral de la nation qui l'a engagée. Marc Bloch, dont on a pourtant mesuré la sévérité à l'égard des élites, approuve sans hésitation cette tactique défensive et écrit à son fils impatient d'en découdre : « Quand on a vu les massacres de 1915, on n'est pas porté à les regretter. » Voulant à tout prix épargner le sang des Français, instruits par la Première Guerre mondiale que la puissance du feu prime le mouvement, convaincus que la guerre avait été engagée dans des conditions défavorables mais que le temps jouait en faveur des Alliés, assurés qu'avec la maîtrise des mers, les fournitures américaines et les ressources des deux empires coloniaux, ils pourraient gagner la guerre sans avoir à la faire vraiment, les dirigeants franco-britanniques proclament qu'ils vaincront « parce qu'ils sont les plus forts », une conviction assise sur un monumental effort de guerre assuré en quelques mois dans les usines de la défense nationale.

À la longue, cependant, l'ennui gagne et la volonté se délite, les distributions de vin chaud ne dissipant plus le cafard de l'attente et les doutes sur le sens du conflit. « Ce pays est foutu si on ne lui trouve pas de vraies raisons de se battre », prévient Saint-Exupéry dans ses *Lettres à un ami*.

À l'arrière, exécutant à la lettre les nouvelles instructions de l'Internationale, le Parti communiste, interdit et en butte à une répression massive, dénonce avec virulence la « guerre impérialiste », affirme qu'« au peuple de France est revenue la mission d'exécuter les consignes des banquiers de Londres », et entend « détruire la légende sur le prétendu caractère antifasciste de la guerre ». Sur ordre de Staline, Maurice Thorez déserte son unité, passe la frontière belge et gagne Moscou. C'est écœurer un grand nombre de militants, scandaliser les sympathisants, ravir l'extrême droite et se couper de la nation. Au Parlement et au Sénat, Pierre Laval et Étienne Flandin distillent l'esprit de Munich et chuchotent que la France devrait rester « au balcon » pendant que Slaves et Germains se combattront jusqu'à épuisement.

Confronté à toutes les oppositions, Daladier se retire le 19 mars 1940 et cède la présidence du Conseil à Paul Reynaud, partisan d'une guerre plus effective mais qui, dépourvu de toute autorité, trop sûr de lui et trop influencé par sa maîtresse Hélène de Portes, ne pouvait guère être l'homme de la situation. Il était pourtant l'un des seuls à avoir pris position en faveur des thèses du colonel Charles de Gaulle qui, convaincu depuis longtemps qu'« être inerte, c'est être battu », se révoltait contre l'esprit Maginot du haut commandement et écrivait encore le 3 mai au nouveau président du Conseil : « Les événements de Norvège font, après ceux de Pologne, la preuve qu'il n'y a plus aujourd'hui d'entreprise militaire possible qu'en fonction et à la mesure de la force mécanique. [...] Or le système militaire français est conçu, organisé, armé, commandé, en opposition de principe avec cette loi de la guerre moderne. Il n'y a pas de nécessité plus absolue, ni plus urgente, que de réformer radicalement ce système. »

Peu après sa prise de pouvoir en 1933, Hitler avait confessé à Rauschning : « La prochaine guerre ne ressemblera en rien à celle de 1914. Plus d'attaques d'infanterie, plus d'assauts en masse compacts. Tout cela, c'est périmé. Quant au grignotement du front s'éternisant pendant des années, je vous affirme que l'on ne reverra plus jamais cela. C'était une déliquescence de la guerre. La dernière guerre avait fini par dégénérer. Cette fois, nous retrouverons la supériorité que donne la liberté de manœuvre. »

Ce *Blitzkrieg*, cette guerre éclair qui marie l'avion et le blindé, parie sur le moteur et sur l'audace des guerriers nazifiés est lancée le 10 mai 1940. Six semaines après, l'armée française, qui passait pour la meilleure armée au monde, a disparue corps et biens. Cinq jours après le déclenchement de la bataille, les panzers de Rommel et de Guderian ont obtenu la rupture du « front continu » que l'armée de Guillaume II avait vainement tenté de percer pendant les quatre années de la Première Guerre mondiale. Tandis que les armées franco-anglaises se sont précipitées en Belgique pour arrêter l'invasion, les Ardennes, que le maréchal Pétain avait déclarées infranchissables, sont traversées sans encombre. La Meuse est franchie à Sedan, Givet et Dinant sur les ponts construits par le génie allemand et, par la brèche ainsi ouverte, les troupes motorisées opèrent un vaste « coup de faucille » qui prend l'adversaire dans une gigantesque nasse : « Plus de renseignements, les communications sont coupées, les liaisons ne fonctionnent plus, l'arrière est encombré de convois et de véhicules détruits, les convois de carburant sont en flammes, le chaos est total », témoigne le journal de marche de la 9e armée française tronçonnée et déboussolée. Le 20 mai, les divisions allemandes occupent Abbeville. Le 4 juin, elles prennent Dunkerque d'où ont pu être évacués à la hâte 235 000 Britanniques et 115 000 Français. Le 5 juin, elles repartent à l'offensive vers le sud. Le 14 juin, elles pénètrent dans Paris abandonné par le gouvernement. Le 17 juin, Philippe Pétain, le nouveau président du Conseil, lance de Bordeaux un appel à « cesser le combat ». Le 19, il prend la décision de considérer comme villes ouvertes toutes les cités de plus de 20 000 habitants, ce qui interdit de faire sauter les ponts, accélère la démoralisation et transforme la retraite en débandade. Signé le 22 juin dans la clairière de Rethondes, sur les lieux mêmes de l'armistice du 11 novembre 1918, l'armistice entre en application le 25 juin. Un « armistice-diktat » qui exige le désarmement des troupes avant leur démobilisation, la livraison du matériel de guerre à l'exception des avions et des navires de guerre, qui seraient désarmés dans le port d'attache du temps de paix, qui met à la charge du gouvernement français les frais d'entretien des troupes d'occupation et coupe la France en deux par une « ligne de démarcation » au nord de laquelle les fonctionnaires français sont fermement invités à « collaborer » avec leurs homologues allemands. Dès l'été 1940, les départements du Nord et du Pas-de-Calais sont « rattachés » au gouvernement militaire allemand de Bruxelles, tandis que ceux du Haut-Rhin, du Bas-Rhin et de la Moselle sont annexés de fait. Sur le moment, personne ne mesura l'humiliation que représentait le fait d'avoir à livrer « tous les ressortissants allemands désignés par le gouvernement du Reich ». En gage, le vainqueur emmenait en Allemagne les 1 600 000 prisonniers devenus de véritables « otages ».

Contrairement à une légende complaisamment entretenue, ce n'est pas la troupe gangrenée par le pacifisme et « l'esprit de jouissance » qui est responsable de cette débâcle. Les hommes de 1940, ceux que l'on a caricaturés sous le nom d'« armée Ladoumègue », se sont battus avec bravoure : 92 000 soldats sont morts, ce qui est beaucoup pour une campagne de six semaines ; 45 000 Allemands ont été tués, ce qui est beaucoup pour ce que l'on a présenté comme une aimable promenade. Le sacrifice des cadets de Saumur, la résistance de la 4e division cuirassée du colonel de Gaulle à Montcornet, près de Laon, puis à Abbeville, la détermination des régiments de coloniaux, la destruction de 927 appareils allemands qui ont fait défaut à la Luftwaffe lors de la bataille d'Angleterre, autant de faits d'armes qui illustrent l'opiniâtreté d'un combat mené sans esprit de recul. Plus que l'anesthésie générale des années 1930, plus que l'« esprit de jouissance » du « Français moyen », ce sont les élites qui semblent avoir fait faillite. Faillite d'un haut commandement âgé qui, décontenancé par une guerre qui n'était pas la sienne, s'est surtout préoccupé de dénoncer un régime politique qui aurait abandonné les valeurs traditionnelles et d'obtenir coûte que coûte l'armistice pour éviter une capitulation déshonorante. « Il est indispensable que l'admiration de notre peuple pour son armée soit sauvegardée, écrit Pétain à Reynaud le 26 mai. L'armée est le rempart matériel et moral de notre pays. » Faillite d'une classe politique qui se perd en intrigues, louvoie entre armistice et poursuite du conflit, se laisse dicter ses conditions par des généraux vaincus, perd prise sur l'événement, s'évapore à la première alerte et laisse un pays à la dérive revivre la grande peur de 1789 et se précipiter sur les routes dans une gigantesque débandade ou se mêlent le « chacun pour soi » et l'entraide inespérée. À Chartres, le préfet d'Eure-et-Loir, Jean Moulin, témoigne : « Nous n'avons plus ni gaz, ni électricité, ni téléphone, ni radio. Le directeur municipal de la défense passive a fui cette nuit avec plusieurs de ses collaborateurs. Où sont les pompiers et leur matériel ? Le maire les a laissés partir ce matin avec les pompes. [...] Parti aussi le directeur du service des eaux. Dans sa folle panique, avant de fuir, il a congédié les mécaniciens de l'usine hydraulique et bloqué les vannes, si bien que, dans quelques heures, la ville va être privée d'eau. » À Louviers, Pierre Mendès France a vu passer « de somptueuses et rapides voitures américaines conduites par des chauffeurs en livrée ; leurs occupants, femmes élégantes, la main sur leur coffret à bijoux, hommes penchés sur des indicateurs ou des cartes routières, ne s'arrêtaient guère chez nous ; ils avaient avec eux argent et provisions. Puis sont venues des voitures moins brillantes, moins neuves, dont les conducteurs, des petits-bourgeois, généralement accompagnés de leurs familles, avaient souvent besoin de nous. Un ou deux jours de plus et ce furent les plus incroyables guimbardes, les automobiles d'un autre âge, sorties d'on ne sait quels hangars poussiéreux et utilisées à défaut de tout autre moyen de fuite. » Puis vinrent les vélos, les piétons, les femmes portant à leurs épaules les gros sacs bourrés de tout ce qui avait pu être sauvé. Huit millions de nomades qui souhaitent que soit mis fin le plus vite possible à leur cauchemar.

« *Maréchal, nous voilà* »

« Maréchal, nous voilà / Devant toi, le sauveur de la France / Nous jurons, nous tes gars / De servir et de suivre tes pas... » Cette ritournelle niaise à souhait est le grand refrain à succès de l'année 1940, comme si 40 millions de Français acceptaient de s'entendre dire par le vainqueur de Verdun en s'en mortifiant :

« Depuis la victoire [de 1918], l'esprit de jouissance l'a emporté sur l'esprit de sacrifice. On a revendiqué plus qu'on n'a servi. On a voulu épargner l'effort ; on rencontre aujourd'hui le malheur. »

Convoqués à Vichy où s'est transporté le gouvernement, plongés dans un violent climat d'anglophobie provoqué par la tragédie de Mers el-Kébir où près de 1 300 marins français sont morts sous le feu de la Royal Navy, manipulés par Laval qui explique et menace, cajole et corrompt, n'oubliant pas de promettre même la sauvegarde de l'indemnité parlementaire, 569 députés et sénateurs, dont la grande majorité des socialistes et des radicaux élus en 1936, votent un projet de loi ainsi libellé :

« Article unique. — L'Assemblée nationale donne tous pouvoirs au gouvernement de la République, sous l'autorité et la signature du maréchal Pétain, à l'effet de promulguer, par un ou plusieurs actes, une nouvelle Constitution de l'État français. Cette Constitution devra garantir les droits du Travail, de la Famille et de la Patrie. »

Quatre-vingts parlementaires ont refusé de signer cette mise à mort de la République : 3 anciens communistes, 36 socialistes, 26 radicaux, 7 membres d'autres groupes de gauche et 8 membres de la droite.

Léon Blum, qui a voté contre, est resté muet et, pour se justifier, a écrit : « Je n'avais aucunement peur du tumulte féroce que j'aurais déchaîné rien qu'en me levant de mon siège ou par le premier accent de ma voix. J'en avais vu bien d'autres... [mais] je ne pouvais douter que, dans l'échauffourée dont mon intervention donnerait le signal, la très grande majorité de mon groupe m'abandonnât ; que dis-je ? nombreux seraient ceux qui feraient secrètement chorus avec les insulteurs. Je ne voulais pas offrir le spectacle public de ce reniement. C'est là seulement ce qui me paralysa, ce qui me cloua la bouche. »

C'est mesurer l'étendue du désastre. Privée des élus communistes et des 26 députés et un sénateur qui se sont embarqués sur le *Massilia* avec la volonté de poursuivre la lutte à partir des territoires de l'Empire, dont Daladier, Mandel, Zay, Mendès France, la Chambre du Front populaire, probablement oppressée par un profond complexe de culpabilité, a oublié les grands principes, perdu tout courage, donné raison à tous ceux qui vomissaient la démocratie et enterré la IIIe République au profit, il est vrai, de celui que le pays appelait comme un sauveur. Celui dont Léon Blum disait : « J'avais été frappé et je puis dire séduit, comme tous ceux qui l'approchaient, par la noblesse de sa stature et de son port, par le regard simple et bon de ses yeux bleus à fleur de tête, par l'air de gravité et de noblesse qu'exprime son beau visage. J'avais toujours rendu pleine justice à son rôle pendant la guerre de 1914. »

Respecté à gauche pour avoir ménagé le sang des troupes lors de la grande boucherie, vénéré à droite pour avoir dit la « nausée » que lui inspiraient les partis politiques, adulé par l'immense majorité des Français, Philippe Pétain qui, dès les 11 et 12 juillet, déclare « assumer les fonctions de chef de l'État français » et s'accorde la « plénitude du pouvoir gouvernemental » en concentrant dans sa seule personne les pouvoirs naguère dévolus au président de la République et au Conseil des ministres, n'est pas la potiche sénile de quatre-vingt-quatre ans, handicapée par sa surdité et ses moments de fatigue comme certains ont voulu par la suite le faire croire. S'il n'a pu tout contrôler, l'« ordre nouveau » qu'il veut imposer aux Français est cependant bien le sien.

Né le 24 avril 1856, élevé chez les jésuites puis les dominicains mais allant moins souvent à la messe que la plupart des autres généraux, l'homme, qui a déclaré vouloir faire « à la France don de sa personne pour atténuer son malheur », est un homme du XIXe siècle, obsédé par l'ordre, persuadé qu'un pays s'administre comme une caserne, sûr que l'histoire lui a donné raison, en 1916 et en 1917. Détestant systématiquement les intellectuels et les « maîtres d'école communistes », le maréchal avec un grand M, dans les bras duquel se jette une population en état de choc, marie en sa personne tout ce que les droites extrêmes et libérales, anciennes et modernes ont voulu faire de la France et faire subir à l'« anti-France ».

Dans le vide béant créé par la défaite de 1940, cette « divine surprise » que représente pour Charles Maurras le règne du Maréchal, ce « seul signe visible que Dieu protège encore la France », écrit alors le protestant René Gillouin, doit être l'occasion de transformer en profondeur la société française et de forger un « État national, autoritaire, hiérarchique et social ».

Au noyau dur des adversaires farouches de la démocratie libérale, à cette ultra-droite fascinée par les régimes fascistes, qui tient sa revanche sur 1936, viennent s'agréger tous les conservateurs qui se font une certaine idée de la France, des maurassiens, bien sûr, en guerre contre les « quatre états confédérés », les juifs, les francs-maçons, les métèques et les protestants, des « bien-pensants » auxquels on offre des hochets, des « ligueurs » partisans d'un exécutif fort, des catholiques ravis de retrouver une influence perdue depuis fort longtemps, des hommes de gauche aussi, en rupture de ban avec le communisme ou le socialisme comme René Belin, secrétaire confédéral de la CGT, des « jeunes cyclistes » enfin, issus des courants technocratiques des années 1930, épris d'efficacité et de rationalité modernisatrice, des beaux cerveaux forgés par Polytechnique ou l'inspection des Finances et qui s'épanouissent dans ce régime débarrassé du contrôle des parlementaires, des Pucheu et des Lehideux, des Bichelonne et des Barnaud pour qui « Révolution nationale » est synonyme d'économie planifiée et d'expansion.

Pour mesurer le trouble qu'a pu ressentir une élite en mal d'action, il suffit de relever le témoignage de François Bloch-Lainé : « J'étais de retour chez moi le 15 août, écrit celui qui était alors jeune inspecteur des Finances. La première impression était déconcertante : mes meilleures relations étaient au pouvoir. Jacques Barnaud m'accueillait à la Production industrielle, d'autant plus gentil avec moi qu'il devait oublier mon père, son ami. [...] Au ministère de la rue de Grenelle, on m'a retenu comme si je n'avais rien à voir avec ceux qu'on allait exclure et livrer aux persécutions. Bichelonne m'a fait préparer un grand recensement de l'industrie française. Ce "pont à construire sur la rivière Kwaï" m'a d'abord séduit ; au point que je me suis passionné pour la rédaction du questionnaire. Heureusement, j'ai posé à Bichelonne la question dont la réponse me paraissait aller de soi : "L'enquête que nous faisons est officieuse ; le fichier que nous allons constituer, où le cacherons-nous ?" — "Que voulez-vous dire ? Ce recensement nous est demandé par les autorités d'occupation". »

Adieu les amis ! À Jacques Barnaud, j'ai expliqué poliment que le ministère des Finances me réclamait et j'ai été offrir mes services à la Comptabilité publique pour des tâches sans lien avec l'événement. »

Ainsi, sans attendre la levée de l'occupation ou la signature d'une paix séparée, sans pouvoir mesurer la place que la France tiendrait dans la nouvelle Europe, sans imaginer d'ailleurs d'autre issue que la victoire de Hitler et de Mussolini, tous les chantres du « Maréchal », qu'ils soient « vieux Romains » ou « jeunes cyclistes », « réactionnaires » ou « technocrates » se mettent à la tâche pour éradiquer tambour battant les miasmes de « l'ancien régime », ignorant que l'on peut être coupable par manque d'imagination. Tout pouvant être fait, sous le regard d'un occupant dont la présence ne leur posait aucun problème, ils essayèrent de tout faire.

De combattre l'individualisme, antichambre de l'anarchie, en redonnant toute sa place aux « communautés naturelles » que sont pour l'homme « sa famille qui l'élève, la profession qui le nourrit, la nation qui le protège ».

De mettre un terme à la lutte des classes et à la « culture du mécontentement », responsables de la défaite, en liquidant les syndicats et en organisant la société en communautés structurées et solidaires, les « ordres » pour les médecins, les pharmaciens, les dentistes, les architectes, les vétérinaires, les experts-comptables, la « Corporation » pour les paysans, les Comités d'organisation pour les « familles professionnelles ».

De faire pièce à l'action « déloyale et dangereuse » des instituteurs en modifiant de fond en comble la pédagogie et en mettant en condition une jeunesse « unie », mais non « unique » par de « saines » expériences collectives, comme les Chantiers de jeunesse, instaurés pendant l'été 1940, ou l'École des cadres créée aussi en 1940 et dont la plus célèbre fut celle d'Uriage, près de Grenoble.

De combattre l'« esprit de jouissance » en préconisant l'esprit de sacrifice, en rendant le divorce plus difficile, en incitant les femmes à rester au foyer, en réprimant l'adultère et l'avortement et en interdisant les bals en zone sud.

De prendre enfin le contre-pied de la tradition républicaine d'accueil et d'assimiliation en excluant « les individus et les groupes qui, pour des raisons de race ou de conviction, ne peuvent ou veulent souscrire au primat de la patrie française : étrangers, juifs, francs-maçons, communistes, internationalistes de toute origine ou de toute obédience ».

Dès le 22 juillet 1940, une loi entreprend la révision des naturalisations octroyées aux « Français de fraîche date », selon les mots de Pétain. Dès le 3 octobre 1940, le Statut des Juifs, promulgué sans pression directe de l'occupant, décrète que les citoyens français de « race » juive sont exclus de toute fonction élective et ne peuvent plus être ni fonctionnaires, ni officiers, ni magistrats, ni exercer un métier touchant aux médias. Au printemps 1941, est créé un Commissariat aux questions juives, et plusieurs lois limitent leur accès à l'enseignement secondaire et supérieur et permettent d'imposer à chaque entreprise juive un administrateur qui pourra la liquider en l'« aryanisant ». C'est, selon les termes de la loi du 2 juin 1941, vouloir éliminer « toute influence juive dans l'économie nationale ». Quant aux juifs vivant en Algérie, restée sous contrôle du gouvernement de Vichy, ils perdaient, avec l'abolition du décret Crémieux, leur citoyenneté française.

Autant de mesures auxquelles une administration fort docile non seulement se plia mais encore prêta vigoureusement la main, par souci de remettre le pays en marche, par réflexe d'obéissance au pouvoir, ainsi que par volonté de revanche.

« Il y a plus grave, écrit l'historien Marc-Olivier Baruch dans une thèse récente sur l'administration en France durant le régime de Vichy. Non seulement la révolte de conscience ne fut pas à l'ordre du jour, mais nombre de hauts cadres administratifs du régime, faisant leur la volonté de régénération hautement claironnée, se réjouirent de l'aubaine qui leur était offerte par le nouveau mode de gouvernement du pays. [...] Bien des hauts fonctionnaires placés à des postes clés du régime, loin de ne s'accommoder qu'à contrecœur des politiques d'exclusion et de répression, les appliquèrent avec zèle, regrettant même parfois qu'elles ne se développent plus rapidement et plus largement. Les hommes qui servirent Vichy au plus haut niveau avaient admis, compris, voire souhaité l'abandon des idéaux républicains. »

Reste que ce régime gouverné pour la seule fois au cours du XXe siècle par la droite extrême a gardé tout à la fois le drapeau tricolore pour emblème, le 14 juillet comme fête nationale et *La Marseillaise* comme hymne.

À tous ceux qui se posent la question de savoir si Vichy, qui puise ses racines aussi bien dans le vieux fonds traditionnaliste que dans le populisme, dans les idées non conformistes des années 1930 que dans les thèmes du catholicisme social, est un régime fasciste, Jean-Pierre Azéma répond : « Il faut d'abord insister sur la spécificité d'un régime qui, dans son ensemble, tourne le dos à la culture politique de la France contemporaine. Cela ne signifie pas pour autant qu'on doive considérer ces quatre années comme une parenthèse aberrante de l'histoire française. Elles expriment pleinement, la guerre aidant, la violence récurrente des conflits entre Français, et surtout, elles ont été révélatrices des tendances latentes non seulement de l'ultradroite mais de la droite extrême autoritaire. »

Montoire

Le 24 octobre 1940, une photographie fait la une des journaux. Sur le quai de la gare de Montoire, une petite ville de la zone occupée, Pétain serre la main de Hitler. À ceux qui douteraient que le Maréchal vient de s'engager dans la voie de la collaboration, le message radiodiffusé du 30 octobre 1940 ne laisse planer aucun doute.

« Français, explique Philippe Pétain,

J'ai rencontré, jeudi dernier, le chancelier du Reich. Cette rencontre a suscité des espérances et provoqué des inquiétudes. Je vous dois à ce sujet quelques explications. [...]

La France s'est ressaisie. Cette première rencontre entre le vainqueur et le vaincu marque le premier redressement de notre pays. C'est librement que je me suis rendu à l'invitation du Führer. Je n'ai subi, de sa part, aucun diktat, aucune pression. Une collaboration a été envisagée entre nos deux Pays. J'en ai accepté le principe. [...] C'est dans l'honneur et pour maintenir l'unité française — une unité de dix siècles — dans le cadre d'une activité constructive du nouvel ordre européen que j'entre, aujourd'hui, dans la voie de la collaboration.

Ainsi, dans un avenir prochain, pourrait être allégé le poids des souffrances de notre Pays, amélioré le sort de nos prisonniers, atténuée la charge des frais d'occupation. Ainsi pourrait être assouplie la ligne de démarcation et facilités l'administration et le ravitaillement du territoire.

Cette collaboration doit être sincère. Elle doit être exclusive de toute pensée d'agression. Elle doit comporter un effort patient et confiant.

Je vous ai tenu jusqu'ici le langage d'un père. Je vous tiens aujourd'hui le langage du Chef. Suivez-moi. Gardez votre confiance en la France éternelle. »

En déclarant en « Chef » qu'il entrait « dans la voie de la collaboration », le maréchal Pétain non seulement officialisait le mot mais encore annonçait sans ambiguïté le sens de la chose.

Convaincu que Hitler l'emporterait et que les Britanniques ne pourraient jamais reprendre pied sur le continent, convaincu que Hitler trouverait son intérêt à ménager la France, convaincu que le succès de la « Révolution nationale » à laquelle il tenait par-dessus tout le maintenait du côté de l'Allemagne nazie, Pétain avait la naïveté de croire que grâce à la collaboration, l'État français pourrait devenir un partenaire apprécié du Reich et s'intégrer dans l'"Europe nouvelle". C'était mettre le doigt dans un engrenage dont il restera prisonnier jusqu'au bout.

La poignée de main de Montoire, tout à fait franche, revêtait en outre un fort pouvoir symbolique, faisant tomber les dernières hésitations de tous ceux qui, par intérêt, idéologie ou servilité, étaient prêts à jouer la carte de l'Allemagne nazie et pensaient, comme l'amiral

Darlan, que l'Angleterre victorieuse imposerait « le retour au pouvoir des Juifs cosmopolites et des francs-maçons inféodés à la politique anglo-saxonne ».

Brutalement réfutée par l'historien américain Robert O. Paxton dans *La France de Vichy*, un ouvrage publié en 1972, qui constitua en son temps une véritable révolution historiographique, la théorie du « bouclier » inventée par les partisans du Maréchal ne résiste pas à l'examen. « La collaboration, écrit-il, ce ne fut pas une exigence allemande à laquelle certains Français ont répondu, par sympathie ou par ruse. Ce fut une proposition de la France qu'Hitler repoussa en dernière analyse. »

Même si l'existence de Vichy le soulageait du fardeau de l'administration directe du pays et lui assurait un glacis protecteur à bon marché, même s'il était habile d'entretenir l'illusion de manière à empêcher que la France et son Empire ne basculent dans le camp de la Grande-Bretagne, sa haine de la France était telle qu'il était illusoire de penser qu'il accepterait une sorte d'association avec une France « nouvelle », qu'il avait l'intention de réduire au rôle de pourvoyeur de produits agricoles et de Luna Park de l'Europe. C'est pour l'avoir cru que Vichy s'obstina dans ce marché de dupes.

Jacques Benoist-Méchin, un des acteurs les plus engagés de la collaboration, le reconnaîtra lui-même en écrivant en juin 1944 : « C'est entre les obstacles conjugués de l'inertie française et de la méfiance allemande que le gouvernement du Maréchal a dû évoluer. Et pourtant, malgré les difficultés de toutes sortes qui hérissaient sa route, il a fait, à l'égard du Reich, les gestes qui s'imposaient. Or le Reich ne daigna même pas répondre aux propositions françaises et leur apposa un silence absolu. [...] Ah, si une fois, si une seule fois, l'Allemagne avait accepté de larges négociations ! [...] Mais elle ne l'a pas fait. Les rapports franco-allemands auraient été modifiés de fond en comble et les hommes décidés à faire triompher cette politique en France auraient eu en mains les armes nécessaires pour confondre leurs adversaires et rallier des partisans. Leur emprise sur le pays n'aurait cessé de grandir. Tandis que le silence allemand les réduisait à l'impuissance. Il ne leur laissait pour seule armure que leur foi individuelle et les obligeait à s'escrimer dans le vide, à s'user dans le néant. »

Les 27 et 28 mai 1941, l'amiral Darlan, qui a succédé à Laval, renvoyé le 13 décembre 1940, signe les « Protocoles de Paris » qui consentent des facilités aux armées du Reich en leur permettant l'utilisation des aérodromes de Syrie et des bases françaises de Bizerte et de Dakar... sans retour. Le 28 juillet 1941, un accord signé à Wiesbaden permet à Vichy de construire de nouveaux avions de guerre pour la Luftwaffe. Le 2 juin 1941, le second Statut des Juifs qui met en route les « aryanisations » en zone non occupée est une tentative destinée à prouver aux Allemands que Vichy est capable de mener à bien sa propre politique antisémite. En novembre 1941, à la suite du déclenchement de la guerre entre l'Allemagne et l'URSS, Pétain adresse un télégramme d'encouragement à la Légion des volontaires français contre le bolchevisme : « À la veille de vos prochains combats, écrit-il au colonel Labonne, je suis heureux de savoir que vous n'oubliez pas que vous détenez une part de notre honneur militaire »... en uniforme de la Wehrmacht !

En août 1941, quand les attentats commencent contre des soldats de l'armée allemande, le ministre de l'Intérieur Pierre Pucheu, considérant que de tels actes doivent être réprimés par la police française, participe à l'établissement des listes d'otages et crée également des « sections spéciales » pour juger sans les garanties légales habituelles les « communistes et les anarchistes ».

Toujours pour donner des gages aux Allemands, Laval, revenu aux affaires à partir d'avril 1942, décide que la police française participera en zone nord aux rafles des juifs étrangers promis par les nazis à la solution finale. Les 16 et 17 juillet 1942, près de 9 000 policiers et gendarmes français arrêtent 12 884 personnes sur les 28 000 prévues, les concentrent au Vélodrome d'hiver puis les transfèrent à Drancy d'où partent les trains de déportation vers la Pologne orientale. Pour des raisons mal élucidées, Laval a même pris l'initiative inattendue de proposer de déporter les enfants de moins de seize ans avec leurs parents. Au total, les quatre cinquièmes des juifs déportés de France pendant ces années noires ont été arrêtés par les forces de police françaises.

Malgré le « vent mauvais » que sent se lever de plusieurs régions de France le Maréchal, le fait que « l'autorité de son gouvernement est discutée », que « les ordres sont souvent mal exécutés », malgré l'indignation de larges secteurs de l'opinion, malgré le fait qu'avec l'occupation de la zone sud en novembre 1942, il ne restait à Vichy plus aucune carte pour négocier, le régime s'acharne à poursuivre la collaboration d'État. Ainsi, il participe activement à la lutte contre la Résistance, collabore avec la police allemande jusqu'à la veille de la Libération, mobilise la main-d'œuvre exigée par les Allemands pour le Service du travail obligatoire, créé le 16 février 1943, et cède encore lorsque les Allemands exigent l'entrée au gouvernement des fascistes parisiens, Marcel Déat, Philippe Henriot et Joseph Darnand.

Pour quels bénéfices ? On pourrait faire une liste des exigences que Vichy a réussi à bloquer, comme le suggère Robert O. Paxton, l'utilisation de bases aériennes au Maroc le 15 juillet 1940, le contrôle militaire de Dakar, le port de l'étoile jaune pour les juifs en zone non occupée. On peut dresser en regard une liste des concessions obtenues grâce à l'empressement à prévenir les demandes allemandes, la libération d'environ 120 000 prisonniers de guerre, la réduction temporaire des indemnités d'occupation.

« Hitler obtint bien davantage, écrit l'historien américain. D'abord la neutralité de la France que celle-ci défendit avec vigueur contre les Alliés, une contribution massive à l'effort de guerre allemand et une véritable sécurité jusqu'au début de 1944. Et tout cela, il l'obtint avec très peu d'hommes et sans avoir déboursé un seul mark. » Pour collaborer, il faut être deux. Or, seul l'État français désirait vraiment collaborer.

L'État français, mais pas les Français. Les « collaborationnistes », ceux qui, véritables partisans du nazisme, ont voulu conduire une véritable collaboration idéologique avec Hitler et ont dénoncé la timidité de Vichy, ont été fort peu nombreux. À leur tête, des « politiques », Jacques Doriot, Marcel Déat et Marcel Bucard, qui rêvaient d'être les « Führer » français. Des intellectuels, Robert Brasillach, Drieu la Rochelle et Lucien Rebatet. Des journalistes convaincus, Philippe Henriot, ou vénaux comme Jean Luchaire. Puis tout « un peuple collaborationniste », 40 000 Français peut-être, pour l'essentiel des hommes relativement âgés appartenant aux « classes moyennes », commerçants, artisans ou professions libérales, aveuglés par leurs haines et leurs frustrations, utilisés et financés par l'ambassadeur Otto Abetz pour faire pression sur Vichy, mais dont l'impuissance traduit bien l'impossible accouchement d'une France allemande. À leur débit, toutefois, la Milice, reconnue d'utilité publique en janvier 1943, qui, sous la responsabilité de Joseph Darnand, s'acharna par le meurtre et la torture à traquer l'« anti-France » et à briser la Résistance. À leur crédit, si l'on ose dire, une action si détestable et si peu « française » qu'elle contribua surtout à démontrer aux Français plutôt « attentistes » dans quel camp se trouvait l'État français.

Marché noir et rutabagas

Intellectuel peu conformiste, spectateur méticuleux du « Français moyen » sous l'Occupation, Léon Werth nous a laissé un journal intitulé *Déposition*, qui est un témoignage précieux sur la façon dont les habitants d'un bourg du Jura ont vécu les années noires.

« 22 décembre 1940.

N... espère et souhaite la victoire de l'Angleterre et, en même temps, il croit en Pétain. J'ai déjà constaté que quelques paysans séparaient Pétain d'avec les hommes de Vichy. [...] Toutes les doctrines et toutes les passions de la politique, depuis une trentaine d'années, lui sont étrangères. Il croit à la sainte duplicité de Pétain. Le maréchal est par-dessus Vichy une carte postale en couleurs, une image de piété, une icône dans sa niche. N... construit une France sans Saint-Barthélemy, une France où Henri IV ne fut jamais assassiné, une France sans pli d'opposition, une France artisanale et de bons laboureurs, pendant à leur mur la photographie du bon maréchal. »

« 18 mai 1942.

Riffault, d'un signe de tête, m'entraîne dans son cellier. J'en sors avec un morceau de la viande du cochon, confidentiellement tué, un morceau de son foie et le cœur. La femme enveloppe le tout dans une serviette. Pour rentrer chez moi, je ne prendrai pas le chemin, mais les sentiers à travers bois, où je ne puis rencontrer personne. Je plaque le paquet sur ma hanche, maintenu par ma veste boutonnée. Mais le sang traverse la serviette et, quand j'arrive à la maison, une large tache de sang est plaquée sur ma cuisse. Je suis surpris et inquiet, comme un assassin qui aurait laissé de son crime une trace imprévue. »

« 22 août 1942.

Je rencontre, sur le chemin entre deux haies, une femme qui tient un enfant dans ses bras. Je ne la connais pas. Sans préambule, elle égrène un chapelet litanique, une cantilène de l'oppression et de la cruauté allemandes. Elle dit sa haine de « ceux qui sont pour les Allemands ». Elle tourne et retourne sa pensée, comme si elle pastichait Péguy. « Les Allemands ne nous aiment pas, puisqu'ils nous fusillent. S'ils nous aimaient, ils ne nous fusilleraient pas. » Quelque chose est changé. La haine de l'Allemand sort des pierres et des ornières du chemin. »

« 21 juillet 1943.

Je crois que Laurent est toujours prêt (comme il me le disait, il y a des mois) à donner, contre la victoire anglaise apportée sur un plateau, une de ses vaches, la moins bonne. Mais il réprouve le sabotage des voies ferrées. « Qui risque d'aller en prison ? dit-il, c'est ceux qui gardent les voies. Si j'en voyais un qui veuille faire dérailler un train, je l'en empêcherais à coups de gourdin. Je n'ai pas envie d'aller en prison, ni d'être fusillé. Quant à me sauver, à prendre le maquis, j'ai autre chose à faire, j'ai mon travail. »

C'est, dans ce bourg du Jura, mesurer les ambivalences, la complexité des comportements et des choix, les peurs et les convictions, les représentations et les refus. « Maréchalistes » dans l'été 1940 par peur du vide et sentiment d'un châtiment mérité, attentistes dès 1941 quand ils ont pris conscience des impasses de la collaboration d'État, indignés en 1942 par la violence de la répression antisémite et la dérive policière de Vichy, les Français ont su, dès 1943, qui allait gagner la guerre, le problème étant alors de tenir jusqu'au jour où elle serait enfin gagnée.

En dépit d'une idée reçue, ils ont refusé très tôt de s'accommoder de la victoire allemande, contrairement aux artistes et aux écrivains qui se sont pour beaucoup illustrés dans la lâcheté et le double jeu, ravis de faire apprécier leurs talents par les officiels allemands ou de fréquenter en leur compagnie les grands restaurants parisiens. Pour ces Français « moyens » qui faisaient preuve d'un meilleur discernement, la défaite de l'Allemagne était un vœu ancien, jamais renié. Même si la recherche de nourriture restait la préoccupation souvent exclusive, elle n'a pas effacé tout esprit de solidarité. On estime ainsi à 45 000 le chiffre des enfants juifs de moins de quinze ans qui ont échappé à la mort grâce à la chaîne des solidarités silencieuses mais efficaces.

Survivre plus que résister, telle fut toutefois l'obsession première, le ressort essentiel du fonctionnement et de l'évolution de l'opinion. Restrictions, privations, marché noir, cartes de rationnement divisées en catégories d'âge, telle la J3 pour les adolescents de treize à vingt et un ans, rutabagas sont les maîtres mots d'une époque où la ration officielle, surtout dans les grandes villes, souffre de la voracité de l'occupant qui lui vaudra le surnom de « doryphore ». Profitant d'un cours du mark fixé arbitrairement par les conventions d'armistice à 20 francs, soit moitié plus que le cours réel, les « Frisés » multiplient les emplettes, de la lingerie aux conserves, des produits de luxe au tabac, tandis que le rationnement exaspère le système D et oblige chaque habitant des villes à se trouver des cousins à la campagne. « À Saint-Loup, raconte Grenadou, le marché noir n'était ni le double ni le triple comme à Paris. On essayait de livrer le moins possible aux Allemands. Des haricots que les Allemands réquisitionnaient à quarante francs, on les vendait cinquante francs à des Parisiens qui venaient par le train jusqu'au Gault-Saint-Denis. [...] Avec tout le monde qui avait faim, qui parlait de nourriture, on mangeait moitié plus qu'avant la guerre. J'engraissais. Je tuais des moutons. Je fournissais de la viande aux Ponts et Chaussées, aux Gendarmes, au Commissaire de police. Les gens me demandaient un agneau pour les mariages, les baptêmes. [...] Avec toutes les vaches, les veaux qu'on a tués pendant la guerre, il y avait assez de peaux enterrées dans le jardin pour faire les souliers à un bataillon. » Ce n'est pas seulement la ligne de démarcation qui coupe la France en deux.

Certes, quatre années de « régime jockey » n'ont pas durablement alangui une vieille nation rurale, comme l'explique Jean-Pierre Rioux, même si les maladies de carence ont affecté les adolescents et les nouveau-nés. L'infarctus et la cirrhose, ravageurs avant guerre, ont sérieusement régressé. Le suicide a reculé — 2 354 à Paris en 1938, 720 en 1944 — et la fécondité, si languissante, se relève sensiblement dès 1943, comme si les couples, à l'image de l'opinion, espéraient déjà, dans l'intimité de leurs foyers, des lendemains plus prometteurs.

CHAPITRE 78

La France de Charles de Gaulle

Le 18 juin 1940, trente heures après que Philippe Pétain a appelé les Français à cesser le combat, un général peu connu, Charles de Gaulle, lance de Londres cet appel : « Les chefs qui, depuis de nombreuses années, sont à la tête des armées françaises, ont formé un gouvernement. Ce gouvernement, alléguant la défaite de nos armées, s'est mis en rapport avec l'ennemi pour cesser le combat. Certes, nous avons été, nous sommes, submergés par la force mécanique, terrestre et aérienne, de l'ennemi. [...] Mais le dernier mot est-il dit ? L'espérance doit-elle disparaître ? La défaite est-elle définitive ? Non ! [...] Quoi qu'il arrive, la flamme de la résistance française ne doit pas s'éteindre et ne s'éteindra pas. » Cette parole, qui était juridiquement celle d'un rebelle, était surtout celle d'un homme libre qui rappelait, avant même la signature de l'armistice, que la France légitime devait rester en guerre.

La France libre

Né à Lille le 28 novembre 1890, Charles de Gaulle est le troisième enfant d'une famille nombreuse et traditionnelle, profondément catholique. Son père, professeur d'histoire chez les jésuites, est royaliste mais a cru à l'innocence du capitaine Dreyfus. À dix-neuf ans, Charles, qui n'a jamais douté de sa vocation, entre à Saint-Cyr, convaincu qu'il sera un jour commandant en chef de l'armée française.

« Le Connétable », tel est le surnom que lui donnent ses camarades agacés et qui lui restera. Blessé trois fois pendant la Première Guerre mondiale, prisonnier, plusieurs fois évadé et repris, il a fait ce que l'on appelait alors une « belle guerre ».

À partir de 1918, il amorce une carrière de « militaire à idées », enseigne à l'École de guerre et croise la route du maréchal Pétain qui voit en lui un officier d'avenir, un officier toutefois critique à l'égard de celui qui inspire une doctrine militaire sclérosante qu'il condamne. Au lendemain de Munich, il écrit à sa femme : « La France a cessé d'être une grande nation. »

Homme de terrain en mai 1940, remportant un beau succès à Montcornet, au nord-est de Laon, puis résistant à la déferlante allemande devant Abbeville, il est nommé le 5 juin 1940 par Paul Reynaud sous-secrétaire d'État à la Défense nationale et à la Guerre. Prônant la lutte à outrance, la constitution d'un « réduit breton » qui permettrait de résister à l'invasion sur le territoire national, puis le départ pour l'Afrique du Nord, il décide le 17 juin de gagner Londres pour entrer, comme il l'a écrit, « dans l'aventure ».

Le 18 juin, à vingt heures, devant le micro de la BBC, il accomplit un acte de rébellion insurpassable : refuser d'obéir, en temps de guerre, au gouvernement légal. L'« Appel », qui fut très peu entendu, est un acte de foi en deux points. L'un dit que la France ne peut pas périr. L'autre que le conflit deviendra planétaire et que la France doit y être présente. Le 19 juin, le second appel va encore plus loin : « À l'heure où nous sommes, proclame Charles de Gaulle, les Français comprennent que les formes ordinaires du pouvoir ont disparu [...], moi, général de Gaulle, soldat et chef français, j'ai conscience de parler au nom de la France. Au nom de la France, je déclare formellement ce qui suit : Tout Français qui porte encore des armes a le devoir absolu de continuer la résistance, [...] tout ce qui a de l'honneur a le strict devoir de refuser l'exécution des conditions ennemies. »

Mieux armé sur le moment que les républicains, cet homme de droite affirmait qu'il y avait lieu de se substituer au gouvernement « légitime » dans la mesure où ce gouvernement avait perdu toute « légitimité » en trahissant sa mission essentielle qui est de garantir l'indépendance et la vie de la Nation. D'emblée, il percevait que sa tâche n'était pas de prendre la tête d'une légion étrangère de Français combattant au côté sinon au service de l'Angleterre, mais d'« assumer » à lui seul la France.

Par chance, Winston Churchill qui, malgré les réserves du Foreign Office, avait été impressionné par la « force inébranlable » de ce « hors-la-loi », le reconnaît le 28 juin « chef de tous les Français libres, où qu'ils se trouvent, qui se rallient à lui pour la défense de la cause alliée ». « Vous êtes tout seul, lui dit le Premier ministre britannique, eh bien ! je vous reconnais tout seul ! »

Seul, de Gaulle l'est en effet, malgré les cinq minutes quotidiennes allouées par la BBC aux « Français libres ». Au 15 juillet, sur 11 500 officiers et membres des personnels de la Marine nationale repliés en Grande-Bretagne, 882 seulement ont opté pour la Marine française « libre ». Au 15 août, les Forces françaises libres, les FFL, ne comptent que 2 721 hommes dont 123 officiers. Du personnel politique de la IIIe République, se sont ralliés le député socialiste P.O. Lapie et le député agraire Paul Antier. René Cassin, professeur à la faculté de droit de Paris, René Pleven, Gaston Palewski, Georges Boris, le général Catroux, l'amiral Muselier, Philippe de Hautecloque, Pierre Kœnig et quelques autres forment alors une « France libre » squelettique que Mers el-Kébir n'a guère contribué à renforcer.

De Gaulle attendait surtout que les gouverneurs de l'Empire se rangent dans son camp. « Si j'étais, à d'autres égards, assailli de perplexité, écrira-t-il, il n'y avait, quant à l'action immédiate à entreprendre, aucun doute dans mon esprit. [...] C'était en Afrique que nous, Français, devions poursuivre la lutte. [...] Dans les vastes étendues de l'Afrique, la France pouvait, en effet, se refaire une armée et une souveraineté. » Mais si Félix Éboué, le gouverneur du Tchad, se rallie le 26 août 1940, une opération visant Dakar, menée conjointement avec la marine britannique, est un véritable fiasco qui isole encore plus le chef de la « France libre ».

Coupé des mouvements de résistance qui s'organisent à l'intérieur du pays, réputé pour gouverner de façon solitaire et autoritaire, soupçonné de n'être pas un franc républicain, tenu par Roosevelt pour un ambitieux arrogant et dangereux, aux prises avec son allié britannique peu pressé de rétrocéder à l'autorité gaulliste le Levant et Madagascar enlevés à Vichy, le « dissident » affirme toutefois la présence des Français libres, « *the so-called Free French* », les « soi-disant Français libres », selon les mots du secrétaire d'État américain Cordell Hull, sur les champs de bataille.

En mai 1941, la *furia francese* bouscule les troupes italiennes en Érythrée.

En juin 1942, Kœnig repousse l'Afrikakorps de Rommel à Bir Hakeim, en Libye. Venues du Tchad, les troupes de Leclerc atteignent la Méditerranée après avoir enlevé les oasis italiennes du Fezzan. En 1942, au moment où un « vent mauvais » souffle sur la France de Vichy, la voix de Londres, cette voix sans visage pour la plupart des Français, a rallié sentimentalement une large fraction de l'opinion qui se reconnaît dans « Honneur et Patrie », la devise qui annonce l'émission radiophonique propre à la France libre.

Le peuple de l'ombre

Le 17 juin, Mme Lemaire, la fille du président Doumer, assassine un sous-officier allemand à Cosne-sur-Loire. Le 19 juin, Étienne Achavanne sectionne à Rouen des câbles de communication de la Luftwaffe. Le 20 septembre, à Dombasle, des séminaristes conduisent, drapeau en tête, un défilé patriotique dans les rues de la ville. Le 11 novembre 1940, des centaines de lycéens et d'étudiants parisiens manifestent à l'Arc de triomphe. Le 15 décembre 1940, paraît sur quatre pages un journal clandestin, intitulé *Résistance*, édité par un « groupe » qui rassemble des chercheurs et des bibliothécaires du musée de l'Homme. C'était affirmer ici, comme à Londres, que la guerre n'était pas finie, qu'au moment où chacun rentrait chez soi, la défaite n'était pas irréversible et qu'il fallait avant tout faire quelque chose. Tous pouvaient signer ce que le démocrate-chrétien François de Menthon écrivait le 25 novembre 1940 dans le premier numéro du journal *Liberté* paru clandestinement en zone sud : « Nous refusons de nous avouer vaincus. Nous refusons plus encore d'aider l'Allemagne à nous vaincre indéfiniment. Nous pouvons contribuer à la défaite allemande et il n'est pas pour les Français de devoir plus impérieux. »

Nationalistes germanophobes révoltés par l'humiliante défaite mais qui saluent toutefois les réformes entreprises par le Maréchal, chrétiens catholiques et protestants dénonçant le nazisme au nom de leurs convictions religieuses, passionnés d'aventure comme d'Astier de La Vigerie, « jacobins » radicaux et socialistes qui veulent préparer l'avènement d'une nouvelle République exempte de compromission avec les notables, gens sans passé politique mais patriotes d'instinct, ce premier « peuple de l'ombre », ultraminoritaire, doit tout improviser. Sans armes et avec des moyens dérisoires.

Résister, c'est alors imprimer des tracts et des journaux, manifester dans les cinémas pendant que passaient les actualités, couper des câbles, saboter des machines, imprimer de faux papiers, organiser des filières d'évasion pour les aviateurs abattus, fournir des renseignements à la France libre ou à l'Intelligence Service, coller des papillons sur les murs des villes, peindre au bleu de méthylène sur la statue équestre de Louis XIV à Montpellier : « Je n'aurais pas collaboré », interrompre la projection du film nazi *Le Juif Süss*, informer l'opinion sur les données réelles de la situation, dénoncer les persécutions menées contre les Juifs, vilipender le maréchal Pétain et la Révolution nationale, organiser des manifestations le 11 novembre et le 14 juillet, s'en prendre aux partisans avoués des Allemands, mener un « immense travail quotidien, patient, secret et sans panache, obstiné avec une ténacité sauvage » comme le rappelle l'éditorial du deuxième numéro de *Résistance*, paru le 30 décembre 1940.

Résister, c'est également apprendre à dépister des filatures, à s'entraîner au déguisement et à la ruse, limiter ses relations et se méfier de tout, cultiver la mémoire et abandonner les papiers compromettants, subir aussi la torture, dans des conditions atroces, et mourir. De ces victimes, Malraux a pu dire, il y a « ceux qui sont morts dans les caves sans avoir parlé, [...] et même, ce qui est peut-être plus atroce, en ayant parlé ».

À partir du 22 juin 1941, la Résistance s'étoffe de l'apport d'un Parti communiste dont la ligne avait été pour le moins ambiguë jusqu'à ce que l'attaque allemande contre l'URSS soulage les consciences des militants et réveille l'action des dirigeants. Alors que le 20 juin 1941 encore, *L'Humanité* condamnait aussi bien les « traîtres de Vichy » que la France libre de De Gaulle, « un mouvement d'inspiration réactionnaire et colonialiste à l'image de l'impérialisme britannique », l'invasion de l'Union soviétique imprime un tournant brutal. *Les Cahiers du bolchevisme* de l'été 1941 en donnent la mesure : « Le peuple de France, peut-on lire, comprend la nécessité de s'unir contre l'envahisseur hitlérien et, désormais, communistes et gaullistes, athées et croyants, ouvriers et paysans, intellectuels et gens de toute condition, décidés à libérer la France, ont pour devoir de lutter côte à côte. Voilà ce que doivent comprendre les militants communistes qui, partout, aussi bien à l'usine que dans les villes et les villages, doivent tout mettre en œuvre pour constituer des comités du Front national pour l'indépendance de la France. » La main tendue, de nouveau.

Le 21 août 1941, Pierre Georges, le futur « colonel Fabien », abat sur le quai de la station Barbès l'enseigne de vaisseau Moser. Deux jours plus tard, quatre Allemands tombent dans le Nord. Les 20 et 21 octobre, c'est au tour du *Feldkommandant* de Nantes et d'un conseiller de l'administration militaire à Bordeaux. Pratique alors jugée suicidaire, en raison du nombre d'otages fusillés en représailles, cette « tactique » voulait affirmer qu'il ne suffit pas « de résister pour sauver l'honneur mais qu'il faut combattre pour sauver la France ».

Rompu à la vie clandestine depuis 1939, doté d'une organisation centralisée, capable d'embrayer rapidement sur les masses et de canaliser les mécontentements, le Parti fait alors du « Front national de lutte pour l'indépendance de la France », créé le 15 mai 1941, un mouvement destiné à rassembler tous les patriotes et à revendiquer l'hégémonie sur la Résistance la plus « légitime », celle qui se déroule « sur le sol sacré de la patrie ». Nés en février 1942, les « Francs-Tireurs et Partisans », une dénomination amalgamant les francs-tireurs de la guerre de 1870 et les partisans soviétiques, en deviennent la branche armée. Sous l'impulsion vigoureuse de Charles Tillon, ils multiplient coups de main, sabotages et attaques contre les soldats allemands avec un seul mot d'ordre : « À chacun son Boche. » Le Parti y perdra beaucoup de militants. À la Libération, il pourra se baptiser « parti des fusillés ».

Dans l'immédiat, s'il séduit de nombreux « compagnons de route » et élargit son audience en accueillant bon nombre de réfractaires au STO, le Parti communiste irrite les autres mouvements qui le soupçonnent d'être toujours la courroie de transmission de la stratégie soviétique. « Toute leur place aux communistes, lance Claude Bourdet en 1943, mais pas toutes les places. »

La France libérée

Dans la nuit du 1er au 2 janvier 1942, Rex, l'un des pseudonymes de Jean Moulin, qui avait le 17 juin 1940 tenté de se suicider pour ne pas céder aux ordres de l'envahisseur, est parachuté en France avec le titre de « représentant personnel du général de Gaulle ». Sa mission : organiser et unifier la Résistance et placer les mouvements de la zone non occupée sous l'autorité de la « France libre », une France libre qui acquerrait alors une légitimité supplémentaire auprès des Alliés. Un tournant que confirme Charles de Gaulle en déclarant à la radio de Londres que la révolution politique et sociale à accomplir au lendemain de la libération ne pourra se faire que sur la base de l'idéal séculaire français de liberté, d'égalité et de fraternité.

En octobre 1942, les trois mouvements de la zone sud, « Libération-Sud », « Franc-Tireur » et « Combat », reconnaissent l'autorité de Charles de Gaulle et la formation d'une Armée secrète unifiée commandée par le général Delestraint tandis qu'un comité de coordination comprenant les chefs des trois mouvements, Emmanuel d'Astier de La Vigerie, Henri Frenay et Jean-Pierre Lévy, dirige la propagande et leur action.

Puis, après des semaines de rencontres et de consultations, de cheminements et d'hésitations, de grognes et de méfiances, se constitue à Paris, le 27 mai 1943, au 47 de la rue du Four, un Conseil

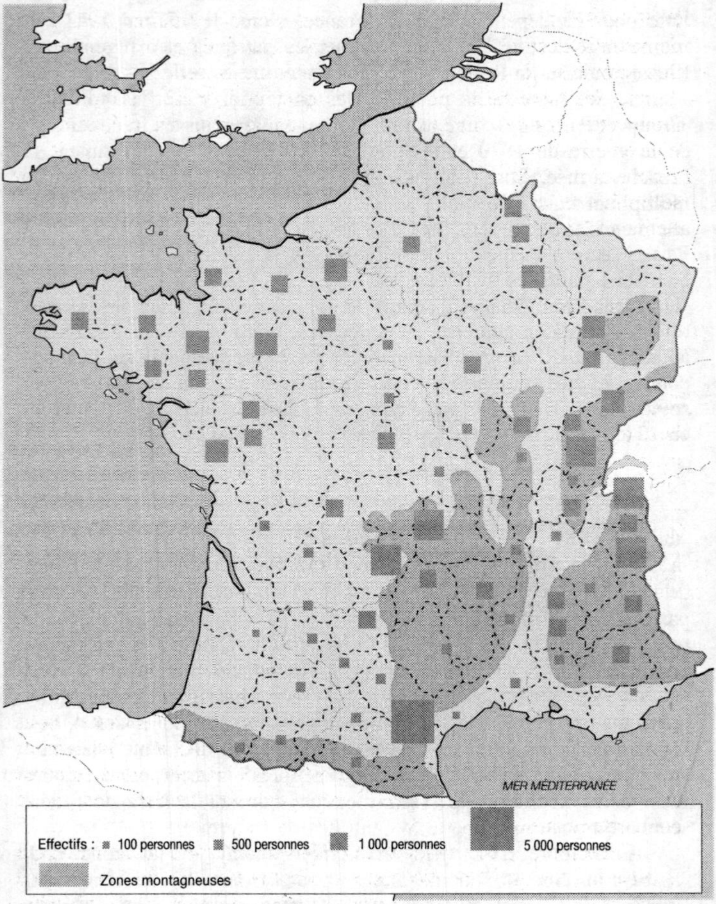

Les maquis (printemps 1944).

national de la Résistance qui rassemble les représentants de huit mouvements, les trois mouvements de la zone sud plus « l'Organisation civile et militaire », « Ceux de la résistance », « Ceux de la Libération », « Libération-Nord » et le « Front national », les délégués de la CGT et de la CFTC et les hommes mandatés par six formations politiques, le

PCF, la SFIO, le Parti radical, les démocrates populaires, l'Alliance démocratique et la Fédération républicaine, un embryon de représentation nationale qui regroupe des sensibilités différentes et se préoccupe de jeter les fondements de la France après la libération. L'unification l'emportait sur les dissensions et les méfiances, qui n'étaient pas minces, comme en témoigne la lettre privée qu'adressait le 2 novembre 1942 au chef de la France libre Pierre Brossolette, ancien secrétaire de la fédération socialiste de l'Aube, chef du bureau central de Renseignements et d'Action :

« Mon Général,

Ce qu'il faut vous dire, dans votre propre intérêt, dans celui de la France combattante, c'est que votre manière de traiter les hommes et de ne pas leur permettre de traiter les problèmes éveille en nous une douloureuse préoccupation, je dirai volontiers une véritable anxiété.

Il y a des sujets sur lesquels vous ne tolérez aucune contradiction, aucun débat même. C'est d'ailleurs, d'une façon générale, ceux sur lesquels votre position est le plus exclusivement affective. [...] Dans ce cas, votre ton fait comprendre à vos interlocuteurs qu'à vos yeux leur dissentiment ne peut provenir que d'une sorte d'infirmité de la pensée ou du patriotisme. Dans ce quelque chose d'impérieux qui distingue ainsi votre manière et qui amène trop de vos collaborateurs à n'entrer dans votre bureau qu'avec timidité, pour ne pas dire davantage, il y a probablement de la grandeur. Mais il s'y trouve, soyez-en sûr, plus de péril encore. [...]

Or, il s'agit de la France. Vous voulez en faire l'unanimité. La superbe et l'offense ne sont pas une recommandation auprès de ceux qui sont et demeurent résolus à vous y aider. Encore moins en seront-elles une auprès de la nation que vous voulez unir. Parlons net, nous qui connaissons bien ses réactions politiques ; elle aura beau vous réserver l'accueil délirant que nous évoquons parfois ; vous ruinerez en un mois votre crédit auprès d'elle si vous persévérez dans votre comportement présent. »

Cette lettre, écrite au moment où la France combattante traversait la crise la plus grave de son histoire, illustre bien les difficultés qu'a rencontrées Charles de Gaulle pour se faire accepter. Le 8 novembre 1942, les Alliés, aux ordres du général américain Eisenhower, débarquent sur les côtes du Maroc et de l'Algérie et acceptent, à la grande indignation de la France résistante, que l'amiral Darlan, par hasard à Alger, en visite privée, ancien collaborateur de premier rang, prenne l'Afrique du Nord sous son autorité en lieu et place du maréchal « empêché ». C'était perpétuer Vichy avec la bénédiction des autorités américaines.

Après son assassinat le 24 décembre 1942, c'est le général Giraud, évadé de captivité en Allemagne puis de la France occupée, qui est intronisé. Ce militaire solidement réactionnaire, bien proche de la Révolution nationale, antisémitisme compris, plaît aux Américains dont la doctrine, expérimentée dans les républiques sud-américaines, est de s'accommoder des autorités en place et qui pensent, c'est Roosevelt qui le dit, que « la France est finie » et qu'il revenait aux États-Unis d'assurer sa relève.

C'est bien parce qu'il peut se targuer du soutien de la Résistance intérieure et du Conseil national de la Résistance que de Gaulle, devenu l'homme du mouvement face au parti de la réaction, peut finalement l'emporter. Le 30 mai 1943, de Gaulle gagne Alger. Le 3 juin naît le « Comité français de libération nationale » pour « diriger l'effort français dans la guerre sous toutes ses formes et en tous lieux ». S'engageant à rétablir les libertés françaises et à appliquer les lois de la République jusqu'au moment où il pourrait remettre ses pouvoirs au futur gouvernement de la nation, il était un gouvernement provisoire sans le nom coprésidé par de Gaulle et Giraud. En fait, cette dyarchie mal taillée se dénoue à l'automne par l'éviction de Giraud qui, faute de « tripe républicaine » et « d'équipement intellectuel nécessaire à un commandant en chef », note un observateur du temps, s'est aliéné tous ceux pour qui la France libérée ne devait pas être une France « américaine ». Renforcé en novembre 1943 par l'entrée des trois chefs de la Résistance intérieure puis par les communistes, le CFLN s'attache à refaire l'État, à préparer la Libération et, dans l'immédiat, à se faire reconnaître comme le représentant de la « vraie » France. Le 3 novembre 1943, il est épaulé et démocratiquement cautionné par une Assemblée consultative provisoire de 84 membres, composée de 40 représentants de la France métropolitaine, de 12 de l'ancienne Résistance extra-métropolitaine, de 20 députés et sénateurs ayant refusé le vote des pleins pouvoirs à Pétain et de 12 représentants des conseils généraux d'outre-mer.

C'est sur son vote unanime que s'appuie le CFLN pour prendre le 2 juin 1944, à la veille du débarquement allié, le titre de Gouvernement provisoire de la République française. Peu avant, en mars, Pierre Pucheu, ancien ministre de l'Intérieur de Vichy qui, disgracié, avait rejoint le Maroc en avril 1942 pour s'engager dans la France libre, est inculpé de collaboration pour avoir été au gouvernement au temps où avaient eu lieu les premières exécutions d'otages. Condamné à mort, il est passé par les armes, de Gaulle ayant refusé sa grâce. Ainsi s'amorce l'épuration d'une France que l'on veut meilleure et différente.

Ce qui ne veut pas dire unie. Si le Gouvernement provisoire était pleinement reconnu par la Résistance intérieure, si le programme du CNR, adopté le 15 mars 1944, traduit la volonté unanime d'instaurer une véritable démocratie économique et sociale, si une armée française reconstituée et réarmée affirme la présence de la France sur le terrain, en Corse libérée en octobre 1943, en Italie surtout où s'illustrent en mai 1944 les divisions du maréchal Juin, si les Forces françaises de l'intérieur, les FFI, créées le 1er février 1944, regroupent l'Armée secrète et les Francs Tireurs et Partisans, chacun préparait toutefois son après-guerre. La France vue de Paris, d'Alger et de Moscou n'a pas tout à fait les mêmes contours.

Même s'il est prouvé aujourd'hui que le Parti communiste ne cherchait pas à s'emparer du pouvoir par un coup d'État ou par une guerre civile, nul doute que l'énergie et le dévouement de ses militants ont fortement impressionné leurs camarades de combat qui, par conviction ou mimétisme, ont nettement marqué à gauche la Résistance intérieure. Qu'il s'agisse du programme du CNR qui « prône la participation des travailleurs à la direction de l'économie » et exige « l'éviction des grandes féodalités économiques et financières », qu'il s'agisse des « milices patriotiques » chargées dans les entreprises, les quartiers et les bourgades d'encadrer « la levée en masse », qu'il s'agisse des comités départementaux de la libération dont 30 % des membres appartiennent ou sont des sympathisants du Parti, le « parti des fusillés » élargit son audience.

Pour qu'il puisse toutefois s'installer au pouvoir, il aurait pour le moins fallu qu'une insurrection nationale libère la France des Allemands et des autorités de Vichy avant que ne se présentent les Alliés. Or, si la Résistance intérieure a apporté une aide précieuse aux Anglo-Américains débarqués le 6 juin 1944 en sabotant les voies de chemin de fer, les lignes téléphoniques et en harcelant les troupes allemandes de manière à retarder l'acheminement des renforts, les tentatives de « guérilla » se sont la plupart du temps soldées par de tragiques échecs. Anéantissement du maquis du Vercors, sanglantes représailles à Argenton, Mussidan, Gourdon, Tulle et Oradour-sur-Glane où les 642 habitants sont assassinés par un détachement de la division SS *Das Reich*, autant de tragédies qui marquent l'échec d'initiatives aventureuses et mal soutenues.

À Paris cependant, l'insurrection, déclenchée le 19 août par le CNR qui a proclamé qu'il n'était pas possible d'assister en « spectateurs à la victoire », réussit, avec 2 000 fusils et des bombes de fortune, les « cocktails Molotov », à s'emparer de la préfecture de police, de l'Hôtel de Ville et des mairies avant que la 2e division blindée du général Leclerc, tardivement autorisée par Eisenhower à marcher sur Paris, ne pénètre le 24 août dans la capitale et apporte la puissance de feu nécessaire pour obtenir la reddition du général von Choltitz.

Ce même jour, débarqué sur la plage de Courseulles le 14 juin 1944, acclamé à Bayeux, le général de Gaulle se rend à l'Hôtel de Ville, haut lieu de toutes les révolutions parisiennes, et trouve ces mots justes pour rendre hommage aux Parisiens insurgés : « Paris ! Paris outragé ! Paris brisé ! Paris martyrisé ! mais Paris libéré ! libéré par lui-même, libéré par son peuple avec le concours des armées de la France, avec l'appui et le concours de la France tout entière, de la France qui se bat, de la seule France, de la vraie France, de la France éternelle. » Le lendemain, dans l'après-midi, il est « sacré » par le peuple innombrable de Paris qui l'accompagne de l'Arc de triomphe à Notre-Dame où un *Te Deum* est célébré, mêlant la musique des orgues aux coups de fusil de miliciens fanatiques qui entonnent à leur manière le requiem de la collaboration.

CHAPITRE 79

Rénover Marianne

Datée du 17 août 1944, deux jours avant l'insurrection de Paris, une affiche de Paul Colin traduit les aspirations des Français qui, une semaine avant la « Libération » de la capitale, rêvent déjà d'un monde meilleur. Martyrisée, ruinée, crucifiée, en haillons, la Patrie, qui porte le bonnet rouge de Marianne, semble s'éveiller au sortir du cauchemar qu'elle vient de vivre. Délivrée de l'asservissement, « purifiée » par la Résistance, pas encore hantée par les troubles de la conscience, la République, qui n'est pas alors la « Quatrième » mal aimée, vit à l'heure de la résurrection, récompense suprême des peuples qui ne s'abandonnent pas et manifestent une volonté farouche de vivre et d'espérer.

Épurer la France

« La marée, en se retirant, découvre donc soudain, d'un bout à l'autre, le corps bouleversé de la France. [...] Le présent se traîne dans les séquelles du malheur. » Même si Charles de Gaulle pense qu'il a mieux à faire qu'à « distribuer les rations de macaronis », il lui faut bien prendre en compte « l'intendance ». De fait, la France libérée est une France affamée.

Lorsque le général, lassé d'un long voyage
Dans son avion spécial reviendra parmi nous
Les petits affamés à son atterrissage

Viendront lui demander : Que nous rapportez-vous ?
Le peuple est très sensible à toute cette gloire
Mais il voudrait sentir, et ce serait si bon
L'ivresse du triomphe... et d'un vin de la Loire.
La chaleur d'un accueil... et d'un feu de charbon...

Ce poème un tantinet ironique, publié le 20 décembre 1944, est à la mesure de ce que l'historien Jean-Pierre Rioux appelle « la trouble cacophonie des ventres creux », la cacophonie de ceux qui, avec leurs 1 200 calories par jour, leurs 15 grammes de matières grasses là où il en faudrait 78, leurs 25 grammes de viande, leurs vêtements élimés, leurs semelles de bois, leurs taudis sombres, exigus et mal chauffés, pourraient penser que sous Vichy la vie était plus paisible. Au temps de l'Occupation, on acceptait bon gré mal gré les privations dans l'attente de jours meilleurs. Quelques mois après le départ d'un occupant qui n'a pas encore baissé les armes, la pénurie est déjà moins supportable, et le marché noir encore plus intolérable. En janvier 1945, alors que les Allemands reprenaient l'offensive dans les Ardennes et que Strasbourg était menacée, 40 % des Français rendaient déjà le gouvernement provisoire responsable de la pénurie, contre seulement 37 % qui invoquaient le poids des circonstances...

En fait, si Marianne regarde vers l'avenir, c'est dans l'attente irritée de lendemains qui devraient chanter davantage. C'est que le pays se trouve alors dans une situation bien plus critique qu'en 1918. Certes, la guerre a moins gravé de noms sur les monuments aux morts, mais les dégâts matériels sont sans commune mesure avec ceux subis pendant la « Grande Guerre ». 1 800 communes sont sinistrées. Presque toutes les villes de plus de 100 000 habitants ont été atteintes. 2,5 millions d'immeubles ont été détruits ou endommagés. 120 millions de mètres cubes de décombres sont à déblayer. 100 millions de mines sont à désamorcer. 10 000 ponts, 2 000 ouvrages d'art, 20 000 kilomètres de voies ferrées sont à réparer. En 1945, la récolte de blé est à peine la moitié de celle d'avant-guerre. La production industrielle en représente un tiers. Une estimation sommaire évalue alors les dommages à environ 1 500 milliards de francs, quatre fois le revenu national de 1938. Dans bien des domaines, les niveaux de production, déjà affectés par la crise des années 1930 et la Première Guerre mondiale, sont à peine supérieurs à ceux des années 1890.

Difficile dans ces conditions de suivre les propositions de Pierre Mendès France, commissaire aux Finances du Comité français de Libération nationale puis ministre de l'Économie nationale du gouvernement provisoire, qui, pour lancer un programme de renouveau avant que les habitudes anciennes ne reprennent force, préconise de bloquer les salaires et les prix afin d'éradiquer l'inflation avant qu'elle ne s'amorce. Pour « siphonner » une partie du pouvoir d'achat, il demande une ponction rapide sur la masse monétaire par un échange des billets et un blocage des comptes en banque, à l'exemple de la Belgique. Cette offensive monétaire briserait le marché noir, permettrait d'inventorier les liquidités possédées par chacun en prévision de la confiscation des profits illicites et d'entamer la reconstruction de manière cohérente en arbitrant entre la pression des satisfactions immédiates et les nécessités de l'investissement. Ainsi l'inflation serait jugulée, l'égalité respectée, l'enrichissement dépisté. Un programme d'austérité qui prolongerait les souffrances de l'Occupation, mais entretiendrait l'ardeur réformatrice de la Résistance.

Ultraminoritaire au gouvernement et non suivi par de Gaulle, qui juge cette politique inapplicable à une population exténuée, Pierre Mendès France démissionne le 5 avril 1945 et envoie au général une lettre digne de celui qui apparaît alors comme « le meilleur économiste de France ».

« Distribuer de l'argent à tout le monde, écrit-il au chef du gouvernement, sans en reprendre à personne, c'est entretenir un mirage, un mirage qui autorise chacun à croire qu'il va vivre aussi bien, et faire autant et plus de bénéfices qu'avant la guerre ; alors que les dévastations, les spoliations, l'usure du matériel et des hommes ont fait de la France un pays pauvre, alors que la production nationale est tombée à la moitié du niveau d'avant-guerre. C'est la solution commode immédiatement. Il est plus facile de consentir des satisfactions nominales que d'accorder des satisfactions réelles, plus facile de profiter de l'illusion des gens qui réclament des billets, dans le vain espoir d'accéder, eux aussi, au marché noir, et de s'y procurer du beurre avec leur surcroît de papier-monnaie. Mais plus on accorde de satisfactions nominales, moins on peut donner de satisfactions réelles. [...] J'ai peur, mon général, que par un souci très compréhensible d'arbitrage, vous n'incliniez à faciliter, ou tout au moins à admettre, les compromis. Mais il est des matières où la demi-mesure est une contre-mesure ; qui ne le sait mieux que vous ? [...] Nous sommes engagés dans la spirale ; la différence entre mes contradicteurs et moi, c'est que consciemment ou non, ils escomptent l'équilibre réalisé en hausse plus ou moins automatiquement sans intervention, c'est-à-dire un miracle ; malheureusement, il n'existe dans le passé aucun précédent connu d'un miracle de ce genre. Il faut bien le dire tout net : le choix est entre le coup d'arrêt volontairement donné et l'acceptation de la dévaluation indéfinie du franc. » Charles de Gaulle, que deux heures de « cours » de Mendès France avaient « assommé » et qui, comme tous les Français, espérait un « miracle », accepta une démission qui alimenta pour beaucoup la renommée de celui qui put passer par la suite pour un prophète.

« En économie, non plus qu'en politique ou en stratégie, s'expliquera plus tard le général, il n'existe, à mon sens, de vérité absolue. Mais il y a les circonstances. [...] Le pays est malade et blessé. [...] S'il n'était pas d'autre moyen de le tirer d'affaire que de jouer le tout pour le tout, je n'y manquerais certes pas. Mais pourquoi le jeter dans de périlleuses convulsions, dès lors que, de toute manière, il va recouvrer la santé ? »

Pire que les ruines matérielles, les fantômes de 40 kilos au regard halluciné arrivant dans les derniers jours d'avril 1945, après la libération des premiers camps, viennent surtout révéler à leurs compatriotes les souffrances de ceux qui ont été déportés et la barbarie du régime avec lequel certains ont activement collaboré. Avant même que parviennent en France les premiers documents photographiques pris lors de la libération des camps aux noms sinistres, Buchenwald, Dachau, Mauthausen, Bergen-Belsen, on découvre en Alsace libérée, à Struthof, un « petit Auschwitz » dont un rapport officiel rédigé et rendu public en janvier 1945 révèle les atrocités. Les autorités allemandes du camp ayant été surprises, les dossiers sont restés sur place et livrent tous les « détails ».

« J'ai signalé, note le rapporteur, que le camp comporte une salle d'autopsie, un four crématoire et une infirmerie très bien organisée. Il possède aussi une chambre à gaz avec éclairage intérieur et hublots vitrés, une salle de douches et des chambres nues servant pour les exécutions. D'après le Commandant du service de renseignements, qui, assisté d'un groupe d'officiers, a été chargé d'identifier les internés français ayant séjourné à Struthof, il est établi que :

1 — dans la salle d'autopsie, des opérations de vivisection sur des hommes ont été pratiquées (par le professeur Hirth, chef de l'Institut anatomique de Strasbourg, de 1941 à 1944) ;

2 — dans la chambre à gaz, il a été fait un essai de gaz vésicant sur 19 femmes juives [...] dont l'agonie a duré un quart d'heure sous les yeux des médecins qui suivaient les progrès de l'intoxication (les cris ont été entendus par des voisins du camp) [...] ;

4 — en outre, des maladies ont été volontairement données à des sujets sains pour faire des expériences — greffes de tissus cancéreux notamment — et il a été trouvé un rapport dans lequel le médecin du camp, qui avait demandé l'envoi d'une centaine de nomades pour une

expérience, protestait parce que seuls une dizaine d'entre eux étaient susceptibles de la supporter [...]. »

Un rapport qui n'alerte pas encore une presse qui, jusqu'à la mi-avril 1945, emploie indifféremment les termes de « rapatriés » ou de « déportés » pour désigner les prisonniers de guerre, les travailleurs du STO ainsi que les déportés politiques ou raciaux, quelque 2 millions de personnes auxquelles il faut porter secours alors que les moyens matériels manquent tragiquement. Le samedi 14 avril 1945, le retour des rescapés du camp de Ravensbrück, gare de Lyon, en présence du général de Gaulle, est la révélation dont témoigne le compte rendu du *Parisien libéré* : « 10 h 20 gare de Lyon. [...] Un train entre en gare lentement... s'arrête. Au milieu du grand hall pavoisé de drapeaux tricolores, la foule parisienne attend de prendre contact avec celles qu'elle vient accueillir, les 177 déportées françaises, habitant Paris ou la banlieue, retour du camp de Ravensbrück ! Elles arrivent... Quelques acclamations... Soudain la foule se tait... Elle comprend tout ce que représentent de privations et de misères, physiques et morales, ces visages émaciés, ces yeux trop brillants et creux, cette allure fatiguée, tellement lasse... où, malgré tout, semble déjà se manifester le désir de revivre, d'échapper aux horreurs qu'elles ont connues. »

Un carnet de dix billets de métro, une prime d'accueil de 1 000 francs, une indemnité de déportation de 5 000 francs, l'autorisation de prendre un congé accordé également au conjoint, un lot de vêtements dont la valeur ne doit pas dépasser 3 000 francs, une garantie, sous conditions, de retrouver son ancien emploi, telles sont les mesures prises par l'ordonnance gouvernementale parue dans le *Journal officiel* du 12 mai 1945, qui ne peuvent évidemment apaiser les détresses de ceux qui se retrouvent étrangers au monde qu'ils retrouvent. « Nous ne savions communiquer qu'entre nous », écrit Pierre Daix. Les déportés « sont séparés des autres par une expérience impossible à transmettre », ajoute David Rousset qui, dès août 1945, rédige *L'Univers concentrationnaire* pour décrire le mal qui contamine « au-delà des décombres ».

« Justice », tel est le cri de fureur jeté par tous ceux qui ne peuvent supporter l'idée que puissent vivre en paix ceux qui avaient plus ou moins collaboré avec les auteurs de ces crimes. Cinq ans après la Libération, quand il aborde les faits dans ses *Mémoires*, le général de Gaulle énumère les raisons qui furent à l'origine de ce qu'on a appelé l'épuration : « 60 000 personnes avaient été exécutées, plus de 200 000 déportées dont à peine 50 000 survivraient. 35 000 hommes et femmes s'étaient vu condamner par les tribunaux de Vichy. 15 000 militaires dégradés, sous l'inculpation d'être des résistants. Maintenant, les fureurs débordaient. Sans doute le gouvernement avait-il le devoir de garder la tête froide. Mais passer l'éponge sur tant de crimes et d'abus, c'eût été laisser un monstrueux abcès infecter pour toujours le pays. Il fallait que justice passe. Elle passa... »

Dès le mois de juin 1944, dans les feux du combat, des dénonciateurs, des miliciens, des « traîtres » font les frais d'une première épuration « sauvage ». Des huées publiques, des croix gammées peintes sur les maisons des « collabos », des séquestrations, des femmes tondues, autant d'explosions de haine où se mêlent parfois des motifs moins avouables : appétit de vengeance, volonté d'éliminer un adversaire politique ou un concurrent, règlement de comptes, volonté aussi de faire oublier son opportunisme ou sa veulerie pendant les « années noires » de l'Occupation.

Dans son journal intitulé *Déposition*, Léon Werth note cet incident à Paris, le 26 août 1944, le jour même où de Gaulle descend à pied les Champs-Élysées : « Quelques maisons plus loin que la nôtre. On vient de passer à la tondeuse les têtes de quatre femmes. Les chevelures sont dans le ruisseau. Ces quatre femmes, on va les promener par les rues. Un cortège les accompagne, avec une sorte de dignité, sans cris. Mais un vieux leur crache au visage et veut les frapper. On l'en empêche. Les têtes rasées de ces femmes... Et l'une d'elles avait le visage terreux et les yeux dilatés, que j'ai vus à un condamné à mort qu'on menait à la guillotine... » À quelques unités près, au terme d'une vaste et minutieuse enquête menée par le Comité d'histoire de la Seconde Guerre mondiale, 9 000 Français furent victimes de cette « impulsion de vengeance ».

À partir du mois de septembre 1944, cette épuration « sauvage » est maîtrisée et fait place à la justice régulière. Au sommet, une Haute Cour dont étaient passibles tous les ministres de Vichy. Dans chaque département une cour de justice. Pour les fautes légères, des chambres civiques. Sur les 160 287 dossiers instruits, 73 501 donnèrent lieu à des non-lieux ou des acquittements, 40 249 à la dégradation nationale, 26 289 à la prison ou la réclusion, 10 434 aux travaux forcés temporaires, 2 777 aux travaux forcés à perpétuité, 7 037 à la peine de mort, dont 4 397 par contumace. 767 seulement furent exécutées, les autres ayant fait l'objet d'une commutation de peine. Mobilisant de bons avocats, les nantis furent moins frappés que les humbles. Ainsi, à Valenciennes, la cour acquitte le tiers des patrons, le quart des artisans, commerçants et professions libérales, mais le dixième seulement des ouvriers, paysans et employés. Si la presse, le monde des lettres et du spectacle font l'objet de procès spectaculaires, l'administration, dont on a besoin, et les entreprises du bâtiment, qui se lancent sans transition de la construction du mur de l'Atlantique à la remise en état des communications, sont épargnées. L'épuration fut plus clémente pour les chefs que pour les « lampistes ». C'est qu'en fait, peut-être, la France « profonde » avait pris peur de l'ampleur même du « crime » et préférait se rassurer en pensant que seule une « poignée » d'indignes avait trahi. À tous ceux qui, encore aujourd'hui, dénoncent le péché de ce qu'ils appellent le « résistantialisme » et brandissent les dénis de justice de l'épuration, il faut simplement rappeler que les circonstances ne se prêtaient guère à l'équité et à la raison.

Retrousser ses manches

Fusiller Robert Brasillach et Pierre Laval, condamner à mort Henri Béraud, Lucien Rebatet et Jacques Benoist-Méchin, mettre en prison Charles Maurras, Pierre Benoit, Jérôme Carcopino, Jean Giono et Sacha Guitry, envoyer en détention au fort du Portalet, puis à l'île d'Yeu, Philippe Pétain, coupable d'intelligence avec l'ennemi — un crime passible de mort, mais non exécuté en raison de l'âge avancé du maréchal —, cela devait suffire à apaiser les troubles de la mémoire et à célébrer les retrouvailles nationales. Gaullistes et communistes s'emploient alors à mettre en place le culte d'une France majoritairement résistante, une France sans Vichy, dont on veut au plus vite effacer la mémoire.

« S'unir, travailler, combattre ! » Tels sont les mots d'ordre d'un Parti communiste qui, estimant que la France libérée n'est pas en situation révolutionnaire, affirme que l'union de la nation lui est plus chère que « la prunelle de ses yeux », selon les mots de Maurice Thorez, rentré de Moscou le 27 novembre 1944, avec l'autorisation du gouvernement. Acceptant la dissolution des « Milices patriotiques » que ses militants avaient investies, convaincu que son devoir est de renforcer l'union autour de De Gaulle pour résister aux ambitions anglo-saxonnes, le « premier parti de France », le « parti des 75 000 fusillés », prétend-il alors, entend surtout profiter de son audience et de son prestige moral pour pénétrer et agir à l'intérieur des institutions légales, au gouvernement où il est présent, dans les associations de combattants et de déportés, de secours ou d'animation culturelle qu'il stimule, à la CGT qu'il contrôle. Recueillant plus d'un quart des voix aux premières élections organisées le 21 octobre 1945, comptant pas loin de 900 000 adhérents qui se bousculent pour acheter *L'Huma* criée sur les marchés, attirant en masse les intellectuels, donnant les noms de ses martyrs aux rues des municipalités qu'il dirige, développant l'idée que seule la classe ouvrière a été résistante et que la collaboration a été bourgeoise, cultivant l'image d'hommes dévoués au bien public, le « parti » se contente d'être le pôle par rapport auquel toutes les autres forces politiques, partenaires ou adversaires, devront se situer.

« Nous devons nous unir », ce mot d'ordre est aussi celui de l'homme du 18 juin qui, se voulant le plus rassembleur possible, a surtout pour ambition de restaurer un État régulier et hiérarchique, un État dont il prétend seul incarner la continuité, et qui s'appuiera davantage sur les généraux, les préfets et les sous-préfets que sur les fougueux résistants de l'intérieur. Déjà, le 25 août 1944, alors que les dirigeants du CNR l'attendent avec impatience à l'Hôtel de Ville de Paris, il se rend d'abord rue Saint-Dominique, au ministère de la Guerre, comme pour renouer avec la légalité politique antérieure, puis se refuse à proclamer solennellement une nouvelle République en lançant à Georges Bidault : « La République n'a jamais cessé d'être. Pourquoi irais-je la proclamer ? » Saluant la foule de ses deux bras levés, une foule « qui prouve par ses acclamations qu'elle ne demande pas autre chose », écrira-t-il plus tard, il ne s'embarrasse guère de légitimer un pouvoir qu'il veut seulement « sacré » par « l'unanimité nationale ». « Plus que jamais, il me fallait donc prendre appui dans le peuple plutôt que dans les "élites" qui, entre lui et moi, tendraient à s'interposer, ajoutera-t-il plus tard. Ma popularité était comme un capital qui solderait les déboires inévitables au milieu des ruines. »

Dans ce pays où les « élites » d'hier connaissent une brutale éclipse, où beaucoup de notables d'avant-guerre ont été frappés d'inéligibilité, où les valeurs d'hier sont désavouées, où les modèles sont devenus les États-Unis à la prospérité sans égale et l'Union soviétique à la justice sociale sans pareille, tout semble alors possible à ceux qui veulent retrousser leurs manches et ont d'autres soucis que de régler les problèmes constitutionnels.

C'est qu'il faut tout d'abord gagner la guerre, contre les Allemands, bien sûr, qui résistent adossés à leurs frontières, mais aussi... les Américains contre lesquels il faut se battre pour tenir son « rang ». En effet, c'est seulement le 23 octobre 1944 que les États-Unis reconnaissent le gouvernement provisoire de la République, « tant que n'aura pu s'exprimer la volonté du peuple français par l'intermédiaire de ses représentants dûment élus », croit bon de préciser le secrétaire d'État américain. Il faudra aussi que « le Connétable » se fâche sérieusement pour empêcher Eisenhower, pressé par la percée allemande dans les Ardennes, d'ordonner l'évacuation de Strasbourg, libérée le 23 novembre par la 2e DB de Leclerc. De Gaulle ira même jusqu'à donner ordre au général de Lattre de Tassigny d'assurer la défense de la ville sans en référer à ses supérieurs américains.

Amalgamant les FFI et l'armée régulière des FFL, la nouvelle armée française franchit le Rhin le 23 mars 1945, puis s'empare de Karlsruhe et, surtout, du nid d'aigle de Berchtesgaden. Absente des conférences de Yalta et de Potsdam, la France peut participer le 8 mai 1945 à la cérémonie de la capitulation allemande. Avec la zone d'occupation obtenue en Allemagne et le siège réservé au Conseil de sécurité de l'ONU, elle peut avoir le sentiment de retrouver son statut de « grande puissance » et d'effacer Rethondes et Montoire.

Après la bataille du « rang », c'est « la bataille de la production » qu'il s'agit de remporter. Produire, tel est bien le mot d'ordre qui s'affiche sur les murs et pour lequel le Parti communiste mobilise toutes ses troupes. « Produire », s'écrie Maurice Thorez devant les « gueules noires » à Waziers, le 21 juillet 1945, « c'est aujourd'hui la forme la plus élevée du devoir de classe, du devoir des Français. Hier, notre arme était le sabotage, l'action armée contre l'ennemi ; aujourd'hui, l'arme, c'est la production pour faire échec aux plans de la réaction. » Produire, claironne la propagande, mais à condition toutefois de restituer à la nation les actifs des « trusts », une formule incantatoire qui fait alors fortune, et de châtier ces patrons que de Gaulle disait ne pas avoir beaucoup vus à Londres. Pour l'ensemble des courants qui ont formé la Résistance, la « faillite des classes dirigeantes » révélée par Vichy exige que les « fruits du travail commun » soient libérés du joug des « puissances d'argent » et de la « dictature » des « féodalités » économiques. « La France nouvelle, a promis de Gaulle à Alger, le 17 mars 1944, ne tiendra plus pour licite aucune concentration d'entreprises susceptible de dévoyer la politique économique et sociale de l'État et de régenter la condition des hommes. » À Lille, le 1er octobre 1944, il annonce la « prise en main par l'État des grandes richesses communes ». C'est vouloir faire de l'État l'instrument de reconstruction de la puissance nationale et réaliser des réformes d'urgence pour ne pas se laisser déborder par la surenchère communiste.

Réclamée par les mineurs qui ont déjà procédé eux-mêmes aux arrestations des ingénieurs et des porions accusés de collaboration, la nationalisation des Houillères du Nord et du Pas-de-Calais est réalisée par l'ordonnance du 14 décembre 1944. Le 23 septembre, le « traître » Renault a été arrêté pour « commerce avec l'ennemi ». Le 4 octobre, les usines ont été mises sous séquestre. Le 16 janvier 1945, elles sont nationalisées sous le nom de Régie nationale des usines Renault.

« Alors que les livraisons à l'armée française s'étaient montrées notoirement insuffisantes pendant les années qui ont précédé la guerre, peut-on lire dans l'ordonnance, les prestations à l'armée allemande ont, durant l'Occupation, été particulièrement importantes et ne se sont trouvées freinées que par des bombardements répétés dont les usines de Boulogne-Billancourt et du Mans ont été l'objet de la part de l'aviation alliée. Dès juin 1940, d'ailleurs, Monsieur Renault, qui se trouvait en Amérique, s'est empressé de regagner la France, afin de mettre ses usines à la disposition de la puissance occupante. » Centralien et résistant de la première heure, Pierre Lefaucheux, placé à la tête de l'entreprise, est l'homme fort capable de s'opposer à « l'esprit fonctionnaire » des ministères et de rassurer la masse des cadres tout en gagnant la confiance des ouvriers. « Je suis comme vous », lance-t-il le 10 novembre 1944 du haut du balcon qui domine l'esplanade de l'île Seguin à la foule compacte qui l'écoute dans un silence impressionnant. « Je hais les chefs brutaux et les sournois, les mouchards et le favoritisme. [...] Vous êtes sûrs de travailler désormais pour votre pays et pour vous-mêmes. [...] Vous ne renforcerez plus la puissance d'un seul homme. »

Gnome et Rhône, constructeur de moteurs d'avions, est nationalisée le 29 mai 1945 pour devenir la SNECMA, la Société nationale d'études et de construction de matériel aéronautique. Puis vient le tour des sociétés de transport aérien bientôt rassemblées dans Air France, de la Banque de France et des quatre grandes banques de dépôts (le Crédit Lyonnais, la Société générale, le Comptoir national d'escompte et la Banque nationale pour le commerce et l'industrie), de trente-quatre compagnies d'assurances, des sociétés de gaz et d'électricité qui donnent naissance à l'Électricité de France et au Gaz de France, de la Compagnie des messageries maritimes, de la Compagnie générale transatlantique, de la Société nationale des papiers de presse, dont la nationalisation vise à garantir aux journaux leur approvisionnement en papier de façon équitable.

Si produire devient « la forme la plus élevée du devoir de classe », c'est aussi pour construire un monde meilleur et plus juste, où les individus seront protégés contre les aléas de l'existence et reconnus dans leur dignité de travailleurs. Une aspiration au mieux-être et au mieux-vivre, à un État-providence que la guerre a accélérée de manière spectaculaire, et dont on trouve la meilleure traduction dans un éditorial du *Times* daté du 1er juillet 1940. « Notre volonté de remporter la victoire, pouvait-on lire, est liée à la conviction que nos objectifs de guerre se situent sur un plan bien différent de ceux de nos adversaires, et que la victoire de nos armes ouvrira la voie à un nouvel ordre social et international en Europe. Presque partout, en Europe occidentale, les valeurs collectives que nous défendons sont bien connues et appréciées. Nous devons cependant éviter de définir ces valeurs en termes du dix-neuvième siècle exclusivement. Lorsque nous parlons de démocratie, nous ne voulons pas dire une démocratie qui assure le droit de voter sans se préoccuper du droit au travail et du droit de vivre. Lorsque nous parlons de liberté, nous ne voulons pas dire l'âpre individualisme qui refuse d'organiser la société et de planifier l'économie. Lorsque nous parlons d'égalité, nous ne voulons pas dire l'égalité politique que rendent illusoire les privilèges économiques et sociaux. Lorsque nous parlons de reconstruction économique, nous pensons moins à porter la production à son maximum (bien que cela s'avère nécessaire cependant), mais à la répartir d'une façon plus juste. [...] Le nouvel ordre ne pourra être basé sur le maintien de privilèges, que ce soit ceux d'un pays, d'une classe ou d'un individu. »

C'est vouloir un « D-day » social et défricher les sentiers de la Terre promise. Imposés par l'ordonnance du 22 février 1945, les comités d'entreprise dans les établissements de plus de 100 employés, limite abaissée à 50 en 1946, ont pour vocation de mettre un terme aux gestions « sauvages » et d'assurer la « révolution sociale » par la discussion et la loi. Créée par les ordonnances des 4 et 19 octobre 1945, la Sécurité sociale unifie les différents régimes d'assurance sociale en un régime unique, simplifie l'enchevêtrement des caisses préexistantes et donne à chacun « la garantie qu'en toutes circonstances il disposera des moyens nécessaires pour assurer sa subsistance et celle de sa famille dans des conditions décentes. » C'est vouloir affirmer de manière forte les ambitions d'une Marianne rénovée et ancrer dans les imaginaires collectifs la plus grande « conquête de la Libération ».

Produire, c'est enfin confier au Plan la mission d'assurer une discipline collective, de faire plier les intérêts particuliers, de hiérarchiser les priorités et d'associer les Français à la définition des objectifs qu'ils seraient chargés d'atteindre. Le 3 janvier 1946, sur les propositions de Jean Monnet, un homme d'expérience qui avait démontré au cours des deux guerres mondiales sa capacité à résoudre les problèmes les plus complexes, un plan est créé par un décret dont l'article premier stipule : « Dans un délai de six mois, il sera établi un premier plan d'ensemble pour la modernisation et l'équipement économique de la métropole et des pays d'outre-mer. » Rattaché au président du Conseil pour exercer l'autorité la plus large, le commissaire au Plan, installé dans un petit hôtel discret de la rue de Martignac, avait toute latitude pour mobiliser les compétences et imposer un empirisme acquis dans le commerce familial du cognac à une administration qui, manquant cruellement d'esprit d'entreprise, n'était pas faite pour changer le paysage du pays. « Monnet savait entraîner une équipe autour de lui et susciter l'enthousiasme, et à ce moment-là, les gens ne regardaient pas à leurs horaires, confie Jean-François Gravier, chargé de veiller aux équilibres régionaux. Les rapports avec Monnet, c'était quelque chose d'extrêmement agréable. Ce n'était pas les rapports de fonctionnaire à grand patron, pas du tout. Il savait communiquer ce qu'il avait en lui, et il n'y avait pas tellement de distance entre les individus. Ce qui d'ailleurs n'était pas tellement prisé des fonctionnaires au sens strict. C'était un vrai patron, mais un patron auquel on ne pouvait rien refuser. D'abord parce qu'il demandait les choses gentiment. Ensuite parce qu'il exigeait beaucoup de vous, mais jamais pour rien, de sorte qu'on n'avait pas envie de refuser. Mais les gens sur qui il ne pouvait pas compter parce qu'ils refusaient par exemple de venir le dimanche, il ne se mettait pas en colère, simplement il les ignorait, et ils se retrouvaient tout seuls dans un coin du Commissariat au Plan sans avoir rien à faire. Inversement, si lui pouvait compter sur vous, vous pouviez compter sur lui : il se mettait en quatre pour vous rendre service. » Retrousser ses manches, tel est bien le mot d'ordre qui anime tous ceux qui veulent unir leurs forces pour redonner à la France le contrôle de son destin.

Marianne amputée

Au milieu des tâches innombrables que le gouvernement provisoire accomplissait, il fallait aussi penser à doter Marianne de nouvelles institutions, à effacer les vices de la Troisième République et surtout les tares du régime de Vichy, à rénover en profondeur les règles et l'organisation de la vie politique. Lors des élections municipales du 29 avril 1945, avec près d'un siècle de retard sur les hommes, les Françaises votent pour la première fois, en vertu de l'ordonnance signée par le général de Gaulle à Alger le 21 avril 1944 et des engagements du Conseil national de la Résistance. Une conquête hautement symbolique de l'esprit de renouveau. Le 21 octobre 1945, le pays est appelé pour la première fois par référendum à décider de ses institutions et à répondre à deux questions. Faut-il faire oui ou non une nouvelle constitution ? En cas de réponse positive à cette première question, faut-il limiter les pouvoirs de l'Assemblée constituante élue à cette seule mission ?

Le général de Gaulle, suivi par la SFIO et les principaux partis issus de la Résistance, demande aux Françaises et aux Français de voter oui deux fois. Les communistes, qui crient au plébiscite, se prononcent pour le oui à la première question, mais le non à la seconde. Les radicaux pour le double non. 96 % des électeurs, rejetant les lois de 1875, votent oui à la première question ; 66 % approuvent la seconde. Pour la première fois depuis la Libération, les élections du 21 octobre 1945 donnent la mesure des sensibilités politiques au lendemain du drame. Les communistes rassemblent 26,1 % des voix ; la SFIO, 24,6 % ; le MRP, le Mouvement républicain populaire, qui recrute surtout parmi les catholiques sociaux et les syndicalistes chrétiens, mais offre aussi un havre aux conservateurs modérés, 25,6 %. Les radicaux, 9,3 % et la droite classique 14,4 %. La France semble alors mûre pour une démocratie populaire, les partis « marxistes » disposant à eux seuls de 302 députés sur 586. Une éventualité dont veulent la préserver de Gaulle et le MRP, qui, dirigé par des résistants de premier plan, Georges Bidault, Pierre-Henri Teitgen ou François de Menthon, apparaît alors, sinon comme le parti gaulliste, du moins comme le « parti de la fidélité et de l'espérance ». Des beaux sentiments qui ne résisteront pas aux événements.

Entre une Assemblée constituante consciente de représenter la nation et un général qui sent se refermer sur lui la volonté des élus d'exercer un contrôle permanent sur son action, le courant ne passe pas. Le dimanche 20 janvier 1946, les ministres convoqués à midi au ministère de la Défense nationale, rue Saint-Dominique, voient arriver le général en uniforme qui leur dit : « Le régime exclusif des partis a reparu. Je le réprouve. [...] J'ai donc résolu d'abandonner ma fonction. » Quelques années plus tard, il écrira dans ses *Mémoires* : « À ce point de mon parcours, les appuis que m'offrait la nation devenaient rares et incertains. [...] Le courant d'ardeur populaire qu'elle m'avait si largement prêté était, à présent, capté en sens divers. [...] Elle ne déléguait plus, autour de moi, que les partis [dont] l'opinion [était] que l'"homme des tempêtes" avait, maintenant, joué son rôle et qu'il devait laisser la place. Pour moi, ayant fait le compte de mes possibilités, j'avais fixé ma conduite. [...] Je saurais, en tout cas, quitter les choses avant qu'elles ne me quittent. » Si la démission du général fait sensation, elle ne provoque aucun trouble ni aucune manifestation pour implorer son retour. Elle laisse simplement les trois grands partis face à face. En fait, écrit Serge Berstein, « en se retirant, le général de Gaulle constituait comme héritières les seules forces qui puissent se prévaloir d'une réelle légitimité en dehors de lui-même, les forces politiques investies par le suffrage universel de la mission de préparer la nouvelle Constitution. Paradoxalement, en se retirant sans s'expliquer devant le pays, le général de Gaulle va faire naître cette "République des partis" dont il ne cessera ensuite de dénoncer les abus. »

En mai 1946, le projet de Constitution qui confie tous les pouvoirs à une Assemblée unique, élue pour cinq ans, élisant le président de la République et le président du Conseil, désapprouvé par le MRP, est rejeté à une majorité de 53 % par les Français, ce qui est un échec pour le Parti communiste et la SFIO. Présenté au référendum le 13 octobre 1946, le nouveau projet de Constitution, vivement critiqué par de Gaulle à Bayeux, le 16 juin, dans un discours de vingt-sept minutes qu'il mit deux mois à rédiger, est adopté par 53 % de « oui » mais avec un tiers d'abstentions. « Un tiers des Français s'y étaient résignés, un tiers l'avaient repoussée, un tiers l'avaient ignorée », commentera alors le général.

D'inspiration différente du projet antérieur, la Constitution de 1946 fait toujours de l'Assemblée nationale la clef de voûte des institutions. La deuxième Chambre, le Conseil de la République, élu par de grands électeurs, ne retrouve pas les pouvoirs de l'ancien Sénat. Élu pour sept ans par les deux Chambres réunies en Congrès, le président de la République dispose de peu de pouvoir, mais il a toutefois la capacité à jouer un rôle politique comme en témoigne *Le Journal du septennat*, tenu par le premier président de la Quatrième République, le socialiste Vincent Auriol. Surtout, il a la prérogative fondamentale de désigner le président du Conseil avant son investiture à la majorité absolue par les membres de l'Assemblée. « À l'autopsie, écrit Jacques Fauvet, un excellent observateur de la "Quatrième", cette constitution se révélera fort défectueuse. À sa naissance, elle a d'abord un mérite, celui d'exister. »

Privée en avril 1947 du soutien du « Rassemblement du peuple français », le mouvement gaulliste lancé et présidé par le général à Strasbourg, Marianne est aussi amputée du communisme. En cette année de tous les dangers, marquée à l'extérieur par la mainmise de l'URSS sur les pays de l'Europe centrale qu'elle a libérés et les débuts de la guerre froide, et à l'intérieur par un violent mouvement de grèves contre la montée rapide des prix et le blocage des salaires, en cette année où la ration quotidienne de pain tombe à 200 grammes et qu'à Paris les boulangers ferment le dimanche, le 4 mai, à l'Assemblée, le groupe communiste vote contre le gouvernement. Le 5 mai, paraît au *Journal officiel* le décret décidant que les fonctions des ministres communistes « sont considérées comme ayant pris fin à la suite du vote qu'ils ont émis ». Ramadier, le président du Conseil, a sanctionné logiquement les communistes en faisant valoir qu'on ne peut pas refuser la confiance à un gouvernement et y rester. Mais en même temps, il a scellé le destin de la Quatrième République. Face à une double opposition dont le ton et les méthodes entretiennent un climat de « guerre civile froide », privée de soutien populaire et de guide, la « Troisième Force », cette formule politique qui associe socialistes, radicaux et MRP, condamne à faire vivre ensemble des partis minoritaires dans le pays et que menace toute consultation électorale. Contrainte de manière permanente à des compromis provisoires, tentée par l'immobilisme, ayant pour seule stratégie de tenir entre les deux extrêmes, faisant succéder les mêmes hommes à des responsabilités différentes, cette République du moindre mal alignera vingt cabinets entre novembre 1947 et mai 1958, et mourra à cette date sans laisser de regrets. Elle « meurt beaucoup moins des coups qui lui sont portés que de son inaptitude à vivre », écrit Beuve-Méry dans *Le Monde* du 29 mai 1958.

Avec le recul du temps, ce permis d'inhumer apparaît trop sévère. Politiquement impuissante, la « Quatrième » n'a pas été si stérile. Elle a révélé des hommes de talent, Antoine Pinay, l'homme miracle qui, en 1952, avec son prénom, son chapeau, son goût de la terre et des pierres, sait rassurer l'épargne et cristalliser sur son nom les ambitions des rentiers ; Pierre Mendès France, un buveur de lait dont les qualités morales et intellectuelles laisseront au peuple français un souvenir ineffaçable ; Edgar Faure, un escrimeur qui donne l'impression d'hésiter et de biaiser, mais qui atteint plus sûrement ses objectifs. Elle a donné une impulsion décisive à la construction européenne en proposant en 1950 de créer une Communauté européenne du charbon et de l'acier, un projet présenté le 9 mai 1950 par Robert Schuman, et en signant le 25 mars 1957 le traité de Rome instituant le Marché commun. Elle a largement contribué à la modernisation de l'économie, assuré les bases de l'expansion, inventé la comptabilité nationale, orienté l'investissement public, créé le SMIG et amorcé l'aménagement du territoire. Enfin, et peut-être surtout, la vie littéraire et artistique de la France est alors d'une richesse exceptionnelle. La volonté des artistes et des intellectuels de poursuivre les combats et les espoirs de la Résistance, les tensions idéologiques de la guerre froide plus stimulantes que les consensus mous, les aspirations à démocratiser la culture, la libération de la presse et l'essor de la radio ouvrent le champ des manifestes et des débats d'idées. Albert Camus, Jean-Paul Sartre, Louis Aragon, Simone de Beauvoir, François Mauriac, Jean Genet, Eugène Ionesco, Samuel Beckett, Raymond Aron, autant de noms qui illustrent le temps de l'« engagement » et la volonté de transformer les consciences. *Le Grand Schisme*, *Le Deuxième Sexe*, *Les*

Mains sales, *La Peste*, *L'Homme révolté*, *L'Écume des jours*, *La Cantatrice chauve*, *Les Mandarins*, *La Modification*, autant d'œuvres qui renouvellent les thèmes et ouvrent de nouveaux horizons. Le TNP, les maisons des jeunes et de la culture, le Festival d'Avignon, *Lectures pour tous*, *La caméra explore le temps*, le Livre de Poche, autant de volontés de faire passer la culture dans un public plus large. « Les Français pourraient peut-être admettre enfin, écrit Jean-Paul Rioux, que ce régime faible et méprisé n'a pas tout à fait démérité. Rétrospectivement, nous serions même tentés de porter à son crédit sa persévérance à gouverner peu, qui permit sans doute à la France d'afficher librement des hardiesses imprévues, assumées et fécondes. Mieux encore, par contraste et sans nostalgie inutile, le souvenir de ces années où vitalité et modernité vont d'un bon pas convaincre ce vieux pays qu'il sait percer à l'occasion les secrets de son éternelle jeunesse, qu'il peut prendre le risque de concevoir un avenir et l'assurer que, si l'échec est toujours surmontable, l'ambition, elle, n'a pas de prix. »

CHAPITRE 80

Le boulet colonial

Le 11 avril 1961, le général de Gaulle déclare dans une conférence de presse : « L'Algérie nous coûte — c'est le moins qu'on puisse dire — plus cher qu'elle ne nous apporte. [...] Voici que notre grande ambition nationale est devenue notre propre progrès, source réelle de la puissance et de l'influence. C'est un fait, la décolonisation est notre intérêt et, par conséquent, notre politique. » Appelé au pouvoir en mai 1958 pour résoudre la crise algérienne après douze années de « traversée du désert », de Gaulle était le seul qui pouvait oser faire cette déclaration sans être accusé de trahir la France. Se dégager du « boulet » colonial sans céder à la nostalgie, tel était le défi que devait surmonter la France pour garder son rang et mieux affronter l'avenir.

Le salut par l'empire

En 1949, un sondage réalisé par l'Insee auprès de 1 080 lycéens préparant le baccalauréat révélait que 85 % d'entre eux estimaient que la France pouvait être fière de son œuvre dans les pays français d'outre-mer. Parmi les motifs les plus fréquemment invoqués figurait l'action sociale, civilisatrice et culturelle. Et s'ils parlaient peu des militaires, le nom de Lyautey était élogieusement cité. 84 % d'entre eux, dont 77 % fermement, pensaient que la France avait intérêt à maintenir l'union avec les territoires d'outre-mer. Et près de 30 % se déclaraient prêts à partir dans un territoire de l'Union française au moment précisément où commençaient à en être chassés leurs parents.

Alors que les mouvements nationalistes ne cessent de se développer dans les territoires d'outre-mer, que Ferhat Abbas lance son *Manifeste du peuple algérien*, que se constitue au Maroc le parti de l'Istiqlal, que l'Inde et l'Indonésie arrachent leur indépendance, que les États-Unis, l'Union soviétique et la jeune Organisation des Nations unies condamnent sans ménagement les puissances coloniales, que Staline déclare à la conférence de Yalta qu'il « ne voit pas pourquoi les Alliés devraient suer du sang pour rendre l'Indochine à la France », la fierté impériale et la conscience que la France devra son salut aux colonies n'ont probablement jamais été si fortes parmi l'opinion publique métropolitaine.

La presse et la radio célèbrent les « 500 000 soldats venus de l'outre-mer pour libérer la Patrie ». Elles font d'autre part de leur mieux pour minimiser l'émeute qui éclate à Sétif le 8 mai 1945 ou l'insurrection de Madagascar en 1947. « Le nationalisme algérien est encore factice, affirme *Le Populaire* socialiste. La création de quelques évolués ne s'impose pas à l'idéal des masses misérables et incultes. » À l'assemblée consultative d'Alger, le député communiste Mercier déclare en janvier 1944 qu'il fallait « souder à la métropole l'ensemble de toutes les colonies » et que « la République française, métropole et territoires d'outre-mer, [était] une et indivisible ». En 1945, le responsable de la section coloniale du PCF, Henri Lozeray, écrit qu'« il ne fait de doute pour personne que les colonies françaises qui se sont développées sous le régime du pacte colonial sont absolument incapables d'exister économiquement et par conséquent politiquement comme nations indépendantes ». En Indochine, dit l'éditorial de *L'Humanité* du 9 février 1947, il « faut sauver tout ce qui peut être sauvé : la cohésion de l'Union française, l'amitié des peuples coloniaux pour la France, nos positions nationales en Extrême-Orient ». Lorsqu'éclate l'insurrection malgache, *L'Humanité* affirme encore : « Les communistes ont fait ce qui dépendait d'eux pour ne pas laisser compromettre les intérêts français en Extrême-Orient. Le même souci les anime dans l'affaire de Madagascar. »

Si Charles de Gaulle déclare en octobre 1944 que la politique de la France consiste à mener chacun des peuples associés « à un développement qui lui permette de s'administrer et, plus tard, de se gouverner lui-même », qu'il prône « un système de forme fédérale dans lequel la métropole sera une partie et où les intérêts de chacun pourront se faire entendre », et avoue au président des États-Unis Truman que « l'époque nouvelle marquerait l'accession des pays colonisés à l'indépendance », c'est quand même lui qui, « envers et contre tous dans le monde », décide d'envoyer un corps expéditionnaire en Indochine pour rétablir la souveraineté française. C'est lui aussi qui déclare à Bordeaux le 15 mai 1947 : « Pour nous dans le monde tel qu'il est et tel qu'il va, perdre l'Union française, ce serait un abaissement qui pourrait nous coûter jusqu'à notre indépendance. La garder et la faire vivre, c'est rester grands et par conséquent, rester libres. » « L'Union française est destinée à préserver l'image de la France comme puissance mondiale », affirme Georges Bidault pour le MRP. « La France sans les colonies serait une France esclave condamnée à n'être qu'un satellite », ajoute le socialiste Paul Ramadier. Au nom de la CGT, Albert Gazier explique dans *Le Peuple* le 27 janvier 1945 : « La reconstruction d'une France neuve, économiquement prospère, ne se conçoit pas sans les immenses richesses de ces régions mal exploitées. Le sol métropolitain est pauvre en matières premières. Les oléagineux, le bois, le cacao, le café, le caoutchouc, le sucre, la viande, le coton pour ne prendre que quelques exemples, nous en avons dans les territoires d'outre-mer. » Neuf ans plus tard, le 12 novembre 1954, François Mitterrand, alors ministre de l'Intérieur, s'écriera à son tour pour condamner l'insurrection qui venait d'éclater en Algérie : « Des Flandres au Congo, il y a la loi, une seule nation, un seul Parlement. C'est la Constitution et c'est notre volonté. » En cette même année, les professeurs d'histoire et de géographie sont appelés à diffuser ces vues, et, dans son numéro de novembre-décembre 1954, *L'Information historique*, une revue pédagogique spécialisée, commente : « L'histoire des peuples d'outre-mer de l'Union française fait désormais partie de notre histoire nationale. L'ignorer équivaudrait à rejeter toute une partie de notre passé et paraître dédaigner nos concitoyens d'outre-mer. Ce serait dire à ceux-ci : "Cette histoire n'est pas la vôtre — vous n'êtes que des citoyens fictifs — vous ne nous intéressez pas." Les conséquences d'une telle attitude se laissent deviner. Le refus d'écrire et d'enseigner l'histoire sincère et objective de ces peuples amènerait leurs intellectuels à écrire une contre-histoire passionnelle qui servirait d'aliment aux mouvements ennemis de l'Union française. »

« L'atout impérial, dernière chance de la France », telle est la formule que martèlent la presse unanime et les hommes politiques au pouvoir et que semblent confirmer les statistiques. En 1949, l'Empire absorbe 38 % des exportations françaises de tissus de laine, 89 % des exportations de tissus de coton, 91 % du ciment exporté, 55 % des machines, 54 % des automobiles. À cette même date, il fournit plus de 71 % des importations de matières premières agricoles, 45 % du caoutchouc et 80 % des phosphates importés. « On peut estimer que 500 000 Français environ résidant en métropole tirent directement ou à peu près directement leurs revenus du commerce entre la métropole et les pays d'outre-mer, écrit en 1957 Pierre Moussa, directeur des Affaires économiques au ministère de la France d'outre-mer. Un ménage sur vingt-huit en métropole vit donc grâce à l'existence d'un ensemble français. » C'est vouloir faire prendre conscience aux Français du chômage que provoqueraient les indépendances.

En fait, comme le constatent les Américains, « le rêve d'une France unie de 100 millions de Français n'a pas été dissipé ». Comment pourrait-il l'être alors que le loyalisme des populations indigènes s'est apparemment avéré intact et que la France a semblé ouvrir la route des temps nouveaux. Réunis à Brazzaville du 30 janvier au 8 février 1944 à l'initiative du Comité français de Libération nationale, les gouverneurs généraux des colonies ont proposé l'élection d'assemblées représentatives, le libre accès progressif des Africains à toutes les professions et, dans l'administration, à tous les emplois de « cadres d'exécution ». Ils ont rejeté les principes du pacte colonial, proclamé la nécessité d'un nouveau statut de la femme africaine et se sont donné pour objectif la scolarisation de plus de 3 millions d'Africains. Mais ils ont en même temps précisé que le *self-government*, inévitable à long terme, était dans l'immédiat écarté au nom du « bon sens français ». Promulguée le 27 octobre 1946, la Constitution proclame que « fidèle à sa mission traditionnelle, la France entend conduire les peuples dont elle a pris la charge à la liberté de s'administrer eux-mêmes et de gérer démocratiquement leurs propres affaires ». Adopté le 27 août 1947 par l'Assemblée nationale, le statut de l'Algérie instaurait une Assemblée algérienne paritaire de 120 membres, élus par deux collèges distincts au suffrage universel et au scrutin uninominal, l'indépendance du culte musulman et le principe de l'enseignement de l'arabe à tous les degrés.

Autant de timides innovations et de laborieux compromis que les hommes politiques français estimaient « révolutionnaires ». « L'idée d'une nation algérienne est impossible à concevoir », titrait en novembre 1946 un organe du MRP exprimant assez bien l'état de l'opinion générale.

Diên Biên Phu

"Tous les hommes sont nés égaux. Le Créateur nous a donné des droits inviolables : le droit de vivre, le droit d'être libre et le droit de réaliser notre bonheur.” Cette parole immortelle est tirée de la Déclaration d’indépendance des États-Unis d’Amérique en 1776. Prise dans un sens plus large, cette phrase signifie : “Tous les peuples sur la terre sont nés égaux, tous les peuples ont le droit de vivre, d’être libres.” La Déclaration des droits de l’homme et du citoyen de la Révolution française de 1791 proclame également : “Les hommes naissent et demeurent libres et égaux en droits.” Ce sont là des vérités indéniables. Et pourtant, pendant plus de quatre-vingts années, les impérialistes français, abusant de leur “liberté, égalité, fraternité”, ont violé la terre de nos ancêtres et brimé nos compatriotes. Leurs actes vont à l’encontre des idéaux d’humanité et de justice. » Ainsi s’ouvre la Déclaration d’indépendance de la république du Viêtnam proclamée par Hô Chi Minh le 2 septembre 1945, un pays dont les Français commencent à comprendre qu’il s’agit de l’Indochine.

Pour rétablir la souveraineté française, de Gaulle a la curieuse idée de constituer un étrange tandem en associant l’amiral d’Argenlieu, fait haut-commissaire en Indochine, un moine-soldat hautain et circonspect, et le général Leclerc, un « fonceur » populaire et éblouissant, placé sous les ordres du premier. Débarqué le 9 octobre 1945 à Saigon avec 35 000 hommes, Leclerc élimine du Cambodge, de la Cochinchine et du Sud-Annam les forces armées du Viêt-minh. Hô Chi Minh, qui juge moins dangereux de « flairer un peu la crotte des Français que de manger toute sa vie celle des Chinois », préfère négocier. Par des accords signés à Hanoi le 6 mars 1946, la France reconnaît la république du Viêtnam comme un « État libre » et s’engage à réunir les trois Ky, le Tonkin, l’Annam et la Cochinchine, arbitrairement découpés par les autorités coloniales, après consultation de la population par référendum. De son côté, le « gouvernement du Viêtnam » se déclare prêt à accueillir amicalement les troupes françaises, qui viendront relever les troupes chinoises, et à entamer des négociations « amicales et franches » pour définir le statut futur de l’Indochine et garantir les intérêts économiques et culturels français au Viêtnam. Mieux, il accepte que le mot « indépendance » ne figure pas dans l’accord. Mais, très méfiant à l’égard d’Hô Chi Minh, dans lequel il voyait un agent de la révolution communiste, d’Argenlieu entend interpréter le texte dans un sens restrictif, malgré Leclerc qui avertit le gouvernement qu’il est impossible de reconquérir « un pays surexcité, armé et grand comme les deux tiers de la France ».

Tandis que le gouvernement français, surtout préoccupé des échéances électorales, ne s’intéresse guère à ce conflit lointain et compliqué, la situation sur le terrain se dégrade. Le 20 novembre 1946, éclate à Haiphong un incident entre soldats français et viet-

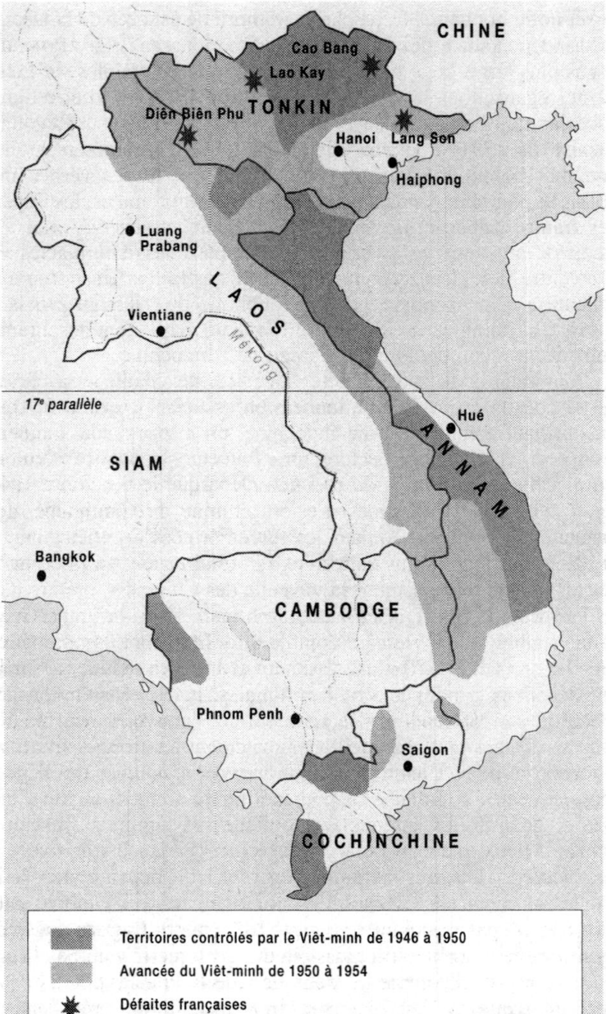

La guerre d'Indochine.

namiens. Le 23, en tirant parti, les autorités françaises ordonnent le bombardement du quartier vietnamien de la ville pour donner une « leçon » à leurs adversaires, dans la pure tradition coloniale. Dans la nuit du 19 au 20 décembre 1946, les troupes et les milices vietnamiennes passent à l'attaque à Hanoi et massacrent sauvagement 40 civils français. La guerre d'Indochine vient de commencer. Cette guerre durera huit ans, une « sale guerre », écrit Hubert Beuve-Méry dans *Le Monde* du 17 janvier 1948, « parce qu'elle est injuste ou tellement obscure que les combattants ne démêlent plus très bien pourquoi ils combattent, les mourants pourquoi ils meurent. Cette guerre d'Indochine entre un peuple qui s'affirme bienveillant et un autre qui se déclare reconnaissant, entre un pupille qui se veut majeur et un tuteur qui n'y consent qu'à regret, ne serait-elle pas en effet une "sale guerre" ? »

Un gâchis effroyable, ajoute Hélie de Saint-Marc, jeune officier de la Légion étrangère, volontaire pour partir en Indochine, qui avoue : « Nous avions été élevés dans le respect de l'aventure coloniale, que nous considérions, malgré ses ombres, à tort ou à raison, comme une œuvre civilisatrice. Mais, au lendemain de la Seconde Guerre mondiale, conscients de l'évolution de la situation internationale, nous étions nombreux parmi les militaires à ne pas vouloir rétablir la position coloniale française et à accepter l'indépendance, tout en souhaitant maintenir une présence française. »

Jusqu'en 1949, le Viêt-minh, sans grands moyens, mène des actions de guérilla dont le général Giap définit ainsi les principes : « Éviter l'ennemi quand il est fort, l'attaquer quand il est faible. [...] Attaquer l'ennemi partout de sorte que, partout, il se trouve submergé par une mer d'hommes armés hostiles afin de miner son moral et d'user ses forces. [...] Il est nécessaire de prendre l'anéantissement des forces vives de l'ennemi comme but principal du combat, et de ne jamais, pour la défense ou l'occupation d'un territoire, user les nôtres. » Contrôlant l'essentiel des villages par la persuasion ou la terreur, le Viêt-minh joue la stratégie de l'espace pour disperser l'effort de l'ennemi, mais plus encore celle du temps qui joue pour lui. Aveugle, le corps expéditionnaire français ne voit pas l'adversaire ; sourd, il n'est pas renseigné ; boiteux, les communications sont difficiles. En outre, il mène une guerre quasi honteuse, les grands blessés rapatriés par paquebots étant acheminés de nuit dans les hôpitaux pour ne pas montrer aux Français de métropole les horreurs de la « sale guerre ».

Influencée par la propagande du Parti communiste qui, à partir de 1949, dénonce sans relâche « l'envahisseur français brûlant les villages vietnamiens à la manière d'Oradour-sur-Glane », l'opinion française est aussi ébranlée par les « affaires » que la guerre engendre. En 1950, elle se mobilise pour l'officier mécanicien Henri Martin, condamné à cinq ans de réclusion pour diffusion de tracts et atteinte au moral de l'armée. En 1953, elle découvre « le trafic des piastres » auquel se sont livrés, au détriment du budget français, ceux qui ont joué de la différence entre le taux de change officiel de la piastre indochinoise et celui auquel elle s'échangeait réellement en Indochine. En 1954, elle lit dans *L'Express* et *L'Observateur* les extraits d'un rapport secret du général Ély confirmant l'existence de fuites qui ne pouvaient provenir que du Comité supérieur de la défense nationale. Surtout, alors que 30 000 de ses fils meurent sur le terrain, elle ne croit plus qu'il soit nécessaire de sacrifier ses intérêts à leur combat. En 1954, seuls 23 % des Français déclarent suivre dans les journaux les nouvelles de la guerre d'Indochine et 15 % seulement souhaitent la poursuite de la guerre jusqu'au succès final.

Sur le terrain, depuis que la république populaire de Chine a été proclamée, en octobre 1949, c'est tout le bloc communiste sur lequel le Viêt-minh peut s'appuyer. En octobre 1950, la défaite française de Cao Bang, à la frontière chinoise, menace tout le dispositif défensif du Nord. Malgré les efforts du général de Lattre de Tassigny, dont l'ardeur galvanise les troupes, malgré le matériel et les dollars américains qui assurent plus de la moitié du financement de la guerre en 1952 et près de 80 % en 1954, malgré l'engagement des forces vietnamiennes de l'ex-empereur Bao-Dai, réinstallé par la France à la tête d'un Viêtnam « indépendant », l'initiative stratégique appartient désormais à Giap qui, à la tête des troupes Viêt-minh, contrôle plus de cinq mille villages sur sept mille.

En mars 1954, au moment où Français, Américains et Soviétiques annoncent qu'une conférence se réunira à Genève pour discuter de la Corée et de l'Indochine, Giap lance l'offensive à Diên Biên Phu, une cuvette retranchée choisie par Navarre, commandant en chef depuis 1952, pour couper le ravitaillement du Viêt-minh en matériel lourd, attirer l'adversaire en nombre suffisant et « casser du viet ». En fait, il a mésestimé la capacité des Vietnamiens qui, acheminant à pied sur des dizaines et des dizaines de kilomètres du matériel d'artillerie, réussissent à installer autour de la cuvette des forces largement supérieures en nombre. Après une résistance héroïque, le camp, qui ne pouvait plus être ravitaillé que par parachutages, tombe le 7 mai 1954, la veille de l'ouverture de la conférence de Genève.

Le 18 juin 1954, Pierre Mendès France qui, dès le 19 octobre 1950, avait proposé de « rechercher un accord avec ceux qui nous combattent », est investi président du Conseil. Né en 1907 d'une famille de commerçants en tissus du troisième arrondissement de Paris, juif séfarade par son père et ashkénaze par sa mère, condamné en 1941 pour désertion au terme d'un procès infâme, il sait ce que racisme veut dire. Élevé à la « communale », là où l'on apprend que la Révolution a émancipé ses ancêtres et porté au monde les « Lumières », il sait ce que République veut dire. Formé à l'économie et au service public, il a conscience que c'est sur ce terrain que se joue l'avenir de la nation. Janséniste dans ses rapports avec l'argent, marginal par rapport à son parti, le Parti radical, ayant peu d'amis, il est un homme d'autorité plus que de pouvoir. « Il faut que le "cessez-le-feu" intervienne rapidement. Le gouvernement que je constituerai se fixera — et il fixera à nos adversaires — un délai de quatre semaines pour y parvenir, promet-il quand il se présente devant l'Assemblée nationale. Nous sommes aujourd'hui le 17 juin. Je me présenterai devant vous avant le 20 juillet et je vous rendrai compte des résultats obtenus. Si aucune solution satisfaisante n'a pu aboutir à cette date, vous serez libérés du contrat qui nous aura liés, et mon gouvernement remettra sa démission à M. le président de la République. » Ayant obtenu les voix des communistes qui, pour la première fois depuis 1947, votent une investiture, il refuse d'en tenir compte pour le calcul de la majorité en expliquant qu'au moment d'aller négocier avec le Viêt-minh, il ne peut décemment pas se compromettre avec un parti qui a clairement soutenu l'ennemi.

Signés *in extremis* dans la nuit du 20 au 21 juillet 1954, les accords de Genève permettent à la France de se dégager. Le pays est désormais coupé en deux au niveau du 17e parallèle : au nord, la république démocratique du Viêtnam, communiste ; au sud, le Viêtnam pro-occidental. Les accords prévoient également la tenue d'élections dans les deux ans afin d'unifier le pays. En avril 1956, les dernières troupes françaises quittent le Sud-Viêtnam après quatre-vingt-dix-sept ans de présence. En août 1951, le général de Lattre de Tassigny avait annoncé à Christian Fouchet : « Vous savez, tout cela ne s'arrêtera pas en Indochine. Nous avons fait la folie de faire combattre sous notre commandement des Musulmans et des Noirs contre des Jaunes, et même parfois de les faire battre par des Jaunes. L'Afrique française est foutue. » Perçu par l'opinion publique comme une simple péripétie, Diên Biên Phu allait bien en effet accélérer le cours des choses.

Dès le 31 juillet 1954, Pierre Mendès France négocie avec les Tunisiens et cherche à ouvrir un dialogue avec les Marocains, premiers pas d'une indépendance qui sera reconnue pour le Maroc, le

2 mars 1956, pour la Tunisie, le 20 mars. Le 21 octobre 1954, les autorités françaises passent leurs pouvoirs sur les comptoirs de l'Inde aux autorités indiennes. Le 1er novembre, plus de soixante-dix attentats sont perpétrés sur une trentaine de points du territoire algérien. Guy Monnerot, un jeune instituteur de vingt-trois ans venu volontairement enseigner en Algérie, est abattu et sa femme grièvement blessée. La guerre d'Algérie vient de commencer. « Les départements d'Algérie constituent une partie de la République française, déclare alors immédiatement Pierre Mendès France à la tribune de l'Assemblée nationale. Ils sont français depuis longtemps et d'une manière irrévocable. [...] Cela doit être clair une fois pour toutes et pour toujours aussi bien en Algérie et dans la métropole qu'à l'étranger. Jamais la France, aucun gouvernement, aucun Parlement français, quelles qu'en soient d'ailleurs les tendances particulières, ne cédera sur ce principe fondamental. »

Le lacet algérien

Trois départements français apparemment calmes, le premier client de la France devant la RFA et la Grande-Bretagne, 8,5 millions d'indigènes, Arabes et Kabyles musulmans, près de 1 million d'habitants d'origine européenne, la plupart nés eux-mêmes en Algérie, Français surtout mais aussi Espagnols, des notables fidèles, des policiers zélés, des consultations électorales ingénieusement truquées, un mouvement nationaliste tardif et d'audience limitée, forgé dans la double mouvance de l'intégrisme religieux et du populisme révolutionnaire, pas d'interlocuteurs comme en Indochine, au Maroc et en Tunisie, telle apparaît l'Algérie au moment où éclatent les « événements ».

Un tonneau des Danaïdes, un fardeau dont il faut se décharger, une bombe démographique, un pétrole sans grand intérêt, une intégration utopique, une assimilation se révélant impossible, telle apparaît l'Algérie à tous ceux qui savent compter et qui osent s'exprimer.

Un budget en déséquilibre croissant, un déficit commercial aux proportions inquiétantes, un vin acheté par la France 35 francs le litre alors qu'un vin de qualité analogue en Espagne, au Portugal ou en Grèce valait de 19 à 20 francs, une production céréalière en stagnation face à une population en accroissement rapide, mais un minimum vital relativement assuré à une population en croissance exponentielle, tel est le paradoxe de l'évolution économique et sociale de l'Algérie au lendemain de la Deuxième Guerre mondiale ; un paradoxe soutenu par la croissance exceptionnelle des dépenses publiques métropolitaines. Des dépenses qui plaçaient les pouvoirs publics devant de cruels dilemmes. En 1955, constatant que les prestations versées au titre des allocations familiales avaient été multipliées par cinq, le rapport annuel sur le fonctionnement des régimes de Sécurité sociale en Algérie formulait cette conclusion pessimiste : « En ce qui concerne les allocations familiales du secteur privé, il importe de remarquer que le financement de celles-ci a atteint la limite de ses possibilités dans le cadre des charges sociales actuellement supportées par l'Algérie. Cette situation laisse prévoir que, dans un proche avenir, le volume des prestations familiales servies étant en augmentation constante par rapport à une stabilisation relative des recettes, la question se posera de trouver des ressources nouvelles que la seule économie de ce pays n'est pas en situation de fournir. »

Cette même année, Paul Reynaud, président de la Commission des finances, écrivait au ministre de l'Intérieur, Bourgès-Maunoury :

« Mon Cher Ministre et Ami,

Vous aurez sans doute lu, dans un numéro récent de *L'Express*, l'article de M. Sauvy évaluant à 400 milliards par an les dépenses que la France devra faire en Afrique du Nord, non pas pour élever le niveau de vie de la population, mais pour le maintenir en raison du taux de la natalité qui fait que cette population aura plus que doublé en 25 ans.

Comme président de la Commission des Finances, je suis très alarmé par les conséquences financières de cette situation. Il est manifeste que la France ne peut pas songer à fournir un effort pareil. »

Raymond Aron tirait de ces chiffres l'analyse la plus lucide quand il écrivait dans *Le Figaro* du 11 octobre 1955 : « Algérie : ce que nul Français ne doit ignorer. Le fait dominant de l'Algérie 1955, c'est l'extraordinaire accroissement de la population musulmane, conséquence de l'hygiène apportée par la France, mais le développement économique ne va pas, hélas ! à la même allure. Tel est le fond du problème algérien. Il ne peut manquer d'avoir des incidences politiques. Mais les remèdes politiques seront insuffisants pour sortir de l'impasse sans une amélioration rapide et substantielle du niveau de vie des masses rurales musulmanes dont la moitié meurt lentement de faim. C'est en intensifiant considérablement sa politique d'investissements agricoles et industriels pour laquelle elle a déjà consenti de gros sacrifices que la France sauvera l'Algérie, bouillon de culture et de rébellion. »

Encore aurait-il fallu que les investisseurs privés croient en l'avenir d'une Algérie française. Or, dès le milieu des années 1950, l'épargne cargue les voiles, suivant les recommandations du gouverneur général qui, neuf mois avant le déclenchement de la guerre, avouait : « Honnêtement, je ne peux pas dire que, dans le moment présent, l'Algérie est un pays qui ouvre à l'industrie des perspectives spéculatives extraordinaires. » Mieux, alors que le pétrole saharien est omniprésent dans la presse, alimentant les mirages les plus fous, un lecteur averti de *France-Observateur* exprime bien les hésitations des milieux d'affaires quand, chiffrant à 600 milliards par an l'incidence budgétaire de la guerre, il écrit le 18 septembre 1958 : « En supposant que les sociétés à capital français à 100 % puissent extraire à leur seul profit 20 millions de tonnes de pétrole par an pendant dix ans en toute tranquillité (ce qui paraît un maximum difficile à atteindre techniquement et politiquement), on arrive à un total de 200 millions de tonnes de pétrole revenant à 15 000 francs la tonne (sans frais de recherche, ni ceux d'exploitation, de transport, ni les milliers de milliards perdus pour l'économie par suite de son orientation vers des dépenses militaires improductives, ni l'aggravation de la balance des comptes du fait même de ces dépenses militaires, tous chapitres à mettre au passif de l'opération algérienne). Or, si je suis bien renseigné, le cours de la tonne de pétrole non raffiné est à moins de 10 000 francs sur le marché international. Tout commentaire est inutile pour qui sait compter. Et si le pétrole ne rapporte pas, il y a peu de chances pour que les oranges d'Oranie ou les bananes de Guinée rapportent plus que des pelures. »

Autant d'arguments que Raymond Cartier a traduit pour le grand public en se demandant dans *Paris-Match* en août et septembre 1956 « s'il n'eût pas mieux valu construire à Nevers l'hôpital de Lomé, à Tarbes le lycée de Bobo-Dioulasso et si l'asphalte de la route Razel n'eût pas été plus judicieusement employé sur quelque G.C. » À ceux qui estimaient que les restes d'empire étaient encore pour la France un élément indispensable de sa puissance, il ajoutait : « La Hollande a perdu ses Indes orientales dans les pires conditions [...] et il a suffi de quelques années pour qu'elle connaisse plus d'activité et de bien-être qu'autrefois. Elle ne serait peut-être pas dans la même situation si, au lieu d'assécher son Zuydersee et de moderniser ses usines, elle avait dû construire des chemins de fer à Java, couvrir Sumatra de barrages, subventionner les clous de girofle des Moluques et payer des allocations familiales aux polygames de Bornéo. »

Autant d'arguments toutefois que la classe politique dans son ensemble ne pouvait accepter. Mener un vaste programme de réformes

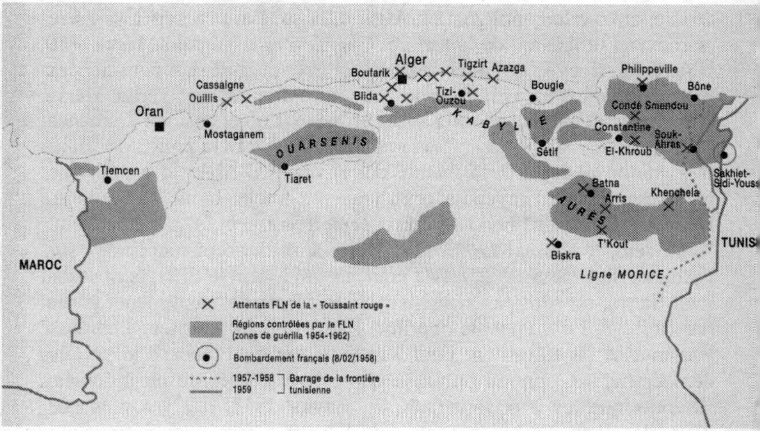

La guerre d'Algérie.

pour soulager la misère de la population, faciliter l'émigration vers la métropole pour éponger l'excédent de la population, mettre en place une véritable réforme agraire et ouvrir le chantier de l'industrialisation devait suffire à éloigner les ventres creux des mouvements nationalistes. Mater les rebelles, traquer le FLN, le Front de libération nationale, entré en scène en 1954 et devenu bientôt synonyme d'assassinats et de barbarie, devait suffire à rétablir l'ordre. Le 20 août 1955, le massacre d'Européens autour de Constantine, décidé par le FLN pour affirmer son audience sur les masses musulmanes et creuser un fossé de sang entre les deux communautés, radicalise le processus de guerre. « Il n'y a pas d'accord possible entre autochtones et Français d'Algérie, écrit alors le poète kabyle et chrétien Jean Amrouche à son ami pied-noir Jules Roy. En un mot, je ne crois plus à une Algérie française. Les hommes de mon espèce sont des monstres, des erreurs de l'histoire. Il y aura un peuple algérien parlant arabe, alimentant sa pensée, ses songes, aux sources de l'Islam, ou il n'y aura rien. Ceux qui pensent autrement retardent d'une centaine d'années. Le peuple algérien se trompe sans doute, mais ce qu'il veut, obscurément, c'est constituer une vraie nation, qui puisse être pour chacun de ses fils une patrie naturelle et non pas une patrie d'adoption. »

Devenu président du Conseil le 31 janvier 1956 en ayant fait une campagne électorale sur le thème de la « guerre imbécile », le socialiste Guy Mollet, conspué à Alger par les pieds-noirs, fait marche arrière, envoie le contingent en Algérie, laisse l'armée agir à sa guise et couvre l'utilisation de la torture. Gagnée par le général Massu, « la bataille d'Alger », qui met à mal le FLN, ébranle les consciences métropolitaines. La Question, le livre du communiste algérien Henri Alleg, qui décrit les tortures dont il a été l'objet, est un immense succès. La « disparition » après son arrestation par la police de Maurice Audin, assistant à la faculté des sciences d'Alger, a un énorme retentissement. L'Université et la jeunesse intellectuelle s'ébranlent. La revue *Esprit* et l'hebdomadaire *Témoignage chrétien* s'émeuvent. À lui seul, le journal *Le Monde* publie soixante-sept manifestes sur l'Algérie de 1958 à 1962. « Les Français qui aident le FLN, écrit Jean-Paul Sartre, ne sont pas seulement poussés par des sentiments généreux à l'égard d'un peuple opprimé. Ils travaillent pour leur liberté et leur avenir. Ils travaillent pour l'instauration en France d'une vraie démocratie. » L'opinion publique elle-même, cartiériste ou indignée, se doute que les jeux sont faits. En janvier 1958, il n'y a plus que 27 % des Français qui pensent que l'Algérie sera encore française dans dix ans.

« Je vous ai compris »

Le 8 février 1958, exaspérée par l'action des commandos algériens venus de Tunisie, l'armée fait bombarder le village tunisien de Sakhiet-Sidi-Youssef et fait 69 morts dont 21 enfants, provoquant une émotion considérable en France et à l'étranger. Anglais et Américains proposent alors leurs « bons offices » pour réconcilier la France et la Tunisie, ce qui, aux yeux de ceux qu'on appelle les « ultras », annonce un Diên Biên Phu diplomatique. Accusé de « capituler devant les volontés des Anglo-Saxons », le gouvernement de Félix Gaillard est renversé par l'Assemblée le 15 avril 1958.

« Abandon », tel est le mot qui court alors dans les rues et les journaux d'Alger. Le 13 mai 1958, alors que Pierre Pflimlin, partisan de la négociation, se présente à l'Assemblée pour y recevoir l'investiture, des manifestants occupent, avec la complicité des parachutistes, l'immeuble du gouvernement général à Alger et proclament la naissance d'un Comité de salut public dont les généraux Massu et Salan prennent la tête.

Le 15 mai, alors que son nom a été acclamé à Alger, le général de Gaulle annonce publiquement qu'il est candidat au pouvoir en diffusant ce message : « La dégradation de l'État entraîne infailliblement l'éloignement des peuples associés, le trouble de l'armée au combat, la dislocation nationale, la perte de l'indépendance. Depuis douze ans, la France aux prises avec des problèmes trop rudes pour le régime des partis, est engagée dans ce processus désastreux.

Naguère le pays, dans ses profondeurs, m'a fait confiance pour le conduire tout entier jusqu'à son salut.

Aujourd'hui, devant les épreuves qui montent de nouveau vers lui, qu'il sache que je me tiens prêt à assumer les pouvoirs de la République. »

C'est mettre le gouvernement, investi dans un sursaut de défense républicaine, dans l'embarras et encourager les insurgés qu'on voit mal rentrer dans la voie de l'obéissance. Le 17 mai, venus d'Alger, les parachutistes arrivent en Corse et y installent des autorités favorables à la dissidence. Le 27 mai, alors que l'opération « Résurrection », qui devait amener les paras à Paris, est décommandée, de Gaulle annonce qu'il a entamé « le processus régulier nécessaire à l'établissement d'un gouvernement républicain », ce qui est faux, mais précipite la démission de Pierre Pflimlin. Le 1er juin, appelé à former un gouvernement par le président Coty, avec la bénédiction résignée de Guy Mollet, Charles de Gaulle « consent » à se présenter devant l'Assemblée nationale pour lire une courte déclaration par laquelle il exige les pleins pouvoirs pendant six mois et promet de soumettre aux Français par référendum une nouvelle Constitution. Il est investi par 329 voix contre 224. Pour ceux qui ont voté contre, Pierre Mendès France, François Mitterrand et les communistes, le général ne peut être que le représentant des forces qui le portent au pouvoir. Réclamé par les généraux Massu et Salan, acclamé par la presse d'extrême-droite, suscitant les démonstrations enthousiastes des pieds-noirs, comment pourrait-il se débarrasser de ses alliés, à supposer qu'il le veuille ? Le général avait beau avoir ironisé en déclarant dans une conférence de presse : « Ce n'est pas à 67 ans que je vais entreprendre une carrière de dictateur », tous se rappelaient que Pétain avait quatre-vingt-quatre ans quand il avait commencé la sienne.

Le 4 juin 1958, à la foule franco-musulmane qui se presse sur le forum d'Alger, de Gaulle lance du balcon du gouvernement général : « Je vous ai compris », « quatre mots, écrira-t-il plus tard, apparemment spontanés, mais au fond bien calculés, dont je veux que [la foule] s'enthousiasme sans qu'ils m'emportent plus loin que je n'ai résolu d'aller ». Trois jours après, à Mostaganem, sous un soleil étincelant qui suscite les passions, il va cependant plus loin en déclarant : « Il s'est levé de cette terre éprouvée et meurtrie un souffle admirable qui, par-dessus la mer, est venu passer sur la France entière pour lui rappeler quelle était sa vocation. [...] À ce que vous avez fait pour elle, elle doit répondre en faisant ici ce qui est son devoir, c'est-à-dire considérer qu'elle n'a, d'un bout à l'autre de l'Algérie, dans toutes les catégories, dans toutes les communautés qui peuplent cette terre qu'une seule espèce d'enfants. Mostaganem, merci. Merci du fond du cœur, du cœur d'un homme qui sait qu'il porte une des plus lourdes responsabilités de l'histoire. Vive Mostaganem ! Vive l'Algérie française ! Vive la République ! Vive la France ! » « Algérie française », le mot a bien été prononcé alors que le 7 juin au soir, de retour à Paris, il confie à Pierre Lefranc : « Ils rêvent. [...] Ils oublient qu'il y a 9 millions de musulmans pour 1 million d'Européens. L'intégration, c'est 80 députés musulmans à l'Assemblée. Ce sont eux qui feraient la loi. L'armée, qu'est-ce que c'est ? Quelques colonels qui se prennent pour Giap. Les Français là-bas ? Les gros n'ont rien compris, ils se cramponnent ; les petits sont affolés. [...] Nous ne pouvons pas garder l'Algérie. »

Il faudra bien des mois pour que les tenants de l'Algérie française mesurent les retombées de telles confidences. Le 3 octobre 1958, le général prononce le discours de Constantine qui présente un ensemble de mesures « propres à permettre que, dans un délai de cinq ans, ce pays si vivant et si courageux, mais si difficile et souffrant, soit profondément transformé ». C'est reprendre l'objectif de maintenir la souveraineté française par des mesures économiques et sociales. Sur le terrain, il préconise la guerre de mouvement et lance victorieusement les troupes à l'assaut des forteresses escarpées tenues par l'armée des « rebelles ».

Puis, le 16 septembre 1959, il proclame sur les écrans de la télévision française le droit de l'Algérie à l'autodétermination et s'engage « à demander, d'une part aux Algériens, dans leurs douze départements, ce qu'ils veulent en définitive, et d'autre part, à tous les Français d'entériner ce que sera ce choix ». Le 4 novembre 1960, il prononce les mots fatidiques d'« Algérie algérienne », une « Algérie émancipée, une Algérie dans laquelle les Algériens eux-mêmes décideront de leur destin, une Algérie où les responsabilités seront aux mains des Algériens, une Algérie qui, si les Algériens le veulent, aura son gouvernement, ses institutions et ses lois ». Le 20 mai 1961, au lendemain de la tentative de putsch du « quarteron de généraux en retraite », s'ouvrent à Évian des négociations avec le FLN. Le 18 mars 1962, tandis qu'en Algérie, l'OAS, l'Organisation armée secrète soutenue par les Européens, déchaîne un terrorisme systématique, un cessez-le-feu est enfin conclu. Le 1er juillet 1962, l'Algérie devient indépendante. Il était plus que temps de « dégager la France d'une situation qui ne lui procurait que des malheurs », confesse le Premier ministre Michel Debré. Manifestation pacifique d'Algériens à Paris réprimée sauvagement le 17 octobre 1961, 8 morts au métro Charonne le 8 février 1962 parmi les manifestants anti-OAS, fusillade de la rue d'Isly, à Alger, le 26 mars 1962, il était temps, en effet, que la page soit tournée. La rupture de 1962 avec l'Algérie, après celle de 1960 avec l'Afrique noire et Madagascar, loin de plonger la France dans le désastre, accélérait en fait la croissance d'une économie libérée de ses boulets. Restent les troubles de la mémoire qui ne sont pas quantifiables.

CHAPITRE 81

Les choses

« De station en station, antiquaires, libraires, marchands de disques, cartes des restaurants, agences de voyages, chemisiers, tailleurs, fromagers, chausseurs, confiseurs, charcuteries de luxe, papetiers, leurs itinéraires composaient leur véritable univers : là reposaient leurs ambitions, leurs espoirs. Là était la vraie vie... » Prix Renaudot en 1965, Georges Perec exprimait dans Les Choses *les appétits de ceux qui poussaient leurs Caddies dans les premiers hypermarchés et voulaient goûter les fruits de ce qu'on venait d'appeler la société de consommation. Une société qui provoquait plus d'inquiétude que de satisfaction et suscitait les critiques de ceux qui se révoltaient contre la dictature du « standing » et la tyrannie du « progrès ».*

Cessac et Madère

Le village de Madère — on pourrait dire la paroisse de Madère, car tous ses habitants sont baptisés et pratiquent chaque dimanche — compte 534 habitants. De ces 534 habitants, les quatre cinquièmes sont nés à Madère ou dans les paroisses voisines, distantes de moins de 20 kilomètres. Sur ces 534 habitants, 40 ont plus de soixante-dix ans, et 210 moins de vingt ans. Il y a environ 12 naissances en moyenne par an et 8 décès, dont près de 3 chaque année sont des décès d'enfants de moins de un an. La taille moyenne des jeunes de vingt ans est de 165 centimètres pour les garçons et de 155 pour les filles. Très peu ont dépassé le niveau de l'école primaire élémentaire. Sur 4 000 nés, vivant dans le village depuis 1921, moins de 50 ont atteint ou dépassé le niveau du baccalauréat.

Des 534 habitants de Madère, 279 sont recensés dans la population active. 208 sont agriculteurs, 27 artisans et 12 commerçants. Les 19 personnes recensées comme « employés » sont 5 instituteurs et institutrices, le receveur des postes et le facteur, le secrétaire de mairie, le garde champêtre et quelques femmes de ménage journalières. Une douzaine d'ouvriers non agricoles, cantonniers et mécaniciens complètent les 279 actifs qui ne comprennent que 2 « cadres », le curé et un docteur en médecine qui a quitté Madère après le recensement, faute de clients solvables.

Sur les 208 agriculteurs, on compte 92 exploitants dont la superficie moyenne en culture est de l'ordre de 5 hectares. L'engrais chimique est très peu utilisé. On « fume » encore, comme autrefois, avec le fumier des grands animaux et celui des poules, lapins, canards et dindons. À ce compte, les rendements sont à peine supérieurs à ce qu'ils étaient au XIXe siècle. En année moyenne, le blé rend sept à huit fois la semence, la vigne 25 hectolitres, le tabac 20 quintaux. Dans le village, on ne compte que deux tracteurs, d'ailleurs souvent hors d'usage par bris d'une pièce dont la « rechange » demande plusieurs semaines. L'alimentation forme toujours les trois quarts de la consommation totale, composée pour moitié de pain et de pommes de terre. Une fois par semaine, on achète et on consomme de la viande de boucherie, souvent du bœuf de qualité médiocre. Le beurre est inconnu et le fromage consommé dans sa forme locale. En dehors du service militaire, la grande majorité des habitants de Madère ne s'est guère déplacée que pour son voyage de noces et quelques pèlerinages. Pour mesurer le niveau de consommation de cette population, on doit savoir qu'il faut travailler vingt-quatre minutes pour acheter 1 kilo de pain, quarante-cinq minutes pour 1 kilo de sucre, sept heures pour 1 kilo de beurre, huit heures pour un poulet de 1 kilo, trois cents heures pour un petit poste de radio et une heure pour une ampoule électrique de 15 watts.

Madère, un village qu'on pourrait croire « sous-développé » quand on le compare à celui de Cessac. Ici, le niveau de vie moyen est quatre à cinq fois plus élevé. Pour acheter 1 kilo de pain, il ne faut travailler que dix minutes ; pour le sucre, treize minutes ; pour le beurre, une heure vingt-cinq ; pour le poulet, quarante-cinq minutes ; pour la radio, vingt heures. À Cessac, qui compte 670 habitants, on ne recense que 53 agriculteurs sur les 215 personnes actives. L'exploitation moyenne est de 14 hectares contre 4 à 5 à Madère, et la productivité du travail y est douze fois plus forte. C'est dire qu'en une heure de travail, l'agriculteur moyen de Cessac tire du sol environ douze fois plus de produits que celui de Madère. Quarante tracteurs, une bonne sélection des plants et des semences ainsi que les engrais sont à la base de cette énorme différence.

Sur les 670 habitants de Cessac, 210 seulement sont nés dans le village, et 84 à moins de 20 kilomètres, de sorte que les « étrangers » y sont majoritaires. Seuls 15 à 20 % d'entre eux fréquentent l'église qui ne se remplit plus que les jours de fête et d'enterrement de notables. Sur les 243 foyers de la commune, 230 ont le « confort moderne ». 210 possèdent un réfrigérateur, 180 une machine à laver le linge, 110 un téléphone, 280 une automobile contre 5 à Madère. Alors que 150 des 163 maisons de Madère ont plus de cinquante ans d'âge et sont dans un état médiocre, 50 des 212 maisons de Cessac ont été construites depuis vingt ans et toutes les maisons anciennes ont été rénovées.

Enfin, le nombre de kilomètres parcourus en une année par les Cessacois peut être estimé aux alentours de soixante à quatre-vingts fois ce qu'il était voilà trente ans. Un grand nombre d'entre eux ont aujourd'hui pris plusieurs fois l'avion pour se rendre en Tunisie, au Maroc, à Rome, en Amérique du Nord et en Russie. Les adolescents connaissent en outre le Portugal, la Sicile, la Grèce, l'Égypte et cent autres lieux où les conduisent les colonies de vacances et les « voyages organisés ».

En fait, ces deux villages si contrastés sont un même village de France, Douelle, en Quercy, saisi à deux dates différentes, en 1946 et en 1975. Pour l'économiste Jean Fourastié, auquel nous avons emprunté cette célèbre comparaison, l'évolution de ce village au cours de ces « trente glorieuses » années illustre mieux que tout les formidables transformations économiques et sociales qu'a connues la France au cours de cette période. « Ne doit-on pas dire glorieuses les trente années qui séparent Madère de Cessac, et ont fait passer et Douelle et la France de la pauvreté millénaire, de la vie végétative traditionnelle, aux niveaux de vie et aux genres de vie contemporains ? écrit-il. [...] Libre à quelques adolescents sympathiques mais mal informés, bénéficiant du niveau de vie et du genre de vie actuels de la France, de l'hygiène, de la santé, de la Sécurité sociale, et de tous les moyens modernes de transport, d'information, de communication, de critiquer, voire de détester la « société de consommation ». Après les descriptions qu'on vient de lire, leurs opinions et leurs sentiments paraissent hâtifs. En fait, les peuples ont toujours ardemment désiré échapper aux pauvretés, aux duretés, aux misères traditionnelles ; aucun n'a pu le faire plus rapidement et plus nettement que la France en ce troisième quart du XXe siècle. »

Les « révolutions silencieuses »

Un taux de croissance de la production de 5 % en moyenne par an pendant près de trente ans, une expansion régulière qui pouvait faire croire que les crises économiques appartenaient désormais à un passé révolu, un pouvoir d'achat en hausse et un plein emploi assuré, une société d'abondance où l'on contractait des emprunts dont le remboursement se faisait à des taux d'intérêt réels pratiquement nuls, tel est le carré magique des années « glorieuses » qui s'amorcent en fait à partir du milieu des années 1950.

Parti à la recherche de la France au début des années 1960, Laurence Wylie, professeur de civilisation française à Harvard, se déclarait stupéfait par les transformations qu'il observait sur le terrain.

« Vers 1950, écrivait-il, la France s'abandonnait à un violent désespoir. Les gens de Roussillon, un village situé dans le département du Vaucluse, à une cinquantaine de kilomètres à l'est d'Avignon, portés par la tradition à accepter le pire avec un haussement d'épaules fataliste et les mots : "C'est comme ça !" trouvaient peu de raisons d'espérer dans le sombre avenir. "Pauvre France, disaient-ils, on est foutus !" »

Les experts agricoles de la région avaient déclaré que la culture la plus profitable pour les paysans de Roussillon était celle des fruits, mais il fallait pour cela planter des arbres et attendre qu'ils rapportent. « Pourquoi planterais-je des arbres fruitiers, avait dit Jacques Baudot. Pour que les Russes et les Américains prennent mon verger comme champ de bataille ? Non, merci bien. Pas si bête ! » L'homme dont le père avait été tué pendant la Première Guerre mondiale, qui avait dû quitter l'école pour s'occuper de la ferme et faire vivre sa mère et sa grand-mère puis, au moment où il avait pensé se marier, avait été fait prisonnier par les Allemands en juin 1940 et était resté en captivité pendant cinq ans, ne songeait pas plus à se marier qu'à planter des arbres fruitiers.

Dix ans plus tard, Jacques Baudot emmenait Laurence Wylie voir les pommiers et les abricotiers qu'il avait plantés, ainsi que les oliviers qui ne lui rapporteraient rien avant vingt ans. Et alors qu'il n'avait en 1950 qu'un mulet et une voiture vieille de vingt ans équipée en camion, il avait acheté à crédit une voiture neuve, un tracteur et un appareil de télévision. Se développer, courir des risques, emprunter, tel était le pari de ceux qui avaient compris qu'en économisant, leurs parents n'avaient réussi qu'à manger et boire sans réaliser leur idéal.

Plus « silencieuse » qu'à la ville, la révolution des campagnes apparaît bien comme le phénomène majeur des « Trente Glorieuses », une « révolution » dont les Français ont pris conscience en 1961 quand des tracteurs ont bloqué les routes et cerné les préfectures. De 1950 à 1967, la production agricole a augmenté en volume de plus des deux tiers, alors que la population active occupée perdait le tiers de ses membres. C'est bien au cours de cette période que la France cesse d'être un peuple de paysans pour devenir un peuple d'exploitants agricoles. Alors qu'au lendemain de la guerre, le blé rendait 15 quintaux à l'hectare et le vin 28, en 1970, les rendements s'élèvent respectivement à 42,7 quintaux pour le blé et 60 pour le vin. C'est aussi dire qu'en 1946, un actif agricole nourrissait 5,5 Français, 26 trente années plus tard.

Mais en même temps, pour la masse des agriculteurs qui cherchaient à s'adapter à cette course échevelée vers la culture qui rapporte, l'entrée brutale dans l'univers marchand s'accompagnait souvent d'un sentiment de révolte contre une société qui dédaigne celui qui la nourrit. « Pourquoi êtes-vous resté à la ferme ? » demande l'ethnologue qui a choisi Plozévet, cette commune bigouden de 3 800 habitants, comme observatoire des campagnes françaises. « Sans doute parce que j'étais trop bête pour faire autre chose », répond l'« indigène » mutant. À travers cette conscience malheureuse, le paysan de Plozévet met au jour la contradiction majeure de cette révolution agricole qui revêt peut-être à Plozévet plus qu'ailleurs une particulière acuité. Le jeune homme instruit fuit la terre. La jeune fille à marier fuit le paysan. La disette matrimoniale complète la déchéance du monde agricole. Au bal, le jeune paysan « fait tapisserie » et noie son insuccès dans l'alcool. Cette conviction de l'agonie irrémédiable d'un monde apparaît comme toile de fond de tous les questionnaires qui ont quadrillé la mentalité paysanne au cours de cette période. Elle est réelle chez le vieil exploitant qui s'est recroquevillé sur son patrimoine parcellaire. Elle est certaine chez les jeunes agriculteurs qui déploient des efforts considérables pour s'adapter à l'économie de marché et donnent à leur activisme quelque chose de spasmodique.

« Il n'y a plus d'amitié entre les hommes, confesse à Pierre Jakez Hélias cet autre paysan bigouden. S'il y a encore des intérêts communs, il n'y a plus de "compagnie", plus de société. Naguère, entre l'ouvrier agricole qui possédait une maison avec une vache ou

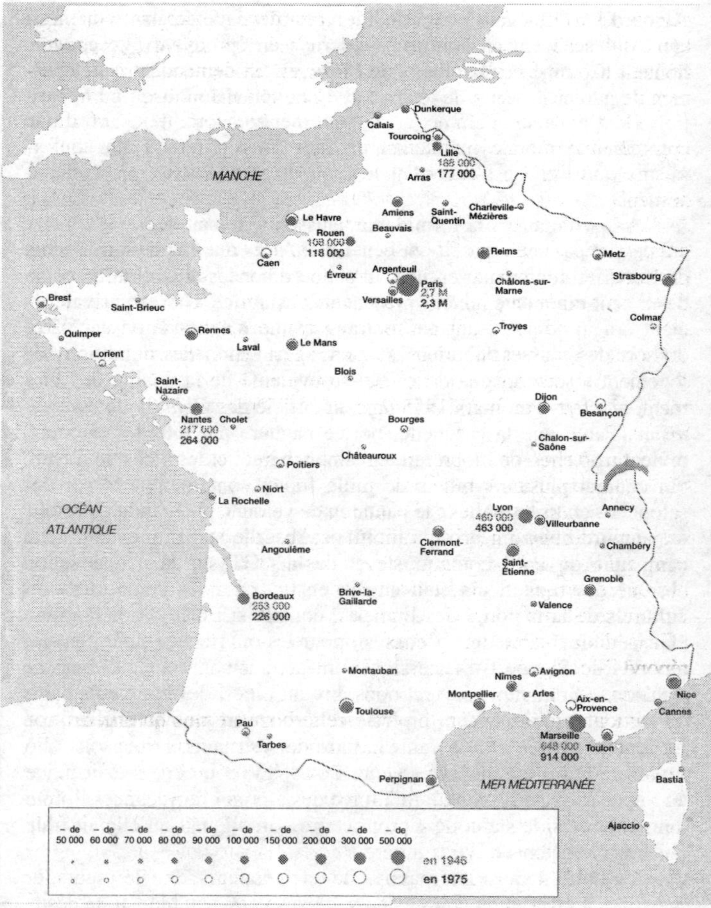

La croissance urbaine en France de 1946 à 1975.

deux pâturant sur des terres louées au maître et le maître lui-même, il n'y avait guère de différence, sauf en ce qui concernait la possession de la terre. Ils étaient compagnons de travail et vivaient la même vie. Le pauvre ne dépensait pas d'argent parce qu'il n'en avait pas et le riche n'en dépensait pas parce qu'il l'épargnait pour acheter la terre.

Aujourd'hui, l'inégalité des conditions est devenue éclatante même si ceux qui accèdent au confort "moderne" en éprouvent une certaine honte. » Comme ces habitants de Plozévet qui demandent à l'électricien de garder le secret de leur achat d'une télévision jusqu'à l'apparition de l'antenne, comme si le sentiment encore très fort d'une communauté morale maintenait en face du « progrès » un conformisme que l'on ne s'accordait le droit de transgresser que collectivement.

À la ville aussi, la formidable hausse du niveau de vie n'a guère été perçue par ceux qui en ont bénéficié. Alors que le pouvoir d'achat de l'ouvrier augmentait en une vingtaine d'années autant qu'au cours des... cent cinquante années précédentes, Maurice Thorez écrivait, en étant cru, qu'on assistait au contraire à une « aggravation accélérée du sort des masses laborieuses ». « L'aggravation des conditions de logement s'accompagne d'une baisse évidente de la qualité du vêtement, ajoutait-il en mars 1955 dans un article des *Cahiers du communisme*. Parce que la casquette, portée naguère par tous les ouvriers, revient trop cher, on lui préfère un simple béret ; et les bleus de travail, qui coûtent plusieurs billets de mille francs sont remplacés par des salopettes en tissus collés ; le pantalon de velours, si répandu autrefois, est aujourd'hui à un prix prohibitif. » Absurde statistiquement, cette campagne du Parti communiste et de la CGT sur la paupérisation absolue des travailleurs était en fait en prise sur les comportements culturels de la majorité des Français, comme si l'idée d'amélioration était pénible à admettre, comme si, pour les ouvriers comme pour les paysans de Plozévet, l'accession à un certain confort était signe de trahison. « Si quelqu'un vient nous dire qu'on est des bourgeois parce qu'on a une jolie maison, proteste cette ouvrière de Montbéliard, on lui répond qu'il n'a qu'à venir la faire de ses mains, la maison ! » À vrai dire, la salle à manger « genre Louis XVI » qu'elle s'était payée au Super-Ravi de Montbéliard à force de se priver de vacances l'obsédait, comme si le statut de « propriétaire » impliquait qu'elle ait franchi frauduleusement une frontière.

En fait, l'acquisition massive de réfrigérateurs, de téléviseurs, de machines à laver et de voitures ne compense pas, semble-t-il, la désintégration de la culture ouvrière provoquée par les transformations du travail industriel et l'éclatement du groupe social. Développement massif du « travail en miettes », multiplication des OS, perte de l'autonomie professionnelle, inutilité du « tour de main », déclin du textile et du charbon, recrutement massif d'immigrés, ségrégation de l'habitat dans les grands ensembles des ZUP, dissolution des liens qui unissaient les habitants des quartiers populaires, difficulté à résister aux mirages du crédit, relégation de l'accordéon et de la valse musette au rang d'amusements de « ringards », autant d'évolutions qui font que le « progrès » s'est accompagné pour les ouvriers d'une profonde mise en question de leur identité.

« Peut-on appeler travail ces trop rapides gestes mécaniques, réduits au strict minimum, éternellement à recommencer, où tous nos mouvements, rythmes et positions sont conçus, organisés, décidés par d'autres, où cette activité pire que monotone est sans aucune initiative, ni satisfaction, ni responsabilité ; où notre énergie créatrice est gaspillée ; où toute notre vie de travail est du temps à tuer : des journées mortellement ennuyeuses, témoignent en 1967 des OS à la cantine des usines Renault à Billancourt. [...] Comment s'intéresser aux choses sérieuses après ces journées interminables et exténuantes, d'où les plus nombreux sortent vidés, les nerfs détraqués, le cerveau abruti ? Notre véritable existence commence hors de l'usine ; nous avons deux jours à vivre par semaine, mais sans éprouver de plaisir comme producteur, pouvons-nous en avoir comme consommateur avec sept cents francs par mois ? »

Se mobiliser pour que les enfants « n'aient pas la vie qu'on a eue », tel devient l'objectif de ceux qui voient dans la scolarisation de masse le moyen d'en sortir, mais qui, en même temps, vivent les savoirs dispensés par l'école comme autant de preuves de leur infériorité. S'ils n'ont pas « réussi », pensent-ils, c'est qu'ils étaient trop « cons ». « Je sens, dit Jean-Paul, 35 ans, ajusteur, qu'il me manque des fois pas mal de choses... En plus, je crois qu'on manque peut-être d'éducation... Par exemple, j'aimerais bien causer littérature, un peu grande musique parce qu'il y a beaucoup de choses... Je ne suis pas toujours capable. »

À cet égard, la grève de trente-cinq jours, entamée par les mineurs en mars 1963, illustre le trouble d'un pays qui manifeste sa solidarité avec ces « gueules noires » qui avaient été les fers de lance de la « bataille de la production » et défendaient une profession que le général de Gaulle qualifiait de « mélancolique ». Alors que la régie Renault venait d'accorder à ses salariés une quatrième semaine de congés payés, le « plan d'adaptation des Houillères », qui prévoyait la fermeture d'un certain nombre de puits peu rentables, fait redécouvrir *Germinal* à une France perturbée par les inévitables retombées de la « modernisation ». En signant le 2 mars un décret de réquisition du personnel des Houillères, de Gaulle a commis une maladresse psychologique à l'encontre d'un « pays noir » qui compte 44 000 pensionnés pour silicose et plus de 98 000 pour accident du travail. Soutenus par l'Église qui se déclare « solidaire de leurs souffrances », par les ingénieurs qui dénoncent l'incurie de la politique énergétique française et décident de leur verser deux journées de leur traitement, par les familles qui se proposent en masse pour accueillir leurs enfants, par le milliard d'anciens francs collecté, les mineurs parviennent à faire reculer les pouvoirs publics sans réussir toutefois à retarder le déclin inéluctable d'un métier qui les tuait mais faisait leur fierté.

Donner la parole aux muets et expliquer que les hommes ne sont pas seulement un matériau pour les statisticiens de l'INSEE, tel avait été aussi le combat de Pierre Poujade dont la révolte gaillarde avait dix ans plus tôt mobilisé la France du « cocorico » contre celle du plan Marshall et du « Coca-Cola », la France du pastis contre celle du lait. Papetier-libraire à Saint-Céré, dans le Lot, ce Français « moyen » qui a épousé Yvette, une infirmière pied-noir, sait galvaniser l'échoppe, la boutique et la petite entreprise et rassembler les « hommes libres » qui méprisent les polyvalents du fisc, les fonctionnaires budgétivores, les métèques parasites, les écrivains « pédérastes », les trusts apatrides, les technocrates parisiens et les polytechniciens « tarés ». « Peuple de France, redresse-toi ! » lance-t-il en février 1955 dans l'organe de l'Union de défense des commerçants et artisans. « Divisé, écœuré, las de toutes les vaines promesses, de toutes les trahisons sans responsable, tu courbais ton front résigné, ayant perdu tout espoir. Abandonnant une tradition, un passé chargé d'honneur et de Gloire, n'osant plus penser à l'avenir de tes enfants, tu te lamentais le cœur serré, devant ce que tu appelais : le Destin.

Tu oubliais qu'il était possible de forcer ce Destin : plutôt tu ne pouvais plus y croire. Soudain, du cœur de la France, de ce vieux pays des Arvernes, un appel a été lancé. Il n'avait pas la classe d'un programme savamment programmé par des techniciens rompus à l'Art du dosage. Il n'était pas signé par d'éminentes personnalités. Il n'avait pas reçu l'approbation des Puissants du jour. Mais il avait pour lui l'honnêteté, la jeunesse, la ténacité et le courage.

C'était Verdun, c'était Wagram... Des poilus aux sans-culottes, d'Alésia au Vercors, c'était le cri d'un peuple qui ne veut pas mourir. » Quand Jean Fourastié célébrait « le grand espoir du XXe siècle », les frustrés de l'opulence se pressaient pour voir *Mon oncle*, *Playtime* et *Trafic*. Sans doute parce que l'idée d'un mieux-vivre était contraire à une France pour qui sortir de la pauvreté faisait un peu honte.

Le « cadre nouveau » est arrivé

L'année même où Pierre Poujade invitait les « petits » à se mobiliser contre les « gros », la société Cetelem publiait un prospectus légendé : « Payez petit à petit le confort de votre nid », sur lequel on voyait un jeune Français gravir une échelle lui permettant d'accéder à une maison tirelire nichée au sommet d'un arbre. Cible privilégiée de cette publicité, les « cadres », un mot dont l'emploi se diffusait au même rythme qu'enflaient les effectifs de cette catégorie sociale nouvelle et intrigante.

« Cadres moyens » et « supérieurs », ils étaient 1 547 000 en 1954, 4 052 000 en 1975.

Produits des lycées qui ont vu leurs effectifs tripler au cours des « Trente Glorieuses », des grandes écoles et des concours, à l'aise dans les mathématiques modernes, lancés dans la course à l'avancement, persuadés que leurs compétences leur permettraient d'aller toujours plus loin, voulant profiter de la vie tout de suite, acceptant tous les « marqueurs » sociaux de leur époque, ayant deux enfants là où leurs parents n'en avaient qu'un, clients privilégiés de Moulinex, Carrefour, Courrèges et du Club Méditerranée, trouvant leur plaisir dans la consommation là où leurs parents s'attachaient au patrimoine, ils ont été cigales là où leurs aînés s'étaient comportés en fourmis.

« *L'Express* était sans doute l'hebdomadaire dont ils faisaient le plus grand cas, ironisait encore Georges Perec dans *Les Choses*. [...] Lui seul correspondait à leur art de vivre ; ils retrouvaient en lui, chaque semaine, même s'ils pouvaient à bon droit les juger travesties et dénaturées, les préoccupations les plus courantes de leur vie de tous les jours. [...] Ils avaient besoin, sans doute, que leur liberté, leur intelligence, leur gaieté, leur jeunesse soient, en tout temps, en tout lieu, convenablement signifiées. Ils le laissaient les prendre en charge, parce que c'était plus facile, parce que le mépris même qu'ils éprouvaient pour lui les justifiait. Et la violence de leurs réactions n'avait d'égale que leur sujétion : ils feuilletaient le journal en maugréant, ils le froissaient, ils le rejetaient loin d'eux. Ils n'en finissaient pas de s'extasier sur son ignominie. Mais ils le lisaient, c'était un fait, ils s'en imprégnaient. [...] Ils rêvaient, à mi-voix, de divans Chesterfield. *L'Express* y rêvait avec eux. Ils passaient une grande partie de leurs vacances à courir les ventes de campagne ; ils acquéraient à bon compte des étains, des chaises paillées, des verres qui invitaient à boire, des couteaux à manche de corne, des écuelles patinées dont ils faisaient des cendriers précieux. De toutes ces choses, ils en étaient sûrs, *L'Express* avait parlé, ou allait parler. »

Au-delà de la caricature facile de ceux qui, assis à la terrasse des Deux-Magots, à Saint-Germain-des-Prés, brocardaient ces damnés de l'opulence, ces consommateurs de grillades, de légumes verts et de yaourts — ce produit-symbole dont la consommation triplait dans les années 1960 — ont bien été le meilleur levain de la croissance. Dans une France où, sur 100 fils d'ouvriers, 15 sont devenus cadres et où 1 fils d'employé sur 3 accède à ce statut en 1969, l'optimisme est à la mesure de cette formidable opportunité d'ascension sociale. Quand le rapport Ortoli publie en 1967 cette curieuse formule, « la solution principale aux problèmes que pose le progrès est dans le progrès lui-même », il exprime en fait les sentiments que partagent ces « nouveaux » Français. Ceux qui ont conscience que leurs efforts leur permettront d'encaisser les dividendes de la croissance, de payer les traites de la voiture et de financer leur plan d'épargne-logement. Comme si le fait de savoir qu'il valait mieux acheter aujourd'hui ce qui serait plus cher demain était le meilleur des dopants. Comme si l'inflation, qui faisait tant horreur à Antoine Pinay ou à Charles de Gaulle, devait être le prix à payer pour édifier une société plus conviviale et éviter les crises du passé. En un temps où les croyances et les projets de société nouvelle se délitaient, l'aspiration au bonheur quotidien suffisait à distraire les Français de leur vie de travail. Mais pas davantage que les participants au carnaval d'autrefois n'ignoraient qu'ils cesseraient d'être rois au lendemain de la fête, ni que ceux qu'ils avaient un moment chahutés seraient à nouveau les maîtres, les acheteurs de disques et de DS savaient sans doute que ces « choses » n'étaient que le reflet du vrai bonheur.

« De plus en plus, écrivait Edgar Morin dès 1959, apparaîtront aux sociétés évoluées, si elles continuent leur course à la prospérité, l'irrationalisme de l'existence rationalisée, l'atrophie d'une vie sans communication véritable avec autrui comme sans réalisation créatrice, l'aliénation dans le monde des objets et des apparences. Les crises de fureur des jeunes gens, les tourments existentiels des intellectuels, les névroses spiritualistes des bourgeoises de Passy sont déjà les symptômes d'une crise qui se généralisera sans doute un jour. »

Salut les copains

En 1962, au moment où l'Algérie devient indépendante, Daniel Filipacchi, qui avait en 1959 lancé sur Europe 1 une émission destinée aux « fans » de la nouvelle vague musicale, décide d'exploiter le succès de l'émission en publiant *Salut les copains !* Le premier numéro est tiré à 50 000 exemplaires. Un an plus tard, le million est atteint.

Coïncidant avec l'avènement d'une nouvelle classe d'âge, celle de la génération du baby-boom née dans l'immédiat après-guerre, le temps des copains marque l'émergence d'une culture nouvelle, où transistor, télé, microsillons, Beatles, jeans et tee-shirts deviennent les signes de reconnaissance d'une jeunesse dont l'allant ébranle les socles de la culture « classique ». Certes, Claude Lévi-Strauss, Michel Foucault, Roland Barthes, Alain Robbe-Grillet, Jacques Lacan, Louis Althusser, Jean-Paul Sartre et Raymond Aron font toujours le bonheur des séminaires de l'École normale supérieure et des éditions Gallimard. Certes, les maisons de la culture ouvertes par André Malraux ont bien pour ambition d'être les « cathédrales du XXe siècle ». Certes, le festival d'Avignon et le TNP ont su communiquer le souffle du théâtre au public des comités d'entreprise. Certes, les funérailles de Braque, de Jean Moulin et de Le Corbusier ont été l'occasion de belles envolées lyriques. Pourtant, n'en déplaise à François Nourissier, « voici que se lève, immense, bien nourrie, ignorante en histoire, opulente, réaliste, la cohorte dépolitisée et dédramatisée des Français de moins de vingt ans », celle qui, dans la nuit du 22 au 23 juin 1963, vient applaudir, place de la Nation, Sylvie Vartan, Johnny Hallyday, Richard Anthony et les autres. Historiquement, c'est au cours de ces années 1960 que la proportion des zéro-dix-neuf ans atteint son point culminant, avec 34 % du nombre total des Français. Pour ces teenagers, la défaite de 1940, la Collaboration, la Résistance, la guerre d'Indochine et celle d'Algérie comptent moins que *Tous les garçons et les filles*. Quand Bertrand Blier sort en 1963 *Hitler, connais pas ?* c'est vouloir intimer aux « aînés » de ne pas rester prisonniers d'une histoire que, l'Europe aidant, on veut dédramatiser. Quand le chroniqueur de *France-Soir* écrit à l'occasion du passage des Beatles à l'Olympia, en lever de rideau du récital de Sylvie Vartan : « Les Beatles : de vieux zazous rénovés par le yé-yé. Leur yé-yé est le pire que nous ayons entendu depuis quatre ans. Et physiquement, ils sont encore plus démodés que leur musique. Il n'est rien que le public puisse moins supporter que des vedettes démodées », il illustre la perspicacité des adultes face à l'éruption juvénile !

Quand Guy Béart chante :

Tu me dis comme tout change
Les rues te semblent étranges
Même les cafés crème
N'ont plus le goût qu'tu aimes
C'est que tu es une autre
Et que je suis un autre
Nous sommes étrangers
À Saint-Germain-des-Prés,

il met en musique la nostalgie de ceux dont l'adolescence avait été charmée par Léo Ferré, Juliette Gréco, Yves Montand, Francis Lemarque et Boris Vian, ceux qui avaient chanté les refrains du *Déserteur* ou *Quand un soldat part à la guerre* et partagé le gentil anarchisme de Georges Brassens. En 1963, toutefois, le temps des guerres venait de s'éteindre. Celui de la télé venait de s'ouvrir. En 1958, on comptait un peu moins de un million de récepteurs équipant 9 % des ménages. En 1969, on dénombre dix millions de récepteurs équipant 60 % des ménages. En 1957, 411 millions de Français étaient allés au « ciné ». Ils ne sont plus que 184 millions en 1970 qui ont applaudi *La Grande Vadrouille*, *Le Corniaud* et *Le Gendarme de Saint-Tropez*. Ils sont surtout désormais des millions à s'asseoir en moyenne cent quinze minutes par jour devant l'étrange lucarne pour suivre *Cinq colonnes à la une*, *La caméra explore le temps* et *Au théâtre ce soir*, applaudir les succès du Quinze de France dans le tournoi des Cinq Nations commentés par Roger Couderc et vivre l'affrontement entre Jacques Anquetil et Raymond Poulidor. En ces années de Gaulle, les ambitions du général ne coïncident pas tout à fait avec celles des Français.

CHAPITRE 82

Les défis du général

Le 15 mars 1968, Pierre Viansson-Ponté, chef du service politique du journal Le Monde, *écrit : « Ce qui caractérise actuellement notre vie publique, c'est l'ennui. Les Français s'ennuient. [...] La jeunesse s'ennuie. [...] Les empoignades, les homélies et les apostrophes des hommes politiques de tout bord paraissent à tous ces jeunes, au mieux plutôt comiques, au pis tout à fait inutiles, presque toujours incompréhensibles. [...] Le général de Gaulle s'ennuie. Il s'était bien juré de ne plus inaugurer les chrysanthèmes, et il continue d'aller, officiel et bonhomme, du Salon de l'agriculture à la Foire de Lyon. Que faire d'autre ? » C'était penser que dans un pays qui n'était plus malheureux, mais n'avait plus grand prise sur les événements mondiaux, l'anesthésie risquait de provoquer la consomption. Deux mois avant mai 1968, l'éditorialiste du* Monde *faisait preuve d'une singulière clairvoyance...*

Une République nouvelle

Le 1er juin 1958, le général de Gaulle reçoit l'investiture de l'Assemblée nationale par 329 voix contre 224. Le 2 juin, les députés se mettent en vacances en votant les pleins pouvoirs au nouveau gouvernement pour six mois. Le 3 juin, ils confient au président du Conseil le soin de rédiger une nouvelle Constitution qui doit toutefois respecter les principes fondamentaux de la démocratie, puisqu'il est précisé dans la loi sur les pleins pouvoirs que « le pouvoir exécutif et le pouvoir législatif doivent être effectivement séparés de façon que le gouvernement et le Parlement assument, chacun pour sa part et sous sa responsabilité, la plénitude de leurs attributions ». Le 3 septembre 1958, le texte de la nouvelle Constitution est adopté par le Conseil des ministres. Le 4 septembre, le général de Gaulle le présente aux Français place de la République. Le 28 septembre, consultés par référendum, ils « absolvent » le 13 mai en l'approuvant à une écrasante majorité de près de 80 % des suffrages exprimés, la moitié des électeurs ayant toutefois avoué qu'ils n'avaient absolument pas lu le texte soumis à leur approbation. Aux élections législatives du 30 novembre 1958, alors que le Parti communiste perd le tiers de son électorat et que sur les 475 élus de 1956, 334 sont battus, les modérés et les gaullistes rassemblés dans l'UNR, l'Union pour la nouvelle République, remportent la majorité absolue des sièges. Le 21 décembre, le général de Gaulle est élu président de la République par un collège de 80 000 notables. Le 8 janvier 1959, René Coty transmet solennellement les pouvoirs à son successeur dans la grande salle des fêtes de l'Élysée et est cavalièrement abandonné sur le trottoir à la suite du traditionnel hommage au Soldat inconnu... C'est vouloir signifier que la IVe République est bien morte et que la légitimité du nouveau président est d'une autre nature que celle dont se sont prévalus ses prédécesseurs.

« À partir du moment où l'armée, passionnément acclamée par une nombreuse population locale et approuvée dans la métropole par beaucoup de gens écœurés, se dressait à l'encontre de l'appareil officiel, où celui-ci ne faisait qu'étaler son désarroi et son impuissance, écrit-il dans ses *Mémoires d'espoir*, il était clair qu'on allait directement vers la subversion, l'arrivée soudaine à Paris d'une avant-garde aéroportée, l'établissement d'une dictature militaire fondée sur un État de siège analogue à celui d'Alger, ce qui ne manquerait pas de provoquer, à l'opposé, des grèves de plus en plus étendues, une obstruction peu à peu généralisée, des résistances actives grandissantes. Bref, ce serait l'aventure débouchant sur la guerre civile... À moins qu'une autorité nationale, extérieure et supérieure au régime politique du moment aussi bien qu'à l'entreprise qui s'apprêtait à le renverser, rassemblât soudain l'opinion, prit le pouvoir et redressât l'État. Or, cette autorité-là ne pouvait être que la mienne. »

Une autorité qui impose en quelques semaines la Constitution qui, un demi-siècle plus tard, régit encore la France. En fait, si la mise en place des institutions nouvelles a été si rondement menée, c'est que les grands principes avaient été fixés le 16 juin 1946 à Bayeux.

Comme l'avaient préconisé avec constance tous les partisans de la réforme de l'État depuis la fin du XIXe siècle, il s'agissait simplement de redonner au pouvoir exécutif les moyens de gouverner le pays tant il semblait évident que la France ne pourrait redevenir forte qu'en affirmant l'hégémonie d'un chef de l'État capable d'assurer tout à la fois stabilité et continuité dans la direction des affaires du pays.

Au-delà d'un système tellement ambigu que les formules employées par les constitutionnalistes pour le désigner vont d'un « régime semi-présidentiel » à un « régime parlementaire régénéré », les Français auront retenu l'essentiel. Si le président de la République a des fonctions analogues à celles des présidents des républiques précédentes, c'est lui qui choisit comme il l'entend le Premier ministre, peut dissoudre l'Assemblée nationale, consulter le pays par référendum et disposer, par l'article 16, de pouvoirs exceptionnels en cas de crise grave. « L'essentiel, écrit Michel Debré, qui peut revendiquer la paternité du texte, c'est qu'il y ait, dans le monde d'aujourd'hui, à la tête de la France, une aptitude à décider. [...] Là est le legs fondamental de la pensée constitutionnelle du général de Gaulle. Le référendum est un acte par lequel l'exécutif considère qu'il a le droit et en même temps l'obligation de faire trancher une question très grave par le peuple. Sans vouloir dire que le référendum est un plébiscite, il faut bien voir qu'il est un retour de l'exécutif devant la source de sa légitimité [...] car on ne peut pas imaginer une question grave [à propos de laquelle] le chef de l'État, désavoué, dise "je reste". Le référendum est donc, dans la conception constitutionnelle de la Ve République, un acte très grave qui met en cause l'autorité de la fonction. » On le mesurera en avril 1969.

Si le gouvernement « détermine et conduit la politique de la Nation », tout le monde a compris que le Premier ministre a surtout pour mission d'être le « second » du capitaine. Que ce soient Michel Debré, Georges Pompidou, un directeur de cabinet non élu du peuple, ou Maurice Couve de Murville, ces fidèles, qui devaient accepter de lui remettre leur démission dès qu'il leur en ferait la demande, ont surtout été des chefs d'état-major qui prenaient leurs ordres au « Château », c'est-à-dire au palais de l'Élysée où régnait un véritable « Louis XIV », selon la chronique irrévérencieuse du *Canard enchaîné*. « De même qu'à bord du navire, l'antique expérience des marins veut qu'un Second ait son rôle à lui à côté du commandant, commentait le "monarque", ainsi dans notre nouvelle République, l'Exécutif comporte-t-il après le Président, voué à ce qui est essentiel et permanent, un Premier ministre aux prises avec les contingences. »

Surtout, le Parlement, composé de deux Chambres, comme précédemment, voit ses prérogatives singulièrement rognées. Certes, le gouvernement est responsable devant l'Assemblée qui peut mettre fin à son existence, mais la motion de censure déposée pour le renverser doit toutefois recueillir la majorité absolue, les abstentions étant ainsi comptabilisées en faveur du gouvernement. Enfin, l'Assemblée nationale n'est maîtresse ni de la date des sessions ni de son ordre du jour. « Certes, il y a un Parlement dont l'une des deux Chambres a la faculté de censurer les ministres, écrit encore le général. Mais la masse nationale et moi-même ne voyons rien là qui limite ma responsabilité, d'autant mieux que je suis, juridiquement, en mesure de dissoudre, le cas échéant, l'assemblée opposante, d'en appeler au pays par-dessus le Parlement par la voie du référendum et, en cas de péril public, de prendre toutes les mesures qui me paraîtraient nécessaires. »

En outre, la désignation d'un Conseil constitutionnel, véritable gardien des institutions, dépouille de fait le Parlement de son autorité suprême en matière législative.

En septembre 1962, au lendemain de l'attentat du Petit-Clamart auquel il a échappé par miracle, les balles des hommes de l'OAS étant passées à quelques centimètres des têtes du président et de son épouse, le général de Gaulle, qui se juge en état de guerre contre la classe politique qu'il soupçonne de « vouloir lui faire la peau », propose aux Français un référendum sur l'élection du président de la République au suffrage universel direct. Dans l'allocution télévisée qu'il prononce pour justifier ce que Gaston Monerville, président du Sénat, appelle une « forfaiture », il déclare : « Sans que doivent être modifiés les droits respectifs, ni les rapports réciproques des pouvoirs, exécutif, législatif, judiciaire, tels que les fixe la Constitution, mais en vue de maintenir et d'affermir dans l'avenir nos institutions des entreprises factieuses, de quelque côté qu'elles viennent, ou bien des manœuvres de ceux qui, de bonne ou de mauvaise foi, voudraient nous ramener au funeste système d'antan, je crois donc devoir faire au pays la proposition que voici : quand sera achevé mon propre septennat, ou si la mort ou la maladie l'interrompaient avant le terme, le président de la République sera dorénavant élu au suffrage universel. »

Cette proposition suscite les passions les plus vives et fait crier à la dictature tous ceux qui s'opposent au développement du pouvoir personnel. Le 5 octobre, une motion de censure est adoptée contre le gouvernement. Le général réplique en maintenant en fonctions Georges Pompidou et en prononçant la dissolution de l'Assemblée nationale. Le 28 octobre 1962, le référendum sur l'élection du président de la République au suffrage universel est adopté par 61,75 % des suffrages exprimés. Aux élections législatives des 18 et 25 novembre 1962, un « raz de marée » donne à l'UNR 32 % des suffrages exprimés et la majorité quasi absolue des sièges, un score jusqu'alors jamais franchi dans l'histoire parlementaire de la France. Pinay, Mollet, Mendès, qui formaient le « cartel des non », ont été désavoués par le peuple qui a boycotté les « partis de jadis » et donné au général les moyens de sa politique de « grandeur ». « Voyez-vous, confie-t-il à un visiteur au lendemain des élections, les soi-disant chefs des soi-disant partis auraient, bien sûr, préféré continuer à jouer à la belote. Mais moi, je les ai obligés à jouer au poker. Et là, je suis le plus fort. » « L'art politique, écrit l'historien Michel Winock, est de ne pas laisser passer sa chance. Mais l'opportunisme du général est toujours subordonné au grand dessein qu'il s'est fixé : restaurer l'État et redonner sa grandeur à la patrie. »

Si de Gaulle a concentré entre ses mains l'essentiel du pouvoir exécutif et institué une forme monarchique de gouvernement, il a aussi noué avec le peuple des rapports uniques. L'homme figé des tableaux accrochés dans les salles des mairies était un homme de la foule et du contact, un homme de cœur qui avait la magie du verbe et savait entonner bravement *La Marseillaise*, malgré une voix vieillie et un peu fausse. À ceux qui lui reprochaient l'exercice solitaire du pouvoir, il répondra, dans la conférence de presse du 9 septembre 1965 : « 30 allocutions adressées au pays tout entier par la voix de la radio et de la télévision ; 12 conférences de presse intégralement diffusées ; 36 discours solennels prononcés lors des cérémonies publiques ; séries de voyages accomplis — indépendamment d'au moins 200 apparitions officielles à Paris — dans les 94 départements de la métropole et de l'outre-mer, au cours desquels le chef de l'État a vu, de ses yeux, au moins quinze millions de Français ; invité à conférer avec lui tous les membres de Parlement, tous les Corps constitués, tous les Conseillers généraux, tous les maires de France ; visité environ 2 500 communes, dont toutes les principales ; répondu dans les Hôtels de ville à la bienvenue de près de 400 Conseils municipaux et de 100 000 notables ; parlé depuis des estrades dans plus de 600 localités à la population assemblée ; dialogué avec tant de personnes qu'on ne pourrait les compter et serré d'innombrables mains. » De Gaulle, qui ne guérissait toutefois pas les écrouelles, fut bien le premier à établir un « lien vivant » entre la République et les citoyens.

Une certaine idée de la France

Tous les Français connaissent le début des *Mémoires de guerre.* « Toute ma vie, écrit Charles de Gaulle, je me suis fait une certaine idée de la France. Le sentiment me l'inspire aussi bien que la raison. Ce qu'il y a en moi d'affectif imagine naturellement la France, telle la princesse des contes ou la madone aux fresques des murs, comme vouée à une destinée éminente et exceptionnelle. [...] Bref, à mon sens, la France ne peut être la France sans la grandeur. » « Une certaine idée de la France », cette formule inventée par l'écrivain Maurice Barrès en 1920 était surtout un défi lancé aux Français pour les détourner de la « médiocrité » et du « bistrot », une manière d'échapper aux fatalités d'un monde dominé par les « grandes puissances » et d'affirmer avec vigueur l'exception française.

« Quelle est la troisième réalité internationale, confiait-il à Alain Peyrefitte le 24 janvier 1963 ? C'est la France. Nous sommes en ce moment les seuls, en dehors des Américains et des Russes, à avoir une ambition nationale, à nous y tenir et à avoir le courage de le dire. En dehors de ces trois réalités internationales, il n'y a que des nébuleuses, il n'y a que des pays divisés contre eux-mêmes, il n'y a que les éternels candidats, il n'y a que les perpétuels hésitants. » « Évidemment, ajoutait-il le 13 février, les canons, les divisions, nous en avons moins que les deux mastodontes. Bien sûr, nous ne sommes plus le *gros animal*, nous ne possédons plus la puissance de jadis. Il y a les fusées, mais il y a aussi les idées. La magistrature de la France est morale. En Afrique, en Asie, en Amérique du Sud, notre pays est le symbole de l'égalité des races, des droits de l'homme et de la dignité des nations. »

Aux Français successivement humiliés en Indochine, à Suez et en Algérie, il dit que les nations ne meurent pas. Pour tenir son rang et ne plus faire la cour aux autres, il faut d'abord une monnaie solide et des finances en équilibre. Pour ce faire, en juin 1958, il fait appel à Antoine Pinay qu'il considère comme la médiocrité incarnée, mais qui est le seul à pouvoir rallier à la République nouvelle le monde de l'argent et de la finance. Un emprunt lancé à des conditions avantageuses qui renfloue les caisses du Trésor, une dévaluation de 17,45 % ter[illegible]ée par l'institution psychologique d'un « franc lourd » équiva-[illegible]0 francs 1958, un budget de l'État rudement comprimé qui [illegible]générosité à l'orthodoxie chère à Jacques Rueff, chargé [illegible] Comité des experts, un alourdissement des charges fiscales et une libéralisation spectaculaire des échanges extérieurs, autant de mesures « libérales » destinées à renforcer la puissance de l'État.

Une Afrique noire qui accède en 1960 à l'indépendance pacifiquement, mais qui garde des liens privilégiés avec l'ancienne métropole, c'est l'amorce d'une coopération qui assure à la France une influence économique, politique et culturelle dans le continent africain.

Une bombe atomique qui explose à Reggane, dans le Sahara, le 13 février 1960, c'est l'œuvre clandestine commencée sous la IVe République qui est révélée à la surprise quasi générale et donne à la France la « force de dissuasion » qui lui assure le statut de « grande puissance ». « Sans doute les mégatonnes que nous pourrions lancer n'égaleraient pas en nombre celles qu'Américains et Russes sont en mesure de déchaîner, rétorque-t-il à ceux qui brocardent la « bombinette » française. Mais à partir d'une certaine capacité nucléaire et pour ce qui concerne la défense directe de chacun, la proportion des moyens respectifs n'a plus de valeur absolue. En effet, puisqu'un homme et un pays ne peuvent mourir qu'une fois, la dissuasion existe dès lors qu'on a de quoi blesser à mort son éventuel agresseur, qu'on y est très résolu et que lui-même en est bien convaincu. »

Répondre au « défi américain », dégager la France de l'intégration atlantique, nouer avec les pays de l'Europe de l'Est et d'abord avec l'Union soviétique des relations visant à la détente, puis à l'entente et à la coopération, se démarquer sur tous les dossiers importants de Washington, faire face à l'impérialisme du dollar, tel est le grand « dessein » qui a fait dire aux Américains que le « paranoïaque » de l'Élysée voulait conduire une diplomatie antiaméricaine. En fait, comme l'a très bien compris Henry Kissinger, de Gaulle pensait simplement que l'assistance américaine n'avait pas besoin d'être achetée par une attitude conciliante et qu'une association entre les nations n'était valable que dans la mesure où chaque partenaire avait réellement la possibilité de choisir. « Les Américains ne pourront jamais s'empêcher de favoriser au maximum la carrière d'un Jean Monnet, confiait-il à Alain Peyrefitte, car ils reconnaissent en lui leur homme, et de s'opposer à de Gaulle car ils sentent en lui un homme qui leur résiste. Pourtant, ils devraient comprendre que le meilleur allié des États-Unis, ce n'est pas celui qui s'aplatit devant eux, c'est celui qui sait leur dire non. »

Reste que les façons de dire « non » du général ont souvent été rudes.

En 1964, sa visite triomphale au Mexique est interprétée comme une intrusion intolérable sur les chasses gardées des États-Unis. La même année, il refuse de s'associer à la célébration du vingtième anniversaire du débarquement allié en Normandie et reconnaît la Chine de Mao, faisant la leçon à Washington qui persiste à confondre la Chine avec le gouvernement de Formose.

En 1965, endoctriné par Jacques Rueff, il convertit les dollars détenus par la Banque de France en or en affirmant que « la convention qui attribue au dollar une valeur transcendante comme monnaie internationale ne repose plus sur la base initiale, à savoir la possession par l'Amérique de la plus grande partie de l'or du monde ». En juin 1966, il signe en grande pompe des accords avec l'Union soviétique et évoque « une entente constructive, de l'Atlantique jusqu'à l'Oural ». Le 1er septembre 1966, alors que la guerre du Viêtnam fait rage, il rend Washington directement responsable du conflit et annonce à Phnom Penh son inéluctable défaite. En juillet 1967, à l'occasion d'un discours improvisé à Montréal, il s'écrie : « Vive le Québec libre ! », en comparant l'accueil qui lui est fait à « une atmosphère du même genre que celle de la Libération », ce qui est jugé « inacceptable » par le gouvernement canadien. En 1967 toujours, lorsqu'au cours d'un nouvel épisode du conflit israélo-arabe, il prend parti pour la cause arabe au détriment du peuple juif « impérieux, sûr de lui et dominateur », personne ne doute qu'il s'agit encore de défier l'Amérique.

Surtout, en mars 1966, de Gaulle décide de quitter les structures militaires de l'Otan en annonçant à la presse internationale effarée qu'« il s'agit de rétablir une situation normale de souveraineté, dans laquelle ce qui est français, en fait de sol, de ciel, de mer et de forces, et tout élément étranger qui se trouverait en France, ne relèveront plus que des seules autorités françaises. » Le 1er avril 1967, toutes les bases américaines étaient évacuées du territoire français...

Constituer une Europe « indépendante » en en écartant la Grande-Bretagne, accélérer la réconciliation franco-allemande, tels sont aussi pour de Gaulle les moyens de contribuer à la « grandeur » de la France. Construire l'« Europe des patries » contre « je ne sais quel volapük intégré », c'est laisser la pleine souveraineté aux États au sein d'une confédération dont la France dotée de l'arme nucléaire serait la puissance dominante. Rejeter en 1963 comme en 1967 la candidature de la Grande-Bretagne, c'est écarter un pays foncièrement opposé à l'entreprise européenne, un pays, écrit-il qui, « en vertu de sa géographie, par conséquent de sa politique, n'a jamais admis, ni de voir le continent s'unir, ni de se confondre avec lui ». Dans sa conférence de presse du 14 janvier 1963, il ajoute de manière spectaculaire et irritante pour ses partenaires : « L'Angleterre est insulaire, maritime, liée par ses échanges, ses marchés, son ravitaillement, aux pays les plus divers et souvent les plus lointains. [...] Comment faire entrer l'Angleterre telle qu'elle est dans ce système-là ? [...] Il est à prévoir que la cohésion de tous ses membres n'y résisterait pas longtemps et, qu'en définitive, il apparaîtrait une Communauté atlantique colossale sous dépendance et direction américaines et qui aurait tôt fait d'absorber la Communauté européenne. » En privé, il précise : « L'Angleterre n'est plus qu'un satellite des États-Unis. Si elle entrait dans le Marché commun, elle ne serait que le cheval de Troie des Américains. Cela voudrait dire que l'Europe renonce à l'indépendance. »

Cette indépendance, c'est avec l'Allemagne fédérale qu'il faut la construire, avec un « nain politique », qui sait que les États-Unis ne mettront jamais à sa disposition l'arme nucléaire, mais un « géant économique » dont il faut capter la force. Le 14 septembre 1958, la rencontre avec le chancelier Adenauer à Colombey est placée sous le signe de la séduction entre les deux vieux messieurs. En juillet 1962, ils assistent côte à côte à une messe dans la cathédrale de Reims, devenue symbole de la réconciliation entre Gaulois et Germains, entre ceux dont « le devoir était hier d'être ennemis et dont le droit est aujourd'hui d'être frères ». Quelques mois plus tard, le traité de l'Élysée, signé le 22 janvier 1963, couronne cette union. Au moment où le général venait d'entrer en conflit avec les puissances anglo-saxonnes, ce traité était un nouveau défi à l'hégémonie américaine. Il prévoyait des rencontres périodiques entre les responsables des deux pays et une coopération dans le domaines des affaires étrangères, de la défense, de l'éducation et de la culture pour dégager des positions communes et mettre en place des institutions conjointes. Un traité toutefois désavoué par le Bundestag qui, avant de le ratifier, le dotait d'un préambule le vidant de son sens. Une déconvenue pour celui qui voulait dresser la France face au géant américain et faire l'Europe à la manière française. Aurait-il fallu qu'il prenne acte des réalités et admette qu'il ne pouvait guère peser sur le destin du monde, comme le pensent les historiens qui tirent de ce « magistère du verbe » un bilan fort nuancé ? En janvier 1968, les Français, interrogés par sondage, n'étaient pas loin de le penser. Si 34 % contre 33 % considéraient que la France avait les moyens de pratiquer une politique indépendante, 42 % contre 28 % estimaient que cette indépendance ne s'étendait pas au domaine militaire, et 47 % contre 26 % qu'elle n'existait pas non plus dans le domaine économique. À celui qui avait voulu flatter leur orgueil avec le Concorde, le Redoutable ou le Plan calcul, ils réclamaient surtout des « sous ».

La « chienlit »

Le 22 mars 1968, des étudiants d'extrême-gauche, conduits par un étudiant en sociologie, Daniel Cohn-Bendit, un Allemand d'origine, occupent la salle du Conseil de l'université de Nanterre, s'emparent des amphithéâtres et proclament la naissance du mouvement dit du « 22 mars » pour faire prendre conscience aux étudiants que l'Université de « classe » les prépare à devenir les « chiens de garde de la bourgeoisie ». Inaugurée en 1963 pour soulager la Sorbonne, la faculté de Nanterre, qui jouxte un immense bidonville où s'entasse une population immigrée, est à la mesure des problèmes que soulèvent les transformations rapides de la société française. Pas assez de locaux, pas assez de maîtres pour accueillir ces cohortes d'étudiants qui sont passés de 214 000 à 508 000 entre 1960 et 1968. Des recrutements massifs d'assistants et de chargés de cours, souvent très jeunes, qui assurent l'essentiel du travail pédagogique et vivent mal le « mandarinat » des professeurs, ces « maîtres » éminents aux cours magistraux, aux horaires légers et aux rémunérations confortables. Une « réforme Fouchet » applicable à la rentrée de 1967 qui a complètement restructuré les études en imposant une organisation en trois cycles successifs et posé d'énormes problèmes à une machine universitaire dramatiquement sous-administrée. Une menace latente de sélection voulue par le général de Gaulle pour éviter que la société ne soit encombrée de diplômés, notamment littéraires, que la difficulté à trouver des emplois conformes à leurs aspirations rendrait aigris. Des règlements d'un autre âge qui interdisent aux garçons de se rendre dans les locaux des filles. Des minorités actives que le *Larousse* fait entrer en 1965 dans le dictionnaire sous le nom de « gauchistes », « partisans extrêmes des solutions de gauche, révolutionnaires ». Des jeunes souvent « bourgeois » qui méprisent les ouvriers qui rêvent d'acheter une automobile et s'affalent devant leur « télé », cherchent leurs modèles à Pékin et à Cuba, admirent Trotski et Guevara, vomissent les « crapules staliniennes », dénoncent la « sale guerre » du Viêtnam, proclament que le tiers monde sera un jour le premier, voient dans tout « bourgeois » un vichyssois et dans tout CRS un SS, rêvent de construire une société de petites cellules imaginée autrefois par les anarchistes et les prophètes du socialisme utopique où l'imagination se donnerait libre cours et la parole serait libérée. Autant d'« enfantillages » d'adolescents anxieux à la veille des examens, pense le général de Gaulle. Autant de « groupuscules à la solde de De Gaulle », proclame Georges

Marchais. Le produit d'une société enserrée dans le corset gaullien, d'une censure infantilisante, de réformes imposées sans concertation avec les intéressés, de la morgue des technocrates, analysent les sociologues.

Le 2 mai, Christian Fouchet, auquel le général de Gaulle a demandé d'en finir avec les « incidents » de Nanterre, incite le doyen de l'université à fermer l'établissement. Le 3 mai, les « enragés » de Nanterre s'installent dans la cour de la Sorbonne. À la demande du recteur, la police intervient avec brutalité pour les en expulser. Mai 1968 vient de commencer. « Libérez nos camarades ! », tel devient le slogan qui emplit le Quartier latin, fait exploser les cocktails Molotov et les grenades lacrymogènes et suscite les « événements » que font vivre à leurs auditeurs les reporters des stations périphériques.

« Professeurs, vous êtes aussi vieux que votre culture, votre modernisme n'est que la modernisation de la police », « Nous avons une gauche préhistorique », « Cours, camarade, le vieux monde est derrière toi », « Soyez réaliste, demandez l'impossible », « Ne me libère pas, je m'en charge », « J'ai quelque chose à dire mais je ne sais pas quoi », « Jouissez sans entraves », tels sont les cris lancés à la face du vieil homme dont les défis ne passionnent guère ceux qui sont nés après 1945.

Dans la nuit du 10 au 11 mai, la « nuit des barricades », des voitures sont incendiées, des rues sont dépavées et des matraques brutalement levées. Rentré d'un voyage en Afghanistan le 11 mai à dix-neuf heures, Georges Pompidou, qui « sent » mieux que les autres le mouvement, annonce la réouverture de la Sorbonne et la libération des étudiants condamnés en flagrant délit après la nuit d'émeute du 3 mai. Devant l'Assemblée nationale, il déclare fort lucidement le 14 mai : « À travers les étudiants, c'est le problème même de la jeunesse qui est posé, de sa place dans la société, de son équilibre moral même. [...]

Traditionnellement, la jeunesse était vouée à la discipline et à l'effort, au nom d'un idéal ou d'une conception morale en tout cas.

La discipline a en grande partie disparu. L'intrusion de la radio et de la télévision a mis les jeunes dès l'enfance au contact de la vie extérieure. L'évolution des mœurs a transformé les rapports entre parents et enfants, entre maîtres et étudiants. Les progrès de la technique et du niveau de vie ont beaucoup supprimé le sens de l'effort. Quoi d'étonnant enfin si le besoin de l'homme de croire en quelque chose, d'avoir solidement ancrés en soi quelques principes fondamentaux se trouve contrarié par la remise en cause constante de tout ce sur quoi l'humanité s'est appuyée pendant des siècles : la famille est souvent dissoute, en tout cas relâchée, la patrie discutée, souvent niée, Dieu est mort pour beaucoup et l'Église elle-même s'interroge sur les voies à suivre et bouleverse ses traditions.

Dans ces conditions, la jeunesse [...] se trouve désemparée. Les meilleurs s'interrogent, cherchent, s'angoissent, réclament un but et des responsabilités. D'autres, et qui ne sont pas toujours les pires, se tournent vers la négation, le refus total et le goût de détruire. [...]

À ce stade, ce n'est plus, croyez-moi, le gouvernement qui est en cause, ni les institutions, ni même la France. C'est notre civilisation elle-même. Tous les adultes et tous les responsables, tous ceux qui prétendent guider les hommes, se doivent d'y songer. [...] Il s'agit de recréer un cadre de vie accepté de tous, de concilier ordre et liberté, esprit critique et conviction, civilisation urbaine et personnalité, progrès matériel et sens de l'effort, libre concurrence et justice, individualisme et solidarité. »

À ce moment toutefois, le monde du travail a pris le relais des étudiants. Le 13 mai, jour anniversaire du retour du général de Gaulle au pouvoir, appelés à une grève générale de vingt-quatre heures par les confédérations ouvrières, 300 000 personnes scandent dans la rue : « Dix ans, c'est assez ! », « Charlot, des sous ! ». Dans les heures qui suivent, alors que les facultés sont occupées, une vague de grèves sans précédent amorcée à l'usine Sud-Aviation de Nantes paralyse le pays, des grèves spontanées qui se répondent et que récupèrent les organisations syndicales pour exiger que les comptes en retard soient réglés. Certes, les revendications salariales sont bien présentes, mais ce qui frappe surtout est le fait que les revendications « qualitatives » dépassent de beaucoup les revendications « quantitatives ». La revendication de « considération dans le travail », la mise en cause des liens hiérarchiques fondés sur l'autorité, le désir de participer aux décisions traduisent à la base les frustrations qu'ont provoquées les impératifs de productivité. Yves Ducos, militant de la CFDT, témoigne : « Depuis cinq ans, nous avions tenté plusieurs opérations pour faire prendre conscience, parce que rien n'avançait, que ce soit la réduction du temps de travail, les salaires, les conditions de travail, les cadences... Là-dessus, le mouvement étudiant est venu servir de détonateur, surtout la répression policière, car les travailleurs y sont sensibles. Le mercredi 15 mai, coup de fil de Cléon : grève illimitée. Les copains de la CFDT se sont réunis aussitôt ; ils ont convoqué la CGT à une réunion en disant : "Cléon est en grève. Nous proposons un débrayage de dix heures pour demander aux travailleurs s'ils sont d'accord pour se lancer dans une grève illimitée sur les revendications qui n'ont pas abouti depuis dix ans." Les ouvriers se sont réunis. Ils ont décidé, après les prises de parole, de se mettre en grève illimitée avec occupation d'usine, constitution de piquets de grève, etc. ça a démarré comme ça. »

« Changer la vie », tel est bien l'esprit de mai 1968. De retour de Roumanie, « le Connétable » rugit et crie à la « chienlit », un mot d'origine médiévale qui mesure la distance entre le vieux chef et les étudiants qui affichent partout dans Paris, « la chienlit, c'est lui ». Le 24 mai, il met « à côté de la plaque », reconnaît-il, en proposant un projet de référendum pour réformer l'Université et amender l'économie en faveur des moins favorisés. Plus proche des réalités, Georges Pompidou choisit la voie de la négociation. Au lendemain d'une nouvelle nuit de violence au cours de laquelle un commissaire de police est tué à Lyon, s'ouvrent les négociations de Grenelle. Mais le 27 mai, quand Georges Séguy, le secrétaire de la CGT, vient présenter aux grévistes de Billancourt la teneur des accords, une augmentation de 35 % du SMIC, le relèvement en deux étapes des salaires de 10 %, une réduction d'une heure de la durée hebdomadaire du travail avant la fin du Ve Plan et le paiement à 50 % des jours de grève, la base refuse de les entériner et veut continuer la grève, ayant le sentiment que le rapport de forces a basculé.

L'opposition au général le pense aussi. Le 27 mai, le jour même où Renault a désavoué Séguy, donc la ligne du Parti communiste qui avait exprimé sa méfiance à l'égard de l'« anarchiste allemand » Cohn-Bendit, des organisations proches de ce qu'on appelle le « Mouvement » se rassemblent au stade Charléty en présence de Pierre Mendès France et de quelques notables de la gauche. Le lendemain, François Mitterrand qui, en 1965, avait mis le général en ballottage aux premières élections présidentielles au suffrage universel, en insistant sur le thème de la jeunesse, « un président jeune pour une France moderne », annonce sa candidature à la présidence de la République en cas de vacance du pouvoir. Le « Rastignac de la Nièvre », comme l'appelle Charles de Gaulle, a été trop vite en besogne. Le 29 mai, alors qu'on annonce que le général a disparu, le Parti communiste et la CGT organisent un puissant défilé pour l'avènement d'un « Gouvernement populaire », une formule qui dit non aux hommes de la gauche modérée.

Le 30 mai, après s'être rendu à Baden-Baden pour rencontrer le général Massu, commandant des forces françaises en Allemagne — ce qui suscite les rumeurs les plus folles et, aujourd'hui encore, les interprétations les plus divergentes —, l'homme las et découragé de la veille, qui a sans doute envisagé la démission et l'exil, s'adresse aux Français à la radio. À 16 h 30, de tous les transistors, de toutes les fenêtres ouvertes et de tous les carrefours, retentit une voix ferme qui proclame ces mots de combat :

« Françaises,

Français,

étant le détenteur de la légitimité nationale et républicaine, j'ai envisagé depuis vingt-quatre heures toutes les éventualités, sans exception, qui me permettraient de la maintenir. J'ai pris mes résolutions.

Dans les circonstances présentes, je ne me retirerai pas. J'ai un mandat du peuple, je le remplirai.

Je ne changerai pas le Premier ministre, dont la valeur, la solidité, la capacité, méritent l'hommage de tous. [...]

Je dissous aujourd'hui l'Assemblée nationale. [... Les] élections législatives auront lieu dans les délais prévus par la Constitution, à moins qu'on entende bâillonner le peuple français tout entier, en l'empêchant de s'exprimer en même temps qu'on l'empêche de vivre, par les mêmes moyens qu'on empêche les étudiants d'étudier, les enseignants d'enseigner, les travailleurs de travailler. Ces moyens, ce sont l'intimidation, l'intoxication et la tyrannie exercées par des groupes organisés de longue main en conséquence et par un parti qui est une entreprise totalitaire, même s'il a déjà des rivaux à cet égard.

Si donc cette situation de force se maintient, je devrai pour maintenir la République prendre, conformément à la Constitution, d'autres voies que le scrutin immédiat du pays. En tout cas, partout et tout de suite, il faut que s'organise l'action civique. Cela doit se faire pour aider le Gouvernement d'abord, puis localement les préfets, dans leur tâche qui consiste à assurer autant que possible l'existence de la population et à empêcher la subversion à tout moment et en tous lieux.

La France, en effet, est menacée de dictature. On veut la contraindre à se résigner à un pouvoir qui s'imposerait dans le désespoir national, lequel pouvoir serait alors évidemment et essentiellement celui du vainqueur, c'est-à-dire du communisme totalitaire. Naturellement, on le colorerait, pour commencer, d'une apparence trompeuse en utilisant l'ambition et la haine de politiciens au rancart. [...]

Eh bien ! Non ! La République n'abdiquera pas. Le peuple se ressaisira. Le progrès, l'indépendance et la paix l'emporteront avec la liberté. »

Le soir même, soigneusement préparée depuis plusieurs jours par les dirigeants gaullistes, une manifestation rassemble 300 000 à 400 000 personnes de la Concorde à l'Arc de Triomphe conduites par André Malraux et Michel Debré bras dessus, bras dessous. Les élections des 23 et 30 juin, « élections piège à cons », dénoncent les « gauchistes », démontrent à l'excès que les « cons » sont majoritaires dans le pays. La majorité obtient 358 sièges dont 293 pour l'Union pour la défense de la République, nouveau nom de l'UNR, l'opposition de la gauche éclatée 127 sièges.

Le 28 avril 1969 toutefois, à la suite de l'échec d'un référendum peu populaire visant à réformer le Sénat et à mettre en place une organisation régionale destinée à faire représenter les « forces vives » de la nation, le général de Gaulle fait publier ce communiqué : « Je cesse d'exercer mes fonctions de président de la République. Cette décision prend effet aujourd'hui à midi. » Parmi les personnalités qui ont ébranlé « le Connétable », on compte les centristes et les modérés conduits par Valéry Giscard d'Estaing qui a fait savoir, « avec regret mais avec certitude » qu'il ne pourra dire « oui ». Sans doute aussi Georges Pompidou, démissionné le 10 juillet 1968, qui, partisan du « oui », avait toutefois confié qu'il ferait naturellement acte de candidature si le général de Gaulle quittait le pouvoir. Un moyen de rassurer tous les Français qui, en juin 1968, avaient été saisis par la « trouille » et la peur du saut dans l'inconnu. Désormais, ils avaient la possibilité de tuer sans risque leur Père ou de s'émanciper de leur tuteur.

« Mais pourquoi a-t-il fait cela ? » demandait Alain Poher. « Parce que c'est le seul vrai démocrate qu'il y ait en France », avait répondu François Goguel, secrétaire général du Sénat.

CHAPITRE 83

La seconde Révolution française

Si le « mouvement » de mai 68 s'est dilué dans les urnes, il se poursuit toutefois dans les faits, inaugurant ce que le sociologue Henri Mendras appelle « la seconde révolution française ». À la campagne comme à la ville, à l'usine comme au bureau, dans les écoles et dans les foyers, dans les églises et dans les armées, la France connaît un « changement brusque et important de l'ordre social et moral », c'est-à-dire une révolution au sens qu'en donne aujourd'hui le dictionnaire Le Robert. *Amorcée au milieu des années 1960, c'est bien une « révolution » qui balaie ce qui s'était construit tout au long du XIXe siècle sur les ruines de l'Ancien Régime pour laisser place à une société neuve, celle de la France d'aujourd'hui, partagée entre la nostalgie du monde qui achève de disparaître et l'angoisse de celui qui est en train de naître.*

L'« horreur économique »

Dans un roman de David Lodge, *Thérapie*, publié en 1996, le personnage principal Lawrence Passmore, qui a dépassé la cinquantaine, se sent constamment malheureux, déprimé, malgré sa situation et ses revenus confortables.

Consultant son dictionnaire pour comprendre le sens des maux qui l'affectent, il écrit : « Je ne me souviens pas d'avoir entendu le mot "récession" avant ces dernières années. D'où est-il sorti, et que signifie-t-il au juste ? Pour une fois, le dictionnaire ne m'est pas d'un grand secours : "Déclin temporaire de l'activité ou de la prospérité économique." Mais alors, ajoute-t-il, qu'est-ce qui distingue une récession d'une crise ? Même la grande crise des années 1930 fut temporaire, à long terme. Peut-être les crises de dépression nerveuse sont-elles si abondantes que quelqu'un a décidé qu'il fallait donner un autre nom à la situation économique. Récession-dépression, récession-dépression. Les mots me résonnent dans la tête comme le rythme d'une locomotive. »

Sensible et humoristique, le romancier britannique exprime ici le désarroi total de ceux qui, après avoir vécu, sans le savoir, « l'âge d'or » des Trente Glorieuses, vivent, sans les comprendre, les turbulences des « trente piteuses » et s'acharnent à appeler « crise » ce qui s'appelle « révolution ».

En fait, si le premier choc pétrolier, en 1973, marque bien le point de retournement de la conjoncture économique brillante des années 1960, le quadruplement du prix du pétrole, imposé par les ministres de l'Opep au lendemain de la guerre du Kippour, ne peut rendre totalement compte de notre « dépression » fin de siècle.

Certes, le gonflement brutal de la facture à payer pour un pays, dont la consommation d'énergie dépendait à près de 60 % du pétrole importé, a lourdement pesé. Alors que les salaires nominaux poursuivaient leur progression, le profit des entreprises se dégradait fortement. Dans le partage des richesses nationales, dont la croissance était ralentie, les salariés ont su pendant dix ans défendre leur part avec acharnement. En réduisant leurs programmes d'investissement pour tenter de sauvegarder leurs marges, en adoptant des attitudes frileuses en matière d'emploi, les entreprises les plus affectées par la dégradation de leur rentabilité ont alors amplifié les conséquences à court terme du choc pétrolier.

Surtout, en fragilisant les équilibres extérieurs et les monnaies, en poussant les gouvernements successifs à défendre les taux de change pour ne pas apparaître comme les mauvais élèves de la classe, en les amenant à rechercher à tout prix la confiance des opérateurs financiers, en leur faisant croire qu'on ne « pouvait pas faire autrement » que d'assurer la stabilité du franc, le choc pétrolier n'est pas pour rien dans le climat dépressif qui s'est progressivement installé. L'inflation avait ses vertus. La désinflation a son vice, qui est de favoriser la rente au profit de la dépense.

Toutefois, comme pour le krach d'octobre 1929, il semble difficile d'expliquer le ralentissement de la croissance par cet événement unique. À cet égard, le triplement du prix du baril en 1980, son effondrement en 1986, puis sa reprise n'ont plus guère affecté le mouvement de la conjoncture. Force est alors de trouver d'autres explications aux grippages enregistrés depuis le début des années 1970. Tout d'abord, on peut observer qu'un nombre important de « clignotants » se sont mis au rouge avant le premier choc pétrolier. C'est en 1972 et en 1973 que la hausse des prix s'accélère, que le chômage s'accroît, que l'investissement des entreprises se ralentit au même rythme que leur rentabilité. C'est au début des années 1970 que se multiplient les « guérillas » contre l'arrogance industrielle. Chez Berliet et Peñarroya à Lyon, en 1971 ; chez Renault au Mans, la même année ; au Joint français à Saint-Brieuc, en 1972 ; chez Caterpillar à Grenoble en 1973 ; chez Lip à Besançon, des grèves longues et dures signalent une détérioration profonde du « contrat social » qui avait nourri les Trente Glorieuses. Ce n'est plus la « paie » qui est en cause, mais le système qui avait assuré les gains de productivité. « Ici, dit un gréviste du Mans, on paie les machines et pas les hommes. Si tu travailles sur tel engin, tu es payé tant, si tu es muté à tel autre, tu es payé autrement. On se moque de la qualification et de la dignité. » « Vivre et travailler au pays », tel est le slogan qui résume à lui seul la résistance de ceux qui s'opposent à l'impératif industriel.

C'est au moment où le gouvernement décide de construire le complexe sidérurgique de Fos-sur-Mer — en tablant sur une demande mondiale d'acier de 2 milliards de tonnes en l'an 2000 alors qu'elle plafonne aujourd'hui à 700-800 millions de tonnes — et proclame sa volonté de doubler la capacité productive du pays en dix ans que s'amorce l'onde de choc qui va enrichir le bêtisier des prévisions économiques. Comme toujours — mais c'est rétrospectivement qu'on peut le mesurer —, c'est au moment où la société tire des traites sur l'avenir que le présent se charge de la faire payer comptant. Faisant alterner des périodes de croissance soutenue et des périodes de ralentissement marqué, l'histoire des mouvements longs, chère à Fernand Braudel, aurait dû alerter ceux qui ne croyaient plus à l'alternance des saisons et écrivaient que l'équation économique de l'univers n'avait plus d'inconnues.

Plus essentiel, ce que nous appelons obstinément « crise » mérite d'être sérieusement ausculté. En fait, si nous observons le taux de croissance du produit intérieur brut — la variable clé utilisée par les historiens et les économistes pour prendre la mesure du « progrès » —, la France n'apparaît ni en crise ni en dépression. De 1973, point de départ de la crise, à aujourd'hui, le taux de croissance de ce « gâteau » national a été en moyenne de 2 % par an. Ce qui, en longue durée, fait de notre longue « dépression » l'une des périodes les plus brillantes de l'histoire économique longue ! En francs constants, la croissance du PIB en France a été d'environ 3 300 milliards de francs de 1972 à 1996, soit une hausse égale à celle qui a eu lieu de 1949 à 1972. Simplement, arithmétiquement, plus le volume des richesses créées s'élève, plus les taux de croissance baissent. Ainsi, un taux de croissance de 1,6 % a accru le PIB de 125 milliards de francs en 1995, alors qu'en 1955, au cœur des Trente Glorieuses, un taux de croissance de 7,2 % augmentait ce même PIB de 126 milliards de francs d'aujourd'hui.

C'est aussi la consommation des ménages qui a largement progressé dans les vingt-cinq dernières années, à tel point qu'aujourd'hui, quels que soient les indicateurs retenus, le « confort » des Français est infiniment plus élevé qu'à la veille du choc pétrolier. Ainsi, le taux d'équipement des ménages en automobiles est-il passé entre 1973 et 1992 de 61,6 % à 76,7 % ; en téléviseurs couleur de 10,4 % à 90,3 % ; en réfrigérateurs de 86,8 % à 98,1 % ; en machines à laver le linge de 65,7 % à 88,9 % ; en lave-vaisselle de 5,3 % à 31,8 % et en téléphones de 21,3 % à 94,9 %. Et si, en 1973, 45,7 % des Français étaient propriétaires de leur logement, ils sont aujourd'hui 53,8 %.

Comme l'observe aussi Robert Rochefort, directeur du Centre de recherches pour l'étude et l'observation des conditions de vie (Credoc), le « miracle » de la courbe de diffusion de biens se reproduit. Après magnétoscopes et lave-vaisselle, ce sont chaînes hi-fi, micro-ondes, ordinateurs domestiques et téléphones portables qui ont pris le relais, ouvrant les voies d'une consommation plus narcissique. Alors qu'autrefois, le père de famille régissait l'utilisation de la chaîne hi-fi qui trônait dans le salon, l'apparition d'appareils individualisés a désamorcé les conflits familiaux et relancé le marché. Outil de travail, de loisir, demain de communication, l'ordinateur domestique est aujourd'hui massivement acheté par les grands-parents soucieux d'équiper au plus vite leur progéniture. Conçues à l'origine comme des véhicules à tout faire, les voitures monospaces se sont imposées sur le créneau de familles où, dans la publicité, le gros chien a remplacé les deuxième et troisième enfants sur les sièges arrière. Rares au début à en posséder, les mères de famille se sont précipitées sur le téléphone portable pour se disculper auprès de leurs enfants de rentrer tard de leur travail.

Autant de modes et de chiffres qui amènent à penser que la « crise », ce maître mot de l'actualité, est largement imaginaire. Certes, les taux de croissance des Trente Glorieuses ne sont plus là, mais la vraie question est de savoir si ces taux n'étaient pas exceptionnels, liés pour l'essentiel au rattrapage d'un mouvement de longue durée brutalement haché par les deux guerres mondiales. Aujourd'hui, avec un taux de croissance annuel moyen de 2 %, la création de richesses a retrouvé une pente historique « naturelle » qui est celle des pays industrialisés depuis le début du XVIIIe siècle.

En outre, si l'on désagrège des indicateurs de production trop globaux pour être pertinents, on mesure à quel point la moyenne masque des écarts qui lui font perdre une grande partie de sa signification. Maussade ou franchement sinistre pour l'agriculture, les charbonnages, la sidérurgie, les travaux publics, le textile et les chantiers navals, les « années piteuses » ont été brillantes pour la chocolaterie, l'électricité, l'assurance et la plupart des services. Morose pour certaines entreprises comme Thomson, Moulinex, Rossignol ou Total, la « croissance molle » a été flamboyante pour d'autres, qui ont traversé avec bonheur les soubresauts de la conjoncture, comme Alcatel, Seb, Salomon, Elf-Aquitaine, L'Oréal ou Lafarge-Coppée. Au total, si l'effondrement de certaines branches industrielles apparaît bien comme le signe le plus manifeste de la « crise », les chambardements qui secouent les différents secteurs d'activité invitent à penser qu'une mutation sans précédent constitue le phénomène majeur de notre fin de siècle.

Pourtant, dans leur majorité, les Français ont bien le sentiment de vivre moins bien qu'autrefois et pire, mieux que demain. D'où le sentiment de l'« horreur économique », pour reprendre le titre de l'ouvrage à succès de Viviane Forrester, le sentiment que leurs problèmes sont liés aux contraintes de l'économie de marché rebaptisée mondialisation. En fait, ce n'est pas une crise largement surévaluée qui engendre le malaise social, mais une expansion somme toute raisonnable qui rend incompréhensible et donc insupportable le spectacle de la pauvreté et de l'invincibilité du chômage. Phénomène d'une grande complexité, la pauvreté résiste à la mesure. Alors que l'Institut statistique européen recense en 1993 plus de 3,5 millions de ménages français pauvres, regroupant 7,6 millions de personnes, l'Insee ne trouve que 2,4 millions de ménages et 6,9 millions de personnes vivant en dessous d'un seuil de pauvreté largement conventionnel, évalué par l'enquête Budget de famille à 7 900 francs pour un couple avec deux enfants. Un chiffre qui ne tient pas compte de toute la diversité des situations : âge des enfants, présence ou non d'une personne dans le ménage disposant d'un emploi stable à temps plein, résidence en milieu rural ou en milieu urbain, présence ou absence d'aides familiales, statut du logement... En 1962, étudiant la pauvreté aux États-Unis, le sociologue Harrington rapportait le constat suivant, qui a valeur de modèle : « À Los Angeles, parmi les pauvres assistés, les

Noirs vivent mieux que les Blancs. Les Blancs vont dépenser la majeure partie de leur budget sur de la viande à griller, puis le reste du temps se nourrir de spaghettis, de macaronis ou de pommes de terre. Les Noirs, parce qu'ils sont héréditairement membres de la catégorie des pauvres, ont un régime alimentaire de produits bon marché beaucoup plus équilibré, à base de légumes verts et de bas morceaux de viande. En conséquence, ce sont les Blancs qui ont des problèmes de santé liés à la malnutrition, obésité, anémie et troubles cardiaques... Il y a un curieux avantage à avoir connu la pauvreté en profondeur, on apprend à survivre. »

Alors que tout un chacun est persuadé de reconnaître des pauvres dans la rue quand il en croise, le statisticien s'avoue incapable de les dénombrer. Ce qu'il mesure toutefois, c'est à la fois une réduction du taux de pauvreté sur la période récente et, surtout, un changement radical dans le profil de la pauvreté. Touchant naguère principalement le monde agricole et les retraités, elle pèse désormais davantage sur les ouvriers et les jeunes. Instabilité des trajectoires familiales, divorce, alcoolisme, chômage avant tout sont les principaux facteurs qui peuvent transformer les parcours moyens en déroutes comme celui de Gérard, la quarantaine, licencié en économie, qui a chaviré le jour où sa femme est partie avec leurs enfants et qui, déprimé, souvent malade, a fini par perdre son emploi et, après plusieurs échecs, s'est retrouvé à la rue dans Paris.

Dépassant de beaucoup la dimension d'un simple phénomène économique lié au ralentissement de la croissance, le chômage est bien devenu le seul réel problème d'une société d'abondance où l'individu se retrouve plus seul qu'autrefois. Pourquoi, en France un peu plus qu'ailleurs, un taux de croissance somme toute raisonnable de 2 % par an crée-t-il moins d'emplois qu'il n'en supprime ? Telle est la seule véritable question qui mérite d'être posée. Telle est la question redoutable qui se trouve au cœur de nos inégalités, tant il est vrai qu'aujourd'hui l'inégalité n'existe plus fondamentalement entre ceux qui sont « riches » et ceux qui sont « pauvres », mais bien plutôt entre ceux qui ont un emploi et ceux qui n'en ont pas ou n'en ont plus, entre ceux qui vivent de l'argent public et ceux qui développent leur activité dans un univers plus concurrentiel. Ce sont les jeunes, les travailleurs non qualifiés et les femmes qui sont les plus frappés alors que, dans le même temps, une population active relativement protégée de 17 millions de personnes maximise sa rente en termes de salaires, de conditions de travail et de retraite au détriment des travailleurs précaires.

Surtout, là encore, il faut savoir qu'avec l'allongement massif de l'espérance de vie, le temps de travail ne représente plus aujourd'hui que 15 % du temps d'une vie éveillée contre plus de la moitié voici un siècle. En 1950, un sexagénaire avait en moyenne quatre ans d'espérance de vie. Il en dispose aujourd'hui de cinq fois plus. Que le soixantième anniversaire constitue encore, en termes de travail, le seuil de la vieillesse, montre que la formidable révolution démographique qui s'est opérée depuis une génération n'a pas été réellement perçue.

C'est sans doute parce qu'en France un consensus implicite unit actifs occupés, travailleurs à statut et bénéficiaires de l'État providence que les chômeurs ont été exclus de la société. C'est parce qu'ils sont plus nombreux en termes d'arithmétique électorale que les gagnants de la « crise » ont préféré oublier les perdants.

Une société en « miettes »

Ils étaient encore 3 millions en 1968. Ils sont 1 million aujourd'hui. Ces paysans qui constituaient le socle sur lequel s'était construite la société française et avaient, dans une large mesure, forgé ses valeurs et ses imaginaires sont en train de disparaître. Cette « race » forte qui, pour la droite, incarnait la sagesse et, pour la gauche, le modèle du citoyen maître chez lui, est devenue, comme tout un chacun, cliente du Crédit agricole et auditrice de RTL.

Plus informés que la moyenne de leurs compatriotes, plus ouverts à l'Europe et au progrès, les paysans ont certes gardé la vieille pendule à balancier de leurs ancêtres, mais leur maison ressemble comme une sœur à celles qu'ont construites les cadres moyens dans les banlieues, avec les chambres à l'étage et le living aux fauteuils confortables pour regarder la télévision. Mieux, près de 30 % des agriculteurs vivent désormais en zone urbaine et se rendent à leurs champs chaque matin en voiture ! Institutrice ou infirmière, la mère de famille apporte aussi une bonne part du revenu d'exploitation et fait ses courses à l'hypermarché. Les salariés agricoles qui partageaient en tout la vie de la famille ne sont plus aujourd'hui que 170 000 contre 716 000 en 1962. Désormais, la campagne est peuplée de propriétaires sans héritiers pour 60 % d'entre eux. Et s'ils ont toujours conscience de former un groupe à part dans la société, capable par ses manifestations de peser sur les choix d'un gouvernement qui surreprésente encore leur influence, nul doute que la civilisation paysanne est morte en France avec cette dernière génération d'entrepreneurs de culture.

Ils étaient 7 700 000 en 1975. Ils ne sont plus que 6 700 000 en 1996, soit moins qu'en 1926. En deux générations, la « classe » qui marchait dans le sens de l'histoire et apparaissait comme la référence obligée et émue de toute parole politique de gauche aura quasiment disparu. Mineurs, dockers, métallos, cheminots, Longwy, Anzin, Billancourt, Le Creusot : autant de figures de légende, autant de lieux de mémoire emportés par les formidables mutations de l'activité qu'a connues la France en un temps si court que les consciences collectives n'en ont pas encore pris la mesure. Si, dans les institutions comme dans les représentations, l'industrie est toujours considérée comme l'aiguillon de la croissance et les bataillons qu'elle emploie comme les fantassins des « guerres » économiques, les évolutions en cours démentent ce que le Parti communiste écrivait encore en 1971 : « La classe ouvrière reste la force décisive de l'évolution et de la révolution sociales. »

Avec la disparition du « prolétaire », ce salarié de la grande usine appartenant à un groupe social cohérent marqué par la proximité de l'habitat et la solidarité de classe, c'est un autre pan de l'identité sociale de la France qui part en lambeaux comme celle de Léa, cinquante-six ans, OS près de Montbéliard et communiste active qui avoue : « Des amis, oui, moi j'aime tout le monde. Mais je ne fréquente personne. Tous les jours, j'ai de la visite de l'une ou de l'autre, mais personnellement je ne vais chez personne. Non ! Je me plais chez nous. Ce n'est pas que ça me dérange, mais je suis fatiguée. J'aime bien mon petit chez moi. J'aime bien rester tranquille. Vous savez, quand vous avez travaillé toute une vie, vous aspirez quand même au repos... » Ou bien encore celle de Jean-Paul, l'ajusteur, qui professe : « Il y a toujours des gens qui profitent de vous. Je ne veux profiter de personne et je ne veux pas qu'on profite de moi. Notre gars, on lui apprend à ne pas aller chez les gens. J'ai de très nombreux amis, mais pas chez moi ! Comme moi, je ne vais pas chez eux. »

Isolés, peu équipés en téléphones, ayant beaucoup de difficultés à communiquer avec autrui, s'invitant entre parents et amis deux fois moins que les cadres supérieurs, ayant construit leurs forteresses comme autant de camps retranchés, nostalgiques du temps béni où les usines crachaient leurs fumées et où la sidérurgie embauchait à tour de bras, les ouvriers sont atomisés et de plus en plus marginalisés. Aujourd'hui, sur 100 ouvriers, 24 sont des ouvriers qualifiés de type industriel, 24 des ouvriers qualifiés de type artisanal, 9 des chauffeurs, 6 des ouvriers qualifiés dans la manutention, le magasinage et le transport, 20 des ouvriers non qualifiés de type industriel, 12 des ouvriers non qualifiés de type artisanal et 5 des ouvriers agricoles.

Haut lieu de la « conscience de classe », l'usine ne rassemble déjà plus que la moitié des ouvriers. Alors qu'en 1975, les établissements industriels occupant plus de 500 personnes rassemblaient 35,6 % des effectifs salariés, ils n'en rassemblent plus aujourd'hui que 22,3 %. Renault a supprimé au total 39 000 emplois entre 1984 et 1993. La Lorraine, qui employait 90 000 ouvriers en 1964, n'en compte plus que 14 000, et des 30 hauts fourneaux qui fonctionnaient en 1970, seuls 2 restent encore en activité.

Abandonnée sinon méprisée par des élites plus attirées par les « pauvres » ou les « sans-papiers », délaissée par une école désormais mobilisée au service des classes moyennes et supérieures, la classe ouvrière plonge dans le désespoir ou l'abstention plus que dans le combat. Tandis que le nombre des grèves ouvrières devient squelettique, le taux de syndicalisation s'effondre. En 1993, on ne compte plus que 10,9 % de salariés syndiqués, contre 40,8 % en 1950 et 21,8 % en 1980.

Autrefois la conscience de classe permettait de se projeter dans l'avenir et d'entretenir l'espoir d'un renversement de l'ordre social. En s'impliquant dans des luttes collectives aux rituels identitaires, les ouvriers éprouvaient une fierté qui leur permettait de supporter, à leurs yeux comme à ceux de leur famille, des présents difficiles. Aujourd'hui, l'isolement de cette « classe », en brisant la conscience de « soi », ne pousse plus ses membres qu'à la révolte, qui n'est plus porteuse de projet mais réaction contre l'injustice et l'exclusion. Au couple patron-ouvrier s'est substitué celui, moins prométhéen, du manager et du RMIste. À la lutte des classes s'est substituée la lutte des places.

Plus de prolétaires, plus vraiment de bourgeois dévorés par l'obsession du paraître. Même si le luxe résiste fort bien à la dépression fin de siècle, c'en est largement fini des murs tendus de perse, des doubles et triples rideaux, des rembourrages savants, des passementeries compliquées, des édredons douillets, des riches argenteries, des garde-manger débordant de victuailles, des intérieurs surchargés, des soirées et des bals, des domestiques pour servir et observer, du latin et du grec, des odes d'Horace et des plaidoiries de Cicéron qui faisaient le fonds culturel de ceux qui avaient conscience de leur différence. Certes, il reste toujours une élite fortunée dont les membres sont solidaires les uns des autres et pour laquelle l'ENA, Normale ou Polytechnique sont les symboles de la réussite. Mieux, l'aristocratie, qui rassemble toujours 3 500 à 4 000 familles, deux siècles après la Révolution, renforce son aura, son enracinement dans le passé étant perçu comme une garantie de l'excellence. Reste que la peur sociale, la grande émotion qui les mobilisait, a aujourd'hui été remplacée par la peur du fisc, qui suscite moins d'épouvante.

« Aujourd'hui, écrit Henri Mendras, s'il n'y a plus de prolétaires, il ne peut plus y avoir de bourgeois, et réciproquement, tant il est vrai que prolétaires et bourgeois sont deux races complémentaires et antagonistes dont l'une ne peut exister sans l'autre. En disparaissant, bourgeois, paysans et prolétaires font disparaître en même temps un système de classes au sens fort du terme, c'est-à-dire des univers de civilisation qui englobaient toute la vie, toute la personnalité et toutes les ambitions de leurs membres... La respectabilité, le respect des convenances et des rites marquaient les distances sociales. Si le bourgeois, le paysan et le prolétaire disparaissent ensemble, nous entrons dans une société toute différente qui commence à se dégager de l'effondrement des grandes classes du XIXe siècle. »

Nul besoin désormais pour les entre-deux, c'est-à-dire l'immense majorité de la population, de choisir son camp en prévision de la lutte finale. Jadis monde sans nom, sans consistance apparente et sans promesse messianique, l'immense conglomérat des classes moyennes a fait de l'usage du barbecue un rite d'appartenance, du séjour au Club Med l'idéal de la culture du loisir, et des Restos du cœur ou du Lion's club le modèle de l'engagement. Regroupant près des trois quarts de la population active, ces « couches intermédiaires », ces employés et cadres moyens dont le « malaise » apparaît comme un des lieux les plus communs aujourd'hui, sont devenues les miettes d'une société française qu'aucune masse de granit ne structure plus.

Possédant comme les bourgeois d'autrefois savoir et culture, mais une culture commune diffusée par le baccalauréat, la télévision et les magazines, disposant d'un pouvoir d'encadrement, mais subissant l'autorité plus qu'ils ne l'exercent, ils courent après l'argent, le pouvoir, la considération. À ce train-là, on pourrait les croire dévorés par une ambition effrénée. « En fait la question ne se pose pas, répond Jean Dubois dans *L'Expansion* en septembre 1974. Les cadres ne se demandent pas quelle récompense ils obtiendront, ni si le jeu en vaut la chandelle. Pour eux, c'est une évidence : ils ne peuvent pas faire autrement. Ils ne courent pas pour arriver quelque part, ils courent parce qu'il faut courir. Non qu'ils soient inconscients, mais parce qu'ils sont prisonniers d'une logique qui leur interdit de s'arrêter. » Pour les plus importants d'entre eux, il convient d'être toujours « débordé », de reporter sans cesse les rendez-vous, d'arriver après vingt et une heures aux dîners en ville et de ne pas rappeler au téléphone ceux qui ont laissé un message.

Qu'ils votent à droite ou à gauche, ils ont finalement la même vision du monde. Moyens en tout, niveau scolaire, qualification et revenus, ils militent moins pour des idées que pour faire le « bien » des autres, réinventant en cette fin de siècle les bons sentiments qui faisaient l'ordinaire des dames patronnesses. « La "bouffe" autour du barbecue est le rite caractéristique de cette nouvelle classe moyenne, rite en tout point opposé au repas bourgeois, écrit Henri Mendras. Ni hiérarchie affirmée ni répartition ritualisée des rôles. Tout est inversé : le grillé remplace le rôti, le dehors le dedans, l'égalité la hiérarchie. Le spectacle ne sert plus à confirmer les positions sociales de chacun, mais plutôt à classer et reclasser les familles sur une échelle discrète où chacun s'efforce de gravir un nouvel échelon dans l'esprit des autres. La cérémonie se passe dehors, dans un cadre agreste, sous un arbre, dans une disposition volontairement improvisée bien que soigneusement préparée, qui contraste avec le cadre figé et en dedans de la salle à manger. Hommes et femmes, jeunes et vieux, les invités et leurs hôtes, tous en tenue "campagnarde", d'une élégance savamment négligée ou volontairement débraillée, se lèvent et s'assoient, se font cuire chacun sa brochette, vont chercher le vin, le sel ou la moutarde. Le désordre est apparent mais bien réglé. L'homme, qui a allumé le feu, préside à tout, distribue les brochettes, se glorifie dans un rôle masculin et rabaisse d'autant le rôle de la femme cantonnée aux salades et aux légumes qui se préparent dedans, à la cuisine. La recette compliquée exigeant des heures de préparation et le rôti sont remplacés par les légumes crus et la grillade. Les mangeurs sont les cuisiniers, plus de distinction entre producteurs et consommateurs. Chacun se donne en spectacle à chacun des autres, mais il n'y a plus de spectacle collectif, seulement un décor improvisé et chaque fois renouvelé. »

Un décor où se déploie une société réduite à une poussière d'individus tous semblables, mais qui se pensent tous différents.

La « Française » libérée

Maîtrisant de mieux en mieux leurs opportunités professionnelles et leur maternité, faisant irruption dans les bastions masculins, imposant de plus en plus leur culture et leur sensibilité à une société progressivement délivrée de ses tabous virils, les femmes ont incontestablement été les acteurs majeurs de la seconde révolution française. En 1972, une femme entrait pour la première fois à Polytechnique. En 1980, Marguerite Yourcenar franchissait la porte de l'Académie française. En 1990, Florence Arthaud remportait la route du Rhum. Dominant aujourd'hui la littérature érotique et se plaisant à inverser les rôles, les femmes peuvent désormais se délivrer du mâle et chanter « je vous salue, maris ». C'en est largement fini du temps où un homme pouvait rendre mère une femme qui ne le souhaitait pas. Aujourd'hui, une femme peut refuser à un homme l'enfant qu'il souhaiterait. Tous les écarts qui séparaient les activités masculines et féminines dans les décisions familiales, les pratiques sportives, la participation électorale, le contenu du vote se rabougrissent sous nos yeux, observe Mona Ozouf. « Partout est à l'œuvre une recomposition plus égalitaire des rôles sexués, écrit-elle, partout disparaît l'assignation des femmes aux modèles convenus. »

Délicieusement insolente, Nelly Kaplan, dont son film *La Fiancée du pirate*, réalisé en 1969 avec Bernadette Lafont, constitua un événement cinématographique, met dans la bouche des personnages masculins ces paroles résignées : « Les femmes ont gagné la partie. Et elles l'ont bien gagnée. Leur ancien servage, nous sommes en train de le payer durement. Pourtant, j'ai parfois l'espoir d'un changement. Dans l'histoire de ce monde, les jours se suivent et ne se ressemblent pas. Et c'est dans les livres d'histoire que je cherche une raison d'espérer. Je suis en effet un des très rares hommes à aimer encore la lecture. Pendant les longues journées que je passe en reclus dans la demeure qui m'a été consignée, je lis les ouvrages des ancêtres. Je les comprends même. Il paraît que, malgré ma condition, mon intelligence est au-dessus de la moyenne. C'est sans doute pour cette raison qu'elles me surveillent avec une insistance toute particulière. Mais cela ne m'empêche pas de dévorer des ouvrages qui, par éclairs, me révèlent ce qu'était le monde dans un lointain passé, bien avant le matriarcat. Cela me fait rêver. En vain. Parce que jamais nous ne sortirons de notre état. L'espoir, en vérité, ne peut être qu'une illusion. Nous ne pouvons pas leur échapper. Elles se sont admirablement arrangées pour nous donner l'essentiel : le gîte, le couvert et même le confort. Une sorte d'anesthésie en somme, une ankylose mentale qui nous incarcère plus sûrement que des barreaux de prison. Nous n'avons même pas l'idée de tenter une évasion. Et quand quelquefois j'essaie de susciter une révolte, mes compagnons me regardent affolés et s'écartent de moi avec méfiance, ils ne comprennent pas. Ils me dénoncent peut-être. C'est l'éternel masculin avec ses faiblesses et ses roueries. On ne peut guère se fier au sexe faible. »

C'est, de la part d'une femme, infliger un pied de nez à ceux qui ont difficilement accepté que le « beau sexe » sorte de son rôle traditionnel. Pour s'en convaincre, il suffit de se rappeler que c'est seulement en 1965 que les femmes mariées pourront ouvrir un compte bancaire sans l'autorisation de leur mari et exercer n'importe quelle profession sans leur consentement, et qu'il faudra attendre la loi Neuwirth de décembre 1967 pour que soit officiellement reconnu le droit à la contraception. Pour s'en convaincre encore, il suffit aussi de voir l'image des femmes que présentaient toujours dans les années 1980 les manuels scolaires. Alors que dans la vie réelle, plus de 40 % des femmes exercent un métier, celles des manuels scolaires sont à 90 % des mères au foyer. Quand elles travaillent, elles exercent d'humbles métiers manuels aujourd'hui à peu près disparus : blanchisseuses, couturières à la journée. Quand elles sont « fermières », on les montre toujours en train de jeter du grain aux poules. Quand elles exercent un métier plus moderne, les mamans sont manucures, infirmières ou secrétaires, jamais savantes ou députés. Jamais on ne voit une mère célibataire. L'art du repassage, le goût de la vaisselle étincelante et les joies tranquilles de la couture y sont toujours évoqués. Maman ne fume jamais, lit rarement, sauf des contes pour les petits, tandis que papa fume « sa » pipe en lisant « son » journal quand il rentre à la maison. Et quand maman sort le dimanche, emmenée par son mari, elle boit de la limonade comme les enfants.

On imagine donc le cataclysme qu'a déclenchée le 5 avril 1971 la publication dans *Le Nouvel Observateur* du « Manifeste des 343 », signé par des femmes de notoriété qui proclamaient avoir avorté. À une époque où on évaluait à environ 600 000 le nombre annuel d'avortements clandestins, des avortements qui envoyaient à la mort 500 femmes par an et en laissaient 20 000 stériles à jamais, ce manifeste allait ouvrir des débats passionnés et des anathèmes ravageurs de la part de ceux qui accusaient les partisans de l'autorisation de l'interruption volontaire de grossesse d'avoir « les mains rouges du sang des petits Français ». C'est à la suite d'un débat particulièrement houleux que sera votée en 1974 la loi autorisant dans certaines conditions l'interruption volontaire de grossesse, une loi qui permettra à Simone Veil, ministre de la Santé, d'évoquer au Parlement le sort de ces femmes rejetées « dans la solitude et l'angoisse d'un acte perpétré dans les pires conditions », alors que « la même femme, si elle a de l'argent, si elle sait s'informer, se rendra dans un pays voisin ou même en France dans certaines cliniques et pourra, sans encourir aucun risque ni aucune pénalité, mettre fin à sa grossesse ».

Comme toujours, cette loi, massivement approuvée par les femmes, sanctionnait de fait une révolution des mœurs qui lui était largement antérieure. Quand, en 1972, le Dr Simon, présentant la première enquête d'opinion sur le comportement sexuel des Français et des Françaises, écrivait : « La morale n'est pas soumission et obéissance, elle est création, liberté et responsabilité. [...] C'est dans la sexualité et l'amour que dialoguent la liberté et la créativité », il marquait une déculpabilisation du plaisir que la jeunesse de Nanterre avait traduite en mars 1968 en protestant contre l'interdiction des visites féminines dans les résidences universitaires réservées aux garçons.

Ce n'est pas seulement le « carré blanc » qui, à la télévision, disparaît, mais le couple qui subit des transformations majeures. Si le caractère spectaculaire des événements de mai pouvait faire croire que la révolution des mœurs était un phénomène épisodique et superficiel, le « baby krach », entamé en 1964, montre que la réalité était tout autre. Baisse sans précédent de la nuptialité et de la fécondité, croissance explosive de la divortialité et de l'illégitimité des unions et des naissances, tout démontre que l'évolution des faits a été plus rapide que celle des normes sociales. « Tout spécialiste qui, en 1972, se serait pour la quinzaine d'années suivantes hasardé à émettre l'hypothèse d'une chute de plus de 40 % des mariages, d'un triplement des naissances illégitimes et d'une rechute brutale, sans rémission, de la fécondité en dessous de la ligne d'équilibre n'aurait pas été pris au sérieux », écrit Jean-Claude Chesnais dans *L'Histoire de la population française*. C'est pourtant ce qui s'est produit.

En 1965, on enregistrait plus de 860 000 naissances par an, soit un taux de natalité de 17,7 ‰. En 1996, on n'en compte plus que 734 000, soit un taux de 12,6 ‰. En 1965, on enregistrait 51 000 naissances hors mariage, soit un taux de naissances hors mariage de 5,9 ‰ ; en 1996, on en compte 277 000, soit un taux de 38 ‰. En 1972, on célébrait 416 000 mariages ; en 1994, 254 000, soit le plus bas niveau du siècle si on excepte les années de guerre. En 1970, 38 900 divorces avaient été prononcés. On en prononce aujourd'hui plus de 110 000, ce qui veut dire qu'un mariage sur trois se termine par un divorce. En 1968, 13,8 millions de femmes vivaient seules. Elles sont aujourd'hui plus de 17 millions. En 1968, on comptait 2,9 millions de familles monoparentales. On en compte aujourd'hui près de 5 millions. En 1961-1963, tous les départements, sauf les Alpes-Maritimes, avaient une fécondité supérieure au seuil de remplacement des générations. Vingt ans plus tard, seuls six départements sur quatre-vingt-quinze avaient une fécondité supérieure à ce seuil. En 1968, encore, 44,4 % des femmes de vingt-cinq à trente-neuf ans et

44, 8 % des femmes de quarante à cinquante-quatre ans travaillaient. Elles sont aujourd'hui respectivement 80,7 % et 77,9 %. Aujourd'hui enfin, 34 % des cadres et 12 % des ingénieurs sont des femmes, contre 3 % au début des années 1960.

Ces révolutions fondamentales, incroyablement rapides, ont bouleversé le paysage familial de la France et mis en question les repères juridiques d'une société qui n'était pas préparée à ces recompositions. Rester des parents en ne constituant plus des couples, composer avec un passé qu'on aspire à fuir, maintenir des principes éducatifs communs aux deux parents entre lesquels circule l'enfant, mêler la passion et la raison, hériter de la vie conjugale de l'autre, apprendre à composer au quotidien avec une histoire dans laquelle on n'a aucune part, gérer des parentèles multiples et trouver les « justes distances », créer de nouveaux liens entre adultes et enfants, tels sont les nouveaux défis offerts aux « familles » contemporaines, des familles où les solidarités, qui prennent d'autres formes, ne sont toutefois pas moindres qu'avant.

« Jeunes » et « vieux »

Dans les sociétés « anciennes », qui étaient celles de la France jusque dans les années 1950, la vie s'organisait principalement en classes d'âge, dont les fonctions étaient bien tranchées. Les jeunes, nombreux, prenaient en charge l'organisation des fêtes et des distractions de la collectivité en attendant que le mariage en fasse des adultes responsables, chargés de famille et de tâches productives. Forts de leurs années d'expérience et de prestige, les vieux, peu nombreux, jouissaient du pouvoir que leur donnait leur longue vie.

Aujourd'hui, en manifestant dans la rue, les jeunes, pour exiger qu'on les éduque dans de bonnes conditions, et les vieux, pour sauvegarder une retraite qui représentera souvent le principal revenu de leur vie, nous font savoir que c'est aussi la pyramide traditionnelle des âges qui est ébranlée.

Ne représentant plus que 13,6 % de la population française contre 16 % vingt ans plus tôt, les quinze-vingt-quatre ans ont cumulé les « galères ». Frappée de plein fouet par la montée du chômage, le sida et l'éclatement des couples, la génération autrefois yé-yé est devenue la génération sacrifiée. « La galère, écrivait en mars 1987 Frédéric Gaussen dans *Le Monde*, c'est un monde à la dérive, un monde qui n'a plus de sens. Celui des HLM de banlieue, de ces grands ensembles surgis de terre à la va-vite pendant les Trente Glorieuses et où s'entasse une population déboussolée, frappée par le chômage et la désindustrialisation.

« La galère c'est d'abord l'univers d'une certaine jeunesse, celle qui a décroché du peloton des "battants" qui, dans les "bons" lycées et les "grandes" écoles, font des sprints en permanence. Des jeunes sans racines ni débouchés en rupture d'école et de travail, flottant entre les petits boulots aléatoires, des "stages" plus ou moins bidons et les "combines" inavouables, traînant leur désœuvrement entre les cages d'escalier nauséabondes, les trottoirs défoncés, les rares cafés, les centres commerciaux barricadés à cause des vols et les vagues centres culturels mis à leur disposition et régulièrement saccagés. »

Dans une société où les anciennes solidarités nouées autour du travail à l'usine et de la classe ouvrière s'effondrent et où chacun se trouve livré aux valeurs véhiculées par les moyens de communication de masse, observe encore le sociologue François Dubet, le malheur de la galère peut toutefois annoncer des aubes moins lugubres où désir d'autonomie et d'épanouissement, recherche du bonheur intime et pragmatisme, goût pour l'expression corporelle et la musique peuvent être de nouveaux comportements adaptés à la société éclatée de demain.

Guéris des idéologies mais généreux, individualistes mais préoccupés de justice sociale, narcissiques mais très attachés à une famille qui remplit le réfrigérateur, finance les achats et respecte les libertés, ces jeunes savent surtout qu'ils doivent compter sur eux-mêmes pour se faire une petite place au soleil.

Plus nombreux que les quinze-vingt-quatre ans, représentant 16,2 % de la population totale, contre 11,4 % en 1968, les plus de soixante-cinq ans sont, malgré leurs doléances, les gagnants de cette fin de siècle. Au lendemain de la Deuxième Guerre mondiale, 67 % des hommes et 76 % des femmes fêtaient leur soixantième anniversaire. Ce sont aujourd'hui 80 % des hommes et 91 % des femmes qui le célèbrent. Vieillards, vieux, anciens, aînés, pépés, mamies et... « croulants », autant de dénominations anciennes que ne supportent plus aujourd'hui les grands bénéficiaires du recul spectaculaire de la mort.

En maintenant à soixante ans le seuil de la catégorie « vieillards » établi au début des années... 1870, les statistiques démographiques officielles et les pouvoirs publics ont figé les normes et les représentations d'une société qui ne leur ressemble plus. L'invention de la retraite pour tous, qui ne posait guère de problèmes quand l'espérance de vie des sexagénaires ne dépassait pas dix ans, devient singulièrement problématique quand elle dépasse vingt ans. Comment des travailleurs plus rares, dont la durée de la vie professionnelle se concentre entre trente et cinquante ans, dont le chômage augmente et les revenus stagnent, pourront-ils transférer des ressources sans cesse plus élevées vers des retraités plus nombreux, à l'espérance de vie en hausse ? Telle est bien la question redoutable qui se pose et se posera encore plus à des pouvoirs publics sensibles au fait que les « vieux » représentent désormais un tiers du corps électoral.

Libres de leur temps, disposant d'un revenu supérieur à celui des actifs, détenant un patrimoine accumulé au cours des Trente Glorieuses, fréquemment propriétaires de leur logement, disposant souvent de revenus de capitaux mobiliers ou immobiliers, plus instruits et assoiffés de culture et de loisirs, les « vieux » de l'an 2000, en recherchant l'affection de leurs descendants — qu'ils combleront de cadeaux et de services — vont sans doute créer des modes de vie qui ne seront pas sans influencer celui des « jeunes ». Peut-être contribueront-ils, dans un monde où le travail devient une denrée rare, à réhabiliter l'oisiveté, l'otium qui, dans la cité antique, était le privilège de l'homme libre lui permettant de s'occuper des choses de la cité. « La façon de vivre du troisième âge va devenir de plus en plus enviable et par conséquent les gens âgés vont retrouver la position valorisée qui était la leur, écrit Henri Mendras. Ils seront à nouveau un modèle, notamment pour leurs petits-enfants qu'ils auront en partie élevés. Ils seront respectés pour ce qu'ils apporteront à la société tout entière. Une meilleure échelle des valeurs se diffusera. La jeunesse, aujourd'hui portée à remettre en honneur les valeurs de la vie quotidienne et de l'esthétique, se rapproche ainsi du troisième âge. »

Chapitre 84

Rêve de droite

Le 15 juin 1969, en élisant largement Georges Pompidou à la présidence de la République, les Français avaient manifesté leur volonté d'assurer la continuité du régime. La droite, au sens large, est alors majoritaire dans un pays qui a choisi celui qui veut faire la part de la nécessité du mouvement tout en ne voulant pas tout détruire. Trente ans plus tard, la droite, qui avait rêvé de capter le mouvement engagé par la « seconde révolution » française et croyait incarner la modernité, n'est plus rien ou presque. Déchirée, naufragée, en proie au doute, délestée de ses électeurs populaires par le Front national, elle s'est autodissoute alors que, jamais sans doute, les valeurs qu'elle incarne n'ont été aussi partagées au sein de la société.

Épouser la modernité

Le général de Gaulle avait été l'homme des tempêtes, celui qui, brouillant les clivages hérités de 1789, avait toujours refusé de passer pour un homme politique de droite. « La France, c'est tout à la fois, c'est tous les Français. Ce n'est pas la gauche, la France. Ce n'est pas la droite la France ! », avait-il lancé à Michel Droit, le 15 décembre 1965, au cours de l'entretien télévisé qui avait suivi sa mise en ballottage par François Mitterrand, au premier tour de la première élection présidentielle au suffrage universel. « Vous me dites : à droite, on dit que je fais une politique de gauche ; à gauche, du reste, vous le savez bien, on dit : "De Gaulle, il est là pour la droite, pour les monopoles, pour je ne sais quoi." Le fait que les partisans de droite et les partisans de gauche déclarent que j'appartiens à l'autre côté prouve précisément ce que je vous dis, c'est-à-dire que, maintenant comme toujours, je ne suis pas d'un côté, je ne suis pas de l'autre, je suis pour la France. »

En fait, toutefois, même si Charles de Gaulle batailla ferme pour être « ailleurs », les Français pensaient et persistent encore aujourd'hui à penser qu'il était surtout un homme de droite. À droite parce qu'il croyait aux vertus de l'effort et au respect des règles. À droite parce qu'il voulait le progrès sans la pagaille. À droite surtout parce que ce militaire catholique était le symbole statufié de la hiérarchie, de l'ordre et du nationalisme.

Avec Georges Pompidou, qui a compris à quel point les Français étaient fatigués des héros, il n'y a plus d'ambiguïté. Même s'il se dit au centre, le natif de Montboudif est moins le dauphin du général que l'incarnation d'une droite moderne qui veut épouser son temps, ouvrir les bras à l'Angleterre, mais faire voter, en juin 1970, une loi dite « anticasseurs » qui, écrit René Rémond, « introduit dans notre droit la notion inédite de responsabilité collective qui en avait été bannie depuis la fin de l'Ancien Régime : il ne sera à l'avenir plus nécessaire de faire la preuve d'une participation effective à des actions de dégradation pour entraîner une condamnation — la présence sur les lieux ou la simple association à la manifestation seront suffisantes ».

Fils d'instituteurs, petit-fils de paysans du Cantal, Georges Pompidou est aussi un produit de l'école républicaine. Après Louis-le-Grand et l'École normale supérieure de la rue d'Ulm, il est reçu premier à l'agrégation de lettres à vingt-trois ans. Ni pétainiste ni résistant, il a passé la guerre comme professeur au lycée Henri-IV, s'en accommodant comme tant d'autres. Chargé de mission dans le cabinet du général à la Libération, il se fait apprécier par ses qualités intellectuelles et son pragmatisme. En 1948, ce « résistant de septembre » critiqué par les « barons » devient chef de cabinet du général et s'y comporte en bon élève. En 1953, il entre à la banque Rothschild, dont il devient le directeur général et peut y satisfaire ses goûts d'épicurien cultivé. En 1962, il la quitte pour entrer à Matignon sans avoir jamais été parlementaire et sans avoir jamais été élu. Autant dire que celui qui a pour charge d'assurer la continuité du gaullisme n'est pas de Gaulle. Dans le livre qu'il publiera en 1974, à l'extrême fin de son mandat, *Le Nœud gordien*, où il exprime sa philosophie politique, il écrit : « La République ne doit pas être la République des ingénieurs, des technocrates, ni même des savants. Je soutiendrais volontiers qu'exiger des dirigeants du pays qu'ils sortent de l'ENA ou de Polytechnique est une attitude réactionnaire qui correspond exactement à l'attitude du pouvoir royal à la fin de l'Ancien Régime exigeant des officiers un certain nombre de quartiers de noblesse. La République doit être celle des "politiques" au sens vrai du terme, de ceux pour qui les problèmes humains l'emportent sur tous les autres, ceux qui ont de ces problèmes une connaissance concrète, née du contact avec les hommes, non d'une analyse abstraite, ou pseudo-scientifique de l'homme. C'est en fréquentant les hommes, en mesurant leurs difficultés, leurs souffrances, leurs désirs et leurs besoins immédiats, tels qu'ils les ressentent ou tels parfois qu'il faut leur apprendre à les discerner, qu'on se rend capable de gouverner, c'est-à-dire, effectivement, d'assurer à un peuple le maximum de bonheur compatible avec les possibilités nationales et la conjoncture extérieure. L'époque n'est plus à Louis XIV dans son palais de Versailles, au milieu des Grands, mais rien n'y ressemblerait davantage qu'un Grand Ordinateur dirigeant de la salle de commande électronique le conditionnement des hommes. »

Ce libéral, qui aurait pu être Guizot au temps de la monarchie de Juillet, tenait au juste milieu et souhaitait « laisser aux citoyens la gestion de leurs propres affaires, de leur vie personnelle, l'organisation de leur bonheur tels qu'ils le conçoivent, afin d'échapper à ce funeste penchant qui, sous prétexte de solidarité, conduit tout droit au troupeau. »

L'homme qui aimait les Porsche et Saint-Tropez veut tout à la fois concilier l'« impératif industriel » et la « nouvelle société ». À Matignon de juillet 1969 à juillet 1972, Jacques Chaban-Delmas, aimable, séduisant et sportif, résistant de haut vol, mais ayant bravé les interdits du général en participant aux « délices et poisons » de la IVe République, est bien un « révolutionnaire » doux quand il annonce à la majorité « introuvable », issue de l'épouvante de mai 1968, qu'il faut mener à terme la grande « mutation française » et esquisser un « nouveau modèle de civilisation dont la nécessité est rendue évidente par les crises et les blocages à l'Est comme à l'Ouest et qu'appelle, parfois dans la confusion, notre jeunesse ».

Du Centre Beaubourg à la « voie express », sur la rive droite de la Seine, des autoroutes aux hautes tours de bureaux, du SMIC à la formation continue professionnelle, du rapprochement avec les Anglo-Saxons à la libéralisation de l'ORTF, autant de mesures et de réalisations « modernes » qui ont troublé la droite plus traditionnelle et fini par agacer le président de la République.

Quand *Le Canard enchaîné* publie, en janvier 1972, la feuille d'impôts du Premier ministre, révélant qu'il n'a rien versé au fisc de 1966 à 1969, on peut s'interroger sur l'origine de cette « fuite » qui ne peut venir que du ministère des Finances. Quand Michel Poniatowski, le lieutenant de Valéry Giscard d'Estaing, dénonce la République des « copains et des coquins » éclaboussée par les scandales de La Villette et de la Garantie foncière, une société immobilière présidée par un député UDR, André Rives-Henry, on peut se poser la question de savoir ce qu'il en est de la solidarité de la « droite ».

Le 5 juillet 1972, Jacques Chaban-Delmas est « révoqué » et remplacé par Pierre Messmer, un « baron », président de l'amicale Présence et action du gaullisme, un homme d'ordre et d'autorité dont les premières mesures traduisent bien l'infléchissement politique voulu par un Georges Pompidou atteint par la grave maladie qui l'emportera deux ans plus tard. Ministre de l'Intérieur, Raymond Marcellin se distingue par une politique volontiers répressive. Ménagé depuis 1969, le Parlement est désormais tenu à l'écart. Au lendemain des élections législatives de mars 1973, qui voit la majorité l'emporter nettement, Jean Royer et Maurice Druon, deux porte-parole des valeurs « morales », sont appelés au gouvernement. Quand Georges Pompidou meurt le 2 avril 1974, après avoir surmonté jusqu'au dernier jour ses souffrances, on peut se demander si la démocratie n'exigeait pas que les citoyens soient informés du fait que la France n'était plus en réalité gouvernée.

La « société libérale avancée »

« De ce jour date une ère nouvelle de la politique française, celle du rajeunissement et du changement de la France. [...] J'entends encore l'immense rumeur du peuple français qui nous a demandé le changement. Nous ferons ce changement avec lui, pour lui, tel qu'il est dans son nombre et sa diversité. » Dès son entrée en fonction, Valéry Giscard d'Estaing, élu président de la République le 19 mai 1974 avec 425 000 voix d'avance sur François Mitterrand, entend marquer sa différence avec les hommes de « droite » qui l'ont précédé et rompre avec l'héritage du général de Gaulle, dont il avait en son temps critiqué « l'exercice solitaire du pouvoir ».

Estimant que les Français recherchent un « gaullisme à autre visage », qu'ils souhaitent le changement mais pas la rupture, il a la faiblesse de penser que l'immense groupe central des classes moyennes, celui qui communie au rite du barbecue, peut adhérer à une droite « moderne », mieux, qu'il aspire à être gouverné au « centre », un « centre » qui tirerait un trait sur les passés tragiques pour s'accommoder du siècle. Marier Benjamin Constant et Alexis de Tocqueville, fréquenter Helmut Schmidt, le chancelier social-démocrate allemand, et Raymond Aron, seul capable de donner un contenu conceptuel au « libéralisme à la française », séduire les femmes et les jeunes, telle est l'ambition du jeune homme qui reçoit les journalistes en pull-over, joue de l'accordéon, pousse la chansonnette à la télévision, souhaite transformer ses compatriotes en Américains et construire une « société libérale avancée ».

Âgé de quarante-huit ans, ce qui est fort jeune, VGE, comme on l'appelle, est un conservateur brillant qui rêve d'une France « décrispée ». Voulant gouverner la France comme les bons élèves qu'aspirent à être les enfants des cadres et des professions libérales qu'il ambitionne de rallier, il devine les émois des petits-bourgeois et tente de faire entrer une bouffée d'air juvénile à l'Élysée. Homme de sa génération obsédé par son apparence, il avoue dans *Le Pouvoir et la Vie* comme il le ferait devant son psychanalyste : « C'est pendant que j'étais président de la République que j'ai commencé à enlaidir. Cette évolution avait commencé plus tôt, mais insidieusement. Je n'ai jamais accepté complètement mon aspect physique : une taille trop élevée, empêchant la démarche d'être vraiment naturelle ; une ossature du bassin trop large, juste au-dessous de la ceinture ; et, pendant la période de l'adolescence, comme le montrent les photos du visage, quelque chose de douceâtre affaiblissant l'architecture des traits.

J'ai commencé à perdre mes cheveux très jeune. Je m'en suis aperçu pour la première fois dans la salle de bains de l'hôtel d'une petite ville d'eaux allemande, qui était éclairée par une verrière percée au milieu du plafond. La lumière en tombait verticalement, et j'ai vu, dans un miroir, qu'elle traversait le casque des cheveux, dont j'apercevais séparément chaque tige, et qu'elle éclairait directement la peau. J'en ai conçu une sorte de terreur. [...]

Je change, malgré mes efforts pour rester le même ! L'exercice de la présidence n'y est pour rien. Le temps suffit à s'en charger. C'est ainsi que je suis l'objet, comme toute la nature, comme tous les animaux, d'une lente action de destruction qui ride, qui dégrade, qui entaille, qui ravine ce qui était jusque-là frais, jeune et neuf.

Mais même si j'en suis l'objet, je refuse d'en être le témoin, et je cherche à en éviter tous les signes.

Je ne me regarde jamais dans un miroir, sauf pour me raser, et encore je veille à ce que la lumière soit la plus faible possible. Quand je marche dans la rue, je prends la précaution de ne jamais regarder les vitrines qui pourraient me renvoyer mon image. [...] Pendant mon septennat, lorsque j'étais assis en face d'un journaliste, lorsque je prenais un enfant dans mes bras dans une foule, je ne réalisais pas une seule fois qu'ils me voyaient comme je suis devenu. J'étais persuadé qu'ils me regardaient toujours tel que je croyais être resté, ce demi-jeune homme de trente-cinq ans, aux cheveux cernant les tempes, aux muscles fermes et souples, à peine endurci et mûri par la vie, et tout juste débarrassé des tendresses physiques de l'adolescence. »

Ce « président-objet », si obsédé par l'idée de plaire, pense épouser totalement son temps. Abaissement de l'âge de la majorité à dix-huit ans, indépendance donnée aux chaînes de télévision, droit reconnu à l'opposition de déférer les lois au Conseil constitutionnel, écoutes téléphoniques supprimées, censure politique au cinéma abandonnée, contraception et interruption volontaire de grossesse légalisées, réforme de la loi sur le divorce, mise en place d'un système unique de collège pour tous les jeunes Français, imposition des plus-values, projet de réforme sur l'entreprise, dîners dans les familles de Français ordinaires, poignées de main aux détenus, petits déjeuners partagés avec les éboueurs, autant de mesures et de gestes qui visent à faire l'alternance sans l'alternance, à faire la politique de la « gauche » pour établir une sorte de « consensus », nouveau mot à la mode, sur quelques valeurs essentielles.

Mais c'est risquer en même temps de se couper de sa majorité et de faire le jeu de l'adversaire. La loi sur l'interruption volontaire de grossesse ne fut votée que grâce aux voix de 181 députés de gauche, Simone Veil ayant été grossièrement insultée à la Chambre par un parlementaire de sa majorité. Toujours soutenue par la gauche, la réforme de la loi sur le divorce fut combattue par une fraction de la majorité conduite par Jean Foyer, qui s'en prenait particulièrement à la possibilité de divorce par rupture de la vie commune. L'opposition la plus vive à la taxation des plus-values vint d'Antoine Pinay et de la majorité gaulliste, dont une partie ne vota pas en sa faveur. Les représentants du patronat n'applaudirent pas la réforme de l'entreprise qui, pour eux, ne se justifiait pas. Et quand un groupe interparlementaire pour cette réforme se constitua à l'Assemblée nationale, il ne compta que 70 députés de la majorité. En dépit de ses bonnes intentions, VGE restait prisonnier d'un camp qu'il aurait voulu « giscardiser », mais les « orphelins du gaullisme », rassemblés dans l'Union pour la défense de la République, ne souhaitaient guère prêter la main à ce vaste chantier de réformes, persuadés qu'en faisant cette politique social-démocrate, on risquait plus de perdre son électorat que de gagner celui de ses adversaires.

Dès le 12 janvier 1975, Jacques Chirac, nommé Premier ministre au lendemain de sa « trahison » à l'égard de Jacques Chaban-Delmas, le candidat officiel des gaullistes à l'élection présidentielle de 1974, et de son ralliement à la candidature de Valéry Giscard d'Estaing, prévient que « le mouvement gaulliste ne saurait admettre des actions politiques contraires aux options fondamentales du gaullisme ». Le 25 août 1976, il démissionne en déclarant : « Je ne dispose pas des moyens que j'estime, aujourd'hui, nécessaires pour assumer efficacement mes fonctions de Premier ministre et, dans ces conditions, j'ai décidé d'y mettre fin. » Pour la première fois dans l'histoire de la Ve République, un Premier ministre démissionnait de sa propre volonté, manifestant ouvertement l'opposition entre les deux conceptions de la droite.

Le 5 décembre 1976, conseillé par Pierre Juillet et Marie-France Garaud, les anciens conseillers politiques de Georges Pompidou, Jacques Chirac crée le Rassemblement pour la République, le RPR, qui succède à l'UDR et oppose à la « société libérale avancée » du président la volonté éternelle des nations qui ne veulent pas mourir. Le 25 mars 1977, il est élu maire de Paris en battant le giscardien Michel d'Ornano et après avoir annoncé sa candidature au journal télévisé de 20 heures en déclarant : « Je viens dans la capitale de la France parce que dans notre histoire, depuis la Révolution de 1789, chaque fois que Paris est tombé, la France a été vaincue... ! »

Le 6 décembre 1978, de l'hôpital Cochin où il est hospitalisé à la suite d'un accident d'automobile, il lance l'Appel de Cochin qui s'en prend violemment à la politique européenne du président de la République, dénonce « le parti de l'étranger » et dit « non à une France vassale dans un Empire de marchands, à une France qui démissionne aujourd'hui pour s'effacer demain ». En mai 1981, il se présente à l'élection présidentielle en ne cachant pas que « le bilan [de Giscard d'Estaing], à l'issue de son septennat, ne conduisait pas spontanément et de gaieté de cœur la majorité à souhaiter lui donner un nouveau bail de sept ans ».

Affaibli par la montée du chômage et l'impopularité de son premier ministre Raymond Barre, profondément affecté par les révélations du *Canard enchaîné* qui annonçait, en octobre 1979, qu'il avait reçu en cadeau des diamants de Jean-Bedel Bokassa, couronné empereur de Centrafrique en 1977 à l'occasion d'une cérémonie ridicule en partie payée par la France, accusé de rétablir à l'Élysée une étiquette d'allure monarchique, le président à « particule », une « particule » qu'il n'est pas facile de porter en France quand on ne s'appelle pas de Gaulle, était battu par le candidat socialiste François Mitterrand au second tour des élections présidentielles, le 10 mai 1981, une partie de l'électorat de droite ayant refusé de voter pour le président sortant.

Se durcir ou se dissoudre

En mars 1986 et en mars 1993, à la suite de sa victoire aux élections législatives, la droite revient au pouvoir, inaugurant une pratique inédite : la cohabitation entre un président de la République de gauche et un gouvernement de droite. En juin 1997, après avoir remporté l'élection présidentielle de 1995, Jacques Chirac prend la décision de dissoudre une assemblée exceptionnellement favorable, prenant le risque de rendre la parole aux électeurs en cours de législature, sans que cette décision apparaisse justifiée par une quelconque situation d'urgence. Comme à chaque fois qu'ils ont été consultés depuis 1981, les Français, naguère si constants dans la reconduction des gouvernants, prennent un malin plaisir à « sortir les sortants » et à infliger à la droite une défaite sans pareille. Alors que si l'on totalise les voix de tous les partis qui s'y rattachent, la droite, y compris l'extrême droite, est majoritaire en France, pauvre en hommes, faible en idées, chétive en volonté, elle s'enfonce doucement dans les sables mouvants de la désaffection et du désintérêt, s'interrogeant sur son sort et sur ses possibles alliances.

En mars 1986, la victoire de la droite aux élections législatives représente une première dans l'histoire de la Ve République. Depuis la fondation du régime, en effet, la majorité législative a toujours coïncidé avec la majorité présidentielle. C'est l'occasion de tester l'essence de la Constitution et de savoir qui gouverne réellement en France, le président de la République élu au suffrage universel ou le gouvernement qui « détermine et conduit la politique de la nation » ?

Dès le 16 septembre 1983, dans un article publié par le journal *Le Monde*, Édouard Balladur y avait répondu : « Nos institutions n'ont jamais connu leur minute de vérité, celle où devraient cohabiter un président d'une tendance et une Assemblée d'une autre. Si cela se produit un jour, il serait évident que le pouvoir présidentiel dispose d'une autorité variable selon qu'elle repose ou pas sur une majorité parlementaire. Nous vivons sous une monarchie présidentielle, mais ces pouvoirs sont d'une efficacité variable selon la composition de l'Assemblée. Notre Constitution est riche de nombreuses virtualités. [...] Un jour ou l'autre, nos institutions subiront l'épreuve de vérité qui permettra de juger de leur solidité réelle. »

En nommant Jacques Chirac Premier ministre, François Mitterrand démontre sa volonté de respecter le verdict des urnes. Avec une fougue qui fleure l'esprit de revanche, le nouveau gouvernement annonce la privatisation de 65 entreprises publiques en cinq ans, supprime l'autorisation administrative de licenciement et l'impôt sur les grandes fortunes, rétablit l'anonymat sur les achats d'or, abroge la loi Quilliot très favorable aux locataires, privatise TF1, renforce le contrôle de l'immigration, prépare une réforme du Code de la nationalité pour rendre plus difficile l'acquisition de la nationalité française, et adopte un projet de loi destiné à accroître l'autonomie des universités en leur permettant de décider du montant des droits universitaires et en leur donnant le droit de « déterminer les conditions d'accès aux différentes formations ».

Autant de mesures qu'une majorité de Français est prête à accepter, mais que l'« émotion », cette nouvelle « opinion », balaie sans peine.

En novembre 1986, la protestation étudiante, amorcée à Villetaneuse, dans une obscure université de Seine-Saint-Denis, gagne l'ensemble du pays et mobilise des milliers de lycéens pour qui « orientation » veut dire « sélection ». Le 8 décembre, après la mort de l'étudiant Malik Oussekine, violemment frappé par des policiers, Jacques Chirac annonce le retrait total du projet présenté par Alain Devaquet, le ministre délégué de la Recherche et de l'Enseignement supérieur. Dans *Globe*, Alain Madelin glorifie alors cette jeunesse qui a affronté le gouvernement auquel il participe, et écrit : « Elle dit oui à l'indépendance individuelle et au libre choix de son genre de vie. [...] Elle dit non à une vieille droite qui veut le libéralisme économique, pas le libéralisme de société. » Le lendemain, Jacques Chirac annonce la remise à plus tard de la discussion sur la réforme du Code de la nationalité.

Quelques jours plus tard, un mouvement de grève éclate à la SNCF et se prolonge jusqu'à la mi-janvier 1987, inaugurant une nouvelle forme de lutte sociale, où le maximalisme désespéré des revendications s'accompagne de la mise en place de « coordinations » fort méfiantes à l'égard des grandes centrales syndicales.

En quelques mois, la « droite » a dilapidé le capital de confiance dont elle disposait et jeté le peuple de France dans les bras de celui qui s'était déclaré « sur la même longueur d'onde que les étudiants » et avait reçu une délégation de cheminots grévistes à Brégançon le 1er janvier 1987. Le 8 mai 1988, François Mitterrand, qui s'est représenté sur le thème d'une « France unie » et sur un programme qui ferait pâlir d'envie les « centristes » chers à Valéry Giscard d'Estaing, l'emporte largement par 54 % des suffrages contre 46 % à son ex-Premier ministre, Jacques Chirac.

Le 28 mars 1993, par un mouvement de balancier qui leur est désormais familier, les Français élisent l'Assemblée la plus à droite que la France ait jamais connue depuis un siècle, plus à droite que la Chambre bleu-horizon élue en 1919, plus à droite que l'Assemblée issue des « événements » de mai 1968. Sur les 577 sièges de l'Assemblée, la nouvelle majorité de droite compte 485 députés, 207 pour l'UDF, 242 pour le RPR et 36 pour les divers droites. La gauche réunie n'a rassemblé que 30,7 % des suffrages exprimés contre 55,7 % en 1981, 44,1 % en 1986 et 49,2 % en 1988.

Avec moins de fougue que Jacques Chirac lors de la première cohabitation, mais avec plus de discernement, Édouard Balladur, chargé de conduire le gouvernement, entame alors une marche triomphale vers le trône présidentiel que sa cote de popularité, exceptionnellement favorable, semble lui promettre. L'emprunt lancé le 25 juin 1993 pour résorber le déficit des finances publiques rapporte 110 milliards au lieu des 40 prévus et mobilise 1 400 000 souscripteurs. C'est beaucoup mieux que l'emprunt Pinay de 1952. Au mois d'octobre 1993, la privatisation de la BNP attire 2,8 millions d'actionnaires qui ont oublié le krach d'octobre 1987. En novembre, celle de Rhône-Poulenc attire encore 2,9 millions d'actionnaires. Autre mesure qui marque la volonté de rompre avec le passé, la Banque de France devient indépendante du pouvoir politique, et les membres du Conseil de la politique monétaire auront toute latitude pour « définir et mettre en œuvre la politique monétaire dans le but d'assurer la stabilité des prix ». En outre, la Banque de France, « dans l'exercice de ses attributions, ne pourra solliciter ni accepter d'instruction du gouvernement ou de toute personne ». Autre mesure hautement symbolique qui vise à détacher la France de son passé colonial : le franc CFA, dont la parité vis-à-vis du franc n'avait pas été modifiée depuis 1948, est dévalué de 50 % le 11 janvier 1994. C'est mettre fin à une « exception culturelle » et dire à ses partenaires africains que l'aide qu'accorde l'ancienne métropole est conditionnée par le respect de leurs engagements vis-à-vis du Fonds monétaire international.

Pour satisfaire en partie l'électorat de la droite extrême, le projet de Code de la nationalité est adopté en mai 1993. La loi, en vigueur à compter du 1er janvier 1994, prévoit que, pour exercer leur droit d'être Français, les enfants, nés en France de parents nés à l'étranger, doivent entre dix-huit et vingt et un ans en faire formellement la demande. C'est rompre avec la tradition inaugurée sous la IIIe République par la loi de 1889 et estimer qu'il ne suffit pas de naître en France et d'y résider à sa majorité pour constater que l'on est français.

Comme pour les gouvernements précédents, toutefois, Édouard Balladur se heurte bientôt aux caprices du « tempérament national ». Voulant réviser la loi Falloux datant de 1850 pour permettre aux collectivités locales de financer davantage les établissements privés, sous la pression de l'Union nationale des parents de l'École libre, il jette dans la rue plus de 500 000 « laïcs » et offre à la gauche une première occasion de se refaire une santé.

En février 1994, un décret instituant le contrat d'insertion professionnelle (CIP) permettant d'embaucher des jeunes au-dessous du SMIC provoque l'émoi des lycéens et des étudiants qui manifestent à travers toute la France. Tétanisé par le souvenir de Malik Oussekine, Édouard Balladur retire le projet le 30 mars 1994.

Agitation à Air France, grève des marins-pêcheurs, mises en examen de trois des ministres du gouvernement — Alain Carignon, Gérard Longuet et Michel Roussin —, autant de « faits divers » qui érodent la cote de celui qui décide de se présenter aux élections présidentielles de 1995 contre... son ami Jacques Chirac. Ayant pris goût au pouvoir, avoue-t-il, ayant le sentiment d'avoir réussi à Matignon, conforté par les sondages, cette nouvelle « opinion » qui le donne gagnant dans tous les cas de figure, il s'oppose à son « ami de trente ans » qui, avec l'appui des « Guignols de l'Info », bénéficie alors d'une véritable « chiracomania ».

Attaqué avec férocité par son propre camp, mis en cause par *Le Canard enchaîné* qui dévoile les rémunérations qu'il avait perçues d'une filiale d'Alcatel quand il était député, multipliant les prestations médiocres qui en font l'incarnation de la « technostructure » flétrie par son « ami-rival », moins « à la mode », Édouard Balladur s'écroule dans les sondages et laisse Jacques Chirac, qui n'avait obtenu que 20,84 % des voix au premier tour, l'emporter au second avec 52,64 % des suffrages exprimés. Pour la première fois depuis Pompidou, un gaulliste entre à l'Élysée. Pour le RPR, c'est un jour de gloire. Alain Juppé, le président du parti, nommé Premier ministre d'un gouvernement dans lequel ne figure aucun balladurien, Philippe Séguin à la présidence de l'Assemblée nationale, une large majorité dans les deux Assemblées, jamais le mouvement gaulliste n'a disposé d'un tel poids pour imposer sa politique.

Pourtant, alors que Jacques Chirac a fait campagne sur le thème fort populiste de la « fracture sociale », Alain Juppé, combinant un style autoritaire peu apprécié des Français et une absence totale d'imagination, entame en quelques semaines le capital de confiance dont dispose tout gouvernement au lendemain de sa formation. Qu'une de ses premières décisions ait été une hausse des impôts est à la mesure de l'exceptionnel aveuglement des cabinets ministériels composés d'énarques sans réelle sensibilité politique. Au mois d'octobre, il lance un plan de réforme de la Sécurité sociale qui s'en prend aux médecins libéraux, principale clientèle de la droite, et fait approuver par l'opinion le mouvement de grève qui paralyse le pays en décembre 1995. Au lieu de l'« autre politique » promise par Jacques Chirac au cours de sa campagne, les Français ont le sentiment de vivre le retour à une politique classique d'austérité. En quelques semaines, Alain Juppé devient le symbole de la technocratie sans cœur, de la prétention intellectuelle et du mépris de classe. « La droite, écrit Roland Hureaux, exclu du RPR en 1996, prenait plus que jamais la figure triste de celui qui n'a rien à exprimer sinon le rappel un peu pisse-froid des exigences de la rigueur financière » au moment où une série d'« affaires » mettait le doigt sur les « turpitudes » de « l'État-RPR ». Démission de la vice-présidente RPR du Conseil régional d'Île-de-France qui révèle des irrégularités dans la passation des marchés publics, « affaire » Tibéri dont l'épouse a touché 200 000 francs pour avoir rédigé un rapport sur la francophonie pour le compte du Conseil général de l'Essonne, mise en examen de Patrick Balkany, le maire de Levallois-Perret, « affaire » des appartements du domaine privé de la Ville de Paris qu'occupent Alain Juppé, son fils et son ex-femme, autant d'« affaires » qui tétanisent le mouvement gaulliste et précipitent la décision de Jacques Chirac de solliciter l'arbitrage du peuple français pour un « nouvel élan ». Officiellement, il s'agit de disposer d'une majorité stable avant la négociation du printemps 1998 sur le passage à l'euro. Officieusement, il s'agit d'une tentative risquée d'enrayer l'érosion d'un parti, qui perd ses militants, et de relancer un Premier ministre, qui bat le record d'impopularité jusque-là détenu par Édith Cresson.

Le 1er juin 1997, la gauche remporte les élections législatives, et le nombre des députés gaullistes à l'Assemblée passe de 258 à 140.

En se présentant comme un Européen moderne et libéral — alors que le libéralisme est obstinément minoritaire en France depuis deux siècles et que le gros des troupes RPR a toujours milité contre « l'Europe des marchands » incarnée par l'UDF —, Jacques Chirac se coupe du « peuple de droite » et des blessés de la mondialisation, qui ont le sentiment d'avoir été floués, et les précipite dans les bras du Front national, qui récupère cette part essentielle de l'héritage gaulliste que constitue l'attachement à la souveraineté nationale bafouée par les traités de Maastricht et d'Amsterdam.

La défaite précipite alors la déchéance d'un mouvement qui s'étiole comme une coquille vide et s'épuise en rivalités tribales et suicidaires dont le feuilleton donne le vertige.

Se durcir et se rapprocher de Bruno Mégret qui lui tend la main, se rassembler dans un vaste parti « moderne » rassemblant les droites gaulliste et libérale, mais accepter d'être banalisé dans un mouvement sans idées dont on ne sait pas qui va le commander ou se dissoudre corps et biens, tels sont les choix difficiles d'une France de droite qui avait rêvé d'incarner le sens des responsabilités et découvre qu'elle n'a aucun talent pour s'opposer à une gauche qui, en fin de compte, lui a largement pillé ses idées et ses électeurs « huppés ». « Le patriotisme, la priorité accordée à l'intérêt supérieur du pays, la sauvegarde de l'identité nationale, la poursuite de la construction de l'Europe, mais dans le respect de la personnalité des États qui la composent et sans remettre en cause le compromis de Luxembourg, l'esprit de défense, une politique étrangère indépendante, la lutte contre la criminalité, la délinquance et le terrorisme, la maîtrise de l'immigration, la protection de la famille et l'encouragement de la natalité, la sensibilité aux attentes du peuple... », telles sont les propositions que fait Alain Peyrefitte à la « droite » parlementaire pour qu'elle cesse de gommer ses propres valeurs. Partir à la conquête du peuple, tel est bien le nouveau rêve de droite.

Chapitre 85

Rêve de gauche

Le 10 mai 1981, à vingt heures, dès que le visage de François Mitterrand se dessine sur les écrans de télévision pour annoncer sa victoire, le « peuple de gauche » sable le champagne et, à Paris, se bouscule place de la Bastille pour danser et chanter L'Internationale *et* Le Temps des cerises. *La gauche, qui avait perdu depuis vingt-trois ans toutes les élections, qu'elles soient présidentielles et législatives, portait l'un des siens à la magistrature suprême. Un événement exceptionnel qui faisait rêver tous ceux qui aspiraient à un véritable changement. Dans son projet de 1980, le Parti socialiste n'avait-il pas annoncé que sa « volonté était d'établir une méthode aussi précise, aussi concrète que possible, pour passer... du système capitaliste en France à la société socialiste » ?*

L'« état de grâce »

Le 21 mai 1981, en fin d'après-midi, remontant la rue Soufflot à la tête d'une grande foule pendant que résonne *L'Hymne à la joie*, François Mitterrand, une rose à la main, pénètre seul dans le Panthéon, ce temple laïc de la République, et va fleurir dans la crypte les tombes de Jean Jaurès, de Victor Schoelcher et de Jean Moulin. Exaspérante pour ses adversaires, qui condamnent cette « faute de goût », enivrante pour ses partisans, qui ont le sentiment d'assister à un véritable tournant de l'histoire de France, cette cérémonie-sacre, orchestrée par Jack

Lang, traduit « la force tranquille » de celui qui est arrivé en tête dans plus des deux tiers des départements et a rassemblé les voix du « peuple de gauche ». Elle marque aussi l'ivresse absolue de ceux qui veulent régler son compte au capitalisme et mettre en œuvre une « logique de rupture » où marxisme et autogestion sont invités à faire bon ménage.

Dans le message qu'il adresse alors aux Français, François Mitterrand exprime bien le rêve de gauche quand il énonce l'idée que sa victoire est la revanche des « exclus » sur l'infime minorité des « nantis ». « Troisième étape d'un long cheminement après le Front populaire et la Libération, la majorité des Français, démocratiquement exprimée, vient de s'identifier à sa majorité sociale. [...] Dans le monde d'aujourd'hui, quelle plus haute exigence pour notre pays que de réaliser la nouvelle alliance du socialisme et de la liberté, quelle plus belle ambition que de l'offrir au monde de demain ? C'est en tout cas l'idée que je m'en fais et la volonté qui me porte, assuré qu'il ne peut y avoir d'ordre et de sécurité là où régnerait l'injustice, où gouvernerait l'intolérance. C'est convaincre qui m'importe, et non vaincre. Il n'y a qu'un vainqueur le 10 mai 1981, c'est l'espoir. Puisse-t-il devenir la chose de la France la mieux partagée. Pour cela, j'avancerai sans jamais me lasser sur le chemin du pluralisme, confrontation des différences dans le respect d'autrui. Président de tous les Français, je veux les rassembler pour les grandes causes qui nous attendent et créer en toutes circonstances les conditions d'une véritable communauté nationale. »

« L'espoir partagé ? » « Tous les Français ? » « Véritable communauté nationale ? » « Autant d'énigmes en cette aube du règne, écrit Jean Lacouture. Au terme d'une périlleuse escalade, le voici au pied d'une falaise plus altière encore, armé d'une autorité apparemment durable et d'une dure expérience des épreuves du pouvoir. »

Pour les « gens de gauche », en revanche, qui ne perçoivent guère les ambiguïtés d'une victoire davantage due au rejet du pouvoir en place qu'à une adhésion des Français au programme socialiste, l'ivresse est à la mesure de la longue traversée du désert qu'ils viennent de subir.

François Mitterrand, accusé la veille par le parti communiste de vouloir faire la même politique que celle menée par Valéry Giscard d'Estaing, a été le tacticien hors pair — certains disent le Machiavel — qui a réalisé leur rêve et transformé en apparence l'essai de 1968.

En 1969, en effet, la gauche en miettes n'avait même pas été présente au second tour de l'élection présidentielle. Avec 5 % des suffrages exprimés, Gaston Defferre, associé à Pierre Mendès France, avait laissé le Parti socialiste sinistré. Avec 21,5 % des suffrages, Jacques Duclos, le candidat du Parti communiste français, avait fait oublier par son accent rocailleux et ses origines populaires son passé stalinien et les chars de Prague pour séduire les deux tiers des suffrages de gauche.

François Mitterrand, qui n'a jamais eu beaucoup d'intérêt pour les doctrines, et dont le passé de gauche est pour le moins incertain, comprend alors que pour relever la vieille SFIO et la débarrasser du passé qui l'encombre, il faut l'ancrer à gauche, rejeter toute compromission et lui redonner du muscle en l'habillant de rouge et en l'alliant au Parti communiste pour mieux ensuite le dévorer. Alors que partout ailleurs, la social-démocratie largue ses amarres avec les formules maximalistes d'un autre âge, prisonnier de la logique bipolaire introduite par l'élection au suffrage universel du président de la République, il adopte un discours ouvrier qui ne lui sied guère pour radicaliser un Parti qui n'en demandait pas tant.

« Réforme ou révolution ? lance-t-il en juin 1971 au congrès d'Épinay devant des militants médusés. La révolution est d'abord une rupture. [...] Celui qui ne consent pas à la rupture avec l'ordre établi [...], avec la société capitaliste, celui-là, je le dis, ne peut être adhérent du Parti socialiste. [...] Le véritable ennemi [...], celui qu'il faut déloger, c'est le monopole ! Terme extensif pour signifier toutes les puissances de l'argent, qui corrompt, qui achète, l'argent qui écrase, l'argent qui tue, l'argent qui pourrit jusqu'à la conscience des hommes ! »

Associer les jeunes cadres et les vieux notables républicains, les mangeurs de cassoulet et les adeptes du barbecue, les femmes libérées et la nouvelle classe ouvrière, les cryptocommunistes du CERES de Jean-Pierre Chevènement et les gauchistes du PSU, telle est l'ambition de celui qui, au prix d'une véritable conjuration « florentine », est élu premier secrétaire d'un Parti socialiste dont, la veille encore, il n'était pas membre et dont Guy Mollet disait : « Mitterrand n'est pas devenu socialiste, il a appris à parler socialiste. »

« Main basse sur la cité », écrit alors Marcelle Padovani, dans *Le Nouvel Observateur* du 21 juin 1971, qui ajoute : « C'est un homme tranquille qui s'installe cité Malesherbes et qui est décidé à mener rapidement toutes négociations. Il a deux ans devant lui avant l'échéance des élections législatives. Il se plaît à dire que la gauche a, dans le pays, la majorité sociologique et qu'il lui reste seulement à conquérir la majorité politique. »

Un an après le congrès d'Épinay, le 26 juin 1972, le Parti socialiste signe avec le Parti communiste un programme commun de gouvernement qui, contresigné un mois plus tard par l'aile gauche du vieux parti radical, le MRG, semblait marquer la victoire du Goliath communiste sur le David socialiste. « Les partisans de Blum se sont alignés sur ceux de Cachin », proclamait gravement *L'Express*. Plus perspicace, Jean Ferniot annonçait sur Radio-Luxembourg que Mitterrand allait mener à son terme l'opération de démolition du PCF entamée par le général de Gaulle.

Plumer « la volaille communiste », tel était le défi du renard socialiste qui ne cachait pas son dessein quand, au congrès de l'Internationale socialiste, à Vienne, dans les heures qui suivaient la signature du programme commun, il avouait sans barguigner : « Notre objectif fondamental, c'est de refaire un grand Parti socialiste sur le terrain occupé par le PC, afin de faire la démonstration que, sur les cinq millions d'électeurs communistes, trois millions peuvent voter socialiste. »

Aux élections législatives de mars 1973, le Parti socialiste obtient déjà, avec ses alliés radicaux, 20,8 % des voix et 103 sièges à l'Assemblée, le parti de Georges Marchais ne le devançant que de 0,7 % des voix. Aux élections présidentielles de 1974, l'écart entre François Mitterrand et Valéry Giscard d'Estaing, 425 000 voix, donne le sentiment d'une France coupée en deux. Jamais depuis 1946, la droite et la gauche ne s'étaient affrontées de façon aussi claire. Aux élections municipales de 1977, la gauche unie enlève à la droite trente-deux villes de plus de 30 000 habitants. Au premier tour des élections législatives de 1978, au lendemain d'une rupture entre les partis de gauche qui a sonné le glas du programme commun, le Parti socialiste devance le Parti communiste de 2 % des voix et progresse dans les bastions catholiques traditionnels. Pour la première fois, le Parti communiste arrivait en quatrième position, devancé aussi par le RPR et l'UDF. Aux élections présidentielles de 1981, enfin, bénéficiant du recul inattendu de Georges Marchais, le candidat communiste, qui ne recueille au premier tour que 15,3 % des voix, François Mitterrand, qui prive son adversaire de droite de l'argument du danger d'un président sous tutelle communiste, l'emporte avec les voix de ceux qui le dénonçaient depuis trois ans comme un complice de la réaction.

Dans son éditorial du 10 mai 1981, Jean-Marie Colombani écrit dans *Le Monde* : « François Mitterrand ne s'est pas contenté tout au long de sa vie d'être intelligent et de faire montre d'un sens aigu de la politique : il a su ne jamais renoncer, et continuer de risquer plutôt que de subir. Candidature-défi le 19 décembre 1965, "au nom de tous les républicains", face à un homme qui était alors au faîte de sa puissance et qui, déjà entré dans l'histoire, n'en venait pas moins d'être soumis au ballottage. Candidature-espoir en 1974, au nom d'une gauche unie sur son nom et liée par un programme commun de gouvernement. Candidature-bilan en 1981, qui lui permet de récolter ce qu'il a semé. [...] Pour y parvenir, François Mitterrand avait élaboré une stratégie en trois temps : créer une formation "souple et moderne" capable d'équilibrer le PCF (premier temps), de le dominer (deuxième temps), et de détenir, par elle-même, en elle-même, une "vocation majoritaire" (troisième temps). L'histoire de ces vingt dernières années est celle de la réalisation de ces trois objectifs. [...] Mieux vaut, au demeurant, parler d'une extrême, voire d'une excessive habileté. Cela permet de rendre compte de son aptitude, peu ordinaire, à concevoir des actes non seulement en fonction des nécessités du moment, mais aussi en ayant à l'esprit l'étape ultérieure. Une aptitude à mêler la tactique et la stratégie, le court et le long terme, "le subalterne" et l'essentiel. »

Fort de la majorité à l'Assemblée que lui accordent les électeurs lors des élections législatives des 14 et 21 juin 1981 — le Parti socialiste obtenant à lui seul la majorité absolue des sièges —, fort du déclin confirmé du Parti communiste qui s'érode dans ses bastions de la banlieue rouge, le nouveau président, épaulé à Matignon par Pierre Mauroy, un militant de vieille souche, entend faire plier les « gens du château » dont la droite semblait l'expression. Conseiller au cabinet du nouveau Premier ministre de 1981 à 1984, Thierry Pfister nous raconte l'effarement des huissiers de l'hôtel Matignon le 21 mai 1981. « Des changements de gouvernements, des relèves d'équipes, Dieu sait s'ils en ont vus ! écrit-il dans sa *Vie quotidienne à Matignon* au temps de l'Union de la gauche. Ils pensaient même avoir déjà tout vu. Mais ça, ils ne connaissaient pas encore.

Ils ne croyaient pas possible que l'on puisse entrer à Matignon sans savoir ce qu'est le téléphone interministériel. Ils avaient l'habitude de voir des quarterons d'énarques succéder à des quarterons d'énarques en se glissant avec délices dans le moule des prédécesseurs. Ils les voyaient, la lippe gourmande, actionner immédiatement les attributs de leur nouvelle puissance. C'était le changement dans la continuité.

D'ailleurs, les têtes inconnues étaient rares à l'époque. Leurs nouveaux patrons, ils les avaient vus passer et repasser dans les couloirs. Ils étaient allés les chercher dans des réunions interministérielles parce qu'on les demandait au téléphone. Un jour ou l'autre, ce serait leur tour de s'installer, à demeure, à Matignon. [...]

Depuis ce 10 mai 1981, qui a vu l'élection de François Mitterrand à la présidence de la République, plus rien ne se déroule comme d'habitude. Après des mois d'apathie due à la campagne électorale, après une longue période de sommeil de l'activité gouvernementale, une soudaine fébrilité s'est emparée des conseillers techniques et chargés de mission de Raymond Barre. Le front sévère et l'air préoccupé, ils font vider des placards que nul n'a ouvert depuis des lustres et entreprennent, d'un geste nerveux, d'identifier les dossiers poussiéreux oubliés depuis longtemps. [...] Et voilà que débarquent, en ce début d'après-midi du 21 mai, un petit groupe de visiteurs un peu gênés qui demandent à être guidés dans les salons et les bureaux et multiplient les questions sur le fonctionnement. [...]

Durant ces étranges journées de mai 1981 où les surprises se succèdent à un rythme soutenu, l'un des traits qui frappe le plus les huissiers comme les gardes républicains est la modification du style des relations personnelles. Non seulement les nouveaux venus usent et abusent du tutoiement, s'embrassent souvent lorsqu'ils se rencontrent, mais encore ils s'appliquent à serrer la main du personnel en début et en fin de journée. La confusion la plus grande en résulte chez les gardes républicains. Alors qu'ils viennent de claquer les talons en un impeccable garde-à-vous, ils hésitent à comprendre le code de politesse qui tend à s'instaurer.

Le Premier ministre lui-même entreprend de découvrir son nouveau domaine en allant saluer les standardistes, en bavardant avec le personnel des cuisines ou en évoquant avec le responsable des services matériels l'époque du Front républicain et les délices des remaniements ministériels incessants de la IVe République. »

À l'Élysée en revanche, François Mitterrand, qu'on a toujours appelé « président », de l'UDSR au conseil général de la Nièvre, assuré d'être à sa place, se cale immédiatement dans la peau du personnage historique qu'il pense être et choisit de s'installer dans le bureau du Général que son prédécesseur avait déserté. « S'il est vrai que tout homme est responsable de son visage à partir de 40 ans, écrit Jean Lacouture, son talentueux biographe, en voilà un qui parle comme une autobiographie ou une déposition devant le tribunal de l'Histoire. Tendu, ivoirin, affûté comme une arme de poing. Le front gagne le haut du crâne, moins chauve que libéré, dirait-on. Le sourcil fait le guet, le menton s'avance et se carre comme il sied à un "grand" qui ne veut rien laisser ignorer de sa grandeur. [...] Le poitrail est d'un ténor, la ceinture d'un baryton. Et que dire de la main, qui est belle et le sait, dressée dans le discours comme un sceptre et qui, dans l'entretien, se moule sur l'autre, s'entrelace de doigt en doigt, préhensile, insistante ? L'eût-il, en d'autres temps, sous d'autres cieux, donnée à baiser ?

La jambe est courte, le train un peu bas, mais digne. Il ne marche pas, il s'avance, les bras proches du corps, entre d'autres qui ne sont pas chétifs — un Mauroy, un Badinter, un Delors — mais semblent n'être là que pour lui faire cortège. La formidable apparence de Charles de Gaulle venait pour une part de sa masse irréelle et pour beaucoup du poids de son inimaginable histoire, et de ses certitudes. La présence réelle de François Mitterrand, souverain laïque processionnant sans couronne, ni chapeau rouge, ni camail apparent au cœur du peuple de gauche, pèse d'un poids que l'Histoire, à sa demande insistante, va nous dire. »

À la Chambre, les « barbus », ces nouveaux députés socialistes issus pour beaucoup du monde de l'enseignement, veulent aussitôt en écrire les premières pages. Lors du premier congrès du Parti socialiste, qui se tient à Valence en octobre 1981, le ton est au triomphalisme. « Personne ne nous saurait gré de laisser en place tous ces hauts responsables de l'économie ou de l'administration qui sont nos adversaires, proclame Paul Quilès. Mais il ne faut pas non plus se contenter de dire, de façon évasive, comme Robespierre à la Convention : des têtes vont tomber. Il faut dire lesquelles, et le dire rapidement... » L'« opinion » se souviendra de l'ivresse de ces « coupeurs de têtes » qui puisaient leur inspiration chez Danton, le massacreur de septembre, et Robespierre, l'incarnation de la Terreur. Une « Terreur » dont Jean-Pierre Elkabbach, le directeur de l'information d'Antenne 2, est la première victime.

Pire, en lançant : « Le problème de la nationalisation des banques se résume en quatre mots. En ce qui concerne les banquiers, c'est simple, c'est eux ou nous... », Gaston Defferre dramatisait inutilement la question et faisait planer sur l'indispensable alternance un parfum amer de revanche. C'est vouloir se prendre pour Lénine ou Allende et ne pas observer qu'en chiffres absolus, la gauche n'a obtenu, aux élections législatives de 1981, que 300 000 voix de plus qu'en 1978 et qu'elle n'avait conquis la majorité que du fait d'une forte abstention des électeurs de droite.

Toujours est-il que la volonté de donner satisfaction à la « majorité sociale » se traduit par une forte activité législative. Inspirées par une idéologie que les mutations de l'économie mondiale n'ont pas ébranlée et par une mythologie alimentée par les souvenirs de 1936 et de 1945, les nationalisations transfèrent entre les mains de la « nation », en fait de l'État, la Compagnie générale d'électricité, Thomson-Brandt, Pechiney-Ugine-Kuhlmann, Rhône-Poulenc, Saint-Gobain, Usinor, Sacilor, Matra, Dassault, Suez, Paribas, le Crédit du Nord, le

CIC, Rothschild... À la suite de ce vaste mouvement de transfert de propriété, le secteur public contrôle 24 % des effectifs et 30 % du chiffre d'affaires des entreprises ayant une activité industrielle, ainsi que 90 % des dépôts et 85 % des crédits distribués. Avec les entreprises déjà nationalisées, c'est 40 % du produit national qui est sous le contrôle de l'État. C'est vouloir « disposer des moyens de mener une bataille cohérente contre le chômage et une politique de restructuration industrielle, explique François Mitterrand. Faute de ces moyens, la politique économique se serait révélée insuffisante ». Un coût de 43 milliards pour bâtir « le socle du changement ».

Votées en 1982, les lois Auroux visent à donner aux salariés une place plus grande dans la vie de l'entreprise. Ainsi, la loi du 4 août 1982 reconnaît aux salariés le droit nouveau de se réunir sur le lieu et pendant le temps de travail pour aborder les questions touchant au contenu et aux conditions de travail. C'est vouloir rééquilibrer le capital et le travail et faire le pari que l'expression des salariés peut être « un gisement d'initiatives et de progrès ».

Relèvement des allocations familiales et du minimum vieillesse, augmentation du SMIC, création de contrats de solidarité favorisant les départs anticipés à la retraite en échange du recrutement de nouveaux salariés, diminution d'une heure de la durée légale hebdomadaire du travail sans réduction de salaire, cinquième semaine de congés payés, abaissement à soixante ans de l'âge possible de la retraite, autant de mesures qui fleurent bon le Front populaire et John Maynard Keynes, visent à relancer la consommation pour combattre la crise et à réduire le volume du travail pour vaincre le chômage.

Donner aux collectivités locales des tâches qui étaient auparavant du ressort de l'État, transférer aux présidents des conseils régionaux et généraux et aux maires les pouvoirs jusque-là détenus par les préfets, c'est vouloir rompre avec la tradition jacobine et offrir à la... droite, qui n'en demandait pas tant, l'occasion de s'implanter en profondeur dans les régions.

Abolir la peine de mort, c'est ranger la guillotine au musée, passer pour « laxiste » auprès d'une opinion qui, dans sa majorité, reste favorable à la peine capitale, mais faire disparaître un châtiment anachronique et inutile.

Voter la loi Quilliot, qui favorise les locataires au détriment des propriétaires, c'est donner le sentiment à ces derniers qu'ils sont dépossédés de tout droit sur les logements qu'ils louent au moment où l'on promet d'en construire 450 000 par an.

Créer une Haute Autorité de la communication audiovisuelle, autoriser les radios libres et ouvrir la voie à des chaînes privées de télévision, c'est mettre fin au monopole de la radio-télévision et ouvrir la voie à une véritable révolution de la communication.

Instaurer le prix unique du livre et n'autoriser qu'une remise de 5 % sur le prix fixé par l'éditeur, c'est vouloir sauver les petits libraires menacés par la FNAC et les grandes surfaces. Doubler le budget de la Culture, c'est, dans la bouche de Jack Lang, « faire franchir aux Français la frontière qui sépare la nuit de la lumière ».

« Vous vous souvenez de ce qu'on a appelé "l'état de grâce" en 1981, confiera François Mitterrand au journaliste Jean Daniel en avril 1984. C'était un moment extraordinaire. Je pouvais tout faire... Je ne dis pas que j'en ai eu la tentation, mais enfin j'ai quelquefois caressé, comme ça, l'utopie, je me voyais agitant le pays... Robespierre... Lénine... vers une sorte de collectivisme... J'aurais marqué l'Histoire, j'aurais mis la France en branle pendant quatre ans... j'aurais tout nationalisé, pourquoi pas ! Je ne sais pourquoi je ne l'ai pas fait, vous le devinez... »

La conversion au « réel »

Un an après le sacre républicain de mai 1981, Tallien se pointe toutefois déjà derrière Robespierre et Kerenski derrière Lénine. Boudé par l'opinion qui, aux élections cantonales de 1982 puis aux élections municipales de 1983, donne clairement la majorité à la droite, affaibli dans les sondages qui, dès octobre 1982, donnent du Parti socialiste une image négative, critiqué par la presse économique étrangère qui invite le gouvernement français à se convertir au « réel », sanctionné par la finance internationale qui contraint le franc à dévaluer trois fois, François Mitterrand, qui n'a rien d'un révolutionnaire, entreprend une retraite stratégique mettant fin à l'expérience d'un « socialisme à la française » et ouvre la voie à la gestion socialiste de la rigueur, qui n'est rien d'autre qu'une politique de droite habillée de rose, qu'une gifle infligée au « peuple de gauche ».

Le 9 juin 1982, lors d'une conférence de presse, il prévient : « La crise mondiale s'est aggravée. [...] Le délabrement de l'économie mondiale est plus grave que nous ne l'imaginions. [...] Ceux qui font le tour de France [connaissent] le changement de profil des étapes. [...] Là c'est la plaine et, là, la montagne. » En février 1983, il confie : « Je suis partagé entre deux ambitions : celle de la construction de l'Europe et celle de la justice sociale. Le Système monétaire européen est nécessaire pour réussir la première, et limite ma liberté pour la seconde. » Autant dire que la « justice sociale » est désormais vassale de la bonne santé du franc. Le 25 mars 1983, Jacques Delors, ministre de l'Économie et des Finances, annonce un plan d'austérité destiné à combler le déficit de la balance des paiements et du budget. Un virage durement ressenti et que commente dans *Le Matin* Jean-François Kahn en écrivant : « Le pouvoir socialiste n'a que deux ans d'âge. Et cependant il apparaît déjà voûté et courbatu. Prématurément vieilli par le poids du réel, comme si, sur l'avenant visage du changement, s'étaient déjà creusées les rides des rêves envolés. » Le Nord, qui se mobilise contre les fermetures des sites industriels, et la Lorraine, qui marche sur Paris pour manifester contre le plan Acier du gouvernement, trahissent à l'envi la gueule de bois de ceux qui ont cru aux promesses de 1981.

Le 24 juin 1984, 1 million de manifestants venus de la France entière protestent contre le projet de loi Savary visant à redéfinir les relations entre les pouvoirs publics et l'enseignement privé. Une affluence inouïe qui démontre de manière éclatante qu'une majorité de Français est plus attachée à l'avenir de ses enfants qu'aux combats à retardement des militants laïques. Fortement encadrée par la droite qui fait chanter « Liberté » au son du chœur des esclaves de Nabucco, cette grand-messe sonne le glas du rêve de gauche. Le 12 juillet 1984, sans prévenir son ministre, François Mitterrand annonce le retrait du projet de loi sur l'enseignement privé. Le 17 juillet, Pierre Mauroy démissionne ; il est remplacé par Laurent Fabius qui, au cours de son premier conseil des ministres, rend un bref hommage à son prédécesseur avec l'humanité d'un énarque détaillant les causes structurelles de l'inflation et conclut : « Mais c'est le passé et nous sommes là pour préparer l'avenir. »

Un avenir qui n'est déjà plus celui attendu et rêvé par le « peuple de gauche ».

« Moderniser », tel devient le maître mot d'une gauche qui se rallie au langage de la droite pour acheter le permis de compétence économique. C'est le moment où Pierre Bérégovoy, ancien syndicaliste devenu ministre des Finances, adopte le ton d'un Raymond Poincaré ou d'un Antoine Pinay et déclare : « Le traitement social du chômage, dont le coût budgétaire est considérable, aboutit finalement à une réduction de l'activité économique, génératrice de chômeurs nouveaux. [...] Il ne pourrait que retarder la modernisation de notre économie. [...] Il me paraît donc préférable d'aborder le problème du chômage sous l'angle de l'activité économique. »

C'est le moment où le pouvoir d'achat des salariés stagne et où la Bourse, dopée par un tel reniement, s'envole, rattrapant, en gestion socialiste, tous les retards de plus-value qu'elle avait accumulés pendant les années de Gaulle. C'est le moment où les détenteurs de capitaux prennent conscience que la « gauche » défend mieux leurs intérêts que la « droite ». C'est le moment où le *Rainbow Warrior*, un bateau appartenant à Greenpeace, une organisation écologiste internationale, fait l'objet d'un attentat alors qu'il tentait de s'opposer à des expériences nucléaires françaises dans le Pacifique. C'est l'époque où François Mitterrand reçoit en visite officielle le général Jaruzelski qui, en Pologne, a dissous le syndicat Solidarnosc. C'est l'époque où celui qui se voulait Robespierre ou Lénine déclare à propos de l'audiovisuel : « Nous sommes obligés de tenir compte du pouvoir de l'argent... Le pouvoir de l'argent est déjà en place, il ne ratera pas l'occasion de faire échouer ce qui ne lui plaît pas. Armons-nous. »

Au moment des élections législatives de mars 1986, le Parti socialiste a beau placarder sur les murs des affiches où l'on peut lire : « Au secours ! la droite revient ! », les valeurs de droite sont en fait majoritaires dans un pays où les cotes de popularités sont désormais devenues programme.

À cet égard, la réélection facile de François Mitterrand à la magistrature suprême en mai 1988 ne change rien à l'affaire. Ce n'est pas un homme de gauche que les Français ont reconduit pour un second septennat, mais un ambitieux marqué par la seule volonté de « durer ». « Sculpteur de sa statue », titre *Le Monde* le 10 mai 1988, le Robespierre de 1981 s'est transformé en candidat d'Union nationale, en modeste radical-socialiste partisan du « ni... ni », ni nouvelles nationalisations ni nouvelles privatisations, en Machiavel relooké par Jacques Seguela qui fait chanter *Douce France* au lieu de *L'Internationale*. « Paradoxalement, écrit Michel Winock, ses meilleures réussites s'étaient affirmées contre les projets et les programmes de son camp : il avait réconcilié les Français avec l'entreprise et l'économie de marché contre la doctrine socialiste ; il avait consolidé les institutions de la Ve République promises à la refonte ; il avait enfin, contre l'allié communiste, affirmé l'appartenance de la France au système occidental. Les siens avaient obtenu des places, des honneurs, des suffrages ; les autres pouvaient se dire que le socialisme à la Mitterrand était des plus acceptables. »

En désignant comme Premier ministre Michel Rocard qu'il méprise, on peut se demander s'il n'a pas voulu « lever l'hypothèque Rocard », c'est-à-dire ruiner politiquement le prestige de son rival. D'après Jacques Attali, il lui aurait dit :

« Rocard n'a ni la capacité, ni le caractère pour cette fonction. Mais puisque les Français le veulent, ils l'auront. En revanche, c'est moi qui ferai le gouvernement. » En mai 1991, il le « renvoie » après trois ans de gouvernement sans éclat et commet une monumentale erreur en nommant Édith Cresson, détestée par les « barons socialistes », et offerte en pâture à des médias largement misogynes. « Il m'a utilisée, confiera à Jean Lacouture en 1998 la première femme en France à présider un gouvernement. Pour se débarrasser de Rocard par un coup médiatique qui permettait d'atténuer le choc que causerait dans l'opinion l'élimination de ce personnage encore populaire. [...] Et afin d'assurer sa propre gloire, celle de l'homme capable de cette audace : promouvoir une femme à un tel poste, en France.

François Mitterrand était peut-être le seul homme public en ce pays à vouloir confier aux femmes de hautes responsabilités. En installant l'une d'elles à Matignon, il l'a prouvé, et ça reste au crédit de cet homme que j'ai admiré, suivi, auquel je dois beaucoup.

Mais je maintiens que, me lançant dans l'aventure — en dépit de mes propres mises en garde ! —, il ne m'a pas donné l'occasion ni les moyens de faire mes preuves, comme je les avais faites comme ministre. Il aurait souhaité que je réussisse : il n'a pas tout fait pour que j'y parvienne. »

En choisissant enfin Pierre Bérégovoy, qui défend l'orthodoxie monétaire et les grands équilibres économiques en néophyte converti à l'économie de marché, il laisse à un vieux militant le soin de « sauver les meubles » et de redresser l'image d'un « socialisme » où courants et contre-courants, ralliements et défections ne traduisent que des ambitions personnelles.

C'est le temps des années glauques. À partir de septembre 1992, on apprend que François Mitterrand est atteint d'un cancer de la prostate et qu'il avait menti alors qu'il s'était engagé à publier régulièrement des bulletins sur sa santé. Puis, du sang contaminé par le virus du sida aux multiples « affaires » financières, s'amorce une véritable descente aux affaires, qui se solde par une défaite électorale cuisante en mars 1993 et par le suicide de Pierre Bérégovoy, le 1er mai à Nevers. Le suicide d'un homme profondément déprimé, atteint par la révélation du prêt de 1 million de francs reçu de Roger-Patrice Pelat — par ailleurs compromis dans un délit d'initiés — pour s'acheter un appartement dans le XVIe arrondissement de Paris, et abandonné par ses « camarades », tant à l'Assemblée qu'au siège du Parti socialiste et à l'Élysée. Dans *Le Monde* du 4 mai 1993, Bruno Frappat écrit à propos de ce suicide, rare dans l'histoire politique française : « Une image de soi férocement abîmée dans l'assèchement des convictions recalées par le pays. Dernière protestation d'honnêteté : un forban n'aurait pas eu ce souci-là...

Dans une société qui cherche de manière désordonnée, voire dépressive, une issue à ses diverses crises — économique, sociale, urbaine — et une élaboration de nouvelles valeurs, la mort de Pierre Bérégovoy sanctionne l'urgence de sens. Sens de l'action politique dans la dérive imagière et schématique de la dictature audiovisuelle. Sens du travail journalistique quand ne subsistent que les barrières que l'on s'impose à soi-même. Sens du pouvoir, qui ne peut se limiter à des alternances d'équipes âpres aux emplois à se disputer. Sens des engagements quand la conviction est présentée par le cynisme ordinaire comme une niaise survivance. Sens d'exister, enfin, dans un décor conçu pour le paraître et dominé par l'avoir. »

Quand François Mitterrand meurt, le 8 janvier 1996, après avoir révélé en septembre 1994 qu'il avait été jusqu'aux premiers mois de 1943 un fidèle du maréchal Pétain, que l'on apprend qu'il avait régulièrement reçu à sa table René Bousquet, l'exécuteur en chef de la rafle du Vél' d'Hiv de 1942 et s'était efforcé d'empêcher le procès de son ami pour crime contre l'humanité, le rêve de gauche s'est transformé en nausée. Certes, les Français, qui ont le cœur tendre, ont pardonné Mazarine, la fille naturelle du président. Certes, ils se sont reconnus dans cet homme qui aimait les chiens et les arbres et mourait d'une maladie que tout le monde redoute. Reste qu'il lui a manqué un grand dessein. « C'est dans l'univers symbolique, surtout, que la mémoire de François Mitterrand risque de pâtir, écrit encore Michel Winock, du sommet de l'État, il aura donné l'exemple aux citoyens de ce qu'il ne faut pas faire. Comme le dit Montesquieu, le principe de la République n'est ni l'intelligence ni le courage — qui ne lui manquèrent pas — mais la vertu. C'est bien ce qui lui fit le plus défaut. »

Au « gentil » Lionel Jospin de relever le défi et de ressusciter le rêve de gauche.

CHAPITRE 86

Une France en quête d'elle-même

Le dimanche 21 avril 2002, au premier tour des élections présidentielles, Jean-Marie Le Pen arrive en deuxième position avec 17,2 % des voix. Obtenant 30 % du vote ouvrier et 38 % du vote des chômeurs, progressant chez les agriculteurs, les artisans et les commerçants, faisant jeu égal avec les « grands » candidats chez les salariés du secteur privé et ceux de la fonction publique, le leader d'extrême droite accentue son enracinement dans les couches populaires. S'il ne rassemble que 9,7 % des voix du 16e arrondissement de Paris, il progresse de manière spectaculaire dans les départements très ouvriers du Nord et du Pas-de-Calais et atteint ses sommets dans la très populaire Seine-Saint-Denis. Pour les fidèles de Lionel Jospin, qui ne parvient à dépasser 20 % des suffrages exprimés que dans six départements de la métropole, ce « coup de tonnerre » que les élections législatives des 9 et 16 juin transforment en déroute pour la gauche plurielle suscite de redoutables questions. La « gauche » en France est-elle durablement écartée du pouvoir ? La « gauche » foudroyée, sans programme et sans leader, est-elle capable de récupérer un électorat populaire important ? La « droite » qui a bénéficié de cette « divine surprise », est-elle capable de répondre aux questions finalement assez simples que se posent aujourd'hui les Français ? Est-elle capable de faire autre chose que des « bêtises » ? Voilà les hantises de ceux qui se demandent si le modèle « exceptionnel » qu'ils ont forgé au cours des siècles n'est pas en panne. Un modèle qui combinait respect de l'Etat, sens de la nation et ouverture aux autres.

Le « coup de tonnerre »

Au pouvoir depuis que Jacques Chirac lui avait fait, en 1997, le cadeau de la dissolution de l'Assemblée nationale, la gauche plurielle avait au printemps 2002 le sentiment d'avoir bien travaillé. Les 35 heures, les emplois-jeunes, la Couverture Maladie Universelle, le recul du chômage, l'allocation pour personnes dépendantes, l'avènement réussi de l'euro, le bilan des années Jospin était plus qu'honorable. Mieux, depuis qu'un soir du 12 juillet 1998, Zidane, Thuram, Desailly, Lizarazu, Karembeu, Djorkaeff et les autres avaient fait revivre de manière forte et émouvante la fierté nationale, faisant descendre sur les Champs-Elysées des meutes de Français unanimement rassemblés pour célébrer un événement qui n'avait rien de dérisoire, on pouvait penser que la « France multiculturelle », identifiée à l'équipe « black-blanc-beur », avait définitivement triomphé de tous les populismes xénophobes.

En 1998, année décidément « heureuse », quand frémissaient les chiffres de la croissance et que la vénérable Compagnie générale des eaux rebaptisée Vivendi se lançait avec gourmandise à l'assaut de Hollywood, on pouvait penser que le rêve de gauche, incarné dans « Lionel », accouchait d'une sorte de « société commune de bien-être », soit le *welfare State* des pionniers de 1945 enfin accompli. Cette équipe qui remportait encore le championnat d'Europe des nations deux ans plus tard, semblait désormais imbattable, comme celui qui dirigeait alors le gouvernement de la France ou cet autre qui devenait le Napoléon des médias. « La victoire est en vous »..., tel était le slogan publicitaire, systématiquement distillé, qui exprimait la nouvelle gagne à la française, le fabuleux destin d'Amélie Poulain ou le jeunisme d'un candidat socialiste qui trouvait son rival trop vieux.

Jean-Marie Le Pen, présent au second tour des élections présidentielles de 2002, la triste humiliation d'une équipe de France éliminée sans gloire au premier tour du Mondial, sans avoir marqué le moindre but, le naufrage de Jean-Marie Messier chassé de la présidence de son groupe en laissant une action qui a perdu plus de 70 % de sa valeur en quelques mois, il est des « coups de tonnerre » qui transforment les rêves en cauchemars. Du coup, Yves Le Gallou, dirigeant d'extrême droite, se croit autorisé à un amalgame vengeur : « La contre-performance humiliante et ridicule de l'équipe de France de football sonne le glas de la propagande immigrationniste qui s'était déchaînée lors du Mondial 98. »

Comme si l'humiliation subie par Zidane et les siens faisait écho à l'exclusion, tout aussi humiliante, du candidat socialiste du second tour de l'élection présidentielle. Le 11 mars 2002, un peu plus d'un mois avant le premier tour de cette élection, Thomas Ferenczi écrivait dans *Le Monde* : « Quelle est cette France dont [les hommes politiques] sollicitent les suffrages ? Se caractérise-t-elle encore par cette « fracture sociale » qui servit à la définir en 1995 ? D'autres fractures sont-elles apparues au cours des dernières années, qui permettraient de mieux rendre compte de la réalité d'aujourd'hui ? La cohésion sociale s'est-elle, au contraire, accrue à mesure que la croissance revenait et que le chômage baissait ? Quel est en 2002 l'état d'esprit des Français ? Quel est leur mode de vie ? Quelles sont les valeurs dont ils se réclament, les idées qui les inspirent, les causes pour lesquelles ils ont envie de s'engager ?... Ceux des candidats qui sauront capter le mieux l'humeur du pays et montrer aux Français, ou du moins à la majorité d'entre eux, qu'ils les comprennent, en partie parce qu'ils leur ressemblent, prendront sans doute sur leurs concurrents un avantage décisif. Quand le peuple français élit ses représentants, il entend que ceux-ci le représentent, dans tous les sens du terme . »

Le moins qu'on puisse dire est que le peuple a répondu avec éclat à ces questions. Le 21 avril, les huit candidats de la gauche et de la droite parlementaires, de Robert Hue à Alain Madelin, n'ont rassemblé que 43 % des électeurs inscrits. Un peu plus de 4 citoyens sur 10 ! Et le Président et le Premier ministre sortants, à eux deux, moins de 1 sur 4 ! Une telle situation n'a pas de précédent. En ouvrant la boîte à fantasmes, en fonctionnant comme une sorte de grand défouloir, l'élection présidentielle a révélé mieux que n'importe quel sondage les pulsions et les impatiences du corps électoral.

La France de Jean-Marie Le Pen qui, faut-il le rappeler, n'a attiré sur son nom qu'un peu moins de 20 % des suffrages exprimés, et seulement 13,75 % des inscrits, est d'abord une France du refus, une France qui s'inquiète de l'insécurité et se mobilise contre l'immigration. Une France aussi qui a mal et a voulu le dire dans le secret de l'isoloir aux gens d' « en haut ». « C'est un risque à prendre pour faire bouger les choses, avouait le 25 avril 2002 ce jeune ouvrier de Calais. Après tout, s'il est élu, ce ne sera que pour cinq ans. Après, on verra. » La France de Jean-Marie Le Pen, c'est la France du grand Est, celle des grandes concentrations urbaines, celle qui cumule forte proportion d'étrangers et pics de délinquance, celle des gens qui sont en bas de l'échelle des revenus et des savoirs, celle qui a été touchée de plein fouet par le choc de la mondialisation. Ce à quoi on a assisté, au printemps 2002, c'est à la montée en force, longuement préparée, d'une formation qui a enregistré ses premiers succès au début des années 1980 et qu'on croyait dissoute en... 1998.

Alors qu'elle avait quasiment disparu du paysage électoral depuis la fin de la Deuxième Guerre mondiale, hormis l'éphémère poussée poujadiste de 1956, l'extrême droite réapparaît dans l'indifférence générale le 5 octobre 1972, à la veille du premier choc pétrolier. En 1980, le Front national ne compte que 270 adhérents, pour l'essentiel des maurrassiens, des nostalgiques de Vichy et de l'Algérie française. Dépité de n'avoir pas recueilli les cinq cents signatures nécessaires à sa candidature, Jean Marie Le Pen appelle à voter Jeanne d'Arc, le 10 mai 1981. Le 4 septembre 1983, lors des municipales, il attire pour la première fois l'attention quand Jean-Pierre Stirbois, qui conduit la liste du Front national à Dreux, obtient 16,7 % des suffrages en professant qu'il était temps de renvoyer les étrangers chez eux. La semaine suivante, à la suite d'un accord électoral avec le candidat RPR, le Front national entre à la mairie avec le poste de quatrième adjoint. « Face au chômage, déclarait Jean-Pierre Stirbois, je suis convaincu qu'un nombre important d'électeurs qui votaient communiste ou socialiste ont voté pour moi. » Une observation qui coïncidait avec le moment où François Mitterrand confiait à Jacques Delors le soin de piloter le passage à l'ère de la rigueur.

Le 22 juin 1984, le parti de Jean-Marie Le Pen recueillait 11 % des suffrages aux élections municipales, soit à peine moins que le parti communiste. En mars 1986,aux élections législatives, qui ont lieu à la proportionnelle, le FN envoie 35 députés au Palais-Bourbon et fait entrer 137 des siens dans les conseils régionaux. A l'élection présidentielle de 1988, Jean-Marie Le Pen, qui avait pourtant déclaré l'année précédente que les chambres à gaz étaient un « détail » de la Seconde Guerre mondiale, rassemble 14,4 % des voix. Le 3 décembre 1989, à Dreux, Marie-France Stirbois est élue députée avec 61,3 % des voix. Aux élections municipales de 1995, Toulon, Orange, Marignane, en attendant Vitrolles, sont emportés. A l'élection présidentielle de 1995, Jean-Marie Le Pen obtient 15,3 % des voix, son meilleur score. Aux élections législatives de 1997, avec 132 candidats présents au second tour et avec plus de voix rassemblées que l'UDF, il fait battre la « droite » et apparaît alors comme le pôle attracteur-répulseur qui brouille le clivage droite gauche. C'est à ce moment que Bruno Mégret, numéro deux du Front national, brise net avec Jean-Marie Le

Pen pour fonder une nouvelle formation d'extrême droite, le Mouvement national républicain, emmenant avec lui une partie des cadres et des militants. Mais pas la base populaire manifeste, en votant pour Le Front national, son sentiment d'abandon par le reste de la société. Que cette France en crise soit une proie facile pour les démagogues est une réalité qui sert trop souvent d'alibi aux « bonnes consciences ». Reste que cette ascension exprime surtout un doute alarmant sur la capacité des élites politiques à comprendre les préoccupations ordinaires des citoyens.

Les tribus contre la nation

Une école pour combattre les héritages de la naissance et soumettre au même modèle républicain les enfants des « tribus » et des « terroirs », un Etat soucieux de l'intérêt collectif qui avait su imposer à une société par nature « incivile », une *Marseillaise* qui faisait se lever tous les Français, une République qui distinguait jalousement Dieu et César, et assurait le moins mauvais équilibre entre les aspirations particulières et les sacrifices collectifs, une patrie dont tous pouvaient prononcer le nom et des intellectuels qui pensaient par eux-mêmes et donnaient du sens à la société, tels étaient, au-delà des fièvres hexagonales, les liens qui assuraient le meilleur-vivre ensemble. Comment la France d'aujourd'hui, rognée par une Europe qui s'installe sans le dire et par une mondialisation qui s'impose sans ménagement, peut-elle encore résister aux mille forces centrifuges qui la harcèlent, ces « agrégats inconstitués de peuples désunis » que 1789 avait soudés ?

« De ce basculement soudain des horizons, écrit Régis Debray, je ne retiendrai qu'un signe, comme un symptôme du nouvel air du temps, qui eût jadis mis le feu aux poudres. Le plus stupéfiant n'aura pas été la prestesse avec laquelle le président Chirac nous a annoncé, au détour d'une interview de télévision (le 22 février 1996), sans débat parlementaire ni consultation populaire, la fin de l'armée de conscription, alignant en deux phrases la République sur les royaumes de Grande-Bretagne, des Pays-Bas, de Belgique et d'Espagne. Et au-delà, sur les Etats-Unis d'Amérique. Plus ahurissant encore fut le naturel avec lequel nous avons accueilli le passage de l'institution à la profession « militaire » qui n'aura pas retenu une seconde l'attention de la classe intellectuelle. [...] Non, le point qui nous intrigue, c'est pourquoi la chose n'a intrigué personne. C'est que le passage à la trappe d'un élément clé de la singularité républicaine, et de notre dernier outil d'intégration en état de marche, ait pu passer comme une lettre à la poste auprès des républicains eux-mêmes. »

Autre outil fort d'intégration, l'école de la République semble avoir oublié que sa mission est de mettre les classes sociales à peu près à égalité sur la ligne de départ de la course au diplôme. Tremblant aujourd'hui devant le mot sélection, se contentant d'amener 80 % d'une génération au niveau du baccalauréat puis à l'université, qui accueille désormais plus de 2 millions d'étudiants contre moins de 700 000 au début des années 1970, les responsables politiques, de droite comme de gauche, ont incité les classes moyennes et supérieures, prises d'une véritable angoisse devant les effets de cette massification, à établir dans les faits la sélection sociale que la loi cherchait à effacer et à confier leurs enfants aux meilleures institutions publiques et privées. Délabrement des collèges et lycées établis dans les banlieues et les quartiers les plus pauvres, sécurité mal assurée, désespérance des enseignants, autant d'éléments qui font que là où l'école sélectionnait les élites à partir des meilleurs éléments, d'où qu'ils viennent, elle recrute aujourd'hui l'élite scolaire dans l'élite sociale, une élite qui, par piston, argent, fausses domiciliations ou dérogations, se perpétue sans coup férir. « La conclusion, écrit le journaliste Laurent Joffrin, s'impose toute seule, jamais l'école n'a reproduit aussi fidèlement l'inégalité des classes sociales. Jamais les fils de cadres, de patrons ou de professeurs n'ont, dans la course scolaire, distancé si nettement les enfants des classes populaires. »

La « tribu » contre la nation. C'est Philippe Meirieu, désigné par Claude Allègre, ministre de l'Éducation nationale, pour organiser la consultation des lycéens sur « Quels savoirs enseigner ? », qui admet : « Nous assistons aujourd'hui à la faillite de l'intégration au forceps. Dès lors que nous concevons celle-ci comme la poursuite de la colonisation de l'intérieur, elle engendre le rejet, la violence et l'échec, eux-mêmes générateurs d'exclusion. Ce n'est pas pour autant que les idéaux de l'« école de la République » doivent être abandonnés, bien au contraire ! Sur le plan pédagogique, il faut prendre au sérieux la formation du citoyen : aussi bien faits soient-ils, les cours d'instruction civique n'ont guère d'impact dans une école où l'on apprend à réussir contre les autres et non avec eux, dans une école qui classe les individus dans des cases au lieu de faire alliance avec eux pour les aider à surmonter la fatalité sociale. [...] Comment voulez-vous ne pas vous sentir floué quand vous vous savez assigné à résidence scolaire, condamné à l'échec... tandis que d'autres parviennent, grâce à leur connaissance du système et à l'argent, à s'en sortir ? »

Ainsi va la machine éducative, autrefois formidable ascenseur social, aujourd'hui lieu d'« incivilité » et d'exclusion.

Si la Ve république a aussi échoué, c'est bien dans l'affirmation de l'autonomie de l'Etat par rapport aux intérêts catégoriels ou locaux. Pendant longtemps, dotés d'un fort esprit de caste et d'une réelle arrogance, les fonctionnaires français avaient eu au moins le rare mérite d'être honnêtes. Mais sous l'effet des alternances et des cohabitations, du cumul des mandats, du pantouflage institutionnalisé, du cynisme de nombreux élus, du déclin de l'éthique publique, de la « nécessité » de financer les partis, les dérives se sont multipliées, faisant croire à chaque « tribu » qu'il était possible de soumettre les gouvernements à tous les types de chantage. Des agriculteurs bretons aux éleveurs de cochons, des lycéens aux sans-papiers, des pilotes d'Air-France aux contrôleurs de la SNCF, des médecins aux transporteurs routiers, tous ont compris que l'Etat de droit se transformant en Etat de passe-droit, il suffisait de réagir par une opposition inflexible et de tenir la rue pour contraindre les pouvoirs publics à monnayer des concessions pour limiter les dégâts. Ancien patron du groupe de pression régionaliste breton, Joseph Martray en tire la leçon quand il écrit : « Cet Etat qui s'enorgueillit de son autorité nous a montré qu'il ne bouge que par la force. [...] Le gouvernement est seul responsable, car il retarde, promet, trompe et reporte tant qu'il n'est pas soumis à une pression irrésistible [...] jusqu'à ce qu'il n'ait d'autre choix que la répression ou la capitulation. »

Dans les années gaulliennes, la mystique de la République et de l'intérêt général avaient donné à la société un ciment idéologique et un idéal collectif qui dépassaient les divergences sociales ou politiques. Aujourd'hui, la décentralisation, la construction d'une Europe « faute de mieux », un Etat modeste affaibli par la décroissance de ses recettes, l'individualisme, la déconfiture des institutions collectives, des syndicats aux églises, le désenchantement à l'égard de la politique ont profondément modifié le comportement des Français, fragmenté la nation en communautés, en zones de non-droit ou de droits particuliers – toutes choses contraires à la démocratie. Si les banlieues se tribalisent, c'est que dans ces zones règne l'Etat-minimum, qu'il s'agisse de l'école et de la police, de la gendarmerie et de la justice, de la santé et de l'assistance sociale. « On a même l'impression que l'Etat, écrit Jean-Michel Gaillard, se retire sur la pointe des pieds, comme s'il abandonnait la partie en catimini. »

A cet égard, la décentralisation a plutôt aggravé les choses. Certes, il est de bon ton de dire que les élus, proches du terrain, sont les mieux à même de traiter sur place les questions difficiles alors qu'en fait, c'est à l'Etat qu'il conviendrait de traduire dans les espaces locaux les choix nationaux. En augmentant les impôts locaux pour faire face à des besoins cruciaux, les élus des communes difficiles ont ainsi incité les entreprises et les classes moyennes à les fuir et à mettre en question la France « une et indivisible ». Désagrégation du lien social et radicalisation des classes moyennes, naguère modérées, en ont été le prix à payer. Raymond Aron estimait que la liberté et l'Etat ne se marient bien que là où existe une unité morale des élites. Nous en sommes manifestement assez loin. Comment ne pas s'alarmer lorsque des indicateurs donnent une place honteuse à la France dans l'échelle des pays transparents et non corrompus ?

Les atouts de la France

Les urgences du terrain ne doivent toutefois pas faire oublier les forces de la France dans la compétition globale des nations. Certes, en ce début d'un nouveau siècle, il est de bon ton de souligner l'insignifiance du pays à l'échelle du monde. Pourtant, si l'on représente le globe selon une projection polaire en tenant compte, non pas du pôle Nord, mais de la surface des terres émergées, Nantes apparaît au centre du monde. Curieusement passé sous silence, observe Philippe Pinchemel, un géographe, ce constat mérite pourtant qu'on s'y arrête. « Ce problème avait retenu l'attention des plus grands géographes du XIXe siècle, écrit-il. En 1823, Karl Ritter avait montré que le pôle de cet hémisphère continental se situait en Europe. A la fin du siècle, Auguste Penck précisait qu'il se situait près de Nantes. [...] Terrible responsabilité qui ouvrait la voie à toutes les explications déterministes ; à toutes les interprétations possibles sur les « missions » des Etats bénéficiant de tels privilèges. [...] Mais maintenant que la France n'est plus une des grandes puissances mondiales, que le centre politique, économique du monde n'est plus en Europe, on peut analyser ce privilège avec plus de sérénité. La position centrale de la France s'apprécie en termes physiques, de distances, d'accessibilité. Elle est le lieu de rencontre optimal, la grand-place de l'humanité. »

Ainsi Paris est la première ville mondiale de congrès, devant Londres, Vienne et Bruxelles. De façon aussi exceptionnelle, les grandes radiales qui, de Paris, structuraient l'espace français, sont devenues les axes majeurs des liaisons intraeuropéennes, conférant à la France une importante responsabilité en matière de transit et d'échanges internationaux. De même, si la France se place au troisième rang mondial pour les implantations transnationales, c'est non seulement parce qu'elle offre de bonnes perspectives d'affaires et de rentabilité aux capitaux étrangers, mais parce qu'elle est surtout un pays de cocagne.

C'est probablement aussi la raison pour laquelle la France organise le plus activement la résistance à l'« invasion » de la culture anglo-saxonne. En 1798, Emmanuel Kant constatait : « La nation française se caractérise entre toutes les autres par le goût de la conversation ; elle est courtoise, surtout envers l'étranger qui la visite. [...] Le Français est courtois non par intérêt, mais par un besoin immédiat de son goût de s'ouvrir aux autres. Comme ce goût se rapporte surtout au commerce de la part féminine du grand monde, le langage des dames est devenu celui de ce monde tout entier, et une propension de cette sorte ne peut sans conteste que retentir sur l'obligeance, que sur une bienveillance attentive à dispenser son aide et, peu à peu, sur une philanthropie universelle étayée de principes, tout comme elle ne peut que rendre somme toute aimable un tel peuple. [...] Les mots : *esprit, fivolité, galanterie, coquette, étourderie, point d'honneur, bureau d'esprit, bon mot,* ne trouvent pas sans peine leur traduction dans d'autres langues, car ils dénotent le tour d'esprit de la nation qui les emploie plus que l'objet présent au sujet qui les pense. »

Obnubilés à la fois par un hypothétique déclin et par leur supériorité culturelle a priori, les Français négligent leur influence. Ainsi, *parvenu, raffiné, protégé, royal, force majeure, rendez-vous, bouquet, au courant, rencontre, chagrin, farceur, je ne sais quoi, roman noir, derrière, nouveau, noblesse oblige, bonjour, bonsoir, au revoir, de rigueur, bon vivant, cri du cœur, billet doux, chic, extase* sont-ils devenus des moyens d'enjoliver la langue anglo-saxonne, comme si la classe était une spécialité tricolore.

Autant dire que les craintes françaises pour la culture et l'identité qui se traduisent dans la célèbre défense de l'« exception culturelle » sont largement infondées. L'industrie du film se porte mieux en France que nulle part ailleurs. En 1999, les films français ont représenté 38 % des entrées dans les salles nationales, contre 24 % pour les films italiens en Italie, 18 % pour les films britanniques au Royaume-Uni, 14 % pour les films allemands en Allemagne et 10 % pour les films espagnols en Espagne. Il en va de même pour la télévision où les productions étrangères constituent un bon tiers des parts de marché en France contre plus des deux tiers dans les autres pays européens.

Obsédés par ailleurs par l'invasion du *fast food*, les Français ignorent largement que la restauration rapide à la française (le sandwich-baguette issu des chaînes françaises) devance le commerce du *burger*, que Larousse réalise la moitié de ses ventes à l'étranger, que le Louvre surclasse en nombre de visiteurs le Metropolitan de New York et que les Galeries Lafayette réalisent le plus important chiffre d'affaires de tous les grands magasins du monde. Dans la mode et les produits de luxe, les possibilités nouvelles de la mondialisation permettent aujourd'hui aux Américains de faire leurs courses à New York dans le magasin de la chaîne française de parfumerie Sephora sur la Cinquième Avenue, de commander en ligne des vêtements à La Redoute, de décorer leur maison de tissus provençaux et d'acheter du vin français sur Internet. Comme l'écrit Jean-François Revel : « Si la culture française pouvait être écrabouillée par Mickey [...], c'est qu'elle serait d'une inquiétante fragilité. » Ce qu'elle n'est manifestement pas.

Enfin et surtout, copieux œsophage qui a mixé au long des siècles Germains et Francs, Wisigoths et Alamans, Italiens et Espagnols, Nordiques et Arabes, la France, dont à peu près 20 % de la population n'est pas de « souche française », reste une formidable machine à accueillir et intégrer, quels que soient les doutes qui ont alimenté le discours xénophobe du Front national. En dépit de tous les problèmes que posent les défis de la mondialisation et l'éclatement des institutions qui ont forgé le *melting pot* français, l'assimilation, cette vieille tradition nationale, reste à l'œuvre. Contrairement aux idées reçues, l'insertion des enfants d'immigrés dans le corps social français, qu'ils soient d'Afrique noire ou du Maghreb, s'effectue sous nos yeux comme s'est effectuée celle de leurs prédécesseurs – Italiens, Polonais ou Belges – et au même rythme, celui du temps long. Si les enfants français, dont les pères sont ouvriers non qualifiés, ne sont que 46 % à atteindre le niveau de la troisième et 16,2 % celui de la terminale, pour les enfants étrangers nés en France du même milieu social, les chiffres sont de 47,3 % et 18,1 %. Autant de raisons de ne pas désespérer d'un pays qui, même s'il est certainement moins « lisible » qu'autrefois, reste toutefois un « creuset » à nul autre pareil.

Conclusion

« Fils aînés de l'Antiquité, les Français, Romains par le génie, sont Grecs par le caractère, écrivait René de Chateaubriand dans *Le Génie du christianisme*. Inquiets et volages dans le bonheur, constants et invincibles dans l'adversité, grossiers et sauvages dans les troubles politiques, flottants comme des vaisseaux sans lest au gré des passions ; enthousiastes et du bien et du mal, faisant le premier sans exiger de reconnaissance et le second sans en sentir de remords ; amants pusillanimes de la vie pendant la paix, prodigues de leurs jours dans les batailles ; vains, railleurs, ambitieux, à la fois routiniers et novateurs, méprisant tout ce qui n'est pas eux ; individuellement les plus aimables des hommes, en corps les plus désagréables de tous ; charmants dans leur propre pays, insupportables chez l'étranger ; tels furent les Athéniens d'autrefois, et tels sont les Français d'aujourd'hui. »

De 1958 à 1981, on a pu croire que ce portrait des Français, versatiles et ingouvernables, était désormais daté. En confiant pendant vingt-trois ans la responsabilité du pays à la même famille politique, en témoignant de leur respect à l'égard de l'institution présidentielle, on pouvait penser qu'ils manifestaient leur soutien aux institutions léguées par le fondateur de la Ve République.

Ni de Gaulle ni Pompidou ne subirent ces « crises de confiance » où la masse des citoyens mécontents l'emporte sur celle des satisfaits. Valéry Giscard d'Estaing ne connaît de justesse ce sort qu'à l'extrême fin de son septennat. Après quoi, l'usure du pouvoir présidentiel s'est accélérée. Deux ans après son élection, François Mitterrand enregistrait des soldes négatifs de vingt ou trente points. Quant à Jacques Chirac, élu en 1995, il aura suffi de quelques mois pour voir son impopularité descendre dans des abîmes jusqu'alors inconnus. Pour l'homme de « gauche » comme pour l'homme de « droite », seules les cohabitations et les pertes de responsabilité effective de la gestion quotidienne des affaires du pays auront permis en 1988 pour le premier et en 2002 pour le second la remontée de leur popularité ! Encore faut-il souligner ce paradoxe : Jacques Chirac, qui a été en mai 2002 le président le mieux élu de notre longue histoire politique, aura été en même temps celui qui a suscité la plus faible adhésion de toute l'histoire de la Cinquième République.

Mieux, depuis 1981, chacune des élections législatives a provoqué l'éviction de la majorité au pouvoir. Un jeu de massacre selon lequel l'accès au pouvoir garantit presque à coup sûr l'échec électoral lors de la consultation suivante. Ainsi, dès le lendemain de l'élection présidentielle du 5 mai 2002, 30 % des électeurs socialistes sondés ont dit : « C'est à la droite de gouverner », comme s'il était évident que c'est « chacun son tour ». On retrouverait en somme le fameux « caractère national », cette instabilité d'humeur et cette allergie à l'autorité mêlée d'un fort conservatisme, si bien décrites par Chateaubriand.

Sans doute aussi faut-il mettre en avant le fait que le clivage droite/gauche, qui semblait structurer clairement la vie politique du pays, est de plus en plus brouillé. Au cœur de ce brouillage, l'immense réservoir des « couches moyennes » qui, enfants gâtés de la croissance, trépignent quand les choses ne tournent plus comme elles voudraient. Tandis que les ouvriers, ce « peuple de gauche » forgé par l'histoire, votent désormais plus à droite qu'à gauche, les cadres supérieurs et les professions libérales votent plus à gauche qu'à droite. Autant dire que le choix partisan obéit désormais davantage à l' « air du temps » qu'à la ferme conviction.

Un air du temps délibérément européen tant l'Europe est devenue un substitut à notre possible impuissance. Depuis le 1er janvier 2002, l'euro est la monnaie de la France. Ainsi en ont décidé, le 20 septembre 1992, 51,04 % des Français qui se sont exprimés lors du référendum portant approbation du traité de Maastricht dont l'immense majorité n'avait lu aucune ligne. C'est qu'au lendemain de la réunification de l'Allemagne, il fallait, pour François Mitterrand qui restait l'homme de la Seconde Guerre mondiale, ligoter l'Allemagne à l'Ouest pour qu'elle ne bascule pas à l'Est. Ministre des Affaires étrangères et ami personnel de François Mitterrand, Roland Dumas décrypte sans fard cette « Europe faute de mieux » quand il écrit dans ses *Mémoires*, publiés en 1997 : « Cette Allemagne enfin rendue à elle-même allait-elle avoir encore besoin de la Communauté européenne ? Forte de ses quatre-vingts millions d'habitants, de sa monnaie solide, de son économie dynamique, ne serait-elle pas tentée de reconstituer sous sa coupe une Mitteleuropa qui l'éloignerait de l'Ouest et du Sud et d'abord de la France ? [...] Je n'avais pas, pour ma part, d'inquiétudes de ce genre. Mais le risque existait vraiment, la parade était de pousser les feux de l'Union européenne. [...] S'unir à l'Allemagne pour unifier l'Europe, telle était la voie réaliste et exaltante dans laquelle, après la chute du mur de Berlin, il convenait plus que jamais de s'engager. »

C'était vouloir faire l'Europe par peur de l'Allemagne, espérer relancer politiquement l'Europe à partir d'un projet fondé seulement sur une logique économique, faire de la monnaie le véhicule de toutes les utopies et contourner les déficits d'identité par des critères techniques. Reste que, si la messe a été dite, cette ratification n'a pas levé les doutes exprimés par ceux qui s'inquiètent de voir sacrifier la nation à une Europe qui demeure une structure politique vide, éloignée de plus en plus du citoyen, et qui, par son impuissance internationale, illustre tristement la maxime d'Elie Halévy selon laquelle, « sans la menace de la force armée, la diplomatie n'est que jappement de roquets ».

« Ce n'est pas à une nation démocratiquement constituée comme la nôtre [...] qu'on peut laisser prendre aisément l'habitude de sacrifier ce qu'elle croit sa grandeur à son repos, les grandes affaires aux petites ; ce n'est pas à une pareille nation qu'il est sain de laisser croire que sa place dans le monde est plus petite, qu'elle est déchue du rang où l'avaient mise ses pères, mais qu'il faut s'en consoler en faisant des chemins de fer et en faisant prospérer au sein de la paix, à quelque condition que cette paix soit obtenue, le bien-être de chaque particulier. Il faut que ceux qui marchent à la tête d'une pareille nation y gardent toujours une attitude fière s'ils ne veulent laisser très bas le niveau des mœurs nationales. » Ce propos d'Alexis de Tocqueville, daté de mars 1841, n'a rien perdu de son actualité. Si le rêve européen poursuivi par la France peut apparaître comme le meilleur garant de la paix future et le levain du bien-être de chacun, on peut toutefois se demander si le recul de la nation qu'il implique n'est pas de nature à dissoudre tout ce qui faisait l'exception française. Souhaitons simplement qu'en abandonnant le franc, cette monnaie née le 5 décembre 1360 pour célébrer la libération du roi Jean le Bon, la France n'ait pas sacrifié sa liberté et les grands idéaux qui ont fait son histoire, une histoire à bien des égards exceptionnelle.

CHRONOLOGIE

DATES (AVANT J.-C.)	ÉVOLUTION HUMAINE	PÉRIODES	PRINCIPALES CIVILISATIONS
2 000 000	*Homo habilis*		
1 000 000	*Homo erectus*	PALÉOLITHIQUE INFÉRIEUR	
500 000			ACHEULÉEN
135 000	*Homo sapiens neanderthalensis*	PALÉOLITHIQUE MOYEN	MOUSTÉRIEN
100 000			
35 000	*Homo sapiens sapiens*		
30 000			AURIGNACIEN
20 000		PALÉOLITHIQUE SUPÉRIEUR	SOLUTRÉEN
			MAGDALÉNIEN
10 000		ÉPIPALÉOLITHIQUE MÉSOLITHIQUE	AZILIEN
7500			
6000			CARDIAL
			RUBANÉ
5000		NÉOLITHIQUE	
4000			
4000		NÉOLITHIQUE	CHASSÉEN
3000		CHALCOLITHIQUE	
2000			CAMPANIFORME
1800			ANCIEN
1500		ÂGE DU BRONZE	MOYEN
1200			RÉCENT
800			HALLSTATT I
600			HALLSTATT II
500			LA TÈNE I
		ÂGE DU FER	
250			LA TÈNE II
120			LA TÈNE III
50			

DATES	
DATES	
49	Siège et capitulation de Marseille qui avait pris le parti de Pompée.
43	Fondation de Lugdunum (Lyon).
22	La Narbonnaise devient province sénatoriale.
12	Création des Trois Gaules. Fondation de l'autel de Lyon, instaurant le culte d'Auguste.
9	Désastre de Varus. Menaces germaniques sur le Rhin.
48	Discours de Claude en faveur des Gaulois.
68-70	Révoltes en Gaule.
177	Martyrs chrétiens de Lyon.
178-208	Épiscopat de saint Irénée à Lyon.
186	Soulèvements des brigands de Maternus en Gaule.
197	Claudius Albinus, proclamé empereur par les légions de Bretagne, est tué à Lyon par les troupes de Septime Sévère.
vers 250	Fondation de la plupart des églises des Gaules.
253	Invasions des Gaules par les Francs et les Alamans.
260-275	Empire des Gaules.
276-282	Sous le règne de Probus, arrêt des invasions barbares.
285/286	Révolte des Bagaudes.
314	Concile d'Arles, convoqué par l'empereur Constantin. Premier concile tenu en Gaule.
355	Invasions des Francs et des Alamans qui s'installent entre le Rhin et la Moselle.
370-397	Saint Martin, évêque de Tours.
406 (31 déc.)	Invasion générale des Gaules (Vandales, Burgondes, Alamans, Suèves).
418	Installation des Wisigoths en Aquitaine.
435-437	Grande révolte des Bagaudes.
443	Les Burgondes s'établissent en Savoie.
451	Invasions des Huns d'Attila repoussées lors de la bataille des champs Catalauniques.

DATES	
481	Clovis succède à Childéric.
486	Syagrius battu par Clovis à Soissons.
493	Mariage de Clovis et de Clotilde.
496	Victoire de Clovis sur les Alamans à Tolbiac.
498 ?	Baptême de Clovis.
507	Victoire de Clovis sur les Wisigoths à Vouillé.
511	Mort de Clovis.
511	Fin de la publication de la Loi salique. Partage du royaume franc entre les fils de Clovis.
531	Conquête de la Thuringe par les Francs.
534	Les Francs maîtres de l'ensemble du royaume burgonde.
537	Les Francs conquièrent la Provence et imposent leur domination aux Alamans.
543-546	Peste bubonique en Gaule.
558-561	Clotaire Ier, seul roi des Francs.
561	Partage du royaume entre les fils de Clotaire, dont Sigebert et Chilpéric.
573-594	Épiscopat de Grégoire de Tours.
575	Assassinat de Sigebert.
579	Les Bretons avancent jusqu'à Rennes et Nantes.
584	Assassinat de Chilpéric.
vers 590	Saint Colomban en Gaule ; fondation du monastère de Luxeuil.
613-629	Clotaire II, roi des Francs.
629-639	Dagobert, roi des Francs.
vers 630	Introduction de la règle bénédictine en Gaule.
634-635	Dagobert fonde la foire de Saint-Denis.
654	Fondation de l'abbaye de Jumièges.
656	Échec du « coup d'État » de Grimoald qui avait tenté d'imposer son fils comme successeur à Sigebert III.
657	Ebroïn, maire du palais de Neustrie.
vers 660	Fondation des abbayes de Corbie et de Chelles.
680	Pépin de Herstal, maire du palais d'Austrasie.
vers 680	Sarcophages de l'abbaye de Jouarre.

DATES	
687	Bataille de Tertry. Pépin de Herstal, maire du palais de Neustrie.
714	Charles Martel, maire du palais.
716-719	Charles Martel réduit les Neustriens à l'obéissance.
719-730	Les Arabes envahissent la Septimanie et la Provence.
720-730	Campagnes de Charles Martel en Germanie.
721	Eudes d'Aquitaine bat les Arabes à Toulouse.
732	Victoire de Charles Martel sur les Arabes à Poitiers.
733-739	Campagnes de Charles Martel en Bourgogne, en Provence et en Septimanie.
741	Mort de Charles Martel, ses fils Carloman et Pépin le Bref lui succèdent.
743-747	Réforme de l'Église franque sous l'impulsion des maires du palais et de Boniface.
743-751	Childéric III, dernier roi mérovingien.
747	Pépin le Bref, seul maire du palais.
751-768	Pépin le Bref, roi de France ; fondation de la dynastie carolingienne.
752-759	Les Francs reprennent la Septimanie aux Arabes.
754-775	Construction de la nouvelle église de Saint-Denis.
755-762	Continuation de la réforme de l'Église et instauration de la dîme ecclésiastique.
760-768	Campagnes de Pépin le Bref en Aquitaine qu'il soumet.
768	Mort de Pépin le Bref, Charlemagne et Carloman lui succèdent.
770-800	Fondation de grandes abbayes : Saint-Riquier, Germigny-des-Prés.
771	Charlemagne, seul roi des Francs.
772-804	Conquête de la Saxe par Charlemagne.
778	Échec de l'expédition en Espagne ; massacre de l'arrière-garde franque à Roncevaux.
vers 780	Apparition dans les monastères de l'écriture « caroline ».
782	Alcuin est appelé à la cour de Charlemagne.

DATES	
796-804	Alcuin, évêque de Saint-Martin de Tours.
799	Premières attaques normandes en Gaule.
800	Charlemagne, empereur ; capitulaire *De villis*, consacré à l'administration des domaines royaux.
802	Réformes administratives ; développement de l'institution des *missi dominici*.
812-814	Reconnaissance de l'Empire carolingien par Constantinople.
814	Mort de Charlemagne.
814-840	Louis le Pieux, empereur d'Occident.
817	*Ordinatio imperii*, qui prévoit le partage de l'empire à la mort de Louis le Pieux.
817-821	Réforme monastique de Benoît d'Aniane.
819	Mariage de Louis le Pieux avec Judith de Bavière.
833	Destitution de Louis le Pieux.
834	Restauration de Louis le Pieux.
vers 840	Aggravation des invasions normandes. Mort de Louis le Pieux.
841	Bataille de Fontenoy-en-Puisaye.
842	Serments de Strasbourg.
842-850	Début des raids sarrasins en Provence.
843	Traité de Verdun : partage de l'empire ; Charles le Chauve, roi de la *Francia occidentalis*.
845	Les Normands pillent Paris.
875	Charles le Chauve sacré empereur à Rome.
877	Assemblée de Quierzy. Louis II le Bègue, roi de France.
879-882	Louis III, roi de France.
882-884	Carloman, roi de France.
884-887	Charles le Gros, roi de France.
885-886	Siège de Paris par les Normands.
888-898	Eudes, défenseur victorieux de Paris, élu roi de France.
893-922	Charles III le Simple, roi de France. Son règne commence à la mort d'Eudes en 898.

DATES	
vers 900	Premiers raids hongrois en Lorraine et en Alsace.
910	Fondation par Guillaume d'Aquitaine du monastère de Cluny.
911	Traité de Saint-Clair-sur-Epte : Rollon reçoit la Normandie.
922-923	Robert Ier, roi de France.
923-936	Raoul, roi de France.
924	Raids hongrois en Languedoc.
936-954	Louis IV d'Outre-Mer, roi de France.
954-986	Lothaire, roi de France.
966	Fondation de l'abbaye du Mont-Saint-Michel par Richard Ier de Normandie.
986-987	Louis V, roi de France.
987-996	Hugues Capet, élu roi de France. Fondation de la dynastie capétienne.
989	Premier concile de paix à Charroux.
996-1031	Robert II le Pieux, roi de France.
1006-1019	Construction de Saint-Philibert de Tournus.
1031-1060	Henri Ier, roi de France.
1033	Le royaume de Bourgogne et Provence passe par héritage dans le domaine de l'empereur de Germanie.
1060-1108	Philippe Ier, roi de France.
1070	Mouvement communal au Mans.
1088-1130	Construction de la troisième abbatiale de Cluny.
1094	Excommunication de Philippe Ier.
1095	Concile de Clermont : prédication de la première croisade par le pape Urbain II.
1098	Fondation de Cîteaux par Robert de Molesme.
vers 1100	*La Chanson de Roland*. Début de la littérature courtoise.
	Fondation de Fontevrault par Robert d'Arbrissel.
1102-1136	Enseignement d'Abélard.
1105	Absolution de Philippe Ier.
1108-1137	Louis VI, roi de France.
1112	Révolte communale à Laon.
1115	Fondation de Clairvaux par saint Bernard.

DATES	
1118	Fondation de l'ordre du Temple.
1122	Suger, abbé de Saint-Denis.
1124	Invasion de la Champagne par l'empereur Henri V.
1137	Louis VII épouse Aliénor d'Aquitaine, puis devient roi de France.
1144	Consécration du chœur de Saint-Denis.
1147-1149	Louis VII en croisade, Suger régent.
1152	Louis VII répudie Aliénor d'Aquitaine qui se remarie avec Henri Plantagenêt.
1162-1182	Activité littéraire de Chrétien de Troyes.
1163	Début de la construction de Notre-Dame de Paris.
1174	Premiers gardes des foires de Champagne.
1180	Mort de Louis VII.
1180-1223	Philippe Auguste, roi de France.
1181	Chrétien de Troyes : *Perceval*.
1200	Mariage de Louis VIII et Blanche de Castille.
1204	Conquête de la Normandie.
1206	Prédication de Dominique en Languedoc.
1209-1213	Croisade des albigeois.
1210	Interdiction aux maîtres parisiens d'enseigner Aristote.
1211-1311	Chantier de la cathédrale de Reims.
1212	Début de la construction de l'enceinte de Paris.
1213	Bataille de Muret.
1214	Bataille de Bouvines.
1220	Achèvement de la cathédrale de Chartres.
1223-1226	Louis VIII, roi de France.
1226	Croisade royale en Languedoc.
1226-1234	Régence de Blanche de Castille.
1226-1270	Louis IX, roi de France.
1228	Révolte des barons, le roi est bloqué à Montlhéry.
1229-1231	Grève de l'université de Paris.
1233	Institution de l'Inquisition en Languedoc.

DATES	
1234	Louis IX, considéré comme majeur, se marie et exerce peu à peu un pouvoir personnel. Soumission de Pierre Mauclerc, duc de Bretagne.
v. 1236	Guillaume de Lorris : *Roman de la Rose* (première partie).
1240	Révolte de Trencavel.
1241	Révolte de Hugues de Lusignan.
1242	Campagne de Poitou : victoires de Taillebourg et de Saintes.
1243-1244	Siège et prise de Montségur.
1246-1248	Construction de la Sainte-Chapelle.
1248-1254	Louis IX part en croisade.
1248-1272	Construction de la cathédrale de Beauvais.
1250-1270	Fondation de nombreuses bastides en Aquitaine.
1251	Croisade des pastoureaux.
1252	Mort de Blanche de Castille.
1252-1259	Enseignement de Thomas d'Aquin à Paris.
1254	Retour de Saint Louis. Grande ordonnance pour la réforme du royaume.
1257	Robert de Sorbon fonde un collège.
1259	Traité de Paris entre Saint Louis et Henri III d'Angleterre.
1263	Ordonnance sur le cours des monnaies. Création de l'écu d'or.
1268	Étienne Boileau : *Le Livre des Métiers*.
1270	Mort de Saint Louis à Tunis.
1270-1285	Philippe III le Hardi, roi de France.
1271	Mort d'Alphonse de Poitiers : annexion du comté de Toulouse au domaine royal.
1274	Concile de Lyon : union des Églises catholique et byzantine. Thomas d'Aquin : *Somme théologique*.
v. 1276	Adam de la Halle : *Le Jeu de la feuillée*.
1275-1280	Jean de Meung : *Roman de la Rose* (seconde partie).
1277	Condamnation par l'évêque de Paris, Étienne Tempier, des thèses de saint Thomas et du philosophe arabe Averroès.
1283	Philippe de Beaumanoir : *Coutumes du Beauvaisis*.

DATES	
1284	Mariage de Philippe IV avec Jeanne de Navarre-Champagne.
1284-1285	Expédition de Philippe III en Aragon.
1285-1314	Philippe IV le Bel, roi de France.
1295	Première grave crise monétaire.
1297	Canonisation de Saint Louis.
1302	Assemblée de Notre-Dame contre le pape. Révolte de la Flandre après les Matines de Bruges et défaite royale à Courtrai.
1303	Attentat d'Anagni.
1304	Victoire de l'ost royal en Flandre, à Mons-en-Pévèle.
1307	Arrestation des templiers.
1308	Mariage d'Isabelle avec Édouard II.
1309	Clément V s'installe à Avignon. Joinville : *Histoire de Saint Louis*.
1312	Concile de Vienne. Suppression de l'ordre du Temple. Réunion de Lyon au domaine royal.
1314	Affaire des belles-filles du roi. Mort de Philippe IV le Bel.
1314-1316	Louis X le Hutin, roi de France.
1315	Première organisation de la gabelle. Ligues féodales. Arrestation et pendaison d'Enguerrand de Marigny.
1316-1322	Philippe V le Long, frère de Louis X le Hutin, roi de France.
1316-1391	Construction du palais des Papes en Avignon.
1317	Sacre de Philippe V à Reims.
1322-1328	Charles IV le Bel, frère de Philippe V, roi de France.
1328-1350	Philippe VI de Valois, roi de France. Extinction des Capétiens directs.
1328	Victoire du roi sur les Flamands révoltés à Cassel. *État des paroisses et des feux :* premier dénombrement de la population.
1331	Hommage lige d'Édouard III d'Angleterre pour ses terres françaises.
1337	Confiscation de la Guyenne par Philippe VI. Début de la guerre de Cent Ans.
1337-1345	Insurrection en Flandre menée par Jacques Van Artevelde.
1339	Van Artevelde s'allie à Édouard III. Débarquement anglais en Flandre.

DATES	
1340	La flotte française est détruite à L'Écluse.
1341-1365	Après la mort du duc Jean III, grave crise de succession en Bretagne.
1346	Victoire d'Édouard III sur Philippe VI à Crécy.
1346-1347	Siège et reddition de Calais.
1347-1353	La peste noire.
1349	Philippe VI achète Montpellier et le Dauphiné.
1350-1364	Jean II le Bon, roi de France.
1350	Exécution du connétable Raoul de Brienne.
1351	Le combat des Trente. Fondation de l'ordre de l'Étoile.
1354	Assassinat du connétable Charles d'Espagne.
1355	Chevauchée du Prince Noir en Languedoc.
1356	Jean II le Bon fait arrêter Charles de Navarre. Chevauchée du Prince Noir en Poitou. Défaite de Poitiers, Jean II le Bon est prisonnier. Réunion des états généraux.
1357	Étienne Marcel soulève les Parisiens contre la « mauvaise monnaie ». Ordonnance de réforme. Évasion de Charles de Navarre.
1358	Premier traité de Londres. Meurtre des maréchaux. Jacquerie. Assassinat d'Étienne Marcel.
1360	Chevauchée d'Édouard III. Traité de Brétigny. Création du franc.
1362	Victoire des grandes compagnies sur les troupes du roi à Brignais.
1363	Jean II le Bon donne la Bourgogne en apanage à son fils Philippe II le Hardi.
1364	Mort de Jean II le Bon à Londres.
1364-1380	Charles V, roi de France.
1365	Premier traité de Guérande : fin de la guerre de succession de Bretagne.
1368	Réception des appels gascons au Parlement.
1369	Confiscation de l'Aquitaine. Chevauchée du duc de Lancastre. Mariage de Philippe II le Hardi avec Marguerite de Flandre.
1369-1375	Reconquête de l'Aquitaine par les armées de Charles V.

DATES	
1370	Début de la construction de la Bastille. Du Guesclin est fait connétable.
1370-1400	Froissart : *Chroniques*.
1372	Victoire navale des Français sur les Anglais à La Rochelle.
1374	Édit de Vincennes sur la majorité des rois de France.
1378-1417	Grand schisme d'Occident.
1378-1382	Insurrections urbaines (maillotins à Paris, émeute de la Harelle à Rouen, les tuchins en Languedoc).
Fin XIVe s.	Début du gothique flamboyant.
1380-1422	Charles VI, roi de France.
1382	Victoire de Roosebeke sur les Flamands.
1388	Rappel au pouvoir des marmousets.
1389	Claus Sluter commence la sculpture de la chartreuse de Champmol, près de Dijon *(Puits de Moïse)*.
1392	Début de la longue maladie de Charles VI ; renvoi des marmousets.
1393	Le bal des Ardents.
1394	Expulsion des Juifs.
1404-1419	Jean sans Peur, duc de Bourgogne.
1407	Jean sans Peur fait assassiner Louis d'Orléans. Début de la guerre civile qui opposera jusqu'en 1435 les armagnacs et les bourguignons.
1408	Jean Petit : *Apologie du tyrannicide*.
1412	Les armagnacs traitent avec les Anglais.
1413	États généraux et mouvement cabochien.
vers 1413-1416	Les frères de Limbourg : *Très Riches Heures du duc de Berry*.
1413-1418	Terreur du parti armagnac à Paris.
1415	Débarquement anglais et prise d'Harfleur. Victoire anglaise à Azincourt.
1417	Conquête de la Normandie par les Anglais.
1418	Entrée des bourguignons dans Paris. Le fils de Charles VI se proclame dauphin.
1419	Prise de Rouen par les Anglais. Assassinat de Jean sans Peur.
1419-1467	Philippe le Bon, duc de Bourgogne.

DATES	
1420	Traité de Troyes. Henri V, héritier du royaume de France.
1422-1461	Charles VII, roi de France.
1424	Victoire anglaise à Verneuil-sur-Avre.
1428	Les Anglais mettent le siège devant Orléans.
1429	Jeanne d'Arc rencontre le dauphin Charles à Chinon. Délivrance d'Orléans. Charles VII est sacré à Reims.
1430	Jeanne d'Arc capturée devant Compiègne.
1431	Procès et bûcher de Jeanne d'Arc. Sacre de Henri VI à Paris.
1435	Traité franco-bourguignon d'Arras.
1436	Charles VII prend Paris.
1438	Pragmatique sanction de Bourges.
1440	La Praguerie. Jacques Cœur, argentier du roi. Procès de Gilles de Rais.
1443-1453	Hôtel de Jacques Cœur à Bourges.
1444	Privilèges royaux aux foires de Lyon.
1445	Création des compagnies d'ordonnance. Rogier Van der Weyden : *Jugement dernier* de Beaune.
1447	Le dauphin Louis est exilé en Dauphiné.
vers 1447-1511	Vie de Philippe de Commynes.
1448	Création des « francs-archers ».
1449	Reprise des hostilités entre la France et l'Angleterre à Fougères.
1450	Bataille de Formigny. Charles VII reconquiert la Normandie.
1451	Première reconquête de la Guyenne. Arrestation de Jacques Cœur.
1452	Retour des Anglais en Guyenne.
1453	Reconquête définitive de la Guyenne. Bataille de Castillon. Procès de Jacques Cœur.
1454	Ordonnance de Montil-lès-Tours : réforme judiciaire. Enguerrand Quarton : *Le Couronnement de la Vierge*.
1456	Réhabilitation de Jeanne d'Arc.
1458	Procès de Jean II, duc d'Alençon.
1461	François Villon : *Le Testament*.
1461-1483	Louis XI, roi de France.
vers 1464	*La Farce de maître Pathelin*.
1465	Bataille de Montlhéry entre Louis XI et la ligue du Bien public.
1467-1477	Charles le Téméraire, duc de Bourgogne.
1467-1540	Vie de Guillaume Budé.
1468	Entrevue de Péronne entre Louis XI et Charles le Téméraire.
1469	Fondation de l'ordre de Saint-Michel.
1471	Louis XI occupe la Picardie.
1473	Imprimerie à Lyon.
1475	Traité franco-anglais de Picquigny. Conquête du Roussillon par Louis XI.
1477	Charles le Téméraire tué devant Nancy.
1480	Mort du roi René d'Anjou.
1482	Rattachement de la Provence à la France. Traité d'Arras : rattachement de la Bourgogne au domaine royal.
1483	Mort de Louis XI.
1483-1498	Charles VIII, roi de France.
1483-1553	Vie de François Rabelais.
1484	États généraux de Tours.
1488	Bataille de Saint-Aubin-du-Cormier : fin de la « Guerre folle ».
1491	Anne de Bretagne épouse Charles VIII.
1494	Début des guerres d'Italie.
1498-1515	Louis XII, roi de France.
1499	Mariage de Louis XII et Anne de Bretagne.
1515-1547	François Ier, roi de France.
1515-1524	Construction de l'aile François Ier à Blois.
1516	« Paix perpétuelle » entre la France et les cantons suisses. Concordat de Bologne.
1519	François Ier échoue à l'élection de l'Empire.
1519-1537	Construction du château de Chambord.
1520	Entrevue du Camp du Drap d'or.
1521	Début de la guerre entre François Ier et Charles Quint.
1524	Mort de Bayard. Invasion de la Provence.

DATES	
1526	Libération de François Ier, fait prisonnier à la bataille de Pavie.
1529	Paix de Cambrai (ou des Dames) avec Charles Quint. Émeute à Lyon.
1530	Fondation du Collège de France.
1532	La Bretagne est réunie à la France. Rabelais : *Pantagruel*.
1533-1592	Vie de Michel Eyquem de Montaigne.
1534	Affaire des Placards. Rabelais : *Gargantua*.
1539	Ordonnance de Villers-Cotterêts.
1541	*L'Institution* de Calvin est traduite en français.
1545	Massacre des vaudois de Provence.
1546	Étienne Dolet supplicié pour hérésie. Début de la reconstruction du Louvre. Rabelais : le *Tiers Livre*.
1547-1559	Henri II, roi de France.
1549	Du Bellay : *Défense et illustration de la langue française*.
1550	Traité de paix franco-anglais : Boulogne rendue à la France.
1552	Guise prend Metz, Toul et Verdun. Création des présidiaux.
1557	Défaite française de Saint-Quentin.
1558	Prise de Calais par François de Guise.
1559	Édit d'Écouen. Traité du Cateau-Cambrésis : fin des guerres d'Italie.
1559-1560	François II, roi de France.
1560-1574	Charles IX, roi de France.
1560	Conjuration d'Amboise. Édit de Romorantin. États généraux d'Orléans.
1561	États généraux de Pontoise. Colloque de Poissy.
1562	Édit de Saint-Germain ou de Janvier. Massacre de Wassy : début de la première guerre de Religion. Ronsard : les *Discours*.
1563	Assassinat de François de Guise. Édit d'Amboise.
1564-1566	Voyage de Charles IX à travers la France.
1567-1568	Deuxième guerre de Religion. Paix de Longjumeau.
1568-1570	Troisième guerre de Religion. Paix de Saint-Germain.

DATES	
1572	Massacre de la Saint-Barthélemy : début de la quatrième guerre de Religion.
1573	Paix de Boulogne.
1574-1589	Henri III, roi de France.
1574-1576	Cinquième guerre de Religion. Paix de Loches et de Beaulieu.
1576	Formation de la Sainte Ligue. Jean Bodin : *La République*.
1577	Sixième guerre de Religion. Édit de Poitiers.
1579-1580	Septième guerre de Religion. Paix de Fleix.
1580	Montaigne : *Essais*.
1584	Mort du duc d'Anjou, frère d'Henri III.
1585	Henri de Navarre déchu de ses droits à la couronne par Sixte Quint.
1585-1598	Huitième guerre de Religion. Édit de Nantes.
1587	Bataille de Coutras entre les troupes d'Henri de Navarre et l'armée royale.
1588	Journée des Barricades. États de Blois. Assassinat du duc de Guise.
1589	Assassinat d'Henri III.
1589-1610	Henri IV, roi de France.
1590	Victoire d'Henri IV à Ivry sur le duc de Mayenne.
1593	Abjuration puis couronnement d'Henri IV qui entre à Paris.
1595	Victoire d'Henri IV sur les Espagnols à Fontaine-Française.
1596-1650	Vie de René Descartes.
1598	Édit de Nantes. Paix de Vervins avec les Espagnols.
1599	Sully devient surintendant des Finances.
1600	Mariage d'Henri IV et de Marie de Médicis.
1604	Création du droit annuel des offices (la paulette).
1606-1684	Vie de Pierre Corneille.
1607	Honoré d'Urfé : *L'Astrée*.
1608	François de Sales : *Introduction à la vie dévote*.
1610	Henri IV assassiné par Ravaillac. Marie de Médicis, régente.

DATES	
1610-1643	Louis XIII, roi de France.
1611	Pierre de Bérulle introduit l'Oratoire à Paris.
1612	Achèvement de la place Royale (place des Vosges).
1613	Concini, favori de la régente, devient maréchal de France.
1614	Révolte de Condé.
1614-1615	États généraux.
1615	Nouvelle révolte de Condé. Mariage de Louis XIII et d'Anne d'Autriche. Construction du palais du Luxembourg.
1617	Concini assassiné à l'initiative de Louis XIII.
1620-1629	Guerre contre les protestants.
1622-1673	Vie de Molière.
1623-1662	Vie de Pascal.
1624	Richelieu entre au Conseil d'en-haut.
1626	Édit royal contre les duels.
1627-1628	Siège de La Rochelle.
1629	Paix d'Alès.
1630	Journée des Dupes : victoire de Richelieu, défaite du parti dévot.
1631	Théophraste Renaudot fonde la *Gazette*.
1633	Fondation des Filles de la Charité.
1635	Généralisation des intendants. « Guerre ouverte » contre l'Espagne. Fondation de l'Académie française.
1636	Reddition de Corbie. Insurrection des croquants en Angoumois et Saintonge. L'empereur déclare la guerre à Louis XIII.
1637	Descartes : *Discours de la méthode*. Querelle du *Cid*. Début de la société des solitaires de Port-Royal-des-Champs.
1638	Création de l'œuvre des Enfants trouvés.
1639	Les Français occupent l'Alsace. Déroute des nu-pieds à Avranches.
1639-1699	Vie de Jean Racine.
1640	Occupation de l'Artois et du Roussillon. Fondation de l'Imprimerie royale à Paris. Corneille : *Horace*.

DATES	
1642	Conjuration de Cinq-Mars qui est arrêté et exécuté. Prise de Perpignan, le Roussillon bascule vers la France. Ouverture du canal de Briare. Mort de Richelieu, Mazarin au Conseil du roi.
1643	Mort de Louis XIII, régence d'Anne d'Autriche. Premières remontrances du Parlement. Victoire du duc d'Enghien, futur Grand Condé, à Rocroi.
1643-1715	Louis XIV, roi de France.
1648	Début de la « Fronde parlementaire ». Victoire de Condé sur les Espagnols à Lens. Arrestation de Broussel, révolte parisienne et fuite de la régente.
1649	La cour s'enfuit à Saint-Germain, le roi assiège Paris. Paix de Rueil. Fin de la Fronde parlementaire, début de la Fronde des princes. Révolte de Turenne.
1650	Arrestation de Condé, Conti et Longueville. Paix de Bordeaux.
1650-1653	L'Ormée à Bordeaux : la Fronde s'étend à la province.
1651	Libération de Condé, union des Frondes parisienne (Retz) et princière (Condé). Majorité de Louis XIV.
1652	Louis XIV rentre à Paris.
1653	Mazarin revient d'exil. Fouquet, surintendant des Finances.
1654	Louis XIV est sacré à Reims.
1657	Alliance militaire avec l'Angleterre de Cromwell contre l'Espagne.
1658	Les Français prennent Dunkerque. Construction du château de Vaux.
1659	Traité des Pyrénées. Molière fait jouer *Les Précieuses ridicules*.
1660	Mariage de Louis XIV et Marie-Thérèse.
1661	Mort de Mazarin.
1661	Début du règne personnel de Louis XIV. Arrestation de Fouquet. Le Conseil royal des finances remplace la surintendance des Finances.
1662	Le Brun, premier peintre du roi. Carrousel près des Tuileries.
1664	Colbert établit des manufactures et diverses compagnies des Indes. Dispersion des religieuses de Port-Royal. Première représentation du *Tartuffe* de Molière.

DATES	
1665	Les Grands Jours d'Auvergne. Colbert, contrôleur général des Finances. Création de la manufacture des Glaces. Molière : *Dom Juan*.
1666	Colbert installe l'Académie des sciences. Édit pour l'aménagement du canal des Deux-Mers (canal du Midi).
1667	Tarif douanier protecteur. Nicolas de La Reynie, premier lieutenant de police de Paris. Établissement de la manufacture des Gobelins. Liaison de Louis XIV avec Mme de Montespan.
1667-1668	Guerre de Dévolution contre l'Espagne. La France conquiert Lille, Douai et Armentières.
1668	La Fontaine : *Fables choisies mises en vers*.
1670	Bossuet, précepteur du Grand Dauphin.
1672-1679	Guerre de Hollande.
1673	Le droit de remontrances du Parlement de Paris est supprimé.
1674	Occupation de la Franche-Comté. Boileau : *L'Art poétique*. Racine : *Iphigénie*.
1675	Louvois fonde l'ordre du Tableau. Révolte des Bonnets rouges en Bretagne.
1675-1755	Vie du duc de Saint-Simon.
1677	Racine : *Phèdre*.
1678	Mme de La Fayette : *La Princesse de Clèves*.
1679	Paix de Nimègue mettant fin à la guerre de Dévolution. Début du système de fortifications de Vauban.
1679-1682	Affaire des Poisons.
1679-1684	Le Brun travaille à la galerie des Glaces.
1680	Politique des « Réunions ». Fondation de la Comédie-Française. Hardouin-Mansart édifie l'église des Invalides.
1681	Début des dragonnades. Bossuet : *Discours sur l'histoire universelle*.
1682	Déclaration des Quatre Articles. La cour s'installe à Versailles.
1683	Mort de la reine Marie-Thérèse. Mariage secret de Louis XIV avec Mme de Maintenon. Guerre contre l'Espagne : victoires françaises dans les Pays-Bas espagnols.
1683-1764	Vie de Rameau.
1684	Trêve de Ratisbonne entre la France, l'Espagne et l'Empereur.
1685	Édit de Fontainebleau révoquant l'édit de Nantes.
1688	La Bruyère : *Caractères*.
1689-1755	Vie de Montesquieu.
1690	Mort de Le Brun. Furetière : *Dictionnaire universel*.
1693-1694	La plus grave crise de subsistance de l'Ancien Régime.
1694	*Dictionnaire de l'Académie*.
1694-1778	Vie de Voltaire.
1695	Création de la capitation. Pourparlers de paix avec les Pays-Bas.
1697	Paix de Ryswick. Perrault : *Contes de ma mère l'Oye*.
1698	Querelle du quiétisme : Bossuet contre Fénelon.
1699	Fénelon : *Les Aventures de Télémaque*.
1700	Louis XIV accepte le testament de Charles II.
1702-1704	Révolte des camisards.
1704	Les Français occupent la Savoie.
1709	« Grand hiver », disettes et épidémies. Dispersion puis destruction du monastère de Port-Royal-des-Champs.
1710	Naissance du duc d'Anjou, futur Louis XV. Nouvel impôt, le dixième. Les « malcontents » se rassemblent autour du duc de Bourgogne.
1711	Mort du Grand Dauphin.
1712	Mort de la duchesse et du duc de Bourgogne, puis du duc de Bretagne.
1712-1778	Vie de Rousseau.
1713	Le pape proclame la bulle *Unigenitus* contre les jansénistes.
1713-1784	Vie de Diderot.
1715	Mort de Louis XIV.
1715-1774	Louis XV, roi de France.
1715-1723	Philippe d'Orléans, régent.

DATES	
1715-1718	Polysynodie.
1716	Law fonde la Banque générale. Création du corps des Ponts et Chaussées.
1717	Watteau : *L'Embarquement pour Cythère.*
1718	La Banque générale de Law devient Banque royale.
1720	Peste de Marseille. Écroulement du système de Law.
1721	Exécution de Cartouche. Fondation de la première loge maçonnique de France. Montesquieu : *Lettres persanes.*
1723	Majorité de Louis XV.
1725	Mariage de Louis XV et de Marie Leszczyńska.
1726	Fleury, Premier ministre.
1727-1732	Affaire des convulsionnaires de Saint-Médard.
1731	Abbé Prévost : *Manon Lescaut.*
1735	Marivaux : *Le Paysan parvenu.*
1738	Création de la corvée royale des grandes routes.
1745	Début de la faveur de Mme de Pompadour.
1747	Voltaire : *Zadig.*
1748	Montesquieu : *De l'esprit des lois.*
1749	Création du vingtième. Diderot : *Lettres sur les aveugles.* Buffon : *Histoire naturelle.*
1750	Rousseau : *Discours sur les sciences et les arts.*
1751	Parution du premier volume de l'*Encyclopédie.*
1752	Première condamnation de l'*Encyclopédie.*
1753	Violent conflit avec le parlement de Paris.
1755	Exécution de Mandrin. Rousseau : *Discours sur l'origine de l'inégalité.*
1756	Édit créant un nouveau vingtième. Agitation parlementaire.
1757	Attentat de Damiens.
1758	Quesnay : *Tableau économique.*
1758-1770	Choiseul, chef de gouvernement.
1759	Seconde condamnation de l'*Encyclopédie.* Voltaire : *Candide.*

DATES	
1761	Rousseau : *Julie ou la Nouvelle Héloïse.*
1762	Procès et exécution de Calas. Rousseau : *Émile ; Du contrat social.*
1762-1768	Gabriel construit le Petit Trianon.
1763	Voltaire : *Traité sur la tolérance.*
1764	Mort de Mme de Pompadour. Début des affaires de Bretagne, La Chalotais contre d'Aiguillon. Suppression de l'ordre des jésuites.
1764-1780	Soufflot construit le Panthéon à Paris, qui sera achevé en 1812.
1765	Réhabilitation de Calas. Démission du parlement de Rennes et arrestation de La Chalotais.
1766	« Discours de la Flagellation ». Condamnation du chevalier de La Barre.
1768	Maupeou, chancelier. La France acquiert la Corse.
1770	Mariage du dauphin et de Marie-Antoinette.
1771	Triumvirat : Maupeou, abbé Terray, duc d'Aiguillon. Remplacement des parlements.
1773	Formation du Grand Orient de France.
1774	Rétablissement du parlement. Lavoisier découvre l'oxygène.
1774-1792	Louis XVI, roi de France.
1774-1776	Turgot aux Finances.
1775	Guerre des Farines. Beaumarchais : *Le Barbier de Séville.*
1777	Premier quotidien : le *Journal de Paris.*
1777-1781	Necker, directeur général des Finances.
1780	Abolition de la question préparatoire.
1781	Necker : *Compte rendu au roi.* Édit réservant les grades militaires à la noblesse.
1782	Laclos : *Les Liaisons dangereuses.* Rousseau : *Confessions* (posth.).
1783	Calonne, contrôleur général des Finances. Ascensions de Montgolfier et Pilâtre de Rozier en ballon.
1784	Beaumarchais : *Le Mariage de Figaro.* David : *Le Serment des Horaces.*

DATES	
1785-1786	Affaire du Collier de la reine.
1786	Projets de réforme financière de Calonne. Première ascension du mont Blanc.
1787	Assemblée des notables. Loménie de Brienne aux Finances.
1787	Assemblée des notables. Loménie de Brienne remplace Calonne.
1788	Journée des Tuiles à Grenoble. Assemblée de Vizille. Convocation des états généraux.
1789	Sieyès : *Qu'est-ce que le tiers état*. Émeute contre Réveillon. Ouverture des états généraux. Serment du Jeu de paume (20/06). L'assemblée se déclare nationale constituante. Renvoi puis rappel de Necker. Prise de la Bastille (14/07). La Grande Peur. Abolition des privilèges (4/08). Déclaration des droits de l'homme (26/08). Le roi est ramené à Paris (6/10). Nationalisation des biens du clergé.
1790	L'assignat reçoit cours de monnaie. Constitution civile du clergé. Fête de la Fédération à Paris (14/07). Démission de Necker.
1791	Serment à la Constitution civile du clergé imposé aux fonctionnaires. Le pape condamne la Constitution civile du clergé. Loi « Le Chapelier » proscrit les coalitions. Le roi arrêté à Varennes (21/06). Massacre du Champ-de-Mars (17/07). Rattachement d'Avignon à la France.
1791-1792	Assemblée législative.
1792	Rouget de Lisle compose *La Marseillaise*. Assemblée déclare « la Patrie en danger ». Chute de la royauté (10/08). Établissement du suffrage universel. Massacres de septembre. Laïcisation de l'état civil. Victoire de Valmy (20/09). Abolition de la royauté, an I de la République (21/09), déclarée « une et indivisible » (25/09). Savoie réunie à la France. Procès du roi.
1792-1795	Convention nationale.
1793	Exécution du roi (21/01). Création du Tribunal « révolutionnaire ». Début de la rébellion vendéenne. Formation du Comité de salut public. Cours forcé de l'assignat. Chute des girondins. Vente par lots des biens d'émigrés. Rébellion fédéraliste à Bordeaux et dans le Calvados. Constitution de l'an I. Rébellion royaliste de Toulon. Charlotte Corday assassine Marat (13/07). David : *Marat assassiné*. Tous les droits féodaux abolis sans indemnité. Terreur mise à l'ordre du jour (4-5/09). Loi sur les suspects. « Maximum » des prix et des salaires. Adoption du calendrier républicain. An II. Capitulation de Lyon. Exécution de Marie-Antoinette (16/10). Exécution des girondins (31/10). Reprise de Toulon. Défaite vendéenne à Savenay.
1794	Colonnes infernales de Turreau en Vendée. Exécution des hébertistes (24/03). Suicide de Condorcet. Procès et condamnation des dantonistes (2-5/04). Fête de l'Être suprême (8/06). Chute de Robespierre le 9 Thermidor (27/07). Abolition de la loi sur les suspects. La République ne salarie plus de culte. An III. Abolition du maximum.
1795	Liberté des cultes, neutralité de l'État. Insurrections populaires à Paris en Germinal (04) et Prairial (05). Terreur blanche dans la vallée du Rhône et le Midi. Débarquement d'émigrés à Quiberon. Victoire de Hoche à Quiberon. An IV. Proclamation de la Constitution. Insurrection royaliste du 13 Vendémiaire (5/10) contre la Convention. Amnistie sauf pour les émigrés.
1796	Fin des assignats. Arrestation de Babeuf et ses amis. Affaire du camp de Grenelle. An V.
1797	Élections au Corps législatif. Babeuf et Darthé sont guillotinés. Coup d'État antiroyaliste du 18 Fructidor (4/9). Lois d'exception. An VI.
1798	Coup d'État du 22 Floréal (11/05). An VII. Gros : *Bonaparte au pont d'Arcole*.
1798-1857	Vie d'Auguste Comte.
1798-1863	Vie de Delacroix.
1798-1874	Vie de Michelet.
1799	Fermeture du Club des jacobins. An VIII. Lucien Bonaparte, président des Cinq-Cents. Coup d'État du 18 Brumaire. Abrogation des déportations de prêtres assermentés.

DATES	
	Proclamation de la Constitution. Réouverture des églises le dimanche.
1800	Plébiscite sur la constitution. Création de la Banque de France. 1re promotion de préfets. An IX. Attentat de la rue Saint-Nicaise (24/12).
1801	Déportation des jacobins. Signature du Concordat. An X.
1802	Chateaubriand : *Génie du christianisme*. Radiation des émigrés (sauf mille) de la liste. Loi créant les lycées. Création de la Légion d'honneur. Proclamation du Consulat à vie. An XI.
1802-1885	Vie de Victor Hugo.
1803	Franc fixé à 5 g d'argent. Complot de Pichegru. An XII. Institution du livret ouvrier.
1804	Promulgation du Code civil (21/03).
1804	Enlèvement et exécution du duc d'Enghien. Exécution de Cadoudal. Sacre de Napoléon.
1805	Fin de l'emploi du calendrier révolutionnaire. Chateaubriand : *René*.
1806	Publication du Catéchisme impérial. Création de l'Université impériale.
1807	Le Code civil devient Code Napoléon.
1808	Sénatus-consulte organisant la noblesse impériale.
1809	Divorce de Napoléon et Joséphine.
1810	Mariage de Napoléon et Marie-Louise à Paris. La Hollande est réunie à la France.
1810-1857	Vie d'Alfred de Musset.
1811	Naissance du roi de Rome.
1812	Coup d'État manqué de Malet.
1814	Début de la campagne de France. Les Alliés entrent dans Paris qui a capitulé. Napoléon abdique sans conditions. Publication de la Charte.
1814-1824	Louis XVIII, roi de France.
1815	Arrivé de l'île d'Elbe, Napoléon débarque à Golfe-Juan. Seconde abdication de Napoléon. Terreur blanche dans le Midi. Retour de Louis XVIII. Élection de la « Chambre introuvable », à majorité ultra. Exécution de Ney.
1816	Rétablissement de la société des Missions étrangères.

DATES	
1816-1817	Cuvier : *Le Règne animal distribué selon son organisation.*
1817	Nouvelle loi électorale.
1818	Loi militaire Gouvion-Saint-Cyr.
1819	Decazes, président du Conseil. Géricault : *Le Radeau de la Méduse.*
1820	Assassinat du duc de Berry.
1821	Mort de Napoléon à Sainte-Hélène.
1821-1880	Vie de Flaubert.
1822	Villèle, président du Conseil. Exécution des Quatre Sergents de La Rochelle.
1822-1895	Vie de Louis Pasteur.
1823	Las Cases : *Mémorial de Sainte-Hélène.*
1824-1830	Charles X, roi de France.
1825	Loi du milliard des émigrés. Sacre de Charles X.
1827	Élections favorables aux libéraux. Hugo : *Cromwell.*
1829	Arrivée au pouvoir de Polignac.
1830	Adresse de défiance des « 221 » contre le ministère, inspirée par Royer-Collard. Signature des ordonnances. Les « Trois Glorieuses » (27-28-29 juillet). Abdication de Charles X. Delacroix : *La Liberté guidant le peuple*. Bataille d'*Hernani*.
1830-1842	Auguste Comte : *Cours de philosophie positive.*
1830-1848	Louis-Philippe Ier, roi des Français.
1831	Révolte des canuts à Lyon. Hugo : *Notre-Dame de Paris.*
1832	Épidémie de choléra à Paris. Funérailles du général Lamarque suivies d'émeute.
1832-1883	Vie de Manet.
1833	Loi Guizot sur l'enseignement primaire.
1834	Massacre de la rue Transnonain. Balzac : *Le Père Goriot.*
1835	Tocqueville : *De la démocratie en Amérique* (1re partie).
1836	Construction du chemin de fer Paris-Saint-Germain-en-Laye.
1839	Stendhal : *La Chartreuse de Parme.*
1840	Tentative de coup d'État de Louis

DATES	
	Napoléon Bonaparte à Boulogne. Translation des cendres de Napoléon aux Invalides. Tocqueville : *De la démocratie en Amérique* (2e partie). Proudhon : *Qu'est-ce que la propriété ?*
1842	Catastrophe ferroviaire de Meudon. Loi sur les chemins de fer.
1844	Alexandre Dumas : *Les Trois Mousquetaires*.
1845	Prosper Mérimée : *Carmen*.
1846	Louis Napoléon Bonaparte s'évade du fort de Ham.
1847	Michelet : *Histoire de la Révolution française* (1er vol.).
1848	Discours prophétique de Tocqueville à la Chambre.
1848	Chute de Louis-Philippe. Proclamation de la République (25 février). Réunion de la Constituante. Journées de juin (23-26). Cavaignac, président du Conseil. Promulgation de la Constitution. Louis Napoléon élu président (10 décembre).
1849	Dissolution de la Constituante. Interdiction des grèves.
1850	Vote de la loi Falloux. Courbet : *Un enterrement à Ornans*.
1851	Coup d'État (2 décembre). Suppression de la liberté de la presse. Plébiscite en faveur de Louis Napoléon (21 décembre).
1852	Promulgation de la nouvelle constitution. Instauration du régime des avertissements pour la presse. Fondation du Crédit foncier et du Crédit mobilier. Fondation du premier « grand magasin » : Au Bon Marché. Rétablissement de l'Empire (2 décembre). Auguste Comte : *Catéchisme positiviste*.
1853	Victor Hugo : *Les Châtiments*.
1853-1870	Haussmann, préfet de la Seine.
1855	Loi sur les travaux de Paris et sur la propriété industrielle. Berthelot réalise la synthèse de l'alcool.
1856	Réforme de la législation sur les sociétés commerciales. Hugo : *Les Contemplations*.
1857	Baudelaire : *Les Fleurs du mal* ; Flaubert : *Madame Bovary*.

DATES	
1858	Attentat d'Orsini contre Napoléon III. Loi de sûreté générale.
1859	Loi établissant le régime financier des chemins de fer. Décret d'amnistie pour les proscrits de 1851. Fondation de la Société générale. Mistral : *Mireille*. Millet : *L'Angélus*. Gounod : *Faust*.
1859-1906	Vie de Pierre Curie.
1860	Le Corps législatif reçoit le droit de voter une adresse annuelle. Traité de commerce franco-anglais. Labiche : *Le Voyage de M. Perrichon*.
1861-1938	Vie de Georges Méliès.
1862-1875	Construction de l'Opéra de Paris par Charles Garnier.
1863	Loi autorisant les sociétés à responsabilité limitée. Fondation du Crédit Lyonnais. Renan : *Vie de Jésus*. Manet présente *Le Déjeuner sur l'herbe* au Salon des Refusés.
1864	Manifeste des Soixante (17 février). Loi d'Émile Ollivier sur le droit de grève. Invention du four Martin, qui permet de mieux couler l'acier.
1865	Claude Bernard : *Introduction à l'étude de la médecine expérimentale*. Manet présente son *Olympia*.
1866	Faillite du Crédit mobilier à Paris. Daudet : *Les Lettres de mon moulin*. Offenbach : *La Vie parisienne*.
1867	Exposition universelle de Paris.
1868	Dissolution de la section française de l'Internationale.
1869	Flaubert : *L'Éducation sentimentale*.
1870	Formation du ministère Émile Ollivier. Obsèques de Victor Noir. Sénatus consulte sur les pouvoirs de l'empereur. Plébiscite en faveur de l'Empire (8 mai). Dépêche d'Ems (13 juillet). Déclaration de guerre à la Prusse : défaites de Wissembourg, Frœschwiller et Forbach ; batailles sous Metz, de Sedan et de Beaune-la-Rolande ; capitulation de Metz. Déchéance de l'Empire (4 septembre). Siège de Paris (19 septembre-28 janvier).
1871	Batailles de Bapaume et du Mans. Armistice franco-prussien. Assemblée nationale à Bordeaux (12 février). Thiers, chef de gouvernement. Préliminaires de paix. La Commune de

DATES	
	Paris (18 mars-28 mai). Rimbaud : *Le Bateau ivre*.
1873	Démission de Thiers. Mac-Mahon, président. Échec des tentatives de restauration. Loi du septennat. Rimbaud : *Une saison en enfer*.
1874	Exposition des impressionnistes.
1875	Vote de l'amendement Wallon. Loi sur l'organisation du Sénat et des Pouvoirs publics. Fondation du *Petit Parisien*. Bizet : *Carmen*.
1876	Mallarmé : *L'Après-midi d'un faune*. Renoir : *Le Moulin de la Galette*.
1876-1877	Ministère Jules Simon.
1876-1893	Taine : *Les Origines de la France contemporaine*.
1877	Dissolution de la Chambre. Démission de De Broglie. Mort de Thiers (3 septembre). Zola : *L'Assommoir*.
1879	Démission de Mac-Mahon. Élection de Jules Grévy (juin). Pasteur découvre le principe des vaccins.
1880	Jules Ferry, président du Conseil. Rodin : *Le Penseur*.
1880	Amnistie des communards. Célébration officielle de la fête nationale (14 juillet).
1880-1881	Ministère Ferry.
1881	Lois sur la presse, l'enseignement primaire et les réunions. Exposition internationale d'électricité.
1881-1882	Ministère Gambetta.
1882	Krach de l'Union générale. Loi sur l'enseignement obligatoire. Chute puis mort de Gambetta.
1883	Mort du comte de Chambord.
1883-1885	Deuxième ministère Ferry.
1884	Lois sur les syndicats et le divorce. Grève d'Anzin.
1885	Pasteur inocule le 1er vaccin contre la rage. Émile Zola : *Germinal*.
1886	Boulanger ministre de la Guerre. Grève de Decazeville. Loi de laïcisation des personnels de l'enseignement public. Édouard Drumont : *La France juive*. Arthur Rimbaud : *Illuminations*.
1887	Affaire Schnæbelé. Scandale des décorations, démission de Grévy. Gabriel Faur : *Requiem*. Antoine fonde le Théâtre-Libre.

DATES	
1887-1894	Sadi Carnot, président de la République.
1888	Premier emprunt russe. Naissance du mouvement Nabi.
1889	Boulanger, élu à Paris, s'enfuit à Bruxelles. Exposition universelle à Paris : la tour Eiffel. Henri Bergson : *Essai sur les données immédiates de la conscience*.
1891	Incidents de Fourmies.
1892	Tarif douanier. Scandale de Panamá. Loi sur le travail des femmes.
1894	Assassinat de Sadi Carnot. « Lois scélérates » contre les anarchistes. Condamnation de Dreyfus.
1894-1895	Casimir-Perier, président de la République.
1895	Congrès constitutif de la CGT à Limoges. Première séance du cinématographe Lumière.
1895-1899	Félix Faure, président de la République.
1898	Zola : *J'accuse*. Loi sur les accidents du travail. Ligue des droits de l'homme. Suicide du colonel Henry. Grève générale des cheminots. Pierre et Marie Curie découvrent le radium.
1899	Formation du Comité d'entente socialiste. Tentative de coup d'État de Déroulède. Ministère Waldeck-Rousseau. Procès de Dreyfus à Rennes. Marc Sangnier fonde *Le Sillon*. Création de la Banque française pour le commerce et l'industrie. Fondation du journal *Ouest-France*.
1899-1906	Émile Loubet, président de la République. Paul Cézanne : *Les Grandes Baigneuses*.
1900	Inauguration de l'Exposition universelle et du premier métro.
	Ouverture du barreau aux femmes. Édmond Rostand : *L'Aiglon*.
1900-1912	Ernest Lavisse : *L'Histoire de la France*.
1901	Fondation du Parti radical et radical-socialiste. Loi sur les associations.
1902	Éruption de la montagne Pelée en Martinique. Ministère Combes. André Gide : *L'Immoraliste*. Claude Debussy : *Pelléas et Mélisande*.

Dates	
1903	Premier Tour de France.
1904	Jaurès fonde *L'Humanité*. Loi interdisant l'enseignement à tous les congréganistes. Rupture des relations diplomatiques avec le Vatican.
1905	Fondation de la SFIO. Journée de travail de 8 heures dans les mines. Loi sur la séparation de l'Église et de l'État. Naissance du fauvisme.
1906	Catastrophe de Courrières. Loi sur le repos hebdomadaire obligatoire. Congrès de la CGT à Amiens. Ministère Clemenceau. Dreyfus réhabilité.
1906-1913	Armand Fallières, président de la République.
1907	Conflit entre gouvernement et fonctionnaires. Troubles viticoles en Languedoc. Pablo Picasso : *Les Demoiselles d'Avignon*. Naissance du cubisme.
1908	Graves incidents à Draveil puis à Villeneuve-Saint-Georges.
1909	Blériot traverse la Manche. Diaghilev et les Ballets russes.
1910	Loi sur les retraites ouvrières et paysannes. Pie X condamne *Le Sillon*. Grève générale des cheminots.
1913	Loi de trois ans. Guillaume Apollinaire : *Alcools*. Marcel Proust : *Du côté de chez Swann*. *Le Sacre du printemps* au Théâtre des Champs-Élysées.
1913-1920	Raymond Poincaré, président de la République.
1914	Élections législatives, Chambre pacifiste et démocratique. Assassinat de Jaurès. Ultimatum allemand à la Russie et à la France. Déclaration de guerre de l'Allemagne à la France. Message de Raymond Poincaré, l'« Union sacrée ». Suppression de la libre convertibilité de la monnaie. Batailles de la Marne, de l'Aisne et de la Somme. Le gouvernement français se réfugie à Bordeaux. Gide : *Les Caves du Vatican*.
1915	Offensives alliées en Artois et en Champagne. Romain Rolland : *Au-dessus de la mêlée*.
1916	Bataille de Verdun (21 février-15 décembre). Pétain, commandant du front de Verdun. Offensive franco-anglaise sur la Somme (1er juillet-18 novembre). Lancement du *Canard enchaîné*. Joffre remplacé par Nivelle. Henri Barbusse : *Le Feu*.
1917	Offensives Nivelle en Artois (Chemin des Dames) et en Champagne. Premier emploi des chars d'assaut français. Grandes mutineries en mai et juin. Nivelle remplacé par Pétain. Grèves à Paris. Rupture de l'Union sacrée. Paul Valéry : *La Jeune Parque*.
1917-1920	Ministère Clemenceau.
1918	Bombardements de Paris par la Grosse Bertha. Foch, nommé commandant en chef des forces alliées en France. Grèves réprimées par Clemenceau.
	Offensive allemande sur la Somme. Offensive alliée. Armistice de Rethondes (11 novembre).
1919	Mutineries sur les navires français en mer Noire. Journée de huit heures. Signature du traité de Versailles (28 juin), puis traités de Saint-Germain et de Neuilly. Retour de l'Alsace-Lorraine à la France. Élection du Bloc national. Constitution de la CFTC. Prix Goncourt à Marcel Proust pour *À l'ombre des jeunes filles en fleur*.
1920	Vague de grèves (cheminots, mineurs). Constitution de la commission des réparations. Inhumation du Soldat inconnu à l'Arc de triomphe. Congrès de Tours de la SFIO : scission entre socialistes et communistes (SFIC). Canonisation de Jeanne d'Arc.
1920-1924	Alexandre Millerand, président de la République.
1921	Ministère Briand. Scission de la CGT, naissance de la CGTU.
1922	Ministère Poincaré. Exécution de Landru.
1923	Louis de Broglie pose les principes de la mécanique ondulatoire. Jules Romains : *Knock*.
1924	Redressement du franc (Verdun financier). Élections du Cartel des gauches. Démission forcée de Millerand. La France reconnaît l'Union soviétique. Transfert des cendres de Jaurès au Panthéon, manifestation communiste. *Premier Manifeste du surréalisme*.

DATES	
1924-1925	Ministère Herriot.
1925	Création du Conseil national économique. Canonisation de Thérèse de Lisieux. Exposition internationale des Arts décoratifs à Paris.
1926	Chute maximale du franc. Le pape condamne l'Action française. Paul Eluard : *Capitale de la douleur.* Georges Bernanos : *Sous le soleil de Satan.*
1926-1929	Ministère Poincaré.
1927	François Mauriac : *Thérèse Desqueyroux.* Henri Bergson, Nobel de littérature.
1928	Loi sur les assurances sociales. Stabilisation officielle du franc. Loi Loucheur sur les habitations bon marché. Les radicaux abandonnent le ministère Poincaré. Ratification du pacte Briand-Kellogg. André Breton : *Nadja.* Maurice Ravel : *Boléro.*
1929	Conséquences du krach boursier de New York. Vote de la construction d'une ligne fortifiée (Maginot). Paul Claudel : *Le Soulier de satin. Second Manifeste du surréalisme.*
1930	Gratuité de l'enseignement secondaire en sixième. La France promulgue une Constitution pour la Syrie. Costes et Bellonte traversent l'Atlantique Nord d'est en ouest sans escale. Affaire Oustric.
1931	Exposition coloniale au bois de Vincennes.
1931-1932	Paul Doumer, président de la République.
1932-1940	Albert Lebrun, président de la République.
1933	Création de la Loterie nationale. Malraux : *La Condition humaine.*
1933-1934	Affaire Stavisky.
1934	Émeute antiparlementaire à Paris. Pacte d'unité d'action entre communistes et socialistes. Assassinat d'Alexandre Ier de Yougoslavie et de Louis Barthou à Marseille par des terroristes croates.
1935	Défilé du 14 juillet et serment du Rassemblement populaire.
1935-1936	Ministère Laval.
1936	Victoire du Front populaire aux élections législatives. Grèves sur le tas. Ministère Blum. Accords Matignon. Lois sur les conventions collectives, les congés payés, la semaine de 40 heures. Création du Parti social français, après la dissolution des Croix-de-Feu. Blum décide la non-intervention dans la guerre d'Espagne. Création des Brigades internationales. Suicide de Roger Salengro.
1937	Blum annonce « la pause ». Fusillade de Clichy. Arrestation des cagoulards. Exposition internationale. Création de la SNCF. Construction du palais de Chaillot.
1938	Fin du Front populaire. Échec de la grève générale de la CGT. Sartre : *La Nausée.* Cocteau : *Les Parents terribles.*
1938-1940	Ministère Daladier.
1939	Mobilisation générale. La France et la Grande-Bretagne déclarent la guerre au Reich. Dissolution du PCF et de ses organisations.
1940	Campagne de France. Bataille de Dunkerque. Les troupes allemandes pénètrent dans Paris. De Gaulle gagne Londres, premier « Appel à la Résistance ». À Rethondes, signature de la convention d'armistice franco-allemande. Le gouvernement quitte Bordeaux pour Vichy. L'Assemblée nationale vote les pleins pouvoirs constituants à Pétain qui promulgue les trois premiers Actes constitutionnels fondant l'État français ; fin de la IIIe République. Institution des Chantiers de jeunesse. Instauration du rationnement pour les principaux produits alimentaires. Le Conseil des ministres de Vichy arrête un « Statut des Juifs ». Pétain et Hitler s'accordent sur la collaboration politique à Montoire. Laval est déchu de ses fonctions et arrêté. Signature des « Protocoles de Paris ».
1941	Création du Conseil national. Darlan, vice-président du Conseil. Deuxième « Statut des Juifs ». Création de la « Légion des volontaires français » contre le bolchevisme. Exposition « Le Juif et la France » à Paris. Institution de tribunaux spéciaux contre les communistes. Promulgation de la « Charte du

DATES	
	travail ». Exécution des otages de Châteaubriant.
1942	Procès de Riom. Naissance des FTP. Obligation du port de l'étoile jaune pour les juifs résidant en zone occupée. Laval remplace Darlan à la tête du gouvernement. Opération « Vent printanier » à Paris : rafle du Vél d'Hiv'. La zone libre est occupée par les Allemands. Sabordage de la flotte à Toulon. Carné : *Les Visiteurs du soir*. Vercors : *Le Silence de la mer*.
1943	Création de la Milice. Institution du STO. L'État français livre Blum, Daladier, Mandel et Gamelin à l'Allemagne. Fondation du Conseil national de la Résistance. Mort de Jean Moulin. Création du Comité français de Libération nationale. Des bataillons de l'armée d'Afrique débarquent en Corse.
1944	Naissance des FFI. Exécution des 23 partisans de l'« Affiche rouge ». Publication du « Programme du CNR ». Les troupes allemandes et des miliciens donnent l'assaut au plateau des Glières. Le CFLN devient Gouvernement provisoire de la République française. Débarquement en Normandie. Massacre d'Oradour-sur-Glane. Henriot abattu par des résistants. Massacres dans le Vercors. Débarquement franco-américain en Provence. Libération de Paris, puis de Strasbourg. De Gaulle descend les Champs-Élysées. Droit de vote accordé aux femmes. Signature du pacte franco-soviétique à Moscou. Nationalisation des Houillères du Nord et du Pas-de-Calais.
1945	Nationalisations des usines Renault, de Gnome et Rhône, d'Air France et de la Banque de France. Création des comités d'entreprise. Premier vote des femmes. Création de l'ENA, du Commissariat général au Plan et du CNPF. Procès de Pétain et Laval, le second est exécuté. Ordonnances sur la Sécurité sociale. Carné : *Les Enfants du Paradis*.
1946	Démission du général de Gaulle. Loi Marthe-Richard fermant les maisons closes. Nationalisations du gaz, de l'électricité et des grandes compagnies d'assurances. Création des Charbonnages de France. Référendum sur la Constitution. Sortie de la

DATES	
	4 CV Renault. Adoption du plan Monnet. Loi sur les conventions collectives.
1947	Création du salaire minimum vital. Fondation du RPF. Révocation des ministres communistes. Vague de grèves. Acceptation du plan Marshall. Camus : *La Peste*. Genet : *Les Bonnes*.
1947-1954	Vincent Auriol, président de la République.
1948	Fondation de la FEN. Loi sur les loyers. Vague de grèves. Force ouvrière quitte la CGT. Sartre : *Les Mains sales*. Lancement de la 2 CV Citroën.
1949	Emprunt pour la reconstruction. Suppression du Haut-Commissariat au ravitaillement. Picasso : *La Colombe de la paix*. Beauvoir : *Le Deuxième Sexe*.
1950	Adoption du SMIG. Déclaration de Schuman sur le pool charbon-acier. Ionesco : *La Cantatrice chauve*.
1951	Naissance de la Ceca. Lois Marie et Barangé. Le gaz jaillit à Lacq.
1952	Ministère Pinay. Mauriac, prix Nobel de littérature.
1953	« Procès d'Oradour ». Loi d'amnistie et suppression de la Haute Cour de justice. Naissance de *L'Express*. Poujade lance son mouvement. Beckett : *En attendant Godot*. Robbe-Grillet : *Les Gommes*. Tati : *Les Vacances de M. Hulot*.
1954	Campagne de l'abbé Pierre. Loi instituant la TVA.
1954-1955	Ministère Mendès France.
1954-1958	René Coty, président de la République.
1955	Rappel des réservistes pour l'Algérie. Premier vol de la Caravelle.
1956	Loi Defferre sur l'outre-mer. Création du Fonds national de solidarité.
1956-1957	Ministère Mollet.
1957	Camus, prix Nobel de littérature. Butor : *La Modification*.
1958	À Alger, manifestation du 13 mai qui ramène de Gaulle au pouvoir. Référendum sur la nouvelle Constitution. « Nouvelle vague » au cinéma.

DATES	
1958-1959	De Gaulle, premier président de la Ve République.
1959	Allocution de De Gaulle sur l'autodétermination en Algérie. Rupture du barrage de Malpasset. Queneau : *Zazie dans le métro*. Truffaut : *Les Quatre Cents Coups*. Resnais : *Hiroshima mon amour*.
1959-1962	Ministère Debré.
1960	Création du « nouveau franc ». Émeutes agricoles. Explosion de la bombe atomique à Reggane. « Déclaration des 121 » sur le droit à l'insoumission. Lancement du paquebot *France*. Godard : *À bout de souffle*.
1961	Putsch des généraux à Alger. Manifestation musulmane à Paris, violemment réprimée.
1962	Manifestation anti-OAS au métro Charonne, 8 morts. Attentat du Petit-Clamart contre de Gaulle. Référendum sur l'élection présidentielle au suffrage universel. Truffaut : *Jules et Jim*.
1962-1968	Ministère Pompidou.
1963	De Gaulle repousse la candidature de l'Angleterre au Marché commun. Traité de coopération franco-allemand. Grève des mineurs. Nuit « Salut les copains » place de la Nation.
1964	Vote du statut de l'ORTF. Naissance de la CFDT, issue de la CFTC. Anquetil gagne son cinquième Tour de France, devant Poulidor.
1965	La France pratique la politique de la « chaise vide » à Bruxelles. De Gaulle gagne les élections présidentielles. Godard : *Pierrot le four.*
1966	La France quitte l'Otan. Lelouch : *Un homme et une femme*.
1967	Création de l'ANPE. Loi Neuwirth autorisant la contraception. Lancement de la télévision en couleurs.
1968	Événements de mai ; accords de Grenelle. Élections législatives.
1969	Majorité de « non » au référendum, de Gaulle démissionne.
1969	Chaban-Delmas, Premier ministre. Naissance du Parti socialiste dirigé par A. Savary. Dévaluation du franc.
1969-1974	Georges Pompidou, président de la République.

DATES	
1970	Création du SMIC. Accords CNPF-syndicats sur la mensualisation. Loi « anticasseurs ». Décès du général de Gaulle.
1971	Manifeste des 343 en faveur de l'avortement.
1972	*Le Canard enchaîné* publie la feuille d'impôts du Premier ministre. Programme commun de la gauche. Démission de Chaban-Delmas, Messmer, Premier ministre. Création du Mouvement des radicaux de gauche.
1973	À Besançon, Lip dépose son bilan. Loi Royer limitant l'ouverture de grandes surfaces. Premier choc pétrolier.
1974	Ouverture de l'aéroport Charles-de-Gaulle à Roissy. Chirac, Premier ministre.
1974-1981	Valéry Giscard d'Estaing, président de la République.
1975	Loi sur l'interruption volontaire de grossesse.
1976	Démission de Chirac, Barre, Premier ministre. Plan Barre contre l'inflation. Chirac crée le Rassemblement pour la République (RPR).
1977	Inauguration du Centre national d'art et de culture Georges-Pompidou. Rupture de l'union de la gauche.
1978	Naissance de l'Union pour la démocratie française (UDF). Naufrage de l'*Amoco-Cadiz*, marée noire en Bretagne. Défaite de la gauche aux élections législatives.
1979	Affaire des diamants de Bokassa.
1980	Marguerite Yourcenar, première femme élue à l'Académie française.
1981	Mauroy, Premier ministre. Majorité absolue pour le PS aux législatives. Lois sur l'abolition de la peine de mort, les nationalisations, cinquième semaine de congés payés et retraite à soixante ans. Inauguration du TGV Paris-Lyon.
1981-1995	François Mitterrand, président de la République.
1982	Institution de la semaine de 39 heures. Loi sur la décentralisation.
1984	Percée du Front national. Manifestation pour l'école libre. Fabius, Pre-

DATES	
	mier ministre ; les communistes quittent le gouvernement.
1985	Sabotage du *Rainbow Warrior* dans le port d'Auckland. Prix Nobel de littérature à Claude Simon.
1986	Défaite de la gauche aux législatives. Chirac, Premier ministre, première cohabitation. Loi sur les privatisations. Vague d'attentats terroristes à Paris. Manifestations lycéens-étudiants contre la loi Devaquet.
1987	Privatisation de TF1.
1988	Élections législatives, pas de majorité. Rocard, Premier ministre. Accords de Matignon sur la Nouvelle-Calédonie. Création du RMI.
1989	Affaire du « foulard islamique ».
1990	Émeutes de Vaulx-en-Velin. Création de la CSG.
1991	Participation française dans la guerre du Golfe. Cresson, Premier ministre.
1992	Bérégovoy, Premier ministre. Procès du « sang contaminé », l'ancien directeur du Centre national de la transfusion sanguine, M. Garretta est condamné à quatre ans de prison.
1993	Balladur, Premier ministre, deuxième cohabitation.
1993	Ouverture du tunnel sous la Manche.

DATES	
1995	Jacques Chirac, président de la République. Vague d'attentats islamistes à Paris. Plan Juppé pour la réforme de la Sécurité sociale, mouvement de grèves.
1996	Décès de F. Mitterrand. J. Chirac annonce la suppression du service militaire avant six ans.
1997	Jospin, Premier ministre. Journées mondiales de la Jeunesse. Mouvement de chômeurs.
1998	Assassinat du préfet de Corse C. Érignac à Ajaccio. Loi Aubry sur les 35 heures. La France remporte la Coupe du monde de football.
1999	Mise en œuvre de l'euro au 1er janvier. Naufrage du pétrolier Erika au large des côtes bretonnes. Tempête du siècle.
2000	Farines animales interdites dans l'alimentation des animaux de ferme. Le mandat présidentiel passe de 7 à 5 ans. La France gagne l'Euro 2000 contre l'Italie.
2001	Décodage du génome humain. Attentat contre le Word Trade Center à New York et le Pentagone à Washington.
2002	1er janvier : premier jour de l'€. Jacques Chirac est réélu à l'Élysée avec 82 % des voix. Inondations catastrophiques dans le sud-est de la France.

BIBLIOGRAPHIE

La Révolution française (1787 / 1804)

AFTALION F., *Économie de la Révolution française*, Paris, PUF, 1996.

AULARD A., *Histoire politique de la Révolution française*, Paris, Alcan, 1926.

BERGERON L., *L'Épisode napoléonien, aspects intérieurs, 1799-1815*, Paris, Le Seuil, coll. « Points Histoire », 1972.

BERTAUD J.-P., *Les Origines de la Révolution française*, Paris, PUF, coll. « Dossiers Clio », 1971.

BERTAUD J.-P., *La Vie quotidienne au temps de la Révolution*, Paris, Hachette, 1983.

BERTAUD J.-P., *1799, Bonaparte prend le pouvoir : la République meurt-elle assassinée ?*, Paris, Complexe, 1987.

BOULOISEAU M., *La République jacobine, 1792-1794*, Paris, Le Seuil, coll. « Points Histoire », 1972.

BURKE E., *Réflexions sur la Révolution de France*, Paris, Hachette, coll. « Pluriel », 1989.

FURET F., *Penser la Révolution*, Paris, Gallimard, 1982.

FURET F., *La Révolution, 1770-1814*, Paris, Hachette, coll. « Pluriel », 1988.

FURET F. et OZOUF M., *Dictionnaire critique de la Révolution française*, 4 vol., Paris, Flammarion, coll. « Champs », 1988.

FURET F. et RICHET D., *La Révolution française*, 2 vol., Paris, Hachette, coll. « Réalités », 1965.

GODECHOT J., *La Prise de la Bastille : 14 juillet 1789*, Paris, Gallimard, coll. « Trente journées qui ont fait la France », 1965.

GODECHOT J., *Les Révolutions (1770-1799)*, Paris, PUF, 1965.

GOUBERT P. et DENIS M., *1789, les Français ont la parole*, Paris, Julliard-Gallimard, coll. « Archives », 1989.

HINCKER F., *La Révolution française et l'Économie : décollage ou catastrophe ?*, Paris, Nathan, 1989.

JAURÈS J., *Histoire socialiste de la Révolution française*, Paris, Éd. Sociales, 1968.

LEFÈBVRE G., *Le Directoire*, Paris, Messidor, 1983.

LEFÈBVRE G., *La Grande Peur de 1789*, Paris, Armand Colin, 1988.

MATHIEZ A., *La Vie chère et le Mouvement social sous la Terreur*, Paris, Armand Colin, 1927.

MICHELET J., *Histoire de la Révolution*, Paris, Robert Laffont, coll. « Bouquins », 1979.

NORA P. dir. *Les Lieux de mémoire*, t. I, Paris, Gallimard, coll. « Quarto », 1997 ; notamment : R. Girardet, « Les trois couleurs » ; B. Baczko, « Le calendrier républicain » ; M. Vovelle, « La Marseillaise ».

OZOUF M., *La Fête révolutionnaire (1789-1799)*, Paris, Gallimard, 1988.

SIEYÈS, *Qu'est-ce que le tiers état ?*, Paris, P.U.F., coll. « Quadrige », 1989.

SOBOUL A., *Les Sans-culottes parisiens de l'an II*, Paris, Le Seuil, coll. « Points Histoire », 1979.

SOBOUL A., *La Révolution française*, Paris, Scandéditions-Éd. Sociales, 1988.

TACKETT T., *Par la volonté du peuple*, Paris, Albin Michel, 1997.

TOCQUEVILLE A. de, *L'Ancien Régime et la Révolution*, Paris, Flammarion, 1988.

TULARD J., *Napoléon ou le mythe du sauveur*, Paris, Hachette, coll. « Pluriel », 1988.

VOVELLE M., *La Chute de la monarchie, 1787-1792*, Paris, Le Seuil, coll. « Points Histoire », 1972.

VOVELLE M., *Religion et Révolution, la déchristianisation de l'an II*, Paris, Hachette, 1976.

VOVELLE M., *La Mentalité révolutionnaire*, Paris, Messidor, 1985.

VOVELLE M., *L'État de la France pendant la Révolution*, Paris, La Découverte, 1988.

WORONOFF D., *La République bourgeoise de Thermidor à Brumaire, 1794-1799*, Paris, Le Seuil, coll. « Points Histoire », 1972.

Entre Empire et Restauration (1804 / 1848)

AGULHON M., *La République au village, les populations du Var de la Révolution à la Seconde République*, Paris, Plon, 1970.

BERTIER DE SAUVIGNY G., *La Restauration*, Paris, Flammarion, 1990.

BERTIER DE SAUVIGNY G., *La Révolution de 1830 en France*, Paris, Armand Colin, 1970.

BORY J.-L., *La Révolution de Juillet, 29 juillet 1830*, Paris, Gallimard, coll. « Trente journées qui ont fait la France », 1972.

CABANIS J., *Le Sacre de Napoléon : 2 décembre 1804*, Paris, Gallimard, coll. « Folio Histoire », 1994.

CARON F., *Histoire des chemins de fer en France (1740-2000)*, t. I (1740-1833), Paris, Fayard, 1997.

CHASTEL A., *L'Art français*, t. IV : « Le Temps de l'éloquence, 1775-1825 », Paris, Flammarion, 1996.

CHATEAUBRIAND F. R., *Mémoires d'outre-tombe*, Paris, Gallimard, coll. « Quarto », 1997.

CHEVALIER L., *Classes laborieuses, classes dangereuses à Paris pendant la première moitié du XIXe siècle*, Paris, Plon, 1958.

FIERRO A., PALLUEL-GUILLARD A. et TULARD J., *Histoire et dictionnaire du Consulat et de l'Empire*, Paris, Robert Laffont, coll. « Bouquins », 1995.

FURET F., *La Révolution*, t. II : « Terminer la Révolution (1814-1880) », Paris, Hachette, coll. « Pluriel », 1988.

JARDIN A. et TUDESQ A.-J., *La France des notables*, t. I : « L'Évolution générale » ; t. II : « La Vie de la nation », Paris, Le Seuil, coll. « Points Histoire », 1973.

Les Années romantiques. La peinture française de 1818 à 1850, Paris, Réunion des musées nationaux, 1995.

LOVIE J. et PALLUEL-GUILLARD A., *L'Épisode napoléonien, aspects extérieurs, 1799-1815*, Paris, Le Seuil, coll. « Points Histoire », 1972.

MANENT P., *Les Libéraux*, Paris, Hachette, coll. « Pluriel », 1986.

RAGON M., *Histoire de la littérature prolétarienne de langue française*, Paris, Albin Michel, 1986.

RÉMOND R., *La Droite en France de la Première Restauration à la Ve République*, Paris, Aubier, 1977.

ROSANVALLON P., *Le Moment Guizot*, Paris, Gallimard, coll. « Bibliothèque des sciences humaines », 1985.

TRISTAN F., *Le Tour de France, Journal 1843-1844*, Éd. J.-L. Puech, Paris, La Découverte, 1980.

TUDESQ A.-J., *Les Grands Notables en France (1840-1849)*, Paris, PUF, 1964.

VINCENOTH., *La Vie quotidienne des paysans bourguignons au temps de Lamartine*, Paris, Hachette, coll. « Littératures », 1976.

WARESQUIEL E., *Histoire de la Restauration*, Paris, Perrin, 1996.

La France de Napoléon III (1848 / 1880)

AGERON C.-R., *Histoire de l'Algérie contemporaine, 1830-1968*, Paris, PUF, 1990.

AGULHON M., *1848 ou l'apprentissage de la République, 1848-1852*, Paris, Le Seuil, coll. « Points Histoire », rééd. 1992.

AGULHON M., *La République au village : les populations du Var, de la Révolution à la IIe République*, Paris, Le Seuil, coll. « Univers historique », 1979.

AGULHON M., *Les Quarante-huitards*, Paris, Gallimard, coll. « Folio Histoire », 1975.

AUDOIN-ROUZEAU S., *1870, la France dans la guerre*, Paris, Armand Colin, 1989.

CORBIN A., *Le Village de cannibales*, Paris, Flammarion, coll. « Champs », 1995.

DANSETTE A., *Le Second Empire*, Paris, Hachette, 2 vol., 1972.

GARRIGUES J., *La France de 1848 à 1914*, Paris, Armand Colin, coll. « Cursus », 1995.

GIRARD L., *Napoléon III*, Paris, Fayard, 1986.

GIRARD L., *Questions politiques et constitutionnelles du Second Empire*, Paris, CDU, 1965.

GIRARD L., *Problèmes politiques et constitutionnels du Second Empire*, Paris, CDU, 1964.

GUILLEMIN H., *Le Coup du 2 Décembre*, Paris, Gallimard, coll. « Trente journées qui ont fait la France », 1952.

HUGO V., *Choses vues*, Paris, Gallimard, coll. « Folio », 4 vol., 1972-1990.

JARDIN A., *Histoire du libéralisme politique : de la crise de l'absolutisme à la Constitution de 1875*, Paris, Hachette, coll. « Littératures », 1985.

LÉVY-LEBOYER M., *La France industrielle*, Paris, Larousse, 1996.

MARX K., *La Guerre civile en France*, Paris, Éd. Sociales, 1953.

MAYEUR J.-M., *Les Débuts de la IIIe République, 1871-1898*, Paris, Le Seuil, coll. « Points Histoire », 1973.

NOIRIEL G., *Les Ouvriers dans la société française (XIXe-XXe s.)*, Paris, Le Seuil, coll. « Points Histoire », 1986.

PIERRARD P., *La Vie ouvrière à Lille sous le Second Empire*, Paris, C. Corlet, 1991.

PLESSIS A., *La Politique de la Banque de France de 1851 à 1870*, Paris, Droz, 1985.

PLESSIS A., *De la fête impériale au mur des fédérés, 1852-1871*, Paris, Le Seuil, coll. « Points Histoire », 1979.

PROST A., *L'Enseignement en France 1800-1967*, Paris, Armand Colin, coll. « U », 1986.

RÉMOND R., *La Droite en France de 1815 à nos jours : continuité et diversité d'une tradition politique*, Paris, Aubier, 1954.

ROTH F., *La Guerre de 1870*, Paris, Fayard, 1990.

ROUGERIE J., *La Commune*, Paris, PUF, 1988.

ROUGERIE J., *Paris libre 1871*, Paris, Le Seuil, 1971.

TOCQUEVILLE A. de, *Souvenirs*, Paris, C. Lévy, 1893.

ZELDIN Th., *France 1848-1945*, t. I et II, Paris, Le Seuil, coll. « Points Histoire », 5 vol., 1981.

La République française (1880 / 1913)

AGERON C.-R., *Histoire de l'Algérie contemporaine*, t. II, « De l'insurrection de 1871 à la guerre de libération, 1954 », Paris, PUF, 1979.

AGULHON M., *La République*, t. I, « L'Élan fondateur et la grande blessure : 1880-1932 », Paris, Hachette Littératures, 1992.

AGULHON M., *Marianne au pouvoir. L'Imagerie et la Symbolique républicaine de 1880 à 1941*, Paris, Flammarion, 1989.

BOUVIER J., *Naissance d'une banque : le Crédit lyonnais*, Paris, Flammarion, 1968.

CHARLE C., *Histoire sociale de la France au XIXe siècle*, Paris, Le Seuil, 1991.

CHEVALLIER J.-J., *Histoire des institutions et des régimes politiques de la France de 1789 à nos jours*, Paris, Dalloz, 1986.

DANSETTE A., *Histoire religieuse de la France contemporaine*, Paris, Flammarion, 1965.

DIGEON C., *La Crise allemande de la pensée française, 1870-1914*, Paris, PUF, 1959.

DUBY G. dir., *Histoire de la France, de 1852 à nos jours*, Paris, Larousse, coll. « Références Histoire », 1987.

GIRARDET R., *Le Nationalisme français, 1871-1914*, Paris, Le Seuil, coll. « Points Histoire », 1983.

GIRARDET R., *La Société militaire dans la France contemporaine*, Paris, Plon, 1963.

HALÉVY D., *La Fin des notables*, Paris, Le Livre de poche, 1972.

HANOTAUX G., *Histoire de la France contemporaine (1871-1900)*, Paris, Combet, 1908.

JULLIARD J., *Pelloutier et les Origines du syndicalisme d'action directe*, Paris, Le Seuil, 1971.

LE BRAS G., *Études de sociologie religieuse*, Paris, PUF, 1955-1956.

LEFRANC G., *Le Mouvement socialiste sous la IIIe République, 1875-1940*, Paris, Payot, 1977.

MAITRON J., *Ravachol et les anarchistes*, Paris, Gallimard, coll. « Folio Histoire », 1992.

MAURRAS Ch., *Œuvres capitales*, Paris, Flammarion, 1954.

MAYEUR J.-M., « La France bourgeoise devient laïque et républicaine », dans le t. V de l'*Histoire du peuple français*, Paris, Nouvelle Librairie de France, 1989.

MAYEUR J.-M., *Les Débuts de la Troisième République, 1871-1898*, Paris, Le Seuil, coll. « Points Histoire », 1973.

MEYER J. et alii, *Histoire de la France coloniale*, t. I, « Des origines à 1914 », Paris, Armand Colin, 1991.

NORA P., *Les Lieux de mémoire*, t. I, « La République », Paris, Gallimard, 1984.

ORY P. et SIRINELLI J.-F., *Les Intellectuels en France de l'affaire Dreyfus à nos jours*, Paris, Armand Colin, coll. « U », 1986.

OZOUF J., *Nous les maîtres d'école*, Paris, Julliard, 1966.

PÉGUY Ch., *Œuvres en prose*, Paris, Gallimard, 1959-1961.

PERROT M., *Jeunesse de la grève, France, 1871-1890*, Paris, Le Seuil, coll. « L'Univers historique », 1984.

PROCHASSON Ch., *Les Années électriques : 1880-1910*, Paris, La Découverte, coll. « L'Aventure intellectuelle du XXe siècle », 1991.

PROST A., *Histoire de l'enseignement en France, 1800-1967*, Paris, Armand Colin, coll. « U », 1968.

REBÉRIOUX M., *La République radicale ?, 1898-1914*, Paris, Le Seuil, coll. « Points Histoire », 1975.

RÉMOND R., *Les Droites en France*, Paris, Aubier, 1982.

RUDELLE O., *La République absolue. Aux origines de l'instabilité constitutionnelle de la France républicaine*, Paris, Publications de la Sorbonne, 1982.

SIEGFRIED A., *Tableau politique de la France de l'Ouest sous la IIIe République*, Paris, Armand Colin, 1964.

WEBER E., *L'Action française*, Paris, Stock, 1962.

WILLARD C., *Le Mouvement socialiste en France, 1893-1905. Les guesdistes*, Paris, Éd. sociales, 1965.

ZELDIN Th., *Histoire des passions françaises*, Paris, Le Seuil, coll. « Points Histoire », 1980-1981.

ZOLA É., *J'accuse... ! : la vérité en marche*, présenté par H. Guillemin, Paris, Éd. Complexe, 1996.

La France des Années folles (1913 / 1931)

AGERON CH.-R. dir., *Histoire de l'Algérie contemporaine, 1830-1968*, Paris, PUF, 1990.

AUDOIN-ROUZEAU S., *La Guerre des enfants (1914-1918). Essai d'histoire culturelle*, Paris, Armand Colin, 1993.

AUDOIN-ROUZEAU S., *Les Combattants des tranchées*, Paris, Armand Colin, 1986.

BECKER A., *La Guerre et la Foi. De la mort à la mémoire (1914-1930)*, Paris, Armand Colin, 1994.

BECKER J.-J., *L'Europe dans la Grande guerre*, Paris, Belin, 1996.

BECKER J.-J., *La France en guerre. La grande mutation*, Bruxelles, Complexe, 1988.

BECKER J.-J., *1914. Comment les Français sont entrés en guerre*, Paris, Presses de la Fondation nationale des sciences politiques, 1977.

BECKER J.-J. et BERSTEIN S., « Victoire et frustrations (1914-1929) », *Nouvelle Histoire de la France contemporaine*, Paris, Le Seuil, 1990.

BERSTEIN S., *Histoire du Parti radical*, Paris, Presses de la Fondation nationale des sciences politiques, 1982.

BLOCH M., *Apologie pour l'histoire ou Métier d'historien*, Paris, Armand Colin, coll. « Références », 1997.

BORNE D. et DUBIEF H., *La Crise des années 30*, Paris, Le Seuil, coll. « Points Histoire », 1989.

BOUILLON J.-P., RINUY P.-L. et BAUDOUIN A., *L'Art du XXe siècle (1900-1939)*, Paris, Citadelles et Mazenod, 1996.

CASANOVA J.-C. et LÉVY-LEBOYER M., *Entre l'État et le marché : L'économie française des années 1880 à nos jours*, Paris, Gallimard, coll. « Bibliothèque des sciences humaines », 1991.

DUROSELLE J.-B., *La France de la Belle Époque*, Paris, Presses de la Fondation nationale des sciences politiques, 1992.

GRENADOU É. et PREVOST A., *Grenadou, paysan français*, Le Seuil, 1978.

HÉLIAS P. J., *Le Cheval d'orgueil*, Paris, Plon, coll. « Terre Humaine », rééd. Presses-Pocket, 1995.

Histoire de la France coloniale, t. II, « De 1914 à 1940 », Paris, Armand Colin, 1990.

JENGER J., *Le Corbusier, l'architecture pour émouvoir*, Paris, Gallimard, coll. « Découverte », 1993.

KRIEGEL A., *La Grève des cheminots : 1920*, Paris, Armand Colin, 1988.

KUISEL R.-F., *Le Capitalisme et l'État en France. Modernisation et dirigisme au XXe siècle*, Paris, Gallimard, coll. « Bibliothèque des Histoires », 1984.

LACOUTURE J., *Léon Blum*, Paris, Le Seuil, coll. « Points Histoire », 1979.

LÉVY-LEBOYER M. et alii, *Du franc Poincaré à l'écu*, Paris, Imprimerie nationale, 1993.

MARSEILLE J. dir., *Puissance et faiblesse de la France industrielle*, Paris, Le Seuil, coll. « Points Histoire », 1997.

MARSEILLE J., *Empire colonial et capitalisme français, histoire d'un divorce*, Paris, Éd. du Seuil, coll. « Points Histoire », 1989.

NOIRIEL G., *Les Ouvriers dans la société française : XIXe-XXe siècle*, Paris, Le Seuil, coll. « Points Histoire », 1986.

PROST A., *Les Anciens Combattants et la Société française (1914-1939)*, Paris, Presses de la FNSP, 1977.

PROST A., *Verdun*, dans NORA P. dir., *Les Lieux de mémoire*, Paris, Gallimard, coll. « Quarto », 1997.

RENOUVIN P., *La Crise européenne et la Première Guerre mondiale (1904-1918)*, Paris, PUF, 1969.

RIVET D., *Lyautey et l'Institution du protectorat français du Maroc*, Paris, L'Harmattan, 1996.

SCHWEITZER S., *André Citroën*, Paris, Fayard, 1992.

Les temps des tragédies (1931 / 1944)

AZÉMA J.-P., « De Munich à la Libération », *Nouvelle histoire de la France contemporaine*, Paris, Le Seuil, 1979, rééd. 1996.

AZÉMA J.-P. et BÉDARIDA F., *1938-1948, les années de tourmente, dictionnaire critique*, Paris, Flammarion, 1995.

AZÉMA J.-P. et BÉDARIDA F., *Vichy et les Français*, Paris, Fayard, 1992.

AZÉMA J.-P. et BÉDARIDA F., dir., *La France des années noires*, Paris, Le Seuil, 1993.

BARUCH M. O., *Servir l'État français. L'administration en France de 1940 à 1944*, Paris, Fayard, 1997.

BERSTEIN S., *Histoire du Parti radical*, Paris, Presses de la Fondation nationale des sciences politiques, 1982.

BLOCH M., *L'Étrange Défaite*, Paris, Gallimard, coll. « Folio », 1990.

BLOCH-LAINÉ F., *Profession : fonctionnaire*, Paris, Le Seuil, 1976.

BORNE D. et DUBIEF H., « La Crise des années trente : 1929-1938 », dans *Nouvelle histoire de la France contemporaine*, Paris, Le Seuil, coll. « Points Histoire », 1989.

BOURDREL Ph., *La Cagoule*, Paris, Albin Michel, 1992.

CRÉMIEUX-BRILHAC J.-L., *Les Français de l'an 40*, Paris, Gallimard, 1990.

DUROSELLE J.-B., *L'Abîme*, Paris, Imprimerie nationale, 1982.

FERRO M., *Pétain*, Paris, Fayard, 1987.

GRENADOU É. et PRÉVOST A., *Grenadou, paysan français*, Paris, Le Seuil, 1978.

JEANNENEY J.-N., *L'Argent caché*, Paris, Fayard, 1981.

KUISEL R.-F., *Le Capitalisme et l'État en France. Modernisation et dirigisme au XXe siècle*, Paris, Gallimard, coll. « Bibliothèque des Histoires », 1984.

KUPFERMAN F., *Laval*, Paris, Éd. Balland, 1987.

LACOUTURE J., *De Gaulle*, t. I, « Le Rebelle », Paris, Le Seuil, 1984.

LACOUTURE J., *Léon Blum*, Paris, Le Seuil, coll. « Points Histoire », 1979.

LEFRANC G., *Juin 36*, Paris, Gallimard-Julliard, coll. « Archives », 1973.

LÉVY-LEBOYER M. et alii, *Du franc Poincaré à l'écu*, Paris, Imprimerie nationale, 1993.

MARSEILLE J., *Empire colonial et capitalisme français, histoire d'un divorce*, Paris, Le Seuil, coll. « Points Histoire », 1989.

MARSEILLE J. dir., *Puissance et faiblesse de la France industrielle*, Paris, Le Seuil, coll. « Points Histoire », 1997.

MILZA P., *Fascisme français*, Paris, Flammarion, coll. « Champs », 1991.

MILZA P. et BERSTEIN S., *Histoire de la France au XXe siècle*, Paris, Complexe, 1995.

MOURÉ K., *La Politique du franc Poincaré*, Paris, Albin Michel, 1998.

MOUTET A., *Les Logiques de l'entreprise : la rationalisation dans l'industrie française de l'entre-deux-guerres*, Paris, EHESS, 1997.

OMNES C., *Ouvrières parisiennes*, Paris, EHESS, 1997.

ORY P. et SIRINELLI J.-F., *Les Intellectuels en France de l'Affaire Dreyfus à nos jours*, Paris, Albin Michel, 1992.

PAXTON, R., *La France de Vichy, 1940-1944*, Paris, Le Seuil, coll. « Points Histoire », 1973, rééd. 1997.

PESCHANSKI D., COURTOIS S. et RAYSKI A., *Le Sang de l'étranger*, Paris, Fayard, 1994.

ROUSSO H., *Le Syndrome de Vichy : 1944-1987*, Paris, Le Seuil, 1987.

WEIL S., *Écrits historiques et politiques*, Vol. II-2, Paris, Gallimard, 1991.

WERTH L., *Déposition : journal, 1940-1944*, Paris, Éd. V. Hamy, 1997.

WINOCK M., *Le Siècle des intellectuels*, Paris, Le Seuil, 1997.

WINOCK M. dir., *Histoire de l'extrême droite en France*, Paris, Le Seuil, coll. « Points Histoire », 1994.

INDEX

TABLE DES MATIÈRES

TABLE DES MATIÈRES

collection tempus
Perrin

DÉJÀ PARU

1. *Histoire des femmes en Occident* (dir. Michelle Perrot, Georges Duby), *L'Antiquité* (dir. Pauline Schmitt Pantel).
2. *Histoire des femmes en Occident* (dir. Michelle Perrot, Georges Duby), *Le Moyen Âge* (dir. Christiane Klapisch-Zuber).
3. *Histoire des femmes en Occident* (dir. Michelle Perrot, Georges Duby), *XVIe-XVIIIe siècle* (dir. Natalie Zemon Davis, Arlette Farge).
4. *Histoire des femmes en Occident* (dir. Michelle Perrot, Georges Duby), *Le XIXe siècle* (dir. Michelle Perrot, Geneviève Fraisse).
5. *Histoire des femmes en Occident* (dir. Michelle Perrot, Georges Duby), *Le XXe siècle* (dir. Françoise Thébaud).
6. *L'épopée des croisades* – René Grousset.
7. *La bataille d'Alger* – Pierre Pellissier.
8. *Louis XIV* – Jean-Christian Petitfils.
9. *Les soldats de la Grande Armée* – Jean-Claude Damamme.
10. *Histoire de la Milice* – Pierre Giolitto.
11. *La régression démocratique* – Alain-Gérard Slama.
12. *La première croisade* – Jacques Heers.
13. *Histoire de l'armée française* – Philippe Masson.
14. *Histoire de Byzance* – John Julius Norwich.
15. *Les chevaliers teutoniques* – Henry Bogdan.
16. *Mémoires, Les champs de braises* – Hélie de Saint-Marc.
17. *Histoire des cathares* – Michel Roquebert.
18. *Franco* – Bartolomé Bennassar.
19. *Trois tentations dans l'Église* – Alain Besançon.
20. *Le monde d'Homère* – Pierre Vidal-Naquet.
21. *La guerre à l'Est* – August von Kageneck.
22. *Histoire du gaullisme* – Serge Berstein.
23. *Les Cent-Jours* – Dominique de Villepin.
24. *Nouvelle histoire de la France*, tome I – Jacques Marseille.
25. *Nouvelle histoire de la France*, tome II – Jacques Marseille.
26. *Histoire de la Restauration* – Emmanuel de Waresquiel et Benoît Yvert.
27. *La Grande Guerre des Français* – Jean-Baptiste Duroselle.
28. *Histoire de l'Italie* – Catherine Brice.
29. *La civilisation de l'Europe à la Renaissance* – John Hale.
30. *Histoire du Consulat et de l'Empire* – Jacques-Olivier Boudon.
31. *Les Templiers* – Laurent Daillez.
32. *Madame de Pompadour* – Évelyne Lever.

33. *La guerre en Indochine* – Georges Fleury.
34. *De Gaulle et Churchill* – François Kersaudy.
35. *Le passé d'une discorde* – Michel Abitbol.
36. *Louis XV* – François Bluche.
37. *Histoire de Vichy* – Jean-Paul Cointet.
38. *La bataille de Waterloo* – Jean-Claude Damamme.
39. *Pour comprendre la guerre d'Algérie* – Jacques Duquesne.
40. *Louis XI* – Jacques Heers.
41. *La bête du Gévaudan* – Michel Louis.
42. *Histoire de Versailles* – Jean-François Solnon.
43. *Voyager au Moyen Age* – Jean Verdon.
44. *La Belle Époque* – Michel Winock.
45. *Les manuscrits de la mer Morte* – Michael Wise, Martin Abegg Jr. & Edward Cook.
46. *Histoire de l'éducation,* tome I – Michel Rouche.
47. *Histoire de l'éducation,* tome II – François Lebrun, Marc Venard, Jean Quéniart.
48. *Les derniers jours de Hitler* – Joachim Fest.
49. *Zita impératrice courage* – Jean Sévillia.
50. *Histoire de l'Allemagne* – Henry Bogdan.
51. *Lieutenant de panzers* – August von Kageneck.
52. *Les hommes de Diên Biên Phû* – Roger Bruge.
53. *Histoire des Français venus d'ailleurs* – Vincent Viet.
54. *La France qui tombe* – Nicolas Baverez.
55. *Histoire du climat* – Pascal Acot.
56. *Charles Quint* – Philippe Erlanger.
57. *Le terrorisme intellectuel* – Jean Sévillia.
58. *La place des bonnes* – Anne Martin-Fugier.
59. *Les grands jours de l'Europe* – Jean-Michel Gaillard.
60. *Georges Pompidou* – Eric Roussel.
61. *Les États-Unis d'aujourd'hui* – André Kaspi.
62. *Le masque de fer* – Jean-Christian Petitfils.
63. *Le voyage d'Italie* – Dominique Fernandez.
64. *1789, l'année sans pareille* – Michel Winock.
65. *Les Français du Jour J* – Georges Fleury.
66. *Padre Pio* – Yves Chiron.
67. *Naissance et mort des Empires.*

À PARAÎTRE

La bataille de la Marne – Pierre Miquel.
Dictionnaire des pharaons – Pascal Vernus, Jean Yoyotte.
Vichy 1940-1944 – Jean-Pierre Azéma, Olivier Wieviorka.